ıedrich Kortüm: Geschichte des Mittelalters


ie Verlag HOHE GmbH ist ein Gemeinschaftsunternehmen
er Herder GmbH & Co. KG, Freiburg, und
3MH Buch Medien Handel GmbH, Erftstadt.



Einbandgestaltung: sowiesodesign.de
Einbandabbildungen von links nach rechts: Schlacht während des ersten Kreuzzuges, 1096–1099, Manuskript von Sebastian Marmoret, ca. 1490, picture-alliance/KPA/HIP/ArtMedia; König Sigismund leistet Papst Martin V. den Stratordienst (Ende des Schismas), Konstanzer Konzil 1414–1418, Buchmalerei, 2. Hälfte 15. Jahrhundert, Konstanz, Rosengartenmuseum, picture-alliance/akg-images; Wernher von Teufen mit seiner Dame auf der Falkenbeize, Buchmalerei, Codex Manesse, Zürich, um 1310–1340, Heidelberg, Universitätsbibliothek, picture-alliance/akg-images; Investitur eines Bischofs durch einen König, Holzstich nach Buchmalerei, 10. Jahrhundert, Bibliothek zu St. Omer, picture-alliance/akg-images; Krönung Karls des Großen durch Leo III., 800, und Empfang der Geschenke des Perserkönigs Aaron und des sarazenischen Emirs Abraham, Buchmalerei, niederländisches Burgund, Mitte 15. Jahrhundert, St. Petersburg, Russische Nationalbibliothek, picture-alliance/ akg-images/Erich Lessing
Lektorat: Kirsten Skacel
Layout und Satz: GEM mbH, Ratingen

Gesamtherstellung: Verlag HOHE GmbH, Erftstadt
Printed in Czech Republic 2007

ISBN 978-3-86756-016-0

Friedrich Kortüm
Geschichte des Mittelalters
- Band II -

# Inhalt

# Sechstes Buch

## DER SECHSTE ZEITRAUM

*Vom Untergang der Hohenstaufen im Westen und der Kalifen von Bagdad im Osten bis zur Eroberung Konstantinopels durch die Osmanen (1268–1453); Abnahme und Verfall des Mittelalters*

Wenn die äußere Geschichte dieses Zeitalters, die der nächstvorangegangenen Entwicklung gegenüber eintönig und arm ist, im Morgenland das Ende der Mongolenherrschaft und die Anfänge der auf ihren Trümmern sich erhebenden Osmanen- oder Türkenmacht zeigt, so bieten bei den christlich-abendländischen Völkern die inneren Verhältnisse, auf die sich seit dem Erlöschen der Kreuzzüge und des slawischen Heidentums die Hauptkräfte richten, vielfache und reiche Umgestaltung dar.

Das römisch-katholische Priesterkönigtum (Papsttum), das den Höhepunkt seiner Macht überschritten hat und, nicht zufrieden mit dem geistlichen Einigungsband der europäischen Gemeinwesen, auch das weltliche Übergewicht des von ihm unterdrückten Kaisertums der Deutschen an sich reißen möchte, sinkt durch Ehrgeiz, Willkür und Sittenlosigkeit im öffentlichen Urteil der wissenschaftlich und staatsbürgerlich vorwärtsschreitenden Völker, so daß im erneuerten Kampf die alten Feinde, Laienmacht und durch Unglück wie Nachdenken geläuterte Bruderschaften (Sekten), mehr und mehr Boden gewinnen. Im Staat wächst die gemeinheitliche (demokratische) Grundkraft. Sie festigt sich in den freien (republikanischen) Gemeinwesen durch den Sturz bisher bevorrechtigter Geschlechter und die Stiftung weitverzweigter Bünde (Konföderationen), in den Fürstenländern durch ständische oder parlamentarische Verträge mit dem meist erblich gewordenen Lehnsoberhaupt, das oft, um die Stärke des hohen Adels zu brechen, die Entwicklung des Bürgertums und der unteren Ritterschaft absichtlich begünstigt. Die früher nur durch den Glauben lose verbundenen Völker greifen bei steigenden Bedürfnissen des Handels, des Verkehrs und der Gesittung enger ineinander, während auf der anderen Seite Eigennutz, Selbstsucht und Eifersucht die in Abstammung, Sprache, Gewohnheit und Verfassung begründete Abgeschlossenheit fördern und hin und wieder, wie bei den Deutschen und Italienern, Franzosen und Engländern, zum feindseligen Gegensatz ausbilden.

Die allgemeine Geschichte der inneren Verhältnisse bietet demnach, wenn der Gang des öffentlichen, vom Einigungstrieb bestimmten Lebens festgehalten wird, drei Hauptabschnitte dar, von denen der erste die volle Entfaltung der weltlichen Körperschaften in den parlamentarischen, ständischen Übereinkünften schildert oder die Schicksale des konstitutionellen Königtums beschreibt. Der zweite weist die stärkere Entwicklung derselben staatsbürgerlichen Kraft in den freistädtischen Gemeinwesen und Bünden nach oder verfolgt den Gang des Republikanismus. Der dritte, auf die priesterschaftliche Einigung ausgerichtet, stellt den Kampf der römisch-katholischen Kirche mit der religiös-wissenschaftlichen Opposition dar.

# Erste Abteilung

*Die allgemeine Geschichte des sechsten Zeitraums*

## Erster Abschnitt

*Ständische (parlamentarische) Entwicklung in Deutschland, England, Spanien und Frankreich*

Da besonders in Deutschland die Ausbildung des reichsständischen Grundgesetzes und der freien Gemeindebündnisse wesentlich vom Bürgertum bestimmt und oft fast ausschließlich von ihm geleitet wurde, so fordert der durchgreifende Umschwung, den innerhalb von etwa 50 Jahren (1330–1380) die Innenverhältnisse der meisten Städte nahmen, eine übergreifende und nur bei einzelnen Fällen länger verweilende Erläuterung.

Menschenalter lang hatten adlige oder durch Reichtum ausgezeichnete Bürgergeschlechter (Patrizier) mit Vorbehalt der gemeinheitlichen Hoheitsrechte, soweit diese überhaupt Gültigkeit besaßen, die Verwaltung der ersten Ämter geführt. Vom Volk frei erwählt, hatten sie den Rat gebildet und dem öffentlichen Zutrauen durch Uneigennützigkeit, strenge und bescheidene Sitten so entsprochen, daß sie es allmählich bei steigendem Ehrgeiz ungestraft wagen durften, frei werdende Stellen aus ihrer Mitte zu besetzen und, da die Bürgerschaft solche gesetzwidrige Anmaßung ruhig duldete, die Ratsfähigkeit auf etliche, abgeschlossene Häuser zu beschränken. Aber gerade dieser schneidende Mißbrauch des öffentlichen Vertrauens beschleunigte – zumal nicht selten Stolz, Härte und Habgier im Gefolge der Machthaber waren – den gewalttätigen Durchbruch der zwieträchtigen und gespannten Kräfte des allgemeinen Wesens. Überall, von den Gebirgen Hochalemanniens bis zu den Küsten der Ostsee, erhob sich die Gesamtbürgerschaft, forderte Teilnahme an der Regierung und rastete nicht eher, bis diese entweder infolge blutiger Kämpfe oder durch friedlichen, dem Krieg begegnenden Vertrag gewährt wurde.

Dabei trat das Endergebnis, die neue Ordnung der städtischen Innenverhältnisse, gewöhnlich in zweifacher Gestalt hervor. Entweder nämlich bekam, wie in Frankfurt am Main, der bisherige Geschlechterrat einen aus Stellvertretern der Gewerke gebildeten Zusatz (zünftische Bank, aristokratisch-demokratische Form), oder es besetzte die ohne Rücksicht auf Adel und Gemeinfreie in Zünfte eingeteilte Gesamtbürgerschaft durch Wahlen aus ihrer Mitte, wenn auch keineswegs nach gleichem zahlenmäßigen Verhältnis, die oberste, jährlich wechselnde Behörde (zünftisches Regiment, demokratische Form).

Zwar bestanden die auf solche Weise mit kriegerischen und staatsbürgerlichen Rechten und Ehren ausgerüsteten Körperschaften meistens aus gleichartigen Gewerken (Bruderschaften, Ämter), aber bisweilen gehörten auch nicht verwandte Hantierungen derselben Zunft an, die dann Gaffel hieß, wie z. B. in Basel Krämer, Hutmacher, Bürstenbinder, Knopfmacher und Apotheker trotz des getrennten Berufs einen gemeinsamen Verein darstellten.

Die alten Geschlechter, oft durch Aufnahme angesehener und reicher Gemeinbürger verstärkt, schlossen als Konstafel eine eigene Gesellschaft ab und bildeten im Krieg, während die übrigen Zünfte unter ihren Fahnen auszogen und zu Fuß stritten, gewöhnlich die Reiterei und die Wache des Geschützes, hatten jedoch abgesehen von dieser kriegerischen, auf herkömmliche Fertigkeit gegründeten Auszeichnung keinen staatsbürgerlichen Vorzug. Nur persönliches Übergewicht der Einsicht und Kenntnisse brachte dem Adel in vielen Städten noch lange die tatsächliche, aber auf keinem gesetzlichen Anspruch ruhende Verwaltung des Bürgermeisteramts und unterhielt einen nicht nur unschädlichen, sondern dem Gemeinwohl ersprießlichen Wetteifer der ritterschaftlichen und bürgerlichen Genossenschaft.

Die Art und Weise dieser folgenreichen Umgestaltung kann nur aus einzelnen Beispielen erhellen, die bei gemeinschaftlichen Grundzügen dennoch das besondere Gepräge der örtlichen und geschichtlichen Bezüge tragen und die mannigfaltigsten Brechungen eines und desselben Parteigeistes darstellen. Dafür mögen vornehmlich Köln, Nürnberg, Mainz und Augsburg zeugen.

In der ältesten reichsfreien Gemeinde Deutschlands, Köln, hatten seit Jahren die Geschlechter teils als Schöffen, teils als Mitglieder des großen und kleinen Rates, zu dem vor allem die Gesellschaft der adeligen Grundbesitzer oder Richer-Wittheit* alljährlich ihre Stellvertreter erkor, ausschließlich die Amtsführung besorgt, aber seit der Mitte des 13. Jahrhunderts in den Handwerkern und Gewerbetreibenden an Kräften wie Forderungen wachsende Nebenbuhler gefunden. Häufig geschahen Wortwechsel und blutige Schlaghändel, besonders mit der zahlreichen, unruhigen und aufstrebenden Wollweberzunft.

Gestützt auf solche Zwietracht, beschloß der herrsch- und ehrgierige Erzbischof Engelbrecht (II.), Graf von Falkenburg (seit 1261), Gemeinde und Adel unter die Landeshoheit zu beugen. Er warf unter dem Deckmantel des Volksfreundes mehrere angesehene Geschlechter in Banden, ließ sich die Stadtschlüssel aushändigen, etliche Burgen und Schanzen bauen und mit seinen Dienstmannen besetzen. Danach ließ er durch seinen Getreuen, Hermann von Vitinghoven, die Gemeinde vor dem Rathaus versammeln.

»Der Erzbischof, mein Herr«, sprach jener, »will, da er um euer Wohl besorgt ist, jährlich einen Bürgermeister und Amtmann einsetzen, damit dieser im Rat gegenwärtig ist und, sei es früh oder

* D. h. Bruderschaft, Ausschuß der Reichen. G. Hüllmann, Städtewesen, II, 458. Sie hießen auch Burger und behaupteten, »allein von freiem, christlichem Blut abzustammen.«

»Die wever stercken ire kneichte,
weder die edele geschleichte,
dey her komen sint van vryer art,
synt dat Coelne alre eirst kirsten (Christen) wart.«

Hagen bei Hamm im Engelbertus, S. 123.

spät, alles abwenden und hindern kann, was zu eurem Schaden gereichen könnte. Daneben begehrt er für das allgemeine Beste Wegzoll, Steuern vom Malz und anderem Lebensbedarf, auch eine außerordentliche Vermögensabgabe von 6000 Mark, die ihr, Reiche und Arme, nach angemessener Selbstabgabe aufbringen sollt.«

Darüber entstand geräuschvolle Bewegung der überraschten Bürger und wiederum Stille. »Ich sage euch«, fuhr der Redner fort, »nur zwei Worte und bitte, sie zu prüfen. Hätte ich zwei Röcke an und man wollte mir einen davon mit Gewalt abringen, lieber würde ich ihn gutwillig hergeben.«

Dumpfes Gemurmel entstieg dem Haufen. Alles harrte auf einen Führer. Da trat Eberhard, ein mutiger Bürger, auf dem Buttermarkt hervor und sprach: »Hört wohl, worauf das hinauswill! Es geht ans Hemd und Unterkleid. Bewaffnet euch! Gott selbst möge sich erbarmen, daß man Köln, die heilige Stadt, ringsum mit Türmen und Schlössern besetzt und uns wie leibeigene Leute behandelt! Wenn man sonst am kaiserlichen Hof unsere Bürger kommen sah, hieß es: ›Da kommen die Herren von Köln!‹ Also bewaffnet euch! Denn ihr seht, worauf es jetzt hinauswill.« Sofort eilte Eberhard zum Dom und stürmte. Alle Glocken schlugen an. Alle Bürger, Reiche und Arme, selbst Frauen, griffen zu den Waffen und stürzten sich auf die Tore und Türme, die nach der tapfersten Gegenwehr binnen drei Tagen genommen wurden. Überall hatte der Adel, uneingedenk des besonderen Zwistes, der Gemeinde im Kampf durch Mut und Klugheit vorgeleuchtet.

Der Erzbischof, der nach erfolglosen Versuchen der List und Macht unter Vermittlung des Bischofs Heinrich von Lüttich und des Grafen Wilhelm von Jülich mit der Stadt eine Versöhnung ausgehandelt und feierlich beschworen hatte (1263), hing dennoch in seiner Burg Brühl nur einem Gedanken nach: der Rache. Diese war aber, solange die Geschlechter und Gewerke dem gemeinschaftlichen Feind gegenüber einträchtig blieben, unmöglich. Daher begab sich, um das glimmende Feuer des Hasses zu nähren, Engelbrechts listiger Rat, Anselm von Tustingen, in die Stadt, versammelte heimlich die Zünfte und angesehensten Meister und legte ihnen seines Herrn Schreiben vor. »Eines«, lautete der Inhalt, »wundert mich sehr, daß ihr den Druck des hoffärtigen Adels duldet und ihm dient als Knechte. Und doch gönnt er euch nichts Gutes, dürstet nach eurem Blut, eurer Ehre und Habe. Wollt ihr nun Hilfe zusagen, so mache ich euch frei von dem Joch. Traut nur meinem Rat, dem edlen Herrn von Tustingen! Was er euch vorschlägt, geht auch an mein Leben und meine Ehre.«

Sogleich erwachte der schlummernde Parteigroll. Man beschloß, am nächsten Pfingsttag wohlgerüstet einen öffentlichen Tanz zu halten und mit den Geschlechtern, wenn sie erscheinen sollten, Gelegenheiten zum Streit zu suchen. Umsonst versuchte der Rat, der von dem Plan benachrichtigt wurde, durch gütliche Vorschläge die mit wildem Jubel begonnene Festlichkeit aufzuhalten. Vergeblich mahnte der Vogt Rütger von Alpen, der bei der Gemeinde in hohem Ansehen stand, man möge Frieden halten und Blutvergießen meiden. Es sei unmöglich, erwiderten die Zunftmeister, der Gesellen Lust zu beschränken. »Heute«, riefen einzelne Stimmen, »sollen die stolzen Geschlechter ihren Hochmut mit dem Tod bezahlen, ihre Weiber und Kinder aus der Stadt weichen, ihre Häuser zu Boden fallen!«

Sofort bewaffneten sich Adel und Gemeinbürger. In den Straßen und auf den Marktplätzen entbrannte ein heftiger Kampf, den etliche Hunderte gegen Tausende, durch Mut und Kriegskunst ausgezeichnet, endlich siegreich bestanden. Das Volk, die sonst streitbaren, unruhigen Weber voran, floh nach allen Seiten, nicht ohne beträchtliche Einbuße an Toten und Verwundeten. Mit großer Kümmernis vernahm der Erzbischof den unglücklichen Ausgang des Unternehmens und sprach klagend: »Gott im Himmelreich hat mich vergessen. Denn was ich auch beginne und wie ich es anstelle, alles mißlingt. Lieber wollte ich sterben denn immer wieder solches Unglück dulden!« Da tröstete ihn der schlaue Mönch Wolfhard und erinnerte ihn an den Wechsel der menschlichen Dinge. Wer nie trauere, wisse nicht, was Freude heiße. Dem Regen folge Sonnenschein. Man müsse einen anderen Anschlag ersinnen, mit Hilfe des Pfarrers von St. Kolumba die Sippen der getöteten Handwerker zur Blutrache entflammen und, wenn alles wohl vorbereitet sei, mit einem Heer vor Köln lagern. Dann könne es nicht fehlschlagen.

Engelbrecht gehorchte. Er sandte seinen Bevollmächtigten heimlich in die Stadt und ließ durch ihn und drei Salzhändler einen durch Eidschwüre bekräftigten Bund mit den Zünften schließen, der vorsah, in einer bestimmten Frist am Turmmarkt Feuer zu legen und, wenn die Geschlechter den Brand löschen wollten, dem lauernden Kriegsvolk etliche Tore zu öffnen. Demgemäß wurden sämtliche Dienstmannen des Hochstifts aufgeboten, mit den Hilfsscharen des Erzbischofs von Mainz sowie der Grafen von Berg und Kleve vereinigt und vor Köln geführt, während ein beträchtliches Geschwader den Rhein auf- und abwärts fuhr.

Doch alles war fruchtlos. Rat und Adel hielten strenge Wache, die Verschworenen blieben untätig, und das Heer zog nach mehrtägigem Warten mit Schimpf und Schande wieder ab. Engelbrecht aber wünschte in der Einsamkeit von Bonn, an seinem Glück verzweifelnd, den Tod. Doch wiederum trösteten ihn die genannten Priester und entwarfen einen neuen Anschlag, um die Stadt unter ihres Herrn Willen zu beugen. Die Zwietracht der Geschlechter, von denen die Mühlengassen und Weißen mit den Overstolzen in alter Feindschaft lebten, sollte für den Verrat des allgemeinen Wesens benutzt werden, indem man sie durch Geschenke und blendende Aussichten auf künftige Macht erweiterte.

Leicht begünstigte der überwiegende Parteigeist den von pfäffischen Heuchelkünsten unterstützten Plan. Die Mißvergnügten beschworen des Erzbischofs Antrag und legten, um sich der Gunst auch öffentlich zu rühmen, die ihnen überreichten Scharlachkleider mit grüner Verbrämung an. Die Overstolzen, dadurch gewarnt, unterdrückten großmütig den persönlichen Groll, wählten den Grafen Wilhelm von Jülich zum Schiedsrichter und schlossen mit den Gegnern eine angemessene Versöhnung.

Eine Zeitlang dauerte der Frieden, aber allmählich arbeiteten die Erzbischöflichen mit Glück an einem verbrecherischen Bruch der von den zwistigen Geschlechtern gelobten Urfehde. Daher wurde von den Weißen und den Mühlengassen die heimliche Übereinkunft getroffen, den Grafen von Jülich und die overstolzische Partei bei der Freude eines Gastgelages zu überfallen und niederzustoßen (Januar 1268). Man hoffte daneben auf kräftige Hilfe der Zünftischen, die schon der hier angesehene Vogt Rütger, ein Meister der Falschheit, für die Teilnahme an der Schandtat gewonnen hatte.

Aber die Bedrohten, die zeitig gewarnt worden waren, retteten sich durch Flucht in die Klöster und Häuser, schnell auf Mittel der Abwehr bedacht. Daher wurde dem ersten Anprall des wütenden und übermächtigen Feindes ein Priester mit dem Allerheiligsten entgegengestellt und den Treuebrüchigen die Rache des Himmels angekündigt. Bestürzt traten manche Edle auf die Seite der Overstolzischen, die danach durch Armbrustschützen die Gemeinde in Verwirrung brachten und nach heißem Streit, Mann gegen Mann, auch die adlige Gegenpartei auseinandersprengten. Die Oberhäupter suchten Schutz in den Stiften und Gotteshäusern.

Schon dachten die Sieger an schwere Rache, als der Graf von Jülich zur großmütigen Verzeihung riet und die Flüchtlinge aus der Freistätte ungefährdet über den Rhein nach Deutz brachte, von wo die meisten nach Bonn zum Erzbischof eilten und mit diesem einen neuen Angriffsplan entwarfen. Diesem gemäß sollten 500 Mann heimlich in die Stadt eindringen und sich mit der Gemeinde, der Engelbrecht Befreiung von Zoll, Verbrauchssteuer und Abgaben zusagte, vereinigen. Leicht werde dann die overstolzische Partei, von zwei Feinden bedrängt, fallen.

Hermann der Fischer, ein durchtriebener und verschlagener Volksführer, übernahm die Vorbereitung zu dem tückischen Einbruch. Daher ließ er einen armen Menschen, Habenichts geheißen, der in Köln unter dem Bogen am Ulrichstor wohnte und kümmerlich vom Verkauf geweihter Wachskerzen lebte, nach Bonn kommen und sprach zu ihm: »Habenichts, du erhältst 25 Mark, wenn du hinter deinem Haus ein Loch durch die Mauer arbeitest, das groß genug ist, daß ein Pferd hindurch kann.« Die Belohnung lockte. Das Werk wurde mit Heimlichkeit unternommen und binnen kurzer Frist vollendet. Die Verschworenen, davon kaum benachrichtigt, begaben sich sofort zum Herzog Walraff von Limburg, schilderten ihm die Gelegenheit, Köln durch Hilfe der Gemeinde zu erobern, und versprachen als Dank so große Schätze, daß man leicht ein Königreich, wo es etwa käuflich sei, dafür kaufen könne. Würden 500 Reiter gerüstet, so leide der Sieg gegenüber 200 Feinden keinen Zweifel.

Der Herzog, durch das Geld verführt, sagte Hilfe zu und schloß mit Dietrich von Falkenburg, dem Grafen von Kleve und anderen Herren ein Bündnis. Unbemerkt langte in einer regnerischen kalten Nacht im Frühjahr 1269 die wohlgerüstete Schar von 500 Reitern vor Köln an und zog einzeln durch das Mauerloch nach dem unweit gelegenen Garten, um auf die verabredete Ankunft des von den Zunftmeistern bearbeiteten Volkes zu warten. Doch der Bürger Hermann Winkelbart hatte den Anschlag entdeckt und in der Rheingasse, wo die meisten Mitglieder des overstolzischen Hauses wohnten, schnell zu den Waffen gerufen. Jene eilten, anfangs nur 60 Mann stark, auf die erste Mahnung der Gefahr entgegen und begannen mutig den ungleichen Kampf. Schon waren vier der tapfersten Ritter gefallen und bei der Überzahl des Feindes die städtischen Geschlechter an den Rand des Verderbens gebracht, als Konstantin Krop das Roß der Gemeinde entgegentrieb und in der Not vom Widersacher Hilfe begehrte. »Man möge die Schmach bedenken, einem Fürsten, dem Herzog von Limburg, untertänig zu werden, und jetzt einer für alle stehen!« Dieses Wort wirkte. Fast alle Handwerker, vom Gefühl des Bürgerstolzes und der Selbsterhaltung ergriffen, verließen das Banner der Stadtfeinde und warfen sich auf den gemeinschaftlichen Gegner. Nach einem heftigen Streit, in dem Dietrich von Falkenburg und viele Ritter sanken, wurden die restlichen Angreifer zur Flucht genötigt und die meisten Vaterlandsverräter, unter ihnen Hermann der Fischer, erschlagen, der Herzog und mehrere seiner edlen Getreuen gefangen.

So gerettet, schlichteten Rat und Gemeinde ihre Streitigkeiten nach Güte und Recht und wählten für eine jährliche, erbliche Rente die Grafen von Geldern, Jülich, Berg, Katzenelnbogen und die Freiherren von Rode, Vreintz und Isenburg zu Schiedsrichtern über innere Zwiste und Beschützern gegen äußere Gefahren, während die Auslösung des gefangenen Herzogs für 10 000 Mark einen guten Beitrag zu den Kosten gab. Der Erzbischof aber, in allen Hoffnungen des Ehrgeizes getäuscht, versammelte ein zahlreiches Heer, sagte dem Grafen von Jülich Fehde an und wüstete in dessen Land mit Feuer und Schwert. Jener, der sich schnell mit seinem Schwager, dem Grafen von Geldern, verbündete, rückte dem an Mannschaft bei weitem überlegenen Feind entgegen und gewann am St. Lukastag (18. Oktober 1269) durch Mut und Klugheit einen entscheidenden Sieg.

Engelbrecht, der auf der Flucht gefangen und nach dem Felsenschloß Nidecken gebracht worden war, mußte in einen eisernen Käfig eingesperrt außen am Turm so oft den Hohn des Volkes dulden, wie es dem erbitterten Herrn gefiel. Umsonst wurde, um diese Schmach zu rächen, Köln mit dem geistlichen Fluch belegt und von den meisten Priestern verlassen, umsonst wurde der Graf durch päpstliche Boten und Schreiben an Ehrfurcht gegen einen hohen Kirchenbeamten gemahnt. Fruchtlos blieben Drohungen und Bitten. »Wir haben«, lautete die spöttische Antwort, »nicht einen Bischof, sondern einen verderblichen Raubvogel gefangen und eingesperrt. Wer ihn holen will, mag kommen und es versuchen!«

Endlich vermittelte nach fast anderthalbjähriger Unterhandlung um Ostern (1271) Meister Albrecht der Große, angesehen durch Wissenschaft und Sittenreinheit, eine Versöhnung: Der Erzbischof gelobte, den Bann aufzuheben, den Tod seines Bruders, Dietrich von Falkenburg, zu verzeihen und die Freiheiten, Rechte sowie Gewohnheiten der Stadt Köln nie wieder zu kränken. Bald darauf wurde er vom Kummer über die erlittenen Unbilden hinweggerafft.

Eine Zeitlang dauerte der Frieden zwischen der Gemeinde und den Geschlechtern, aber kaum war mit dem Tod Engelbrechts der öffentliche Feind verschwunden, als die tiefverwurzelte Eifersucht aufs neue ausbrach und nicht eher wich, als bis nach fast hundertjährigen Unruhen der dritte Stand Teilnahme an der Regierung gewann. Denn während die vollziehende Macht des engen Rates dem Adel blieb, traten 50 Stellvertreter der Zünfte in den gesetzgebenden oder weiten Rat ein, in dem fortan die Schöffen, die sich nur noch auf das Richteramt beschränken sollten, weder Sitz noch Stimme haben sollten (1370). Diese Grundlage behauptete sich bei allen künftigen Änderungen der Kölner Verfassung.*

Weniger hartnäckig und großartig war der Kampf zwischen Adel und Gemeinde in Nürnberg, wo nicht sowohl planmäßiger Widerstand als von wilden Volksführern zu einer raschen Tat vorbereiteter Aufruhr das Zeichen zum Durchbruch der gespannten Verhältnisse gab. Den Unfrieden der Handwerker nämlich, die bei wachsendem Vermögen Teilnahme am Rat wünschten, steigerte nach dem Tod Ludwigs des Bayern die unentschiedene Königswahl der Deutschen, indem etliche dem Luxemburger Karl IV., andere dem Grafen Günther von Schwarzburg folgten. Jene Partei gefiel den Geschlechtern, diese den Zünften. Bald erhitzten sich die Gemüter. Man bewaffnete sich und hielt zahlreich besuchte Zusammenkünfte. Man klagte laut über treulose Verwaltung des Stadtguts und ungerechte Steuern und Herrschsucht des Adels, der allein Ehren und Ämter genieße, während der ebenso verständige und gebildete Gewerbestand nur die Beschwerden und Lasten zu tragen habe.

Diese Stimmung nutzten zwei verschmitzte und kecke Menschen, ein Schwertfeger, nach seinem spitzen Bart Geißbart geheißen, und ein Landeigentümer, wegen seines stolzen Ganges mit dem Beinamen der Pfauentritt benannt. Sie bewirkten durch schlaue, heftige Reden, daß die Versammlung beschloß, am Mittwoch der Pfingstwoche (3. Juni 1249) den alten Rat zu fangen, aus den Zunftgenossen die neue Obrigkeit zu wählen und jedwede Steuer oder Leistung abzuschaffen.

Doch kurz vor der bestimmten Frist wurde die drohende Gefahr den Geschlechtern durch einen Bettelmönch, der hinter der Tür eines Zunfthauses gehorcht hatte, entdeckt. Alle ergriff plötzlicher Schrecken, und niemand dachte an Widerstand. Etliche flüchteten in Bettler- und Pilgerkleidung aus der Stadt, andere wurden in Fässern, Säcken oder auf Mistkarren hinausgebracht, manche suchten Schutz in Klöstern und Kirchen. Einen ehrwürdigen Greis, Haller, führte in Frauentracht sein getreuer Schneider aus dem Tor.

Als der Volkshaufen sich dergestalt getäuscht sah, fiel er plündernd auf das Rathaus und die Wohnungen der Patrizier. Er raubte Gerät, Kleider, Gold und Silber, durchwühlte alle Böden, Keller

---

* Vgl. Hüllmann, Geschichte der Stände, III, 108; Städtewesen im Mittelalter, III, 580.

und Ställe, zerschlug die Fenster und Wappenschilde, mißhandelte Frauen und Töchter und verbrannte Urkunden und Schuldscheine. Man verbrachte Tage und Nächte in rohen Gelagen und wählte endlich aus den Handwerkern zweiundzwanzig in die neue Obrigkeit, deren unbedingte Leitung Geißbart und Pfauentritt bekamen.

Bald folgte den Freveltaten die Strafe auf dem Fuße nach. Handel und Gewerbe stockten, Ungehorsam und Zügellosigkeit waren an der Tagesordnung, kein Ansehen der Gesetze und Beamten galt. Zwietracht griff, von den Schlächtern und Messerschmieden ausgehend, mit jeder Woche weiter um sich, während die Geflüchteten auf der benachbarten Burg des Ritters und königlichen Bevollmächtigten, Konrad von Heideck, an Kraft und Unternehmungsgeist erstarkten und mit den Mißvergnügten der Stadt im geheimen Einverständnis standen. Sobald daher König Karl, der erst vor kurzem durch den Tod Günthers von einem gefährlichen Nebenbuhler befreit worden war (14. Juni), mit beträchtlichen Streithaufen nahte und bei Mögeldorf lagerte, öffnete Nürnberg, wo Hunger und Elend das Selbstvertrauen der Volkspartei gebrochen hatten, ohne Gegenwehr um Michaelis die Tore. Daraufhin wurden etliche Führer hingerichtet, andere gestäupt und aus der Stadt verwiesen. Die Handwerker mit Ausnahme der Metzger und Messerschmiede mußten um 25 000 Pfund Heller Strafe zahlen. Schließlich wurden die alten Räte und Gewohnheiten wiederhergestellt. Aber trotz des am rohen Ungestüm gescheiterten Strebens dauerte der Kampf des Gewerbestands so lange fort, bis die Geschlechter acht Zunftgenossen (den »Genannten«) die Aufnahme in den kleinen Rat bewilligten und dem Volk das, was Gewalt nicht vermocht hatte, in gütlichem Vertrag einräumten (1378).*

Bisweilen gab, wie es in Italien oft geschah, die blutige Parteienbildung des Adels der bisher ruhigen Gemeinde die erwünschte Gelegenheit zur bewaffneten Dazwischenkunft und Teilnahme an den staatsbürgerlichen Rechten. Dies begegnete vor allem in Straßburg. Hier hatten seit Menschengedenken die Geschlechter ausschließlich den Rat und das Schöffengericht besetzt und anfangs bescheiden und gewissenhaft, später bei wachsender Macht übermütig und herrisch regiert. Der Handwerker, der etwa den bei ihm verschuldeten Junker höflich mahnte, wurde nicht selten mit Grobheiten und

* Vgl. Hüllmann, Geschichte der Stände, III, 203 ff.; Städtewesen, III, 536; Günthers Leben von Hoffmann und Meisterlin, Historia rerum Norimbergensium bei Ludwig, Reliq. Ms. Band VIII.

Schlägen abgewiesen. Er fand bei den Gerichten ebensowenig Gehör und mußte, wenn er sein Geld nicht verlieren wollte, sich förmlich ein Jahr lang in den Dienst des Schuldners begeben.

Schließlich brachte, als diese und ähnliche Mißbräuche den duldsamen Sinn geschwächt hatten, die Zwietracht des Adels die Gelegenheit zu einer gründlichen Verbesserung. Als nämlich die Familien Mühlheim und Zorn, von zahlreichen Anhängern unterstützt, ihren persönlichen Zwist in häufigen Morden und Fehdezügen entluden, griff plötzlich die Gemeinde zu den Waffen. Sie forderte von den Ratsherren die Torschlüssel, das Siegel und die Stadtfahne, besetzte die Tore, Türme und Mauern und bannte die Häuptlinge der Parteien in einen bestimmten Bezirk. Sie zerstörte den entwaffneten Geschlechtern die Trinkstuben, Tummelplätze der Ränke und Gewalttätigkeiten und verordnete schließlich, daß in dem 24 Glieder starken, von vier Stadtmeistern geleiteten Rat zehn Abgesandte der Zünfte sitzen sollten (1332).

Dieses Verhältnis änderte sich jedoch später mehr und mehr zugunsten des Gewerbestands. Denn während die 28 Zünfte ebenso viele Stellvertreter und die Konstafler oder Kaufleute, Goldschmiede und andere vornehmere Gewerke als Bürger 17 Abgeordnete erhielten, blieben dem rittermäßigen Adel nur elf Stühle in dem jährlich wechselnden, 56 Köpfe zählenden Rat.*

Wie in Rom die anfangs verbotenen, später erlaubten Wechselheiraten der Plebs und des Patriziats einen Teil der ständischen Kluft ausfüllten, so brachten auf ähnliche Weise in der bischöflichen, uralten Stadt Mainz Blutsverbindungen die Gemeinde der Rechtsgleichheit näher. Während nämlich die Geschlechter oder Alten ausschließlich den Rat und das Schöffenamt besetzten und auch als Hausgenossen die Münze und alle Wechsel- oder Geldgeschäfte besorgten, geschah es oft, daß ihre Töchter den Geburtsstolz ablegten und reiche Handwerker heirateten, wodurch sie die Ansprüche auf erbliche Vorzüge nach der Auslegung des Adels, der die Mißehen zu seinem Nutzen gebrauchen wollte, den Kindern übertrugen. Dadurch teils ermutigt, teils beleidigt forderten die Zünfte Aufnahme in die Regierung. Als sie abgewiesen wurden, stürmten sie das Zeughaus und ruhten nicht eher, als bis nach blu-

* Königshoven, S. 309, 313, ad a. 1372. Vgl. Hüllmann, Städtewesen, III, 570. In Basel wirkten auf ähnliche Weise in der letzten Hälfte des 13. Jahrhunderts die bürgerlich-adligen Parteien von Psittich und von Stern für den Untergang des Geschlechterregiments.

tigen Fehden die Alten nachgaben und 29 gemeinbürgerliche Stellvertreter im Rat bewilligten. Außerdem mußten sie versprechen, daß die künftige Zahl der Geschlechter auf 129 beschränkt bleiben sollte. Dennoch dauerten Reibereien und Zwiste fort. Die Gemeinde aber behauptete ihr einmal gewonnenes Recht, das erst spät um die Mitte des 15. Jahrhunderts infolge der Zwietracht mit dem Adel unter die Landeshoheit des Erzbischofs gebeugt wurde.*

Hin und wieder reifte die neue Entwicklung ohne Druck und Gewalttätigkeiten des regierenden Adels dem Durchbruch entgegen und trat dann als eine notwendige Folge des gesellschaftlichen Fortschritts nach friedlichem Rechtsvertrag beider Parteien in das Leben ein. Dies begegnete z. B. in Augsburg. Die wohlhabende, gewerblich fleißige und zahlreiche Gemeinde nämlich, die durch das Bewußtsein ihrer Kraft und die Beobachtung des zünftischen Regiments in Straßburg, Zürich, Konstanz und anderen süddeutschen Städten angespornt wurde, eilte nach mehreren geheimen Versammlungen plötzlich vor Tagesanbruch (21. Oktober 1368) zu den Fahnen und Waffen und besetzte die Tore und das Rathaus, wohin aus Furcht vor feindlicher Gefahr die Bürgermeister sofort die Obrigkeit entboten. Das Volk sandte sechs Bevollmächtigte, unter ihnen den Kaufmann Hans Wessisprunner, und begehrte in höflicher, aber fester Sprache die Aufnahme einer zünftischen Regierung. Sie forderten Buch und Siegel der Stadt nebst den Schlüsseln für Sturmglocke, Schatzkammer und Rathaus und versprachen, für Leib und Gut zu bürgen, wenn das bescheidene Ansuchen bewilligt würde.

Die Geschlechter, von der Unmöglichkeit längeren Widerstands überzeugt, stimmten den vorgelegten Bedingungen zu und lieferten die erwähnten Abzeichen der hoheitlichen Macht aus. Sie nahmen zwölf Gemeindeglieder in die vorläufige Zwischenregierung des Rates auf und sandten einen gemischten Ausschuß an mehrere rheinische Städte, um die hier schon eingeführten Zunftordnungen zu prüfen und die Endergebnisse für das künftige Grundgesetz zu benutzen. Dies wurde, als die Boten nach zweimonatlicher Abwesenheit zurückkehrten, durch eine urkundliche, von beiden Teilen beschworene Übereinkunft so geordnet, daß zukünftig 15 Geschlechter, einen Bürgermeister oder Stadtpfleger eingeschlossen, sowie 29 Stellvertreter der Gewerke, ungerechnet den Vorsitzenden

* Guden, Silloge 477 ff. und Codex diplomat. 116. Serrarius, Historia Moguntina I, 18 ff. Vgl. Hüllmann, Städtewesen, III, 576.

Zunftmeister, den engen Rat bilden und jährlich zur Hälfte abtreten sollten. Darüber hinaus sollten neben einer gewissen Zahl von Geschlechterlichen 204 Zünftische den weiten oder gesetzgebenden Rat besuchen. Für alle sollten – nach eines jeden Vermögen, sei es an Barschaft, Häusern, Äckern oder beweglichen Gütern – gleichmäßige Steuern gelten. Endlich sollten die Tor-, Rathaus-, Perlachturm-, Sturmglocken- und Gewölbeschlüssel ebenso wie das Stadtbuch, die Siegel und die Freiheitsbriefe unter Aufsicht der Zünfte stehen. Auf diese Weise gewann in Augsburg ohne Blutvergießen und Missetaten infolge der von beiden Parteien beobachteten Mäßigung das gemeinheitliche Regiment Grund und Boden, konnte aber den Adel von seinen Ehren und besonderen Gesellschaften (Stuben) keineswegs gänzlich verdrängen.*

Wie auf einen Zauberschlag durchzog innerhalb von etwa 50 Jahren (1330–1380) die städtische Revolution oder die bürgerliche Mündigkeitserklärung des gewerblichen Standes alle Gaue Deutschlands, indem für den Norden und Süden, den Westen und Osten, wenn auch unter mannigfaltigen Brechungen und örtlichen Formen, dieselben Kräfte des Angriffs und der Abwehr wirkten. Nirgends blieb ein eigentliches Vorrecht der Adelsschaft bestehen. So geschah es in Speyer (1327) wie in Konstanz (1341), in Zürich (1335) wie in Lindau (1346), in Schwäbisch-Hall (1340) wie in Hanau (1332). Keine Größe oder Kleinheit, kein geistlicher oder weltlicher Herr, keine Nähe oder Ferne schützte gegen den Andrang des aus der Zeit geborenen Freiheitstriebes. Er schritt wie eine verheerende Krankheit, menschlicher Vorsicht spottend, von Gebiet zu Gebiet und rastete nicht eher, bis man den Kreislauf durchschnitten und das Ziel erreicht hatte.

Selten bekam jedoch die Gemeinde ausschließliche Herrschaft, sondern die gebührende Teilnahme an den Hoheitsrechten, ein Umstand, der wesentlich zu der geordneten, regelmäßigen Entwicklung des deutschen Bürgertums beitrug, Mißbräuche der Macht vielfach hemmte und durch gegenseitige Furcht den Gemeingeist unterhielt. Dazu trugen aber auch getrennte Gesellschaften und Vergnügungsorte, die Zunft- und Trinkstuben der Handwerker und des Adels, bei. Dieser hatte z. B. in Augsburg eine Zeitlang in den Klöstern und bei den Domherren herumgeschmaust und, als die Berührung mit der Geistlichkeit dem öffent-

* Vgl. Paul von Stetten, Geschichte Augsburgs, I, 116; Hüllmann, Städtewesen, III, 559.

lichen Nutzen schädlich erschien, seine der Kurzweil bestimmten Zusammenkünfte in ein großes Haus auf dem Perlachplatz verlegt, wo man sich fortan in der sogenannten Herrenstube zu heiterem Scherz und ernster Beratschlagung versammelte.* Sogar bei festlichen Gelegenheiten – wenn etwa der Kaiser oder ein mächtiger Reichsfürst einritt – trat die Eifersucht der Stände in getrennter Bewirtung des Ehrengastes hervor. So schenkte der Augsburger Rat dem Herzog Albrecht von Österreich ein kostbares, golddurchwirktes Kleid, Wein, Hafer, ein Paar gemästete Ochsen und Fische, der Herzogin aber eine vergoldete Schale mit 60 Goldgulden und vielem Zuckerwerk, während die Geschlechter einen prunkvollen, geschlossenen Tanz veranstalteten.**

Blickt man von dieser durchgreifenden Umgestaltung der staatsbürgerlichen Verhältnisse des deutschen Gemeindewesens auf das besondere Recht (Privatrecht), von dem das öffentliche zum Teil bedingt wurde, so erscheinen auch hier bei allen Brechungen der Örtlichkeit bestimmte Gesamtmerkmale, deren stete Rückkehr eben die schöpferische Kraft derselben Lebenswurzel bezeugt und auf die Unvergänglichkeit der altgermanischen, gleichsam wiedergeborenen Freisassen hinweist.

Dahin gehört erstens der überall geschützte und gebotene Gottesfriede des Hauses oder die Heiligkeit der Familie. »Wir wollen«, verordnete z. B. Herzog Albrecht im Wiener Freiheitsbrief,*** »daß einem jeglichen Bürger seine Wohnung seine Veste sei und eine sichere Zuflucht ihm und den Mitwesern und einem jeglichen, der darin fleucht.« Den Frevler sollte, wo man ihn auch finden möchte, der Tod treffen, weder das Haus, noch die Kirche und der Kirchhof sollten ihn schützen.**** Mit derselben Strenge wurden Angriffe auf die persönliche Ehre des Bürgers bestraft und besonders Schimpfreden, die den makellosen Stamm zu beflecken suchten, mit bedeutenden Summen bestraft. »Wer Hurensohn schilt«, verordnete das Stadtrecht von Ens, »zahlt dem Richter 60 Schillinge, ein Hundsfott *(filius caniculae)* kostet drei Schillinge.«*****

* Seit 1412. Paul von Stetten, I, 144.

** Stetten, zum Jahr 1458, I, 182.

*** Vom Jahr 1340, bei Rauch, Scriptores rerum Austriacarum, Band 3.

**** Statut von Goslar und Güstrow, vom Jahr 1222, bei Westfalen, Monumenta, Band I, 2010.

***** Ähnlich gebot das Stadtrecht von Heimburg (Österreich): »Swer den andern einen Huren spricht, der geb' dem Richter 60 Pfennige. Ist er aber ein erbar Mann, den er also gesprochen hat, so geb' er dem Richter 2 Pfund. Kann er nicht zahlen, soll man ihn enthaupten.« Senkenberg, Vision, div. Append. 269.

In gewissen Fällen war dem Beleidigten die Selbsthilfe gesetzlich erlaubt. »Wenn«, hieß es z. B. im Güstrowschen Recht,* »ein unzüchtig Weib gegen einen ehrbaren Mann Schimpfworte gebraucht, so darf derselbe in Gegenwart zweier rechtschaffener Zeugen dem Weibe einen derben Maulschlag geben.« Alle Städte, besonders die Seeplätze, wo bei lebhaftem Verkehr und roherer Gemütsart Ausbrüche leichter waren, bewachten Schimpf und Glimpf auf das sorgfältigste und betrachteten die Lauterkeit oder den Schmutz der Rede als Ausdruck der Gesinnung. Selbst der gerichtliche Zweikampf wurde noch hin und wieder den Parteien erlaubt, wie denn 1409 zu Augsburg auf dem Weinmarkt Dietrich Hechsenacker, ein Bayer, seinen Gegner Goßwin, aus Schwaben, vor vielem Volk erstechen durfte.**

Die Ehe wurde trotz der wachsenden Sinnenlust von den Gesetzen als ein bürgerliches Heiligtum gehütet und der Treuebruch bisweilen mit fast unmenschlicher Härte selbst an den schuldlosen Nachkommen geahndet. »Kebskinder«, gebot z. B. das Stadtrecht von Nordhausen, »können niemand behilflich sein mit Zeugnis oder im Recht, das zu deutsch Landrecht heißt.«*** »Wer bei Lebzeiten seiner ächten Frau«, verordneten die Bürger von Goslar, »ein Kebsweib hält, hat den Leib verloren.«**** Dieselbe Strafe traf meistens auch Notzucht. »Wer«, lautete das Stadtrecht von Ens, »einer Jungfrau oder unbescholtenen Frau Gewalt antut, soll sich, wenn jene zwei Zeugen hat, entweder durch die Feuerprobe reinigen oder das Haupt verlieren. Sind aber sieben oder mehr Zeugen vorhanden, soll der Übeltäter sogleich am Leben büßen.«***** In Augsburg wurde ein Bürger, der ein ehrbares Mädchen zu seinem Mutwillen gezwungen hatte, lebendig verbrannt (1428), ein anderer den Brüdern der mißhandelten Jungfrau zur Einmauerung übergeben (1437), während vier Priester, die unnatürlicher Laster überführt worden waren, in einen Käfig eingesperrt und im Perlachturm ausgehängt verhungern mußten.

Die Entweihung der Wahrheit durch Lüge, des Vertrauens durch Betrug wurde als eine am öffentlichen Wesen geübte Missetat unnachsichtlich und auf das strengste geahndet. »Wer falsches

---

* Vom Jahr 1222, bei Westfalen, I, 1222, Nr. 7.
** Paul von Stetten, I, 142.
*** Senkenberg, Vision, div. 326. Das Statut ist vom Jahr 1308.
**** Leibnitz, Scriptores rerum Brunsvicensium, Band 3.
***** Stadtrecht von Ens in Hormayrs historischem Taschenbuch. Jahrgang 1812, S. 45.

Maß und Gewicht hält«, lautete das Güstrowsche Stadtrecht, »soll den Kopf verlieren.«* In Soest büßten der Meineidige sowie der Fälscher der Münze und des Weines mit dem Tod,** in Wien der gewissenlose Zeuge durch den Verlust der Zunge, es sei denn, daß er sich mit zehn Pfund auslöse und den Schaden seines Meineids sämtlich bessere.***

Körperliche Verletzungen wurden nach altgermanischem Brauch in einer bestimmten Reihenfolge durch Bruchgelder abgebüßt, absichtliche Mordtaten meistens mit dem Tod bestraft. Haupt um Haupt, Hand um Hand! lautete der vorherrschende Grundsatz im peinlichen Verfahren der mitteldeutschen und der Ostseestädte, während der Südwesten, obschon nicht immer, den milderen Geboten der Versöhnungslehre (Compositionsrecht) treuer blieb. Die Bevölkerung suchte man auf der einen Seite zu mehren, auf der anderen von ungleichartigen Bestandteilen reinzuhalten. Daher wurde der Leibeigene, der einen Tag unangefochten hinter den Mauern der Stadt saß, gegen die Ansprüche seines Herrn auf immer geschützt und der Bürger durch Verheiratung mit einer Leibeigenen so lange für ausgestoßen erklärt, bis die Frau auf gesetzliche Weise ihre Freiheit bekam.

So im Inneren geordnet, nahmen die deutschen Gemeinden nach außen hin eine doppelte Richtung. Denn während etliche, wie später ein besonderer Abschnitt zeigen wird, unabhängige Bundeszwecke verfolgten, schlossen sich andere dem allgemeinen oder Reichsverband enger an und wirkten dadurch nicht unbedeutend auf die Gesamtverfassung zurück, die trotz des König- und Kaisertums die Grundzüge einer kriegerischen Lehnsrepublik beibehielt und schärfer denn je ausprägte. Dagegen schritt, auch nachdem die Städte Sitz und Stimme auf den öffentlichen Tagen gewonnen hatten, in den einzelnen Gebieten die fürstliche Macht so entschieden vorwärts, daß sie nicht selten wesentliche Rechte und Befugnisse der Landeshoheit gewann und auf diese Weise im offenen Wider-

* Westfalen, I, 2010.

** Ders., IV, 3035.

*** Freibrief Albrechts vom Jahr 1340. Um falsches Zeugnis zu verhindern, sollten nach derselben Städteordnung zukünftig 200 der Weisesten und Getreuesten aus allen Straßen bei jedem Kauf und Verkauf, Pfand, Satzung, Wechsel der Häuser oder Weingärten und anderer Dinge, deren Wert man mit über drei Pfund ansetzte, aus ihrer Mitte zwei oder mehr Zeugen stellen. Dieselbe Einrichtung traf Herzog Friedrich der Streitbare für die Stadt Hainburg. Siehe Senkenberg, Vision. div. app. 2, S. 269 ff.

spruch und Gegensatz zu den eigentümlichen Kräften und Bestimmungen des allgemeinen Verbands oder der Reichsgenossenschaft stand.

Hinsichtlich des gemeinsamen Oberhaupts blieb zwar die alte Wahlfreiheit gültiger Grundsatz, ging aber, wie früher vom Volk auf die mächtigsten Lehnsgroßen, seit dem Ende der Hohenstaufen von diesen allmählich auf einen Ausschuß von drei geistlichen und vier weltlichen Herren unter dem Namen der Kurfürsten über. Denn die Erzbischöfe von Mainz, Trier und Köln, die zugleich Kanzler Deutschlands, Burgunds und Italiens waren, der Pfalzgraf bei Rhein als Truchseß *(dapifer)*, der Herzog von Sachsen als Marschall, der Markgraf von Brandenburg als Kämmerer und der König von Böhmen als Erzschenk des Heiligen Römischen Reiches traten mindestens innerhalb eines Jahres nach dem Tod des Königs in Frankfurt am Main zusammen und erkoren durch Stimmenmehrheit aus dem hohen Adel einen Mann, der nicht lahm, nicht aussätzig und nicht in des Papstes gerechtem Bann sein mußte, für die Nachfolge. Wenn er dem Reich sein Wohlwollen geschworen hatte, krönten sie ihn in Aachen mit der herkömmlichen Feierlichkeit, während das Haupt der Kirche ihm die übliche Kaiserwürde verlieh.

Der König, der durch Gesetze und Stände beschränkt wurde, sollte als oberster Schutzvogt alle Gotteshäuser, Geistlichen, Witwen und Waisen schützen und den katholischen Glauben gegen äußere und innere Feinde verteidigen, daher durfte er allgemeine Kirchenversammlungen einberufen und hegen. Als weltlicher Vorstand der Christenheit (Kaiser) durfte er überall gültige Ritter- und Fürstenehren verleihen und in sämtlichen Ländern des christlichen Namens eine oberstrichterliche Macht ausüben, insbesondere gemeinschaftsschädigende Zerwürfnisse schlichten. Als Oberlehnsherr durfte er das Fahnlehen – was früher nur das Herzogtum, jetzt aber jedes von ihm unabhängige Reichsamt betraf – und die Grafschaft vergeben. In allen davon befreiten (unmittelbaren) Gebieten und Städten, besonders in Oberschwaben, durfte er Reichsvögte bestellen. Als geborener Oberrichter durfte er über Leib, Ehre und Lehen der Fürsten persönlich entscheiden, andere Sachen aber teils an seinen unmittelbaren Stellvertreter, den Hofrichter (seit 1235), teils an die kaiserlichen Hof- und Landgerichte, die auch in letzter Spruchfällung vorgelegte Urteile verbessern durften, verweisen. Auf den Reichstagen, wo neben den geistlichen und weltlichen Fürsten auch Abgeordnete der freien Städte (seit 1309) erschienen, durfte er Vorschläge zu Gesetzen, Bündnissen, Kriegserklärungen und allgemeinen Steuern einreichen. Bei Reichsheerfahrten führte er den Oberbefehl über die sieben Banner oder Schilde des Königs, der Prälaten, Fürsten, Grafen und Freiherren, Bannerherren, gemeinen Ritterschaft und Wehrfreien. Schließlich durfte er aus den Zöllen, Münzstätten, Bergwerken und etlichen anderen Nutzbarkeiten, z. B. der Judensteuer, seine sehr mäßigen Einkünfte beziehen.

Schon darin lag die Notwendigkeit, in der Sorge für eine unabhängige Hausmacht Ersatz für die unbedeutenden Hilfsquellen des Reichsschatzes zu suchen, wie denn Habsburger und Luxemburger diese Richtung auch wirklich genommen und mehr auf dem besonderen als auf dem allgemein reichsgenössischen Boden zu leben getrachtet hatten. In den einzelnen Fürstengebieten, deren erbliche Lehnsträger im Namen des Kaisers den Heerbann und die Gerichtsbarkeit besorgten und Zölle, Münzen, Bergwerke und andere Abgaben einzogen, zügelten Landstände oder Abgeordnete von Ritterschaft, Geistlichkeit und Städten das schon auf die sogenannte Hoheit gerichtete Streben, während ein Teil des südwestdeutschen Adels zu besonderen Gesellschaften vereinigt hier von den Gemeinden, dort von den Fürsten als Reichsritterschaft unabhängig zu bleiben trachtete. Wie diese verschiedenartigen Keime des Freistaats und der Alleinherrschaft (Monarchie) sich im einzelnen zu festen Formen entwickelten und eine außerordentliche Mannigfaltigkeit der staatsbürgerlichen Verhältnisse hervorbrachten, muß ein besonderer Abschnitt der deutschen Volksgeschichte zeigen.

In schärferen und lückenloseren Zügen trat dagegen in England die Bildung des ständischen (parlamentarischen) Königtums auf, indem hier teils die republikanische Grundkraft keine gesonderte Laufbahn verfolgte, teils Städte und niederer Adel für gemeinsame Zwecke ihre auf dem Festland zersplitterte Wirksamkeit vereinigten und dadurch hinlängliche Stärke gewannen, um der Krone wie der hohen Geistlichkeit und Lehnsmannenschaft das Gleichgewicht zu halten. Obschon sich dieses folgenreiche Ereignis, die etwa auf den Zeitraum von 100 Jahren (1264–1377) beschränkte Entstehungsgeschichte des britischen Parlaments, nicht nach einem festen Plan, sondern meistens zufällig und schrittweise entwickelte, springen dennoch entscheidende Tatsachen hervor, welche die vereinzelten Glieder des großen, staatsbürgerlichen Körpers zu einer Gesamtheit verknüpfen, die jeweiligen Eroberungen der öffentlichen Freiheit gleichsam gewährleisten und neue Fortschritte vorbereiten.

Seit nämlich der Graf von Leicester aus jeder Grafschaft zwei Ritter und Abgeordnete der Städte neben den mächtigen Lehnsträgern und Prälaten zum Reichstag entboten hatte (12. und 24. Dezember 1264), fühlten die Gemeinden, die bald eingeladen, bald übergangen wurden und in den Parlamenten nur eine passive Rolle spielten oder die Beschlüsse bedingungslos annehmen und billigen mußten, das Bedürfnis gesetzlicher Rechtsbefugnis. Sie ruhten daher nicht eher, als bis König Eduard I. die bleibende Einberufung ihrer Stellvertreter zugestand (1295) und gleichzeitig die bisher gültige Gewohnheit, Abgaben an den Willen der Beteiligten zu knüpfen, durch eine urkundliche Übereinkunft bestätigte. »Es soll«, lautete diese, »keine Vermögenssteuer *(taillage, tallagium),* kein Hilfsgeld *(auxilium, aides)* von uns oder unseren Erben im Reich auferlegt oder erhoben werden ohne den Beifall und die Zustimmung der Erzbischöfe, Bischöfe, Grafen, Barone, Ritter, Bürger und anderer freien Landsassen.«*

Weil aber die Krone, wohl in Kenntnis der Auswirkungen des dergestalt feierlich anerkannten ständischen Rechts, nur in wirklichen Notfällen – wenn etwa laufende Bedürfnisse des Schatzes Steuern und sofort auch Parlamente forderten – nachgab, aber gewöhnlich die Versammlung des großen Nationalrats nach Kräften hinausschob, wurde dadurch der zweite, entscheidende Fortschritt getan, daß nämlich König Eduard II. die gesetzliche Frist eines Jahres für die Wirksamkeit der Stellvertreter anerkennen mußte (1312). »Denn«, verordnete die darauf bezügliche Kundmachung, »weil viele Leute gegen alles Recht von den Ministern des Königs unterdrückt werden, wogegen keine Abhilfe, außer durch ein allgemeines Parlament, zu erlangen ist, verfügen wir, daß der König einmal und wo nötig zweimal im Jahr ein Parlament halten soll.«**

Obschon über die Dauer und Vertagung *(prorogation)* desselben keine gesetzliche Richtschnur entschied, vielmehr die Krone darin vollkommen freie Hand hatte, bildete sich dennoch allmählich hinsichtlich der bürgerlichen Stellvertreter oder des späteren Unterhauses ein drittes Verhältnis aus, das nicht nur die moralische Kraft dieses Standes bedeutend erhöhen, sondern auch etwaigen Mißbräuchen der Kronmacht gerade durch die Macht des Gegensatzes entgegensteuern konnte. Bisher nämlich hatten die ziemlich zahlreichen, kleineren Lehnsträger (Ritter, *knights*) wie in der Ge-

---

* Statut. Ann. 24. Eduard I. Siehe de Lolme, Constitution de l'Angleterre, I, 32.

** Mackintosh, Geschichte von England, I, 114.

sellschaft, so auf den Parlamenten eine gesonderte Mittelklasse dargestellt, die zwischen dem hohen, ihnen zwar durch Heiraten und Ebenbürtigkeit verwandten, aber im übrigen feindseligen Adel und den Gewerbetreibenden, nur durch die Reichsstandschaft gleichberechtigten Bürgern schwankte und gerade wegen solcher Halbheit keinen angemessenen Einfluß auf die öffentlichen Beratungen gewinnen konnte. Als jedoch die Zeit auf der einen Seite den Haß der Ritter gegen die größeren Barone steigerte und auf der anderen die Verachtung gegen den städtischen, ihnen hinsichtlich des Schadens und Vorteils gleichartigen Bundesgenossen minderte, verschmolzen beide, einander bisher gleichgültige, bisweilen sogar widerstrebende Stoffe zu einem Ganzen, das überdies alle freien Grundbesitzer bürgerlicher Abkunft *(freeholders)* in sich aufnahm.

Diese nicht mit einem Schlag, sondern schrittweise vollzogene Änderung (1272–1313), die den niederen Adel und den Gewerbestand gegenüber den weltlichen und geistlichen Herren zu einer Stellvertretung führte, enthielt die fortan nie versiegende Quelle parlamentarischen Lebens. Sie brachte den Zielsetzungen Klarheit und Ausdauer, den Rednern und praktisch Handelnden mit dem Gefühl des Rechts und der Stärke die früher vermißte Kühnheit und Umsicht und gab überhaupt das Zeichen zum politischen Kampf der von jetzt an gegliederten, einander bald ergänzenden, bald bekämpfenden Staatsgewalten.

Die räumliche Unterscheidung derselben in zwei Kammern, das letzte bedeutende Ereignis in der Bildungsgeschichte des britischen Parlaments, mußte daher als eine notwendige Folge der schon nach innen hin gesonderten Bestandteile unverzüglich hervortreten, sobald der erste Läuterungsprozeß seine Laufbahn vollendet oder die gleichartigen, hier sich anziehenden, dort sich abstoßenden Kräfte ihren gebührenden Kreisen übergeben hatte. So gehörten unter König Eduard III. (1343) die unmittelbaren Lehnsträger *(barons by tenure)* oder größeren Barone, etwa 150 an der Zahl, die Erzbischöfe, Bischöfe und Äbte dem Haus der Herren *(house of Lords)* an, während die Abgeordneten der Grafschaften (Ritter), Städte und Flecken *(boroughs)* das Haus der Gemeinen *(house of Commons)* bildeten und, einzelne Fälle ausgenommen, stets getrennt beratschlagten.

Neben den regelmäßigen Mitgliedern des Oberhauses hatten seit der Aufnahme des sogenannten Briefadels *(barons by writ)* auch solche Lehnsträger Sitz und Stimme, die der König schriftlich einlud, ihm mit Rat und Hilfe beizustehen. Aber eben deshalb hingen diese außerordentlichen Pairs, denen kein Lehen, sondern die

Gnade des Herrn staatsbürgerliches Leben gab, so sehr von der Gunst des Hofes ab, daß er sie beliebig einberufen oder von den Versammlungen ausschließen durfte, je nachdem der besondere Nutzen das eine und andere vorzeichnete.

Die Rechte des so in seinen Grundzügen ausgebildeten Parlaments umfaßten hauptsächlich drei dem Haushalt, der gesetzgebenden und der richterlichen Macht angehörige Bereiche. Zuerst nämlich besaß keine Steuer unter was immer für Namen Gültigkeit, wenn sie nicht von den Gemeinen als den am meisten dabei beteiligten Mitgliedern der Nationalstellvertretung bewilligt und für bestimmte Zwecke angewiesen war. Es kam sogar allmählich der folgenreiche Brauch auf, Geldhilfen (Subsidien) an die vorherige Erledigung der Bedingung zu knüpfen und dergestalt die etwa widerstrebende Kronmacht durch gänzliches oder teilweises Verweigern der äußeren Hilfsmittel für Nachgiebigkeit in staatsbürgerlichen Forderungen zu gewinnen. Weil aber bisweilen die Bittschriften (Petitionen) oder Bills, die einer alten Gewohnheit gemäß am Schluß jeder Sitzung von den Richtern in einer den damaligen Gemeinen unbekannten Kunstsprache abgefaßt wurden, manche Zweideutigkeit enthielten, verordnete König Heinrich V. (1415), dem Begehren des Unterhauses nachgebend, daß in Zukunft kein Gesetz als schriftlicher Ausdruck einer vorgelegten Beschwerde durch Anhängsel, Lücken oder schielende, unbestimmte Wendungen verändert werden sollte.*

Ferner besaß das Parlament einen entscheidenden Anteil an der gesetzgebenden Macht, denn ohne seine Genehmigung durfte keine alte, allgemeinverbindliche Vorschrift zurückgenommen und keine neue aufgestellt werden. Damit jedoch Unbedachtsamkeit und Leichtsinn in diesem wichtigsten Zweig der öffentlichen Beratung gezügelt und abgewehrt würden, zeichnete das Herkommen verschiedene Förmlichkeiten vor, die eine übereilte, einseitige und leidenschaftliche Beschlußfassung beinahe unmöglich machten. Wer nämlich im Ober- und Unterhaus einen auf die Gesetzgebung bezüglichen Antrag stellen wollte, mußte ihn oder die Bill schriftlich darlegen und sorgfältig in seinen Gründen entwickeln. Der sofort nach dreimaliger Lesung entweder von der Gesamtheit oder einem Ausschuß *(committee)* geprüfte Vorschlag kam, wenn er den Beifall der Stimmenmehrheit bekommen hatte, teils ganz, teils in etlichen Stellen geändert von den Gemeinen an die Herren (Lords).

* Mackintosh, Geschichte Englands, II, 218.

Wenn er hier gebilligt wurde, kam er an den König, der durch Genehmigung die Bill in ein Gesetz oder in eine Parlamentsakte umwandelte, durch verneinende Antwort aber *(le roi s'avisera)* gleichsam in der Geburt tötete. Auf dieselbe Weise konnten auch Anträge, mit Ausnahme der Geldhilfen, vom oberen Haus an die Gemeinen gelangen.

Endlich untersuchte das Parlament auch die gesamte Staatsverwaltung, rügte Mißbräuche und trat gegen die höchsten Beamten (Minister) nötigenfalls als Kläger auf, wobei die Gemeinen den Tatbestand vorlegten und entwickelten, die Lords als Richter hörten und entschieden. Hochverrat und Friedbruch ausgenommen, waren die Parlamentsglieder während der Reise und des Aufenthalts dem Bereich der gewöhnlichen Gerichte entzogen. Sie genossen unbedingte Sprechfreiheit, durften nicht verhaftet und nicht in ihren Beratungen gestört werden. Deshalb konnte die Krone zwar Botschaften *(messages)* senden, aber keinem Abgeordneten den Zutritt verweigern und auf keine noch schwebende Erörterung mittel- oder unmittelbar einwirken (Privilegium des Parlaments, *privilege of parliament*).

Der König dagegen berief, vertagte und entließ die Reichsstände. Er bestätigte den vom Haus der Gemeinen erwählten Obmann (Sprecher) und nahm, wie schon früher bemerkt wurde, teil an der Gesetzgebung. Er bestellte als Ausdruck der ganzen vollziehenden Gewalt die Richter und übrigen Beamten. Er befehligte Flotte und Landheer, schloß, der Fremde gegenüber alleiniger Vertreter des Volkes, Bündnisse und Übereinkünfte ab und führte die darauf bezüglichen Unterhandlungen. Er bestimmte Krieg und Frieden, wobei er hier wegen des Geldbedarfs wiederum abhängig vom Parlament war. Er genoß die Unverletzbarkeit der Person und Ehre. Teils auf Kosten der beträchtlichen Krongüter, teils der dafür Steuern zahlenden Stände unterhielt er ein zahlreiches, glänzendes Hoflager und besaß überhaupt genug gesetzliche Mittel, um bei Geist und Kraft das bedeutende Kronvorrecht (Prärogative) gegen feindselige Versuche der Adels- und Volkspartei nicht nur zu schützen, sondern auch auszudehnen.

Unverstand und Willkür scheiterten dagegen leicht an der Macht des schon ziemlich zum Nationalgut gewordenen Freiheits- und Rechtsgefühls der Briten. Hinsichtlich der Wahlen wurden frühzeitig Vorschriften erlassen, um Bestechlichkeit auf der einen, allgemeine (demokratische) Berechtigung auf der anderen Seite zu verhindern. So gebot 1406 eine Verordnung, daß am folgenden Gerichtstag für die Grafschaft, nachdem die Ausschreiben zum Parlament versendet sind, der Tag und der Ort bekanntgemacht werden und daß alle dort Anwesenden frei und unparteiisch zur Wahl schreiten sollten, ohne durch Bitten und Befehle sich abhalten zu lassen.

Aber bald wurde unter Heinrich VI. das Stimmrecht auf solche freien Grundbesitzer *(freeholders)* beschränkt, die von ihrem erbeigentümlichen Gut eine jährliche Einnahme von mindestens 40 Schillingen (etwa 13 Reichstaler) nach Abzug aller Kosten hätten, um auf diese Weise die Stellvertretung gegen den ungestümen Andrang der Armen oder mäßig Begüterten ein für allemal zu sichern. In den Städten und Flecken *(boroughs)* bildete sich die Wahlbefugnis nach keinem festen Grundsatz, sondern nach örtlichen und zeitlichen Rücksichten aus. Denn an etlichen Orten umfaßte sie alle Freisassen *(freemen)*, an anderen die Mitglieder einer Zunft, an noch anderen die freien Grundbesitzer oder *burgage tenants*, die in einem Borough Landeigentum besaßen, bald alle zu den Gemeindeausgaben beitragenden Einwohner, bald ganz arme Hausväter, so daß nichts von einem durchgreifenden, allgemeinen Maßstab abhing, vielmehr Zufälligkeiten und besondere, nach dem Ort wechselnde Verhältnisse über die eigentliche Lebensfrage aller ständischen Grundgesetze, das Wahlrecht, entschieden. Aber gerade diese Mannigfaltigkeit bezeugt auch für die staatsbürgerliche Entwicklung Englands ein sattsam bekannt gewordenes Merkmal des Mittelalters, das die jeweiligen Zeugnisse wirkender Kräfte nach den besonderen (individuellen) Grundzügen der Personen, Stämme, Landschaften, Gewerbe und Einigungen auszuprägen pflegte.*

In Spanien, wo Kämpfe mit den Arabern Handel und Verkehr vorwärtstrieben, nahm die reichsständische Entwicklung seit dem 12. Jahrhundert einen kräftigen Aufschwung, gestaltete sich jedoch so, daß für Kastilien die hohe Ritterschaft und die Geistlichkeit, für Aragonien der niedere Adel und das Bürgertum neben der Kronmacht entscheidendes Übergewicht erhielten. In dem zuletzt genannten Land, der eigentlichen Heimat der spanischen Stellvertretung, bewirkten der ausgedehnte Verkehr katalonischer Städte mit Syrien, Ägypten, dem griechischen Reich und der südfranzösischen Nachbarschaft, das durch zahllose Fehden gegen den Islam

* Vgl. über das Wahlrecht Mackintosh, II, 219 ff.

gewonnene Selbstvertrauen und die selten gestörte Eintracht mit dem Adel ein so rasches und festes Wachstum der Gemeinden, daß bereits 1118 die Bürger Zaragozas die Rechte der unteren Ritterschaft gewannen und etliche Jahre später (1133) städtische Abgeordnete auf den Reichstagen *(cortes)* erschienen.*

Diese Reichstage, die gleichzeitig von den Boten des in eine höhere *(ricos hombres)* und eine niedere (*infancones, cavalleros, hidalgos*, d. h. Söhne von etwas) Klasse geteilten Adels und der Prälaten besucht wurden, nahmen allmählich mit dem König an den Hoheitsrechten der Gesamtheit teil. Sie verfügten über Krieg und Frieden, Bündnisse und Verträge, Steuern und Münzen, alte und neue Gesetze, endlich Urteilssprüche der unteren Gerichtshöfe. Dabei handelten Herren und Gemeinden trotz der natürlichen Eifersucht meistens einträchtig, wenn die Krone, von der Geistlichkeit unterstützt, den parlamentarischen Entwicklungsgang aufzuhalten versuchte, und ruhten nicht eher, als bis jene nach vielfachen und heftigen Streitigkeiten drei, teilweise Aragonien eigentümliche Bollwerke der öffentlichen Freiheit bewilligte.

Während nämlich König Alfons III. die jährliche Berufung der Cortes nach Zaragoza als Grundgesetz anerkennen mußte (1287), bekam in demselben Jahr der Reichstag das Recht der bewaffneten Union oder die Befugnis des pflicht- und verfassungsmäßigen Widerstands, sobald der Fürst oder einer seiner Nachfolger ohne vorangegangenen Richterspruch die Sicherheit und Ehre der ständischen Mitglieder kränken würde. Ja, in solchem Falle dürfe man, ohne das Gelübde der Treue zu brechen, teils den König durch Gewalt zum Gehorsam gegen die Verordnungen und Übereinkünfte des Reiches zwingen, teils ihn seines Amtes entheben und ein anderes Oberhaupt wählen. Auf diesen Rechtsvertrag zwischen Fürsten und Volk deutete schon der Huldigungseid hin. »Wir«, lautete er, »ebenso viel wert wie ihr, machen Euch zu unserm König, mit der Bedingung, daß ihr uns unsere Rechte und Freiheiten bewahrt. Wo nicht, ist die Wahl ungültig.«**

Geraume Zeit handhabten die Stände glücklich und einträchtig ihr Unionsprivilegium.

Als aber Reibungen in offenkundigen Hader zwischen dem Adel und den Städten entarteten, nutzte der kluge und kraftvolle

---

* Siehe Band I, S. 348.

** *»Nos que valemos tanto como vos, os hazemos nuestro rey con tal que nos guardeys nuestros fueros y libertades, y sino, no.«* Siehe Algernon Sidneys Discourses, S. 78.

Peter IV. den günstigen Augenblick. Er schlug bei Epila unweit von Zaragoza das verbündete Heer und zwang die gedemütigten Cortes, dem Unionsrecht als unverträglich mit der allgemeinen Wohlfahrt zu entsagen (1348). Dafür gewährte jedoch der König, der mitten auf der Siegeslaufbahn bescheiden blieb und den Freiheitssinn der Aragonier ehrte, die Aufstellung einer unabhängigen, in ihrem Wirkungskreis teilweise souveränen Zwischenbehörde, die unter dem Namen Justicia (Gerechtigkeit) die Bewachung der Landesfreiheit und den Schutz gegen willkürliche Gewalt übernahm.

Dieser hohe, nur aus der Ritterschaft vom König auf Lebenszeit erwählte Beamte legte dunkle Gesetze und Rechtsgewohnheiten aus und urteilte als Richter über die öffentlichen Handlungen des Fürsten, der obersten Räte und der Gerichtshöfe. Er entschied die Streitigkeiten zwischen der Krone und den Ständen, sprach Recht in jeder denselben vorgelegten Sache und prüfte die Kundmachungen (Proklamationen) des Königs, ob sie auch mit den Landesgesetzen übereinstimmten. Vom Beeinträchtigten um Hilfe angerufen, hielt er die vorschnelle oder leidenschaftliche Wirksamkeit der Gerichte auf, die selbst den Gefangenen so lange ausliefern mußten, bis dessen Schuld erwiesen war. Mit einem Wort trat er als der geborene Anwalt des Schwachen und Verfolgten gegen Trotz und Willkür auf. Der Justicia, geweiht und unverletzlich, war niemandem als den Cortes zur Rechenschaft verpflichtet. Jährlich viermal unterwarf er seine Amtsverwaltung dem Urteil eines ständischen Ausschusses von anfangs vier, danach 17 Mitgliedern, die, Inquisitoren des Justiziats genannt, alle Beschwerden und Klagen sorgfältig prüften und nach vollendeter Untersuchung durch schwarze und weiße Kugeln abstimmten. Die Strafe war dem Verbrechen angemessen: der Gewalttätige büßte durch den Tod, der Habgierige mit Geld, den Ehrsüchtigen traf die Schande.

Die allgemeinen Reichsstände, die auf des Königs Mahnung anfangs jährlich, seit 1307 alle zwei Jahre von den Abgeordneten Aragoniens, Kataloniens und Valencias besucht wurden, bildeten keine Einheit, sondern zerfielen in die vier Abteilungen oder Arme (*brazos, estamentos,* Bänke) der Geistlichkeit, des hohen *(brazo de nobles)* und des niederen Adels (*brazo decavalleros y hijos dalgo)* und der Stadtgemeinden *(brazo de universidades).* Ein Erzbischof, sechs Bischöfe, acht Äbte, fünf Prioren, die Kapitel der Kathedralkirchen und zwei Ordenskomture, gewöhnlich 28 Prälaten, gehörten zu der geistlichen, Herzöge, Grafen, Barone und andere unmittelbare Lehnsträger zur hochadeligen Bank, während die unbescholtenen Abkömmlinge alter Geschlechter als Stellvertreter der Ritterschaft berufen wurden und etwa 30 Städte aus ihren Gemeinderäten Bevollmächtigte ernannten.

Vieles hing bei dem allem von guten Bräuchen und dem Willen des Königs ab. In Aragonien wie anderwärts fehlte eine scharf bestimmte, urkundliche Wahlordnung. Krämer und Handwerker durften nicht erscheinen. Alles atmete einen kriegerischen oder auf höhere Betriebsamkeit (Großhandel) gerichteten Geist. Der König war bewaffnet und wurde von den oberen Staatsbeamten umgeben: rechts dem Thron, an dessen Stufen der Justicia stand, die Prälaten, links der Adel. Gegenüber standen die Gemeinen. Der König eröffnete durch eine Rede die Versammlung und zeigte die Themen ihrer Wirksamkeit an. Danach trat jede Bank *(brazo)* in ein besonderes Zimmer ab. Sie ernannte ihren Schreiber und verschiedene Ausschüsse für die Prüfung der Vollmachten *(habilitadores),* der Beschwerden *(recogedores de greugas),* der auf das Gemeinwohl bezüglichen Denkschriften *(promovedores)* und der mit dem König anzuknüpfenden Unterhandlungen *(tratadores).* Sie bestimmte den Geschäftsgang und die Stunden der Zusammenkünfte und wählte endlich Abgeordnete (Gesandte), um das Einverständnis und die Verbindung der ständischen Bänke untereinander zu vermitteln. Für die Gültigkeit eines Cortesbeschlusses, mochte er Steuern oder Gesetze betreffen, war Einstimmigkeit der Krone und aller Mitglieder notwendig. Der Widerspruch eines einzelnen konnte die Wirksamkeit der ständischen Abteilung lähmen und so lange fortdauern, bis sich der Urheber des Hindernisses aus der Stadt entfernt hatte. Nur richterliche Angelegenheiten und Beschwerden über Mißbräuche waren diesem hemmenden Übermaß der persönlichen Freiheit entzogen.*

Vor dem Jahr 1383 leisteten die Stände, die nur bewaffnete Kriegsscharen stellten, dem König keine Geldhilfe, die laut ihrer Erklärung allein Mauren und Juden, die vom Heerdienst ausgeschlossen waren, zu erbringen pflegten. Es dauerte lange, bis sich der stolze und streitbare Aragonier daran gewöhnte, statt der Wehre Abgaben von Brot und Fleisch *(sisas)* als die erste, regelmäßige Steuer zu bewilligen. Waren die laufenden Geschäfte des Reichstages beendet, so verkündete der König feierlich die gefaßten und von ihm bestätigten Beschlüsse, bekräftigte eidlich deren ge-

---

* Dadurch vermied der Aragonier teilweise die traurigen Folgen eines dem *liberum veto* des polnischen Reichstages ähnlichen Übelstandes.

wissenhafte Vollziehung, dankte für das Geschehene und gab mit dem Wort: »Kehrt heim in Frieden!« das Zeichen zum Aufbruch. Jedoch blieb ein ständischer Ausschuß von acht Mitgliedern zurück, der als sichtbarer Vertreter des Volkes die Steuern beaufsichtigen, den Justicia unterstützen und schützen, die den nächsten Cortes vorbehaltenen Geschäfte prüfen sowie Freiheiten und Rechte des Landes wahrnehmen wie beschützen sollte.

Mannigfaltige Briefe und Abkommen hatten das allgemeine Recht der Aragonier so bestimmt und gesichert, daß ohne Kläger keine Untersuchung Gültigkeit besaß, mithin die heimliche Verfahrensweise der Glaubensgerichte gesetzwidrig blieb. Jeder Gefangene, der nicht durch Zeugen überwiesen werden konnte, bekam als schuldlos seine Freiheit. Es wurde keine Folter in was immer für Fällen, mit Ausnahme der Falschmünzer und offenkundigen Hochverräter, angewandt. Kein Eingeborener wurde, bei Todesstrafe, gefangen in fremdes Land geführt. Keinem Fremden wurde eine heimische Burg anvertraut und jeder Reichssasse verpflichtet, die öffentlichen Freiheiten und allgemeinen Gesetze nach Kräften zu schützen, ohne in den Vorwurf des sträflichen Widerstands zu fallen.*

Wenn also die Gesamtbürgerschaft Aragoniens eine feste Grundlage königlich-gemeinheitlicher Verfassung (konstitutioneller Monarchie) errang, ging in Kastilien die fürstlich-adlige Macht so entschieden vor, daß den Städten nur eine schwankende oder untergeordnete Stellung blieb, die keine wirksame Teilnahme an den Landesangelegenheiten erlaubte. Die Hauptursache dieser Entwicklungsweise lag in dem frühzeitigen und bestimmten Übergewicht des Lehnswesens, dessen schroffe, abschließende Eigenschaften unter steten Kämpfen mit der anfangs schwachen Kronmacht auch auf die von beiden Parteien hin- und hergerissenen Gemeinden überging. Denn genauso wie der Adel, der nicht zufrieden war mit den anderwärts üblichen Abstufungen, in den Bannerherren und Sippen des königlichen Hauses die Position der Granden erhielt – die besonders dadurch bevorrechtet waren, daß sie vor dem Fürsten mit bedecktem Haupt erscheinen und ähnliche Ehren der Eitelkeit genießen durften –, so haderten die Städte, namentlich Toledo und Burgos, auf den Reichstagen (Cortes) um den leeren Vorrang des Platzes und verzögerten durch sol-

* Vgl. über Aragoniens Verfassung Lindaus Darstellungen aus der spanischen Geschichte, Teil I, 11–77.

che Streitigkeiten nicht selten ernsthafte, auf das Gesamtwohl bezügliche Beratungen.

Überdies besaß der kastilische Adel in den sogenannten Schutzgebieten (*behetrias*, d. h. *benefactoriae*, Dienstleistungen) eine eigentümliche, sonst nirgends während des Mittelalters sichtbare Hilfsmacht. Weil nämlich das Flachland in den Tagen des arabischen Unabhängigkeitskrieges oft von feindlichen Streifscharen heimgesucht wurde, traten die friedlichen Bewohner unter den Schutz eines benachbarten Burgherrn, der für eine vertragsmäßige Entschädigung, sei es an Geld oder Früchten, Gut und Leib der Schutzbefohlenen sicherte. Wenn er die übernommene Pflicht fahrlässig erfüllte, konnte er mit einem anderen Wächter vertauscht werden. Dieser Brauch, der in einem beträchtlichen Teil Kastiliens gültig war und auch nach der völligen Befreiung des christlichen Gebiets rechtskräftig blieb, erhöhte ebensosehr die Macht des gleichsam verzweifachten Lehnsadels wie die Schwäche der Gemeinden, die häufig auf dem Boden der Schutzgebiete aus früher offenen Flecken entstanden oder sich durch allmähliches Anschließen jener aus einem älteren, festeren Ort entwickelten.

Ungeachtet dieser Hindernisse wuchs, von den Königen unterstützt, seit der Mitte des 13. Jahrhunderts durch zunehmende Betriebsamkeit und Bürgerzahl die Kraft der Städte so bedeutend, daß sie nicht nur die Reichsstandschaft gewinnen, sondern auch 1282 die erste Schutz- und Trutzverbindung (Brüderschaft, *hermandad*) abschließen und etliche Jahre später (1295) gegen alle Feinde ihrer Rechte und Freiheiten erneuern konnten. »Wenn der König«, lautete unter anderem die merkwürdige Urkunde, »oder einer von den Großen oder ein Beamter die Rechte einer Gemeinde kränken und die deswegen erhobene Beschwerde keine Erledigung finden sollte, sind alle zum gegenseitigen Schutz verpflichtet. – Die Genossen des Bundes, die königliche Briefe annehmen, durch die neue, gesetzwidrige Abgaben und andere widerrechtliche Dinge gefordert werden, haben ihr Leben verwirkt, und jede Gemeinde, die dem König ein Darlehen oder sonst eine ungesetzliche Leistung ohne den Willen des gesamten Bundes gewährt hat, wird von den Verbrüderten feindlich behandelt. – Wenn jemand vom Adel einen Gemeindegenossen herausfordert oder ihm droht, so soll die Gemeinde auf geschehene Anzeige hin den Gefährdeten etliche achtbare Männer als Schutzwache senden, und will der Beleidiger nicht Bürgschaft leisten, darf der Bedrohte ihn als Feind behandeln und töten, wo er kann. Auch erheben sich alle Gemeinden, oder diejenigen, deren Hilfe aufgerufen wird, als Rächer gegen den Edlen oder wer sonst der Fremde ist, der einen Genossen der Verbrüderung erschlagen oder beschimpft hat.«

Diese vom Adel umsonst nach Kräften unterbundene Einigung der Städte bewirkte hauptsächlich, daß ihre Abgeordneten regelmäßiger auf den Cortes erscheinen und hier bestimmter, als es sonst geschah, sprechen konnten. Jedoch fehlte den Reichstagen, ohne deren Teilnahme der König weder Gesetze erlassen noch Steuern erheben durfte, die volkstümliche Stärke und Lebendigkeit der aragonischen Stellvertreter, indem einerseits nur etwa 18 Städte Bevollmächtigte sandten, andererseits die Krone den Zwiespalt der Bürger und des Adels nutzte und mit Geistlichkeit, Ritterschaft und Gemeinden gesondert zu unterhandeln wußte, um die Einheit der Stände zu brechen. Daher trat bald eine lähmende Halbheit hervor, die nur mit gleichartigen Ergebnissen enden konnte.*

Ähnlich Kastilien entwickelten sich die französischen Reichsstände. Denn obschon unter Philipp IV. die Kronmacht auf Kosten der lehnsherrlich-priesterlichen wuchs und die Städte Stellvertretung gewannen (1302), blieb dennoch das Bürgertum so schwach, daß seine Boten etwaige Bittschriften kniend überreichen und stehen mußten, während der Adel und die Geistlichkeit mit dem König auf einer Bühne Platz nahmen. Jedoch behaupteten die allgemeinen Reichsstände *(états généraux)* das durch Gewohnheit und Vertrag bekräftigte Recht, über Gesetze, Steuern, Bündnisse, Krieg und Frieden zu entscheiden, die Mißbräuche der Verwaltung zu untersuchen und Fehlgriffe der obersten Beamten durch öffentliche Anklage zu rügen. Bisweilen wurde sogar, wenn auch mit geringem Erfolg, eine ernsthafte und weitgreifende Besserung der unter äußeren und inneren Bedrängnissen zunehmenden Beschwerden erstrebt.

Dies geschah vor allem im Jahr 1356, als die Siege der Engländer und das Elend der von Steuern und Feinden bis zum wilden Aufruhr getriebenen Landleute ebenso wie die aus gleichen Ursachen hervorgehenden Unruhen der Bürger, besonders in Paris, nachdrückliche Heilmittel forderten. Daher begehrten die diesmal einhelligen Stände, die vom Reichsverweser und Dauphin Karl während der Gefangenschaft seines Vaters Johann nach Paris entboten (17. Dezember) worden waren, daß ein bleibender Ausschuß von vier Prälaten, zwölf Rittern und zwölf Bürgern gebildet wurde, der dem König als Ratgeber bei Krieg, Frieden und allgemeinen

* Vgl. Lindau, Teil I, 77–114.

Landesbeschwerden zur Seite stehen und auch in jede Amtsmannschaft *(bailliage)* drei Bevollmächtigte entsenden sollte, um die Steuereinnehmer zu beaufsichtigen und für die Vollziehung der gefaßten Beschlüsse zu sorgen. Doch die Not der Zeiten und das bald wieder rege Mißtrauen der einzelnen Stände verhinderten die Ausführung des ebenso dringlichen wie wohltätigen Reformentwurfs und stürzten Frankreich in die gesetzlose Willkür bald der Lehnsgroßen, bald der Krone zurück. Man bedurfte am Ende der langen Wirren eines gewaltigen und durchschlagenden Herrn, der, wie Ludwig XI. auch wirklich handelte, genug Kraft und Klugheit besaß, um mit der einen Hand die Hochadeligen, mit der anderen die Generalstände zu schlagen und eine in dem damaligen Jahrhundert beispiellose Macht des Königtums zu begründen, wie an der schicklichen Stelle die Erzählung zeigen wird.

Nicht gleichgültig für das Schicksal der ständischen Vertretung blieb die Frankreich eigentümliche Lage der Obergerichtshöfe (Parlamente), die neben ihrem Berufskreis als Zeichen der früheren Teilnahme an den öffentlichen Angelegenheiten den Brauch beibehielten, Reichstagsbeschlüsse und königliche Befehle nur dann für gültig und verbindlich zu erklären, wenn sie regelmäßig in die Register der hohen Schöffenstühle eingetragen waren *(enregistrement)*. So viel von der reichsständischen Entwicklung in den Hauptländern der Christenheit.

## Zweiter Abschnitt

*Das Freistädtetum (der Republikanismus) und die freistädtischen Bünde*

### 1. Ursprung, Wachstum und Grundverfassung des niederdeutschen Städtebundes, der Hanse

Während auf die eben beschriebene Weise bei den meisten und kräftigsten Völkern romanisch-germanischen Stammes mehr oder minder glückliche Versuche für ein fürstlich-gemeinheitliches, auf ständischen Körperschaften ruhendes Grundgesetz geschahen, folgte das schon lange vorbereitete, hin und wieder bereits praktisch tätige Freistädtetum in etlichen Bezirken Italiens und Deutschlands einer unabhängigen Laufbahn. Aber während jenseits der Alpen nach kurzer, glanzvoller Blüte die Kämpfe zwischen Ghibellinen- und Welfenparteien sowie Selbstsucht und Sittenlosigkeit, die Frucht des steigenden Reichtums und Wohllebens, die Grundkraft des früher gesunden und starken Lombardenbundes vergifteten und dadurch einen notwendigen Rückfall in den herrschaftlichen (monarchischen) Kreis teils vorbereiteten, teils tatsächlich herbeiführten, gewann im Nordosten und Südwesten Deutschlands die republikanische Entwicklung seit dem Tod der Hohenstaufen allmählich einen so mächtigen Aufschwung und weiten Spielraum, daß dort die städtische Hanse, hier neben den Gemeinden Schwabens der große Bund oberdeutscher Lande oder die schweizerische Eidgenossenschaft Ursprung und Wachstum finden konnten.

Von diesen folgenreichen Bewegungen zieht wegen des Alters und des inneren Zusammenhangs mit den früher geschilderten Wechseln der Städte die Einigung der nordöstlichen Gemeinden (Hanse) den Blick zuerst auf sich. Schwach und zum Teil dunkel ist der Anfang dieses später gewaltigen und in seinen Grundzügen klaren Bundes, der eine der herrlichsten Erscheinungen des Mittelalters bildet. Fast unmerklich und ohne Geräusch entfaltete er infolge günstiger Verhältnisse durch Umsicht, Gewerblichkeit und Freiheitsliebe solche Stärke, daß er, unabhängig vom Reich, keinem Fürsten und Herrn untertan war. Er konnte sich selbst Gesetze geben, den Welthandel des Nordens leiten, deutsche Sprache und Gesittung an die Küsten Livlands und Kurlands tragen und Skandinaviens Könige demütigen und bisweilen in Dienstmannen umwandeln. Als Schiedsrichter konnte er die Streitigkeiten fremder Fürsten und Völker schlichten, überhaupt weltgeschichtlichen Einfluß auf nahe und ferne Geschlechter ausüben.

Den ursprünglichen Anstoß zu dieser besonders Norddeutschland eigentümlichen Entwicklung des städtischen Wesens brachten frühzeitig kaufmännische, dem Nutzen gewidmete Vereine und dem wachsenden Faustrecht entsprossene Landfriedensbündnisse, so daß Erwerbslust und Sorge für das Eigentum den Keim der erst später hervortretenden politischen Genossenschaft legten. Wie die älteren Kauffahrer Italiens und Spaniens für Gewinn und Sicherheit im Ausland zunftmäßige Gesellschaften stifteten, so veranlagte das gleiche Bedürfnis norddeutsche Handelsleute, westlich in Großbritannien, östlich auf der skandinavisch-dänischen Insel Gotland abgeschlossene Gilden (Bruderschaften, Hansen) zu gründen und allmählich an Rechten wie Besitztum auszudehnen. In England erteilten schon Wilhelm der Eroberer (1066–1087) und Heinrich II. (1154–1189) den unternehmerischen Kölnern mannigfaltige Handelsfreiheiten, während die Lübecker und andere Kauffahrer Norddeutschlands die Erlaubnis zu besonderen Vereinen bekamen, die etwa um die Mitte des 13. Jahrhunderts in eine einzige Gesellschaft umgewandelt wurden, deren ansehnliche Befugnisse und Rechte schon der bedeutsame Name »Kaufleute von der Hanse Alemanniens« *(mercatores de Hansa Alemaniae)* bezeichnet. Sie durfte in London, wo ihr bereits seit Jahren eine von allen Zinsen befreite Niederlassung, die sogenannte Gildhalle, gehörte, Grundeigentum erwerben, die Schlichtung der Streitigkeiten zwischen den Mitgliedern (Hansebrüdern) einem jährlich erwählten Obmann oder Altermann, der Londoner Bürger sein mußte, übertragen und unabhängig von jeder anderweitigen Macht mit der englischen Regierung selbst Verträge abschließen.

Eine ähnliche, jedoch von den heimatlichen Städten als Gesamtheiten schon bedeutend eingeschränkte und vorgezeichnete Laufbahn beschrieben die deutschen Kaufmannsgesellschaften Flanderns und der Niederlande. Dagegen wetteiferte der östliche Verein zu Visby auf Gotland so glücklich mit dem englischen, daß er unter dem Schutz der schwedischen, dafür durch mäßige Jahresgelder entschädigten Krone bereits in der ersten Hälfte des 13. Jahrhunderts einen fast souveränen Handelsfreistaat bildete, der nach Osten über Novgorod mit Liv- und Rußland, nach Westen mit Deutschland, Flandern und Großbritannien gleich lebhaft verkehrte. Bei wachsendem Reichtum an Gut, Leuten und Schiffen wurden Bündnisse und Verträge geschlossen, die Ordnungen seines gesellschaftlichen und gewerblichen Lebens festgelegt, ja bisweilen den Städten der Heimat bindende Vorschriften des Betragens ohne wesentlichen Widerspruch zu erteilen gewagt. Denn im Jahr 1287 gebot ein Beschluß der gotländischen Kaufmannsgilde buchstäblich folgendes: »Ist irgendwo in einer Stadt oder einem Land durch Schiffbruch oder Raub ein Schaden entstanden, so sollen alle benachbarten Städte in ihren Bürgerversammlungen auf dieses Gerücht hin Befehl erlassen, keine der verunglückten oder geraubten Güter zu kaufen und zu verkaufen, dagegen aber den Geschädigten mit Rat und Tat zu helfen, daß sie ihr Eigentum retten oder wiedergewinnen. Wer diese Satzung übertritt, soll nicht nur dem rechtmäßigen Inhaber die Ware ohne alle Entschädigung ausliefern, sondern auch seiner Stadt eine Buße von 20 Mark in Silber entrichten. Welche Gemeinde aber diese Vorschriften nicht befolgt, die soll aus der Gesellschaft der Kaufleute *(ex societate mercatorum)* ausgestoßen sein aller Orten und auf allen Straßen, bis sie Gehorsam geleistet hat.«*

Unabhängig von den Handelsvereinen entwickelten sich gleichzeitig im nordwestlichen Deutschland die städtischen Bündnisse, die, wie es im Südwesten durch die rheinische Einigung geschah, uranfänglich den Schutz des Landfriedens und der Eigentumsrechte erstrebten, danach eine rein kaufmännische Richtung nahmen und allmählich die mit ihnen wetteifernden Privat-(Sonder-) gesellschaften in den größeren, stärkeren Kreis einbezogen, so daß sie zuletzt als Eidgenossenschaft souveräner, dem Römischen Reich Deutscher Nation nur dem Namen nach angehöriger Freistaaten endeten. Den ersten Anstoß zu einem Landfriedensbündnis gaben, soweit die urkundlichen Zeugnisse zurückgehen, im Norden Hamburg und Lübeck, die, auf ältere Verträge gestützt, 1241 für Abwehr und Angriff vereinigt einander gelobten, das Meer von der Mündung des Traveflusses an bis zur Mündung der Elbe und diesen Strom hinauf bis Hamburg mit gemeinschaftlichen Kräften und Kosten zu schützen, Mord, Raub, Mißhandlung außerhalb der beidseitigen Ringmauern an den Tätern zu

* Sartorius, Urkundliche Geschichte des Ursprungs der deutschen Hanse. Herausgegeben von Lappenberg. Teil I, S. 14. Urkundenbuch (Teil II), Nr. 67, S. 152, 153. Erst diese zweite, von dem gelehrten Herausgeber reichlich ausgestattete Auflage des trefflichen Werkes gibt über die Anfänge der Hanse sichere Auskunft.

rächen und dem Kläger bei der Verfolgung seines Rechtes behilflich zu sein.*

Bei den steigenden Gewalttätigkeiten, die dem Untergang der Hohenstaufen folgten, breitete sich dieser städtische, auf Sicherung des Eigentums gerichtete Verein schnell und über einen beträchtlichen Bezirk aus. Die meisten Gemeinden Westfalens, Bremen, Minden, Stade, und mehrere Herren schlossen sich an, während tiefer landeinwärts Braunschweig den Hauptort eines Bundes darstellte, der anfangs nur den Räubereien des Fehdewesens begegnen und See- wie Landstraßen dem friedlichen Verkehr öffnen wollte. Dagegen traten die vier ältesten Städte Westfalens, Münster, Soest, Dortmund und Lippe, durch die im Jahr 1253 geschlossene, bleibende Einigung *(perpetua confoederatio)* schon in ein feindseliges Standesverhältnis zu dem in der Umgebung wohnenden und entfernteren Adel, denn sie gelobten einander Hilfe gegen jedermann, der einen der Ihrigen gefährden oder berauben würde, besonders gegen die Burgvögte *(castellani)* und Herren, Ritter, Knappen und Helfershelfer derselben. Den Käufer geraubten Gutes erklärten sie für gleich schuldig mit dem Räuber oder Dieb und den ungehorsamen Bürger für verlustig aller Ehren.**

Bald darauf (1256) schlossen Lübeck, Wismar und Rostock einen besonderen Schutzvertrag ab, dem etliche Jahre später Stralsund und Greifswald beitraten (1293), während die deutsche Gemeinde auf der Insel Gotland oder zu Visby schon früher (1280) für den Schutz des Hafens der Trave, des Sundes und der Straße längs der Ostsee bis nach Novgorod und Livland mit Lübeck ein besonderes, zehnjähriges Schutzbündnis geschlossen hatte. Fortan bildeten die genannten fünf Seestädte, wendische (slawische) genannt, unter der Leitung Lübecks den Kern des allgemeinen norddeutschen Bundes, den fast alle Seeplätze von der russischen Grenze an bis zur flandrischen und tief landeinwärts in Sachsen und Westfalen durch ihren Beitritt so an Zahl und Hilfsmitteln verstärkten, daß er noch in der ersten Hälfte des 14. Jahrhunderts die besonderen Vereinigungen auflösen oder den allgemeineren Zwecken unterordnen konnte. Gleichzeitig zog er die Bestrebungen und Vorteile der kaufmännischen Handelsgesellschaften der Fremde in sich hinein und entlehnte von ihnen den allmählich gül-

---

* Sartorius, II, 45. Mit Unrecht betrachtete man vor Sartorius diese Urkunde als den Anfang der Hanse.

** Sartorius, I, 22.

tigen Namen Hanse der Deutschen *(hansa teutonicorum)* sowie gemeinheitliche Ordnungen.

Überhaupt konnte er jetzt an größere, mit vereinten Kräften ausgeführte Kriegszüge denken und den ersten, freilich unvollkommenen Entwurf einer bündischen Verfassung nicht sowohl durch schriftliche Übereinkunft als durch Gewohnheitsrecht aufstellen. Dafür trugen besonders die Gefahren und Hindernisse bei, die frühzeitig Fürsten und Herren, teils aus Furcht, teils aus ständischer Eifersucht dem Wachstum der Gemeinden und ihres losen, von örtlichen und körperschaftlichen Ansprüchen vielfach eingeschränkten Vereins bereiteten. Wenn nämlich schon in den frühen Tagen, als die Städte nur eine notdürftige Handhabung des Landfriedens erstrebten, die Herzöge von Braunschweig mit den Markgrafen von Brandenburg und Meißen, den Grafen von Holstein und anderen Herren zu Quedlinburg über einen Plan berieten, um die Fortschritte des bürgerlichen Wesens aufzuhalten, aber im Gefühl der Ohnmacht keine kräftigen Gegenanstalten trafen (1269),* so nahm mit der Erstarkung des Bundes zu alleinherrschaftlichen Zwecken die Gegenwirkung des Lehnswesens so zu, daß ohne einen entscheidenden Schlag noch Menschenalter lang ein fester Grund und Boden würde gefehlt haben.

Von dieser Überzeugung geleitet und rings umgeben von mächtigen Feinden und ungewissen Freunden, richtete Lübeck, bereits tatsächlich der Hanse rastloser Vorort, seine Hauptanstrengungen gegen den König der Dänen, Waldemar (III.), um vieljährige Zwiste durch eine kräftige Heerfahrt zu beenden und dadurch Sitz und Stimme im Rat unabhängiger Gemeinwesen zu gewinnen. Während also der kluge und tapfere Dänenfürst, auf die Wiederherstellung der alten Reichsmacht gerichtet, bei steigender Schwäche Schwedens und Norwegens Kassuben, Pommern und Rügen unter die seit Jahren abgeschüttelte Landeshoheit beugte, das entfernte Estland dem deutschen Orden verkaufte und die Inseln Öland und Gotland eroberte, rüsteten die Hansestädte, um den Tod von 1800 Mitbürgern, die unter den Mauern Visbys gefallen waren (1361), zu rächen und den Fortschritten des kühnen, bisher in allem glücklichen Nachbarn gegenzusteuern. Sofort schlossen Lübeck, Wismar, Rostock, Stralsund, Greifswald, Anklam, Stettin, Kolberg, Hamburg, Bremen und Kiel mit den Königen von Schwe-

---

* Sartorius, I, S. 28 der Vorrede Lappenbergs.

den und Norwegen sowie den Fürsten von Holstein und Mecklenburg ein Schutz- und Trutzbündnis ab. Sie sandten unter der Führung des lübeckischen Bürgermeisters, Johann Wittenburg, eine zahlreiche und trefflich bemannte Flotte aus, nahmen Öland und Gotland im Sturm und landeten an den feindlichen Küsten. Aber während hier Mord- und Beutelust die Ordnung auflösten, überfiel Waldemar die fahrlässig bewachten Schiffe, deren Trümmer mühsam und nach bedeutender Einbuße zu den heimischen Häfen flüchteten. Unter dem Beil des Henkers mußte Wittenburg auf offenem Markt das nicht ganz unverschuldete Mißgeschick büßen.

Zwar bewilligte Waldemar in dem kurzen Waffenstillstand (1362–1367) den Städten mehrere Handelsfreiheiten,* aber die Gefahren des Bundes stiegen, als die Könige von Schweden und Norwegen, Magnus und Hakon, die Partei Dänemarks ergriffen. Die darüber mißgestimmten Völker erhoben Aufruhr, erklärten die Krone für verwirkt und beriefen den Herzog Albrecht von Mecklenburg zur Nachfolge. Waldemar jedoch, jetzt von inneren und äußeren Feinden bedroht, rief gegen die Empörer und ihre Mithelfer, den norddeutschen Städtebund, die Hilfe der Kirche, des Römischen Reiches und sämtlicher Könige an, die in der Hanse einen gemeinschaftlichen Feind zu bekämpfen hätten. Sofort rüstete Kaiser Karl IV., schleuderte Papst Urban V. den Bann gegen Lübeck und dessen Verbündete.

Diese jedoch, keineswegs entmutigt, sondern vielmehr von einem durchgreifenden Gefühl des entscheidenden Augenblicks und des erlittenen Unrechts geleitet, erhoben sich von den Küsten Livlands und Preußens bis zur Südersee, Holland und Seeland zum Kampf um die Unabhängigkeit von Fürstengewalt. Sie sandten ihre Boten zahlreicher denn je nach Köln und befestigten hier durch verbesserte Ordnungen die Eintracht des Bundes überhaupt und der für Dänemarks Sturz bestimmten allgemeinen Heerfahrt. Denn sorgfältig wurden die Beiträge an großen und kleinen Schiffen, Schwerbewaffneten und Armbrustschützen bezeichnet und Zeit und Ort (der Öresund) für die Sammlung des Geschwaders angege-

---

* Siehe die Urkunde bei Sartorius, II, 506. Im Namen aller Städte der deutschen Hanse, insonderheit der Seestädte *(nomine omnium civitatum hanzae Teutonicorum et specialiter civitatum maritimarum)*, schlossen Rostock, Stralsund, Wismar und Lübeck am 8. November zu Rostock den Versöhnungsvertrag ab und handelten demnach schon als gesetzlicher Vorort des Bundes. Schwerlich kann man hier mit Sartorius (I, 80) ein nur zufälliges Verhältnis erblicken.

ben. Etwaige Überläufer wurden auf immer geächtet, saumselige oder ungehorsame Mitglieder des Bündnisses (Verbundes) vom Handel und Wandel mit den übrigen Städten der deutschen Hanse (der dudeschen Henze) ausgeschlossen. Bei gleicher Strafe wurden Einfuhr und Versendung von Waffen und Mundvorräten in das Land der Könige Norwegens und Dänemarks untersagt. Für die Bestreitung der Kriegskosten wurden alle Kaufmannsgüter mit regelmäßigen Abgaben von einem Groten auf ein Pfund Groten belegt (Pfundgeld), um nach Mannzahl oder Zahl der Mannschaft unter die Städte, die Schiffe gestellt hätten, verteilt zu werden. Endlich wurden die Anstrengungen aller Verbündeten so lange gefordert, bis ihnen Recht geschehen sei.*

Der Ausgang entsprach nicht nur diesen umsichtigen und kräftigen Maßnahmen, sondern übertraf auch die kühnsten Hoffnungen. Denn während Waldemar beim Nahen der Gefahr mit seinen Schätzen nach Deutschland floh und die ohnmächtige Hilfe des Kaisers und der Reichsfürsten anrief, wüstete die hansische Flotte mit Feuer und Schwert an der norwegischen Küste, legte 15 Kirchspiele und 200 Dörfer in Asche, so daß König Hakon um Frieden flehen und die Rechtmäßigkeit Albrechts von Schweden anerkennen mußte. Danach wandte sie sich gegen Dänemark, verheerte Schonen, eroberte Kopenhagen und den Schlüssel des Sundes, Helsingör, plünderte Seeland, die Inseln Amack und Hveen, überall zu Lande und zu Wasser siegreich. Unter den 1600 Lübeckern, die in dieser Fehde stritten, leuchteten durch Heldenmut und Klugheit besonders die Ratsherren Eberhard von More, Gottschalk von Attendorn, Führer der Flotte, und Bruno von Warendorp, Bürgermeister und des Landheeres Feldhauptmann hervor. Letzterer wurde in der Schlacht getötet und im Chor zu St. Marien von der dankbaren Vaterstadt mit Schild und Helm feierlich beigesetzt. Hart bedrängt und von den Bundesgenossen verlassen, überlieferte König Waldemar im Stralsunder Frieden (1370) der Hanse alle Schlösser Schonens und für 15 Jahre zwei Drittel der dort fälligen Einkünfte aus, bestätigte und erweiterte die alten Handelsfreiheiten und gelobte sogar, daß ohne Einwilligung der Städte und treuen Gehorsam gegen die eben erwähnten Verträge kein Nachfolger gewählt und anerkannt werden sollte.

---

* Siehe die Kölner Konföderationsurkunde, ausgestellt am St. Elsbethtag (17. Dezember) 1367, bei Sartorius, II, 75.

Fortan im skandinavischen Norden, wo noch Menschenalter lang das schiedsrichterliche Amt gehandhabt wurde, als entscheidende Seemacht gefürchtet und im russischen Nordosten und englisch-flandrischen Nordwesten auch ohne glänzende Waffentaten geehrt, festigte der Bund bald durch Fehden, bald durch Abkommen seine souveräne Unabhängigkeit von Fürsten und Reichsständen, fremden Gerichten und Dienstleistungen. Er übte, ohne die urkundliche Bestätigung durch Kaiser und Reich zu besitzen, in Wirklichkeit alle Macht eines freien Gemeinwesens aus: Er ging Bündnisse ein, führte Krieg, schloß Frieden, nahm und gab schiedsrichterlichen Spruch, verachtete oder demütigte die staatsbürgerlichen Forderungen des Adels- und Fürstentums, riß alle Hoheitsrechte, sogar Jagd, Fischerei, Mühlen, Zoll, Abgaben von Eisengruben, Salz- und Bergwerken an sich, spottete im stolzen Selbstgefühl der kaiserlichen Acht wie des päpstlichen Bannes und beglaubigte durch Wort und Tat die kühne Erklärung, daß man nur den Vorrechten und Gott, unser aller Herrn, untertan sein wolle.

Indem sich bei so raschem und kräftigem Wachstum der Gesamtheit die bisherigen Kaufmannsgilden oder Privatvereine allmählich auflösten und Ordnungen und Gewohnheiten, Rechte und Vollmachten ihrer Erbin, der großen, staatsbürgerlichen Gesellschaft oder deutschen Hanse übertrugen, nahmen auch die allgemeinen Grundgesetze (Konstitution) mehr und mehr ein bestimmtes, obschon im einzelnen noch oft schwankendes Gepräge an. Die höchste, gesetzgebende Gewalt stand bei der Bundesversammlung, die, gebildet von den Abgeordneten der einzelnen Gemeinden, allgemein verbindliche Satzungen aufstellte, die Streitigkeiten mit auswärtigen Mächten oder einzelnen Hansegliedern entschied, die Beiträge an Mannschaft, Schiffen und Geld bestimmte, Krieg erklärte, Frieden und Verträge schloß, mit einem Wort alle auf die Gesamtheit bezüglichen Angelegenheiten beratend und ordnend vertrat. Dabei bildeten Lübeck und die zunächst benachbarten Wendenstädte nicht durch schriftliche Übereinkunft, sondern gesetzliches Herkommen den engeren Ausschuß, der gleichsam zwischen dem fernen Osten und dem Westen vermittelte, die meisten Tagfahrten und Unternehmungen betrieb, alle laufenden Bundessachen besorgte, die Gegenstände der Beratung entwarf, den Briefwechsel führte und gefaßte Beschlüsse vollzog.

Regelmäßig alle drei Jahre um Pfingsten und außerordentlich, sooft es die Bedürfnisse forderten, wurden die Bundesgenossen meistens nach Lübeck als der ersten oder vordersten Stadt einberufen. Häufig erschienen von den Eingeladenen nur wenige. Eifersucht oder auch Eigennutz und unangemessene Sparsamkeit hielten manchen zurück. Jedoch galt für die Abwesenden der jeweilige Beschluß als rechtskräftig und verbindlich. Die Sitzung geschah gewöhnlich so: Die Gesandten, bei ihrer Ankunft in Lübeck feierlich willkommen geheißen und mit dem üblichen Ehrenwein bewirtet, nahmen in dem großen, stattlich ausgeschmückten Rathaussaal die traditionell bestimmten Plätze ein, von denen die Sitze rechts und links dem leitenden Obmann (Präsidenten) Köln und Hamburg angehörten. Sie vernahmen und beantworteten die Eröffnungsrede, wechselten die Vollmachten aus und prüften die Entschuldigungsgründe der Abwesenden. Sobald der vorgelegte Gegenstand hinlänglich dafür und dagegen erörtert war, stimmten sie ab und ließen dem durch die Mehrheit gefaßten Beschluß nach geschehener Ablesung mittels des Lübecker Siegels die letzte, urkundliche Heiligung geben.

Um aber die Vollziehung der oft dem Nutzen einzelner widerstrebenden Sprüche teils dem Vorort, teils den einzelnen Gemeinden zu erleichtern, wurden verschiedene, dem Grad der Schuld angemessene Zwangsmittel, obschon nicht immer nachdrücklich, angewandt. Leichtere Vergehen nämlich traf eine größere oder geringere Geldbuße, deren Ertrag in den Bundesschatz floß. Hartnäkkige Widersetzlichkeit wurde mittels des großen Bannes mit der Ausschließung von den Rechten und Freiheiten der Genossenschaft bestraft, so daß niemand mit dem Geächteten (Verhanseten) bei schwerer Strafe handeln und verkehren durfte. Nicht leicht war die Wiederaufnahme. Der Schuldige mußte hinlänglichen Schadenersatz geben, Bußen zahlen, Opfer, Wallfahrten geloben, endlich demütige Abbitte tun und um Rückkehr in den Schoß der Bruderschaft flehen. Dagegen nahm der kleine Bann der gestraften Stadt nur die Stellvertretung am Hansetag, während der Umgang mit Schwestergemeinden erlaubt blieb.

Die regelmäßigen Einkünfte des Bundes ruhten teils auf den beträchtlichen Strafgeldern, teils auf dem Pfundzoll, der von allen aus- und eingehenden Waren von Zeit zu Zeit erhoben wurde, sowie auf den Beiträgen der einzelnen Mitglieder, die jedoch keinem festen Satz folgten, sondern nach den laufenden Verhältnissen auch ihre Leistungen an Geld, Schiffen und Mannschaft einrichteten. In außerordentlichen Lagen, etwa bei unvorhergesehener Gefahr oder um ein entscheidendes Unternehmen ohne Säumnis auszuführen, mußten Anleihen die Lücken des notwendigen Kostenaufwands ausfüllen.

Frühzeitig wurde nach dem Vorbild der kaufmännischen Vereine* das bündische Gebiet, um den Geschäftsgang zu erleichtern, in drei Hauptbezirke (Drittel) aufgeteilt: den wendischen, den westfälischen und den sächsischen, später (seit 1447), als bei steigender Verwicklung eine genauere Übersicht notwendig erschien, in neun Kreise (Quartiere), an deren Spitze Lübeck, Hamburg, Magdeburg, Braunschweig, Münster, Nimwegen, Deventer, Wesel und Paderborn als Kreisstädte standen und die dem allgemeinen Hansetag bestimmten Vorberatungen wie auch andere landschaftliche Angelegenheiten leiteten.

Bei dem entschiedenen Übergewicht der örtlichen und besonderen Rücksichten war die Zahl allgemeiner Bundesgesetze nicht groß. Es wirkte mehr das lebhafte Gefühl für Freiheit und Ehre als die durch urkundlichen Vertrag auf künstliche Weise gebotene Pflicht. Über dem Buchstaben der Schrift stand das oft vieldeutige Ansehen des Herkommens. Jedoch hatte man folgende Grundordnungen als verbindliche Vorschriften der Gesamtheit aufgestellt: 1) Kein hansischer Kaufmann soll mit Außerhansischen des In- und Auslands unmittelbar handeln (festgesetzt im Jahr 1366). 2) Wer zur Zeit eines Krieges dem Bürgerrecht in einer Hansestadt entsagt, darf von keinem Bundesmitglied als Bürger angenommen werden (1367). 3) Niemand soll in zwei Städten zugleich Bürger sein, ein Gesetz, das deutlich genug die Vorherrschaft der körperschaftlichen Kraft beweist und den Abstand von den Forderungen der allgemeinen, bündischen Union offenbart. 4) Wer in einer Stadt Aufruhr gegen den Rat anstiftet, soll mit dem Tod bestraft und auf der Flucht von keinem Mitglied der Hanse aufgenommen werden (1418). Die Gemeinde aber, die ihren Rat wirklich absetzt, soll nur unter Bedingung der Buße und Abbitte die Verzeihung des Bundes erhalten; bleibt sie halsstarrig, soll sie in den großen Bann fallen. 5) Jede Hansestadt und jeder hansische Bürger soll bei Streitigkeiten unter Strafe der Acht die Gerichtsstühle eines Landesherrn meiden und den Oberhof oder die Gemeinde, von der seine Vorfahren ihr Recht geholt haben, ansprechen.

Weil die Hanse in ihrem staatsbürgerlichen (politischen) Streben den Handel, die ursprüngliche Wurzel der kaufmännischen

---

* So in Brügge, 1347. Sartorius, I, 44. Urkundenbuch, 296, Nr. 164. Die gemeinen Kaufleute, heißt es hier, sollen in drei Drittel geteilt sein: 1) Lübeck, die wendischen Städte und die Sachsen und die dazugehören, 2) in Westfalen und Preußen und die dazugehören, 3) in die von Gotland, Livland und Schweden (d. h. die hier eingebürgerten Deutschen) und die dazugehören.

Vereine, bald als unumgänglich notwendige Bedingung bündischer Unabhängigkeit betrachtete und zuletzt, in den Tagen des Verfalls, sogar an die Spitze aller Anstrengungen stellte, mußte auf die Ausbreitung und Befestigung des Verkehrs mit der Fremde ein besonderes Gewicht gelegt werden. Daher entstanden, um die errungenen Handelsfreiheiten trotz des Wachstums der Hab- und Selbstsucht für ausschließende (monopolistische) Zwecke zu benutzen und die Mitbewerbung (Konkurrenz) niederzudrücken, die sogenannten Kaufmanns-Residenzen oder Comptoire, die gleichzeitig als Stapel- und Marktplätze in London für Großbritannien, in Bergen für Norwegen und Skandinavien, in Brügge für Flandern, Frankreich und Spanien und in Novgorod (Neugarten) für Rußland und die gesamte nordöstliche Slawenmark errichtet wurden. Da die Anlage der weitläufigen Warenhäuser und festen Beamtenwohnungen sowie der Sold und die Beköstigung der höheren und niederen Dienerschaft beträchtliche Ausgaben forderten, wurde auf alle Ein- und Ausfuhr eine verhältnismäßig berechnete Steuer gelegt und ausschließlich für den genannten Zweck benutzt.

Welcher Geist in diesen rein kaufmännischen Stiftungen herrschte, welches Gemisch zünftisch-republikanischer Ordnungen in den obersten und niedrigsten Kreisen einer ebenso umfassenden wie streng geregelten Gewerblichkeit vorwaltete, erhellt am deutlichsten aus dem Beispiel der norwegischen, in Bergen (1426–1437) gegründeten Residenz. In der sogenannten alten Stadt erbaut, bestand sie aus mehreren Höfen, von denen dreizehn die Marien- und neun die Martinsgemeinde bildeten. Jeder abgesonderte, durch Brücken mit dem Meer verbundene Hof (Garten) hatte sein eigenes Zeichen (Schild) und seinen besonderen Namen. Die langen, hölzernen Häuser, unten mit Buden und Lauben zum Ausstellen der Waren versehen, enthielten meistens zwei Stockwerke, von denen das erste Stuben und Schlafkammern, das zweite Feuerstelle und Küche darbot. Geräumige, von Grund auf gemauerte Keller zogen sich unter dem Hintergebäude fort, dessen Erdgeschoß den sogenannten großen Schütting (Saal) trug. In ihm versammelten sich während des Winters, von Martini bis Fasten, den Tag durch die verschiedenen, an besondere Tische gewiesenen Haushaltungen des einzelnen Hofes. Dieser zählte nämlich als Bewohner 15 Gesellschaften, deren jegliche der Oberleitung eines Hausvaters *(Husbonde)* folgen mußte. Ihm gehorchten unbedingt Gesellen und Lehrjungen oder Kaufmannsdiener und Bootsknechte. Etwaige Klagen und Streitigkeiten entschied die Oberbehörde, der Kaufmannsrat, der 18 Beisitzer und zwei Altermänner stark war und alljährlich aus den Meistern erwählt oder erneuert wurde. Dieser beaufsichtigte die gesamte, an 3000 Köpfe zählende Niederlassung, wachte über den Gehorsam gegen die Grundgesetze, prüfte Urteilssprüche der Altermänner und legte wichtige Angelegenheiten dem Lübecker Rat, bisweilen sogar dem hansischen Bundestag vor.

Für die Regierung galten übrigens zwei mit unnachsichtiger Strenge gehandhabte Regeln: Ehelosigkeit und blinde, nach verschiedenen Stufen verteilte Unterwürfigkeit gegen die Befehle der Oberen. Kein Verheirateter durfte bei Strafe der Einbuße seines städtischen und hansischen Bürgerrechts in der Niederlassung leben – eine mönchische Vorschrift, die zwar die Kräfte der Zunftgenossenschaft mehrte, aber die Unsittlichkeit bis zum rohesten Übermaß steigerte. Umsonst hielten Menschen und große Jagdhunde am Eingang der Brücke ihre Nachtwache. Die Unzucht wucherte desto üppiger innerhalb der Ringmauern des bergischen Quartiers.

Um die Willensfreiheit der Angehörigen, solange sie im Dienst der Gesellschaft standen, abzutöten, wurden nach dem Vorbild der Klöster und Ritterorden scharf getrennte Abteilungen erfunden und mit besonderen Pflichten wie Rechten ausgestattet. Man mußte von unten auf dienen, um Hausvater, Altermann oder Mitglied des Rates zu werden, die Zwischenkreise des Stubenjungen, Bootsknechts, Gesellen und Meisters durchlaufen und wurde überall sorgfältig beobachtet und an unbedingten Gehorsam gewöhnt. Um diesen vorzubereiten, wurden für die Lehrlinge schwere, oft gemeine und geistlose Prüfungen (Spiele) erfunden, wobei Scherz und Ernst auf mannigfaltige Weise wechselten. Die Knaben, deren Geduld und Treue eine Probe bestehen sollten, setzte man bald unter allerlei Gepränge dem fast erstickenden Qualm des Rauchfangs aus, bald wurden sie nackt in die See geworfen, dreimal untergetaucht und zuletzt nach spartanischer Weise unter Pauken- und Trompetenschall bis aufs Blut mit Ruten gestrichen. Schließlich wurden sie, wenn sie Ausdauer und Unempfindlichkeit gezeigt hatten, kostbar bewirtet.

Für den nordöstlichen Handelsverkehr diente als Mittelpunkt Novgorod, dessen uralte, den Anfängen der Hanse gleichlaufende Residenz deutsche Sitten, Bräuche und Gesetze in der genannten Gemeinde und zu Pleskow ausbreitete. Von hier aus wurden die Tuche Flanderns, Britanniens und Deutschlands, Salz, Gold, Silber sowie Erzeugnisse des nordischen und westlichen Kunstfleißes, besonders durch die Betriebsamkeit der preußischen und livländischen Hansestädte, bis zu den fernsten Grenzen der russischen und polnischen Reiche ausgeführt, dagegen Lederwerk, Wachs, Honig, Flachs, Pelze, bisweilen auch Getreide empfangen und nach den Märkten der Heimat gesandt.

Die erste und vorzüglichste Niederlassung des westeuropäischen Handels, soweit er vom Hansebund abhing, wurde Brügge. Denn kaum anderswo hatten Gewerbe, Kunstfleiß und kaufmännischer Wohlstand größere und raschere Fortschritte gemacht als in den wallonischen Niederlanden, nirgends hatten – vielleicht Venedig und die Lombardei ausgenommen – während des 13. Jahrhunderts die zersplitterten Zweige des Großhandels einen lebhafteren Umsatz und Sammelplatz gefunden als in Brügge. Hier tauschten Venezianer, Genuesen, Lombarden, Griechen, Spanier, Portugiesen, Franzosen, Engländer und Deutsche Bedürfnisse und Gedanken aus. Hier reiften bei dem frischen Umschwung der Kräfte gemeinheitliche und kaufmännische Einrichtungen so schnell, daß schon um den Anfang des 14. Jahrhunderts (1310) die genannte Stadt eine Versicherungsanstalt (Assekuranz) stiften und das später von den Italienern vollkommener ausgebildete Wechselgeschäft in den täglichen Verkehr aufnehmen konnte. Durch solche Vorteile angelockt, erschienen deutsche Kaufleute bereits in der Mitte des 13. Jahrhunderts außerordentlich zahlreich und gründeten 1262 das Comptoir zu Brügge, das alsbald spanische, englische und französische Waren gegen nordische umsetzte und deshalb mit der Niederlassung zu Novgorod im engsten Umgange lebte.

Die hansische Residenz in Brügge, die infolge von Mißhelligkeiten mit den eifersüchtigen Flamen 1386 nach Dordrecht verlegt wurde, bestand aus etwa 300 Gesellen oder Knappen, deren Aufsicht der aus sechs Alterleuten und 18 Beisitzern gebildete Kaufmannsrat führte. Die Grundgesetze, namentlich hinsichtlich der Ehelosigkeit, waren den bergisch-norwegischen ähnlich, Zucht und Strafen jedoch nach dem Bedürfnis des Himmels und der Landessitte weniger streng.

## 2. Aufblühen und Untergang des schwäbischen Städtebundes

Während so die Hanse, wenn auch vielfach eingeschränkt durch den Mangel an Einheit, Vernachlässigung des meistens leibeigenen oder halbfreien Landvolks und Übergewicht des Erwerbstriebes im Nordosten den Grund eines freistädtischen, mit dem Reich nur lose verknüpften Bundes legte, trat in Südwestdeutschland das Bürgertum als Vereinigung der schwäbischen Gemeinden gegen die Mißbräuche des Lehnswesens und der fürstlich-adeligen Macht mit Nachdruck, jedoch unglücklichem Ausgang in die Schranken. Unter der Regierung des Luxemburgers Karl IV. nämlich (1346–1378), der nicht sowohl des gemeinen Wesens als des eigenen Hauses und böhmischen Königreichs Nutzen suchte, wuchsen besonders in dem zerstückelten, von vielen Herren regierten Schwabenland Zügellosigkeit, Gewaltrecht und Selbsthilfe bis zum unerträglichen Übermaß an. Der hohe und der niedere Adel kämpfte bald mit den Städten, bald für und wider den mächtigen, erwerbssüchtigen und verschlagenen Grafen Eberhard von Württemberg, den man nach seiner vorherrschenden Leidenschaft den Greiner oder Zänker hieß. In häufiger Geldverlegenheit, gab der Adel dem haushälterischen, wohlhabenden Bürger seine Schlösser, Flecken und Dorfschaften für größere und kleinere Darlehen zum Pfand, vergalt, wenn er es in gesetzter Frist nicht auslösen konnte, die Ansprache des Gläubigers mit heimlichem oder offenbarem Undank und versuchte seinen Wohltätern nach Kräften zu schaden. Der stets geldbedürftige und ehrgeizige Kaiser endlich überließ den Kur- und anderen Fürsten Städte und Güter des Reiches teils als Pfand, teils als Eigentum und schaltete überhaupt, nicht als ob er freien Leuten, sondern Knechten vorstehen sollte.

Müde solcher Plackereien und Unterdrückungen, richteten 14 schwäbische Gemeinden im Jahre 1376 eine Einigung auf, die der »Große Bund« genannt wurde, und gelobten einander gegenseitige Hilfe gegen alle ungesetzliche Macht, von wannen sie auch kommen möchte. Sie versprachen, sich nie vom Reich trennen zu lassen, etwaige Streitigkeiten nach Güte und Recht zu schlichten und zur Bekämpfung ihrer Feinde angemessene Beiträge an Soldknechten, Bürgerwehren und Geld zu entrichten. Dieser Vertrag, den Ulm, Konstanz, Rottweil, Weil, Reutlingen, St. Gallen, Überlingen, Memmingen, Biberach, Ravensburg, Lindau, Kempten, Kaufbeuren und Eßlingen abschlossen, hatte bald die wohltätigsten Folgen. Denn überall wurden die bisher wegen der Zersplitterung meistens glücklichen Fehden des Adels, inbesondere des Grafen Eberhard von Württemberg, aufgehalten und in Niederlagen umgewandelt, so daß bei der Ohnmacht des Kaisers, der bald unterhandeln, bald kämpfen wollte, die Zahl der Bundesmitglieder innerhalb etlicher Jahre bis auf 34 anwuchs und auch am Ober- wie Mittelrhein ein gleichartiges Streben weckte und festigte. Denn während die meisten elsässischen Städte für den Schutz des Landfriedens ihre alte Einigung erneuerten, traten Mainz, Straßburg, Speyer, Worms, Frankfurt, Hagenau, Weißenburg und Federsheim, seit kurzem miteinander verbündet, für drei Jahre der großen, schwäbischen Liga bei, die fortan 42 Mitglieder umfaßte und trotz des Umfangs und der Verschiedenartigkeit Kräfte genug besaß, um Eigentum und Freiheit gegen jedweden Feind zu sichern. Man nahm zwar in der zu Speyer unterzeichneten Urkunde (am Tag Johannis des Täufers 1381) wegen früherer Vereinigungen oder Vogtei- und ähnlicher -rechte manche Fürsten und Herren aus, bestimmte aber daneben, daß diese Ausnahmen keine Gültigkeit haben sollten, sobald der Kläger eidlich die erlittene Unbilde beteuern würde.

Andererseits blieb jedoch auch der Adel nicht müßig. Durch das Beispiel der Städte belehrt, schlossen sich Fürsten, Grafen, geistliche und weltliche Herren zu verschiedenen Gesellschaften zusammen, die – bald nach dem Löwen und den Hörnern, bald nach St. Georg und St. Wilhelm benannt – die zersplitterten Kräfte gegen das Bürgertum und den wachsenden Trotz der Untertanen sammelten. Deshalb gelobten die Verbündeten einander, Streitigkeiten vor gewählten Richtern in Güte oder nach Recht auszutragen, d. h. sich den Aussprüchen der Schiedsleute unbedingt zu unterwerfen, die Führung der Mannschaft und der auswärtigen Angelegenheiten den durch Stimmenmehrheit eingesetzten Hauptleuten und Räten ohne Widerrede zu überlassen und schließlich auf allgemeinen Tagen über Krieg und Frieden, Waffenstillstände und Verträge, Beute und Eroberungen zu entscheiden.

Für die Erleichterung des Geschäftsganges wurde bei wachsendem Umfang das Gebiet der Löwengesellschaft, welche die Schwesterverbindungen bald hinter sich ließ, in mehrere Kreise eingeteilt, deren jeglicher sich seinen besonderen Hauptmann wählte. Der erste Bezirk ging von dem Ursitz (Urfahr) zu Speyer bis nach Straßburg, der andere von hier bis nach Basel, der dritte von Basel bis nach Bregenz vor dem Gebirge, der vierte von hier bis nach München, der fünfte bis nach Ingolstadt, der sechste bis nach Eichstätt, der siebte nach Regensburg, der achte nach Amberg, der neunte nach Eger, der zehnte nach Coburg, der elfte nach Schweinfurt, der zwölfte nach Miltenberg im Odenwald, der dreizehnte nach Heidelberg und der vierzehnte nach Speyer zum Urfahr, so daß Elsaß, Breisgau, Schwaben, Bayern und Franken, selbst Teile Thüringens die Glieder dieser langen, wohl verbundenen Adelskette umfaßten.*

* Siehe die Urkunde Nr. 171, bei Sattler, Geschichte Württembergs, Teil II.

Diese einander offenbar feindseligen Bünde der Städte und der Herren führten fortan ihre Fehden mit wechselndem Glück und gleicher Erbitterung. Mord, Raub, Brand und, wenn Waffenruhe eintrat, heimliches Aufhetzen der beiderseitigen Angehörigen, parteiische Rechtspflege und der Schutz landflüchtiger Verbrecher galten als gesetzliche Mittel, um den besonderen und allgemeinen Nutzen zu fördern, während die Städte trotz der täglichen Wirren an Wohlstand, Wehrhaftigkeit und Bevölkerung, besonders durch Aufnahme bedrängter Leibeigener, die ihren Herren entliefen, bedeutend gewannen und den oft zwieträchtigen, geldarmen Adel in große Verlegenheit brachten. Da beschloß jener auf den Rat des klugen und tatkräftigen Grafen Eberhard von Württemberg, einstweilen nachzugeben und sich für die Handhabung des Landfriedens den verhaßten Städten anzunähern. Daher richteten der genannte Graf, Herzog Leopold III. (Fromme) von Österreich wegen seiner in und um Schwaben gelegenen Länder, die Löwen-, die Wilhelms- und die St. Georgen-Gesellschaften mit 34 schwäbischen Gemeinden ein anderthalbjähriges Bündnis auf (Mittwoch nach Ostern 1382). Man versprach sich darin gegenseitige Hilfe gegen Feinde und Friedensbrüchige, Schlichtung der Streitigkeiten durch richterlichen oder schiedsrichterlichen Spruch, ungeschmälerten Besitz und Genuß aller Freiheiten, Briefe, Rechte und guten Gewohnheiten, die beide Teile von römischen Kaisern und Königen bisher erworben hätten, während die Städte noch im besonderen gelobten, binnen der gesetzten Frist keine flüchtigen Untertanen der Fürsten und Herren ins Bürgerrecht aufzunehmen.* Denn oft hatten die armen Leute, um den täglichen Quälereien zu entgehen, ihren Wohnsitz geändert und in der neuen Heimat Sicherheit und anständigen Unterhalt sowie Ehre und Freiheit gefunden, während es wenig nützte, ein Fürstengebiet mit dem anderen zu vertauschen oder sich statt der alten Beschwernis, die man glücklich durch den Wechsel der Heimat losgeworden war, eine frische, vielleicht noch stärkere Bürde bei dem zweiten Schutz- und Oberherrn aufzuladen.

Wenn unter solchen Verhältnissen die Städte der Ausdehnung ihrer Bürgerrechte durch Annahme fürstlicher Untertanen entsagten, so gaben sie sich dadurch, von unzeitiger Friedensliebe geblendet, eine gefährliche Blöße, die der stets wachsame Feind augenblicklich zu seinem Vorteil gebrauchte. Daher zwang Graf Eberhard von Württemberg, auf den Buchstaben des Vertrags gestützt, meh-

---

* Vertragsurkunde bei Sattler, Nr. 171, S. 219.

rere Freisassen Vaihingens, die Gemeinden, Richter und Schultheißen der Flecken Leonberg und Brackenheim, sich nebst den Bewohnern der dazugehörigen Dörfer durch Eid und Schrift für ewige Zeiten zu verbürgen, daß sie ihre Leiber, Frauen, Kinder und Güter niemals der Herrschaft Württemberg entfremden und, wenn einer oder mehrere dagegen handelten, sich sämtlich für geächtet, meineidig und ehrlos erklären wollten.*

Kaum hatten Fürsten und Adel durch den genannten Vertrag den Aufschwung des süddeutschen Bürgertums gelähmt und ihm klug eine Lebenswurzel abgegraben, als sie die dennoch unvermeidlichen Zerwürfnisse zwischen etlichen Reichsstädten und Landherren für weitere Fortschritte rasch nutzten und dem trägen, ränkevollen, den Freuden der Tafel und der Wollust dienstbaren Kaiser Wenzel, Karls IV. Sohn und Nachfolger (1378–1400), mit glänzenden Farben die Notwendigkeit schilderten, sich als Haupt an die Spitze eines Herrenbundes zu stellen und dadurch dem Frieden wie der gesetzlichen Ruhe eine feste Grundlage zu geben. Jener war zwar bisher im geheimen für die Vereinigungen der Gemeinden tätig gewesen, welche die dem König verdächtige Macht der Fürsten durch ihr Gegengewicht zügeln sollten. Von seiner Gesinnung her war er aber allem freieren Bürgerwesen feindselig gesinnt und gehorchte. Denn der Augenblick schien günstig zu sein und versprach, wenn die Auflösung der städtischen Bündnisse gelang, den bleibenden Dank des Herrenstands. Daher erklärte Wenzel auf

---

* Das von den genannten Untertanen des Grafen gegen die Freiheit ihrer eigenen Leiber gesprochene Feme-Urteil lautete wörtlich so: »Und wer daz daz unser dehainer verbrech und daz also nit stet hielt, es wer unser ainer oder mer oder wir alle davor Gott sy, So sol unser libe und unser gut und alles daz wir jetzo haben noch gewinnen, die denn verbrochen hätten, dem vorgenannten unserm gnedigen Herrn sinen erben und der Herrschaft ze Wirtemberg da vor ainen ganzen Manot verfallen sin gentzlich und gar und dieselbe fullent denn sin triulos, erlos und mainaidig an allen stetten und vor allen geihten und füro eweclichen verworffen und vertailt Leut sin. und mag uns der vorgenant unser Herr von Wirtemberg sin erben ir Amptlüt oder die iren unser Libe und unser gut darumb anfallen, sahen und bekümmern – und soll uns davor nit schirmen deheinerlai gericht Gaistlich noch Weltlichs noch keinerlei frihait, Stettrecht, Bürgerreht, gnad noch gebot der Fursten, der Herren, der Stett noch des Landes noch dehein gesetzt, Buntniß, verainung, gesellschafft, Lantrecht, Lantgeriht noch deheinerlay sache, die wir von Bäbsten, Kaisern, Kungen, Bischoffen, Fursten, Herren oder stellen erlangen mohten oder jetzo hetten noch utzet daz jeman erdenken kan oder mak oder noch erdaht möht werden.« Sattler, II, Urk. Nr. 173, S. 233. Beispiele ähnlicher Teufelsverschreibungen sind gewiß selten; sie sprechen laut für den Stand der Rechtsverhältnisse und bedürfen keiner Auslegung.

dem Reichstag zu Nürnberg (1383, Samstag vor dem Palmsonntag) einen zwölfjährigen Landfrieden, den sofort der Erzbischof von Mainz, Pfalzgraf Ruprecht der Ältere, Herzog Leopold von Österreich, Burggraf Friedrich von Nürnberg und Graf Eberhard von Württemberg als die Hauptanstifter des Plans beschworen, und gebot in einem Schreiben allen übrigen Fürsten, Grafen, Freiherren, Rittern, Edelknechten und Getreuen, sich ohne Widerrede oder Ausflucht in das Bündnis zu begeben. Bei kaiserlicher Ungnade seien etwaige Bürgerrechte oder anderweitige Verbindungen mit den Reichsstädten unverzüglich aufzukündigen. Den Kurfürsten und Fürsten gewährte er endlich die Vollmacht, nach Gutdünken Standesgenossen in diese Vereinigung aufzunehmen.

Als aber die Gemeinden in gerechtem Mißtrauen verharrten und sich hartnäckig weigerten, ihren besonderen Bund, wie man forderte, abzutun, gaben König und Fürsten den Gedanken an offene Feindseligkeiten einstweilen auf und begnügten sich damit, die Städte auf drei Jahre für die Teilnahme an dem großen, in Heidelberg geschlossenen Landfriedensbündnis (Dienstag nach Jakobi 1384) zu gewinnen, anderweitige Ziele aber bei der ungünstigen Gegenwart zu vertagen. Daher gelobten Mainz, Straßburg und Frankfurt im Namen der Reichsgemeinden am Rhein, im Elsaß und der Wetterau, Augsburg, Nürnberg und Ulm für die Standesgenossen in Franken, Ober- und Niederschwaben und Bayern einerseits sowie auf der anderen Seite der Erzbischof von Mainz, der Pfalzgraf Ruprecht, der Herzog Leopold von Österreich, Burggraf Friedrich von Nürnberg und Graf Eberhard von Württemberg im Namen der Fürsten, Grafen, Herren, Ritter und Edelknechte, daß sie einander gegen alle Angriffe unterstützen, allen Schaden abwenden, mit keinem Feind einzeln Frieden schließen und ihm weder Hilfe noch Aufenthalt gestatten wollten. Daneben wurde die Annahme herrschaftlicher Eigenleute und sogenannter Pfahlbürger unbedingt verboten,* jedoch nur auf die Dauer der gegenwärtigen Einigung beschränkt.

---

* Den Begriff Pfahlbürger erklärt am deutlichsten Kaiser Sigmunds goldene Bulle (1431). »Und wann«, heißt es hier, »etlich Burger und Unterthanen der Fürsten und Herrn und andere Leut suchen das Joch natürlicher Untertänigkeit abzuwerfen, sich frevelich und zu Schmähung ihrer Herrschaft zu Bürgern anderer Städte einzunehmen schaffen und doch in der ersten Herren Landen, Städten, Märkten und Dörfern persönlich wohnen, der Stadt, in die sie sich einzunehmen schaffen, Freiheit zu genießen und von ihnen beschirmet sein sollen, die in deutschen Landen Pfalbürger genannt sein.« Bei Sattler, II, 276.

Auf diese Weise durch schlaue Unterhandlungskünste in die Angelegenheiten der Fürsten verflochten und als Wächter des Landfriedens genötigt, ihrem eigenen Vorteil zu entsagen, fühlten die Reichsstädte bald das Unheilvolle der gegenwärtigen Lage und trachteten deshalb, dem alten Bürger- und Freisassenbund dadurch einen größeren Umfang zu geben, daß sie sich den Gemeinden der unlängst in den Talgründen Oberalemanniens (Schweiz) geschlossenen Eidgenossenschaft annäherten. So schlossen Zürich, Bern, Solothurn, Zug und das Amt daselbst mit 51 Städten am Rhein, in Schwaben und Franken auf neun Jahre eine getreue Gesellschaft ab und versprachen eidlich, einander gegen jedermann zu helfen, der sie an Leib und Gut, Ehren und Freiheiten, Rechten und Gewohnheiten schädigen würde (21. Februar 1385).*

Nicht nur Herzog Leopold von Österreich, der – beiden Teilen der gefährlichste Widersacher – durch Ränke und Versprechungen zu hemmen versuchte, sondern auch die mißtrauische Furcht der schweizerischen Landgemeinden vor fremden Händeln und Kriegen bewirkte, daß dieser Bund keine Früchte trug. Denn während die Reichsstädte, die noch im laufenden Jahre mit Herzog Leopold zwistig wurden, umsonst zur Hilfe mahnten und, darüber verdrießlich, ihre Streitigkeiten in Güte schlichteten, kämpften und siegten die Schweizer allein bei Sempach, wo, wie später berichtet werden soll, der Tod des habsburgischen Helden und seiner Ritterschaft in der entscheidenden Feldschlacht die Unabhängigkeit des eidgenössischen Bundes besiegelte (1386).

Schwer büßten bald danach die Reichsgemeinden – die, statt im günstigen Augenblick für den gleichartigen Zweck die Waffen zu ergreifen, mit Fürsten und Adel in Mergentheim eine neue Landfriedenseinigung abschlossen und dem falschen, damals schwer bedrängten Kaiser Wenzel unverbrüchliche Treue gegen alle seine Feinde gelobten – den unwürdigen Eigennutz und Kleinmut. Das seit langem drohende Ungewitter entlud sich desto heftiger, je stärkeren Groll beide Parteien aus den halb freiwilligen, halb abgezwungenen Bündnissen geschöpft und durch unaufhörliche Neckereien, arglistige Vorbehalte und absichtliche Beleidigungen bis zum letzten, gewalttätigen Durchbruch gesteigert hatten. Daneben versuchte arglistig das Oberhaupt des Reiches in den Zerwürfnissen und Wirren des allgemeinen Wesens die Quellen der Kronmacht, von vornherein entschlossen, die Todesstunde des verhaßten Bür-

* Siehe den Bundesbrief bei Lehmann, Speyerische Chronik, S. 748.

gertums nach Kräften zu beschleunigen, sobald Fürsten und Herren ein mäßiges Unterpfand der Treue geben würden.

Bei solchen Verhältnissen und der Hilfe gewiß, brachen plötzlich (Frühling 1388) die Herzöge Friedrich und Stephan von Bayern den beschworenen Landfrieden. Sie fingen den Bischof Pilgrim von Salzburg, einen Bundesgenossen der Städte, und übten offene Feindseligkeiten an denen von Nürnberg, Regensburg, Gmünd, Memmingen und Augsburg. Sofort sandten, als die geforderte Versöhnung trotzig abgeschlagen wurde, die in Ulm versammelten Boten der Gemeinden Frankens, Schwabens und Bayerns an die genannten Herzöge einen Fehdebrief, den auch Wenzel von Prag aus durch Unterschrift und Siegel bekräftigte. Sie mahnten die rheinischen und elsässischen Eidgenossen zum pflichtmäßigen Beistand, während Fürsten und Adel sich nicht minder tätig für den entscheidenden Kampf wappneten und die Rückkehr des unheilvollen Tages bei Sempach durch größere Umsicht und Eintracht zu vermeiden strebten.

So entbrannte in dem weitläufigen, von Herren- und Gemeindeländern durchschnittenen Gebiet Bayerns, Schwabens und des oberen und mittleren Rheinstroms ein wilder, wechselvoller Krieg, von allen Greueln entfesselter Leidenschaften begleitet. Denn während im Württembergischen an 1200 Dörfer und Flecken beim ersten, überwiegenden Anprall der Städtischen in Asche sanken, ließ Pfalzgraf Ruprecht, der bei Speyer gesiegt hatte, 40 durch Brand und Raub übel berüchtigte Gefangene in einen glühenden Kalkofen werfen und sprach: »Ihr habt mich bei Nacht und Nebel diebisch gesengt, so will ich euch bei schönem, lichten Tag öffentlich in Rauch schicken.«*

Mittlerweile hatten die Bevollmächtigten der schwäbischen, fränkischen und rheinischen Städte, die sich in Ulm als dem leitenden Vorort versammelt hatten, eine große Heerfahrt ins württembergische Land beschlossen, um teils den tätigsten und klügsten Widersacher zu demütigen, teils die Verbindung mit den rheinischen Bundesgenossen zu sichern. Daher stellten Ulm, Konstanz, Weil, Nördlingen, Heilbronn, Gmünd, Rottweil, Eßlingen, Weißenburg, St. Gallen, Memmingen, Reutlingen, Rotenburg, Buchhorn, Dinkelsbühl, Biberach, Pfullendorf, Überlingen, Ravensburg, Nürnberg, Weinsheim, Regensburg, Straßburg, Basel,

* Lehmann, S. 737. Bayrische Chronik bei v. Freiberg (Sammlung historischer Schriften und Urkunden), Band I, 71.

Wasserburg bei Lindau, Hagenweil, Speyer, Worms, Mainz und Frankfurt ein Heer von 1000 geharnischten und ebensoviel leicht bewaffneten Reitern, 1000 Armbrustschützen und 2000 Fußknechten, die unter dem Oberbefehl des Ulmer Bürgermeisters, Heinrich Besserer, ins Württembergische einbrachen, mit Feuer und Schwert wüsteten und endlich vor dem verschanzten Kirchhof des Dorfes Döffingen bei der Stadt Weil lagerten, um das dorthin zahlreich geflüchtete Landvolk zu unterwerfen.

Auf solche Kunde zog Graf Eberhard mit fast 7000 Reitern und Fußknechten heran, um die Seinen zu befreien. Das Heer bestand teils aus württembergischen Dienstleuten, teils aus den Hilfsscharen des Pfalzgrafen Ruprecht bei Rhein, des Markgrafen von Baden, der Grafen von Öttingen, des Bischofs von Würzburg und anderer weltlicher und geistlicher Herren und war an Zahl und Waffenkunst im entscheidenden Übergewicht. Dennoch empfingen die Städtischen am 23. August den stürmischen Angriff, den Graf Ulrich, Eberhards Sohn, ohne Säumnis als Vorspiel der bald allgemeinen Schlacht unternahm, um eine frühere Niederlage zu rächen, mit solchem Heldenmut, daß binnen kurzem neben dem feurigen Grafen die Standesgenossen von Werdenberg, Löwenstein, Zollern, die Freiherren von Rechberg, Gundelfingen und andere Adelige sanken und alle Reihen der Ritter und Fußknechte schwankten. In diesem Augenblick, den die Bürgerlichen ungenutzt vorübergehen ließen, rief Eberhard aus, mehr der Sache denn des persönlichen Verlustes eingedenk: »Erschreckt nicht, er ist wie ein anderer Mann, bleibt fest, siehe, die Feinde fliehen!« und erneuerte den Kampf. Da entwich, durch die Fürstlichen heimlich bestochen, der Graf von Henneberg, Führer des nürnbergischen Banners, vom Schlachtfeld und brachte Verwirrung unter das benachbarte Kriegsvolk der Städte. Es löste die Glieder und floh. Doch man fand keinen Winkelried.

An einer anderen Stelle, wo der Sieg noch lange ungewiß war, wurde die Ankunft des Ritters Wolf von Wunnenstein entscheidend, der über dem Haß gegen das Bürgertum die persönliche Feindschaft mit dem Grafen Eberhard vergaß und so ungestüm angriff, daß die Städtischen in Unordnung den Kampfplatz räumten. Sie verloren 1000 Tote, unter ihnen den Oberfeldherrn Besserer, und 600 Gefangene, während die Fürstlich-Adeligen gegen 600 Mann einbüßten. Kaum hatte aber Wolf von Wunnenstein seine allgemeine Standespflicht erfüllt, als er von dem Grafen, der ihm herzlich für die geleisteten Dienste dankte, mit den Worten »Gute Nacht, es steht im alten Rechten« Abschied nahm, davonritt und den württembergischen Bauern zu Kornwestheim das Vieh hinwegtrieb. »Das alt' Wölflein hat einmal Kochfleisch geholt«, tröstete Eberhard seine klagenden Untertanen.*

Inzwischen setzten die Städte trotz der Niederlage bei Döffingen die Fehde mit ungebeugtem Mut fort. Aber alles geschah, während der Feind vereint und planvoll handelte, abgerissen, ohne Zusammenhang und deshalb unglücklich. So siegte der Pfalzgraf Ruprecht bei Worms (6. Dezember), der wetterauische Adel bei Eschborn (14. Mai 1389) über die rheinischen Gemeinden und ruhten in Schwaben, Franken und Bayern die verbündeten Fürsten und Herren nicht eher, als bis Kaiser Wenzel, durch List und Drohungen gewonnen, wortbrüchig auf ihre Seite trat, die hart bedrängte Raubfeste Rauschenberg unter den Schutz des Reiches stellte, allen Feindseligkeiten ein Ende gebot und Abgeordnete beider Parteien nach Eger in Böhmen berief.

Hier wurde um Walpurgis (1389) ein sechsjähriger Landfriede, dessen Vollziehung vier bürgerliche und vier ritterschaftliche Richter und der vom König ernannte Obmann besorgen sollten, geschlossen. Der allgemeine Städtebund in Ober- und Niederschwaben, Franken, Bayern, dem Elsaß, der Wetterau und am Rhein wurde, da er gegen Gott, das Heilige Römische Reich und das Recht war, für ewige Zeiten aufgehoben, abgetan und abgesagt. Die Vereinigung des Adels und der Fürsten aber gegen diejenigen Städte, die ihre Streitigkeiten nicht auf dem Weg der Güte oder des Rechts beilegen würden, wurde für gültig und gesetzmäßig erklärt, endlich die Annahme von Eigenleuten und Pfahlbürgern unbedingt und bei schwerer Strafe verboten.**

Umsonst erhoben die Städte laute Klagen über die Wortbrüchigkeit des Kaisers und seinen parteiischen Spruch. Auf allen Seiten bedroht, des stolz oder hart behandelten Landvolks nicht sicher, ohne Mittelpunkt, hervorragende Persönlichkeit oder Führer mußten sie in Ruhe ihr Todesurteil hinnehmen, mit Geld und dem Verlust mancher Freiheiten die Versöhnung des jetzt nach der Lan-

---

* Sattler, II, 283.

** Siehe die Urkunde bei Lehmann, 760 usw. »Auch soll der gemeine Bund der Städten, der bißher gewesen ist, abseyn und sollen fürbas keinen mehr machen; so soll die Ainung, so zwischen uns und den Fürsten und Herrn gewesen ist, auch ab seyn, in der Maß als danach geschrieben ist. – Welche Städt oder Stadt (nämlich) sich nicht richten wolte mit Minne oder mit Recht, gegen derselben soll unser und der Fürsten, Grafen und Herrn Einung bleiben in ihren kräfften.«

deshoheit begierigen Herrenstandes erkaufen und das allgemeine Friedens- oder Polizeibündnis beschwören.*

## 3. Ursprung und Wachstum der hochdeutschen (schweizerischen) Eidgenossenschaft

Während also der schwäbische Städtebund nicht unverschuldet fiel, erstarkte in Hochalemannien – seit der Mitte des 15. Jahrhunderts Schweiz genannt – die anfangs nur auf Abwehr gerichtete Vereinigung (Eidgenossenschaft) freier Länder und Gemeinden zur souveränen Unabhängigkeit, die zwar ebensowenig wie die norddeutsche Hanse den losen Reichsverband gänzlich abstreifte, aber besonders dadurch festeren Bestand gewann, daß sie Bürger- und Bauerntum für den Kampf gegen Adels- und Fürstengewalt bleibend zu verbinden wußte.

Den ersten Keim dieser denkwürdigen Umgestaltung hatten die milden und freisinnigen Herzöge von Zähringen (1127–1218) als Pfleger und Schützer städtischer Gesittung gelegt. Die tatkräftigen und auf Herrschertum gerichteten Habsburger (1218–1308) hatten ihn durch ihr feindseliges Betragen nicht, wie sie es wünschten, zertreten, sondern so gestärkt, daß die erfolglose Rechtsverwahrung der Gekränkten im offenen Waffenkrieg den Durchbruch der gespannten Verhältnisse suchen und finden mußte. Städte und Landschaften bieten in dem genannten Zeitraum der Vorbereitung etwa folgende Lage dar.

Zu Freiburg im Üchtland, das der Zähringer-Herzog Bertold IV. als Bollwerk des niederen Adels und der Freisassen mitten unter und nahe den Gütern des Bischofs von Lausanne, der Grafen von Welschneuenburg und Greyerz erbaut hatte (1178), wählte bei schnell anwachsendem Wohlstand die nach gleichen Gesetzen gerichtete Gemeinde alljährlich ihren Schultheiß. In Bern, dessen Stiftung sein Sohn, Herzog Bertold V., aus gleichen Ursachen auf

* Lehmann, 767. »Demnach seyn die Städte zu großen Geldsummen, den Krieg und Schaden zu erstatten, verdampt worden, theils und sonderlich die geringen sollen auch viel Freiheiten darüber verlohren haben.« – S. 758. »Der König wollte nicht ansehen, daß die Städte Gottes Recht führten, als er in seinem Entsagsbrief selbst erkannt und bekannt und verschrieben hat. Gott gebe dem H. Reich und der Heil. Christenheit eins Tags ein recht Haupt!«

reichsunmittelbarem Boden beschlossen und vollzogen hatte (1191), wählte die tapfere, von einem unternehmerischen Adel geleitete Bürgerschaft alljährlich den Schultheiß, der seit 1218 auch den Blutbann des bisherigen Reichsvogtes verwaltete, und den doppelten Rat von zwölf und 50 Mitgliedern. Schon standen reiche Erbgeschlechter, durch Heldenmut in den Schlachten und Klugheit in den Friedensgeschäften aufgestiegen, meistens an der Spitze des allgemeinen Wesens, das eine glückliche Mischung der adeligen und bürgerlichen Kräfte darbot und durch ununterbrochene Fehden mit den benachbarten Herren seine anfangs nur auf die Stadtmauern beschränkten Grenzen auszudehnen versuchte.

In der reichsfreien, alten Gemeinde Solothurn, deren Rat teils von den Bürgern erwählt, teils von den Mitgliedern des St. Ursusstiftes eingesetzt wurde, pflegte zuerst der Vogt, seit der Mitte des 13. Jahrhunderts (1249) der jährlich aus den adeligen Geschlechtern erkorene Schultheiß den Blutbann. Häufige Streitigkeiten zwischen dem genannten Gotteshaus und der Stadt stärkten das Unabhängigkeitsgefühl und unterbanden die Eroberungsgelüste der benachbarten, mächtigen Grafen von Kyburg.*

Zu Basel, das unter den salischen Kaisern alle Freiheiten einer Reichsstadt erworben und durch Lage wie Handel bedeutenden Wohlstand gewonnen hatte, bildeten vier Herren der Ritterschaft, acht Bürger aus den ehrbaren Geschlechtern und 24 Abgeordnete der Zünfte den regierenden Rat. Dieser wurde alljährlich von acht vom Bischof ernannten Wahlherren gewählt, während der Bürgermeister allein von dem Belieben des geistlichen, an Land und Leuten mächtigen Oberhaupts abhing.

In der Reichsstadt Zürich, wo lange Zeit die Äbtissin des Frauenmünsters auf die Besetzung der Behörden einwirkte, wählte seit der Mitte des 13. Jahrhunderts (1245) die Bürgerschaft alljährlich den zwölf Ritter und 24 Gemeinfreie starken Rat, dessen drei an Zahl gleiche Gruppen sich alle vier Monate in der Verwaltung abwechselten. Günstige Örtlichkeit, lebhafter Handelsverkehr über den St. Gotthard mit Italien und reger Gewerbefleiß, der besonders den

---

* Obschon die Solothurner die Oberherrlichkeit des Ursusstiftes anerkannten, schalteten sie dennoch innerhalb ihrer Mauern als freie Gemeinde. So trat schon 1218 in einem Streit des Kastvogtes Peter, Graf von Bucheck, und der Propstei die Bürgerschaft neben dem außerordentlichen Sendboten des Königs als Richter auf und fällte einen gültigen Spruch *»recognitum fuit ab universitate civium«*, d. h. »es erkannte die Gemeinde der Bürger«, in der Urkunde bei Tschudi, I, 117.

Seidenbau zu pflegen und zu nutzen wußte, darüber hinaus eine unter den mannigfaltigsten Glücksfällen treue Anhänglichkeit an Kaiser Friedrich II. im Kampf gegen die römische Priestergewalt und umsichtiger Gebrauch aller rechtlichen Wege und Mittel, um die bürgerliche Freiheit zu mehren – diese Umstände hatten in Zürich eine gewisse Unabhängigkeit des öffentlichen Urteils und ungewöhnliche Kenntnis der Geschäfte erzeugt, während häufige Fehden mit dem benachbarten Adel, namentlich den Freiherren von Regensberg, städtische Üppigkeit unterbanden und kriegerische Tugend als unentbehrliche Eigenschaft des allgemeinen Wesens übten.

Andere Städte, wie Schaffhausen, wo der Abt des Allerheiligenklosters die Oberherrlichkeit darstellte und jährlich den Schultheiß wie die Hälfte des Rates einsetzte, Luzern, dem die Äbte des elsässischen Benediktinerklosters Murbach in gleicher Eigenschaft vorstanden, Chur, Lausanne und Genf, Sitze alter und mächtiger Bistümer, mußten vielfach der Richtung ihrer geistlichen Herrschaften folgen, so daß sie kaum den Anfang reichsfreier und bürgerlicher Gesittung gewonnen hatten. Dagegen bewahrten, durch Gebirge, Seen und Urforste zu einem unabhängigen Gebiet abgeschlossen, im Mittelpunkt der Alpenwelt seit Jahrhunderten die Talgemeinden (Länder, Waldstätte, Waldstädte) von Schwyz, Uri und Unterwalden alle Rechte, Freiheiten und Sitten altgermanischer Wehrmänner. Sie entschieden als Leute von freiem Stand und getreue Schutzangehörige des deutschen Reiches,* unter dessen Schutz sie schon seit dem 9. Jahrhundert (809) standen, in den jährlichen Volksversammlungen über allgemeine Angelegenheiten und wählten für die Hut der Gesetze, Gewohnheiten und Ordnungen einen Bürger von ehrlichem Namen und gutem Wohlstand als Ammann zum ersten, jährlich wechselnden Landesbeamten. Die Schlichtung der Rechtshändel übertrugen sie ohne Rücksicht auf Geburt den durch Biederkeit, Einsicht und Wohlstand ausgezeichneten Richtern, die, meistens sieben oder neun an der Zahl, bei wichtigeren Streitigkeiten teils selber Gehilfen (Geschworne) ernannten, teils von der Landsgemeinde erhielten. Sie ehrten den Kaiser als geborenen Schutzherrn durch Beiträge sowohl an Geld wie an Mannschaft und Anerkennung des Blutbannes, den der Reichsvogt öffentlich und vor allem Volk hegte. In Glaubenssachen folgten sie zwar dem Ansehen der römisch-katholischen Kirche, aber noch strenger den

* Worte König Rudolfs I. in der Urkunde vom Jahr 1291 bei Businger, Geschichte Unterwaldens, I, 135.

Überlieferungen der Altvorderen, die prunkvollem Bilder- und Heiligendienst feindselig gesonnen waren, und duldeten, wie sie sich denn ihre Pfarrer frei aus den Geistlichen wählten, keine Eingriffe der Priestergewalt in das weltliche Hoheitsrecht.

Diesen Starrsinn haben mehr als einmal Bann und Acht umsonst zu brechen versucht. Sitten und Lebensart der biederen, gastlichen, vom Naturgefühl der Freiheit und des Rechts geleiteten Landleute waren höchst einfach. Unbekannt mit den Bedürfnissen und Gelüsten städtischer Üppigkeit, zogen sie im Frühling samt den Herden in das entlegene und erhabene Alpgelände, kehrten zu Anfang der rauheren Jahreszeit in die Wohnungen der milderen Talgründe zurück und verkauften in Luzern und Zürich während des Winters die Früchte der häuslichen Betriebsamkeit oder folgten den Spuren des Wildes, so daß eine ununterbrochene Übung den Vollgenuß der leiblichen und gemütlichen Kräfte bewahrte und eine glückliche Mischung der Abgeschiedenheit und des rührigen Verkehrs eine gewisse Stärke des Gefühls und Verstandes ausbilden konnte.

Obschon kein eigentliches Lehnswesen die Eigentumsrechte des Hirten und der Gemeindetriften (Almenden) beschränkte, hatte sich dennoch bei den großen, durch Kauf, Schenkungen und Vermächtnisse erworbenen Gütern der geistlichen Stifte von Luzern, Einsiedeln, Beromünster, Murbach, Muri, Engelberg, Wettingen, Frauenmünster in Zürich usw. aus Bräuchen und Gewohnheiten stellenweise eine eigentümliche Lehnsalpenwirtschaft entwickelt, jedoch ohne die mannigfaltigen Lasten, die anderwärts den Grund und Boden beschwerten. Im Frühling erschienen demnach die Äbte oder Pröpste, um ihre Viehherden zu besichtigen und zu verteilen, die dann, sobald das Geschäft beendet und die Wolle dem Herrn übergeben war, zu Berg getrieben wurden. Hundert Häupter, die entweder einem oder mehreren Besitzern angehörten, bildeten gewöhnlich unter der Aufsicht des Meisterhirten die Sente oder Hirti. Acht Käse und ein Zieger (Kräuterkäse) wurden für den Gebrauch des Käsekessels als Zins gezahlt. Mitten im Sommer kamen die Eigentümer alle auf den Berg, um die Milch zu messen und zu bestimmen, wieviel der Meisterhirt jedem zu liefern habe. Nahte die Zeit des Abtriebs aus den Alpen, Kühscheide genannt, so hielt der Propst oder Abt eine neue Viehschau, worauf denn um den St. Andreastag Molken und Käse, Schlachttiere, Leder, Filz, Tuch, Leinwand, Nüsse und Obst an das Kloster abgeliefert wurden.*

---

* Faßbind, Geschichte von Schwyz, I, 52. Businger, Geschichte Unterwaldens, I, 419.

Neben den geistlichen Herren, die meistens milde und wohltätig regierten, machte bei den häufigen Wirren des Reiches auch der Adel bedeutende Fortschritte unter den Landleuten. Er zählte in Uri 70, in Unterwalden 33 und in Schwyz 23 Geschlechter, die am Seeufer oder auf wohlgelegenen Anhöhen in Burgen und Türmen seßhaft waren und von ihren Leibeigenen und Hörigen große Steuern, Zehnten, Grundzinse und andere Abgaben bezogen. Teils bewirtschafteten sie ihre Liegenschaften selbst, teils übergaben sie sie sogenannten Maiern oder Beständern zur Aufsicht. So wohnten in Uri die Freiherren von Attinghausen, von Schweinsberg, von Utzingen, die Edlen von Wintersberg, Silinen, Mooß und Sedorf, zu Schwyz die Stauffacher, die Edlen von Schwanau, Seewen, Amberg (Iberg), Reding von Stein und Biberegg, in Unterwalden die von Wolfenschieß, Rudenz, Sarnach, Blumenegg, Waltersberg und Winkelried.

Anfangs lebte der Adel einfach und in gutem Frieden mit den Landleuten, denen manche sogar beitraten und als Beamte dienten. Aber allmählich erzeugte der Reichtum, hauptsächlich Folge der von Klöstern, Stiften und auswärtigen Fürsten für niedrigen Preis gewonnenen Lehen, Übermut und Verachtung der Wehrfreien sowie minder begüterten Standesgenossen, die von den Burgherren Bauernadel gescholten wurden. Diese Zerwürfnisse bekamen neue Nahrung, als das Landvolk und der niedere Adel den Hohenstaufenkaiser Friedrich II., die höhere Priester- und Ritterschaft den Papst Gregor IX. verteidigten, so daß bei wachsender Zwietracht und Unordnung die Waldstädte nicht nur mit Zürich ein dreijähriges Schutz- und Trutzbündnis schlossen (1251), sondern auch den tapferen, mächtigen und tugendreichen Grafen Rudolf von Habsburg, Sohn Albrechts und der Hedwig aus dem Hause Kyburg, zu ihrem Schutzvogt und Kriegshauptmann erwählten (1257).

Doch dieser, durch anderweitige Fehden gehindert, konnte beim besten Willen der übernommenen Pflicht nicht genügen. Unsicherheit, Unterdrückungen und Gewalttaten nahmen auch in den Gebirgstälern mit dem sinkenden Ansehen des deutschen Reiches zu und eröffneten heimischen wie fremden Abenteurern die Schranken des zügellosesten Faustrechts. Da beschloß das Volk der Waldstädte sich selber zu schützen. Es verjagte den höheren Adel, brach einen Teil seiner Burgen und befestigte, um Raubeinfällen zu begegnen, durch Pfahlwerke, Türme, Mauern und Erdwälle die schwächsten Stellen der Grenzen (Letzinen) (1260). Diese gespannten Verhältnisse dauerten so lange, bis Graf Rudolf, von den Deutschen fast einhellig zum König erwählt (1273), die vertriebenen Edlen mit den Landleuten versöhnte, die fortan neben den durch das Unglück gebesserten Burgherren in Eintracht siedelten und im ungekränkten Besitz ihrer angestammten Freiheiten blieben.

Wenn dergestalt in Hochalemannien und dem durch die Aar davon getrennten Kleinburgund städtische und ländliche Gemeinden tiefe Wurzeln geschlagen hatten, so war auf der anderen Seite das Fürsten- und Herrentum nicht minder stark und weit verzweigt. Denn während außer den schon genannten Stiften und Gotteshäusern die Bischöfe von Konstanz, Lausanne, Basel und Chur als Kirchengroße weltliche und geistliche Macht ausübten, das Kloster Säckingen am Rhein beinahe die ganze Landschaft Glarus innehatte und der Abt von St. Gallen über Appenzell, das Rheintal und die eigentlichen Stiftlande gebot, haben innerhalb von zwei- bis dreihundert Jahren etwa 50 gräfliche, 150 freiherrliche und 1000 edle Geschlechter das Gebiet der späteren Eidgenossenschaft Oberalemanniens bewohnt und nach verschiedenen Seiten hin in bald kleineren, bald größeren Kreisen durchschnitten. Über den beträchtlichsten Teil des Thurgau regierten die Grafen von Toggenburg und Rapperswyl, während die Grafschaften Sargans und Werdenberg zu dem vielherrigen Rhätien gehörten. Zürichs Weichbild umgaben wie ein ausgespanntes Netz ringsum die Güter der Landherren zu Regensberg. Dem übrigen Zürichgau nebst den Grafschaften Baden und Lenzburg, den freien Ämtern und der Landschaft Zug geboten die reichen Grafen von Kyburg, die zugleich die Landgrafschaft im Thurgau verwalteten und als Erben der Zähringer in Burgund die Grafschaften Thun und Burgdorf besaßen. An der westlichen Aarseite von Olten bis hinauf nach Bipp regierten in den Städten Zofingen und Aarburg sowie im Buchsgau die Grafen von Froburg und Bucheck, während die von Thierstein und Homburg im baselschen, die von Rotenburg im luzernischen Gebiet saßen und den Freiherren von Weißenburg ein beträchtlicher Teil des Berner Oberlands gehorchte. Im welschen Grenzgebiet herrschten neben den Baronen von Granson die Grafen von Neuenburg, auch nach Arberg, Nidau und Balengin zubenannt, von Greyerz und Savoyen, die der Waadt, allem Land von Neus bis nach St. Maurice (Unterwallis), Lausanne bis nach Iferten und über Murten nach Gümminen an der Sane geboten.

Inmitten dieser weltlichen und geistlichen Herrschaften erwuchs aus dürftigen Anfängen sowohl durch Waffengewalt und Trotz als auch durch Heirat und Erbschaft die Macht Habsburgs im Aargau. Denn Graf Rudolf, der eigentliche Stammhalter des großen Geschicken bestimmten Geschlechts,* gewann zu den Erbgütern und der Landgrafschaft im Elsaß von seiner Mutter Hedwig, einer Gräfin von Kyburg, die Grafschaften Lenzburg, Baden und Kyburg, die Städte Sempach, Sursee und Winterthur, das Land Zug und die Landgrafschaften Burgund und Thurgau, während jüngere Seitenverwandte wie die Grafen von Laufenburg die Waldstädte Säckingen, Rheinfelden und Laufenburg nebst den Grafschaften Thun und Burgdorf besaßen.

Aus der Hütte seiner Väter, wie er selbst zu äußern pflegte, auf den ersten Thron der Christenheit erhoben (1273), stillte König Rudolf (I.) durch Kraft und Weisheit die Wirren des deutschen Reiches und handhabte mit unnachsichtiger Strenge den Landfrieden und die Gerechtigkeit. Über dem Streben nach Ordnung des allgemeinen Wesens vergaß er jedoch keineswegs die Sorge für den besonderen Nutzen des Habsburgischen Hauses, das namentlich in den Stammlanden meistens durch Kauf und Vertrag beträchtlichen Zuwachs empfing. So wurden der Abtei St. Gallen das Grüninger Amt und die Herrschaft Ittingen, dem Abt von Murbach die Stadt Luzern und das Chorstift im Hof, den Grafen von Froburg Zofingen, denen von Kyburg Freiburg im Üchtland entzogen und die Städte Peterlingen und Murten an den Grenzen der savoyischen Waadt durch Waffengewalt erobert. Manche Einkünfte und Rechte der Klöster und Herren wurden teils gewonnen, teils gemindert und überhaupt für die Habsburgische Fürstenmacht in Hochalemannien so kluge und umfassende Anstalten getroffen, daß die drei Talgemeinden Schwyz, Uri und Unterwalden, die um ihre alte Wehrfreiheit bekümmert waren, die früheren Bündnisse in der ersten schriftlichen Urkunde zu erneuern beschlossen (1291). Demnach gelobten sie feierlich, sich und die Ihrigen, ihr Hab und Gut gegen alle und jede, die sie feindlich anfallen möchten, wer auch immer sie wären, zu verteidigen und einander mit Rat und Tat beizuspringen, damit man dem Bösen widerstehen und Übles rächen

---

* Die Habsburger, mit dem lothringisch-zähringischen Hause verwandt, besaßen schon im 10. Jahrhundert auf beiden Rheinufern im Sundgau und im Breisgau, alemannisches Gebiet, ansehnliche Lehns- und Stammgüter, die Radbot, Lanzelins Sohn, dadurch erweiterte, daß mit Hilfe seines Bruders Werner, Bischof von Straßburg, die Feste Habsburg bei Bruck im Aargau auf dem Wülpelsberger Bühel erbaut und zum Mittelpunkt der fortan wachsenden Macht erwählt wurde (1020). Derselbe Radbot, Graf von Habsburg, stiftete das Kloster Muri an der Reuß. Siehe Anshelm, Berner Chronik, I, 21.

könnte.* Mörder sollten mit dem Tod, Brandstifter und Räuber durch Verlust des Landrechts und Gutes gestraft, Mißhelligkeiten der Eidgenossen von den Witzigsten und Biedersten beigelegt und gerichtet werden.

Kaum hatten die Waldstädte dieses Abkommen, das mit Gottes Hilfe ewig dauern sollte, abgeschlossen, als König Rudolf starb (30. September) und über die Nachfolge zwischen seinem Sohn Herzog Albrecht von Österreich und dem Grafen Adolf von Nassau eine blutige, mehrjährige Fehde entbrannte. Jenem folgten in Oberalemannien Bünden, der Adel im Thur-, Zürich- und Aargau, diesem neben vielen Herren die Städte Zürich, Solothurn und die drei Talgemeinden, die dafür die Anerkennung ihrer herkömmlichen Freiheiten empfingen und sich immer entschiedener von den Habsburgischen absonderten. Deshalb steigerte auch Albrecht, der nach dem Tod seines Gegners ohne anderweitige Nebenbuhler war (1298), den Groll und begann rücksichtslos bald durch Gewalt, bald durch List und Geld seinen Lieblingsplan, die Gründung eines österreichischen Fürstentums im Oberland, auszuführen. Daher wurden den gleich ehrbegierigen Söhnen große Reichslehen zum Eigentum übergeben, die Kastvogteien der mächtigsten Klöster erblich verliehen, den Äbten von Murbach, Einsiedeln, Interlaken, Disentis in Churwalchen und den Stiftsherren zu Luzern die Rechte in Glarus, Luzern, Schwyz, Unterwalden, dem Schwarzwald, Fricktal, Entlibuch nebst dem Gebiet von Oberhofen bis an den Brünigberg abgekauft. Danach wurden die drei Länder, die man gleichsam von allen Seiten her umgarnt hatte, höflich eingeladen, die Unmittelbarkeit des Reiches mit der habsburgischen Schutzherrschaft zu vertauschen (1300).

Aber alle Landleute, adlige wie unedle, freie wie eigene, schlugen den Antrag einmütig aus und sandten die Unterhändler unverrichteter Sache zurück. Man bitte, meldete Werner von Attinghausen, Landammann von Uri, nur um eines: Der König möge die alten Freiheiten bestätigen und einen Reichsvogt schicken, um den Blutbann zu hegen. Albrecht antwortete ungnädig, er werde ihrem Begehren so entsprechen, wie sie das seinige aufgenommen hätten, und darüber hinaus die österreichischen Amtsleute in Luzern und Rotenburg bevollmächtigen, nötigenfalls das Gericht zu halten. Die Waldstädte, die mit Grund fürchteten, man wolle sie auf diese

* Siehe die im Archiv zu Schwyz aufbewahrte Urkunde bei Businger, I, 440.

Weise unbemerkt aus der Freiheit in Habsburgische Untertanenschaft bringen, erneuerten nach drei Jahren (1304) die Bitte um einen Reichsvogt und den ungeschmälerten Genuß der alten Gewohnheiten und Rechte. Da entgegnete der König, jetzt scheinbar für die Gewährung des angemessenen Antrags gewonnen, den Boten: »Ziehet heim, dieweil es denn also sein muß und ihr es so haben wollt, so wollen wir euch Reichsvögte geben und in eure Länder setzen. Ihren Befehlen sollt ihr wie den unsrigen in allen Dingen gehorsamen, und wo ihr es nicht tut, so wollen wir es an eurem Leib und Gut rächen und eure Freiheiten auf immer vernichten!«

Bald danach zogen, von einem starken Haufen Bewaffneter umgeben, die erkorenen Landvögte an den Ort ihrer Bestimmung: Ritter Hermann Geßler von Brauneck nach Küßnacht am Luzerner See, um von hier aus über Schwyz und Uri zu schalten, Beringer von Landenberg, Edelknecht aus dem Thurgau, nach Sarnen, um Nid- und Obwalden zu beaufsichtigen. Beide Männer hatten genug an Trotz und Roheit, die Albrecht für die Vollziehung seiner strengen Gebote wünschen mochte, und verachteten das Volk und den heimischen Adel als Menschen niedriger Geburt und Denkart, während Landenberg daneben eine zügellose Hab- und Geldgier besaß. Daher wuchsen, weil man es von oben her wollte, die Unterdrückungen und Leiden der drei Talgemeinden, denen bald frische Steuern und Zölle aufgebürdet, bald kleine Vergehen als schwere Missetaten angerechnet und durch Kerker und Bann bestraft wurden. Kein Leben und Eigentum blieb sicher, keine Ehre des Mannes und der Frau unangetastet. Willkürliche Machtgebote galten statt der alten Rechtsgewohnheiten, wie z. B. Geßler das Erbe unehelicher Kinder dem Säckel des Landvogts zusprach.*

Etwaigen Klagen um schnelle und gründliche Abhilfe der Beschwerden gaben des Königs Räte den Bescheid, daß man vorerst, gleich Luzern, Glarus und Zug, die Herrschaft des Hauses Österreich anerkennen möge. Dazu konnten sich aber die bisher freien Landleute nicht entschließen. Denn ihnen war bekannt, wie sie alsdann der Treue und den Gerichten des Fürsten gehorchen, Zinse, Zehnten, Ehrschätze oder Abgaben von allem verkauften Gut bezahlen, beim Tod eines Familienvaters das beste Haupt Vieh oder das beste Kleid als sogenannten Fall entrichten und alle Jahre gewisse Tage Frondienst leisten mußten. Sie durften keine eigenen

---

* Faßbind, I, 214.

Äcker besitzen, sondern nur lehnsweise benutzen, keine Heirat abschließen, kein neues Haus ohne des Herrn Willen bauen und mußten auf Jagd, Fischerei, Almenden, Gewerbe und Wirtschaft innerhalb eines bestimmten Gebiets verzichten. Diese und andere Pflichten eines Leibeigenen und Hörigen hatten sie bei Strafe des Aufruhrs freudig zu erfüllen.*

Mehrere, beinahe gleichzeitig von den Vögten und ihren Gehilfen begangene Freveltaten steigerten den Groll der Talgemeinden dermaßen, daß die offene Erhebung nur des Führers und der Gelegenheit bedurfte. In Unterwalden nämlich ließ Landenberg den hochgeachteten Greis Heinrich an der Halden, der zu Buchischwand im Melchthal wohnte, unter nichtigem Vorwand einkerkern und blenden, während der heldenmütige Sohn Arnold (Erni) nach Uri zu einem Freund flüchtete, um Vater und Heimat zu rächen. Bei Altorf ließ Hermann Geßler, Landvogt über Schwyz und Uri, aus Hohn die Burg Zwing-Uri bauen und auf dem Markt des genannten Fleckens den österreichischen Herzogshut an einer Stange erhöhen und durch Heroldsruf verkünden, daß ihn jeder Vorübergehende begrüßen sollte, als wenn der König selbst anwesend wäre (1307). Sogar das Eigentum wurde unter öffentliche Aufsicht gestellt und Werner von Stauffacher, der aus adeligem Geschlecht, aber der Freiheit und Ehre seines Landes treu ergeben war, auf der Straße und mit höhnenden Worten deswegen getadelt, daß er ohne Einwilligung Albrechts, seines Herrn, im schwyzerischen Dorfe Steinen ein schönes Haus gebaut habe. Denn Bauern dürften nicht frei leben und wohnen, als wenn sie selbst Herren seien.

Diese hoffärtige Rede zündete. Werner, der von seiner hochherzigen Frau, Margarethe Herlobig, zur Tat als dem einzigen Mittel der Rettung gemahnt wurde, eilte nach Uri und entdeckte seinem Busenfreund Walther Fürst, der bald danach den jungen Unterwaldner, Arnold Melchthal, in das Geheimnis zog, den Gedanken eines bewaffneten, vereinten Widerstands. Da schworen die drei

---

* »Wenn ein Herr«, verordnete ein alter Brauch, »einen Hof seiner Marke besucht, so mag er selbdritt zu Pferd erscheinen, auch einen Hund oder Falken mitnehmen. Dann soll die Frau im Haus, wo er einkehrt, vor der Türe stehen, den Herrn willkommen und in der einen Hand ein Stück Fleisch für den Falken, in der anderen ein Brödlein für den Hund bereit halten. Den Gästen soll sie Grünes und Dürres aufstellen, daß es allweg eine Hand breit über die Blatte hinaus langet. Und wo die Herrschaft übernachtet, muß jeder Bauer in der Nachbarschaft von einem Schuppossen Landes ein Huhn bringen.« Faßbind, Geschichte des Kantons Schwyz, I, 136.

Männer, gleichsam für das Gesamtvaterland, daß jeglicher in seiner Heimat Verwandte und vertraute Leute heimlich um Hilfe werben und zum Eidsgelübde bringen sollte, wiederum ihre alte Freiheit zu erobern, der Vögte mutwillige Herrschaft zu vertreiben, einander bei Gericht und Recht zu schützen und daran Leib und Leben zu setzen. Jedoch sollten vorbehalten bleiben die Pflichten gegen das Heilige Römische Reich, die herkömmlichen Rechte und Dienste der Gotteshäuser, Edlen und Unedlen, sofern diese nicht des Landes Freiheiten verdrängen wollten. Überdies möge der Bund einstweilen das Geheimnis halten, nichts ohne gemeinschaftliche Verabredung unternehmen und an einem entlegenen Ort, dem Grütli beim Mythenstein unweit von Selisberg, nächtliche Beratungen vornehmen, zu dem jeder zwei, drei oder auch mehrere Eidgenossen, wenn sie weise und behutsam gefunden seien, einladen dürfte.

Sobald man nach dieser vorläufigen Übereinkunft des Volkes Stimmung sorgfältig geprüft und verläßliche Gefährten, unter ihnen den Nidwaldner Konrad Baumgartner, geworben hatte, wurde am 7. Dezember im Grütli durch einen Ausschuß von 33 Gesandten des Bundes der nächstfolgende Neujahrstag zum allgemeinen Aufbruch gegen die Unterdrücker des Landes bestimmt und feierlich gelobt, nichts nach eigenem Gutdünken zu wagen und überdies Vögte, Knechte und Söldner, falls sie sich nicht wehrten, ungefährdet zu entlassen, denn nur die Freiheit der Altvorderen wolle man ungeschmälert den Enkeln überliefern, keine Sonderrache üben. Mit unverbrüchlicher Treue hielten sämtliche Eidgenossen das ebenso bieder wie klug entworfene Abkommen und blieben trotz des wachsenden Volkszornes ruhig, als Wilhelm Tell von Uri aus der Kirchgemeinde Bürgten den Landvogt Geßler, der ihn zum Mord des eigenen Kindes nötigen wollte, in der hohlen Gasse zwischen Küßnacht und Brunnen erschoß.*

Als aber die gesetzte Frist mit dem Jahr 1308 erschien, wurden gleichzeitig alle Burgen überfallen, erobert und gebrochen und Herren und Gehilfen vertrieben. Die Freiheiten der drei Länder wurden durch einen blutlosen Sieg gerettet und am nächsten Sonntag (6. Januar) in Brunnen von 30 ehrbaren Boten für zehn Jahre so beschworen, daß jeder für sie Gut und Leib aufopfern, die Pflichten gegen das deutsche Reich und andere rechtmäßige Herrschaften aber ungekränkt bewahren sollte.

---

* Nach Melchior Russens Chronik, S. 64, wurde der Landvogt auf dem See von der sogenannten Tellsplatte herab erschossen.

Albrecht, der die Kunde dieser Begebenheiten mit tiefem Zorn und Schmerz vernahm, sann auf Rache an den stolzen und, wie sie jetzt hießen, empörerischen Bergbauern. Schon war ihnen in Zug und Luzern der preiswerte Kauf von Getreide und anderer Bedürfnisse untersagt, schon wappneten Ritter und Dienstleute Habsburgs für die strafende Heerfahrt, als den König sein Vetter Johann, der umsonst die Herausgabe des Erbteils vom geizigen Oheim gefordert hatte, zwischen Bruck und Windisch im Aargau am linken Ufer des Reußflusses überfiel und niederstieß (1. Mai 1308).

Die grausame Blutrache, die besonders an den Kindern die verwitwete Königin Ungarns, Agnes, und der österreichische Herzog Leopold an den Tätern des Mordes nahmen, die Erhebung des Grafen Heinrich (VII.) von Lützelburg (Luxemburg) auf den deutschen Kaiserthron und die daraus hervorgehenden Fehden und Wirren im Reich, alle diese Umstände befestigten den jungen Freiheitsbund der Waldstädte, die sich ungestört durch Schanzen und andere Zurüstung gegen etwaige Versuche der Habsburgischen sichern durften. Doch der plötzliche Tod Heinrichs (1313) brachte neue Gefahr. Denn als die Talgemeinden bei der uneinigen Königswahl die Partei Ludwigs des Bayern gegen den Herzog Friedrich von Österreich nahmen, beschloß der rastlose und heldenmütige Bruder desselben, Herzog Leopold, die nur aufgeschobene, aber nicht vergessene Züchtigung aufrührerischer Untertanen, wie man die verbündeten Eidgenossen bei Hofe und in den meisten Burgen des Adels zu nennen pflegte.

Daher sammelten sich, weil den Waldstädten die geforderte Herrschaft durchaus mißfiel, zu Baden im Aargau um Anfang Dezember (1315) die aufgebotenen Scharen der Ritter und Fußknechte, die von den Ufern des Rheins, der Thur und der Aar heranzogen, so zahlreich, daß kaum am Sieg gezweifelt werden durfte. Denn ungerechnet die für den Angriff Nid- und Obwaldens dort in Luzern, hier am Brünig aufgestellten Haufen sollte der Kern des Heeres, 9000 Mann stark, von Zug aus über Ägeri und Morgarten ins Land der Schwyzer einbrechen. Aber diese wurden von dem Plan benachrichtigt. Durch den Anzug von 400 Urnern und 300 Unterwaldnern auf bis zu 1300 aufs äußerste entschlossenen Kriegern angewachsen, lagerten sie hinter Morgarten vor dem schmalen Durchgang des Berges Sattel, dessen Kuppe 50 Landesverwiesene besetzt hielten, um durch abgehauene Baumstämme und Felsstücke den Feind im entscheidenden Augenblick zu verwirren und zu schädigen.

Jener zog am Morgen des 15. Dezember langsam und sorglos in dichtgedrängten Reihen neben dem Ägerisee und dem Gebirge herauf zu den Pässen des Morgartens, wurde aber plötzlich, als die Vorhut der Ritter unter Montfort von Tettnang an der engsten Stelle den Rußbach überschreiten wollte, von den herabgeschleuderten Blöcken, Felsen und Steinen aufgehalten, zermalmt und in solche Unordnung gebracht, daß dem jähen Ansturm der des Weges und Ortes wohl kundigen Eidgenossen nach kurzer, regelloser Abwehr die wildeste Flucht folgte. 350 Edle, unter ihnen der Graf Rudolf von Habsburg-Laufenburg, drei Freiherren von Bonstetten, zwei von Hallwyl und über 1500 Gemeine fanden teils unter den Streichen der Hellebarden, Schwerter und Morgensterne, teils in den Fluten des Ägerisees den Tod, daneben deckten 50 den Habsburgischen verbündete Zürcher und viele Dienstleute von Zug das Schlachtfeld. Mit knapper Not entkam Herzog Leopold, blaß vor Kummer und Zorn, auf einsamen Pfaden und von den Resten des stolzen Heeres begleitet, nach Winterthur.

Die Sieger aber, die nur 15 Tote zählten, dankten Gott auf den Knien für die schnelle und fast wunderbare Rettung und blieben den Tag über in der Ungewißheit, ob nicht ein zweiter Angriff geschehen würde, auf dem Schlachtfeld. Da brachten Eilboten die Kunde, der Graf von Straßberg sei wüstend mit Feuer und Schwert über den Brünig in Obwalden hergefallen, während ein anderer Haufen, 1300 Mann stark, von Luzern und dem See her das untere Tal, Nidwalden, bedrohe. Sogleich eilten in der Frühe des folgenden Tages die 300 Unterwaldner, von 100 Schwyzern begleitet, nach Brunnen. Mit einem glücklichen Wind erreichten sie das heimatliche Ufer, überfielen und schlugen bei Bürgenstad den kaum von Luzern aus gelandeten Feind und lagerten, mit den Obwaldnern vereinigt, auf den Höhen von Alpnacht. Da floh Straßberg, der jetzt die Niederlage des Herzogs erkannte, bestürzt über die Berge nach Winkel und Luzern, 300 der Seinigen wurden an dem sogenannten bösen Ruben erschlagen.

Die Eidgenossen, auf diese Weise von den Feinden befreit, gelobten, den Schlachttag alljährlich durch Gebet und Gottesdienst zu feiern und beschworen etliche Wochen später (9. Dezember) in Brunnen das zehnjährige Schutz- und Trutzbündnis für ewige Zeiten. »Alle«, lautete diese erste Einigungsurkunde, »sollten einander raten und helfen mit Leib und Gut in eigenen Kosten außerhalb und innerhalb Landes gegen jeglichen, der ihnen Gewalt oder Unrecht tun würde, bei streitigen Königswahlen nur mit einmütigem Rat und auf gewisse Zeit einen Schutzvogt annehmen, jedoch geistlichen und weltlichen Herren, sofern diese mit den Ländern in keiner Feindschaft lebten, den glimpflichen und schuldigen Dienst leisten, ohne Vorwissen der übrigen in keine Unterhandlungen mit Auswärtigen treten, Bundbrüchige und Verräter an Leib und Gut strafen, keinen gemieteten oder fremden Richter dulden, etwaige Mißhelligkeiten durch den Ausspruch der Besten und Weisesten schlichten, vorsätzlichen Mord durch Verlust des Hauptes, Diebstahl und Brand durch Einbuße des Landrechts strafen, diejenigen aber, so solche Verbrecher hausten, hofften und schirmten, zum vollen Schadenersatz nötigen.«*

Der Tod Leopolds (1326) und die wachsenden Wirren des deutschen Reiches befestigten und erweiterten den Freiheitsbund der Waldstädte, die – trotz des mit Habsburg abgeschlossenen Waffenstillstands den rastlosen Umtrieben und Neckereien unversöhnlicher Feinde preisgegeben – endlich ein ebenso entscheidendes wie unblutiges Schutzmittel anwandten. Luzern nämlich, der österreichischen Zölle, schlechten Vögte und Münzen müde und für die getreuen Dienste durch Undank belohnt, trat am nächsten Samstag nach dem St. Martinstag (1332) dem ewigen Bund der Talgemeinden unter folgenden Bedingungen bei: »Jeder Teil gelobt, dem anderen zu helfen und zu raten mit Leib und Gut, jedoch behalten sich vor die von Luzern den Herzog von Österreich, desselben Rechte und Dienste, den Rat, die Stadt samt den Gerichten und guten Gewohnheiten gegen Bürger und Gäste (Fremde), die drei Länder den Kaiser, das Römische Reich, die heimischen Rechte und Gewohnheiten. Wenn eines von den vier Orten widerrechtlich genötigt, gezwungen oder bekümmert wird, so sollen die anderen dem Geschädigten nach Erkennung des Schadens beistehen mit Leib und Gut gegen jedermann. Würde jemals, wie unter Menschen geschehen mag, Mißhelligkeit unter den drei Tälern entstehen, so sollen die Luzerner, wenn sie nicht eine andere Meinung beliebter zu machen wissen, den gleichstimmigen zwei Gemeinden das dritte Land weisen helfen. Kein Teil soll den anderen pfänden oder sich mit jemand, wer er auch wäre, ohne der Eidgenossen Wissen und Willen verbinden. Den Übertreter dieser Gelübde aber soll man für treulos und meineidig halten.«

Weder äußere Gewalt noch innerer Verrat des erbitterten Adels, den die Wachsamkeit der Bürger in der sogenannten Luzerner Mordnacht entdeckte und ableitete, konnten den Vierwaldstättenbund, gleichsam die Pforte der bisher auf entlegene Bergtäler be-

---

* Siehe den Bundesbrief bei Faßbind, I, 203; Businger, I, Nr. 22.

schränkten Vereinigung, aufhalten. Habsburg, durch Unfälle entmutigt und anderweitige Fehden beschäftigt, mußte den vom Kaiser Ludwig erbetenen Schiedsspruch der Baseler, Zürcher und Berner annehmen, den ewigen Bund der vier Orte für gefahrlos erklären und einen dreijährigen Frieden beschwören, der ihm jedoch den Genuß seiner Rechte, Zinsen, Gülten, Höfe und Zehnten ohne Gefährdung erlaubte (1334).

So einstweilen gesichert und gefestigt, überschritt die junge Eidgenossenschaft der Talgemeinden, durch Luzern zuerst mit dem städtischen Bürgertum verbunden, bald den engen Kreis der Gebirge und breitete sich über die fruchtbaren Ebenen und Niederungen der oberalemannischen und burgundischen Länder mit solcher Schnelligkeit aus, daß binnen etwa zwanzig Jahren das Gebiet der acht alten Orte gewonnen und abgeschlossen werden konnte. Dazu führte besonders die Aufnahme Zürichs und Berns, wo teils innere Wirren, teils ununterbrochene Kämpfe mit auswärtigen Feinden den Anstoß zu dem folgenreichen Schritt gaben. Die Zürcher nämlich hatten, von dem in der Umgebung wohnenden Adel beunruhigt, den bisher schlaffen Gang der Fehde verlassen und nach kräftiger Rüstung die Burgen Schwanau am Rhein, Freienstein an der Töß, Obertüffen, Schönenwert an der Lindmag, Erstein, Schuttern und Schlatt im Ellgau hintereinander genommen und geschleift (1334). Unter der Leitung des Ritters Rudolf Brun hatten sie danach die Geschlechter von der bisher ihnen allein vorbehaltenen, vielfach mißbrauchten Regierung entfernt und ein bürgerliches Gemeinwesen, dessen Ehren und Vorzüge auch die in dreizehn Zünfte gesonderten Handwerker genießen durften, eingeführt (1335).*

Aber eben durch diese bedeutenden Fortschritte der gemeinheitlichen Entwicklung hatten sie das Zeichen zu einem offenen Kampf mit der österreichisch-habsburgischen Haus- und Erbmacht in Oberalemannien gegeben. Denn als ein Versuch der gestürzten Geschlechter, durch Hilfe des Grafen Johann von Rapperswyl die neue Ordnung zu zerstören, an der Wachsamkeit und dem Mut der Bürger scheiterte (Zürcher Mordnacht, 22. Februar 1350), kündigte Herzog Albrecht von Österreich den zweideutigen Frieden auf, um die Gefangenschaft seines Verwandten, des Grafen Johann, und den Untergang der Stadt Rapperswyl zu rächen, und versam-

* Siehe S. 20 in diesem Band und die Entstehungsgeschichte der freistädtischen Bünde, I. Kap., 10.

melte ein zahlreiches, streitbares Heer von berittenen Söldnern und Fußknechten. Diesen der Entscheidung ungewisser Verhältnisse günstigen Augenblick nutzte rasch der lebenslängliche Bürgermeister, Rudolf Brun. Auf sein Betreiben trat Zürich dem schon früher durch gegenseitigen Austausch der Kunst- und Landeserzeugnisse, auch der Gedanken und Bestrebungen befreundeten Vierwaldstättenbunde bei (1. Mai 1351).

»Die Eidgenossen«, lautete der Inhalt der Urkunde, »geloben einander mit Vorbehalt der Rechte des Königs und des Heiligen Römischen Reiches wie aller alten Bünde getreue Hilfe innerhalb der angewiesenen Marken, die von der rhätischen (graubündnerischen) Grenze zwischen dem Lauf der Aar und Thur bis an das Rheinufer gehen. Dabei dienen sie auf eigene Kosten und in plötzlichen Gefahren auch ungemahnt gegen und auf alle, so den einen oder anderen an Gut, Ehren, Freiheiten kränken und schädigen würden. Mißhelligkeiten sollen vier aus dem Mittel der Verbündeten gewählte Schiedsrichter in Güte oder, wenn sie selber gleich stimmen, durch Zuzug eines gemeinen Obmanns im Gotteshaus zu den Einsiedeln verhandeln und rechtlich beseitigen. Klagen um Schulden sollen keine geistlichen Gerichte entscheiden, Missetäter sollen in keinem Land Schutz und Obdach finden, und alle bisherigen Gerichte, Freiheiten, Handfesten und guten Gewohnheiten sollen gänzlich ungeschmälert verbleiben, endlich alle Bürger und Landleute nach Ablauf von jeweils zehn Jahren das vorbenannte Bündnis und Gelübde erneuern mit Worten, Geschäften, Eiden und allen Dingen, so dann notdürftig ist.«*

Um die neue Eidgenossenschaft der fünf Orte, deren Vorsitz auf den Tagfahrten (Zusammenkunft) Zürich als alte, berühmte und mächtige Reichsstadt bekam, zu lähmen, knüpfte der kluge und tatkräftige Herzog Albrecht täuschende Friedensunterhandlungen an und griff, als diese wegen der schmählichen Bedingungen am Ehrgefühl der Verbündeten scheiterten, zu den Waffen. Sogleich fielen die Glarner – längst müde der Habsburgischen Herrschaft, die unter König Albrecht an die Stelle der milderen Waltung des Klosters Säckingen getreten war – mit Beihilfe der drei Länder ab (Winter 1351), schlugen den österreichischen Vogt, Walther von Stadion, unweit Näfels, dessen Burg erobert und geschleift wurde, auf das Haupt und baten danach um Teil-

* Siehe die Urkunde bei Faßbind, I, 321; Tschudi, I, 391.

nahme an dem ewigen Bund Zürichs, Luzerns und der Talgemeinden. Leicht fand das Begehren, auf Recht und Klugheit gegründet, Gehör und Vollziehung. So verordnete die darüber durch Schwur und Siegel bestätigte Urkunde (4. Juni 1352), »daß Glarus, mit Vorbehalt seiner Rechte, Freiheiten, guten Gewohnheiten und lehnsherrlichen Pflichten der Eidgenossenschaft beitreten, ohne Gunst, Wissen und Willen derselben sich fürbaß mit keinen Städten, Herren oder Ländern verbinden, wohl aber diese Befugnis denen von Zürich, Luzern, Unterwalden, Uri und Schwyz gönnen und daneben einräumen sollte, die Hauptstücke des gegenwärtigen Bundes zu mindern oder zu mehren.«*

Dergestalt durch den Beitritt der Glarner im Rücken gesichert, nutzten die Eidgenossen den günstigen Augenblick des allgemeinen Eifers und erschienen, 2600 Mann stark, im Gebiet von Zug, um diesen Waffenplatz und Zwischenort des Feindes, sei es mit Gewalt oder Güte, für den Bund zu gewinnen (8. Juni). Sogleich begehrte und erhielt die schon früher freundlich gesinnte Landschaft der Gemeinden von Ägeri, Menzingen und Baar Frieden, jedoch unter dem Vorbehalt, daß sie der österreichischen Regierung Nutzen, Gülten und Gerechtigkeiten wie von alters her abtragen und den Bedingungen der Stadt Zug nachkommen dürfte. Diese, von den habsburgischen Schützen und zwieträchtigen Bürgern 15 Tage lang hartnäckig verteidigt und endlich schwer bedrängt, bat um einen dreitägigen Waffenstillstand, nach dessen Ablauf, wenn kein Entsatz geschähe, die Tore geöffnet und die weiteren Unterhandlungen abgeschlossen werden sollten.

Als solches Begehren Annahme gefunden hatte, schickten die Belagerten eine ehrbare Botschaft nach dem Kloster Königsfelden, um vom Herzog, der hier Hof hielt, Rat oder Hilfe zu fordern. Albrecht aber tat, als wenn er die Klagen und Bitten um unverzügliche Befreiung nicht hörte, und fragte seinen Falkner, ob die Vögel zu essen hätten. Darüber erbittert, rief Hermann, der erste Gesandte, aus: »Herr! sind wir armen Leute Euer Gnaden nicht mehr angelegen als die Vögel, so erbarme sich Gott unser!« In stolzer Sicherheit antwortete der Fürst: »Zieht nur heim, bald wollen wir alles wieder erobern!« – Willig gehorchten die Zuger dem verächtlichen Befehl, öffneten nach Ablauf der gesetzten Frist, als keine Hilfe erschien, die Tore und beschworen mit den Landleuten den ewigen Frieden und Bund der Eidgenossen, vorbehalten die Rechte

* Siehe die Urkunde bei Faßbind, I, 332; Tschudi, I, 407.

und Ansprüche, nicht Habsburgs, sondern des Königs und Heiligen Römischen Reiches.*

Inzwischen hatte der Herzog, der die bisherigen Unfälle durch einen Hauptschlag zu beenden hoffte, seine Rüstungen in den nahen und fernen Ländern Habsburgs vollendet. 30 000 Fußknechte und 4000 Reiter erschienen plötzlich vor Zürich (20. Juli), fanden aber an den Bürgern und waldstädtischen Bundesgenossen so tapfere und kluge Gegenwehr, daß bei wachsendem Mangel und Mißvergnügen nach leichten Gefechten die Belagerung größtenteils aufgehoben werden mußte. Da vermittelte Markgraf Ludwig von Brandenburg, wie der Vater, Kaiser Ludwig, den Schwyzern, Urnern und Unterwaldnern wohlgesinnt, zu Luzern den Frieden, dem gemäß Glarus und Zug dem Herzog, soweit sie es von Rechts wegen schuldig waren, gehorsam sein sollten, die Eidgenossen mit den Städten, Ländern und Leuten desselben zukünftig kein Bündnis aufrichten und auch die herkömmlichen Gülten und Abgaben entrichten sollten (1. September 1352).

Dieser allerdings zweideutige und deshalb trotz der aufrichtigen Gemütsart des Urhebers schädliche Vertrag bekam jedoch einstweilen reichlichen Ersatz im Beitritt Berns zum ewigen Bund der fünf alten Orte. Unter beständigen Kämpfen bald mit den Herzögen Österreichs, bald mit den eifersüchtigen Freiburgern und neidischen Gerichtsherren (Twingherren) der Nachbarschaft, hatte jene üchtländische Reichsstadt durch den Mut und die Uneigennützigkeit der Bürger, deren viele dem Adel angehörten, und die ebenso kluge wie tatkräftige Leitung der Obrigkeit schnelles und dennoch sicheres Wachstum gewonnen, etliche Schlösser, deren Eroberung

* Diese Umwandlung des Vorbehalts, wahrscheinlich Folge des österreichischen Übermuts, kommt ausdrücklich in der am 27. Juni zu Luzern besiegelten Urkunde vor. Tschudi, I. 414. »Wir die vorgenannten von Zürich, Lucern, Zug, Ure, Schwitz und Unterwalden habend uns selber in diser Püntnuß vorbehept und ußgelassen unserm Herrn dem Künig und dem Heiligen Römischen Rich die Rechtunge, die wir Inen tun söllent.« – Man lernte also von Österreich in der diplomatischen Kunst und wußte schriftlichen Ausdruck vom mündlichen zu unterscheiden.

die rüstige Jugend als Zeitvertreib betrachtete,* gebrochen, andere durch den Schrecken des kriegerischen Namens gedemütigt und den Besitzern das erbetene Gemeinderecht bewilligt. Die Landschaft Hasli, über welche die Herren von Weißenburg als Reichsvögte geboten, hatten sie vom Pfandschilling gelöst und an sich gebracht (1334), überhaupt neben der Waffengewalt mit Glück mildere Mittel der Klugheit angewandt und hier durch Kauf, dort durch Anleihen dem verschuldeten Adel der Nachbarschaft Güter und Rechte abgedrungen. Bei dem allem galt der Grundsatz, die Ehre und den Nutzen des einzelnen möglichst mit dem allgemeinen Wesen zu verknüpfen. Nie blieb die einem Angehörigen zugefügte Beleidigung ungerächt, so daß in öffentlichen Gefahren der Arme wie der Reiche willig seine Steuer an Geld und Blut darbrachte. Im Felde achtete man nicht auf die Zahl und Stärke des Feindes, nur auf den Angriff und Sieg. So wurde der Schultheiß Münzer des Amtes enthoben, weil er aus Vorsicht den ihm übergebenen Haufen davon abgehalten hatte, sich mit den vorteilhaft aufgestellten Freiburgern bei Belp zu schlagen.**

Längst neidisch über die Fortschritte einer Gemeinde, die das Grab des Adels werden konnte, schlossen die kleineren und größeren Landherren unter der Leitung des Grafen Rudolf von Nidau ein geheimes Schutz- und Trutzbündnis ab und gelobten einander für den Untergang Berns getreue und kräftige Hilfe. Die stolze

* Stettler, Berner Chronik, II, 62. »Die Harster und freie Knecht zogen jetzt aus zum oberen Thor auf die von Freiburg, Arberg und Büren, und dann niden aus, gen Thun, Burgdorf, Hutweil, Langenau, Signau, Langenthal und dergleichen Ort, erhielten gute Beuten und erzeigten sich sehr mannlich. Als nun dieses streiffen bei 18 Wochen lang gewährt hatte, daß die Paner nie außkommen war, sprachen etliche der Bürgerschaft, sie lägen als die Kindbetterinnen schlafend in ihrer Stadt, was doch ihre Feind darüber gedenken möchten? Und entschlossen sich abermal mit der Paner auszuziehen ...« S. 70, z. J. 1350. »Die Werner zogen vor Lobeck und Mannenberg, waren fröhlich, daß sie dem großen Landsterben entrunnen, tanzten bei tausend Mann an einem Reyhen, ließen die Trummen und Pfeifen erschallen, verspotteten die Geißler (frommen Wallbrüder), singende:

Der unsre Buße wolle pflegen,
Der soll Roß und Rinder nemmen,
Gänß und feiste Schwein,
Damit so gelten wir den Wein.

Sprungen hiemit freudig vom Tanz, stürmten an beide Vestenen, Lobeck und Mannenberg, gewunnen dieselbigen und legten sie in Aeschen.« Vgl. Justinger, S. 142.

** Stettler, II, 51.

Stadt sollte gebrochen, ihre Bürgerschaft vertilgt oder unter das Joch der Lehnsgewalt gebeugt werden. Den Vorwand aber mußte, besondere Klagen abgerechnet, die Hartnäckigkeit geben, mit der man den von der Kirche gebannten Kaiser Ludwig verschmähte, während neben diesem der Herzog Albrecht von Österreich anfangs heimlich, danach offen die Pläne der Verschworenen billigte und unterstützte. Also wappneten im Frühling (1339) die Grafen von Welschneuenburg, Aarberg, Nidau, Greyerz und Kyburg-Burgdorf, viele Ritter und Edelknechte aus dem Thur- und Aargau, Üchtland und Burgund, der Waadt und Savoyen, dem Elsaß, Schwaben, Breisgau und Sundgau und lagerten, über 15 000 Fußknechte und 3000 Reiter stark, im Juli unter den Mauern Laupens, das die Berner pfandweise besaßen und den darüber erbitterten Freiburgern einzulösen sich weigerten.

Auf die erste, sichere Kunde der drohenden Gefahr sandten Schultheiß und Räte eine Schar von 600 Bürgern für die Beschirmung des fortan hart bedrängten Städtchens ab und forderten – bereit für Sieg oder Tod – durch einen Eilboten, den Herrn von Kramburg, die Hilfe der ihnen zwar nicht unmittelbar verbündeten, aber wohlgesinnten Waldgemeinden. Diese entsprachen der Antwort, daß den Freund die Not offenbare, durch rasche Tat. 900 Schwyzer, Urner und Unterwaldner eilten über den Brünig und das Oberland nach Bern, wohin bereits Solothurn 80 Helme, das Haslithal und der Freiherr Johann von Weißenburg aus dem Siebenthal 600 Fußknechte gesandt hatten. Das Gesamtheer zählte jetzt bei 5000 Männer, denen Rudolf von Erlach, Ritter und Bürger der Stadt, als oberster Hauptmann durch Zucht und Ordnung die Zuversicht des Sieges gab. »In sechs Feldschlachten, denen er beigewohnt hatte, habe stets der geringere Haufen den stärkeren Feind überwältigt. Dasselbe werde auch gegenwärtig geschehen. Nur müßten alle unbedingten Gehorsam schwören.«

So der Seinen versichert, zog Erlach bei grauendem Morgen des 21. Juni aus, um Laupen zu befreien, voran einen Priester mit dem Allerheiligsten. Um Mittag erreichte er das Ziel der Fahrt und lagerte, den Rücken durch Waldungen gedeckt, auf der Höhe des Bromberges, von wo der sorglose und hoffärtige Feind überschaut werden konnte. Mancher Ritter, des kleinen Haufens ansichtig, sprengte vor und spottete der Ohnmacht. So rief Johann von Magenberg, Schultheiß der Freiburger, den Bernern zu: Heute wolle er mit zweien von ihnen den Kampf bestehen, weil sie wohl halb Frauen seien. »Des Tages noch«, antwortete Kuno von Rinkenberg, »sollt ihr inne werden, daß hier Männer, nicht Frauen stehen!«

Umsonst mahnte bei solcher Stimmung des Adelsheeres Venner, Fülistorf von Freiburg, zu Friedensvorschlägen. »Er hätte«, höhnten mehrere Streitbegierige, »zu Hause bei den Frauen bleiben sollen.«* Vergeblich sprach Graf Rudolf von Nidau, vom Vorgefühl des Ausgangs ergriffen, zu Gunsten einer gütlichen Einigung und schloß seine fruchtlose Rede mit den Worten: »Nun, wenn es muß gestritten sein, heute Nidau und nimmer! Leib und Gut verliere ich, ich will es aber teuer verkaufen!«

Unter solchen Beratungen und eitlen Drohworten war der Tag abgelaufen und der Abend gekommen, als wenn beide Heere, obschon in Schlachtordnung, den Angriff scheuten. Da gebot endlich, müde des Wartens, Rudolf von Erlach um die Vesperzeit den Aufbruch. Der geharnischten Reiterei des Adels zogen, wie sie solche Ehre gefordert und erhalten hatten, die Urner, Schwyzer, Unterwaldner und Solothurner entgegen, dem Fußvolk die Berner zu Stadt und Land. »Wo sind«, rief der Feldherr aus, »die freudigen Gesellen mit den grünen Reben,** die zu Bern auf den Gassen dem Feind hohnsprechen? Jetzt mögen sie hervortreten, sich wie eine feste Mauer um das Banner scharen und die Ehre des Vaterlands bewahren!« Sogleich umgab ein erlesener Haufe die Stadtfahne. Danach stürmte das gesamte Heer vorwärts, dort gegen die Berittenen, hier gegen die dichten Reihen der zahlreichen Fußknechte, während schwere, mit Eisen beschlagene Rüstwagen von den Höhen herabrasselten und die Bewegung unterstützten. Als nun beim Beginn des Streits etliche Glieder des bernischen Hinterzuges sich trennten und in den nahen Forst flohen – deshalb später spöttisch mit dem Beinamen »die Förster« versehen –, antwortete Erlach dem Überbringer dieser Trauerbotschaft: »Es ist gut, daß die Bösen nicht bei den Biederen stehen. Die Spreuer sind von dem Kernen gestoben.« Er benutzte rasch den freudigen Aufschwung der Waffengefährten, brach in die Lücken des Fußvolks ein, das, die Welschen voran, bald nach allen Richtungen hin floh und entschied durch schnelle Hilfe auch den bisher schwankenden Sieg über die Reiterei. Nach anderthalbstündigem Kampf war die rettende Schlacht gewonnen. 1500 Herren und Ritter, unter ihnen die Grafen Gerhard von Aarberg, Rudolf von Nidau, Johann von Savoyen, der Schultheiß Johann von Magenberg und 80 gekrönte Helme,

* »Du Fülistorff, wann dir fürchtist, so wärist wol zu Friburg der Wibern ze gaumen bliben.« Tschudi, I, 358.

** Justinger, Berner Chronik, hrsg. von Stierlin und Wyß, S. 113.

und an die 3000 Fußknechte lagen tot auf dem Schlachtfeld, neben ihnen nicht mehr als 22 Berner und 13 Bundesgenossen.

Die schönste Frucht dieses glänzenden Sieges, der den üchtländischen Adel für viele Jahre demütigte und einer tapferen, auf ihre Freiheit und Ehre eifersüchtigen Bürgergemeinde die Bahn glücklicher Gebietsausdehnung öffnete, war infolge gegenseitiger Freundschaft der Beitritt Berns zum ewigen Bund der Eidgenossen. Die Vertragsurkunde, am 6. März 1353 in Luzern ausgestellt, lautete unter Vorbehalt des Römischen Reiches, der eigenen Freiheiten und älteren Vereinigungen dem Wesen nach dahin, daß beide Teile auf geschehene Mahnung einander jederzeit und überall Hilfe leisten, etwaige Zwiste durch Schiedsrichter ausgleichen, allgemeine Kriege in gemeinsamen Kosten führen, geistliches Gericht mit Ausnahme der Ehe- und Wuchersachen meiden und die Befugnis wechselseitigen Beistandes auch auf Zürich und Luzern ausdehnen sollten, sobald die allen gemeinsamen Bundesgenossen, die Waldstädte, dazu mahnen würden.

Dies war die Lage der nur lose vereinigten Städte und Lande in Hochalemannien, als der rastlose und hartnäckige Herzog Albrecht von Österreich einen letzten Versuch machte, sei es durch Waffen oder List die junge, aus ungleichartigen Stoffen gebildete Eidgenossenschaft zu trennen und wenigstens teilweise unter die Hoheit Habsburgs zu beugen. Daher wurde ohne Rücksicht auf die erwähnte Vermittlung des Markgrafen Ludwig von Brandenburg der Austritt Zugs und Glarus' gefordert und, da abschlägige Antwort erfolgte, die Hilfe des Kaisers Karl IV. angerufen. Dieser, auch in Deutschland vielfach von Bündnissen der Gemeinden und Städte bedrängt, neigte auf die Seite des Klägers und äußerte, als er persönlich in Zürich erschien (Ostern 1354), nach langem Zaudern unumwunden, daß ewige Vereinigungen zwischen Reichsvölkern dem schuldigen Gehorsam gegen das Oberhaupt widerstrebten und ebenso strafbar seien wie die Versuche, Untertanen des Herzogs von der gesetzlichen Herrschaft abwendig zu machen.

Da entgegnete im Namen der Eidgenossen Bürgermeister Brun von Zürich: »Wir haben den ewigen Bund nicht aus einer zügellosen Begierde nach Freiheit, sondern aus Not gegen fremde Zwingherren und Feinde aufgerichtet und zu einer Zeit, als uns die Hilfe des Reiches gänzlich verschlossen war. Die Kaiser, eure Vorfahren, haben ihn genehmigt. Daß wir uns nie von den Pflichten gegen den König trennen wollten, beweisen unsre Bundesbriefe und die dem Reich geleisteten Dienste. Auch die Rechte, die den Herzögen in unseren Ländern gebühren, mögen, jedoch ohne

Nachteil unserer Freiheit, auch fernerhin ungeschmälert bleiben. Den Bund aber können wir dem Belieben dieser strengen und nur zu oft grausamen Fürsten nicht aufopfern, hoffen vielmehr, daß der König unsre Freiheiten nicht unterdrücken, sondern bestätigen werde. Überdies sind wir bereit, für die Festigung des Friedens alle erkauften Rechte der Herzöge um einen angemessenen Preis an uns zu lösen, damit wir uns dadurch gegen die künftigen Verfolgungen dieses Hauses ein für allemal sichern können.«

Zornig über diese feste, entschiedene Sprache verließ Karl Zürich. Er eilte nach kurzem Gespräch mit dem Herzog über Bruck nach Deutschland und erklärte von Regensburg aus den Eidgenossen als Ungehorsamen die Reichsfehde, während Albrecht kräftig für Habsburg rüstete. Am 20. August (1354) lagerte das verbündete Heer, 40 000 Fußknechte und 4000 geharnischte Reiter stark, unter dem unmittelbaren Befehl des Kaisers vor Zürich, das nur die Bürger und etliche Fähnlein der Urner, Luzerner, Schwyzer und Unterwaldner beschirmten. Denn während Zug und Glarus das eigene Gebiet hüteten, sandte Bern, obschon unlängst feierlich in den eidgenössischen Bund aufgenommen, durch den Buchstaben eines älteren, noch nicht abgelaufenen Vertrages mit Österreich gebunden, nebst Solothurn Hilfsscharen gegen die schwer bedrängte und fast rettungslose Schwesterstadt.

In diesem gefahrvollsten Augenblick des hochalemannischen Bundes bereiteten die entschiedene Abneigung der deutschen Reichsgemeinden gegen einen unnatürlichen Krieg und die Lauheit vieler auf Habsburg eifersüchtigen Fürsten plötzlich eine günstige Wendung. Selbst Karl wurde, als die Zürcher das Reichsbanner mit dem doppelten Adler flattern ließen und durch geheime Boten zur angemessenen Versöhnung mahnten, bedenklich und äußerte zu den Hauptleuten: »Die Fürsten sind zwieträchtig. Vor uns ist eine Reichsstadt, hinter uns sind die Völker der Reichsstädte. Wie können wir hoffen, daß sich Städte, um den Fürsten zu gefallen, mit Städten schlagen werden?«* Bei solcher Stimmung blieb der Heerbann nicht lange beieinander. Zuerst zogen die Schwaben, danach die Sachsen ab. Der Kaiser folgte mit seinem Gewalthaufen, um bald darauf in Italien die übliche Krönung zu empfangen (14. September).

---

* Tscharner, Historie der Eidgenossen, I, 254; Tschudi, I, 434. »So gespirt er (Karl) auch, daß den Ständen des Richs merern Teils diser Krieg widrig was und unwillig waren gegen die gehorsamen Glider des Richs, die sich aller Billigkeit erbotten, ze kriegen, von eins unrüwigen Fürsten wegen.«

Der Herzog Albrecht, unfähig, durch Waffengewalt den eidgenössischen Bund zu trennen oder zu demütigen, rief nach erfolglosen Fehden noch einmal die Vermittlung Karls an, der nach seiner Heimkehr von Welschland von beiden Parteien als Schiedsrichter angenommen worden war und um den Jakobstag 1355 auf der Reichsversammlung zu Regensburg die gegenseitigen Richtungsbriefe ausfertigen und eilends nach Zürich senden ließ, damit sie zuerst hier, darauf in den Waldstädten unterzeichnet und besiegelt würden. Unbedachtsam gehorchten Bürgermeister Brun und etliche Ratsherren. Die verfängliche Urkunde, die von ihnen im Namen der Gemeinde unterschrieben worden war, fand aber, als die habsburgischen Boten vorlaut in Zug und Luzern ihre Freude äußerten, wachsenden Argwohn. Man möge, warnte Schwyz, Übereilung meiden. Es stecke ein Trug dahinter, dem nur eine allgemeine Tagfahrt (Zusammenkunft) begegnen könne. Dieser Vorschlag bekam augenblicklichen Beifall. Bevollmächtigte aller Orte erschienen in Zürich und forderten, daß gelesen würde, was jene Stadt unterschrieben habe. Da vernahm man, wie der Richtbrief Zug und Glarus als Mitglieder des Bundes mit zweideutigem Stillschweigen überging, drei österreichische und zürcherische Anwälte für die Erledigung etwaiger Streitigkeiten zwischen Habsburg und den Berglanden bezeichnete und die letzteren sogar mit einem schielenden Ausdruck des Herzogs Waldstädte nannte.*

Scham und Zorn stiegen in der Versammlung auf, als die finsteren Worte des Vortrags gehört wurden. Nie werde man, lautete der einhellige Beschluß, Glarus und Zug hingeben und ein feierliches Eidgelübde brechen, nie einseitige Dazwischenkunft Habsburgs dulden, am wenigsten aber Ansprüche desselben auf Herrschaft ertragen. Frei und nur aus gutem Willen Schutzbefohlene des Reiches seien seit Menschengedenken die Waldstädte gewesen. Etliche Güter, Höfe, Leute und Kirchensätze habe allerdings der Herzog in Schwyz und Unterwalden von seinen Vorfahren erworben und den Gotteshäusern abgekauft, um Unruhe zu stiften. Solches Besitztum möge nach wie vor ungeschmälert bleiben, aber keine weitere Forderung begründen! Zürich solle übrigens die Folgen seiner leichtfertigen Unterschrift bedenken und Rechenschaft ablegen! – Jenes entschuldigte sich durch Brun mit dem Drang der

* »Wäre ouch, ob uns und unseren Erben unsere Recht stössig wurden, von unseren Lüten in unsern Stetten und Waldstetten.« Tschudi, I, 437. »Nempt die Waldstett sin, das nit was, aber Lucern und Glarus wol.« Tschudi.

Umstände, die Eile gefordert und keinem Argwohn in die Aufrichtigkeit des anderen Teils Raum gestattet hätten. Darauf wurde einhellig beschlossen, die Briefe nicht zu unterzeichnen, sondern vom Kaiser eine unumwundene Erläuterung der zweideutigen Stellen zu fordern.

Während nun jener nach sechsmonatlichem Zaudern bei Strafe der Reichsacht den Austritt der Glarner und Zuger gebot und Zürich mit Vorbehalt seiner älteren, jedoch nicht auf die umstrittenen Länder ausgedehnten Bünde mit Habsburg einen fünfjährigen Schutz- und Trutzvertrag aufrichtete, besetzten die Schwyzer, müde des Unterhandelns, allein Glarus und Zug und erklärten, daß sie keine Drohung und Gewalt hindern würde, diesen ihren Eidgenossen die gelobte Treue zu bewahren (1356). Ein so kräftiges und entschiedenes Betragen verfehlte die beabsichtigte Wirkung nicht. Karl, eifersüchtig auf Österreich, und der seit Jahren kränkliche Herzog Albrecht bewilligten den fortan mehrmals verlängerten Waffenstillstand und erkannten die ewige Verbindung der acht alten Orte an (1362), die einstweilen von außen her ungefährdet ihre Tätigkeit auf innere Gebrechen richten konnte.

So wurde, um vor allem den Mißbräuchen der Rechtspflege zu wehren, durch den sogenannten Pfaffenbrief (1370) geboten, daß auf allen Straßen von der stäubenden Brücke (Teufelsbrücke in Uri) bis nach Zürich gegen Fremde und Heimische ein unverbrüchlicher Landfriede gelten und keiner den anderen mit Gewalt angreifen, pfänden oder vor ein fremdes Gericht laden sollte. Kein Priester sollte – bei Strafe der Acht und Ehrlosigkeit – eine ausländische Behörde, sie sei geistlich oder weltlich, suchen, sondern seine Klagen vor den Richter der Stadt oder des Ortes bringen, wo der andere Teil seßhaft war. Wer den Herzögen von Österreich durch Rat oder Dienstgelübde verpflichtet war und in den Städten und Ländern der Eidgenossenschaft mit einem Hausstand siedeln wollte, müßte auch geloben und schwören, des Bundes Nutzen und Ehre zu fördern und mit guten Treuen vor allem Schaden zu warnen.

So unvollkommen dieses erste schriftliche Grundgesetz war, bezeichnete es dennoch einen bedeutenden Fortschritt der inneren gesellschaftlichen Entwicklung, welche die Unabhängigkeit der Gerichte und die Ablösung vom habsburgischen Lehnsverband als reifste Frucht der bisherigen Kämpfe und Siege zu ergreifen und festzuhalten wußte. Deshalb konnte denn auch die Eidgenossenschaft teils ihre örtlichen Angelegenheiten ordnen und festigen – wie z. B. Bern durch Waffen und Kauf dem kyburgischen Hause die Grafschaften Thun und Burgdorf abgewann (1384) –, teils die gemeinsamen Kräfte durch friedliche Ausgleichung der etwaigen Zerwürfnisse und engeres Anschließen an den städtischen Verein Niederschwabens, Frankens und des Rheinstromes (1386) für den letzten, entscheidenden Streit stärken und ausdehnen.*

Dieser ließ nicht lange auf sich warten. Kaum hatte nämlich Herzog Leopold III. (Fromme) von Österreich, der seinem bei Vorgarten geschlagenen Großvater an kriegerischem Ehrgeiz und rastlosem Bauernhaß ähnlich war, frühere Zwiste mit den niederschwäbischen Gemeinden in Güte beigelegt und diesseits wie jenseits des Rheins Fürsten und Adel gegen den Bund in Oberalemannien mit solchem Eifer aufgeregt, daß innerhalb von zwölf Tagen 167 Herren ihre Absagebriefe sandten, als um Anfang Juli 1386 zahlreiche Scharen zu Roß und zu Fuß im unteren Aargau bei Baden erschienen, um mit einem Schlage den, wie man wähnte, sorglosen und schlecht gerüsteten Erbfeind niederzuwerfen. Dieser Ansicht gemäß sollte Johann von Bonstetten Zürich bedrohen und hier die Hilfsmannschaft der Waldstädte durch verstellte Angriffe beschäftigen, der Herzog aber mit dem Gewalthaufen rasch das Aargau hinauf nach Sursee ziehen, Sempach wegen seiner Treue gegen die Eidgenossen züchtigen, danach Luzern überrumpeln und in die Berglande vorbrechen.

Doch die Züricher, zeitig gewarnt und stark genug, durch eigene Kraft der ihnen drohenden Gefahr zu begegnen, gaben den Luzernern, Schwyzern, Urnern und Unterwaldnern ohne Zaudern Urlaub, damit sie über den Albis und durch das Reußtal nach Sempach eilen und das hart bedrängte Städtchen befreien möchten.**

---

* Vgl. S. 56 in diesem Band.

** Bern wurde von den Waldstädten umsonst gemahnt (Stettler, Chronik, S. 91). Es hinderten teils der noch nicht abgelaufene Waffenstillstand mit Österreich, das zu Nidau, Büren, Freiburg drohende Besatzungen hielt, teils innere Gärungen (von Wattenwyls Geschichtsbeschreibung des helvetischen Bundes, S. 135). Der, soviel wir wissen, noch nicht gedruckte, im bernischen Lehnsarchiv aufbewahrte Mahnbrief lautet seinem wesentlichen Inhalt nach also: »Unseren sonder guten Fründen und lieben Eidgnossen dem schultheissen und den burgern der stat ze Bern entbieten wir die lantamman und die landlüt gemeinlich von Ure von switz und von underwalden unsern willigen dienst her … (bereit) und was wir Eren und gutes vermögen, lieben guten Fründ wir tun üch ze wissen das uns unser lieben Eidgnossen von Zürich und von Luzern gemand (gemahnt) Hand von des krieges wegen so si hand mit der Herschaft von Oesterrich als mit dem … (Begehren?) daß wir üch manen solen das ir inen über die vergenennt Herschaft bihulffen syent, die ze schatgen (schädigen) sond ir wissen nach der Manung als si uns gemand hand, da haben wir uns einhelelich erkandt uf unsern eid das wir üch darumb wol ze manen haben das ir den vorgenannten unsern lieben Eidgnossen beraten und

Schon rüsteten Leopold, 4000 Ritter und ungezählte Fußknechte – die des Sieges so sicher waren, daß sie mehrere Karren mit Stricken für die Bestrafung der Aufrührer beladen hatten – zum Sturm, als am Morgen des 9. Juli die Eidgenossen am Saum eines Waldes erschienen und augenblicklich für den Streit wappneten. »Wer«, riefen viele, »nicht vermeint zehn Mann zu bestehen, der trete in den Forst zurück! Wir wollens ihm zu ewigen Zeiten in keinem Argen vorhalten noch nachtragen (aufrupfen)!« An die 300 folgten, die übrigen, 1300 an der Zahl, größtenteils ohne Harnisch, aber stark von Gliedmaßen und darin geübt, schwere Hellebarden, zackige Keulen und breite Schwerter mit Kraft und Geschicklichkeit zu führen, waren entschlossen für Sieg oder Tod.

Inzwischen warnten etliche Herren den Herzog vor Übereilung. Man möge, weil der Feind kühn und im Vorteil einer besseren Stellung sei, die Schlacht aufschieben, Johann von Bonstettens Rückkehr abwarten und dann mit ganzer Kraft angreifen. Solche Mahnungen fanden aber als Zeichen des Kleinmuts weder Leopolds noch des hoffärtigen Adels Beifall. Noch vor dem Abend, versicherte im Namen seiner Standesgenossen Ritter Hans von Ochsenstein, sollte jenes Lumpengesindel rebellischer Bauern und Knechte gesotten oder gebraten eingeliefert werden.

Stracks stiegen die Herren, die allein und zu Fuß den Streit bestehen wollten, von den Rossen, hieben, damit nichts sie behinderte, die Schnäbel von ihren Schuhen ab, stellten sich in einen viereckigen Haufen und rückten, die Reihen eng geschlossen und die Speere vorgestreckt, einer wandelnden Eisenmauer gleich, langsam nach der Waldebene vor. Da baten etliche Getreue den Herzog, der an der Spitze des Zuges stand, dem Gefecht fernzubleiben. Er aber antwortete: »Das wolle Gott nicht, daß ich euch lasse sterben und genese allein, ich will mit meinen Rittern und Knechten heute sterben oder siegen auf dem meinen und um mein Erbe!«

Sobald die Eidgenossen des Feindes Anstalten wohl beobachtet hatten, stürmten sie ihm nach kurzem Gebet in spitzer Schlacht-

---

behulffen syent ir fyent (Feinde) ze schatgen und meinen ouch das von üch ze wissen, ob ir das wellent tuon. Da manen wir üch mit disem offenem brief der bänden und Eiden und briefen und als (alles) das wir üch gemanen können allerwegen das ir von derselben sach wegen uwer (euer) erbare botscheft mit vollem gewald in dem kienholtz habent von no (nächstem?) Donstag über acht tag bi unsern botten. Und dirre Manung ze Urkund so haben wir unser lender ingesigel offenlich gedrukt uf disen brief ze End der geschrift, die geben wart an sant Jacobs abent anno dom. MCCCLXXXVI.«

ordnung entgegen und versuchten die dichten Glieder zu durchbrechen. Umsonst. Über 60 der Vordermänner fielen, unter ihnen Petermann von Gundoldingen, Ritter und Schultheiß von Luzern, Altschultheiß Heinrich von Moos, Stephan von Silenen, Landammann Konrad von Attinghausen und Untervogt Anton Betschard. Da riet Anton zer Port, ein Edelknecht aus Mailand und zu Flüelen im Lande Uri angesiedelt, mit den Hellebarden auf die langen, inwendig hohlen Speere der Ritter zu schlagen. Umsonst. Etliche Glennen brachen, aber die Reihen wankten nicht.

In diesem entscheidenden Augenblick, als die Kräfte der Eidgenossen ermatteten und neue Opfer fielen, als die Ankunft Bonstettens oder des Hinterzugs unter dem Grafen Friedrich von Zollern den sicheren Untergang androhte, rief Arnold Struthan von Winkelried aus Unterwalden: »Brüder, ich will euch eine Gasse machen. Sorgt für Frau und Kind!« Er sprang hervor, umschlang etliche Spieße, drückte sie sich in den Leib und öffnete durch freiwilligen Tod den Gefährten die Bahn des Sieges. Denn der Feind, unfähig, dem zermalmenden Ansturm zu widerstehen, löste die Glieder auf und floh. Aber viele Ritter sanken unter den Schlägen der Hellebarden, Keulen und Schwerter, andere verschmachteten in der Hitze des Tages oder erstickten unter dem Gewicht des Harnischs. Herzog Leopold aber eilte an die Stelle, wo im wildesten Schlachtgewühl Ritter Ulrich von Aarburg sterbend das blutgefärbte Banner emporhielt und »Rette Österreich!« rief. Den Getreuen, die abmahnten vom Kampf, entgegnete er, daß er mit so vielen tapferen Männern eher ehrlich sterben denn unehrlich leben wolle, und fand an der Seite Martin Malterers, der das Banner der Stadt Freiburg im Breisgau trug, den gewünschten Tod.

Fortan endete alle Gegenwehr. Es floh, wer da konnte, der Graf von Zollern und die Troßbuben mit den Ritterpferden voran. Manchen rettete die Beutelust des Siegers, der danach Gott dankte und einem alten Brauch gemäß drei Tage und Nächte auf dem Schlachtfeld zubrachte. Diese deckten über 2000 Fußknechte, 676 Grafen, Ritter und Herren aus Burgund, Schwaben, Elsaß, Tirol, Breisgau, Aar- und Thurgau, unter ihnen 350 gekrönte Helme. Wochenlang wohnten Trauer und Einsamkeit in nahen wie fernen Burgen. Gott habe, murmelte dagegen das Volk, zu Sempach Gericht gehalten über den mutwilligen Stolz des Adels.

Die Eidgenossen aber, die 200 Tote zählten, nutzten mit Umsicht und Tätigkeit den ersten Schrecken und gönnten ihren Feinden keine Rast. So eroberte Bern, das Freiburg und die benachbarten Burgherren bekämpfte, Unterseen und das Sibenthal, brachen

Zürich und Luzern Mülinen in der March und andere Schlösser, zwangen Glarus und die Waldstädte die Bewohner des Habsburgischen Ortes Wesen im Gasterland zur Huldigung. Da vermittelten die deutschen Reichsgemeinden, die eigene Gefahr übersehend, einen anderthalbjährigen Waffenstillstand (8. Oktober 1386, den Bösen Frieden), der jedoch keine andere Frucht trug, als daß der gegenseitige Groll noch tiefer wurzelte.

Kaum war daher mit Lichtmeß 1388 die Waffenruhe abgelaufen, als Herzog Albrecht, Leopolds Bruder, im geheimen für eine zweite Heerfahrt rüstete. Unter dem Oberbefehl Johann von Werdenbergs versammelte er bei Schännis, Wallenstadt und Wesen 15 000 Reiter und Fußknechte, die plötzlich in Glarus einbrechen und – gleichzeitig Zürich wie die drei Länder bedrohend – den Zuzug der Verbündeten verhindern sollten. Etwaige Hilfe oder bewaffnete Dazwischenkunft der fränkischen, schwäbischen und rheinischen Reichsstädte wurde dadurch verhindert, daß die Herzöge von Bayern, der Graf von Württemberg und andere Fürsten für eine entscheidende Fehde wappneten. Der gesamte Herrenstand Süddeutschlands wollte mit einem Schlag diesseits und jenseits des Rheins die aufstrebende Freiheit des Bürger- und Bauerntums niederwerfen.*

Dazu gab in der Schweiz der verräterische Abfall Wesens das Zeichen. In der Nacht auf den 22. Februar wurde die sorglose Besatzung jenes den Eidgenossen verbündeten Städtchens von den Einwohnern und Habsburgischen angegriffen, ermordet oder zerstreut, danach mehrere Wochen lang die Grenze der Glarner unaufhörlich durch kleine Streifscharen beunruhigt. Jene, müde der Neckereien und für den Einbruch in das feindliche Gebiet zu schwach, sandten endlich Friedensboten und fragten nach den Bedingungen einer aufrichtigen Versöhnung. Da forderten der Graf Johann von Werdenberg, der Freiherr Peter von Thorberg und andere verordnete Räte des Herzogs, als wenn schon der Sieger das Gesetz vorschreiben könnte, es sollten die Glarner dem ewigen Bund entsagen, alle Freiheitsbriefe ausliefern, alle rückständigen Steuern bezahlen, der rechtmäßigen Herrschaft Österreich als Leibeigene dienen und zum Unterpfand der Treue angesehene Geiseln stellen.

Einmütig wies die schnell versammelte Landsgemeinde den schmählichen Antrag zurück und sandte am Palmtage mildere Be-

---

* Vgl. S. 56 ff. in diesem Band.

dingungen nach Wesen, wo die habsburgischen Statthalter und Räte saßen. Diese aber empfingen den Boten höhnisch und rüsteten sogleich zum längst beschlossenen Angriff. Während also Graf Johann von Werdenberg mit 1500 Mann über Kerenzen und Beglingen seitwärts heranzog, rückte der Gewalthaufen, 10 000 Reiter und Fußknechte stark, im Morgengrauen des 9. April direkt gegen die Landwehr (Letze) vor, welche die Glarner bei Näfels vom Fuß des Berges bis an das Ufer der Linth aufgeworfen hatten. Sogleich gab der hier das Land hütende Hauptmann Matthias von Bülen die gewohnten Sturmzeichen und warf sich mit 200–300 Waffengefährten dem Feind entgegen, der nach heftigem Kampf die Schanzen erstieg und unter Raub und Brand rechts bis Näfels, links bis Mollis vorbrach, während etliche Reiterscharen dem Hauptflekken Glarus nahten.

Mittlerweile hatte Bülen den steilen Berg Rüti gewonnen und, da das hoch flatternde Banner die Richtung wies, allmählich die zerstreuten Rotten gesammelt, um im günstigen Augenblick das Gefecht zu erneuern. Darin kamen ihm aber die Habsburgischen, hinten das Fußvolk, an der Spitze der berittene Adel, zuvor, denn sie wollten, unbekümmert um Örtlichkeit und Stellung, den Streit durch einen Anprall der Überzahl rasch entscheiden. Doch die Glarner, obschon nur 500–600 Männer stark, schleuderten mit solcher Kraft und Geschicklichkeit handgroße Steine herab, daß mancher Ritter tot oder verwundet sank und die Rosse sich bäumten und die Fußknechte in Unordnung brachten.

Solchen Augenblick nutzten die Landleute, fielen wütend auf den Feind, der zehn Anstürme umsonst und mit steigender Einbuße versucht hatte, und vollendeten, von etlichen über den beschneiten Pragelberg herbeigeeilten Schwyzern unterstützt, die Niederlage der Habsburgischen. Diese flohen, auf den Fersen verfolgt, durch Näfels über das Ried der Linth und Wesener Brücke zu, die unter dem Gewicht der geharnischten Reiterei einbrach und dem Wellentod übergab, was nicht den Streichen der Eidgenossen erlegen war. Mancher wählte ihn freiwillig aus Furcht vor der Rache des ergrimmten Siegers. An 3000 Tote deckten die Kampfstätte, unter ihnen neben 188 Rittern und Edelknechten Johann von Klingenberg, Landvogt aus dem Hegau, Graf Wolraff von Thierstein, Ulrich von Sachs, österreichischer Bannerträger, und Freiherr Johann von Bonstetten.

Die Glarner, die nur 55 Mann eingebüßt, aber elf Fahnen und 1800 Harnische erbeutet hatten, dankten Gott, der Heiligen Jungfrau, St. Fridolin und Hilarius für die Rettung aus drohender Untertänigkeit und verordneten, daß alljährlich am ersten Donnerstag im April der vornehmste gesunde Mann aus jedem Haus im ganzen Land nach Näfels gehen und die Pfade und Wege, auf denen die Voreltern große Not und Arbeit erlitten hätten, Gott zum Lob und zum Heil der Erschlagenen besuchen sollte.*

Die Schlacht bei Näfels beendete jedoch den Krieg noch nicht. Eine Reihe kleiner Fehden entbrannte und dauerte mit wechselndem Glück so lange fort, bis die Dazwischenkunft Basels und der Reichsstädte am Bodensee am 1. April 1389 einen siebenjährigen Frieden stiftete, in dem Habsburg unumwunden den ewigen Bund der Eidgenossen anerkannte. Denn sie sollten, den Flecken Wesen ausgenommen, im Besitz der Landschaften, Burgen, Städte, Täler und Leute bleiben, die man den Habsburgischen abgenommen habe, gleich wie niemand die Bewohner an ihren Gelübden und Bündnissen kränken dürfte. Herzog Albrecht unterzeichnete am 22. April zu Wien die Urkunde des Versöhnungsvertrags, der später (1394) auf 20 Jahre ausgedehnt wurde und die Vereinigung der acht alten Orte befähigte, ihre Innenverhältnisse zu ordnen und zu befestigen.

So wurde durch den sogenannten Sempacher Brief (10. Juli 1393) die bisher sehr mangelhafte Kriegsordnung dahin verbessert, daß bei Strafe der Acht kein Eidgenosse Selbsthilfe gebrauchen, Klöster, Kirchen und Kapellen berauben, in der Schlacht den angewiesenen Platz vor erobertem Sieg verlassen oder auf Beute ausgehen sowie Frauen mit bewaffneter Hand stechen, schlagen und mißhandeln sollte. Dagegen blieb das gesamte Bundeswesen in der alten Unbestimmtheit. Der Verband mit dem deutschen Reich wurde anerkannt, nur Habsburgs Obergewalt abgewehrt. Etwaiger Zwist wurde durch Obmänner entschieden, jeder Stadt und Landschaft ihr herkömmliches Recht gewährleistet und selbst die Befugnis eingeräumt, ohne Beschluß der meistens von Zürich und Bern geleiteten Tagsatzung eigene Bündnisse und Verträge, jedoch vorbehalten die ewige Vereinigung, mit Fremden und Einheimischen aufzurichten.

Alles entwickelte sich auch hier, wie bei den Verbindungen der Städte Oberitaliens, Süd- und Norddeutschlands, aus dem Besonderen zum Allgemeinen. Freiheits- und Ehrliebe vertrat die Stelle eines umfassenden, für die damalige Einfachheit der Verhältnisse

* Faßbind, Geschichte des Kantons Schwyz, II, 23.

auch entbehrlichen Grund- und Bundesgesetzes. Daher konnten, ohne daß anfangs der Gesamtheit gefährliche Nachwirkungen bemerkt wurden, einzelne Orte sich stärken und ausdehnen, sei es durch Waffengewalt oder durch friedliche Abkommen: Die Urner und Unterwaldner entrissen den mailändischen Herzögen jenseits des Gotthards das Livinental und wandelten es in eine untertänige Vogtei um (1402), die Walliser, die heldenmütig mit dem Adel, besonders des Hauses Raron, um Befreiung aus der Dienstbarkeit kämpften, traten in das Landrecht der Waldstädte (1417), das Entlibuch zu Luzern nahm dieselbe Stellung an, und Bern bewilligte der Grafschaft Welschneuenburg das erbetene Schutz- und Mitbürgerrecht (1406). Schließlich gewährten alle Eidgenossen außer Bern dem Landvolk Appenzells die gleiche Gunst unter dem Namen eines ewigen Landrechts (1412). Dieses letzte Ereignis ist so folgenreich nicht nur für den Bund in Oberalemannien, sondern auch für die niederschwäbische Nachbarschaft gewesen, daß es eine genauere Berichterstattung fordert.

Die munteren und lebendigen Bewohner des etwa zehn Stunden langen und sechs Stunden breiten Gebirgslands Appenzell in der östlichen Schweiz, meistens Hirten, hatten zwar seit Jahrhunderten die Hoheit des gefürsteten Gotteshauses St. Gallen anerkannt, aber daneben vom Kloster und Kaiser manche Freiheiten und Rechte gewonnen. Diese mißachtete und verletzte vielfach der hoffärtige und herrschsüchtige Abt Kuno von Staufen. Er forderte unmäßige Steuern und Dienste und duldete keine herkömmliche Teilnahme des Volkes an den Wahlen der Obrigkeiten, sondern bestellte nach eigenem Dafürhalten die Amtsleute, die durch Burgen und Soldknechte geschützt gleich den österreichischen Vögten der Urkantone allen Mutwillen übten. So ließ der Amtmann im Schloß Appenzell einen Toten ausgraben und das Kleid, in dem er beerdigt worden war, als schuldige Abgabe an die Herrschaft einziehen, während der Vogt in Schwendi eine neue Zolltafel aufrichten und gegen die Bauern, die ohne zu zahlen vorübergingen, große Hunde hetzen ließ.

Ein Vorfall brach endlich die Geduld des durch das Beispiel der Schwyzer und Reichsstädte schon längst aufgeregten Volkes. Der Amtmann von Schwendi nämlich, der oft vor seinem Turm saß, fragte eines Tages den häufig vorübergehenden Sohn eines armen Müllers und Bäckers, was Vater und Mutter machten. Der eine, antwortete der Knabe, backt ehegegessenes Brot, und die andere macht bös auf bös. Dieser rätselhafte Bescheid wurde denn bald dahin erläutert, daß der Vater sein Mehl noch nicht bezahlt habe und die Mutter mit alten Lappen ein zerrissenes Kleidungsstück ausbessere. Um die Ursache solcher Not befragt, entgegnete das Kind: »Eben darum geschieht's, weil du uns alles Geld nimmst.« – Der erzürnte Edelmann drohte mit seinen Hunden. Heimgekehrt, empfing der Knabe von dem Vater den Rat, künftig das Milchfaß, das er auf dem Rücken trug, abwärts zu kehren und mit einer Katze zu versehen. Diese, im Augenblick des herrschaftlichen Grimms losgelassen und von den Lieblingsschergen des Vogtes verfolgt, rettete zunächst den Knaben, der lachend nach der elterlichen Hütte im sogenannten Rachentobel entfloh, aber bald darauf von dem rachgierigen Peiniger eingeholt und erstochen wurde.

Die Untat blieb jedoch nicht ungestraft. Innerhalb etlicher Stunden stand das Schloß Schwendi in Flammen. Kaum rettete der Bewohner durch die Flucht den verfemten Kopf.* Danach richteten die sechs Gemeinden des Landes, Appenzell, Hundwyl, Urnäschen, Teuffen, Trogen und Herisau einen Bund für Schutz und Trutz auf, verjagten die Amtsleute des Klosters (1400), nahmen aber dennoch die vom Abt Kuno begehrte Einigung der schwäbischen Reichsgemeinden des Bodensees an und versprachen Gehorsam, wenn die neuen Obrigkeiten nach Recht und Gesetz schalten würden. Als aber jene nichtsdestoweniger den alten Druck wiederum begannen, schlossen die Landleute mit der gleichfalls unzufriedenen Stadt St. Gallen, deren verbriefte Freiheiten vielfach gekränkt wurden, einen Schutzvertrag ab (17. Januar 1401) und rüsteten zum Krieg. Da wandte sich der Abt aufs neue an die Reichsgemeinden des Bodensees, die nach langem Zaudern den schiedsrichterlichen Spruch fällten, daß das St. Galler und Appenzeller Bündnis als ohne Erlaubnis des oberherrlichen Gotteshauses geschlossen worden sei und deshalb auf immer tot und nichtig sein solle (1402).

Die Landleute aber verwarfen eine Entscheidung, die sie ganz der Willkür des Stifts zu überliefern drohte. Sie errichteten untereinander für die Verteidigung der Freiheit eine engere Eidgenossenschaft und forderten, als bald darauf Kuno, der sich mit den St. Gallern und den Reichsstädtischen verbündet hatte, abtrünnige Untertanen durch Waffenmacht zwingen wollte, die Hilfe der Schwyzer und der übrigen Mitglieder des großen, oberdeutschen Bundes. Jene gewährten das erbetene Landrecht und sandten

* Nach Zellwegers Geschichte von Appenzell, I, 330, der hier einer sehr wahrscheinlichen Volksüberlieferung folgt.

300 Freiwillige, diese, 200 Glarner ausgenommen, die nach Appenzell eilten, blieben untätig und begnügten sich mit freundlichen Worten.

Inzwischen zogen die Scharen der Städte Konstanz, Überlingen, Ravensburg, Lindau, Wangen, Buchhorn und Arbon nach St. Gallen und bildeten, mit diesen und den Dienstleuten des Abtes vereinigt, ein Heer von 5000 Reitern und Fußknechten, die des Sieges fast sicher am 15. Mai (1403) aufbrachen, um über die Höhe Vögelinseck nahe dem Dorf Speicher den trotzigen Bauern ins Land zu fallen. Doch jene, zum Äußersten entschlossen, hatten umsichtig alle Vorteile der Örtlichkeit genutzt. So hatte sie 500 Schwyzer und Glarner unten beim Meierhof Loch im Wald versteckt, weiter oben am Ausgang des engen und tiefen Hohlweges einen Harst von 80 Appenzellern aufgestellt und den Gewalthaufen von etwa 2000 Mann hinter dem schnell aufgeworfenen Grenzgraben verborgen.

Als sich nun der Feind, voran die Berittenen, in dichtgedrängten Reihen auf der abschüssigen und beschwerlichen Straße langsam und mit Mühe vorwärtsbewegte, ertönte plötzlich der Forst vom Schlachtgeschrei. Sofort griffen die Schwyzer und Glarner den Hinterzug des Fußvolks an, während die Appenzeller, von herabgeschleuderten Steinen unterstützt, das Vordertreffen der Reiter angriffen. Bald folgte, zumal etliche Landleute sich unter die städtischen Lanzknechte gemischt hatten und »Flieht! Flieht!« riefen, der Unordnung die wildeste Flucht. Da wurden über 350 erschlagen, viele Panzer, Kleider und Waffenstücke erbeutet, während der Sieger keinen Mann verlor. Nach kurzer Rast auf dem Schlachtfeld wurden mehrere Twingschlösser geschleift und das ganze Thurgau bis an die Tore von Konstanz mit Raub und Brand erfüllt.*

Bestürzt und schon früher dem Krieg abgeneigt, schlossen St. Gallen und die übrigen Städte Frieden. Der Abt aber entwich aus dem Kloster nach Wyl im Thurgau und ruhte nicht eher, als bis Herzog Friedrich von Habsburg, der überdies begierig nach der Schutzvogtei des reichen Stiftes war, Hilfe versprach und den Appenzellern die Fehde ansagte. Freudig rüstete der nahe und ferne Adel, um das böse Beispiel zu strafen, wie denn der Markgraf

---

* Siehe Zellweger, I, 340, wo manches Neue über den Kampf aus handschriftlichen Berichten gegeben, aber hinsichtlich der Zahl appenzellischer Wehrleute (200) gewiß der Maßstab zu niedrig angelegt wird. Auch widerspricht sich der Verfasser in dem Bericht, nennt zuerst 200, dann noch einen größeren Haufen. (S. 341)

Rudolf von Hochberg, die Grafen Johann von Lupfen, Johann von Thierstein, Wilhelm von Montfort, bereitwillig ihre Dienstmannen versammelten und nach Konstanz führten. Eben dahin zogen auch die Scharen des gleichnamigen Bischofs, des Abts Kuno und etlicher Seegemeinden, so daß der Herzog sein großes und wohlgerüstetes Heer in zwei Abteilungen gliedern konnte. Die eine sollte auf St. Gallen ziehen, die andere gleichzeitig von Altstätten im Rheintal aufbrechen und das Land Appenzell von hinten überfallen (Juli 1405).

Dieses, von den Eidgenossen, deren Bereitwilligkeit der noch gültige Frieden mit Österreich hinderte, verlassen, fand in den eigenen Kräften und der Umsicht seines Hauptmanns, des Grafen Rudolf von Werdenberg, Rettung. Der Edle nämlich, der durch den Herzog und habgierige Vettern aus Rheineck und anderen Burgen des elterlichen Erbes vertrieben worden war, trat als oberster Befehlshaber in den Dienst der Landleute, deren Kleidung und Lebensart statt des ritterlichen Waffenrocks und Wesens angenommen wurden. Er ließ alle schwachen Stellen von Gossau bis an den Rietliwald bei Gais durch Erdwälle, Steine, Gräben und Holzblöcke verschanzen und das wiederum befreundete St. Gallen durch eine Besatzung von 400 Mann gegen etwaigen Angriff sichern. Mit etlichen Bewohnern des Rheintals ließ er der künftigen Kundschaft wegen Schutzbündnisse abschließen, einige Scharen freiwilliger Schwyzer und Glarner dem heimischen Aufgebot beiordnen, überhaupt alle Anstalten zu einer kräftigen Abwehr mit Nachdruck und Umsicht treffen.

Der Feind, schlecht benachrichtigt, hoffte dagegen durch Überraschung zu siegen und brach plötzlich in zwei Heersäulen vor. Die eine zog unter dem Herzog Friedrich auf St. Gallen an den Häuptlisberg, ringsum mit Feuer und Schwert wüstend, die andere, eine Blöße erspähend, lagerte zu Altstätten im Rheintal, in der Hoffnung, das benachbarte Landvolk würde, um die verbündete Stadt zu decken, von den Pässen weichen und die Straße über Gais nach Appenzell preisgeben. Etwa 3000 Reiter und Fußknechte stark, wandte sich dieser Gewalthaufen frühmorgens am 17. Juni bei strömendem Regen vom Tal nach dem Gebirge, brach in die unbewachte Letze eine Öffnung und begann, 200 Schützen voran, aufwärtszusteigen. Der Weg war eng und schlüpfrig, der Schritt ungewiß, die Stimmung trüb wie der Himmel, Roß und Mann hart aneinander gedrängt.

Diesen Augenblick nutzte der die Verteidigung leitende Graf Rudolf von Werdenberg. Er ließ die Seinen, damit sie desto fester stehen möchten, ihre Schuhe ablegen und gab das Schlachtzeichen. Alsbald rollten Blöcke und Steine herab, fielen 400 Landwehren aus dem Rietlinger Wald bergab in vollem Lauf und mit Kriegsgeschrei auf den schon stutzigen und aufgescheuchten Feind, der unfähig war, die durch den Regen erschlafften Bogensehnen zu gebrauchen, und nach kurzem Streit bis an die Lücke des Grenzwalls herabgedrängt wurde. Hier entbrannte auf schmalem Raum ein letzter Kampf der Verzweiflung, in dem Leib gegen Leib stand, jene den Sieg vollenden, diese wo nicht Ehre, doch das Leben retten wollten. Dabei geschah es, daß Uli Rotach, ein appenzellischer Landmann, von zwölf Feinden fünf erschlug und die übrigen so lange festhielt, bis ihn und die schützende Sennhütte das eingelegte Feuer verzehrte.

Endlich flohen die Herzoglichen, bis nach Altstätten verfolgt. An 900 Tote, unter ihnen der Vogt zu Feldkirch, Georg von Embs und andere vom Adel, hatten neben 20 Landleuten im Kampf den Tod gefunden. Sobald Friedrich den Ausgang des Kampfes am Stoß vernahm, wich er von St. Gallen zurück, wurde aber von den Bürgern und Bauern am Rotmonten eingeholt und nach heftigen Gefechten bis nach Arbon getrieben. Viele tapfere Ritter sanken, vor allem Hans von Thierstein, Hans von Klingenberg, Hermann von Landenberg, Hans von Hallwyl. Mancher wandte den Rücken, weil er sich schämte, mit den Städtern, z. B. Winterthurs und Schaffhausens, in denselben Reihen zu kämpfen. Darüber unwillig, übergab der Herzog dem Grafen Friedrich von Toggenburg die Fortsetzung des Krieges und entwich nach Innsbruck im Tirol.

Das überall siegreiche Bergvolk aber, St. Gallen wiederum für neun Jahre zu Schutz und Trutz verbündet, nutzte rasch und umsichtig den günstigen Augenblick. Es eroberte das Rheintal, dessen Bewohner übertraten, die Grafschaft Werdenberg, um des Hauptmanns Rudolf Dienste zu lohnen, und die Stadt Sargans, die in Flammen aufging, durchzog mit Raub, Mord und Brand das Thurgau, brach Bürglen und andere Schlösser, schlug die Banner von Konstanz und Bischofszell und erfüllte die Umgegend mit Furcht und Schrecken, so daß viele Herrensitze leer wurden oder Unterwerfung angelobten. Doch nicht rohe Leibesgewalt allein bestimmte die Handlungen der Appenzeller. Sie folgten gleichzeitig dem Gesetz der Klugheit und beschlossen, wahrscheinlich auf Betreiben des scharfsichtigen und kühnen Landammans der Schwyzer, Itel Reding, dadurch die Macht Habsburgs in Helvetien auf immer zu lähmen, daß die Gemeinden und Bauern von den Grenzen des Stiftes St. Gallen bis an die Felsenwand der tirolischen Firste ähnlich der Eidgenossenschaft Hochalemanniens in einem freien Bund vereinigt gleichen Freund und Feind anerkannten und dergestalt den acht alten Orten gleichsam als ein die Ostgrenze schützendes Bollwerk dienten.

Den Grundstein zu dieser planmäßigen Vereinigung, die der »Bund ob dem See« hieß,* legte bereits am 16. September (1406) das Abkommen mit der Stadt Feldkirch im Wallgau. Beide Teile, lautete der Inhalt, sollten einander auf geschehene Mahnung in eigenen Kosten zu Hilfe ziehen, etwaige Zwistigkeiten durch Schiedsrichter beilegen und Widerspenstige zum Gehorsam gegen den Spruch nötigen, über Krieg, Frieden, Versöhnung und Waffenstillstände nur nach gemeinschaftlicher Übereinkunft entscheiden und stets nicht den eigenen, sondern des Bundes Nutzen suchen.** Bei dem Unfrieden des der herrschaftlichen Unterdrückung müden Landvolks und den glänzenden Siegen der Appenzeller breitete sich diese Vereinigung so rasch und bedeutend aus, daß neben St. Gallen, Appenzell und Feldkirch die Stadt Bludenz, die Bewohner des Rheintals, Wallgaus und Montafuns, des Bezirks von Rankwyl innerhalb und außerhalb der Clus, des Etschnerberges, von Bendern im Lichtensteinischen bis an den Schollenberg, der Ortschaften Saz, Gams (im Bezirk Sargans des heutigen Kantons St. Gallen), Fußach, im Vorarlbergischen, zwischen Bregenz und Rheineck, und Höchst, am rechten Rheinufer, beitraten.*** Später folgten die Landleute im Kloster-, Stanzer- und Lechtal Obertirols, die Bewohner des Bregenzerwaldes diesseits und innerhalb des Suberbaches im Vorarlbergischen und andere Bergleute. Mit einem Wort, alles Land vom Thurgau bis an die Hochgebirge Tirols, wo im Inntal bei Laudeck blutig gekämpft wurde, fiel ab von den Fürsten und Herren. Alle Bauern im Thur- wie im Algau, am Bodensee wie am Oberrhein, gerieten in wachsende Gärung.

Das ganze Lehnswesen an der westlichen Grenze des deutschen Reiches schwankte und drohte einzustürzen. Viele thurgauische Herren, wie die von Landenberg, nahmen der Sicherheit wegen das

* Zum Unterschied von dem Städtebund um den See, Konstanz, Überlingen, Lindau usw. Vgl. Zellweger, I, 366 ff., der diese merkwürdige Entwicklung des süddeutschen Bundeswesens zuerst aus Handschriften und Chroniken lichtvoll erörtert hat. Auch Henne, Schweizerchronik, Teil 2, gibt einzelne gute Beiträge.

** »Wir sollint och in diser Buntnuss keinen Vortail, um keinerlang sach so wir gemeinen krieg trybent nit suchen an alle geväird.« Urkunde bei Zellweger, Urkundenbuch, II, Nr. 179.

*** Urkunde Nr. 180 und Zellwegers Erläuterungen. Vgl. Urkunde Nr. 202.

Bürgerrecht der Züricher. 30 Schlösser lagen in Trümmern, 64 dienten den Appenzellern, deren von Mord, Raub und Brand begleitete Heerzüge Schrecken und Trauer über ganz Schwaben verbreitet hatten. Fruchtlos blieb dabei der geistliche Bann des Bischofs von Konstanz. Man nötigte die Priester, die Messe zu lesen, und führte unter bitteren Hohnreden den in Wyl gefangenen Abt Kuno in die Mauern seines jetzt öden und armen Klosters St. Gallen zurück.

Endlich erholte sich der Adel von dem ersten Eindruck lähmender Furcht, beschwor aufs neue die Gesellschaft des heiligen Georg und gelobte, Gut und Leib gegen den wachsenden Freiheitsschwindel der Bauern zu wagen. Konstanz trat aus ständischer Abneigung dem Bündnis bei, das die schwäbische Reichsritterschaft, unter ihr der Herzog Ulrich von Teck, die Grafen von Württemberg, Habsburg-Laufenburg, Montfort und Werdenberg, mit den Bischöfen von Augsburg und Konstanz gegen die Appenzeller und ihre Helfer schlossen (28. Oktober 1407). Jene, dadurch nicht erschreckt, zogen bei schneidender Winterkälte mit geringer Mannschaft vor die Mauern der Seestadt Bregenz, um ihren hier seßhaften Erbfeind, den Grafen Wilhelm von Montfort, zu demütigen, und äußerten, daß sie, wenn die Feste gefallen sei, keinen Herrn im ganzen Schwabenland schonen wollten.

Beinahe vier Wochen verstrichen unter erfolglosen Angriffen, so daß nicht die Geduld, wohl aber die Wachsamkeit der Belagerer ermüdete. Diesen Augenblick nutzte die inzwischen wohlgerüstete Ritterschaft. 8000 Reiter und Fußknechte überfielen, von einer verschlagenen Frau geführt, bei dickem Nebel und grimmigem Frost den sorglosen Feind, der nach hartnäckiger Gegenwehr mit Verlust des Wurfzeugs, Banners und 80 Toten über den Rhein entfloh (13. Januar 1408). Umsonst aber rief Beringer von Landenberg: »Eilt ihnen nach in ihr Land! Laßt uns Frau und Kind erschlagen, auf daß keine Zucht noch Samen mehr von ihnen entspringe zum Verderbnis des Adels!«* Niemand wollte folgen. Ungestört konnten die Appenzeller durch Schnee und Eis ihre heimischen Berge gewinnen.

Dennoch entriß der unglückliche Kampf vor Bregenz die meisten Früchte der vorherigen Siege. Alle Länder des rechten Rheinufers huldigten wiederum ihren Lehnsherren, die mildere Behand-

* Zellweger, I, 483; Henne, II, 53.

lung versprachen und teilweise auch hielten. Danach berief König Ruprecht, von Habsburg und dem Adel zum Schiedsrichter gewählt, die Boten beider Parteien nach Konstanz. Er prüfte die Klagen und Beschwerden drei Wochen lang und entschied zuletzt dahin, daß der Bund ob dem See zwischen St. Gallen und Appenzell als schädlich der heiligen Kirche und dem Reich für immer tot und aufgelöst sein sollte. Hinsichtlich des Geschehenen möge gegenseitige Vergessenheit gelten, einer dem anderen den unrechtmäßigen Raub, betreffe er Städte, Länder, Vogt- und Eigenleute oder Gülten, Zinse und liegende Güter, unverzüglich wiedergeben. Die Herrschaft solle den Städten, Ländern und Leuten die geschworenen Freiheiten und Rechte halten, der Untertan seine Pflichten erfüllen, schuldige Zehnten und Abgaben getreulich entrichten usw.*

Dieser Richtungsbrief, am 4. April (1408) besiegelt, unterband zwar die den Rittern und Fürsten gefährliche Bewegung des Landvolks in Schwaben, Tirol und Vorarlberg, beendete aber keineswegs den Kampf zwischen den Bergleuten Appenzells und den Herzögen Österreichs. Denn jene, die jetzt entweder dem Abt von St. Gallen gehorchen oder die errungene Unabhängigkeit mit Gut und Blut behaupten mußten, wählten den Weg der Ehre und Mühsal. So erneuerten die zwölf Bezirke (Rooden) das frühere Bündnis und erklärten, daß sie nur ein einziges Recht, ein Gericht, ein Banner und eine Landsgemeinde haben wollten.** Würde man aber, um das Land unter die Vogtei des Hochstifts zu zwingen, mit dem Bann drohen, so möge man erfahren, daß sie sich darum wenig bekümmerten und bereit seien, hinter ihren Marken zu sterben oder zu siegen.

Daher brach nach kurzer Waffenruhe die Fehde mit frischer Wut auf beiden Seiten wiederum aus (Mai 1410) und dauerte besonders im Rheintal, wo ganze Scharen von Landleuten und Bürgern bei der habsburgischen Übermacht auswanderten, so lange, bis die Appenzeller in das Landrecht der sieben eidgenössischen Orte aufgenommen wurden (24. Dezember 1411). Sie sollten diesen, lautete die hinsichtlich der Bedingungen ungleiche Vertragsurkunde, auf die erste Mahnung ohne alle Widerrede mit ihren Leibern und Gütern in eigenen Kosten zu Hilfe ziehen, dagegen ohne der Eidgenossen Wissen und Willen keinen Krieg anfangen oder einem Fremden helfen und rächen. Bei Zwistigkeiten unter den Ständen sollten sie keine Partei ergreifen, sondern durch ihre Bo-

* Urkunde bei Zellweger, Nr. 201.
** Zellweger, I, 390.

ten den Frieden zu vermitteln suchen. Etwaige Hilfsscharen der Verbündeten sollten sie pro Mann täglich mit vier Kreuz-Plapphart besolden. Endlich sollten alle, vom sechzehnten Jahr an, gelehrte* Eide schwören, den eidgenössischen Ständen und Ländern gehorsam zu sein, ihren Nutzen zu fördern und Schaden abzuwenden. Schließlich sollten sie den Vorbehalt genehmigen, daß jene allein den Inhalt dieses Landrechts nach Belieben mindern und mehren dürften.

Herzog Friedrich von Österreich, der durch den unerwarteten Ausgang des Appenzellerkrieges und die gewaltige, nur augenblicklich gestillte Gärung beunruhigt war und überdies von einem gefährlichen Nebenbuhler, dem unlängst an das Königtum der Deutschen gewählten Luxemburger Sigmund, bedroht wurde, entsagte allen Eroberungsplänen in der Schweiz und verwandelte zu Baden im Aargau den bald endenden Waffenstillstand in einen fünfzigjährigen Frieden (28. Mai 1412), der den acht alten Orten, den Appenzellern und den Solothurnern ihre derzeitigen Besitzungen, Rechte und Freiheiten ohne Vorbehalt bestätigte und für etwaige Streitigkeiten den Weg gütlicher Einigung bezeichnete.

Doch die Eidgenossenschaft blieb nicht lange auf diesem Wendepunkt stehen. Es entwickelten sich plötzlich Verhältnisse, die sie beim Wachstum der Hab- und Herrschsucht aus der bisherigen Bahn des Kampfes für Abwehr und Recht in die des Angriffs und gewalttätiger Grenzabrundung trieben. Die steigenden Gebrechen der Kirche nämlich forderten, wie später ausführlich berichtet werden soll, eine gründliche Heilung. Sie wurde um so notwendiger, je größeres Ärgernis drei Päpste durch ihre gegenseitige Verfluchung dem gesamten Christentum brachten. »Denn«, urteilten die Heiden und Spötter, »jetzt regieren drei Statthalter Gottes, damit der Sündenablaß, den der eine etwa verweigert, von dem anderen um wohlfeilen Kauf erworben werde!« Daher entbot König Sigmund eine große Versammlung von Priestern und weltlichen Herren nach Konstanz. Er ließ die Parteien verhören, den Papst Johann XXIII., der schlechten Gewissens entflohen war, wie auch seine abwesenden Nebenbuhler absetzen (Mai 1415) und über den Herzog Friedrich von Österreich als Helfer und Bundesgenossen den Bann sprechen.

* Von gelehrten Leuten aufgesetzte Eidesformeln, die artikelweise abgelesen und bekräftigt wurden. Siehe Zellweger, I, 397, und den Landesbrief, Urkundenbuch II, Nr. 213.

In der Tat wollte aber unter dem Deckmantel des Glaubens und Gemeinwohls der neidische Luxemburger die habsburgische Macht demütigen und dem eigenen, noch schwachen Hause eine feste Grundlage bereiten. Als Hauptwerkzeug wurde dabei die Eidgenossenschaft gebraucht, welche die dringende Mahnung empfing, sich der Städte, Burgen und Länder ihres Erbfeindes zu bemächtigen. Anfangs widersprachen, besonders unter den Waldgemeinden, Pflicht und Heiligkeit des geschlossenen Friedens den Lockungen der Parteisucht und Habgier. Als aber Kirche und Reich von dem Gelübde entbanden und den Besitz der künftigen Eroberungen versprachen, wich alle Bedenklichkeit. Man fiel von verschiedenen Seiten her auf die sichere Beute. Bern nahm innerhalb etlicher Wochen das fruchtbare Aargau, die Wiege der Habsburger, Zürich das freie Amt Knonau über dem Albis, Luzern Sursee und die drei Vogteien im Wagental, Reichensee, Meienburg und Vilmergen, während Baden, wo die starke Feste, der Stein, in Flammen aufging und Mellingen, Bremgarten und die freien Ämter den vereinigten Waffen aller sieben Orte huldigen und als gemeine Vogteien die neue Gesamtherrschaft anerkennen mußten. Die übrigen Eroberungen blieben Eigentum des Standes, der sie gemacht hatte, vom König Sigmund anfangs als Pfand (1416),* danach bedingungslos und ohne weitere Ansprache überlassen.

Notgedrungen genehmigte Herzog Friedrich, fortan mit dem Beinamen »mit der leeren Tasche« belegt, das Geschehene. Die habsburgische Macht, aus dem Binnenland vertrieben, entwich an die Ostgrenze (Thurgau) Oberalemanniens, wurde aber auch hier bald in ihren Grundfesten erschüttert. Denn schon hatte beim glücklichen Ausgang des ersten Wurfs die rücksichtlose Abrundungslust des Bundes so tiefe und zähe Wurzeln geschlagen, daß die anfängliche Weigerung der Urner, an der Beute teilzunehmen, bitteren Hohn erweckte. »Wir haben zwar«, erklärten die Boten jenes biederen Hirtenvolks, »aus Gehorsam gegen die Kirche und das Reich die Waffen gegen den geächteten Fürsten ergriffen, aber dadurch kein Recht gewonnen, fremdes Gut zu besitzen.« Doch diese Sprache wurde von den Mitständen als eine seltsame Schwachheit und törichte Redlichkeit ausgelacht und zum Schweigen gebracht.**

* Justinger, S. 316.

** »Lueg (schaue) jedermann zu, wie sind die Kröpf von Uri so fürwitzig und so götlich, sie wendt nit unrechtmäßig gut; sie müssent allweg etwas besunders haben.« Tschudi.

Bei solcher Stimmung der Mehrheit entwickelte sich rasch aus dem ersten Keim des siegreichen Schwertrechts die üppige Saat des wilden, planlosen Zugreifens und innerer, nicht aus staatsbürgerlichen Parteibildungen, sondern aus Habgier und Scheelsucht hervorgegangener Zerwürfnisse. Während nämlich nach wechselnden Fehden das Herzogtum Mailand den Besitz des Ossola- und Liviventales, Bellinzonas und anderer Grenzplätze nicht sowohl durch Waffen als durch Geld behauptete (1426, Friedensvertrag), gab der Tod Friedrichs, des letzten Grafen von Toggenburg, das Zeichen zum Durchbruch des auf Kosten der Eintracht und Genügsamkeit entfesselten Eroberungstriebes. Denn als hier Zürich, dort Schwyz, denen beiden der Graf verburgrechtet war, ausschließliche Ansprüche auf die Erbnachfolge erhoben und die Stadt den schiedsrichterlichen Spruch des römischen Königs, die Landschaft laut dem ewigen Bund die Entscheidung der Eidgenossenschaft forderten, entbrannte nach langem Hader die erste Bürgerfehde, der Toggenburger Krieg (1436–1450).

Obschon der Frieden, Folge der bewaffneten Dazwischenkunft Habsburgs und Frankreichs, den Greueln und Gewalttaten blinden Parteihasses ein Ende setzte und die bestrittene Erbschaft gleichmäßig verteilte, blieben dennoch bei nicht versöhnten Gemütern Mißtrauen, Scheelsucht und Habgier.

Allerdings hinderten das lebendige Gefühl für die allgemeine Nationalehre und der tiefe Groll gegen Österreich den Ausbruch neuer Bürgerwirren, ja richteten zuletzt den dunkeln, unruhigen Eroberungstrieb auf das bestimmte Ziel eines festen, obschon nicht ausgeführten Angriffsplanes, der, von Bern ausgehend, nichts Geringeres anstrebte als den Gewinn des Schwarzwalds für die eidgenössische Mark. Bei solcher Reizbarkeit zogen die Verbündeten gegen Konstanz aus, um die beleidigende Rede eines dortigen Bürgers, der bei Gelegenheit des zahlreich besuchten Armbrustschießens eine Bernermünze, den Plappert, Kuhplappert geschimpft hatte, zu bestrafen und ruhten nicht eher, bis die bestürzte Stadt etliche tausend Gulden als Bußgeld zahlte (September 1458). Sie kündigten dem Herzog Sigmund, Herr von Habsburg, Tirol und den Vorderlanden, die Fehde an, um unter dem Vorwand des päpstlichen Bannes und kleiner Neckereien den verhaßten Fürstenstamm über die Rheingrenze hinauszudrängen und das fruchtbare, längst mit gierigem Auge betrachtete Thurgau einzunehmen (1460). Daneben sollte der noch mächtige Adel des Landes für immer gedemütigt werden.

Alles gelang nach Wunsch. Städte, Burgen und Bauern schworen binnen Monatsfrist nach kurzem, teilweisem Widerstand unter

Vorbehalt ihrer Rechte und Freiheiten der Eidgenossenschaft Treue, die danach den Thurgau, wie früher das Aargau, als gemeine Herrschaft durch Vögte verwalten ließ (28. Oktober). Sigmund, hilflos und zugleich von häuslichen Wirren bedrängt, gehorchte dem Gesetz der Notwendigkeit und entsagte im fünfzehnjährigen Friedensvertrag allen Ansprüchen auf das letzte Erbteil seiner Väter in Hochalemannien (1461), während die Stadt Winterthur durch Kauf an Zürich kam. Mit Gewissenhaftigkeit wurde die neue Ordnung gehandhabt, jedem Burgherrn und Dorf das alte Herkommen und Gewohnheitsrecht ungeschmälert gegönnt und überhaupt nichts unterlassen, um durch Milde die Siegesbeute der Waffengewalt zu festigen.* Dennoch wanderte mancher Edle nach Schwaben aus, obschon auch hier, namentlich im Hegau, das Landvolk gärte und, zum Bundschuh vereinigt, Freiheit forderte. Der Boden des Lehnswesens an den westlichen Grenzgebieten Deutschlands wankte. Ein starker Stoß von außen her drohte ihm mit gänzlichem Einsturz.

Gestützt auf solche Stimmung und müde der Neckereien, welche die erbitterte Ritterschaft mit Gunst und Vorschub Österreichs an den befreundeten Städten Mühlhausen und Schaffhausen übte, griffen die sieben Orte nach kurzer Rast wiederum zu den Waffen (Juli 1468) und brachen 15 000 Krieger stark über den Hauenstein ins Sundgau ein. Sie schlugen den Adel, wo er sich zeigte, brandschatzten 32 Schlösser, wüsteten mit Feuer und Schwert im Schwarzwald, wo der Abt von St. Blasien eine schwere Geldbuße zahlen mußte, und lagerten endlich vor Waldshut, dem Schlüssel und Bollwerk des Gebirges. Dieses und die Stadt als Vormauer gegen Deutschland in den eidgenössischen Bund aufzunehmen und dadurch bei dem gleichartigen Wesen der tapferen Bewohner,** welche die fürstliche Herrschaft leid waren, eine feste Naturgrenze zu gewinnen, war der Rat Berns. Als aber die Mitstände neidisch und zwieträchtig widerstrebten und, nur auf die nächsten Bedürfnisse gerichtet, die Zukunft vergaßen, wurde nach erfolglosen Angriffen unter Vermittlung Ludwigs, des Pfalzgrafen und Herzogs von Bayern, des Markgrafen Rudolf von Hochberg-Röteln und anderer Herren der dem deutschen Reich gefährliche Plan vereitelt

* Pupikofer, Geschichte des Thurgaus, I, 283.

** Vgl. den lehrreichen Aufsatz: »Geschichte des Ursprungs, der Entwickelung und Einrichtung der Hauensteinischen Einung im Mittelalter« von Merk, in Pölitzens Jahrbüchern für Geschichte und Staatskunst, Jahrgang 1833, Band II, S. 126 ff.

und der Waldshuter Frieden geschlossen (27. August 1468). Sigmund gelobte darin, die Beschwerden der Mühlhausener und Schaffhausener Bewohner gegen den habsburgischen Adel zu erledigen und für den Kriegsschaden eine Buße von 10 000 Gulden zu zahlen, deren Pfandschaft Rheinfelden, Säckingen, Laufenburg, Waldshut und der Schwarzwald sein sollten.

Der Herzog, unfähig, das ausbedungene Geld in der gesetzten Frist zu entrichten und daneben voll Haß gegen den wachsenden Erbfeind seines Fürstenhauses, überließ die genannten Städte und Länder, die Grafschaft Pfirt, die Herrschaften im Elsaß, Sundgau und Breisgau unter Vorbehalt der Wiedereinlösung als Pfand für ein Anleihen von 80 000 Gulden dem reichen und mächtigen Herzog Burgunds, Karl dem Kühnen (9. Mai 1469), der, jetzt Nachbar der Eidgenossenschaft, den Anstoß zu einer neuen, durchgreifenden Umgestaltung ihrer inneren und äußeren Verhältnisse gab. Der Bund fand damit den Übergang aus dem Mittelalter und dessen einfacher Grundlage in eine neue, vielfach verwickelte und von anderen Triebfedern geleitete Zeit.

Unabhängig von der schweizerischen Eidgenossenschaft – obschon Nähe und Beispiel vielfach zurückwirkten – entfaltete sich die Freiheit des räthischen, größtenteils von deutschen Alemannen, daneben aber auch romanischen (welschen) Völkerschaften bewohnten Hochlands. Mundarten, Sitten, Bräuche und Gesetze boten in den von wilden Gebirgen umschlossenen Talgründen eine außerordentliche Mannigfaltigkeit dar. Der Mensch folgte auch hier den Wechseln der Natur, die in den oberen Gegenden von Eis und ewigem Schnee starrt, in den tieferen und am Fuß der Alpen die süßesten Trauben und feinsten Obstgattungen gedeihen läßt.*

Kühne Jäger, harmlose Hirten, fleißige und auf dem kleinen Erbgut der Väter freie Ackerbauern, trotzige, von Leibeigenen und hörigen Leuten bediente Burgherren, die zu Lehen gaben und nahmen, durch Schenkung und Frömmigkeit reich gewordene Stifte, wie die schon im 7. Jahrhundert gegründete Abtei Disentis, in Chur, dem Sitz eines mächtigen und weitgreifenden Bischofs, die Anfänge aufstrebenden Bürgerwesens – diese Verschiedenheit des gesellschaftlichen Lebens zeigte das südöstliche Nachbarland des oberalemannischen Bundes, als vieljähriger Druck die zersplitterten und unbekannten Kräfte der Dorfgemeinden, Flecken und Tä-

---

* Vgl. Zschokke im Prometheus, Band III, S. 68 ff.

ler zur Einigung nötigte und den Kampf für bündische Freiheit erzeugte. Es regierten nämlich die hohen und niederen Lehnsherren seit der letzten Hälfte des 14. Jahrhunderts mit wachsender Willkür. Sie frönten, nur der Jagd, Fehde und Völlerei ergeben, allen Gelüsten üppiger Frechheit, nahmen dem Landmann, der etwa ein gutes Haus, eine fruchtbare Matte oder etliche fette Stiere besaß, durch Gewalt, Ränke und falsches Gericht sein bestes Eigentum, entehrten Ehefrauen und Töchter im Angesicht ihrer Männer und Eltern und hielten die armen Leute dazu an, daß sie mit Schweinen und Hennen aus den Trögen essen mußten. Ja, es wird erzählt, Donat, der letzte Freiherr von Batz, habe drei hungrige Bauern zum Essen geladen, gut bewirtet und mit dem Befehl entlassen, der eine solle spazierengehen, der andere Holz spalten und der dritte sich schlafen legen. Nach Ablauf von drei Stunden seien die drei Unglücklichen lebendig aufgeschnitten worden, um zu erproben, wer von ihnen am besten verdaut habe.

Aber bisweilen erwachte die verhöhnte und in den Staub getretene Menschenwürde zum Verderben der Peiniger. Einzelne Taten verkündeten wie Wetterleuchten die Nähe der allgemeinen Befreiung. Im oberen Engadin, meldet die Volkssage, lag über dem Flekken Madulein auf jäher Felskuppe die Burg Gardovall, bewohnt von einem grausamen, hartherzigen und wollüstigen Vogt. Der warf geile Blicke auf die schöne, sittsame Tochter Adams aus dem nahen Dorfe Camogask und gebot bei schwerer Strafe, daß ihm der Vater laut Untertanenpflicht sein Kind als Kebsfrau zuführen sollte. Jener, des Beistands etlicher Talleute sicher, sagte zu und erschien frühmorgens mit dem bräutlich gekleideten Mädchen, dem einige Vertraute als Ehrengeleit folgten, vor der Pforte des Schlosses, während andere im Versteck lagen und als Rückhalt dienten. Sofort sprang der Vogt, von böser Lust entzündet, seinem Opfer entgegen, fand aber statt der Umarmung den Tod durch das Schwert Adams von Camogask. Auf solches Zeichen brachen die Verschworenen hervor, erschlugen die Besatzung und verbrannten die Burg.

Ähnlich hausten und endeten im Tal Schams auf den Schlössern Bärenburg und Fardün die Vögte des Grafen Heinrich von Werdenberg-Sargans. Der erste ließ Bauern und Vieh aus demselben Geschirr speisen, der andere den mutigen Sprecher des schüchternen Landvolks, Johann Chaldar (Chialderär) eines leichten Vergehens wegen so lange im Turm einsperren, bis ihn die Seinigen mit schwerem Geld auslösten. Der Gewaltherr jedoch, keineswegs befriedigt und auf neuen Hohn sinnend, trat etliche Tage später um die Mittagszeit in die Hütte Chaldars und spuckte, von der Hausgenossenschaft ehrerbietig begrüßt, den Nacken steif, in den zum täglichen Mahl bereiteten Brei. »Nun, friß die Speise, die du gewürzt hast!« schrie zornglühend Johann und stieß den Kopf des spröden Herrn in die Schüssel. Sobald jener erwürgt war, rief er das in der Umgebung wohnende Volk zur Rache auf und rückte vor die Zwingburgen. Schnell waren sie erstürmt, in Brand gesteckt und gebrochen.

In anderen Tälern und Geländen machten bald Fehden der Bischöfe von Chur und ihrer Feinde, bald Raubfahrten der Herren gegeneinander Leben und Eigentum unsicher. Überall herrschten Willkür und das Recht des Stärkeren. Da traten nach dem Vorbild der schweizerischen Eidgenossen die angesehensten und biedersten Männer der umliegenden Gemeinden bei Nacht in einem Wald bei dem Dorf Truns zusammen, zehn Stunden von Chur, und beschlossen, für den Schutz des Rechtes und der Freiheit im Hochgebirge am Rhein, über und unter dem Wald, einen Bund aufzurichten, den ohne Unterschied Adel und Bauern, wenn es ihnen gut dünke, beschwören sollten.

So erschienen, der Einladung folgend, im Mai des Jahres 1424 Peter von Pontaninga, Abt zu Disentis, die drei Brüder Hans, Heinrich und Ulrich, Freiherren von Rhäzüns und Laax, die Grafen Johann von Sax und Hugo von Werdenberg, die Abgeordneten der Gemeinden Disentis, Waltersburg, Ilan, Grub, Lugnetz, Schlövis, Trims, Tamins, Rhäzüns, Obersax, Savien, Tenua, Löwenberg, Flim, Vals, Laar, Rheinwald, Schams, Tusis, Heinzenberg und Tschopinen. Sie fielen auf die Knie, beteten und bekräftigten durch feierlichen Eid den Bund, welcher der obere oder der graue heißt. Es sollten, lautete sein Inhalt, solange Grund und Grat stehe, zwischen den Eidgenossen zu Schutz und Trutz treue Freundschaft walten, freier Handel und Wandel blühen, Sicherheit auf Wegen und Straßen gelten und jedermann, er sei Herr oder arm, bei seinen Rechten, Freiheiten und alten, guten Gewohnheiten bleiben. Niemand solle ohne allgemeinen Rat Aufnahme in die Verbindung finden, jedem in gesetzlicher Fehde sein gleichmäßiger Beuteanteil werden, für die Rechtspflege später eine allgemeine Ordnung und Vorschrift gelten und Truns der Ort des Bundestages sein.*

---

* Sprechers rhätische Chronik, S. 244. Vgl. Henne, Schweizerchronik, II, 150. Zschotte, Schweizergeschichte, S. 22. Den Trunser Bund, nach den grauen Kitteln benannt, beschworen die Stifter unter dem Schatten eines Ahornbaumes, der noch jetzt in den Ästen grünt, obschon der Stamm hohl ist – ein sprechendes Bild der Vergangenheit und Gegenwart. Jene hatte das Leben, diese besitzt nur die Form, der Wiedergeburt bedürftig.

Beunruhigt durch den Fortschritt der Freiheit, die das rohe Burgmannenleben zu zerstören drohte, trat der größte Teil des Adels, den Grafen Heinrich von Werdenberg, den Bischof Johannes Naso von Chur und den reumütigen Bauernfreund Heinrich von Rhäzüns an der Spitze, klagend vor den Kaiser Sigmund und den Papst Martin, so daß jener die Acht, dieser den Bann über die aufrührerischen meineidigen Bündner aussprach. Weil jedoch solche Waffen nicht nur erfolglos blieben, sondern auch den Verein durch die Aufnahme neuer Gemeinden, z. B. des rauhen Bergtales Bergün, verstärkten, errichteten die Herren einen Gegenbund – der schwarze nach den Farben der Kleider und Losungen geheißen – und bekämpften fortan mit List und offener Gewalt das Landvolk, das bereits mehrere, von den Vögten verlassene Burgen eingenommen und stärker befestigt hatte.

Um dem zu begegnen, wurde im geheimen und kräftig für den Überfall der Schamser Talleute gerüstet, damit die Unterjochung dieser Erbfeinde des benachbarten, vorzüglich am Domleschggelände seßhaften Adels den grauen Bund schreckte und verwirrte. Daher zog Johann von Rechberg, der Schwiegersohn des Grafen Heinrich von Werdenberg, unbemerkt aus dem Lande Sargans über Ragatz, Valens, Vättis, den Gunkelser Berg hinab nach Rhäzüns, wo der den Landleuten abtrünnige Freiherr Heinrich unter dem Vorwand einer Jagdlust seine zahlreichen Berittenen und Fußknechte zu den Waffen rief und von da durch das Domleschgtal vor die Bärenburg zog, hart am Eingang der Schamser gelegen. Doch diese, am Morgen durch das Geschrei der Hirten geweckt, griffen zu Schwertern und Hellebarden und stürzten, von den Bewohnern des Rheinwalds und Savientals unterstützt, so ungefüge auf den Feind, daß er in wilder Flucht durch die Felsklüfte Rettung suchte, mit harter Einbuße an Toten, Verwundeten und Gefangenen.

Unter den letzteren befand sich auch Freiherr Heinrich von Rhäzüns, der alsbald nach Valendas in das Wirtshaus unter dem Brunnen, wo die peinliche Dingstätte des Bezirks war, geführt und als bundbrüchiger, meineidiger Verräter zum Tode verurteilt wurde. Schon trat der Scharfrichter vor und zückte – dieweil der Gefangene wegen seines fetten Halses besorgt war und um ein schnelles, kunstgerechtes Ende bat –, um seine Geschicklichkeit zu zeigen, halb das Schwert, blies sanft ein Härchen gegen die Schneide und hieb es so entzwei, daß bei dem zuschauenden Edlen Grausen und Erbleichen erst anfingen, als ihn die Geistesgegenwart seines Knechts unverhofft rettete. Der Herr wolle, sprach er zu dem Volk, einen Abschiedsschmaus geben und sich so die letzten Augenblicke des Lebens versüßen. Leicht wurde die Bitte gewährt, der Tisch gerüstet. Als nun Wein und Speise den Grimm der Leute besänftigten, gemahnte klug der Diener an die so oft bewährte Treue der Herren von Rhäzüns und wie jugendlicher Leichtsinn sowie des Bischofs von Chur gleisnerische Bosheit den Erben glorreicher, biederer Ahnen verführt hätten. Da widerrief die großmütige Gemeinde das Todesurteil. Heinrich, jetzt aufrichtig gebessert, schwor dem schwarzen Bund ab und hielt den Eidgenossen standhaft die erneuerte Treue (1450).*

Dem oberen oder grauen Bund östlich, bildete sich der Chur- oder Gotteshausbund aus, indem anfangs (1396) die Talleute von Domleschg, Avers, Oberhalbstein und Bergün mit den Herren von Werdenberg in Schams, Domleschg und Obervatz für den Schutz des Landfriedens eine Vereinigung trafen, danach (1400) bei dem Wankelmut des Adels mit den längst befreundeten Glarnern gegen die beschwerliche Herrschaft des Bischofs von Chur ewigen Schutzvertrag abschlossen und endlich (1425) größtenteils dem oberen Bund beitraten. Der Tod des letzten Grafen Friedrich von Toggenburg (1436) gab Anlaß, daß die an der östlichen Seite des Rheins gelegenen Gemeinden von Davos, Klosters, Schiersch und Seewis, Malans, Meienfeld, Belfort, Churwalden, Außer- und Innerschalfick, um die uralten Freiheiten im Gedränge der Erbfolgestreitigkeiten zu hüten, den Bund der zehn Gerichte beschworen und einander unverbrüchliche Freundschaft und getreue Hilfe gelobten gegen jedweden, der die herkömmlichen Rechte antasten oder gefährden würde.

Aus diesen drei gesonderten Vereinigungen ging etwa ein Menschenalter später die allgemeine Eidgenossenschaft Rhätiens hervor, die 1471 im Dorf Vazerol für ewige Zeiten geschlossen wurde. Abwechselnd sollten, lautete der Vertrag, die Bevollmächtigten alljährlich zu Chur, Ilanz und Davos – als den Sitzen des Gotteshaus-, oberen und Zehngerichtenbundes – über besondere und gemeinsame Angelegenheiten beratschlagen. Streitigkeiten sollten durch Schiedsmänner so entschieden werden, daß zwischen zwei uneinigen Bünden der dritte, zwischen streitenden Gemeinden eines Bundes derselbige Bund und zwischen Gemeinden verschiedener Bünde alle drei Bünde untersuchten und richteten. Kein Teil sollte ohne des anderen Vorwissen und Genehmigung in Bündnisse, Krieg oder Frieden treten, während etwaige Eroberungen auf allge-

* Sprecher, S. 246. Vgl. Henne, II, 256.

meinen Heerfahrten Besitztum aller bleiben sollten. Die vom Bundestag gefaßten Beschlüsse müßten vom souveränen Volk der besonderen Gemeinden angenommen oder verworfen werden.

Aus so vielfachen Beschränkungen der Bundesgewalt konnte nach außen hin keine genügende Kraft und Rührigkeit sich entwikkeln und für die Innenverhältnisse keine Bürgschaft des Friedens und der Eintracht erwachsen, wie denn auch die räthischen Eidgenossen, fortan Bündner, Graubündner geheißen, bei allem Genuß der persönlichen und Gemeindefreiheit in eine endlose Reihe von Fehden und Zerrüttungen verwickelt wurden. Eben deshalb erreichten sie niemals weder den kriegerischen Aufschwung der benachbarten, ihnen bisweilen lose verbündeten Schweizer noch den Gewerbe- und Kunstfleiß der lombardischen Freistaaten. In der maßlosen Zerrissenheit mußte die angeborene Fähigkeit des Volkes einen ununterbrochenen Hemmschuh finden und in halber Wildheit verweilen.

Ähnliche Entwicklung nahm die kleine Eidgenossenschaft der Oberwalliser, die, während die unteren, an Sprache und Sitte welschen Täler den Grafen von Savoyen dienstpflichtig blieben, kühn um die Freiheit durch Rat und Tat warben. So erhoben sich die sieben, von alters her gültigen Zehnten (Gemeinden) des Landes bei wachsendem Selbstgefühl und Trotz gegen die reichen und mächtigen Freiherren von Raron, von denen einer, Wilhelm, das oberherrliche Macht erstrebende Bistum Sitten besaß, der andere, Guitschard, im Namen des Hochstifts die Landvogtei verwaltete. Sie richteten, einem alten Brauch folgend, die Mazze oder den hölzernen Streukolben auf, in den jeder Genosse des Freiheitsbundes als Zeichen seiner Gesinnung einen Nagel schlug und dem Bannerträger (Mazzenmeister) zu dem Haus oder der Burg des dem Volk gefährlichen, bisweilen nur verdächtigen Machthabers folgte. Sie zwangen den Vogt durch Brand, Raub und Mord, mit seinen getreuesten Anhängern zu entfliehen und auswärts Hilfe zu suchen (1414).

Diese gewährte nach langem Zaudern Bern, das dem Herrn Guitschard von Raron seit Jahren verburgrechtet war. Es sandte anfangs friedliche Boten, darauf, als schnöde Antwort und neue Gewalttätigkeiten an den Gütern und Leuten des Schützlings erbitterten, bewaffnete Haufen ab, um den Trotz der Walliser zu beugen. Umsonst. Die Gebirgsbewohner, von den Luzernern, Urnern und Unterwaldnern heimlich wie offen unterstützt, kämpften mit solcher Todesverachtung und Ausdauer, daß die schweizerische Eidgenossenschaft, um weiterem Unheil zu begegnen, Frieden vermitteln mußte (1420). Zwar zahlte das Wallis einige Entschädigungsgelder, aber befreit von der Furcht vor den jetzt tief gebeugten Rarons bildete es fortan von der Furka bis nach Sitten ein fast unabhängiges Gemeinwesen, deren sieben Bezirke (Zehnten) ihre besonderen Gesetze hatten und alljährlich im Landrat vereinigt über öffentliche Angelegenheiten beratschlagten und entschieden. Gegen die fürstlichen Staaten der Nachbarschaft sicherten teils Bündnisse mit der Schweiz, teils Siege über Savoyen, das dem Unterwallis entrissen und unter die Verwaltung von Vögten gestellt wurde (1475).*

So hatte mit Ausnahme der Waadt überall in der weiten Mark zwischen dem Jura, dem Rhein und den Alpen das republikanische Leben tiefe Wurzeln geschlagen, während es jenseits der Gebirge in seiner frühesten Heimat, Italien, abblühte und meistens zugrunde ging.

## 4. Abnahme und Untergang der meisten Freistädte Italiens

Wenn in Deutschland und der Schweiz Einigungen und Bündnisse bald des Adels und der Fürsten, bald der Bürger und Bauern den zersplitterten Kräften der Genossenschaft Nachdruck und Bedeutung gaben, so hat in Italien das entschiedene Übergewicht des Sonderlebens (Individuallebens) gewirkt und den Stoff der Gesamtheit nach unzähligen Brechungen gleichsam zersetzt und in sich hineingezogen. Daraus entsprangen der große Reichtum an ausgezeichneten Persönlichkeiten, die mit rücksichtsloser Schlauheit und eiserner Strenge die Zielpunkte ihres Ehrgeizes und Rachegefühls verfolgten, und die drückende Armut an gemeinsamen Taten der erregbaren, aber keines selbständigen Entschlusses fähigen Völker, denen nur Führer und augenblickliche Leidenschaften die Laufbahn oft gewaltiger Anstrengungen vorzeichneten.

Zwar hat die Abwesenheit der äußeren Gefahren – die, soweit sie im deutschen Kaisertum lagen, mit dem Sturz der Hohenstaufen für mehrere Menschenalter endeten – diesen Mangel an bündischem Wesen gefördert, aber die eigentlichen Ursachen desselben

* Siehe Tscharner, Historie der Eidgenossen, Teil 2, 76–89.

lagen tiefer: teils in den schon früher ausgebildeten allgemeinen (nationalen) Parteien, teils in den besonderen Zwistigkeiten der einzelnen Städte und den Grundsätzen des Heiligen Stuhls, der seit dem Untergang seines gefährlichsten Widersachers, Friedrichs II., geflissentlich die Zerstückelung der lombardischen Bundesgenossen nährte und die aufrichtige Vereinigung der ihm sonst leicht verderblichen Gemeinden unterband. Daher konnte hier wie in der Toskana eine dreifache Wurzel des Zwiespalts fruchtbaren Boden finden und nach ebenso vielen Richtungen hin ihre zersetzende und auflösende Giftkraft entfalten, ohne daß auch nur der geringste Versuch geschähe, dem schleichenden Unheil mit Nachdruck zu begegnen.

Erstens nämlich dauerte die alte Spaltung in Welfen und Ghibellinen fort, aber ohne die ursprüngliche und jahrelang wirksame Lauterkeit der Kräfte und Triebfedern, die dort die Anhänger der Nationalunabhängigkeit und des befreundeten Papsttums, hier die Verteidiger der fremden, an den deutschen König geknüpften Lehnsherrschaft bewegt und in wechselnde Kämpfe gestürzt hatten. Doch seit der Mitte des 13. Jahrhunderts verlor diese schon früher zu selbstsüchtigen Zwecken mißbrauchte Parteibildung entschieden und bis auf die letzte Spur den Hebel ihres angestammten Wesens und entartete, wenige Ausnahmen abgerechnet, in ein wüstes Treiben reiner Persönlichkeiten. Eben deshalb nahmen die äußeren Abzeichen und Merkmale in dem Maße zu, in dem Blutrache, Ehr- und Habgier, Eifersucht und Neid der Städte, Landschaften, Häuser und Geschlechter alle Gemeinsamkeit der Bestrebungen verdrängten. So mußten Farbe und Schnitt des Rockes, Tracht des Haares, Gang, Sprache, Haltung und Gebärde, selbst die Art zu grüßen, das Brot zu schneiden usw. den Welfen oder Ghibellinen andeuten,* Feind- und Freundschaften von den Vätern auf die Söhne übergehen und dergestalt den Familienhaß erblich machen, daß Wechselheiraten zwischen den Parteien etwa so verabscheut wurden wie Verwandtschaften von Christen und Juden.

Davon nur ein Beispiel. In Florenz standen die reichen und mächtigen Adelshäuser der Buondelmonti und Donati zu den Welfen, die der Amidei und Uberti zu den Ghibellinen. Weil jedoch die Eifersucht bisher mehr in Worten als in Taten hervorleuchtete, hatte um das Jahr 1215 der junge und schöne Ritter Bondelmonte von Buondelmonti keine Bedenken getragen, sich mit

---

* Hüllmann, Geschichte der Städte im Mittelalter, III, 113.

einem Fräulein aus dem Geschlecht der Amidei zu verloben. Darüber grollend, beschloß eine reiche Witwe, die zu den Donati gehörte und eine einzige, durch Schönheit ausgezeichnete Tochter besaß, Rache. Als daher Bondelmonte einst zufällig vorbeiritt, lud ihn die schlaue Frau mit freundlichen Worten in ihr Haus und sprach: »Ich freue mich, daß ihr euch eine Braut ausgesucht habt, mag sie immerhin etwas häßlich und unpäßlich sein. Sonst war mein Wunsch, euch diese meine Tochter aufzubewahren.« Sogleich öffnete sich die Tür und das reizende Mädchen trat ein. Da entbrannte der junge Ritter von Liebe. Er gedachte nicht mehr der ersten Verlobten, sondern beging ohne Zaudern mit der zweiten das Hochzeitfest. Da sannen die Amidei und Ghibellinen, um den Schimpf zu tilgen, auf blutige Rache. Eine Weile schwankten die Ratschlagenden, bis ungeduldig Mosca Lamberti ausrief: »Wer zu lange nachdenkt, beschließt nichts. Ende gut, alles gut!« Sofort stand der Beschluß fest. Am ersten Ostertag wurde Bondelmonte, der auf einem prächtigen Pferd über die alte Brücke ritt, von den Verschworenen angefallen und ermordet. Sogleich geriet ganz Florenz in Bewegung. Der Adel, in die neu ausgebildeten Parteien gespalten, kämpfte hinter Türmen und festen Häusern viele Jahre lang für und wider die Welfen.*

Ähnliches begegnete allmählich in sämtlichen Städten der Toskana und der Lombardei. Von Mauern, Türmen und Pforten umhegte Höfe und Häuser, durch Ketten gesperrte Straßen gaben den streitenden Haufen des Adels und der Bürgerschaft Widerstandsmittel, die den Krieg, eben weil offene Feldschlachten gemieden wurden, gleichsam verewigten. Unterlag endlich die eine oder andere Partei, so bezeichneten Raub und Brand, Zerstörung der Häuser, Gärten und Weinberge die Rache des Siegers, während der Überwundene auf befreundetes Gebiet zog, Bundesgenossen oder Soldknechte sammelte und, im günstigen Augenblick heimgekehrt, Gleiches mit Gleichem vergalt. Ja, die Ehrliebe wich so völlig von der welfischen und ghibellinischen Ritterschaft, daß Vertriebene nicht selten in fremden Kriegsdienst traten und keine Scham empfanden, für die Befriedigung persönlicher Unbilden dem Gesamtvaterland Knechtschaft zu bereiten. In etlichen Gemeinden schwankte die Waagschale, in den meisten behauptete die eine oder andere Partei das Übergewicht. So folgten vorzugsweise den

* Macchiavelli, Florentinische Geschichte, Band 2, S. 86 (Mailand, 1280). Giov. Villani, V, 38. (Muratori, Band XIII)

Welfen Modena, Bologna, Florenz, den Ghibellinen Verona, Pavia, Pisa. Ämter und Ehren wurden Alleingut der Herrschenden, die durch eine eng abgeschlossene Körperschaft mit besonderen Vorstehern verbunden darüber wachten, daß nur deren Angehörige im großen und kleinen Rat Sitz und Stimme erhielten.

Die verwandtschaftliche (Familien-)Parteibildung, zweite Quelle der italienischen Wirren, wuchs in dem Maße an Kraft und Umfang, in dem der Kampf für und gegen den Kaiser oder die Nationalunabhängigkeit ermattete und zuletzt nichts als den leeren Rahmen eines längst verblichenen Gemäldes darstellte. So teilten sich Ghibellinen und Welfen häufig, wie zu Padua und Trevigi, nach den Farben und Waffenabzeichen nicht nur in Rote und Weiße, während zu Bologna wiederum die Welfen als Schachförmige *(Scacchesi)* und Querköpfe *(Maltraversi)* einander feindlich gegenüberstanden, sondern gaben auch, von dem Familienzwist einzelner Adelsgeschlechter verschlungen, neuen Parteibildungen Ursprung und Namen.*

So lebte in dem toskanischen Pistoia, dessen Bürger von jeher ein wildes, ungefüges Wesen besaßen, seit Jahren das reiche, mächtige und weitverzweigte Haus der Cancellieri, wie etliche melden, nach Blanca, der ersten Frau des Stammvaters, und dem blutsverwandten Gegensatz, wie andere glaubwürdiger berichten, nach den Farben der Wappen in die Weißen *(Bianchi)* und Schwarzen *(Neri)* geteilt. Ein Zufall brachte die glimmende Eifersucht beider welfischen Klüfte (Linien) gegen Ende des 13. Jahrhunderts zum gewalttätigen Durchbruch. Es entbrannte nämlich eines Tages beim Spiel zwischen Jünglingen der Weißen und Schwarzen Streit, in dem Geri, Bertaccas Sohn, durch Lore, Wilhelms Sohn, leicht verwundet wurde. Der Vater, um ärgerem Unheil vorzubeugen, gebot sogleich dem Täter, daß er in das Haus des Beleidigten gehen und mündlich um Verzeihung bitten sollte. Arglos gehorchte Lore, wurde aber von Bertacca rauh empfangen, den Knechten überliefert, auf einen Fleischblock gelegt und, nachdem man dem Unglücklichen eine Hand abgehauen hatte, mit den Worten entlassen: »Kehre heim zu deinem Vater und sage ihm, daß Wunden nicht durch Reden, sondern Eisen geheilt werden!« Um solche Grausamkeit zu rächen, traten Wilhelm Cancellieri und die Seinen unter die Waffen, während Bertacca Cancellieri gleichfalls zum Schwert griff. Bald zerrüttete die Fehde der Weißen und Schwarzen

* Siehe Hüllmann, III, 140.

ganz Pistoia und endete nicht eher, als bis die angerufene Vermittlung der Florentiner die Häuptlinge beider Adelsparteien abführte und an den Ufern des Arno, wie sich später zeigen wird, Welfen und Ghibellinen in Schwarze und Weiße umwandelte.*

Den dritten Stoff für Zerwürfnisse und Wirren lieferten die ständischen Kämpfe zwischen den adeligen Geschlechtern und Gemeinbürgern. Anfangs wurde um Gleichheit der Rechte, dann um gänzliche Unterdrückung des einen oder anderen Teils gestritten und meistens schon deshalb von den Leuten des Gewerks und Handwerks siegreich beendet, weil die Ritterschaft durch welfisch-ghibellinische Parteibildung zerrissen keine feste Schlachtordnung darbot. Überall gebrauchte die Zunftherrschaft, durch die Länge und Hartnäckigkeit der Fehde erbittert, herbe und schneidende Mittel der Wiedervergeltung. So geboten die Florentiner (1361), daß in die Bürgerschaft aufgenommene Adelige allem Umgang mit ihren Verwandten entsagen und selbst Namen und Wappen ändern sollten, straften die Zünfte Pistoias (1285) unruhige Genossen durch Eintragung ins Adelsverzeichnis, das auch zu Modena von den Gerichten verurteilte Gemeinbürger enthielt, erklärten Bologna, Padua, Brescia, Pisa, Genua und andere Städte den Adligen und bürgerlich Ehrlosen für gleichartig.** Solche Maßregeln mußten die Zwietracht um so mehr befestigen, als nicht selten die Gemeinden nach der Demütigung des Gegners oder auch während des Kampfes teils schlauen und herrschsüchtigen Führern (Demagogen) gehorchten, teils, dem Reichtum zinsend, miteinander haderten, wie denn zu Lucca, Pistoia, Mailand usw. das arme Volk *(populus macer)* dem wohlhabenden *(populus grassus)* feindselig gegenüberstand und sogar eine eigene Genossenschaft bildete.

Zu diesen drei Quellen nie rastender Bewegung, die keinen dauernden Ausdruck des Gesetzes duldete, die Kräfte unaufhörlich anspannte ohne Ziel und Maß, trat zu Beginn der notwendigen, rasch wachsenden Erschlaffung das gefährlichste Gebrechen, die Solddienerei. Banden zuchtloser Abenteurer des In- und Auslands (Kompanien), von raub- und ehrgeizigen Hauptleuten *(condottieri)* geführt, durchzogen seit der Mitte des 14. Jahrhunderts die Gebiete der Städte und Herren. Sie liehen für kürzere oder längere Frist dem Meistbietenden ihren streitbaren Arm, bald Feinden und

---

* Macchiavelli, II, 110.
** Hüllmann, III, 150.

Freunden gleich furchtbar und ebenso treubrüchig wie schonungslos in der Schlacht. Bei dem etwaigen Mangel eines Brotherrn waren sie auf eigene Rechnung hin dem Kriegshandwerk ergeben, ein wildes, heimat- und gesetzloses Geschlecht, dem die bürgerlichen Unruhen und Wirren Ober- und Mittelitaliens Nahrung und Pflege brachten.

So erschien als Schrecken der Lombarden um 1339 die Gesellschaft des heiligen Georg, viele Fußknechte und 2500 Reiter stark, unter den Hauptleuten Lodrisio und Reinhold von Giver, der bei den Welschen Malerba (Böskraut) genannt und nicht ohne große Einbuße endlich von den Mailändern bezwungen wurde. Drei Jahre später trat in der Toskana die meistens aus Deutschen gebildete Rotte Werner von Urslingens auf, der sich durch die Inschrift eines silbernen Brustschildes als Feind Gottes, der Frömmigkeit und des Mitleidens ankündigte und so lange brandschatzte, bis eine Steuer der lombardischen Fürsten von 10 000 Florenen (Goldgulden) die mit Beute beladenen Abenteurer über Verona in die Heimat geleitete.*

Unmöglich konnte bei solchen Verwirrungen die innere und äußere Freiheit der Städte, denen auch die letzte Spur der Gemeinsamkeit oder des Bundes entschwand, behauptet werden. Sie warfen sich mit Ausnahme etlicher Seeplätze bald gezwungen, bald aus eigener Wahl einem Schutzherrn in die Arme, der hier, ohne den Namen zu führen, fürstliche Macht übte, dort, das republikanische Schaugerüst verschmähend, offen mit den Ansprüchen des Gebieters hervortrat. Wendet man sich von diesem allgemeinen Entwicklungsgang des italienischen Bürgertums zu den besonderen Schicksalen einzelner Städte, so fordern für die Lombardei Mailand, für die Toskana Florenz, für das Uferland Genua und Venedig genauere Darstellung.

In Mailand, wo die Zünfte als gesonderte Körperschaft des heiligen Ambrosius *(Credenza di Ambrosio)* der vornehmen Bürgerschaft *(Motta)*** und dem mit ihr stellenweise verschmolzenen Adel schroff gegenüberstand (seit 1198), trat nach langen und blutigen Kämpfen der Besieger von Ezzelino da Romano, Martin della Torre, als Volks-

---

* Hüllmann, III, 246, und Giulini, continuat., I, 360, wo es von der Freischar des heiligen Georg heißt: »Es waren Menschen von hoher Gestalt, jung, waffenkundig, wilden Gemüts, die alles, was ihnen vorkam, zerstörten, plünderten und anzündeten.«

** Siehe Band I, S. 351.

ältester und Herr *(aciano, signore)* an die Spitze des zerrütteten Gemeinwesens (seit 1259). Er hielt – tapfer im Krieg, besonnen und gemäßigt im Frieden, dabei kräftig unterstützt von den zahlreichen Mitgliedern seines weitverzweigten Hauses – die Leidenschaften der Menge und des Adels von gewalttätigen Ausbrüchen zurück, zog, obschon freischaltendes Oberhaupt der Stadt und ihres Gebiets, neben der Gemeinde gemischte Ausschüsse der Adels- und Volkspartei zur Mitberatung über wichtige Angelegenheiten hinzu. Durch Umsicht und Nachdruck vereitelte er alle Pläne der von dem vertriebenen Erzbischof Mailands, Otto Visconti, geleiteten Widersacher und befestigte dergestalt die Macht des hochstrebenden Hauses, daß nach dem frühzeitigen Tod des Stifters (1263) zuerst der Bruder, Philipp (gest. 1265), dann ein Seitenverwandter, Napoleon (Napo) de la Torre, Sohn Paganos, unter dem bescheidenen Namen der Ältesten fürstlich schalten, Kriege führen, Bündnisse schließen, Lodi, Novara, Bergamo, Como, Brescia und Vercelli bald durch Güte, bald durch Waffen unterwerfen und die Vogteien über einzelne Städte den Verwandten ihres Geschlechts beliebig übertragen konnten.* Etwaige Versuche der Mißvergnügten wurden mit schonungsloser Strenge niedergedrückt, wie z. B. Napoleon de la Torre die Ermordung seines Bruders Paganino, der zu Vercelli als Podesta herrschte, durch den Tod von 54 Adeligen Mailands und Pavias unter dem Beil des Henkers zu sühnen gebot.**

Dieses Vorgehen widersprach jedoch ebensosehr den gemäßigten Grundsätzen der Vorgänger wie den Rücksichten der Klugheit. Denn fortan konnte das längst eifersüchtige und mächtige Geschlecht der Visconti unter der Leitung des standhaften, gewandten und nach Verhältnis der furchtbaren Parteileidenschaften auch menschenfreundlichen Ahnherrn, des Erzbischofs Otto, allmählich festen Boden gewinnen und, von den Scharen der Flüchtigen unterstützt, den offenen Krieg mit wachsender Kraft beginnen. Der Abfall Comos und Novaras von den Torrianern (Torriani), denen Steuerdruck und Willkür täglich neue Feinde erweckten, steigerte den Unternehmungsgeist der Viscontischen so, daß sie, den siebzigjährigen Erzbischof mit vorgetragenem Kreuz an der Spitze, den sorglosen Feind in der Burg Desio zwischen Mailand und Como überfielen und vernichteten. Etliche, unter ihnen Franz della Torre, wurden getötet, andere zersprengt, die meisten gefangen.

* Hüllmann, III, 210.
** Giulini, VIII, 216.

Das letzte Los erlitt auch Napoleon mit zwei Söhnen, einem Bruder und zwei Neffen. Umsonst suchte der milde Erzbischof die Rachgier der verbündeten Comer zu zügeln, wie er auch während des Gefechts durch seine Dazwischenkunft dem schon vom Schwert des Grafen Richard von Lomella bedrohten Napoleon das Leben gerettet hatte. Das Haupt der Torrianer wurde mit den Leidensgenossen nach Como abgeführt und auf der Burg Boradello in einen hölzernen Käfig gesperrt (21. Januar 1277).

Die Kunde der Schlacht bei Desio änderte, weil der alte Freiheitssinn fehlte, plötzlich die Stimmung der Mailänder. Das Volk plünderte unter Freudengeschrei die Häuser der Torrianer, von denen Gaston und Gottfried fruchtlos zur Standhaftigkeit mahnten, und lud durch Boten den Erzbischof Otto Visconti ein, an die Stelle der gestürzten Herrscher zu treten. Jener, von Natur milde und durch das Leben gebildet, gelobte Vergessenheit des Geschehenen. Er hielt, von dem zahlreichen Adel begleitet und vom Jubel des Volkes, das »Frieden! Frieden!« rief, empfangen, am 22. Januar den feierlichen Einzug, dankte in der Ambrosiuskirche Gott und den Heiligen für die Rückkehr in das 15 Jahre lang gemiedene Vaterland und setzte, vom großen Rat der Achthundert zum Herrn *(signore)* erwählt, mit Umsicht und Unparteilichkeit die oberen Behörden, den Podesta und den Volkshauptmann ein.

Fortan galt seine Sorge neben dem allgemeinen Frieden vor allem der Erhöhung seines Hauses. Daher wurde, dieweil draußen die Torrianer unter Gaston und Guido mit dem ehrgeizigen Markgrafen Wilhelm von Montferrat, drinnen der erwachende Neid des Adels drohten, der Großneffe Matthäus Visconti, der sich durch Mut, Gewandtheit und kühne Tatkraft auszeichnete, zum Volkshauptmann *(capitano del popolo)* gewählt (1287) und bald darauf (1289) mit großer Feierlichkeit für fünf Jahre bestätigt. Der in seinem Geschäftskreis bedeutend verstärkte Beamte, der fortan den Podesta (peinlichen Richter) berufen sollte, schwor unter dem Geläute der Glocken und Schmettern der Trompeten, daß er den Nutzen und Frieden des mailändischen Volkes fördern, in guter Treue und ohne Trug schalten, die gegenwärtigen und künftigen Beschlüsse und Ordnungen der Gemeinde handhaben und wo sie mangelhaft wären, dem römischen Recht *(la Legge Romana)* folgen, vor allem aber das Volk und die Gemeinde Mailands nach bestem Vermögen hüten und schützen wolle.*

* Giulini, VIII, 427.

Bald wuchs die Macht der Visconti, deren Sieges- und Freudentage selbst Kirchenfeste wurden,* unter dem Deckmantel der öffentlichen Wohlfahrt zu einer wahrhaft fürstlichen Macht empor. Denn Matthäus, in Novara, Vercelli, Como, Alessandria und dem seit dem Tod des Markgrafen Wilhelm (1290) führerlosen Montferrat als frei erkorener Volkshauptmann an die Spitze der Verwaltung gestellt, handelte so umsichtig und scheinbar bescheiden, daß ihn der deutsche Schattenkönig, Adolf von Nassau, für schweres Geld zum Statthalter der gesamten Lombardei ernennen und mit allen Aufsichtsrechten des in Italien tiefgesunkenen Kaisertums ausrüsten mußte, während die Mailänder demütig um die anfangs aus heuchlerischer Klugheit abgelehnte Würde baten und den Halsstarrigen zur Nachgiebigkeit zwangen (3. Mai 1294).**

Aber mit dem Tod des großen Erzbischofs Otto, der bald nach der Erhöhung seines Hauses im Alter von 88 Jahren starb (August 1295), entwichen Maß und Glück. Denn Matthäus, trotzend auf die Gunst des Volkes, die Dienstbarkeit des Adels und den Gehorsam der kleineren Städte, nahm in das Wappen der Väter, eine Schlange, stolz den kaiserlichen Adler auf und trat ohne Rücksicht auf Welfen und Ghibellinen je nach dem augenblicklichen Nutzen mit den Häuptern beider Parteien in Blutsverbindungen, so daß hier die Tochter Katharina mit dem ghibellinischen Herrn Veronas, Alboin della Scala, dort der Sohn Galeazzo mit der Schwester des welfisch gesinnten Markgrafen Azzo von Este, Beatrix, verheiratet wurden. Ehren und hohe Ämter gab er nur den Seinigen und handelte bei dem allem wie der vom Schicksal berufene Schiedsrichter Oberitaliens. Doch diese vermessene Selbstüberschätzung fand bald den gebührlichen Lohn. Welfen und Ghibellinen, Gemeinden und Herren traten in ein weitverzweigtes Bündnis, das durch den ehrgeizigen Gebieter Piacenzas, Albert Scotto, und Jo-

---

* Die im Leben des Erzbischofs Otto z. B. glücklichsten Ereignisse, der Sieg bei Desio, der Einzug in Mailand, brachten den Heiligen dieser Tage, St. Agnes und St. Vincenz, die Teilnahme an der bisher von St. Ambrosius ausschließlich geübten himmlischen Schutzherrschaft der Stadt. Giulini, VIII, 427. Schon um die Mitte des 13. Jahrhunderts besaßen die Visconti das Aufsichtsrecht der Bäcker mit der besonderen Befugnis, jeden Genossen dieser Zunft, der schlechtes Brot verkauft oder falsches Gewicht gebraucht hatte, durch die Straßen peitschen zu lassen. Warf aber unterwegs ein Fräulein des Geschlechts ihren Mantel über den Schuldigen, so war er frei von der Strafe, die man später durch eine dem Aufseher bezahlte Buße abwenden konnte, ein Umstand, der sprechend genug das früh aus der Volksgunst hervorwachsende Ansehen beweist. Giulini, VIII, 128.

** Giulini, VIII, 456.

hann, den rachelüsternen Sohn des Markgrafen Wilhelm von Montferrat, geleitet wurde und damit endete, daß Matthäus Visconti auf die Beherrschung Mailands verzichten, in die Rückkehr der Torrianer einwilligen und mit allen Angehörigen die Vaterstadt räumen mußte (1302).

Hier bahnten sich bald durch verstellte Bescheidenheit unter wechselnden Kämpfen mit den Feinden der Nähe und Ferne die Nebenbuhler den Weg zur gesteigerten Herrschaft. Anfangs nämlich wurde Guido della Torre, Ältester des Hauses, für ein Jahr (17. Dezember 1307), später vom großen Rat der Achthundert, der Gesellschaft des heiligen Ambrosius und allen Zünften auf Lebenszeit zum Volkshauptmann gewählt. Damit hatte er die Vollmacht, die Satzungen zu ordnen und selbst neue zu entwerfen, eine bisher unerhörte, der vollen Fürstenhoheit ganz nahe Macht, die, sobald sie nach heuchlerischem Sträuben angenommen wurde, Freudengeschrei, Ritterspiele und andere Festlichkeiten als Ausdruck des öffentlichen Willens bezeichneten (1308).*

Guido, der eher Mißgeschick denn Glück ertragen konnte, ließ spöttisch den Matthäus Visconti, seinen Erbfeind, fragen, ob er noch an die Rückkehr denke und auf welche Weise. Die stolze und warnende Antwort lautete: »Ich werde denselben Weg wählen, der mich in die Verbannung führte, und kommen, wenn das Maß der torrianischen Sünden über dem meinigen stehet.«** Dieser Ausspruch ging rasch in Erfüllung, denn Guido, argwöhnisch und übermütig, warf den Zunder der Zwietracht in das eigene Geschlecht. Er verjagte den einflußreichen Vetter, den mailändischen Erzbischof Gaston, nebst drei Brüdern desselben und beachtete, von wachsender Herrschsucht verblendet, die Gefahren nicht, die sich diesseits und jenseits der Alpen zusammenzogen. Welfen und Ghibellinen nämlich – jene durch Gaston della Torre, diese durch Matthäus Visconti, den machtlosen, doch auch im Elend ungebeugten Reichsverweser, dargestellt – luden Heinrich (VII.) von Luxemburg, König der Deutschen, ein, die Wirren Italiens zu ordnen und durch Waffengewalt den fast erloschenen Ansprüchen des Oberlehnsherrn Nachdruck zu geben.

Willig folgte der kräftige, streitbare Fürst. Er nahm durch das Waadtland, Savoyen und Piemont die Richtung nach der Lombardei und hörte zu Asti die Klagen und Wünsche der selbstsüchtigen,

---

* Giulini, VIII, 575. »*Una perfetta Sovranita*«.
** Ebd., S. 584.

allem Gemeinwohl feindseligen Parteien. Nach prunkvollem Einzug (23. Dezember 1310), wobei Guido della Torre notgedrungen durch Kniebeugen und Fußkuß aufwarten mußte, empfing er zu Mailand aus den Händen des zurückgeführten Erzbischofs Gaston in der Ambrosiuskirche die Eiserne Krone Lombardiens (6. Januar 1311). Durch offene Briefe gebot er bei schwerer Strafe aufrichtige Versöhnung der Torrianer und Viscontischen *(Malessardi),* wie denn in Gegenwart des zu Tränen gerührten Volkes Abgeordnete beider Häuser einander, Grimm im Herzen, den Friedenskuß gaben und Vergessenheit des Geschehenen gelobten.

Der König rüstete schon zur Abfahrt nach Rom, als nicht ohne Schuld der stolzen, habgierigen Deutschen das letzte Unabhängigkeitsgefühl der Mailänder mit der verhaltenen Parteienwut im blutigen Aufstand hervorbrach, um für immer der längst untergrabenen Republik das Todesurteil zu sprechen. Heinrich nämlich, des Geldes bedürftig, forderte die übliche Krönungssteuer und sandte einen Bevollmächtigten und Schreiber, um den Betrag von dem deshalb einberufenen großen Rat zu vernehmen. Dieser, aus beiden Parteien gebildet, gab nach kurzem Schweigen dem Ritter Wilhelm della Pusterla, der das Vertrauen aller besaß, den Auftrag, darüber zu entscheiden. »Man schenke«, urteilte der Obmann, »dem König 60 000 Goldgulden!« Der Schreiber trug die Summe ein, die Versammlung stimmte bei. »Gut«, entgegnete Matthäus Visconti, »aber wollen wir nicht auch der Königin (Margaretha) etwas geben? Ich schlage 10 000 Goldgulden vor.« Während die Räte schwiegen und der Schreiber den Antrag verzeichnete, rief Guido della Torre, der unfähig war, den kochenden Zorn länger zu beherrschen, aus: »Heißt das, wie ein redlicher Bürger handeln, wenn fremdes Gut weggeworfen wird?«, stand auf und sagte beim Hinweggehen halblaut und spöttisch: »Warum machen wir die Zahl nicht voll und schenken 100 000 Goldgulden?« Der Schreiber, der ein scharfes Gehör hatte, trug flugs ein: »100 000 Goldgulden«, der Rat aber bestätigte nur den Vorschlag Wilhelms della Pusterla und erklärte das Geschäft für beendet.

Umsonst. König Heinrich, halb aus Habsucht, halb aus Hochmut, hielt sich an den Buchstaben, den vergeblich Abgeordnete der Kaufmannschaft und der Rechtsgelehrten zu entkräften versuchten, und forderte bei steigender Gärung unter dem Schein eines Ehrengefolges auf der Römerreise 100 angesehene Geiseln, von jeder Partei 50. Diese neue Beleidigung weckte endlich das noch nicht ganz getilgte Ehr- und Volksgefühl. Torrianer und Malesarden, jene unter Franz della Torre, Guidos Sohn, diese unter Galeazzo Visconti, des Matthäus Sohn, traten einander für den Augenblick aufrichtig näher und rüsteten im geheimen.

Doch der König, durch Kundschafter von den drohenden Gefahren benachrichtigt, beschloß, kühn und kaltblütig wie er war, die Verschwörung durch einen Handstreich im Keim zu unterdrükken und die Wohnungen der Beargwöhnten von Bewaffneten umringen zu lassen. Feigheit und Verrat der Welschen begünstigten den teils von der Not, teils von der Klugheit vorgeschriebenen Plan. Daher wurden frühmorgens am 12. Februar unter dem Schein, der Hinrichtung eines dem Scheiterhaufen bestimmten Verbrechers beizuwohnen, beträchtliche Scharen deutscher Reiter auf dem großen Brühl *(brolo grande)* in Schlachtordnung gestellt und andere Haufen befehligt, um die Bezirke (Quartiere) und Häuser der Verschworenen zu durchsuchen.

Matthäus Visconti, dessen Sohn Galeazzo zu den tätigsten Mitgliedern des geheimen Bundes gehörte, empfing, zeitig gewarnt, im Hofe des Palastes die nahenden Kriegsknechte mit Ruhe und Unbefangenheit, so daß sie, gastlich bewirtet, ohne Argwohn zurückkehrten und die völlige Unschuld der doch bereits zum Kampf gerüsteten Viscontischen meldeten. Die Torrianer dagegen, in ihren Vorbereitungen überrascht und unbekannt mit dem Betragen des viscontischen Häuptlings, griffen zu den Waffen und erhoben in den Straßen Mailands das seit vielen Jahren nicht gehörte Feldgeschrei: »Nieder mit den Fremden! Welfen und Ghibellinen im Bunde!«

Doch nirgends zeigten sich Eifer, Ordnung, Treue, überall Lahmheit, Zwietracht und Arglist. Daher mußten nach kurzem, blutigem Kampf, in dem besonders das gemeine Volk litt und zuletzt die Viscontischen unter dem jungen Galeazzo an der Seite des königlichen Heeres stritten, die Torrianer fliehen. Mit knapper Not entkam der kranke Guido, dessen Söhne Franz und Simon das erste Beispiel der Feigheit gaben. Sechs Tage lang dauerte die Plünderung der Häuser, wobei mancher Bürger, um alten Haß zu kühlen, den Deutschen als Wegweiser und Gehilfe diente. Gleiche Schändlichkeiten geschahen in der Umgegend. Kein Gefühl der Freiheit und Ehre wirkte. Adel und Volk huldigten dem Stärksten und buhlten um die Gunst des jetzt durch offene Gewalt in die Ehren des lombardischen Oberlehnsherrn wieder eingesetzten Luxemburgers. Dieser sprach, um das Gewonnene zu behaupten, die Acht aus über die torrianisch-welfische Partei und ernannte vor dem Aufbruch nach Rom den heuchlerischen, schmiegsamen Matthäus Visconti zum königlichen Stellvertreter in der Stadt und

Landschaft Mailand. Dafür wurde er durch einen Kaufschilling von 50 000 Gulden, dem noch die Hälfte als Jahresgeld beigefügt wurde, entschädigt (18. Juli).*

Fortan hemmte nichts mehr die völlige Ausbildung des Fürstentums, wie denn auch der neue Reichsverweser bald nach dem plötzlichen Tod Kaiser Heinrichs (August 1313) die Thronzwiste Ludwigs von Bayern und Friedrichs von Österreich klug nutzte. An die Stelle des Beamten brachte er den Namen eines allgemeinen Herrn *(signore generale)* über Mailand und den gesamten Bezirk (April 1317).** Als Häuptling der noch nicht ausgestorbenen Ghibellinen entriß er den von der Kirche begünstigten Torrianern und Welfen unter wechselnden Kämpfen Pavia, Piacenza, Como, Vercelli, Tortona, Bergamo, Cremona und Alessandria und wurde deswegen durch den in Avignon seßhaften Papst Johann XXII. als Kirchenräuber, Ketzer und Bundesgenosse der bösen, durch Teufelskünste heraufbeschworenen Geister zweimal gebannt (Februar 1321 und März 1322).*** In abergläubischer Furcht vor den Schrecknissen des geistlichen Fluches übertrug er die Herrschaft seinem kräftigen, entschlossenen Sohn Galeazzo und unterzog sich Buß- und Andachtsübungen, die den Vorwurf der Ketzerei widerlegen sollten, bis er hochbetagt starb (24. Juni 1322).

Galeazzo, vom großen Rat einhellig als Erbe der väterlichen Herrschaft bestätigt, war klug und streitbar, freigebig und beharrlich. Lange schützte er mit Glück Mailand und die Verbündeten gegen des Papstes und der Welfen Umtriebe und Heerhaufen, die endlich bei Vaprio vollständig geschlagen wurden (Februar 1324), fiel aber zuletzt, als der ehrgeizige Bruder, Markus Visconti, selbst um den Preis der heimischen Unabhängigkeit die Hilfe des deutschen Königs Ludwig von Bayern anrief, durch Heimtücke der Eingeborenen und Fremden in Gefangenschaft (1327).**** Bald nach

---

* Giulini, VIII, 625–648.

** »*Signore generale di Milano e del distretto.*« Siehe Giulini, continuat. I, 105.

*** Ebd., S. 167. »*Pareva, ch' Egli avessa fatta ega co' Demoni piu volte da Lui esecrabilmente invocati, e da' quali aveva cercate risposte, e consigli nelle cose da farsi.*«

**** Mehrere Visconti und viele ihrer Anhänger wurden in den durch Galeazzo erbauten Kerker des Schlosses Monza abgeführt. Der Befehlshaber übergab die Burg nur auf die Drohung hin, daß bei längerem Weigern sein Herr, der gefangene Galeazzo, mit dem Kopf büßen werde. Eingeladen, Besitz von der Feste zu nehmen, antwortete der Bischof von Arezzo, Feind der Visconti und Werkzeug der Fremden, auf eine den gegenseitigen Verrat der damaligen Parteien bezeichnende Weise: »Der alte Fuchs geht nicht in eine neue Höhle *(volpe vecchia non entra in*

dem Wiedergewinn der Freiheit wurde er vom Kummer über den Verlust der fürstlichen, jetzt tief gesunkenen Macht seines Hauses verzehrt (August 1328).

Aber schon ruhte dieses auf zu festen Grundlagen, als daß vorübergehende Unfälle zerstörend hätten wirken können. So empfing Azzo, der tapfere, kluge und im Glück bescheidene Sohn Galeazzos, von Ludwig, der nicht als Kaiser, sondern als Geldmäkler in Italien Ehren und Reichsrechte dem Meistbietenden überließ, für 60 000 Gulden die Statthalterschaft und nach dem Abzug der Deutschen von den 900 Räten als Stellvertretern der mailändischen Republik auf Lebenszeit den Namen und die Macht eines allgemeinen Schutzherrn *(signore generale)* der Stadt und Landschaft, der befugt war, alle Hoheit und Gerichtsbarkeit, wie sie das ganze Volk inner- und außerhalb der Mauern besitze, auszuüben, die Gemeindegüter sei es persönlich oder durch Bevollmächtigte zu verpfänden, neue Ordnungen (Statuten) zu geben und alte aufzuheben, endlich Bündnisse und Verträge nach Gutdünken abzuschließen. Dagegen sollten die Macht über Krieg und Frieden, Steuern, Münze und öffentliche Einkünfte der Gemeinde verbleiben, obschon auch hier stillschweigend eine gütliche Übereinkunft mit dem Fürsten vorausgesetzt wurde.*

Azzo nutzte mit solcher Umsicht, Kraft und Mäßigung die bald durch Ghibellinen und Welfen, bald durch Fremde und Heimische unterhaltenen Wirren und Parteibildungen, daß allmählich Vercelli, Cremona, Crema, Lodi, Como, Piacenza und Brescia seiner Schutzherrschaft (Signorie) teils freiwillig, teils gezwungen folgen mußten. Der gewaltsame Tod des unruhigen, kriegerischen Oheims Markus (September 1329) und die Niederlage des rachgierigen Vetters Leodrisio Visconti, der die furchtbare deutsche Freibeuterbande des heiligen Georg befehligte (Februar 1339), befreite ihn vom gefährlichen Ehrgeiz der Blutsverwandten. So konnte Azzos Oheim und Nachfolger Luchino (1339–1349), der bei unersättlicher Habgier und Ehrsucht, aber kalter Verstandeskraft ein

---

*tana nuova).«* Giulini, I, 241. Wie falsch und roh sich die deutschen Soldknechte in mailändischen Diensten benahmen, beweist der Umstand, daß sie scharenweise auf den Wink Ludwigs des Bayern von Galeazzo abfielen und nächtliche Saufgelage anstellten, die dem minder geübten Stephan Visconti, einem Mitverschworenen gegen Galeazzo, auf der Stelle den Tod brachten. Giulini, I, 240. *»Tanto bevette, che poi alla notte dovette morire.«* Der Diener war wie der Herr falsch und viehisch. Vgl. Leo, Geschichte Italiens, III, 275.

* Giulini, I, 278.

strenger, unparteiischer Richter war, das Viscontische Fürstentum über Parma, Pavia, Tortona, Alessandria, Chierasco, Asti, mehrere Ortschaften Piemonts und der Genua berührenden Landschaft Lunigiana ausdehnen. Sein Bruder und Erbe, Erzbischof Johann (1349–1354), Freund Petrarcas, der Künste und Wissenschaften, konnte dem Gewonnenen die zeitliche Herrschaft (Signorie) über die von Welfen und Ghibellinen zerrütteten Freistädte Bologna und Genua beifügen und den Söhnen seines Bruders Stephan, Galeazzo (II.) (1354–1378) und Bernabo (1354–1385), hinlängliche Mittel hinterlassen, um durch List wie Gewalt, Tugenden wie Verbrechen die schon als erblich betrachtete Macht des Hauses teils zu festigen, teils zu erweitern.

Umsonst versuchten bald der Papst und der Kaiser, bald die ihnen durch gemeinschaftliche Furcht verbündeten Häuptlinge Oberitaliens, wie die Markgrafen von Este und Montferrat, die Gonzaga Mantuas, die della Scala Veronas, Widerstand zu leisten. Der Fürstenstaat der Visconti, dem nichts als der Name fehlte, ging aus den Gefahren nur desto stärker hervor und lagerte sich, in zwei Hälften zersplittert, über den schönsten, gewerblich fleißigsten Strich der Lombardei. Denn während der Westen mit Asti, Alba, Chicrasco, Vercelli, Como, Novara, Alessandria, Tortona und der Hofstadt Pavia dem Galeazzo gehorchte, gebot der Bruder Bernabo von Mailand aus über den Osten, zu dem bei schwankender Treue Genuas und Bolognas besonders Bergamo, Brescia, Crema, Cremona und Piacenza gehörten.

Schwer büßten die in Untertanen umgewandelten, wegen der ewigen Zwiste und persönlichen Leidenschaften für die Freiheit abgestorbenen Gemeinden und Flecken durch drückende Steuern und schauderhafte Blutgerichte den Verlust republikanischer Vaterlandsliebe und Sitteneinfalt. Die kurze Schreckensmacht Ezzelinos da Romano lebte in verjüngter Gestalt und als folgerichtiger Regierungsgrundsatz wieder auf – um so maßloser, je gleichgültiger Glückwechsel, Soldkriege, Familien- und Parteihaß den jeweils Stärksten gegen Achtung des fremden Lebens und Eigentums gemacht hatten. So ließ Galeazzo, der geizig und grausam war und zuletzt allein durch Geldbestechung und Furcht regierte, um den stets leeren Säckel zu füllen, Steuern und Abgaben aller Art fordern. Um saumselige oder trügerische Beamte abzuschrecken, ließ er den Oberrechenmeister von Pavia am Graben des neuen Schlosses henken. Den Befehlshaber der Burg Voghera, dessen Abwesenheit den Feinden Vorteile gebracht hatte, ließ er an den Schweif eines Esels gebunden zum Galgen schleppen und mit dem unschuldigen Sohn hinrichten (1362), 70 fahrlässige Kriegsknechte auf einmal zum Strick verurteilen und den Kanzler Crivello, der den einstweiligen Widerruf des blutigen Spruchs bewirkt hatte, durch Verlust seiner Stelle büßen. Schließlich ließ er alle des Aufruhrs überwiesenen, oft auch nur beargwöhnten Untertanen vor ein peinliches Gericht führen und unter den schauderhaftesten Qualen töten. Denn der Gefangene, lautete der gräßliche Befehl, sollte in abgemessenen Zwischenräumen auf verschiedene Weise gefoltert, Glied für Glied zerstückelt und am einundvierzigsten Tag seiner Leiden als Rumpf öffentlich auf das Rad geflochten werden.* Selbst die Spiele und Lieblingsspeisen des Gewaltherrn brachten Gefahr. Mancher Ritter verarmte am Würfelbrett, wo der meistens glückliche Galeazzo die hohen Preise gewann, während schwere Bußen den Bürger und Bauern trafen, der etwa die Temoli im Tessin fischte oder die süßen Weichselkirschen von Zotego und Mosicio im Gebiet Novaras pflückte.**

Derselbe Fürst war andererseits ein Freund der Künstler und Gelehrten, mildtätig gegen Arme, keusch und streng in den Übungen der kirchlichen Frömmigkeit. Ähnliche Gegensätze der Güte und der schrankenlosesten Grausamkeit zeigte Bernabo Visconti, der angeborene Milde und Gerechtigkeitsliebe bei ausgebildeter Herrschsucht dem Jähzorn und der leidenschaftlichsten Waldlust aufzuopfern pflegte. Der mailändische Fürst nämlich achtete, von plötzlichem Grimm erfaßt, weder Gott, Menschen noch sich selbst, jedem Gegenstand des geringsten Argwohns, mochte er nah oder fern sein, gleich verderblich. Er hielt an die 5000 Jagdhunde, die unter die Landleute der Umgegend verteilt und alle 14 Tage von der Oberbehörde, dem Hundeamt *(officio de' cani),* sorgfältig untersucht wurden, ob sie gute oder schlechte Pflege genossen hätten. Den mindesten Jagdfrevel strafte er als peinliches Verbrechen, ja, ließ einen Jüngling, der geträumt hatte, einen Eber getötet zu haben, an Händen und Augen verstümmeln. Zuletzt ließ er sogar den Amtleuten gebieten, keiner solle seine Besoldung fordern, der nicht beweisen könne, daß er einen Hasendieb auf das Blutgerüst gebracht habe.***

---

* Viele Unglückliche starben 1362 und 1363 auf diese Weise. Siehe Giulini, continuat. II, 122, und Leo, III, 313, wo das Foltermandat vollständig aus Azara, einem Zeitgenossen, abgedruckt ist.

** Giulini, a. a. O.

*** Leo, III, 328, wo die Zeugnisse beigebracht sind.

Nachdem dergestalt beide Brüder im regen Wetteifer durch offenen und geheimen Krieg, Schwert und Geld, Ächtungen, Kerker und Schafott die Macht ihres Hauses gefestigt, den Bund der lombardischen Herren, des Papstes (Urban V.) und Kaisers (Karl IV.) aufgelöst und den Freiheitssinn der Gemeinden in seinen äußersten Zuckungen gebrochen hatten, nahm Johann Visconti, Graf von Virtú (*Vertus* in Champagne),* Galeazzos Sohn und Nachfolger (seit 4. August 1378), der von Natur und durch Grundsatz menschenfreundlich und liebreich war, seinen von Freunden und Feinden gefürchteten Oheim Bernabo gefangen (6. Mai 1385) und erschien, mit dem Jubelgeschrei des Volkes: »Es lebe der Graf! Tod den Steuern und Lieferungen!« begrüßt, als Oberhaupt der bisher in eine Doppelherrschaft zersplitterten Städte und Landschaften. Denn kaum hatte der große Rat ohne Rücksicht auf Bernabos Söhne den Befreier zum unumschränkten, erblichen Signore ausgerufen, als Lodi, Cremona, Bergamo, Brescia, Parma, Reggio, Soncino, Bresello, Borgo San Donnino, Ghiara d'Adda, das Val Camonica dem Beispiel Mailands folgten und dem westlichen Fürstentum beitraten, zu dem bereits Pavia, Piacenza, Novara, Alessandria, Bobbio, Alba, Asti, Como,Vercelli, Tortona, Casale di Sant' Evasio, Valenza, Vigevano und mehrere Burgen Piemonts gehörten.**

Johann Galeazzo wurde durch den baldigen Tod Bernabos – der an Gift starb – von einem auch in der Gefangenschaft gefürchteten Nebenbuhler befreit (19. Dezember). Durch List und Gewalt Herr Vicenzas und Veronas geworden, beschloß er, an den Bau des unabhängigen Fürstentums die letzte Hand zu legen und mit dem Namen der Republik die bisher üblichen Schranken des vom Volk gewählten Oberhaupts zu tilgen. So wurde der gewandte Bischof von Novara, Peter Filargo, nach Prag an die Hofstatt des römischen Kaisers Wenzel gesandt, der Einspruch der eifersüchtigen Florentiner und anderer Feinde durch das Geschenk von 100 000 Goldgulden beseitigt und als Siegespreis eine Urkunde gewonnen, in welcher der deutsche und böhmische König aus eigenem Antrieb und auf den Rat der Fürsten, Grafen, Freiherren und Großen des Reiches den erlauchten Johann Galeazzo, den Tugendgrafen *(Comes Virtutum),* zum Erbherzog der Stadt und des gesamten Gebiets

---

* So nannte sich Johann Galeazzo nach der Mitgift seiner Frau Isabelle von Valois, Tochter des französischen Königs Johann. Der comes virtutum, Tugendgraf, mußte später oft den Gegenstand des Spottes bilden.

** Giulini, continuat. II, 382.

Mailand erhob und alle Vorrechte bewilligte, welche die übrigen Fürsten und Herzöge des Heiligen Römischen Reiches derweilen besäßen (2. Mai 1395).

Nachdem Johann am 29. Juli von den letzten Abgeordneten des großen Rates der Neunhundert den Huldigungseid entgegengenommen und durch außerordentliche Steuern und Anleihen die bedeutenden Kosten einigermaßen gedeckt hatte, wurde am 6. September zu Mailand die Einsetzung des neuen Fürsten durch Wenzels Bevollmächtigten, den Grafen Benesio von Cumsich, mit beispiellosem Prunk und in Gegenwart einer ungeheuren Volksmenge vollzogen. Mehrere Tage lang dauerten die Festlichkeiten, Gelage, Tänze und Ritterspiele. Kein Gesandter kehrte ohne reiche Geschenke zurück. Es bedurfte vieler Jahre, um die Lücken der Schatzkammer wieder zu füllen, denn der mit Juwelen dicht besetzte Herzogshut hatte allein den Wert von 200 000 Florentinern (Goldgulden). Dergestalt verschwand ohne Geräusch, aber unter blendendem Prunk die in sich selber schon zerfallene, der Freiheit unfähige Republik Mailand. Für sie und den größten Teil des mit ihr verknüpften Lombardiens begann eine andere, nach dem Fürstentum der Visconti und ihrer Nachfolger, der Sforza, bezeichnete Entwicklung.*

Wenn in Mailand und den kleineren Freistaaten der Lombardei, wo z. B. die Markgrafen von Este zu Ferrara (seit 1208), Modena (seit 1287) und Reggio, die Gonzaga zu Mantua (seit 1328), die von Corregio zu Parma (seit 1303), die della Scala zu Verona (1260–1387), die Carrara zu Padua (1318–1405) als Herren regierten, unter den Parteibildungen der Welfen und Ghibellinen meistens Übergabe des Heerbefehls den Weg zur kriegerischen Gewalt bahnte, so haben in der Toskana gewöhnlich Überlegenheit an Reichtum und Künsten der friedlichen Volksleitung einzelnen Bürgerhäusern mit der Zeit fürstliche Macht verschafft. Diese Bahn verfolgte insbesondere Florenz, das an Umfang des Gebiets, scharfer Ausprägung der einander bekämpfenden Kräfte, Rührigkeit des Gewerbe- und Handelslebens – das dem Waffenadel Zünfte des Handwerks, dem Vorrecht der Geburt die Ansprüche des Güterbesitzes glücklich entgegenstellt – die Krone und das Vorbild aller toskanischen Gemeinden darstellt.

---

* Vgl. über die Gründung des Herzogthums Mailand Giulini, II, 573–583. »*Ora colla niova dignita ottenuta dall' Impero, il presente Duca, e i suoi Successori Visconti si rendettero Principi assoluti, e in avvenire più non si parlò di ottenere autorità die fedeltà come Suddito.*«

Seit in Florenz die Eifersucht der Buondelmonti und Uberti* den bisher gärenden Parteibildungen der Welfen und Ghibellinen auch am Arno Ausbruch und Spielraum gebracht hatte (seit 1215), kämpfte der zwieträchtige Adel in den verschiedenen, durch Schlagbäume, Ketten, hohe Türme und Häuser befestigten Straßen so lange mit schonungsloser Wut und wechselndem Glück, bis es den Ghibellinen gelang, ihre Gegner zu vertreiben und dem Kaiser Friedrich II. die Tore zu öffnen (Lichtmeß 1248). Doch die Sieger, unterstützt von einer Schar deutscher Kriegsknechte, die Friedrichs gleichnamiger Sohn führte, mißbrauchten die Macht. Sie brachen die Wohnungen und Schlösser der Welfen, verurteilten Gefangene bald zum Tod, bald zur ewigen Haft, beschwerten die Handwerk, Gewerbe und Handel treibende Bürgerschaft wie den Landmann mit wachsenden Steuern und duldeten, daß der kaiserliche Statthalter mehr als Herr denn von Gesetzen beschränkter Beamter regierte.

Müde der Wirren und Gewalttätigkeiten, die der stete Parteienkampf des Adels unterhielt, erhob sich auf die Kunde vom Tod des großen Hohenstaufen (1250) das bisher gleichgültige Volk zu den Waffen. Es zwang Ghibellinen und heimgekehrte Welfen zur Versöhnung, ließ die meistens 120 Klafter hohen Häuser derselben bis auf 60 erniedrigen, teilte für die gesamte Landwehrmannschaft die Stadt in 20, das Gebiet in 76, nach anderen 96 Banner (Waffenkreise), jedes unter einem besonderen Venner (Fahnenträger) und Hauptmann, während die rot-weiße Stadtfahne auf dem von zwei Stieren gezogenen Wagen in der Schlacht den Fußknechten und Reitern als Wahrzeichen dienen sollte. Den Ritter Hubert Rosso aus Lucca ernannte man zum Oberbefehlshaber oder Volkshauptmann *(capitano del populo)* und gab ihm als Gehilfen zwölf Volksälteste (Ratsherren, *anziani*, gute Leute, *buoni nomini*) bei, je zwei aus jedem Stadtsechstel *(sesto)*, um die Geschäfte des Krieges und Friedens zu besorgen.**

Unter den wechselnden Stürmen zwischen den Welfen- und Ghibellinenparteien, die einstweilen damit endeten, daß Florenz nach dem Fall des Hohenstaufen Manfried für zehn Jahre Karl von Anjou die Obergewalt übertrug (1267), bildete sich der auf allgemeiner Bewaffnung beruhende Staat des Gewerbes durch schärfe-

---

* Siehe S. 110 in diesem Band.

** Villani, VI, 39. Macchiavelli, der 76 Waffenkreise der Handschaft nennt, II, S. 89, Mailand 1820.

res Hervortreten der Zünfte weiter aus. Jede der sieben größeren Innungen nämlich, wie Richter und Schreiber (Notarien), Tuchhändler, Wechsler, Ärzte und Apotheker, Wollweber, Seidenhändler, Krämer und Kürschner, bekam eine besondere Fahne und die Verpflichtung, unter dem Befehl ihres Zunftmeisters (Prior) bei jeglicher Gefahr herbeizueilen, während der Volkshauptmann mit zwölf Gehilfen und der große, aus der Gemeinde gewählte Rat der guten Leute die Regierung des Gewerbestandes darstellte. Andererseits traten Adel und zünftische Bürger wiederum in einer eigenen staatsbürgerlichen Gesellschaft zusammen, die ihren Podesta, kleinen und großen Rat hatte. Endlich stand neben diesen zwei Gemeinden, die bisweilen vereinigt, in der Regel aber getrennt beratschlagten, der Florenz eigentümliche Welfenstaat. Um nämlich die Ghibellinen ganz zu unterdrücken und heimliche Grundsätze derselben aufzuspüren, wurden aus den Vornehmen und Gewerbeständischen auf zwei Monate drei welfische Parteihauptleute *(capitani di parte)* erwählt, denen man einen kleineren Rat von 14 und einen größeren von 60 Mitgliedern beigesellte. Sechs Münzaufseher, je drei vom Adel und vom Volk, ein Siegelbewahrer, ein öffentlicher Ankläger und mehrere Laurer und Horcher besorgten die Verwaltung dieser Gesellschaft des Mißtrauens.*

Unmöglich konnten so unnatürliche und vielartige Maßnahmen, deren Grundlage nicht das Gemeinwohl, sondern Parteihaß und Herrschsucht dort des Adels, hier des Volkes bildeten, den Frieden und die bürgerliche Ordnung sichern. So brachen furchtbarer denn je die Welfen- und Ghibellinenfehden von neuem aus und verwüsteten so lange Stadt und Landschaft, bis Papst Nikolaus III., aufrichtig der christlichen Eintracht ergeben, durch seinen frommen und weisen Kardinallegaten Latino Fregapano beide Parteien versöhnte, den Geächteten Ehren und Güter zurückgab, die Spürausschüsse aufhob und eine Vermittlungsbehörde von acht Welfen und sechs Ghibellinen bestellte, die alle zwei Monate aus den guten Leuten (Grund- und Hauseigentümern) erwählt wurde und jede der öffentlichen Ruhe drohende Gefährdung abwenden sollte (1278). Gegenseitige Heiraten sollten daneben durch die Macht der Blutsverwandtschaft den Groll der Geschlechter bändigen und das Ansehen der Gesetze festigen.**

---

* Siehe Hüllmann, III, 424. Neumann, zu Leonhard von Arezzo, Florentinische Staatsverfassung, S. 33.
** Villani, VII, 56.

Als aber auch diese Friedensstiftung an der zügellosen Parteileidenschaft und Hoffart des Adels scheiterte und die Vierzehner mehr aufregten denn besänftigten, erhob sich der Gewerbestand zu durchgreifender Heilung der tief eingewurzelten Gebrechen. So traten von den oberen Zünften anfangs drei, dann alle sechs zusammen und übergaben ihren Meistern oder Prioren, von denen abwechselnd einer zwei Monate lang den Vorsitz führte, die Verwaltung der Zucht und gemeinschaftlichen Angelegenheiten (1282), so daß fortan die zünftische Macht, vereint und gestützt auf den stets schlagfertigen Arm der nach den sechs Stadtvierteln geordneten Bürgerbewaffnung, mit jedem Jahr festere Wurzeln trieb.

Erbittert durch die Gewalttätigkeiten des auf Meuchelmord, Brandstiftung, Notzucht und Frauenraub gerichteten Adels, stürzte sie 1292 die bisherige, den Herren noch günstige Verfassung der Gemeinde ganz und begründete ein eigentliches Volksregiment mit Ausschließung aller Geburtsvorrechte (strenge Demokratie). Giano (Johann) della Bella nämlich, aus einem alten, ritterbürtigen Geschlecht entsprossen, tapfer, klug und von hochherziger Vaterlandsliebe beseelt, schlug als Mitglied der Priorenbehörde vor, daß diese alle zwei Monate abwechselnd nach den Stadtvierteln einen Gerichtsfahnenführer *(gonfaloniere della giustitia)* ernennen und bevollmächtigen sollte, um an der Spitze von anfangs 1000, später 4000 erlesenen Bürgerwehrmännern die auf den Landfrieden bezüglichen, strengen Ordnungen zu vollziehen. Beim Beginn einer Gewalttätigkeit sollten sie das rot-weiße Banner ausstecken und unter dem Zeichen desselben die Ruhestörer verhaften, ihnen endlich nach gefälltem Urteil Häuser, Türme und Höfe brechen. Damit die Gesetze desto rascher und kräftiger vollstreckt würden, sollte der oberste Friedenswart oder Bannerträger der Gerechtigkeit unter den Prioren, die man ehrenhalber auch Herren *(signori)* nannte, als das siebente Glied Sitz und Stimme haben und mit ihnen dasselbe, Tag und Nacht zugängliche Amtsgebäude bewohnen. Der Antrag della Bellas, von Kaufleuten und anderen ehrbaren Bürgern des Gewerbestandes eifrig unterstützt,* wurde gebilligt und zum Schrekken des Adels unnachsichtig vollzogen. Denn Baldo Ruffoli, der erste Gerichtsfahnenträger, zerstörte, als in Frankreich der Sohn eines florentinischen Kaufmanns tödlich verwundet worden war, die

* Villani, VIII, 1. »*Certi buoni huomini artefici et mercatanti, i quali amavano di ben viver*«, d. h. mehrere gute Leute, Handwerker und Kauffahrer, die in Zucht und Ordnung leben wollten.

Häuser der Täter, zweier adliger Brüder Galligai, und bereitete bald darauf den Wohnungen der landfriedensbrüchigen Buondelmonti dasselbe Schicksal.*

Um den Sieg der Volkspartei auch durch den Buchstaben des Gesetzes zu befestigen, wurden hauptsächlich auf Giano della Bellas Betreiben die berüchtigten, gegen den Adel gerichteten Ordnungen der Gerechtigkeit *(ordini della giustitia)* aufgestellt und als Mittel gebraucht, um teils den Landfrieden zu sichern, teils den bisher vorherrschenden Stand von den höheren Ämtern und Ehren der Republik auszuschließen. Ihr wesentlicher Inhalt lautete: »Für die Strafgelder eines Missetäters haften die Genossen seines Geschlechts bis ins vierte Glied, selbst Uneheliche. Das öffentliche Gerücht reicht hin, um die Klage, die sonst zwei Zeugen forderte, einzuleiten. Wer zu den Großen *(i grandi)* oder Ritterbürtigen gehört, kann nicht gewählt werden zum Prior, Gerichtsfahnenträger, Volks- und Kriegshauptmann, Turm- und Burgvogt, Ältesten *(anciano),* Steuereinnehmer und Prüfungsanwalt für abgehende Beamte. Wessen Name im Adelsbuch stehet, der leistet mit 2000 Pfund Florentiner Währung Sicherheit für sein gesetzliches Leben und stellt dafür einen Bürgen. Er darf in der Nähe einer Brücke oder eines Haupttores weder Haus noch Turm besitzen, soll bei Hochzeiten, Leichenbegängnissen und anderen Feierlichkeiten seiner Standesgenossen öffentliche Aufzüge mit bewaffnetem Gefolge vermeiden, bei etwaigen Unruhen die Wohnung hüten, gegen Bürgerliche ohne Erlaubnis der Prioren kein Zeugnis ablegen, bei Verdiensten um das öffentliche Wesen die Aufnahme unter die Gemeinfreien als Lohn empfangen, jedoch sodann ein anderes Wappen wählen. Beleidigungen gegen einen Bürgerlichen, besonders wenn er ein Staatsamt verwaltet, werden so gestraft, daß der bürgerliche Übeltäter in den niederen, der Ritterbürtige in den hohen Adel mit der ganzen Verwandtschaft übergeht.«**

Zwietracht der Großen, von denen die Adimari und Tosinghi, Rossi und Tornaquinci, Cavalcanti und Buondelmonti, Bardi und Mozi in offener Fehde lebten, erleichterte dem Volk einen Sieg, dessen Folgen die überraschten Geschlechter dadurch aufzuhalten versuchten, daß sie teils als Kaufleute, Wechsler und Schreiber (Notarien) einer Zunft beitraten, teils ausnahmsweise – 50 Häuser – die Vorrechte der begünstigten Bürgerschaft gewannen. Der Sturz

* Hüllmann, III, 433.
** Hüllmann, III, 436–438.

des abtrünnigen Standesgenossen war fortan das einzige Ziel ihrer Rache und Hoffnung. Man sparte keine Verleumdungen und bösen Gerüchte, um den unerbittlich strengen und gerechten, selbst von der Zunftpartei bald gefürchteten, bald beneideten Giano della Bella als herrschsüchtigen, ehrgeizigen Zwingherrn zu verlästern, wobei denn das stolze, bisweilen schneidende Selbstgefühl des Mannes mit Glück aufgegriffen und genutzt wurde. Toll und unvernünftig, hieß es bald, sei die eilfertige, parteiische Vollziehung der außerordentlichen Zuchtgesetze. Berühre z. B. von ungefähr das Roß eines Edelmanns im Laufen diesen oder jenen Bürger mit dem Schweif oder mache sich der Vornehme im Volksgedränge durch den Ellbogen bescheiden Platz, sogleich schreie man: »Landfriedensbruch!« und reiße dem Unschuldigen auf des Richters Befehl Haus und Hof nieder. Könnten doch sogar kleine Kinder Zeugnis ablegen!*

Die Erbitterung des Adels, die von reichen Bürgerlichen, den Mittlern *(mezzani)*, geteilt wurde, die mit stolzem Blick auf Handwerker und kleine Leute als eigentlichen Pöbel herabschauten,** beschloß im ersten Feuer für den Sturz della Bellas und der Volksherrschaft offene Gewalt. »Die Hunde«, rief Trescobaldi in der Jakobskirche, dem Sammelplatz der Mißvergnügten, aus, »haben uns alle Ehren und Ämter entrissen. Wir dürfen nicht mehr das Rathaus besuchen, keine Rechtsklage erheben. Züchtigt jemand seinen Knecht, ihn trifft ohne weiteres der Untergang. Auf also, ihr Herren, laßt uns dieses Joch abwerfen! Zu den Waffen, zur Schlacht!« – Dagegen erhob sich Baldo della Tosa. Der Rat sei edel, aber gefährlich und könne, unglücklich vollzogen, alle ins Verderben bringen. Man müsse behutsamer handeln, durch List und auf Umwegen erreichen, was offener Gewalt derzeit nicht vergönnt bleibe.***

Das wurde angenommen. Man kam überein, vor allem zwei Zünfte, die Schreiber und Richter auf der einen und die Metzger auf der anderen Seite, gegen den gefürchteten Volksführer zu bearbeiten. Jene waren wichtig wegen ihrer mannigfaltigen Verflechtung in die öffentlichen Angelegenheiten, diese wegen ihres rohen, faustgerechten Wesens, das um so eher gebraucht werden konnte,

---

* Dino Compagni bei Muratori, Scriptores rerum Italic. IX, 476.
** Arefici minuti. Ders., S. 475, piccolino, S. 482, denen die ehrbaren Bürgerlichen oder Mittlern *(mezzani)* und die Großen *(grandi)*, Erbadeligen, gegenüberstehen.
*** Dino Compagni, S. 477.

als ein ungefüger, boshafter und lügnerischer Mensch, Schaf *(pecora),* mit dem Beinamen der große Schlächter, ein Werkzeug der adeligen Tosinghi, Reden und Taten seiner Handwerksgenossen unbedingt leitete. Danach schlichen sich der Verabredung gemäß gewandte Mitglieder des geheimen Bundes heran, schilderten im heuchlerischen Eifer für Zucht und Ordnung dem gutmütigen, selbstgefälligen Giano della Bella, damals Beisitzer der Priorenbehörde, die Ränke und Bestechlichkeit der meisten Schreiber und Richter sowie den trotzigen, widerspenstigen Sinn der Metzger und gaben nicht eher nach, als bis jener durch neue Gesetze dem Unfug zu steuern versprach. Umsonst warnte der ehrliche Dino Compagni vor falschen Freunden und übereilten Schritten. »Eher«, antwortete della Bella, »gehe die Stadt unter, denn daß solche Missetaten ungestraft bleiben!«

Bald darauf gab ein zufälliges Ereignis der künstlich genährten Gärung Gelegenheit zum Durchbruch. Es geschah nämlich, daß in einem Gefecht zwischen den Dienern der adligen Herren Corso Donati und Simon Galafrone ein Mann des letzteren getötet wurde, worauf beide Parteien ihre Klage vor den Podesta, Johann von Lucino, brachten. Alle Zeugen und Beweise lauteten gegen Corso Donati. Nichtsdestoweniger ließ der Untersuchungsrichter die Aussagen so verdreht und entstellt niederschreiben, daß der Podesta, gestützt auf den Buchstaben des Verhörs, den wirklich Schuldigen freisprechen und über Simon Galafrone die gesetzliche Strafe verhängen mußte. Schon war die Blutfahne der Gerechtigkeit ausgesteckt und das gemeine Volk gerüstet, um am Haus des ihm durch Übermut verhaßten Donati den Spruch zu vollziehen, als die Kunde von dem unerwarteten Unheil anlangte. Sogleich stürmten die von den Feinden der Ordnung aufgewiegelten Rotten mit dem Geschrei: »Es sterbe der Podesta! Feuer! Feuer!« nach dem Palast, verbrannten die Eingangspforte, raubten das Gerät und zwangen den Herrn Johann von Lucino zur Flucht. Umsonst trat Johann della Bella sänftigend dazwischen. Von Lanzen und Pfeilen empfangen, mußte er in der Schnelligkeit des Rosses Rettung suchen und bald darauf, um keinen Bürgerkrieg zu führen, freiwillig in die Verbannung ziehen. Sofort wurden die Güter des Geächteten unter Siegel gelegt, seine Häuser niedergerissen (5. März 1294),* viele Freunde und Anhänger gebüßt um Habe und Bürgerrecht, Ämter und Ehrenstellen meistens den Vornehmen des Gewerbe-

* Dino Compagni, 478; Villani, VIII, 8.

standes gegeben und die gemeinen und armen Leute schmählicher gedrückt als in den Tagen der herrschenden Ritterschaft.*

Aber bald keimte zwischen dieser und dem neuen Geldadel (Plutarchie) in dem Maße Eifersucht auf, in dem dort das Vermögen bei bleibender Prunkliebe und Fehdesucht abnahm, hier durch Wechsel- und Handelsgeschäfte, geordneten Haushalt und klug berechnete Heiraten ununterbrochen wuchs und auch die scheinbare Verteidigung der Volksrechte Mittel verlieh, um den großen, oft mißhandelten Haufen als Werkzeug für Schutz und Angriff zu gebrauchen. Der Geburts- oder Waffenadel vergaß dabei so wenig seine alten Zwistigkeiten, daß manche Mitglieder, den ständischen Haß unterdrückend, auf die Seite der Bürgerlichen traten und dadurch die Stärke derselben vermehrten.

Doch trotz des inneren Haders und Zwiespalts blühte im Gedränge der einander bekämpfenden Kräfte das Gemeinwesen rasch auf. Es zählte in der Stadt über 30 000, auf dem Landbezirk über 70 000 Waffenfähige und beherrschte fast die ganze Toskana. Es gab Künsten und Wissenschaften Pflege, verschönerte durch prachtvolle Bauten, z. B. des Rathauses und der Staatsgefängnisse, Straßen und Plätze und erlaubte, besonders im Maimonat, Männern und Frauen heitere, geschmack- und glanzvoll geordnete Volksfeste, die, wenn auch nur für etliche Tage, den Parteigeist bannten und die Leute jeglichen Alters, Berufs und Standes als Glieder desselben Vaterlands zu den harmlosen Lustbarkeiten des Tanzes, Turnspieles und Zechgelages versammelten.**

Da brach um den Ausgang des 13. Jahrhunderts der bisher geheime Kampf zwischen dem ritterschaftlichen Geburts- und dem bürgerlichen Geldadel in offenen Tätlichkeiten aus und führte Erschütterungen herbei, die an Stärke und Umfang der Leidenschaften den alten Fehden der Welfen und Ghibellinen in nichts nachstanden. In der mittleren, gewerblich-kaufmännischen Bürgerschaft *(mezzani)****  hatte nämlich das aus mehreren Handelsgesellschaften hervorgegangene, weitverzweigte Haus der Cerchi

---

* »Fortan vermochten die Handwerker und das kleine Volk *(populo minuto)* nicht viel in dem gemeinen Wesen; alle Macht kam an die Reichen und Gutsbesitzer des florentinischen Bürgerstandes *(popolani grassi et possenti).*« Villani, VIII, 8.

** Villani, VIII, 38.

*** *Grandi* (Große, Waffenadel), *Mezzani* (Mittlere, Gewerbestandsadel), *Piccolini* (Kleine, Handwerker und arme Leute) bildeten um diese Zeit die Abstufungen der Florentiner. Dino Compagni, S. 482.

alle Berufsgenossen überflügelt und in den Schatten gestellt. Sein damaliger Vorsteher, Vieri, der bei innerer Gehaltlosigkeit hoffärtig und ehrsüchtig war, nährte eine zahlreiche, kostbar gekleidete Dienerschaft und hielt, verschwenderisch mit dem Überfluß, prunkvolle, von armen Rittern und abhängigen Künstlern, Gelehrten und Gewerbeleuten fleißig besuchte Festlichkeiten und Gastgebote. Dieser kaufte endlich, um dem Geldstolz die Krone aufzusetzen, den herrenlosen Palast der Grafen Guidi, nahe den Häusern der altadligen, schwach begüterten Pazzi und Donati. Fortan durchbrachen Neid und Eifersucht jede Schranke. Corso, das tapfere, ahnenstolze Oberhaupt der Donati, trieb den Spott bis zur Unverschämtheit und schalt den wenig beredten, bürgerlichen Nachbarn einen Lastesel, der nicht sprechen, sondern nur iahen könne. Er gewann die Liebe und Hand einer begüterten Erbtochter, die den blutsverwandten Cerchi dem stattlichen Ritter, obschon er Witwer und vorgerückten Alters war, willig aufopferte. Bei steigendem Haß geriet er sogar in den Verdacht, etlichen jungen Männern des kaufmännischen Hauses ein vergiftetes Stück Schweinefleisch gereicht zu haben.

Da überdies Vieri als Freund der noch nicht ausgestorbenen Ghibellinen bezeichnet wurde, so bedurfte die Gärung für den endlichen Durchbruch nur des Anlasses. Diesen gewährte die Ansiedlung der pistoischen Weißen und Schwarzen,* von denen die ersteren in den Cerchi, die letzteren in den Donati Gönner und Schirmherren fanden (1300). Fortan besaßen die schon ausgebildeten Parteien des Geld- und des Geburtsadels (der Weißen und Schwarzen) bestimmte Führer (Cerchi, Donati) und Abzeichen, was für die öffentliche Ruhe um so gefährlicher war, je eifriger die Reste der Ghibellinen und Welfen der neuen Bewegung folgten und selbst manche ritterbürtigen Geschlechter aus Armut, Familienhaß und Eitelkeit von ihrer Verwandtschaft abfielen. So traten zu dem vornehmen Gewerbestand, den Weißen, über die adeligen Adimari, Abati, Mozzi, Cavalcanti, Malespini, Arrigacci, Gherardini, Bostichi, Vecchietti, Giandonati ein Teil der Tosinghi, Bardi, Rossi, Frescobaldi, Nerli, Mannelli und sämtliche Ghibellinen, während die übrigen Rittergeschlechter, wie die Pazzi, Bisdomini, Buondelmonti, Brunelleschi und alle Welfen, dem Banner der Schwarzen unter der Leitung Corso Donatis gehorchten und für den Wiedergewinn der verlorenen Macht kämpften.

---

* Siehe S. 112 in diesem Band.

Aber unfähig, durch offene Waffen zu siegen, wandten sich diese entarteten, wegen des gebrochenen Landfriedens von den Widersachern noch heftiger bedrängten Söhne der Vaterstadt zum geheimen Verrat und baten den ihnen wohlgesinnten Papst Bonifazius VIII., daß er den Florentinern einen Herrn geben möchte. Freudig gewährte der Heilige Vater das Anliegen und richtete sein Auge auf den jungen, ehrgeizigen und kriegerischen Grafen Karl von Valois, Bruder des französischen Königs Philipp IV. Jener, überdies von den Schwarzen nicht nur eingeladen, sondern auch mit Geld reichlich unterstützt, zauderte nicht lange. Er brach mit 800 französischen Rittern und vielen italienischen Abenteurern als päpstlicher Friedensstifter *(paciatore)* von Anagni nach Florenz auf, gelobte eidlich den zaghaften, sorglosen Weißen, die eine Art Bürgschaft forderten, Eingriffe in die Gesetze der Stadt weder zu begehen noch zu dulden, und hielt am Sonntag nach Allerheiligen (4. Dezember 1301) unter dem Jubel des verblendeten Volkes den prunkvollen Einzug des Befreiers und Schiedsrichters.

Niemand ahnte Böses. Denn es hatte ja der mächtige und dabei behutsame Vieri Cerchi die vor den Schwarzen warnenden Freunde mit dem stolzen Wort: »Laßt sie nur kommen!« abgefertigt, während andere dem Schwur des fremden Vermittlers trauten. Aber kaum sah sich dieser im Besitz der Tore und Wachen, als in der Nacht die lauernden Rotten des rachgierigen Adels unter Corso Donati eingelassen, die Kerker geöffnet und Scharen von Verbrechern den bewaffneten Schwarzen beigesellt wurden. Sechs Tage lang wüteten Mord, Brand, Raub, Notzucht und jegliche Missetat in und außerhalb der herrenlosen Stadt. Graf Karl, der Friedensstifter, begnügte sich dabei mit den kostbarsten Beutestücken und fragte etwa, wenn ein Palast in Flammen stand: »Was ist das für ein Feuer?« – »Herr«, entgegneten dann die Diener, »es brennt nur eine Hütte.« Danach wurden mit Hilfe des päpstlichen Gesandten, des Kardinals Matthäus von Aquasparta, sämtliche Ämter und Ehrenstellen der Republik den Schwarzen übergeben, etliche der Weißen bei dem mindesten Argwohn mit Geld gestraft, andere, unter ihnen die Cerchi und der große Dichter Dante, verbannt und die eingezogenen Güter teils der siegreichen Partei, teils ihrem Schirmherrn überlassen.

Der endliche Abzug desselben (April 1302) gab das Zeichen zu neuen Kämpfen und Wirren. Während nämlich die niedergebeugten und meistens vertriebenen Weißen durch Waffengewalt Rückkehr zu ertrotzen versuchten, fielen die gebietenden Schwarzen in wachsende Zwietracht und setzten nur auf andere Art den alten

Streit zwischen dem Waffen- und dem Geldadel fort. Jener schloß sich dem kühnen, klugen, aber dabei hoffärtigen Corso Donati, dieser, wie die Medici und Bordoni, dem gewandten, schmiegsamen Ritter Rosso della Tosa an, den auch das gemeine Volk wegen seines leutseligen Wesens als Gönner und uneigennützigen Anwalt ehrte. Schon hatte Corso Donati die Einleitung zum Umsturz der Republik, an deren Platz die Signorie treten sollte, mit den Verschworenen getroffen, als die wachsamen Gegner plötzlich die Gemeinde durch das Läuten der großen Glocke und die Aussteckung der großen Gerichtsfahne zu den Waffen entboten, über den des Hochverrats Angeklagten das Todesurteil sprachen und Befehl gaben, es schleunigst zu vollziehen.* Von den Seinigen verlassen, starb Corso Donati, das Schwert in der Faust (15. September 1307), ein Mann von außerordentlichen Fähigkeiten, dem nichts fehlte als Selbstbeherrschung.

Mitten in diesen Stürmen und Wechseln, die auch auf Ordnungen und Gesetze so zurückwirkten, daß nach Dantes Ausdruck im Dezember schwankte, was noch vier Wochen früher bindende Kraft hatte,** blieb eins fest und unverändert: die zünftische Volksherrschaft. Denn nicht nur wurden die bisherigen zwölf Stellvertreter der guten Leute oder bürgerlichen Grundbesitzer und Hauseigentümer als Rat (Zwölfer, gute Leute, *buoni uomini*) den sieben Prioren (Eignern) zugesellt (1321), sondern auch die nunmehrigen 19, mit Einschluß des Volkshauptmanns 20 Mitglieder der obersten Regierungsbehörde bevollmächtigt, selbst den Podesta (Oberrichter) ohne Angabe der Gründe in außerordentlichen Fällen abzurufen (1325) – ein Gesetz, das nur zu deutlich die Spuren der Willkür zeigt. Daneben bestanden ein großer Volks- oder Zunftrat von 300 alle vier Monate erneuerten Bürgern und ein gemischter Gemeinderat von 200 Mitgliedern, der zur Hälfte aus Adeligen und Bürgerlichen gebildet und gleichfalls nach Ablauf von vier Monaten geändert wurde. Kein Gesetzesvorschlag, keine Kriegs- und Friedenshandlung, kein Steuerantrag hatte ohne den Beifall dieser die Gesamtheit darstellenden Ausschüsse Gültigkeit.

---

* Dino Compagni, S. 522. »*La rechiesta è il bando si fecie à un tratto*«, d. h. Anklage und Verurteilung geschahen in einem Augenblick.

** Fegefeuer, Gesang 6. »*Fai tanto sottili provvedimento, ch' a mezzo Novembre non giunge quel, che tu d'Ottobre fili*«, d. h. »du (Florenz) machst so feine Ordnungen, daß in der Mitte Wintermonats nicht mehr gilt, was du im Weinmonat gebotest.« Vgl. Dino Compagni, S. 536. »Was am heutigen Tage geschieht, wird am morgenden getadelt.«

Um die oft bei den Wahlen gestörte Ruhe zu sichern und der wachsenden Ämtergier zu begegnen, wurden anfangs für fünf, danach dreieinhalb und zuletzt zwei Jahre gültige Verzeichnisse aller ehrenfähigen Bürger aufgenommen und alle zwei Monate, wenn die 98 Wahlherren eine zweite Sonderung gemacht hatten, unter Aufsicht dazu bestellter Priester dem Los übergeben. In dem Wahlausschuß, der durch schwarze Bohnen bejahte, durch weiße verwarf, saßen übrigens der Volkshauptmann, der Gerichtsfahnenträger, die sechs derzeitigen Prioren nebst ihren zwölf Beiräten oder guten Leuten, 19 Bannerhauptleute, 24 Zunftmeister und 36 Vertreter der Bürgerschaft, je sechs von jedem Stadtsechstel, im ganzen 99 Beamte.

Aber all diese oft sinn- und kunstreichen Versuche, dem florentinischen Gemeinwesen Ebenmaß und Stetigkeit zu geben, scheiterten an der Stärke des Parteigeistes, der namentlich zwischen dem Geburts- und dem Geldadel, den Welfen und Ghibellinen, Reichen und Armen eine tiefe, durch kein Gesetz auszufüllende Kluft gefestigt hatte. Daher wählte die Republik, gleichsam für die endliche Läuterung der einander abstoßenden und anziehenden Kräfte, im Gedränge äußerer und innerer Feinde auf den Vorschlag des befreundeten Königs Robert von Neapel einen ausländischen Abenteurer zum Hauptmann und Ruhewart (*capitano e conservadore*, Bewahrer) des Volkes (Juni 1342). Kaum hatte jedoch Walther von Brienne, auch Herzog von Athen geheißen, ein kleiner, boshafter, nach Wollust und Geld gleich begieriger Franzose, mit etlichen Scharen dienstwilliger, frecher Soldknechte unter lautem Jubel seinen Einzug gehalten und im heiligen Kreuz das Hauptquartier aufgeschlagen, als er raschen Schrittes der Oberherrschaft entgegenging: Er gewann den herabgedrückten Adel durch die Aussicht auf Wiedergewinn der alten Macht, die unteren Zünfte und Handwerker durch das Versprechen gleichen Ansehens mit den oberen und ruhte nicht eher, als bis das aufgeregte Volk Prioren und Räte aus dem Palast jagte. Jauchzend drängte die Ritterschaft nach, zerriß Gerichtsfahne und Gesetzbücher und übertrug unter dem Ruf: »Es lebe der Herzog!« die beständige Signorie (Herrschaft) dem Fremdling, der seinerseits nach Recht und Billigkeit zu schalten gelobte (8. September).

Beleuchtung, Tänze, Turniere, Dankgebete in den Kirchen unter Vortritt des Bischofs Angelo Acciojuoli und andere Festlichkeiten verherrlichten den Untergang der florentinischen Freiheit, während Pistoia, Arezzo, Volterra und kleinere Gemeinden der Toskana bereitwillig dem neuen Fürsten huldigten, aus Frankreich und Burgund aber ganze Rotten fahrender Ritter herbeieilten, um am Arno Schätze, Ehren und Wohlleben zu gewinnen. Umsonst warnte König Robert, selbst bestürzt über die unerwartete Wendung, den stammverwandten Emporkömmling: »Nicht Einsicht und bewährte Tugend, nicht Dienste und Beweise treuer Freundschaft, sondern Zwistigkeiten und Elend haben dich zum Herrn über Florenz gemacht. Halte dich an das Volk, das früher regierte, befestige die Rechtspflege und den Gehorsam gegen die Gesetze: Wo nicht, so zähle auf keine lange Dauer deiner Macht!«

Walther, umgeben von 800 Soldknechten, ließ die Bürger entwaffnen und das Rathaus in eine Burg mit Schanzen, Wällen und Gräben umwandeln, ohne daß die Eigentümer der benachbarten, eingerissenen Häuser die geringste Entschädigung bekamen. Er hob entweder alle gesetzlichen Behörden auf oder übertrug sie Fremden und Mitgliedern der untersten Zünfte, die wie Metzger und Wollkämmer gegen die oberen gehetzt wurden. Die oberen Zünfte und den Adel strafte er beim mindesten Mißvergnügen um Ehre, Gut, Freiheit und Leben und schloß mit offenbaren Feinden der Florentiner schimpfliche, nur auf Eigennutz und Herabwürdigung berechnete Verträge, selbst geheime Bündnisse, ab. Von den Reichen und Wohlhabenden zu Stadt und Land trieb er beispiellose Steuern ein, von denen 200 000 Goldgulden sogleich über die Alpen in die Heimat geschickt wurden. Er gönnte sich und den Landsleuten Befreiung von allen bisher gültigen Bräuchen der Ehrbarkeit, so daß Frauen und Jungfrauen rechtlos blieben wie die tapferen, aber zwieträchtigen Männer. Er übergab drei käuflichen Richtern und einem sogenannten Ruhewart (Bewahrer, *conservadore*) des Volkes, Wilhelm von Assisi (Asciest), die Aburteilung aller peinlichen, namentlich auf Hochverrat lautenden Klagen, stellte Späher und Horcher an und ließ, um durch Schrecken Freunde wie Feinde zu betäuben, die Entdecker und Urheber geheimer Umtriebe und Gegenbewegungen auf gleiche Weise durch Kerker, Geldbußen, Bann und Tod strafen. Kurz, er handelte wie der abgefeimteste, grausamste Zwingherr, immer jedoch unter dem Schein und Vorwand des Eifers für den Nutzen des Volkes, dem länger nicht Geburt und Reichtum die geziemenden Hoheitsrechte vorenthalten oder schmälern müßten.

Aber das Übermaß der Schande einigte zuletzt den wohlhabenden Mittelstand und meistens armen, jedoch stolzen Adel. Drei Verschwörungen arbeiteten gleichzeitig, obschon unabhängig voneinander, am Heil des allgemeinen Wesens. Da entbot der Herzog am 26. Juli (1343) für den nächsten Morgen über 300 angesehene

Bürger zum Rathaus, damit sie hier, wie es hieß, über eine wichtige Angelegenheit ihr Gutachten abgeben, in der Tat aber unter den Schwertern der bestellten Mörder samt und sonders ohne Urteil und Recht fallen möchten. Jetzt endlich erkannten die Bedrohten, größtenteils Verschworene, des Parteihasses bittere Frucht, die Zwietracht, gaben einander den Friedenskuß und beschlossen, ohne Zaudern das Joch zu zerbrechen. In der Ritterschaft zeichneten sich dabei die Donati, Rossi und Frescobaldi aus, unter den Gewerbeständischen die Medici, die überdies den Tod ihres Verwandten Johann zu rächen hatten, die Bordoni und die Adimari.

Der Verabredung gemäß begann also am 26. des Morgens um neun Uhr in sämtlichen Quartieren diesseits wie jenseits des Arno der Aufruhr. Das Volk, den Adel an der Spitze, durchrannte unter dem Geschrei: »Es sterbe der Herzog! Es lebe die Gemeinde und Freiheit!« Straßen und Plätze, die, um den Feind zu zersplittern, schnell verrammelt und mit Ketten gesperrt wurden. Doch man fing, tötete oder zersprengte die überraschten Reiter und Fußknechte des Gewaltherrn und wählte auf den Vorschlag des Bischofs Angelo Acciojuoli sieben Ritter und ebenso viele Bürgerliche in den einstweiligen Regierungs- und künftigen Verfassungsrat. Anschließend öffnete man die Kerker und lagerte, von den Gefangenen zu neuer Wut entflammt, vor dem schon früher in eine Festung umgewandelten Stadthaus, um die Herzoglichen hier durch Hunger, Feuer und Schwert zu vertilgen.

Jene widerstanden etliche Tage lang, schlugen wiederholte Angriffe ab, gaben und empfingen in kühnen Ausfällen Verwundung und Tod, während die bewaffnete Menge allmählich ihren Grimm von der Gesamtheit auf wenige Werkzeuge der Unterdrückung übertrug und an ihnen die glühende Rache abkühlte. So wurden der Steuereinnehmer Simon da Norcia, der viele Bürger gefoltert hatte, in Stücke zerrissen und ein gefangener Schreiber Wilhelms von Assisi Glied für Glied zerhauen. Heinrich Fei, ein Steuerbeamter, wurde ebenso qualvoll hingerichtet: Er wurde nackt von Kindern durch die Straßen geschleift und danach, die Beine aufwärts, den Unterleib wie ein geschlachtetes Schwein offen und ausgespreizt, gehenkt. Zuletzt wurde vom Herzog die Auslieferung des sogenannten Ruhewarts oder Bewahrers *(conservadore)* Wilhelm von Assisi, seines achtzehnjährigen Sohnes und Cerretieri Visdominis gefordert, damit über sie gerichtet würde. Walther widerstrebte eine Weile, durch Scham und Ehrgefühl gebunden, übergab aber am 1. August, als die Soldknechte mit Empörung drohten, die drei Unglücklichen ihren lauernden Henkern. Wütend stürzten sich sofort die Medici, Altoviti, Rucellai und Bettoni auf die wehrlosen Schlachtopfer, den Vater und den Sohn. Innerhalb etlicher Augenblicke waren sie niedergeschlagen und zerstückelt. Die blutigen Gliedmaßen trug der eine auf dem Schwert, der andere auf der Lanze als Siegeszeichen davon. Etliche verschlangen sogar mit tierischer Wut das Menschenfleisch.*

Bald danach übergab Herzog Walther von Athen, des Unglücks Haupturheber, unter Vermittlung des Bischofs die Stadtburg und durfte ungefährdet mit den Schätzen und getreuen Reitern von dannen ziehen (6. August). Ein zahlreiches Geleit angesehener Bürger schützte den elenden Abenteurer, der allen Rechten seiner zehnmonatigen Herrschaft entsagt hatte, gegen die nicht unverdiente Rache des Volkes. Diese traf hier wie gewöhnlich statt des Meisters den Diener.

Nachdem in der Stadt und auf dem Land die Ruhe notdürftig wiederhergestellt war, schritten die Vierzehner unter dem Vorsitz des Bischofs und mit Beirat einzelner Bürger an das ebenso notwendige wie schwierige Verfassungswerk. Sie gaben dem Adel, dessen jüngste Verdienste niemand leugnen konnte, die Teilnahme an den obrigkeitlichen Ämtern zurück, teilten, um das bisherige Mißverhältnis der Vertretung aufzuheben, die Stadt diesseits und jenseits des Arno in vier gleiche Quartiere mit neuen Namen, Wappen und Fahnen und erhöhten die Zahl der Prioren von sechs bis zu zwölf, so daß aus jedem Viertel drei, ein Adliger und zwei Bürgerliche, gewählt werden sollten. Dagegen setzten sie die Beiräte (gute Leute) der Prioren (Signoren) von zwölf auf acht herab, je vier aus dem Adel und dem Volk.

Obschon auf diese Weise eine angemessene und weise Verschmelzung der feindseligen Stoffe wenigstens für etliche Jahre den inneren Frieden gewährleisten konnte, war dennoch bei dem tief verwurzelten Parteienhaß die Stille der nächsten Wochen nur der trügliche Vorbote neuer Stürme. Denn einerseits fielen die ritterschaftlichen Geschlechter, eingedenk der verlorenen Allmacht und unfähig der Mäßigung, in die alten Zügellosigkeiten des Faustrechts und der Blutrache zurück, andererseits trachteten die unteren Zünfte, namentlich Metzger und Wollkämmer, nach Ausdehnung ihrer bisher höchst beschränkten Macht und warfen sich, bald vereinzelt, bald als blinde Werkzeuge vom Adel mißbraucht, auf den wohlhabenden Mittelstand, den Vertreter der eigentlichen

* Villani, XII, c. 16. »*Mangiavano delle lore carni crude.*«

Geldkraft, der gerade wegen des ungleichartigen Wesens seiner Gegner endlich den Sieg gewinnen mußte.

So brach kaum zwei Monate nach Walthers Vertreibung der Bürgerkrieg mit verdoppelter Wut aus. Das Volk durchzog bewaffnet und unter dem Ruf: »Es sterben die großen Verräter!« Straßen und Plätze und schrie, vor dem Regierungsgebäude angelangt: »Aus den Fenstern die adligen Prioren oder wir verbrennen den Palast!« Es empfing die Fürbitte der Bürgerlichen, die das Betragen ihrer Amtsgenossen untadelhaft nannten, mit Hohngelächter und ruhte nicht eher, als bis die vier ritterschaftlichen Prioren abdankten und sieben Bürgerlichen Raum machten. Diese, zwei aus den reichen Kaufherren *(popolani grassi),* zwei aus den mittleren Klassen *(mediani)* und drei aus den gemeinen Handwerkern *(artefici minuti)* sämtlicher 21 Zünfte, alle zwei Monate gewählt, bekamen nebst dem wiederhergestellten, abwechselnd aus den reichen, mittleren und niederen Bürgern genommenen Fahnenträger der Gerechtigkeit *(gonfaloniere della giustitia)* die Macht eines vollziehenden Regierungsausschusses, dem zwölf gute Männer, je drei aus jedem Viertel, sämtlich Bürgerliche, als geheimer Rat zur Seite standen. Der große Volksrat von 300 Mitgliedern, aus jedem Viertel 75, blieb unverändert, während die ganze waffenfähige Mannschaft wie früher in 19, so jetzt in 16 Fahnen, vier auf das Quartier, zerfiel und dem Oberbefehl des Venners der Gerechtigkeit folgte.

Der Adel, der so an einem Tag, dem 22. September 1343, aller verfassungsmäßigen Rechte beraubt wurde, sann, sobald er sich von dem betäubenden Schlag etwas erholt hatte, auf Rache. Er befestigte durch Schlagbäume, Barrikaden und Schanzen seine Wohnsitze, warb in und außerhalb der Stadt Soldknechte, knüpfte mit den Pisanern, den Fürsten und Herren in der Lombardei wie in der Romagna geheime Unterhandlungen an und rüstete überhaupt kräftig und klug zu einem allgemeinen, entscheidenden Angriff. Aber das Volk, wachsam und argwöhnisch, beobachtete alle Schritte der Gegner, die umsonst durch das Feldgeschrei: »Es sterben die Reichen und die Steuern! Es leben die armen Leute!« Zwietracht auszusäen suchten. Es mahnte die benachbarten Gemeinden Siena und Perugia zur Hilfe und begann, noch bevor diese erschien, am 24. September den offenen Kampf.

So stürzten sich drei Fahnen des Viertels St. Johann, von den Medici und Rondinelli geführt, auf die Häuser der Cavicciuli, die zu dem mächtigen und reichen Geschlecht der Adimari gehörten, erstürmten nach kurzer Gegenwehr die Befestigungen und zwangen den von seinen Standesgenossen verlassenen Feind mit Vorbehalt der Sicherheit des Lebens und Gutes zur Unterwerfung. Von neuen Haufen verstärkt, bereiteten sie nach einstündigem, heißem Gefecht den Donati, Cavalcanti und anderen Ritterbürtigen diesseits des Arno dasselbe Los und rüsteten darauf zum Angriff der Stellungen jenseits des Flusses, wo die Bardi, Rossi, Frescobaldi, Mannelli und Nerli, des Adels Kern, die Brücken besetzt und Häuser und Plätze durch Schlagbäume, Barrikaden und andere Schanzen befestigt hatten. Hier entbrannte daher eine blutige, lange schwankende Schlacht, die am 26. September mit dem vollständigen Sieg des Volkes endete. 22 Paläste, auf 60 000 Goldgulden geschätzt, brannten ab. Die Häuser der Bardi wurden bis zum Giebel geplündert, wobei selbst Frauen und Kinder mithalfen. Ganze Banden von Räubern und Mordbrennern wurden nur dadurch gezügelt, daß die geordneten Bürgermilizen den Verwegensten Hände und Füße abhieben, den feigen Pöbelgrimm mittels des Schreckens entwaffneten und den Überwundenen Leben und Eigentum gewährleisteten.

Überhaupt machte sich bei allen florentinischen Wirren im Gewühl der furchtbarsten Leidenschaften eine gewisse milde Besonnenheit geltend, die roher Naturgewalt und Herrenlosigkeit nur für etliche Augenblicke Spielraum gönnte und die Rache am Feind nicht sowohl durch leibliche denn geistige Kräfte zu befriedigen suchte. So geschah es auch jetzt. Das Volk nämlich erlaubte dem besiegten Adel den vollen Genuß seiner Güter, trug aber Sorge, ihn staatsbürgerlich ganz zu vernichten. Daher traten die durch den Herzog von Athen aufgehobenen Satzungen der Gerechtigkeit, obschon etwas gemildert, wiederum in Wirksamkeit: Sie verurteilten die nächsten Blutsverwandten eines Ritterbürtigen, der einen Gemeindemann an Leib und Habe kränken würde, zu einer Buße von 3000 Lira und nahmen 530 teils arme, teils wohlbeleumdete Adelsgeschlechter ins Gemeinderecht auf, jedoch so, daß sie fünf Jahre lang von den höheren Staatsämtern der Prioren, Zwölfer (Räte) und Fahnenhauptleute ausgeschlossen bleiben sollten. Schließlich bestimmten sie jedem Bürgerlichen als Strafe den Eintritt in die Adelsschaft oder erklärten ihn für unfähig, irgendein Amt zu verwalten.*

Fortan nahm der florentinische Parteienkampf eine andere Richtung. Auf der einen Seite nämlich strebte die Geldmacht des vor-

* Villani, XII, 22.

nehmen Kaufmanns- und Gewerbestands nach dem ausschließlichen Besitz der Staatsmacht, auf der anderen versuchte das Volk der unteren Zünfte und Fabrikarbeiter den Mitgenuß der Regierungsrechte zu gewinnen. Der Streit zwischen den Geschlechtern (Patriziern) und Gemeinfreien des Bürgertums begann (demokratisch-oligarchisches Gegenstreben), wobei der alte Geburts- oder Waffenadel nicht müßig saß, sondern bald durch geheime Umtriebe den Gärungsstoff mehrte, bald durch offenen Auftritt gewöhnlich den Ehrgeiz des gewerbeständischen Reichtums unterstützte, ohne jedoch sich selbst zu vergessen.

Dafür diente ihm als Hauptwerkzeug eine aus langer Ohnmacht zu neuem Leben wiederhergestellte Behörde, das der Reinheit des Welfentums bestimmte Wächter- und Angeberamt. Anfangs vier, dann sechs, zuletzt neun Mitglieder stark, von denen sieben der oberen und unteren Bürgerschaft und zwei dem Adel angehörten, bekam dieses politische Ketzergericht, als wenn plötzlich eine verschollene Zeit Gegenwart geworden wäre, mit Sitz und Stimme in den Räten (der Signorie) Befugnis, alle des Ghibellinentums verdächtigen Bürger, die sich etwa in eine öffentliche Stelle einschleichen wollten, zu warnen, die Widerspenstigen aber durch Geldbußen und Landesverweisung zu strafen (1346).

Bald wirkten Eigennutz und Habgier, Rachsucht und Familienhaß so furchtbar, daß innerhalb von 15 Jahren (1357–1371) unter dem Namen der Gewarnten *(ammoniti)* und Ghibellinenfreunde über 200 biedere und angesehene Männer an Ehre, Gut und Heimat gekränkt und nicht dem gemeinen Besten, sondern der Herrsch- und Rachgier des jetzt einstweilen verbündeten Waffen- und Geldadels aufgeopfert wurden.* An der Spitze dieser nachwelfischen (afterwelfischen), auf die Gründung einer bevorrechteten Geldaristokratie (Plutarchie)** gekehrten Partei standen Peter von den Albizzi, Lapo von Castiglionchio und Karl Strozzi, alle drei Vertreter des kaufmännisch-gewerblichen Reichtums, stolz und anmaßend, jedoch weniger tapfer und großmütig als der alte, gebrochene Geburtsadel, der sämtlich, um nur etwas zu gewinnen, den bürgerlichen Großen folgte. Dagegen trat die Minderheit derselben, die Ricci und Medici voran, bei gleichem Ehrgeiz als Anwalt der Gewarnten und Schirmerin des unteren, emporstrebenden Vol-

* Macchiavelli, II, 184. Vgl. Hüllmann, III, 494.
** Man nennt derzeit in der Schweiz, besonders im Kanton Bern, solche Nachfolger der Geburtsaristokratie Batzen- oder Krämeredelleute.

kes auf, das sich durchweg diesen Afterghibellinen und scheinbaren Verteidigern unbedingter Rechtsgleichheit anschloß.*

Solches taten besonders die Stellvertreter des eigentlichen Stadtpöbels, jene rohen und zuchtlosen Wäscher, Klopfer, Färber, Kratzer, Scherer, Walker, Kardenmacher und Tagelöhner, die unter dem allgemeinen Namen der Wollkämmer *(scardassieri)* in wenigstens 200 Tuchmacherwerkstätten arbeiteten. An die 30 000 Köpfe stark, nährten sie den geheimen Wunsch nach Raub, Brand und unabhängigen, von keinem Brotherrn beaufsichtigten Zünften. Nach vielfachen, wechselnden Reibungen und Streitigkeiten beschlossen endlich die Afterwelfen oder Verteidiger des Geld- und Geburtsadels, eingeschüchtert durch die wachsende Zahl und Kraft der von den Gewarnten, den Ricci und Medici heftig aufgeregten und klug geleiteten Volkspartei, offene Fehde. Sie vertagten jedoch auf Betreiben Peter Albizzis den Ausbruch der weit ausgebreiteten Verschwörung bis zum Johannisfest des Jahres 1378. Umsonst widersprachen Karl Strozzi und Lapo Castiglionchio, hindeutend auf die Gefahren, die jedem reifen Plan zögernde Ungewißheit bringe. Die Mehrheit blieb bei dem Plan, daß man in der bestimmten Frist Bewaffnete unter den in die Stadt strömenden Landleuten verstecken, danach die Prioren und Räte überfallen, absetzen und richten solle.

Inzwischen ruhten auch die Gegner nicht. Gestützt auf das ungeduldige Rachegefühl der Gewarnten und den Arm des von ihnen mehr als Werkzeug denn Zweck betrachteten und gebrauchten Pöbels, schritten sie rasch zur Tat. So trat am 18. Juni ihr Wortführer, Silvester Medici, derzeit Gerichtsfahnenträger *(gonfaloniere di giustivia)* und Obmann (Präsident, *proposto*),** vor den versammelten Zünften und Prioren mit dem schriftlichen Antrag auf, daß man die gegen den Adel gerichteten Strafen verschärfen, die Mißbräuche der Welfenbehörde bessern und den Gewarnten Rückkehr zu ihren bürgerlichen Ehren gestatten möge. Er wurde aber mit

---

* Macchiavelli, II, 197. »Der Welfenpartei folgten alle Altadeligen mit dem größten Teil der mächtigsten Bürgerlichen, unter denen Messer Lapo, Piero und Carlo die Ersten waren; auf der anderen Seite standen alle vom unteren Volk *(popolani di minor sorte)*. Ihre Häupter waren die acht Kriegsräte, Messer Georg Scali, Thomas Strozzi, die Ricci, Alberti und Medici. Was von der Menge noch übrigblieb, schloß sich, wie gewöhnlich, den Mißvergnügten an.«

** Der jeden Tag durch das Los von den Prioren, denen auch der Gerichtsbannerträger angehörte, bestimmte *proposto*, gleichsam *princeps senatus*, konnte verfassungsmäßig Anträge zu neuen Gesetzen machen. Macchiavelli, III, 200. Vgl. Hüllmann, III, 499.

einem Schrei des Unwillens und groben Schmähungen empfangen. Ohne Entgegnung verließ der Sprecher allein den Saal, begab sich unbemerkt zu dem gleichfalls einberufenen großen Rat und sprach: »Ich wollte heute diese Stadt von den Unterdrückungen und Gewalttätigkeiten der Adligen und Reichen befreien, fand jedoch bei meinen Amtsgenossen und den Zünften kein Gehör, kein Vertrauen. Unfähig, dem Vaterland zu helfen, lege ich daher die Stellen eines Priors und Gerichtsfahnenträgers nieder. Wählt euch einen anderen und lebet wohl!«

Diese Worte wirkten auf die Anhänger und Neuerungssüchtigen wie ein Wetterschlag. Der gesamte Rat erhob sich unter Lärmen und Drohungen gegen den Adel von seinen Sitzen. Silvester, schon auf der Treppe, wurde mit lautem Jubel zurückgeführt, Karl Strozzi von einem wütenden Schuster an der Gurgel gepackt und schwer mißhandelt, während Benedikt Alberti den günstigen Augenblick nutzte, ein Fenster aufriß und schrie: »Es lebe das Volk!« Sogleich wurden die Buden geschlossen und alle Straßen und Plätze von Bewaffneten besetzt. Die Häuser Lapos von Castiglionchio, Karl Strozzi, der Buondelmonti, Albizzi und anderer Volksfeinde wurden geplündert und verbrannt, selbst Kirchen und Klöster, in denen erschrockene Bürger ihre kostbare Habe niedergelegt hatten, wurden nicht geschont. Endlich wurden auch die Kerker gesprengt und zuchtlosen Gefangenen die Waffen des Raubes, Mordes und Brandes gereicht, wie denn namentlich diesem Gesindel ein gewisser Cecco di Jacopo die Fahne der Freiheit vorantrug.

Nicht eher legte sich der Aufruhr, den Silvester Medici in seiner ganzen vernichtenden Stärke weder gewollt noch vorhergesehen hatte, als bis die Räte einen Bürgerausschuß von 80 Mitgliedern ernannten, um die Beschwerden zu hören und zu beseitigen, und neue Prioren eintraten (1. Juli). Doch die Langsamkeit der Vermittler, von denen etliche Gewarnte nicht losgesprochen, andere nur bedingungsweise für amtsfähig erklärt wurden, gab das Zeichen zu wachsenden Unruhen. Die Wollkämmer und unteren Handwerker nämlich fürchteten Strafe wegen der unlängst begangenen Frevel und nährten daneben den anfangs stillen, darauf lauten Wunsch, sich eigene Zunftmeister zu wählen und die Herrschaftsrechte des Bürgerstandes zu teilen. Geflissentlich unterhielten viele der Gewarnten durch falsche Gerüchte den Argwohn und Ehrgeiz des großen Haufens. »Armes Volk«, sprachen sie, »bald wird der Strick eure Gurgel zuschnüren wegen der Missetaten, die ihr an Kirchen und Klöstern verübtet! Schon lassen die Prioren dafür Soldknechte und Henker kommen. Meister Wink (Nuto) aus Città di Castello ist bereits im Anzug, um euch am Galgen den Lohn zu geben.« Andere lobten mit verstelltem Eifer die Angemessenheit der staatsbürgerlichen Forderung. In einem freien Gemeinwesen müsse auch Gleichheit der Rechte schalten ohne Rücksicht auf Geburt und Vermögen. Davon sei selbst Silvester Medici, der Anwalt der Unterdrückten, überzeugt. Er biete Rat und Hilfe, wenn man handeln und das drohende Ungewitter abtreiben wolle.

Solche Reden und Einflüsterungen mehrten den Gärungsstoff. Die Mißvergnügten hielten nächtliche Zusammenkünfte, gelobten einander durch Eid und Bruderkuß Treue bis in den Tod, wählten Ausschüsse und Hauptleute und bestimmten endlich den 21. Juli für einen allgemeinen Angriff auf die Regierung. Diese, inzwischen zuerst durch das Gerücht, dann durch offenkundige Zeugnisse etlicher als verdächtig eingezogener Menschen von den drohenden Gefahren unterrichtet, traf mit Zustimmung der Zünfte, kleinen und großen Räte die Nacht vorher zweckmäßige Gegenmaßnahmen. Sie ließ aus dem ganzen Gebiet der Republik schnell Kriegsmannschaft aufmahnen, die besoldete Reiterei der Stadt, die 1130 Lanzen zählte, anrücken, alle Bürger zu den Bannern ihrer Quartiere und Gesellschaften entbieten und mehrere Teilnehmer an der Verschwörung einkerkern und richterlich untersuchen.

Kaum waren aber diese Befehle gegeben, als ein gewisser Niccolo, der gerade die Uhr des Rathauses stellte, auf die Kunde des Geschehenen mit dem Geschrei: »Zu den Waffen! Meister Wink, der Henker ist im Palast. Zu den Waffen, armes Volk! oder du bist des Todes!« durch die Straßen eilte und mittels wiederholter Hammerschläge auf die Glocke der Karmeliterkirche das verabredete, augenblicklich von allen Türmen fortgepflanzte Sturmzeichen gab. Sogleich füllten sich Gassen und Plätze mit zuchtlosen Rotten, die, bald ermutigt durch die Lässigkeit der Söldner und Bürgerwachen, unter dem wilden Ruf: »Es lebe das Volk!« die erschrockenen, von den Ihrigen verlassenen Prioren im Rathaus umlagerten. Das erbeutete Banner der Gerechtigkeit voran, erstürmten sie die Wohnungen seines gesetzlichen Trägers, Guicciardini, des Podesta, der Albizzi und anderer Herren, zerstörten im halb eingeäscherten Zunfthaus der Tuchmacher alle Rechnungen und Urkunden und befreiten die Gefangenen. Aus mutwilligem Hohn umgürteten sie zuerst den Liebling, Silvester Medici, dann Benedikt Alberti, Markus Strozzi und andere Vornehme, deren Paläste man verbrannt hatte, mit dem Schwert des Volksrittertums und wüsteten unter den Augen der bewegungslosen, müßigen Soldknechte und Bürgerwachen so lange mit Feuer, Mord und Raub, bis am dritten Tag sämtliche Prioren, am Heil verzweifelnd, das Rathaus räumten und dadurch die Stadt für herrenlos erklärten.

Sofort brachen bewaffnete Rotten in den Hauptsaal ein, an der Spitze ihren Gerichtsfahnenträger, Michael Lando, einen unbeschuhten, armen Wollkämmer. »Ihr seht«, sprach dieser, das Banner schwingend, »der Palast ist euer und mit ihm Florenz. Was soll jetzt geschehen?« Alle schrien: »Sei du unser Gerichtsfahnenträger und Herr *(signore)*! Schalte du nach Gutdünken!« – Michael, ein Mann ungewöhnlicher Klugheit und Herzensgüte, folgte dem Ruf. Er untersagte bei Todesstrafe Raub, Brand und Selbsthilfe, ließ Galgen errichten und etliche Missetäter aufknüpfen. Danach ließ er in einer gesetzgebenden Versammlung den bisherigen 14 unteren Zünften zwei neue Körperschaften beifügen, die der Fabrikarbeiter, Bartscherer und Schneider, die Stellvertretung in der Signorie aber so ordnen, daß drei Prioren aus den sieben oberen, drei aus den 14 unteren, zwei aus den beiden neuen Zünften gewählt und nach demselben Verhältnis die zwölf Beiräte (gute Leute) ernannt werden sollten.

Obschon auf diese Weise in der Regierung des florentinischen Freistaats ein Wollkratzer, Färber, Kalkbrenner und Pantoffelmacher saßen, schalt der zügellose und herrschsüchtige Pöbel, die Fabrikarbeiter (*Ciompi*, Schufte, Gesindel) voran, dennoch seinen früheren Liebling, Michael Lando, einen undankbaren Volksfeind. Er rottete sich zusammen, erkor eigene Behörden und Hauptleute und drohte Gewalt an, wenn nicht schleunigst und unumwunden die echte, selbstherrliche Gemeinde mit ihren acht Vorstehern anerkannt und dazu bevollmächtigt würde, alle Beschlüsse der Signorie zu bestätigen. Der Gerichtsfahnenträger aber, von den Freunden der Ordnung unterstützt, empfing die frechen Sprecher der jungen Volksrepublik mit Schlägen. Er entrollte das Banner, griff den rohen, ungeregelten Haufen an, tötete die einen und zersprengte die andern. So wurde er nach kurzem, blutigem Kampf das zweitemal Wiederhersteller des Friedens und der gesetzlichen Ordnung, die zu befestigen die zwei neuen Zünfte als unfähig des Regiments aufgehoben und auf die unteren verteilt wurden.* Nicht von Ehrgeiz und Herrschsucht irregeleitet, zügelloser Freiheit ebenso feindselig wie duldsamer Knechtschaft, trat Michael Lando

* Das Ganze nach Neri Capponi: »von den Unruhen der Ciompi (Wollkratzer-Gesindel)«, bei Muratori, Script. rerum Italicarum, Band XVIII.

nach Ablauf der zweimonatigen Amtsdauer in die Stellung eines gemeinen Bürgers zurück, mußte jedoch später bei neuen Wirren die Vaterstadt meiden und als Flüchtling auf fremder Erde sterben. Dagegen ernteten Benedikt Alberti, Georg Scali, Thomas Strozzi und Silvester Medici die Hauptfrüchte des Sieges über den Geldadel und regierten, diesem selber angehörig durch Abkunft, Reichtum und sogar Gesinnung, im Namen des unteren Volkes eine kurze Zeit mit fast fürstlichem Ansehen.*

Doch Zwietracht, Stolz und Mißbrauch des öffentlichen Vertrauens bereiteten den neuen Bürgerhäuptlingen ein schmähliches Ende. Georg Scali wurde als schuldig des Hochverrats hingerichtet, Thomas Strozzi, dem dasselbe Schicksal drohte, zur Flucht genötigt, Benedikt Alberti, unter den Amtsgenossen allein tugendhaft, verbannt, während Silvester Medici durch schlaue Nachgiebigkeit den Sturm beschwichtigte und, ohne die Gunst der von ihm einst aufgeregten Kleinbürger zu verlieren, unter der Hand die Bestrebungen des reichen Mittelstandes oder der oberen sieben Zünfte förderte. Diese gewannen aber bei der Ohnmacht des Geburtsadels und den unsteten Leidenschaften des unteren Volkes so festen Boden, daß sie dem Gerichtsfahnenträger als erstem Beamten der Republik ein gesetzliches Alter von wenigstens 45 Jahren vorschrieben, von den acht Priorenstellen zwei Drittel (6) bekamen und die Wahlfähigkeit dafür wieder durch besondere Verzeichnisse beschränkten (1382, 1387). Wer widerstrebte, wurde um Gut, Ehre, bisweilen das Leben gebüßt. Äußere Gefahr, wie sie bald Mailand, bald Neapel brachten, wurde durch gemeinsame Anstrengung abgetrieben und die alte Nebenbuhlerin Pisa dem Herzog von Mailand, Maria Visconti, abgekauft (1404) und nach kurzer, blutiger Gegenwehr dem Gebiet einverleibt (1406).

Schließlich wurde auf den Trümmern der Adels- und Volksmacht die Herrschaft des Geldes (Plutarchie) erbaut und durch künstliche, den mannigfaltigsten Kräften Spielraum gönnende Ordnungen (Statuten) für mehrere Menschenalter befestigt (1415). Demgemäß besorgten unter dem Vorsitz des Gerichtsfahnenträgers acht aus den reichen Bürgern oder oberen Zünften alle zwei Monate gewählte, verantwortliche Prioren die Regierung der laufenden Geschäfte, unterstützt von zwölf, nach den vier Stadtvierteln und einem bestimmten Vermögen erkorenen Beiräten (guten Leuten)

* Macchiavelli, III, 229. »*Quasi che principi della città rimasero.*«

und 16 Zunftmeistern, die jedoch nur eine beratende Stimme hatten und hauptsächlich die Rechte des Gewerbestands gegen etwaige Eingriffe der Adeligen wahren sollten. Die Prioren machten Vorschläge über Krieg und Frieden, Bündnisse und Verträge, Ordnungen und Steuern, kurz, leiteten alles für die Wirksamkeit der gesetzgebenden, höchsten Staatsgewalt ein.

Diese besaßen und übten zwei große Ratsversammlungen, die eine aus dem Volk von 300, die andere aus dem Geld- und Geburtsadel von 200 Mitgliedern, gewöhnlich alle vier Monate nach den Wahllisten durch das Los geändert. Im ersteren, der Volksrat *(il consiglio del popolo)* hieß, hatten nur Bürgerliche, im zweiten oder Gemeinderat *(il consiglio del commune)* neben jenen auch Ritterbürtige, jedoch als Genossen einer Zunft, Sitz und Stimme.* Anträge der Signorie, das heißt der Prioren und Gehilfen (gute Leute), über Krieg, Frieden, Steuern usw. kamen zuerst an den Volksrat, von diesem gebilligt an den Gemeindeausschuß (gleichsam Pairskammer), der ihnen durch Zustimmung Gesetzeskraft gab. Fiel der Vorschlag in der einen oder anderen Versammlung durch, so blieb er derweilen ungültig, konnte aber beim Wechsel der Behörden wiederholt werden. Allgemeine Bürgertage, Parlamente geheißen, fanden äußerst selten statt, etwa um über Krieg und Frieden zu entscheiden oder in ähnlichen Fällen schwieriger Art den regierenden Ausschüssen die künftige Rechenschaft für die Folgen zu erleichtern.

Schließlich führte seit 1409 die oft verwickelten Unterhandlungen mit dem Ausland ein geheimer Staatsrat von zehn alle sechs Monate wechselnden Mitgliedern, während Fremde, die für dieselbe Zeitfrist erwählt und nach Ablauf der Amtsdauer zur strengsten Prüfung verpflichtet wurden, unter der Obmannschaft des Podesta und Volkshauptmanns den Gerichtshöfen vorstanden und nach den gültigen Gesetzen urteilten. Dies sollte die Unparteilichkeit fördern und häuslichen Feindschaften zuvorkommen. Denn gewöhnlich haßt der Verurteilte den Richter und überträgt seinen Groll auch auf dessen Verwandtschaft.**

* Nardi, Storie, I, S. 7. »Der andere hieß Gemeinderat, weil in ihm vermischt *(mescolatamente)* Adelige *(nobili)* und Bürgerliche *(popolani)* saßen«, bei Neumann, S. 74. Vgl. Leonard von Arezzo, 74. Hüllmann, III, 518, nimmt einen doppelten Volks- und Gemeinderat an, was jedoch eine Verwechslung der Begriffe sein dürfte.

** Leonh. Aretinas, S. 87. Vgl. Hüllmann, III, 524.

Während so die Staatsverfassung infolge der ununterbrochenen Parteienkämpfe mehr und mehr dem leidenschaftlichen und wankelmütigen Volk den öffentlichen Einfluß entzog und auf die sowohl durch Geburt als auch Reichtum hervorragenden Geschlechter übertrug, zeigte sich auch, wie es nicht anders sein konnte, in den Sitten und Beschäftigungen der Bürger das Übergewicht der Geld- und Handelsmacht. Früher, als Gemeinde und Ritterschaft noch um den Vorrang stritten und mitten in den staatsbürgerlichen Wirren der Republik nach innen und außen unbiegsame Kraft entfalteten (etwa von 1280–1370), war das Volk der Florentiner stolz, unternehmerisch und tapfer, mäßig in Speise und Trank, sparsam. Es kleidete sich in grobes Tuch, das viele Teile des Leibes nicht einmal bedeckte, und hatte keinen Schmuck, trug Stiefel und Mützen (Barette), während vornehme Frauen scharlachfarbene, ärmere grüne Röcke von grobem Stoff mit einem Gürtel zusammenhielten. Bei Heiraten gab man den gewöhnlich zwanzigjährigen Töchtern eine Aussteuer von 100, höchstens 200–300 Lira. Bei den häufigen Fehden liebte man solche Offenheit, daß einen Monat vor dem Aufbruch die Kriegsglocke Martinella stundenlang läuten und den Feind gleichsam warnen mußte, war mit einem Wort durchweg mannhaft und streitbar. In der Verwaltung des allgemeinen Gutes galt fast ängstliche Gewissenhaftigkeit. Ein Ältester (Prior, *anziano*) wurde mit 1000 Lira als Betrüger bestraft, weil er ein altes, der Löwenkirche gehörendes Gitter in sein Landhaus hatte bringen lassen.* Um die bedeutenden Ausgaben zu decken, wurden teils von den reichen Kaufleuten unter öffentlicher Bürgschaft Anleihen erhoben, teils für Aus- und Einfuhr der Waren, des Salzes, Viehs usw. zu Stadt und Land Steuern ausgeschrieben. Man berechnete die jährlichen Einkünfte der Republik auf 300 000 Goldgulden, von denen die Armen und mäßig Begüterten durch Abgaben den beträchtlichsten Teil herbeischafften** und schon deshalb einer Umänderung des Regiments geneigt waren. In der Stadt wurden 25 000, in der Landschaft 80 000 Waffenfähige zwischen 15 und 70 Jahren, dort, Kinder und Frauen mit einbegriffen, 90 000, hier

---

* Villani, VI, c. 70.

** Florenz hatte schon um 1336 ein vollkommen gegliedertes Steuerwesen, das alle mögliche Arten von Abgaben darbietet. Ein- und ausgehende Waren, Fleisch, Salz, Mehl, Mieten, Jahrmärkte, Gewicht und Maß, Höker und Hökerinnen, die Häusererker, Strafgelder, Einziehungen (Konfiskationen) waren die Hauptquellen des Staatssäckels. Villani, XI, 90, 91.

180 000 Köpfe gezählt. Der Knaben und Mädchen, die lesen lernten, waren 8000 bis 10 000. 1000–1200 besuchten die sechs Rechen- und Schreibschulen, 550–600 die der lateinischen Sprache und Denkkunst (Grammatik, Logik) bestimmten Anstalten. An Kirchen gab es mit Einschluß der klösterlichen 110, an Kranken- und Armenhäusern an die 30 mit mehr als 1000 Betten für Hilfsbedürftige. Über 200 Tuchwerkstätten beschäftigten an 30 000 Arbeiter und setzten jährlich ein Hauptgut von 1 200 000 Goldgulden in Umlauf. An Wechselbänken zählte man etwa 80, an Schuh- und Pantoffelmacherbuden über 300. Wohlhabende oder reiche Bürger, Adel wie Gemeinfreie besaßen in der Regel ein geräumiges, oft prachtvolles Landhaus. Sechs Miglien weit zeigte die Nachbarschaft zerstreut liegende Höfe, Wohnungen, Gärten und Saatfelder, die auf den Mittelpunkt dieses Gewerbe- und Kunststeines, die Stadt, hindeuteten.

Da auf diese Weise Verfassung, Lebensart und Sitten nach der Demütigung des Adels der sowohl kriegerischen als auch praktisch tätigen Kaufmannschaft Gunst brachten und die vielfachen Triebfedern einer künstlichen Geldmacht in Bewegung setzten, so war der Übergang des vorherrschenden Geldadels in ein Geldfürstentum nicht nur leicht, sondern auch naturgemäß und notwendig, sobald die bürgerlichen Geschlechter in Zwietracht fielen und dadurch dem lauernden Ehrgeiz ihres eigenen Standes den gewünschten Spielraum eröffneten.* Unter solchen Verhältnissen, als Übermut und gegenseitiger Argwohn der Regierenden auf gleiche Weise die meistens verarmte Ritterschaft und das von Steuern beschwerte Volk zu einer Gegenbewegung allmählich heranbildeten, trat Johann von Medici (Vicci) als Anwalt des Gemeinwohls und Gründer des fortan wachsenden Übergewichts seiner bisher ziemlich unbedeutenden Fanilie auf. Freundlichen und milden Gemüts, das ohne Eigennutz und Ziererei jedem Notleidenden zu helfen mahnte, als Redner gewaltig nicht nur durch den Glanz des Vortrags, sondern auch die Stärke des Verstandes, war er bei großer Willenskraft und Festigkeit in den Entschlüssen dennoch schmiegsam und gewandt. Durch umsichtig und zugleich ehrlich geführte Wechsel und Handelsgeschäfte befand er sich im Besitz wachsenden Reichtums, der nicht als toter Schatz die Kisten füllte, sondern durch freigebige Anwendung teilweise auch dem gemeinen Nutzen

* Macchiavelli, IV, 260.

diente. Im Gefühl seiner geistigen und leiblichen (materiellen) Kräfte war er offen und allen Parteiränken feindselig.

So geartet und gestellt, erwarb und behauptete jahrelang Johann Medici den entschiedensten Einfluß auf die Staatsleitung. Sein Ansehen beim Volk aber befestigte insbesondere der nicht ohne langen Kampf mit dem Geld- und Geburtsadel gebilligte Gesetzesvorschlag, daß künftig eine gleichmäßige Besteuerung nach dem beweglichen und unbeweglichen Vermögen gelten sollte – ein Schritt, der dem Urheber ebensosehr den Haß der bisher begünstigten Reichen wie den Beifall der armen oder mäßig begüterten Bürger erwecken mußte. Jedoch bewirkte die Not des mailändischen Krieges, den Florenz, mit Venedig verbündet, mit dem Herzog Philipp Visconti führte und nach einem Aufwand von dreieinhalb Millionen Goldgulden glücklich beendete (1422–1427),* daß der ebenso angemessene wie heilsame Grundsatz gleichmäßig verteilter Abgaben von den Geldgroßen angenommen wurde.

Johann Medici, der ohne den Namen zu führen schon Hauptlenker des Staates war, gab auf dem Sterbebett (20. Februar 1428) seinen Söhnen, Cosimo und Lorenzo, folgendes Vermächtnis erprobter Lebensklugheit: »Ich glaube, das Ziel der mir von Gott gesetzten Tage ist gekommen, und ich sterbe zufrieden, weil ich euch reich, gesund und in solcher Lage erblicke, daß ihr, falls mein Beispiel nachgeahmt wird, in Florenz geehrt und geachtet leben könnet. Nichts erleichtert mir den Tod so sehr wie der Gedanke, niemanden beleidigt, im Gegenteil jedermann nach Kräften gedient zu haben. Tut auch ihr desgleichen! Nehmet, so euch Sicherheit am Herzen liegt, nur die Staatsgewalt an, die von den Gesetzen und Mitbürgern übertragen wird! Denn nicht, was man durch Geschenk, wohl aber auf dem Wege des Zwanges gewinnt, erzeugt Haß und Neid. Solche Mittel haben trotz der Feinde und Hindernisse meinen Ruf in der Republik nicht nur geschützt, sondern auch erhöht. Dem Vorbild des Vaters folgend, werdet ihr auch euer Ansehen stärken, bei abweichendem Betragen aber verlieren und enden wie mehrere Zeitgenossen, die sich und ihr Geschlecht in den Untergang brachten.«**

Dieser weise Rat blieb zwar im Ganzen die Richtschnur der Söhne, fand jedoch mannigfaltige Ausnahmen und Beschränkungen. Cosimo Medici nämlich, dem Alter und Geist nach des Hau-

---

* Macchiavelli, IV, 285.
** Macchiavelli, IV, 286.

ses Vorsteher, richtete sich bei stärkerem Ehrgeiz auch mit größerer Planmäßigkeit als Johann auf die Leitung der öffentlichen Angelegenheiten. Er förderte hier einen Verwandten, dort einen Freund zu den höchsten Staatsämtern und unterstützte ohne Rücksicht auf Volks- und Adelspartei durch Anleihen, Geschenke, Fürsprache und anderweitige Dienstleistung jeden Bedrängten. Freigebig steuerte er zu den Bedürfnissen des allgemeinen Wesens, dem Wachstum der Künste, Wissenschaften und bürgerlichen Gewerbe bei und entschied nicht selten durch Macht der Rede, die von durchdringendem Scharfsinn und anmutigem, ernstem Äußeren begleitet wurde. In den Beratungen trat er, was besonders wirken mußte, mit solcher Bescheidenheit auf, daß selbst abgesagte Widersacher verstummten und sich über die wahre Lage der Dinge täuschen ließen, wenn nicht Cosimo, sondern vorgeschobene Freunde inmitten der Bewegung standen. Zu jenen gehörten besonders Averardo Medici, durch Kühnheit ausgezeichnet, und Puccio Pucci, ein Mann von reifer Urteilskraft und vollendeter Menschenkenntnis, bei dem allem aber nur für den gewöhnlich unsichtbaren Gönner und Schutzherrn tätig.*

Mit Neid und Bestürzung sah der alte Geldadel den steigenden Einfluß des jungen Standesgenossen, dem gleichzeitig die Gesandten und Wechselhäuser der Fremde achtungsvoll begegneten, und dachte an Mittel gewalttätigen Widerstands. Kaum hatte daher die ebenso stolze wie ehrsüchtige Partei an dem weisen und gemäßigten Nicola di Uzzano das zügelnde Oberhaupt verloren, als der leichtsinnige und heftige Nachfolger, Rinaldo Albizzi, unverhohlen von der Notwendigkeit sprach, das Vaterland von jenem gefährlichen Menschen zu befreien, den die Arglist einer kleinen ehrsüchtigen Rotte und die Leichtgläubigkeit des Volkes mit fast fürstlicher Macht ausgerüstet hätten. Er ruhte nicht eher, als bis für die Vollziehung des schlau entworfenen Plans der gleichgesinnte und überdies durch Geld gewonnene Bernhard Guadagni zum Gerichtsfahnenträger (Gonfalonier) erwählt wurde.

Sofort erklärte jener die Republik für gefährdet, ließ Straßen, Plätze und Rathaus von bewaffneten Scharen besetzen und den Cosimo Medici, der auf die erste Mahnung hin erschien, verhaften und streng bewachen. Danach ließ er von den teils einverstandenen, teils bestürzten Prioren einen außerordentlichen Gerichtshof von 200 Mitgliedern *(balia)* ernennen und bevollmächtigen, über

---

* Ders., IV, 309.

das Schicksal des Gefangenen und der Mitschuldigen zu entscheiden. Da stimmten etliche für den Tod, andere für die Verbannung, während viele aus Furcht oder Unwillen schwiegen und dadurch die Beschlußnahme verzögerten. Obschon endlich Cosimo für zehn Jahre nach Padua, sein flüchtiger Bruder Lorenzo für die Hälfte der Frist nach Venedig verwiesen wurde, trugen die erbitterten Feinde dennoch Bedenken, den Spruch sogleich zu vollstrecken. Sie wollten vielmehr durch Verlängerung der Haft teils den Geschäftsgang des großen Handels- und Wechselhauses lähmen, teils den Vorsteher desselben einschüchtern und geschmeidig machen.

Als aber beide Pläne scheiterten und Abgeordnete Venedigs und des Markgrafen von Ferrara nachdrücklich Einspruch erhoben, auch Geldbestechung auf den Gonfaloniere Guadagni und andere Werkzeuge Albizzis einwirkten, wurde Cosimo in der Nacht des 3. Oktober 1433 geräuschlos aus Florenz bis an die Grenzen der Republik geführt. Unterwegs, besonders zu Venedig, wurde er auf die ehrenvollste Weise empfangen und hier, wo er nach reiflicher Überlegung seinen bleibenden Wohnsitz nahm, von den Bürgern und Obrigkeiten als öffentlicher Gast gehalten. Diese Huldigungen mehrten nicht wenig den heimischen Anhang des Medicäers, für dessen Rückkehr noch vor Ablauf des Jahres die zahlreichen Freunde mit so entschiedenem Glück arbeiten konnten, daß nach unbedeutendem Widerstand Prioren und Volk die Aufhebung des Bannes beschlossen und den Rinaldo Albizzi wie viele Mitglieder des Geld- und Geburtsadels in die Fremde schickten.

Unter allgemeinem Jubel und als der Vater des Vaterlands begrüßt, erschien Cosimo, von seinem Bruder Lorenzo und anderen Unglücksgefährten begleitet, am 5. Oktober 1434 in dem Stadthaus der an die Oberleitung schon gewöhnten Florentiner und traf fortan solche Maßnahmen, daß die besiegte Gegenpartei, entwaffnet und zermalmt, nur die Wahl zwischen Gehorsam oder Tod hatte. Die reichsten und mächtigsten Bürgergeschlechter nämlich wurden für längere oder kürzere Zeit geächtet und an Ehren und Gut, etliche auch am Leben gestraft, bisher dunkle und arme Häuser auf Kosten der Feinde oder Verdächtigen erhoben und alle Geburtsadeligen mit geringen Ausnahmen nach früherem Brauch unter die Zünfte versetzt. Alle Ämter wurden geändert und erprobten Anhängern übergeben. Die Wahlen der neuen Prioren wurden nicht, wie es die Verfassung forderte, dem Los, sondern den austretenden Räten überlassen, und wenn diese oder ähnliche Zwangsmittel etwa unzulänglich erschienen, wurden außerordentliche Ausschüsse *(balia)* mit der gesamten Staatsgewalt, meistens für zehn

Jahre, so ausgerüstet, daß die von ihnen ernannten und beaufsichtigten Behörden nur ein leeres Prunkgemach darstellten. Dabei galt die strengste Beschränkung des Umgangs. Ein Brief, Wort, Zeichen oder eine verdächtige Gewohnheit konnten Leben und Eigentum gefährden, während unerschwingliche Steuern auch die letzte Kraft der Besiegten aufrieben und mit dem Gefühl der Ohnmacht den Trotz der Partei bändigten.*

Auch wenn Cosimo Medici nicht persönlich diese umfassenden Einrichtungen, die Ruhe und Gehorsam erzwingen sollten, traf, so hat er dennoch als die unsichtbare Stahl- und Spannfeder des neuen Polizeistaats gewirkt und Freunde oder Werkzeuge da vorgeschoben, wo eine innere Scham den öffentlichen Auftritt untersagte. Mochte auch immerhin der Vater des Vaterlands die Notwendigkeit erkennen, durch ätzende Mittel den unsteten Freiheitssinn der Florentiner zu bändigen und auf den Trümmern der einander bekämpfenden Parteien langsam ein Bürger- und Geldfürstentum zu gründen – Klugheit wie angeborenes Ehrgefühl geboten Selbstbeherrschung und Gebrauch fremder Kräfte, die über kurz oder lang dem, der sie leitete und bewegte, anheimfallen mußten. Überdies lag menschenfreundliche Milde nur im Gemüt, nicht im staatsmännischen Geist des Medicäers, der jammernden Bürgern trocken antwortete: »Es ist besser, die Stadt wird verwüstet als dem Untergang preisgegeben. Mit dem Rosenkranz in den Händen regiert man die Völker nicht.«**

Auf diese Weise durch rücksichtslose Strenge gegen die letzten Regungen des alten Parteiwesens gesichert und beim täglich wachsenden Reichtum fähig, durch großartige Freigebigkeit den Wissenschaften und Künsten, Freunden und Anhängern zu dienen, konnte Cosimo 30 Jahre lang (1434–1464) den Kriegs- und Friedensgeschäften der Florentiner mit fester Hand ihre Richtung vorzeichnen und ohne Namen und äußere Ehren fürstliche Macht ausüben. Nichtsdestoweniger blieb dem Volk und vielen durch die neue Ordnung erhobenen Bürgergeschlechtern eine dunkle Sehnsucht nach der Rückkehr republikanischer Gewohnheiten, die besonders durch die übliche Aufstellung der für Wahlen und Regierung bestimmten Ausschüsse gekränkt wurden.

Kaum hatte daher mit Neri Capponi, dem allein noch hin und wieder glücklichen Nebenbuhler des Medicäers, das alte Grundge-

---

* Siehe Macchiavelli, V, 11, 12.

** Macchiavelli, VII, 192.

setz seinen Hauptanwalt verloren (1455), als Gemeinde und vornehme Bürgergeschlechter, gerade durch den Tod ihres beredten und freimütigen Vertreters aus der bisherigen Gleichgültigkeit aufgeschüttelt, mit Nachdruck das Ende der außerordentlichen Behörde *(balia)* und die Wiederherstellung der dem Los übergebenen Wahlen verlangten. Denn darin erblickten die Betörten das sichere Unterpfand der schon längst unterhöhlten, durch Mißbrauch zu Grabe getragenen Freiheit. Cosimo, der Menschen und Verhältnisse wohl kundig, widerstrebte dem ungestümen Begehren nicht. Er sah vorher, daß Hab- und Ehrgier, Zwietracht und Leidenschaftlichkeit die Wahlen verwirren und den Wunsch nach der Rückkehr des bevormundenden Aufsehers wecken und festigen würden.

So geschah es denn auch. Müde der unfruchtbaren Streitigkeiten entsagten Volk und Machthaber mit dem Wahlrecht auch der freien Verfassung, an deren Stelle wiederum der gebietende Ausschuß trat, um teils die Obrigkeiten zu ernennen, teils die Ratschläge und Befehle ihres unsichtbaren Meisters als gehorsame Werkzeuge zu vollziehen. Dieser allmähliche Übergang des republikanischen Wesens in ein Bürger- und Geldfürstentum entwickelte sich um so leichter, je uneigennütziger Cosimo die wachsende Macht für den Glanz und Ruhm der Vaterstadt verwandte und auswärtige Gefahren, die hier der Papst und Neapel, dort Mailand und Venedig drohten, sowohl durch Waffen wie durch Klugheit und Bestechung abwendete. Er schmückte öffentliche Plätze mit Kirchen und Kapellen, Palästen und Gemäldehallen, Standbildern alter und neuer Zeit, eröffnete Gelehrten wie Poggio und Marsilio Ficino und Künstlern wie Brunelleschi und Donatello ungehemmten Spielraum fruchtbarer Geisteskraft, schützte und pflegte jedes ausgezeichnete Talent, förderte den Gewerbefleiß und den Handel durch Beiträge, Darlehen und Vorschüsse, so daß die eigenen Schätze mehr und mehr ein Gemeingut wurden. Überhaupt stellte er sich an die Spitze jener wissenschaftlich-künstlerischen Bewegung, die seit dem Verfall der bürgerlichen Freiheit als ein veredeltes Heidentum die besten Köpfe Italiens ergriff und ein bedeutendes Merkmal der nahenden Zeitenwende ausdrückte.

Hochbetagt, vom In- und Ausland geehrt, starb Cosimo Medici (1. August 1464) und wurde in der Lorenzkirche mit großem Prunk beigesetzt. Boten der italienischen Fürsten und Freistaaten erschienen neben den Abgeordneten Frankreichs und legten auf dem Grab des Vaters des Vaterlands ihre Huldigungen nieder. Aber noch stand das Gebäude medicäischer Oberleitung nicht fest. Denn der Tod des außerordentlichen Mannes, dem bald darauf der befreundete Herzog von Mailand, Franz Sforza (1466), und Papst Pius II. (1464) folgten, übergab die Zügel der Regierung seinem zwar gutmütigen und wissenschaftlich gebildeten, aber zugleich schwachen und kränklichen Sohn, Peter Medici. Dieser, unbekannt mit den Plänen der Feinde, gehorchte dem Rat eines falschen, ihm vom Vater empfohlenen Vertrauten, Dietesalvi Neroni, und kündigte, um die Rechnungen zu ordnen, vielen florentinischen und fremden Kaufleuten die seit Jahren geliehenen Gelder auf, so daß so unzeitige Sparsamkeit manchen bisher anhänglichen Bürger abwandte und Neuerungen geneigt machte. »Pflicht und Ehre«, breiteten sofort die Mißvergnügten, Agnolo Acciajuoli, Niecolo Soderini und Dietesalvi Neroni an der Spitze, unter dem Volk aus, »forderten Wiederherstellung des freien Grundgesetzes, regelmäßige Wahl der Obrigkeiten und Rückkehr der Medicäer in die Schranken der Gleichheit, die sie nur zu oft auf die frechste Weise überschritten hätten, nicht Bürgern, sondern Fürsten ähnlich.« Als aber die Verschworenen, mehr von persönlichem Haß denn reiner Liebe des allgemeinen Wesens geleitet, nicht Anklang genug fanden, um durch offene Schilderhebung das Ziel ihrer Wünsche zu erreichen, gedachten sie der Heimtücke und Arglist. An einem Tag sollte Peter auf dem Weg von seinem Landsitz Careggi nach der Stadt überfallen und ermordet, sodann mit Beihilfe der von dem Markgrafen Ferraras versprochenen Soldknechte die Freiheit ausgerufen und durch Bürgerblut befestigt werden.

Doch das Unternehmen scheiterte an der Zwietracht und Feigheit seiner Urheber auf der einen und dem geeinigten, kräftigen Wesen des bedrohten Teils auf der anderen Seite (1466). Jedoch erregten die zahlreichen Flüchtlinge, wie Acciajuoli, Soderini, Neroni, die von den eifersüchtigen Venezianern und dem Markgrafen Burso von Ferrara unterstützt wurden, eine kurze Fehde, die Florenz, das mit dem Herzog Johann Galeazzo von Mailand und dem König Ferdinand von Neapel verbündet war, nach etlichen Gefechten in der Romagna durch ehrenhafte Übereinkunft beendete (1467). Fortan festigten die Medicäer, den Besiegten gegenüber großmütig und der persönlichen Rache verschlossen, so entschieden ihre Hausmacht, daß beim Tod Peters (2. Dezember 1469) die unbedingte Leitung der öffentlichen Angelegenheiten auf den ältesten, zweiundzwanzigjährigen Sohn Lorenzo wie durch Erbrecht übergehen konnte. Denn in feierlicher Botschaft erschienen die Vornehmsten der Stadt und forderten den bereits durch ungewöhnliche Geisteskraft und Bildung ausgezeichneten Jüngling auf, nach dem Beispiel des Großvaters und Vaters die Regierung zu übernehmen, ein Gesuch, das Lorenzo in Rücksicht auf die eigene und allgemeine Wohlfahrt nach kurzem, von der Höflichkeit vorgeschriebenem Zaudern gerne bewilligte.*

Der so durch Stimmenmehrheit gewählte Fürst *(principe)* mied jedoch klug die Außenseite der Herrschaft und fragte bei wichtigen Angelegenheiten die durch Kenntnis, Alter und Ansehen ausgezeichneten Bürger um Rat. Er duldete die verfassungsmäßigen, jedoch von treuen Anhängern verwalteten Behörden, unterdrückte durch Waffen und Milde die Umtriebe der Geächteten und zwang das aufrührerische Volterra zur Unterwerfung auf Gnade und Ungnade (1472). Daheim förderte er mit großartiger Freigebigkeit die persönlich gekannten Künste und Wissenschaften und setzte, einstweilen ohne innere Feinde, den Eroberungsplänen Neapels und des Heiligen Stuhls das Schutz- und Trutzbündnis mit Venedig und Mailand entgegen. Kurz, er handelte so umsichtig und kraftvoll, daß die inneren und äußeren Widersacher, an offener Fehde verzweifelnd, zu dem frevelhaftesten Mittel – feigen Meuchelmord – flüchteten und beschlossen, durch den Tod Lorenzens und seines jüngeren Bruders Julian nicht nur Florenz zu befreien, sondern auch bei manchen wirklichen Unbilden die Rache gekränkter Selbstsucht zu nehmen.

Überdies gaben manche offenbaren Gewalttätigkeiten des florentinischen Geldfürsten der Gegenpartei die Empfehlung der gerechten, aber durch die Wahl der Mittel bald befleckten Sache. Der Medicäer nämlich näherte sich dem arglistigen, lediglich um die Erhöhung seiner Macht bekümmerten König Ludwig XI. von Frankreich an und leitete für denselben als Kuppler eine freilich unglückliche Brautwerbung am Hofe des Aragoniers Ferdinand von Neapel ein, der lieber sterben als seine Ehre durch Bündnis gegen Blutsverwandte und alte Bundesgenossen, z. B. den Herzog Karl von Burgund, besudeln wollte.** Durch Eitelkeit verlockt,

---

* »Ich tat es, um unsere Freunde und Güter zu schützen, denn in Florenz lebt man unsicher, wenn nicht die Regierung gehandhabt wird«: *»a Firence si può mal vivere senza lo stato.«* Ricordi (Tagebücher) bei Roscoe, Leben Lorenzos von Medici, App. 12, S. 98.

** Ludwig XI. forderte als Bedingung der Heirat zwischen dem Kronprinzen Karl und der Tochter Ferdinands ein Schutz- und Trutzbündnis gegen den König von Aragonien, Ferdinands Oheim, und alle Feinde Frankreichs, bekam aber dafür die stolze Antwort: »Lieber wollen wir sterben denn eine solche Missethat begehen (1473).« Siehe den Brief bei Roscoe, Band 3, App. Nr. 19.

hielt er geheime Boten in der Nähe des königlichen Freundes, der sich seinerseits durch florentinische Hunde bewachen ließ,* und gab bei wachsender Spannung den Feinden der Kirche rücksichtslosen Vorschub, wie denn Niccolo Vitelli, Herr des von jener angesprochenen Städtchens Castello, in seiner Fehde mit dem Heiligen Stuhl durch Rat und Tat unterstützt wurde. Er trat, um die staatsbürgerliche Oberleitung zu vollenden, selbst dem für die Wahl der schon abhängigen Behörden bestimmten Ausschuß der Achter *(balia)* als Mitglied bei und sprach dadurch allem bisherigem Herkommen Hohn, entschlossen, einer etwaigen Aufregung wegen solcher Eingriffe in die längst untergrabenen Grundgesetze als Herr zu begegnen.**

Unter diesen Verhältnissen, als offenbarer Widerstand, der so oft gescheitert war, unmöglich erschien und bei dem langen Parteienkampf Ehrfurcht vor dem Sittengesetz aus dem öffentlichen Leben entwichen war, trat der gärende Unfriede in das geheimnisvolle Dunkel einer mit dem Dolch bewaffneten Verschwörung zurück, die um so unbedenklicher ihre Opfer wählte, je größere Macht über die Gewissen der Haupturheber des Unternehmens besaß. Papst Sixtus IV. (seit 1471) nämlich sah in Lorenzo und Julian Medici nicht nur kluge und mutvolle Feinde der auf Mehrung des kirchlichen Gebiets und Ansehens gerichteten Bestrebungen, sondern auch entschiedene Gegner des schon tief erschütterten römisch-katholischen Glaubens, dem die Fortschritte der römisch-griechischen Altertumswissenschaft und die heitere, bisweilen üppige Hof- und Lebensweise, sichtbar in häufigen Prunkaufzügen, Mummereien und Wettkämpfen der Ritter und Dichter, sowie die steigende Gleichgültigkeit gegen das Fasten und andere Vorschriften des äußeren Gottesdienstes täglich mehr Grund und Boden abgewannen. Gegen solche Ketzer und Schirmherren eines neuen Heidentums, die überdies allen weltlichen Eroberungsplänen entgegenarbeiteten, jedes Mittel zu gebrauchen, mußte leicht der

* Ludwig XI. schrieb 1473 dem Medicäer: »*rogamus vos, ut aliquem canem ex vestris a vobis dono habeamus, et etiamsi unum mittatis, satis erit, dummodo pulcher sit et magnus, quem apud personam nostram et cameram servari faciemus*«, d. h. »wir wünschen einen eurer Hunde zu haben. Nur muß er schön und groß seyn. Er soll dann unsere Person in unserm Kämmerlein behüten.«

** Siehe die Bannbulle Sixtus IV. bei Roscoe, App. Nr. 26. Aus der Luft sind die hier vom Papst angeführten Tatsachen schwerlich gegriffen. Das bisherige Herkommen hat dagegen nur die Medicäer in der Lichtseite dargestellt, während ihre Feinde sämtlich der Nacht angehören sollen.

Mann für erlaubt halten, der ohne Bedenken für die Erhöhung seiner Verwandten die Schätze der Gläubigen verschwendet und zwei nichtswürdige Neffen,* den einen, Peter Riario, mit dem Kardinalshut, den andern, Hieronymus Riario, mit dem Namen eines Grafen und Fürsten von Forli geschmückt und allem Schamgefühl Hohn geboten hatte. Unterstützt vom Eifer des erwähnten Grafen Hieronymus, dem ein Schwestersohn desselben, der junge Kardinal Rafael Riario, als Werkzeug diente, fand Sixtus IV. bald Wege, um dem auf die Vernichtung der Medicäer gerichteten Plan Kräfte und Bundesgenossen zu verschaffen.**

Während nämlich der ruchlose, ränkevolle und fast tollkühne Erzbischof von Pisa, Franz Salviati, aus persönlichem Groll gegen Florenz, das seine eigenmächtige Einsetzung nicht anerkannt hatte, der Verschwörung beitrat, wählte das reiche, weitverzweigte, alte Adelsgeschlecht der Pazzi teils aus besonderen, teils allgemeinen Beweggründen den von der oft betretenen Ehrenbahn ritterlichen Kampfes abführenden Seitenpfad feigen Meuchelmords. Etliche Mitglieder des Hauses grollten aus gekränkter Eitelkeit den glücklichen Nebenbuhlern, andere hofften, aus dem Sturz derselben zwar nicht die auch von ihnen verabscheute Volksfreiheit, aber die stellenweise Wiedergeburt des einst vorherrschenden Waffenadels zu gewinnen. Alle fanden sich mehr oder weniger beleidigt durch den Anblick einst dunkler, jetzt fürstlicher Kaufleute, deren Wappen neben den goldenen Kugeln die drei Lilien Frankreichs zeigte und deren Wechsler- und Handelsgehilfen den wankenden Thron des englischen Königs und Brudermörders, Eduard IV., hier durch Vorschüsse, dort durch Bürgschaft stützten, mittelbar also über das Schicksal eines großen Reiches entschieden und die bisher ziemlich unwirksame Macht des Geldes auf eine glänzende, die Männer des Schwertes demütigende Weise offenbarten.***

Unter den Pazzi selber fühlten dieses am stärksten der damalige Älteste seines Hauses, Jakob, und dessen Brudersohn, Franz. Jener

* Nach etlichen Berichten waren sie in Blutschande mit der Schwester gezeugte Söhne.

** Anshelm, Vernerchronik, I, 178, nennt den Papst nicht unangemessen einen heiligen, listigen Schaf-Wolf.

*** Comines, Mémoires, I. VII, Kap. 5. *»Je ne loue point, les marchands d'ainsi le faire, mais je loue bien à ce prince (Édouard) de tenir bons termes aux marchands et leur tenir vérité; car ils ne scavent à quelle heure ils en pourront avoir besoin; quelquefois peu d'argent fait grand service.«*

war bei leidenschaftlichem, dem Spiel, Fluchen und Schmausen ergebenen Wesen bedachtsam und mitleidig gegen Arme und Notleidende, die oft im geheimen Hilfe bekamen; dieser war leichtsinnig, bis zur Verwegenheit tapfer und den Medicäern so feindselig, daß er seit Jahren in Rom wohnte und hier den von Sixtus IV. entworfenen Mordplan mit allem Feuer längst genährter Rache auffaßte und weiter ausbildete. Denn seiner Tätigkeit besonders gelang es, dafür den zaudernden Oheim Jakob und die meisten Mitglieder der Verwandtschaft zu gewinnen, während des Papstes Neffe, Graf Hieronymus Riario, und der Erzbischof Franz von Pisa den unbedeutenden Jakob Salviati, Bruder des letzten, den ehemaligen Bandenführer *(condottiere)* Johann Montesicco, den kühnen und habelosen Wüstling Bernhard Bandini, endlich Anton Maffei, Priester aus Volterra, und Stephan de Bagnone, päpstlichen Schreiber, in die Verschwörung hineinzogen. Nach wiederholtem Beratschlagen wurde beschlossen, am Sonntag, den 26. April des Jahres 1478 in der Reparatakirche, sobald der Priester das Allerheiligste erhöbe, Lorenzo und Julian Medici niederzustoßen und gleichzeitig durch eine andere Abteilung unter dem Ruf der Freiheit das Rathaus und die Prioren verhaften zu lassen, während 2000 auf dem Pisanischen Gebiet versammelte Lanzknechte in Florenz einbrechen und die revolutionäre Bewegung unterstützen sollten.

Mit ungemeiner Umsicht und Verschwiegenheit wurde das freche Unternehmen vorbereitet. Unter dem Schein eines Ehrenbesuchs, den der junge Kardinal Rafael Riario abstatten wolle, wurde das bedrohte Brüderpaar von allem Argwohn abgeleitet und bewogen, die Ankunft des Gastes nach beendetem Gottesdienst durch ein glänzendes Mahl zu feiern, dem auch die meisten der geheimen, jetzt durch Freundlichkeit täuschenden Feinde beiwohnen sollten. Übrigens hatte man die Rollen so verteilt, daß der ehemalige Bandenführer Montesicco auf Lorenzo, Bernhard Bandini und Franz Pazzi auf Julian Medici gewiesen wurden. Als aber der sonst rauhe und gewissenlose Soldat Bedenken trug, den Mord in einer Kirche und während des Hochamts zu vollziehen, übernahmen die beiden Priester, Anton Maffei und Stephan Bagnone, das blutige Geschäft. So groß war die abgefeimte Heuchelei der Verschworenen, daß, als Julian über Erwarten lange zu Hause blieb, Franz Pazzi und Bandini herbeieilten, den arglosen Jüngling unter allerlei Scherzreden in die Kirche abholten und danach in der Nähe des Schlachtopfers Platz nahmen.

Als nun das verabredete Zeichen erfolgte und der am Altar dienende Geistliche die Hostie erhob, bei deren Anblick die dichtgedrängten Volksscharen dem Brauch gemäß niederknieten, stürzten Bandini und Franz Pazzi auf Julian Medici. Jener gab den ersten, tödlichen Dolchstoß, dieser warf sich mit solcher Wut über den schon entseelten Leib, daß er sich selbst an der Hüfte ziemlich schwer verwundete. Gleichzeitig griffen Maffei und Stephan Bagnone den Lorenzo Medici an, der am Hals leicht getroffen wurde und besonnen, wie er war, den Mantel vorhielt und mit gezücktem Schwert die feigen, unbeholfenen Mörder verjagte. Danach, als Bandini vorstürmte und den treuen Diener des jetzt gefährlicher Bedrohten, Franz Nori, niederstreckte, flüchtete er von etlichen Freunden begleitet in die Sakristei, um hinter den schnell verriegelten Eisenpforten einstweiligen Schutz gegen die noch unbekannte Zahl und Stärke des Feindes zu suchen. Dieser zerstreute sich aber nach allen Richtungen hin, sobald das Volk auf die Kunde des Geschehenen mit dem Ruf: »Es leben die Kugeln! Es sterben die Verräter!« zu den Waffen eilte, während in dem wilden Gedränge die Getreuen den verwundeten Lorenzo aus der Kirche nach dem väterlichen Haus führten und dessen Eingänge bewachten.

Inzwischen hatte der Erzbischof Salviati von Pisa der Übereinkunft gemäß mit einer kleinen Rotte der Verschworenen den Regierungspalast zu überrumpeln getrachtet, aber an dem damaligen Vorsteher der Prioren, Cäsar Petrucci, einen so entschlossenen und mannhaften Gegner gefunden, daß der feige und ungeschickt vollzogene Plan gänzlich scheiterte und alle Teilnehmer in den Untergang brachte. Wer nämlich nicht sogleich unter den Streichen der erbitterten Menge fiel, wurde gefangen und qualvoll hingerichtet. Salviati selber empfing in vollem Priesterschmuck nach schmählichen Mißhandlungen den Strick, den man an einem Fenstersims des Rathauses befestigt hatte. Dicht unter ihm wurde Jakob Pazzi, der umsonst das Volk zur Freiheit aufrufen wollte, gehenkt. Franz Pazzi hatte mit den übrigen Mitgliedern des Hauses dasselbe Schicksal. Nur Wilhelm, der mit einer Schwester des Lorenzo und Julian Medici vermählt war, wurde durch die Macht der Blutsverwandtschaft gerettet.

Die entfesselte Rachgier des Volkes, das unter wildem Geschrei Köpfe der Erschlagenen auf Piken umhertrug und den Palast der Mediciäer als Wohnsitz des rettenden Heilands bei Tag und Nacht umlagerte, ging sogar auf die Unmündigen über. Ganze Scharen von Knaben stürzten sich auf das Grab Jakob Pazzis, zerrten den verstümmelten und mißhandelten Leichnam an einem Strick durch die Gassen und warfen ihn zuletzt hohnlachend in den Arno. Nur der Großmut und Entschlossenheit Lorenzos gelang es endlich, die überall aufgeregte Mordlust zu dämpfen und viele am Leben bedrohte Widersacher zu retten, nachdem etwa 100 das tollkühne und verbrecherische Unternehmen durch den Tod gebüßt hatten. Jedoch beschlossen Rat und Gemeinde, daß fortan die gesamte Verwandtschaft der Pazzi für verbannt und ehrlos gelten, ihre Wappen und Familiennamen ändern und mit keinem rechtlichen Bürger in Blutsverwandtschaft treten sollte – eine in Florenz bisher beispiellose, auf Schuldige und Unschuldige fallende Strafe, die eben deshalb später nach dem Wunsch des Medicäers zurückgenommen wurde.

Den Papst Sixtus aber brachte die Kunde von dem traurigen Ende der Verschworenen in solchen Grimm, daß er über die Florentiner, als Söhne des Teufels und Mörder geweihter Priesterschaft, Bann und Landesfluch aussprach. Er rief den jetzt offenen Bundesgenossen, König Ferdinand von Neapel, um die ausbedungene Hilfe an und sandte danach ein mächtiges Heer, um die gottlose Republik mit Kriegsgewalt zu strafen und selbst zu zerstükkeln, wenn sie nicht die Urheber des an der heiligen Kirche begangenen Frevels auslieferte oder verjagte. Stolz wiesen Obrigkeiten und Volk das schnöde Ansinnen ab und rüsteten mit Eifer für den Schutz des bald von den zahlreichen Feinden angegriffenen und mutvoll verteidigten Gebiets, dem auch etliche Scharen der Venezianer, Mailänder und des Herzogs Herkules von Ferrara zu Hilfe zogen.

Um die Wurzel des Übels zu treffen, riefen sie ein allgemeines Konzil gegen den Papst als unangemessen Kriegführenden an. Es wäre ihm lieb, erwiderte Sixtus, wenn das geschähe, weil man dadurch ihre und mehrerer Fürsten Bosheit entdecken, auch den Raub offenbaren könnte, den sie an der heiligen römischen Kirche verübt hätten. Diese Erklärung schreckte die in Religionssachen überaus zaghaften Gemüter der Welschen von dem kühnen Vorsatz ab und bestimmte sie, rein weltliche Waffen zu gebrauchen.*

Daher nahm denn auch die Fehde keine entschiedene, den Florentinern günstige Wendung, vielmehr erzeugten wiederholte Unfälle und bedeutende Ausgaben bei einem großen Teil des Volkes Mißmut und Gärung. Da verließ Lorenzo, entschlossen, Leben und Sicherheit dem allgemeinen Wesen darzubringen, plötzlich die Vaterstadt und eilte von Pisa nach Neapel, um entweder den

* Anshelm, Berner Chronik, I, 173.

Todfeind durch Vernunft und Geld zu gewinnen oder als Opfer seiner Rachgier zu fallen (Dezember 1479). König Ferdinand, nicht unempfänglich für hochherzige Handlungen, folgte den beredt vorgetragenen Gründen, kündigte dem Papst die Freundschaft auf und schloß mit Florenz für gegenseitigen Schutz und Trutz Frieden und Bündnis ab (6. März 1480).

Darüber ergrimmt, arbeitete Sixtus mit rastlosem Fleiß an einer Gegenverbindung, der besonders das auf die Toskana eifersüchtige Venedig beitrat, als ein unerwartetes Ereignis wiederum die Pläne des Heiligen Vaters hemmend durchkreuzte. Die Türken nämlich, schon seit Jahren der gesamten Christenheit furchtbarste Feinde, überrumpelten Otranto, eine Hafenstadt Neapels, und bedrohten von hier aus die Ruhe aller Fürsten und Völker des zwieträchtigen Italiens. Da gehorchte der Papst dem Gesetz der Notwendigkeit und schloß mit Florenz und den Medicäern Versöhnung (3. Dezember). Er leistete den Christen, die durch vereinigte Anstrengungen Otranto wieder eroberten (Herbstmonat 1481), nach Kräften Vorschub und ließ fortan die überwiegende Geistesstärke Lorenzos wie in der Vaterstadt, so im übrigen Italien frei schalten und walten. Damit wurde in Florenz der Übergang aus der republikanischen Ordnung in die fürstliche, obschon ohne äußere Abzeichen, vollendet und im ganzen Land ein allgemeiner, nur selten gestörter Landfriede gestiftet, begleitet von der Blüte des Gewerbes, Handels, der Künste und Wissenschaften – Begebenheiten, die als der Anfang einer neuen Entwicklung noch kurzen Bericht fordern.

Sitten und Denkweise der Florentiner hatten allmählich so entschieden den Grund und Boden eines freien Gemeinwesens verlassen, daß Lorenzo Medici, ohne weder Ruf noch Sicherheit zu gefährden, letzte Hand an das vom Vater und Großvater vorbereitete Werk legen und die von unsteten Parteibildungen entkräftete, von äußeren und inneren Feinden gefährlich bedrohte Republik unter dem Schein des ersten und besten Bürgers beseitigen konnte. Daher wurde bald nach dem Frieden mit Neapel ein bleibender Rat von 70 Mitgliedern für die Leitung der wichtigsten Staatsgeschäfte errichtet und die Macht der beiden gesetzgebenden Gemeindeausschüsse, der Prioren, des Gerichtsfahnenträgers und anderer Behörden in einen leeren, nur den Hoheitsdünkel des Volkes kitzelnden Schatten umgewandelt, während die eigentliche Macht bei dem lebenslänglichen Rat und dessen Seele, dem Fürsten *(principe)*, lag. Dieser änderte zugleich seine häusliche Stellung. Er entsagte dem Handel- und Wechselgeschäft, deckte den drohenden Bankrott durch Beihilfe der Staatskasse und kaufte, um die bisherige Geldmacht in festeres Grundeigentum umzuwandeln, im Florentinischen und Pisanischen bedeutende Ländereien, die mit prachtvollen und gemeinnützigen Bauten ausgeschmückt wurden. Er verschönerte und erweiterte die Hauptstadt, deren Gebiet der Besitz des den Genuesen entrissenen Sarzana (1487) beträchtlich ausdehnte und mehrere neue Grenzfesten gegen feindliche Raubzüge sicherten. Selber ein trefflicher Dichter und Kenner des römisch-griechischen Altertums, gewährte er den Wissenschaften und Künsten eine ebenso ehrenhafte wie glanzvolle Herberge. Er stiftete zu Pisa eine Hochschule, erheiterte den Ernst des täglichen Lebens durch häufige Ritterspiele und andere sinnreich geordnete Prunkaufzüge und schlug endlich durch seine ebenso liebenswürdige wie überragende Persönlichkeit die letzten Brechungen der Parteien nieder. Er wucherte nur für das Vaterland mit der schönsten Frucht des Sieges – dem Frieden.

Diesen versuchte Lorenzo als das köstlichste Kleinod und Unterpfand der Nationalunabhängigkeit dem gesamten Italien mehr durch schiedsrichterliche denn kriegerische Dazwischenkunft zu bewahren. Der Schwache wurde unterstützt, der Mächtige durch Sammlung der zersplitterten Gegenkräfte eingeschüchtert. Manche aufkeimende Fehde wurde nach Güte und Recht beigelegt und ein gewisses Gleichgewicht der größeren Staaten gerade in der Schirmherrschaft gefunden, die Florenz den kleineren, bald fürstlichen, bald freistädtischen Gemeinwesen gewährte. Den Urheber jener glücklichen Jahre (1487–1492), in denen Künste und Wissenschaften, Gewerbe und Ackerbau an die Stelle verwüstender Bürger- und Raubkämpfe traten, ehrten selbst die Könige des Auslands, sosehr ihrer lüsternen Eroberungsgier die notdürftig geeinte, von keiner Zwietracht zerrissene Halbinsel mißfallen mochte. Der türkische Sultan, Bajazeth II., begrüßte wie Frankreichs Gewaltherr, Ludwig XI., den Medicäer durch Boten und Geschenke. Der Tod des außerordentlichen Mannes (8. April 1492) beschleunigte daher den Wiederausbruch der Leiden und Wirren, die der überragende Geist des Vermittlers aufgehalten hatte, ohne – was unmöglich war – die im Parteienhaß, Sittenverderben und selbstsüchtigen Neid liegenden Ursachen entfernt zu haben. Alles reifte der Unterjochung durch die Fremden entgegen, dem die heimischen Zerwürfnisse hinlänglich vorgearbeitet hatten.*

---

* Macchiavelli, VIII, 345. »Sobald Lorenzo gestorben war, ging jener böse Same auf, der nicht lange danach – denn niemand wußte ihn zu ersticken – Italien zerstörte und noch zerstört.«

Wenn Mailand und Florenz unter den mannigfaltigsten Wechseln des Kampfes ihre republikanische Freiheit durch den Waffen- und Geldadel einbüßten, dabei jedoch Landesgebiet und Volkstum behaupteten, endeten die Parteibildungen Pisas und Genuas nicht nur mit dem Untergang des freistädtischen Grundgesetzes, sondern auch der äußeren, nationalen Unabhängigkeit. Dafür wirkte besonders der Umstand, daß ein ununterbrochenes Fehde- und Handelsleben, Blut- und Habgier die Bande der bürgerlichen Gesellschaft immer mehr lockerten, alle Stetigkeit der Verhältnisse unaufhörlich unterbanden und jeden Versuch der Einigung im Keim erstickten. Unfähig, den gleichzeitig andrängenden Leidenschaften des ritterschaftlichen Ehrgeizes und der kaufmännischen Erwerbssucht auf die Länge hin zu widerstehen, fielen daher zuerst Pisa, dann Genua und bereicherten mit ihren Trümmern in der Toskana Florenz, im äußersten Osten Oberitaliens Venedig, während auch das binnenländische Mailand auf Kosten der ligurischen Freistadt sein herzogliches Gebiet zu erweitern wußte. Folgende Tatsachen geben den Beweis dieser Ansicht.

Pisa, das sich griechischer Abkunft rühmte* und schon im 11. Jahrhundert Sardinien, im folgenden Korsika, Elba und die balearischen Inseln unterjochte und den Haupthandel im Westen des Mittelmeers gewann, nahm in den bürgerlichen Kämpfen die Partei der Ghibellinen und stritt mit dem welfischen Genua so lange unentschieden um die Seeherrschaft des Westens und den Vorrang in der Toskana, bis die große Schlacht bei der Insel Meloria ihm eine gänzliche Niederlage bereitete (1284) und den Genuesen die Möglichkeit bot, für den Untergang der tödlich gehaßten Nebenbuhler Lucca, Pistoia, Florenz und andere Welfengemeinden der Toskana zu verbinden. Da entsagte Pisa, damit die drohende Gefahr abgewandt würde, seinen bisher streng gehandhabten ghibellinischen Grundsätzen, übertrug das Regiment dem ehrsüchtigen Grafen Ugolino della Gherardesca und gewährte, um 11 000 gefangene Bürger aus den Kerkern zu retten, nach neuen Mißgeschicken Genua durch Friedensvertrag den Besitz der meisten Bezirke Sardiniens (1288).

Zwietracht vollendete bald darauf, was der Feind begonnen hatte. Die unglückliche Stadt erlag nicht sowohl den äußeren wie inneren Drangsalen. Graf Ugolino nämlich wurde wegen seiner welfischen Gesinnung des Hochverrats beschuldigt, unter Leitung

---

* Palmerius bei Muratori, Script. rerum Ital., XIX, S. 168.

der Ghibellinenführer, des Erzbischofs Ruggieri degli Ubaldini, der adeligen Gualandi, Sismondi und Lanfranchi, von der rasenden Menge, das Kreuz voran, aus dem Palast in einen Turm am Arno geschleppt und hier mit zwei Söhnen und Enkeln den langsamen Qualen des Hungertodes übergeben,* während Genua durch einen neuen Vertrag ganz Korsika und den größten Teil Sardiniens gewann (1299). Fortan sank Pisa unaufhaltsam. Es kam anfangs unter die Herrschaft des listigen, tatkräftigen und streitbaren Fürsten von Lucca, Castruccio Castracani (1325), darauf der Mailänder und zuletzt der Florentiner, die es dem Herzog Gabriel Maria Visconti für 206 000 Gulden abkauften und nach einer hartnäckigen Gegenwehr mit dem gesamten Gebiet eroberten (1407).

Demselben Schicksal ging, obschon auf längerem Umweg, Genua entgegen, dessen Handelsmacht sich rasch durch den Besitz Sardiniens, Korsikas und Elbas im westlichen Mittelmeer und durch die Wiederherstellung des griechischen Kaisertums (1261) im Osten bis zur Krim-Halbinsel ausbreitete.

Kaufherren, mit zahlreichem Gefolge und unter eigenen Obrigkeiten in der Vorstadt Pera oder Galata angesiedelt, trotzten nicht selten durch bewaffnete Fahrzeuge und Mannschaft den Befehlen Konstantinopels und beuteten das zerrüttete Reich der Byzantiner für ihren Vorteil aus. Dieses steigende Übergewicht in den Gewässern und Küstenländern des Ostens brachte endlich den schon lange glimmenden Funken der venezianischen Eifersucht zum Durchbruch. Beide Republiken, ungeduldig der kleinen, nichts entscheidenden Fehden, rüsteten zum Kampf auf Leben und Tod. Für Genua standen der König Ludwig von Ungarn, der Beherrscher Paduas, Franz Carrara und der Patriarch von Aquileia, für Venedig der Namenskönig Peter von Zypern und der Herzog Bernabo Visconti von Mailand.

Es handelte sich bei dem mächtigen, von Genua geleiteten Bund um nichts Geringeres als den Untergang Venedigs, dessen weit ausgedehnter Handel und Landbesitz in Istrien, Dalmatien und dem Ostgebiet Oberitaliens unversöhnliche Eifersucht erweckt hatten. Daher begannen beide Parteien im Frühling 1378 den Krieg mit glei-

* Dantes Hölle, Ges. 33, und Benvenuto von Imola. »Ugolino starb höchstwahrscheinlich schuldlos; ihm allein verdankte Pisa die erste Rettung aus der 1288 drohenden Welfenliga.« Vgl. Manettis Chronicon Pistoriense bei Muratori, XIX, 10, 11. »Der Bund scheiterte, weil Graf Ugolino, ein in Pisa hoch angesehener Mann *(vir magnae auctoritatis)*, etliche Florentiner Bürger mit Geld bestochen hatte.«

cher Erbitterung und wechselndem Glück. Während nämlich der kühne und umsichtige Admiral Venedigs, Vettere (Victor) Pisani, unter einem furchtbaren Sturmwetter den feindlichen Flottenführer Fiescho beim Vorgebirge Antium unweit der Tibermündung angriff und schlug (30. Mai 1378), gewann Lucian Doria, des gefangenen Fiescho Nachfolger, auf der Höhe Polas in Istrien einen entscheidenden Sieg. Denn von 21, übrigens mit ungeübtem Volk bemannten Galeeren wurden 15 erobert, die sechs anderen nur durch schnelle Flucht nach Venedig gerettet (5. Mai 1379), wo der ergrimmte Rat, statt eigene Fehlgriffe zu bessern, sofort des Feldherrn unverschuldetes Mißgeschick durch Ungnade und Kerker strafte. Darauf wurden Cattaro, Sebenigo, Rovigno und etliche andere Küstenplätze Dalmatiens eingenommen und endlich die sechs Hauptdurchfahrten der bestürzten Lagunenstadt von der genuesischen, 47 Schiffe starken Flotte unter dem Oberadmiral Peter Doria gesperrt.

Gleichzeitig drängten 24 000 Krieger, durch Franz von Carrara geleitet, auf der Landseite vor. Aber zwei Stürme der Verbündeten auf die befestigte, etwa 25 italienische Meilen südlich von Venedig gelegene Insel und Vorstadt Chiozza scheiterten (7. und 8. August). Mit Heldenmut und Umsicht widerstanden 3500 Fußknechte und Reiter, von der Bürgerschaft und einem kleinen Geschwader unterstützt, der Überzahl. Als jedoch am 16. die Brander, mit Pech, Schwefel, Flechtwerk und Schießpulver gefüllt, einen Teil der Brücke und des Pfahlwerks sprengten, kam Bestürzung über die Verteidiger, von denen die meisten, Bürger und Soldaten, auf Kähnen nach Venedig, Brondolo, Ferrara und Rovigo flüchteten. Nur der Podesta Peter Emo blieb mit 50 Waffengefährten zurück und schützte so lange Schritt für Schritt Straßen, Plätze und Gebäude gegen den von allen Seiten her vorstürmenden Feind, bis bei erschöpften Kräften und gelichteten Reihen eine Übergabe an Gerard von Monteloro, einen paduanischen Feldherrn, den ungleichen Kampf auf dem Rathaus beendete und an die Stelle der Markusfahne Genuas Banner brachte (16. August). Das hielt aber den Grimm der Sieger nicht auf. Drei Tage lang dauerten Mord, Raub, Brand und Zügellosigkeiten jeder Art. Kaum vermochte der Oberbefehlshaber Peter Doria die in den Kirchen verborgenen Frauen gegen das rohe Gelüst der tosenden Rotten zu schützen, die endlich Franz von Carrara als Herr des eroberten Fleckens durch Güte und Strenge bändigte.*

* Siehe Gataro, Istoria Podovano bei Muratori, Script. rerum Ital., Band XVII, S. 302, und Stella, Annales Genuenses, ebd. S. 1111.

Chiozzas Fall sowie der Verlust von 860 Toten und Gefangenen, unter denen sich viele Edle und Mitglieder des Rates befanden, der plötzliche Glückswechsel, die bedrängte Gegenwart und ungewisse Zukunft – all diese Umstände brachen den Mut des Volkes in der Hauptstadt. Es eilte scharenweise in die Kirchen, um durch Gebet und Umzüge den Zorn Gottes und der Heiligen zu versöhnen, umringte bei Tag und Nacht den Palast des greisen Dogen Andreas Contarino und forderte unter lautem Schluchzen und Drohen Frieden. Nach langem, fruchtlosem Sträuben gehorchten die obersten Behörden. Eine Botschaft, den Herrn Peter Giustiniano an der Spitze, ging in das Hauptquartier der Verbündeten ab, überreichte sieben gefangene Genuesen als Angebinde und nahm alle, auch die härtesten, Friedensbedingungen mit dem einzigen Vorbehalt an, daß Venedig eine freie, unabhängige Gemeinde bliebe.*

Umsonst mahnten der Fürst von Padua und die Gesandten Ungarns zur Mäßigung und Annahme der den Stolz des Feindes sattsam demütigenden Vorschläge. Die Genuesen, die Übergabe auf Gnade und Ungnade verlangten, drangen im Rat durch. Daher erteilte im Namen desselben der Admiral Peter Doria folgende Antwort: »So wahr ich lebe, nicht eher sollt ihr Frieden bekommen, als bis wir den unbändigen Rossen auf der Burg eures heiligen Evangelisten Markus einen Zaum angelegt haben! Ist das geschehen, so werdet auch ihr guten Frieden gewinnen. Meine genuesischen Mitbrüder da, die ihr zum Geschenk anbietet, will ich nicht. Führt sie nur zurück: Denn innerhalb von etlichen Tagen werde ich kommen und sie nebst anderen aus euern Kerkern befreien!«**

Dieser hoffärtigen Rede folgte rasche Tat. Hintereinander wurden die verschanzten Außenwerke Loredo, Cavarzere und der Turm della Bebbe angegriffen und trotz tapferer Gegenwehr genommen, hauptsächlich weil es den Belagerten an einem tüchtigen Oberbefehlshaber fehlte. Da forderten die bestürzten Volkshaufen ungestüm, daß Victor Pisani, der allein retten könne, der Haft entledigt und an die Spitze der Land- und Seemacht gestellt werden solle. Adel und Rat unterdrückten ihren heimlichen Neid und gaben nach, um größerem Unheil zu begegnen. Daher verließ am

* Gataro, »Rimaner libera e franca Città.« S. 308.

** Ders., S. 308. Daru, Histoire de Venise, II. 25, hier wie anderwärts falsch berichtet, legt die Antwort dem Herrn Franz von Carrara bei.

19. August der Gefangene den von dichtgedrängten Scharen umringten Kerker, hörte nach abgelegter Beichte in der Kirche des heiligen Markus die Messe und trat darauf vor den gesessenen Rat.

»Messer Doge«, lautete die Anrede, »und gnädige Herren, Gott verleihe euch Glück und Sieg über eure Feinde!« Andreas Contarino entgegnete: »Seid uns willkommen, Messer Vettere! Einst mußte man Gerechtigkeit üben. Jetzt ist es Zeit, Gnade zu zeigen. Diese erweisen wir euch hiermit freiwillig und bitten, ihr möget alle Unbilden und Beleidigungen jedwedem verzeihen. Wir empfehlen euch die Wohlfahrt und Ehre der Republik.« Danach dankte Pisani für die gütige Aufnahme, gelobte beim Leibe des Heilands unbedingte Vergessenheit des Geschehenen und daß er nach Kräften alles tun würde, was mit der Hilfe Gottes und des heiligen Evangelisten Markus Venedig nützen und dem Feinde schaden könnte. Doge und Ratsherren umarmten den hochherzigen Admiral, der von der halben Bevölkerung der Vaterstadt begleitet aus dem Palast nach seinem Wohnhaus ging und bescheiden, wie er war, das tausendfältige Jubelgeschrei: »Es lebe Messer Vettere Pisani!« durch die Mahnung beseitigte: »Meine Kinder, schweigt, oder ruft: Es lebe der heilige Markus!«*

Obschon Pisani, aus unbesiegbarem Mißtrauen des Adels derzeit nur zum Befehlshaber im Haupthafen S. Nicolo del Lido ernannt, die außerordentlichste Tätigkeit entfaltete, Schanzen und Türme an den Kanälen aufführte und mit schwerem Geschütz besetzte Schiffe nach den schwächsten Stellen beorderte, wuchs dennoch die Not Venedigs. Denn es fehlte trotz der Begeisterung des Volkes die Einheit des alle Verteidigungsmaßnahmen leitenden Oberfeldherrn, während der Feind, gestützt auf Überzahl, unter heftigen Gefechten zu Wasser und Lande die Insel Malamocco nahm und beinahe jede Verbindung mit dem Festgebiet *(terra firma)* abschnitt. Bald brachen Mangel und Teuerung aus, und das Volk, vom Hunger und erfolglosen Wachen gequält, drohte mit offener Empörung und forderte nicht Abwehr, sondern Angriff. Da wichen die letzten Bedenklichkeiten des Adels. Der siebzigjährige Doge wurde zum Feldhauptmann ernannt und Victor Pisani, jetzt die Hoffnung aller Mitbürger, bevollmächtigt, ein Geschwader von 40 Galeeren als Unteradmiral zu befehligen (Oktober). Gleichzeitig versprach der Rat 30 Bürgerfamilien, die sich durch persönliche Dienste oder Geldbeiträge am meisten auszeichnen würden, die Erhebung in den

* Gataro, 312.

Adelsstand und Teilnahme an den Vorzügen der Signorie. Er sagte allen durch Eifer hervorleuchtenden Fremden das Bürgerrecht zu und bestimmte eine jährliche Summe von 50 000 Goldgulden zu Leibrenten für die tapfersten Soldaten und Matrosen.*

Sofort entbrannte zwischen Nobili und Gemeinfreien, Reichen und Armen, Kaufleuten und Handwerkern, Laien und Geistlichen, Männern und Frauen der edelste Wetteifer, denn es wirkten vereint Ehr- und Vaterlandsliebe, Gewinn- und Selbstsucht. Also brachte dieser sein Silbergeschirr und Geschmeide, jener seinen gemünzten Sparpfennig dar, eilte hier ein Hausvater mit zwei, drei Söhnen meistens für die Dauer des Krieges zur Flotte, rüstete dort ein anderer in eigenen Kosten Galeeren und Mannschaft aus, während der dritte beträchtliche Teile seines Erbguts den Armen, Witwen und Waisen, Gefangenen und Verstümmelten weihte. Alle Staatsgläubiger traten mit einem Schlag von ihren Forderungen ab. Der öffentliche Schatz wurde reich in den Tagen der größten Bedrängnis. Der allgemeine Aufschwung drückte den Stolz der Geschlechter *(nobili)* und die Demut der unteren Bürger nieder, und das augenblickliche Gefühl der Gleichheit stieg kräftigend in der Brust des Edelmannes und des Tagelöhners auf. Der Gedanke, eher das Äußerste denn Schmach zu dulden, wurzelte so tief, daß später hin und wieder die allerdings falsche Kunde aufkommen konnte, Venedigs Rat und Volk hätten für den schlimmsten Fall die Verpflanzung der Republik nach Kreta als Rettungsmittel beschlossen.

Inzwischen entsprach der erste Ausgang keineswegs dem bedeutenden und klug geleiteten Kraftaufwand. Es gelang nämlich zwar, den Feind nach heftigen Gefechten aus dem halb zerstörten Malamocco auf Chiozza zu drängen, aber dagegen scheiterte der hierher unter Pisani gerichtete Angriff. Mit beträchtlicher Einbuße an Toten und Verwundeten kehrten die Venezianer zurück, während Paduaner und Ungarn die Landsperre fast vollendeten und alle Lebensmittel zu einem unerschwinglichen Preis hinauftrieben (Dezember). Andererseits nutzten die Genuesen den günstigen Augenblick nicht. Statt, wie Franz von Carrara mahnte, das Meer zu halten und unaufhörlich zu durchkreuzen, blieben sie, von Stolz und Habgier geblendet, mit der gesamten Flotte untätig im Hafen von Chiozza.**

---

* Gataro, 326.

** Stella, Annales Genuenses, S. 1114. »Viele glauben, Gott leitete es so, damit nicht eine so große Stadt der Christenheit sinken und unter fremde Botmäßigkeit kommen möchte.«

Schnell entdeckte und gebrauchte Pisani, von der Kampflust des hungernden Volkes unterstützt, den ungeheuren Fehlgriff. Auf seinen Antrag beschlossen Rat und Gemeinde, den Feind, es möge kosten, was es wolle, von der See zu trennen, dabei aber meistens entscheidende Schlachten zu vermeiden. Also verließen unter dem Oberbefehl des Dogen Andreas Contarino 33 Galeeren, vier große, rund gebaute Schiffe *(cocche)* und an die 400 kleine Fahrzeuge in der Nacht des 23. Dezember die Lagunen und begannen um Tagesanbruch mit dem überraschten Feind einen blutigen, wechselvollen Kampf, der am 25. fortgesetzt wurde und damit endete, daß die Einfahrten von Brondolo und Chiozza durch versenkte Schiffsrümpfe, Gebälke und Palisaden größtenteils gesperrt wurden.

Die Genuesen, bald auch auf der Seite des Hauptkanals abgeschnitten, gewahrten nicht eher das Gefahrvolle ihrer Lage, als bis am 1. Januar (1380) der kühne, lange umsonst erwartete Admiral Karl Zeno von seinen Streifzügen nach Ligurien und der Levante heimkehrte und dem Feind 14 trefflich bemannte Galeeren zuführte. Fortan wurde die Einschließung vollständiger. Alle Versuche, das ausgespannte Netz zu durchbrechen, scheiterten an den klugen und mutigen Gegenmaßnahmen. Umsonst leuchteten Peter Doria, den ein Geschützstein tötete (22. Januar), und der Nachfolger an der Feldhauptmannschaft, Napolione de' Grimaldi, den Ihrigen vor durch Mut und Tätigkeit. Alle Gefechte endeten siegreich für die Belagerer, die nach der Schlacht auf der Insel Brondolo auch Klein-Chiozza besetzten (19. Februar) und solche Niedergeschlagenheit ausbreiteten, daß viele bisher standhafte Krieger unter Lebensgefahr flüchteten.

Fortan stiegen Mangel, Krankheiten, Zwietracht und Elend jeder Art in dem von der Land- und Seeseite her eng eingeschlossenen Chiozza. Vergeblich geschahen Ausfälle und Streifzüge, um bald die feindliche Linie zu sprengen, bald der hungernden Besatzung, die bereits Frauen, Kinder und Einwohnerschaft fortgetrieben hatte, für etliche Wochen das Leben zu fristen. Als aber auch die letzte Hoffnung schwand und der aus Genua abgesandte Admiral Matthäus Maruffo mit 23 Galeeren tagelang ohne Erfolg vor den Häfen kreuzte (6.–16. Juni), da wich endlich der trotzige Stolz dem stärkeren Schicksal. Am 21. Juni erschien Tizio Cibo, der Oberbefehlshaber, im Hauptquartier des Dogen und nahm die geforderte Übergabe auf Gnade und Ungnade an. So wanderten an die 4000 Genuesen, unter ihnen angesehene Bürger, nach Venedig in die Gefängnisse, lohnten 21 Galeeren, mannigfaltige Kriegsvorräte und Kostbarkeiten die Ausdauer des Siegers, der sofort, zuerst von

Pisani, später nach dessen Tod von Karl Zeno geleitet, die Fehde zu Wasser und zu Lande mit der größten Tätigkeit fortsetzte.

Der Turiner Frieden, durch die versöhnende Dazwischenkunft des Grafen Amadäus von Savoyen abgeschlossen (21. August 1381), unterband endlich einen Kampf, der den Grundstein zum raschen Verfall Genuas legte und über die nicht mehr bestrittene Seeherrschaft Venedigs entschied. Unaufhörliche Parteibildungen, zuerst zwischen den adligen Welfen und den Ghibellinen, später den ritterschaftlichen Geschlechtern und den Gewerbeständischen, hinderten oder unterbrachen überdies jede naturgemäße (organische) Entwicklung der ligurischen Seestadt. Sie durchlief mit einem an Leichtfertigkeit grenzenden Ungestüm alle Arten des bürgerlichen Regiments, kostete mit dem verwöhnten Gaumen eines Schlemmers alle Früchte der unumschränkten Adels-, Volks- und Herrenmacht und duldete, bald von Konsuln und Podestas, bald von Volkshauptleuten und Volksäbten, zuletzt sogar von Herzögen (Dogen) und ausländischen Fürsten regiert, keinen Bestand der gesellschaftlichen Verhältnisse. Davon möge die seltsame Aufnahme der lebenslänglichen Dogenwürde (1339) ein schlagendes Beispiel geben!

Bei wachsendem Haß zwischen den unterdrückten Welfen und den herrschenden Ghibellinen, denen sich die vornehmen und reichen Bürgerlichen beigesellten, hatte das untere Volk durch offenen Aufruhr den Geschlechtern (Aristokraten) das Recht abgetrotzt, sich den Verteidiger seiner Freiheiten, den Volksabt, unabhängig erwählen zu dürfen.*

Einem Ausschuß von 20 Mitgliedern der Gemeinde und benachbarter Taldorfschaften wurde sofort das Geschäft aufgetragen. Sie versammelten sich am 23. Oktober im Saal des Volksabtpalastes, während in den Nebengemächern und draußen dichtgedrängte Scharen zusammentraten und ungeduldig auf baldige Entscheidung warteten. Als aber die Wahlherren zauderten, bestieg ein gemeiner Handwerker, der für etwas närrisch galt, plötzlich ohne Erlaubnis der vorsitzenden Obrigkeit den Rednerstuhl und sprach: »Ihr Herren! Wollt ihr wissen, was euch heilsam ist?« Etliche riefen: »Nein!« Die meisten aber, um sich einen Spaß zu machen, luden

---

* Der Volksabt *(abbas populi)*, den man schon vor dem Jahr 1279 antrifft (Stella, bei Muratori, XVII, S. 1002), hatte einige Ähnlichkeit mit dem römischen Tribunat. Er sollte die Gemeinde gegen Eingriffe des Adels und der vornehmen Bürgergeschlechter schützen. Stella, 1022, *»populo ius reddebat et Abbas titulo vocabatur.«*

ihn schreiend zum Reden ein. Darauf fuhr der Silberfolienfabrikant fort: »Wollt ihr, daß geschehe, was ich vorschlage?« Einige antworteten: »Ja!«, andere: »Nein!« Wiederum sprach jener: »Nun, so will ich es sagen! Simon Boccanera muß es werden!« Dieser, ein angesehener Mann und von altem, um die Republik oft verdientem Adel, kam sogleich in die Einbildungskraft und den Mund des Volkes. Es rief tausendstimmig: »Zum Boccanera!«, faßte und hob den Widerstrebenden empor und schrie! »Boccanera unser Abt! Boccanera soll leben!«

Er, dessen Händen man als Abzeichen der richterlichen Gewalt das Schwert aufgedrungen hatte, gebot Stillschweigen und sprach: »Ihr Herren vom Volk, ich danke euch höflichst für die mir bewiesene Ehre. Doch euer Abt kann ich nicht werden, denn niemals waren es meine Altvorderen. Wählt euch einen andern!« und gab damit das Schwert zurück. Während nun die Menge traurig verstummte, rief eine Stimme: »Herr *(signore)*!«, und ringsum wiederhallte es: »Herr! Ja, unser Herr!« – Boccanera, um den wilden Lärm zu dämpfen, folgte dem Rat der anwesenden Obrigkeiten, die mahnten, alles zu bewilligen, und sprach: »Meine Herren, damit ihr euch beruhigt, will ich euer Abt und Herr sein, oder was ihr sonst noch begehrt!« – Das Volk aber schrie: »Nein, nicht Abt. Herr, unser Herr sollt ihr werden!« Da entgegnete Boccanera: »Wie ist das möglich, da ihr ja Volkshauptleute *(capitanei del popolo)* habt?« – Sogleich rief der Haufe: »Doge (Herzog), Doge soll er sein!«, und trug unter lautem Jubel den neuen Gebieter auf einem Sessel aus dem Palast in das Kloster St. Syro und von da in seine Wohnung. Anschließend durchrannte es bewaffnet die Straßen und fiel plündernd in die Häuser der adeligen Doria und Salvagi. Aber mit blutiger Strenge stellte Boccanera bald Zucht und Ordnung wieder her und wurde am folgenden Tag vor der Kirche des heiligen Lorenzo feierlich von unzählbaren Volkshaufen als lebenslänglicher Doge begrüßt und durch Eidschwur bestätigt.*

Ein Ausschuß von 15 Gemeindemitgliedern sollte ihm zügelnd zur Seite stehen, während der Adel von öffentlichen Ämtern ausgeschlossen bliebe.

Daher gab es neue Wirren, die nach dem unglücklichen Krieg mit Venedig unheilbar wurden und die Republik so schwächten, daß sie bald auswärtigen Fürsten, bald heimischen Dogen als Ober-

* Stella, 1072–1074. Vgl. Leo, Geschichte Italiens, III, 483.

herren huldigte und bei dem unversöhnlichen Wesen einerseits der ghibellinischen Spinola und Doria, andererseits der welfischen Grimaldi und Fieschi eine selten unterbrochene Reihe grausamer Bürgerfehden darbot. Hohe, einstöckige Häuser, eiserne Pforten, ummauerte Höfe unterstützten ein wildes Freibeuterleben, das, von Hab- und Blutgier begleitet, jede Frucht im Keim erstickte und nicht eher endete, als bis die mailändische Oberherrlichkeit Genuas Freistaat für viele Jahre aufhob (1464). Nur die kaufmännische Körperschaft der St. Georgsbank, mitten im Parteigewühl gestiftet (1407) und den Zerrüttungen unzugänglich, rettete ihre vielfach bewährte Unabhängigkeit und diente selbst dem unterjochten Gemeinwesen als schützendes Bollwerk gegen äußere Feinde.

Während sämtliche Freistaaten Italiens sanken und infolge bürgerlicher Wirren mehr oder weniger zum Fürstentum neigten, behauptete im Grunde Venedig allein dadurch den republikanischen Kreis, daß es zur rechten Zeit den Mißbräuchen der Volkskraft begegnete und die Macht des gewerbeständischen wie ritterschaftlichen Adels, wenn auch auf Kosten der Mehrheit, in festen, gegliederten Körperschaften zusammenzog oder, mit einem anderen Wort, ein erbliches Geschlechterregiment (Aristokratie) an die Spitze des allgemeinen Wesens stellte. Als nämlich die Eifersucht der mächtigen Häuser Dandolo und Tiepolo gefahrvollen Parteigeist hervorzurufen drohte, wurde auf den Vorschlag des kräftigen und geistreichen Dogen Peter Gradenigo beschlossen, daß die bisher jährlich vom Ausschuß der Einundvierziger gehaltenen Wahlen abgeschafft und die Stellen im großen Rat für die Familien seiner derzeitigen Mitglieder erblich gemacht werden sollten (28. Februar 1297).

Diese Schließung der höchsten Landesbehörde *(il serrar del maggior consiglio),* nach erfolglosem, bisweilen blutigem Widerstreben bald des Volkes, bald beleidigter Adliger (1310) durchgesetzt, fand nur dann Ausnahmen, wenn die regierenden Geschlechter aus allgemeiner Not oder besonderer Geldverlegenheit das Bedürfnis der stellenweisen Ergänzung fühlten und dem einen oder anderen Bürgerlichen das sogenannte goldene Buch öffneten. Dies geschah z. B. in dem anfangs unglücklichen Krieg mit Genua (1379), der 30 Handwerkerfamilien den Ratseintritt verschaffte,* und bei ande-

* Siehe S. 171 in diesem Band und Histoire du gouvernement de Venise par Amelot de la Houssaie, Supplément, S. 130 und 168.

ren, nur auf die Füllung des Schatzes gerichteten Anlässen. Fortan übte der große, durchlauchte Rat *(serenissimo maggior consiglio)* die gesetzgebende, oberrichterliche Gewalt. Er ernannte die übrigen Regierungsausschüsse (Räte) und die ersten Staatsbeamten, unter ihnen besonders den lebenslänglichen, vielfach eingeschränkten Dogen, der durch Kleidung, Titel – er hieß Durchlaucht – und andere äußere Ehren ausgezeichnet die vollziehende Macht besorgte, in den Sitzungen sämtlicher Räte die Obmannschaft führte, für Krieg oder Frieden eine entscheidende Stimme besaß, alle öffentliche Urkunden besiegelte, in seinem Namen Münzen prägen und die erledigten Pfründen der Markuskirche besetzen ließ. Bei dem allem mußte er jedoch meistens abgeschieden wie ein Gefangener im Palast leben und durfte Venedig nie ohne genommenen Urlaub verlassen.*

Wenn man auf diese Weise den Fürsten oder Herzog in einen glänzenden Knecht umwandelte und von vornherein gleichsam lebendig begrub, wie er denn auch in demselben Zimmer die Huldigung empfangen und sterben sollte, wurde andererseits eine Reihe von Ausschüssen eingeführt, um teils den Ehrgeiz der herrschenden Geschlechter zu befriedigen, teils durch gegenseitige Ergänzung gegen Mißbrauch des einzelnen zu schützen. So umgab der kleine Rat *(consiglietto, signoria)*, sechs Mitglieder stark und jährlich nach den sechs Quartieren *(sestieri, contrade)* erwählt, beobachtend und ordnend den Dogen. Er besorgte mit ihm die auswärtigen Angelegenheiten, empfing Gesandte, öffnete Briefe und Bittschriften, berief und leitete als vorsitzende Behörde den großen Rat und die Versammlung der Alten (Senat), im der er Bericht erstattete über die laufenden Geschäfte. Er machte auf Gesetzgebung oder andere Gegenstände bezügliche Vorschläge, bestimmte in zweifelhaften Fällen den Parteien die Gerichtshöfe und verwaltete nach dem Tod des Dogen die Zwischenregierung, meistens wiederum durch einen oft wechselnden Ausschuß gezügelt und unterstützt.

Dieser, Kollegium genannt, enthielt neben dem Dogen und den Kleinräten (Signorie) drei Abgeordnete des peinlichen Obergerichts (der Vierziger, *quarantia*), sechs Stellvertreter des Senats, große Weise *(grandi savi)* genannt, fünf Vorsteher der auf das venezianische Festland bezüglichen Geschäfte und ebensoviele mit

---

* Man sagte daher von ihm: »*Rex est in purpura, Senator in curia, in urbe Captivus*«, d. h. »er ist im Purpur (in der Amtstracht) ein König, im Rathaus ein Senator, in der Stadt ein Gefangener.« Amelot de la Houssaie, Du Doge, S. 249.

dem Seewesen beauftragte Räte, im ganzen 26 Mitglieder. Alle Gesandten und Bittschriften mußten durch diese gemischte, teils feste, teils wandelbare Behörde gehen, bevor sie ihre letzte Entscheidung an der höchsten Stelle bekamen, die neben der eigentlichen Patriziergemeinde (dem großen Rat) ein jährlich gewählter Ausschuß aus diesem, Senat und Rat der Erbetenen *(il consiglio de' pregadi)* verwaltete. 120 regelmäßige Mitglieder zählend und überdies von anderen, bald stimmfähigen, bald nur beratenden Obrigkeiten besucht, entschied er unter dem Vorsitz des Dogen ausschließlich über Krieg und Frieden, führte die diplomatischen Unterhandlungen, hörte die Berichte der fremden und eigenen Botschafter an, prüfte und machte Steueranträge, die sogar oft ohne die gesetzliche Dazwischenkunft des großen Rates erledigt wurden. Er wirkte, mit einem Wort, als die Seele des ganzen Gemeinwesens.*

Um jedoch wiederum den hohen, im Senat überwiegenden Adel zu zügeln, nahmen an dessen Beratungen die Mitglieder des peinlichen Obergerichtshofes der Vierziger *(quarantia)* teil, schon deshalb eifersüchtig, weil sie den minderbegüterten Geschlechtern angehörten und in den reicheren Standesgenossen nur durch das Glück begünstigte Nebenbuhler erblickten.** Aber auch diese Vermischung der richterlichen und staatsbürgerlichen (politischen) Macht genügte dem Mißtrauen der Erbaristokraten nicht. Sie schufen den furchtbaren Ausschuß der Zehner *(consiglio de dicci)*, der anfangs alle zwei Monate (1310), darauf jährlich bestellt wurde (1335) und alle der Regierung Gefahr androhenden Pläne und Verschwörungen untersuchen sollte, überhaupt als Wächter mit unbedingter Vollmacht die Grundgesetze nach innen und außen schützen sollte. Alles geschah dabei möglichst geheim und willkürlich. Der Verdächtige wurde auf die leiseste Anzeige besoldeter Späher hin eingezogen, dunklen, ungesunden Kerkern übergeben und ohne Anwalt, Zeugen und andere Schutzmittel des Rechts verhört. Selbst wenn das Bekenntnis der Schuld fehlte, wurde er schonungslos entweder zu lebenslänglichem Gefängnis oder augenblicklichem Tod verurteilt, den er dann gleichfalls im geheimen erleiden mußte. Ja, bisweilen griff dieses für die Ruhe des Staates eingesetzte Schreckensgericht rücksichtslos in die Wirkungskreise des Senats und großen Rates ein, hob nach Lust deren Beschlüsse auf und unterhandelte

* Amelot de la Houssaie, Du sénat, S. 74.
** Ders., S. 340, Des quaranties.

mit Fürsten des Auslands über Schutz- und Trutzbündnisse.* Um beim Adel und der Bürgerschaft jeden Gedanken an Neuerungen durch die Furcht vor der augenblicklichen Strafe gleichsam im Keim zu ersticken, wurden sogar namenlose Anklagen gebraucht. In den Säulengängen des heiligen Markus standen jene berüchtigten Marmorköpfe, in deren aufgesperrten Mund wer da wollte verdächtigende Zettel und Schriften werfen konnte *(dinuncie secrete).***

Aber auch das genügte dem stets wachsamen Argwohn der Herrschenden noch nicht. Also wurde um die Mitte des 15. Jahrhunderts (1454) durch einen Beschluß des großen Rates verordnet, daß die Zehner je drei Amtsgenossen unter dem Namen der Staatsinquisition in abwechselnder Reihe mit unumschränkter Macht ausrüsten sollten, um den Nutzen und die Sicherheit des allgemeinen Wesens zu fördern und über Priester und Weltliche, Adel und Bürgerliche, Groß- und Kleinräte, selbst die Zehner nicht ausgenommen, Strafurteile zu fällen. Für den Tod, möge er öffentlich oder im geheimen den Schuldigen treffen, müsse jedoch Einstimmigkeit der drei persönlich zu keiner Rechenschaft verpflichteten Richter als Maßstab gelten.***

Die anfangs üblichen Volksversammlungen *(arengi)* hatten bei dem starken und wohlgegliederten Regiment der Geschlechter keine Bedeutung und hörten eben deshalb aller Lebenskraft beraubt von selbst auf (1423). Handwerke, Krämerei, bei festlichen Gelegenheiten Spiele und Prunkaufzüge beschäftigten oder zerstreuten den gemeinen Mann. Für sein äußeres Wohlsein sorgte die Regierung väterlich, während eine strenge, unparteiische Rechtspflege, von den Anwälten der Gemeinde *(avogadori del commune)* beaufsichtigt, den schroffen Unterschied der Stände verdeckte und die Anhänglichkeit des großen Haufens nährte. Der Haushalt war bei mäßigen Steuern trefflich geordnet. Selten fehlten für die Ausführung öffentlicher Bauten oder kriegerischer Pläne die nötigen Geldmittel. Obschon die Staatsklugheit, die Parteibildungen fürchtete,**** die Anlage eines eigentlichen Schatzes untersagte, zeigte

---

* Ders., S. 304 ff., Du conseil de dix. Der Ausschuß heißt hier mit vollem Recht der Eckpfeiler des venezianischen Aristokratenregiments, die sehende Rute, die für die Erhaltung der gemeinen Freiheit wacht. *»la verge pleine d'yeux, qui veille incessamment pour la conservation de la liberté commune.«*

** Ders., S. 255.

*** Daru, II, 423. Das Inquisitionstribunal, dessen erste Statuten in das Jahr 1454 fallen, wurde 1539 vollständiger ausgebildet.

**** *»Pour doubte des divisions d'entre eux.«* Comines, S. 136.

dennoch die Markuskapelle eine wahrhaft königliche Sammlung von goldenen Kronen, Edelsteinen und anderen Kostbarkeiten. Die Geistlichkeit, von allen weltlichen Ämtern und Räten ausgeschlossen, hatte nicht den geringsten Einfluß auf Staatsgeschäfte. Sie lebte in behaglicher Muße nur den priesterlichen Verrichtungen. An prunkvollen Umzügen, Wallfahrten und Messen übertraf keine christliche Stadt Venedig, das dadurch teils auf die Sinne wirken, teils den jeweiligen Unternehmungen die Weihe der Religion geben wollte.*

Auf solchem Boden konnte das Papsttum nicht Wurzeln schlagen. Alle seine Versuche scheiterten an der kaltblütigen Folgerichtigkeit einer Republik, deren regierende Häuptlinge, gleichgültig gegen Bann und Kirchenbuße, im Heiligen Vater den ersten Kaplan der Christenheit erblickten.

Um die Gleichheit aller regierungsfähigen Geschlechter zu erhalten, durfte kein Adliger Handel als Quelle plötzlichen Gewinns oder Verlustes treiben, niemand die gesetzlichen Abstufungen der Ämter überspringen oder mehrere Stellen gleichzeitig verwalten. Es war ebenfalls untersagt, von ausländischen Fürsten Geschenke anzunehmen, außerhalb der Stadt Grundstücke zu kaufen oder zu Lehen zu empfangen, mit fremden Edelleuten als Eidam oder Schwiegervater in Blutsverbindungen zu treten, während Ehen zwischen Patriziern und ehrbaren, begüterten Bürgertöchtern bisweilen vom großen Rat erlaubt wurden, um teils den Standesgenossen mühelos zu bereichern, teils einen Verbündeten gegen etwa drohende Bewegungen der Menge zu gewinnen. Eben deshalb hatten auch die Altbürger *(cittadini)*, denen Rechtsgelehrte, Ärzte, Notare, Seiden- und Tuchhändler angehörten, ausschließlich den Besitz der lebenslänglichen, besoldeten Schreiberstellen in den verschiedenen Räten, wie denn auch aus ihnen der geehrte Großkanzler für die Aufbewahrung des Siegels der Signorie und der Urkunden gewählt wurde. Die übrige, untere Bürgerschaft fand dagegen angemessene Entschädigung in den vom Zehnerausschuß sorgfältig bewachten Zünften, deren Meister sie frei wählen durfte.**

---

* *»Le service de Dieu est le plus solennement fait.«* Comines, S. 137.

** Vgl. Amelot de la Houssaie, S. 46, und Contarinus, De Republica Venetorum. Parisiis 1543, S. 110 und 113. »Dergestalt«, heißt es hier, »sind die Plebejer beider Klassen (Altbürger und Zünftische) vom Gemeinwesen nicht ganz ausgeschlossen, aber auf eine solche Art des Ehrgeizes angewiesen, daß sie das Adelsregiment nicht beneiden und stören können.«

Den leiblichen (materiellen) Stoff dieses auf künstlich verteiltem Ehrgeiz ruhenden Geschlechterregiments (Erbaristokratie) gewährte der Handel, der dem gemeinen Volk Arbeit, der unteren und mittleren Bürgerschaft Wohlhabenheit, der höheren und dem Adel Reichtum brachte, überhaupt aber die Erwerbssucht als den stärksten Hebel sinnlicher Leidenschaften in Bewegung setzte. Davon zeugt schon der Umstand, daß trotz der kirchlichen Verbote in Istrien, Dalmatien und anderen Untertanenländern der Republik Menschen aufgekauft und als Sklaven für den eigenen Bedarf gebraucht oder den Meistbietenden Heiden überlassen wurden,* eine schnöde Äußerung des Wuchergeistes, wie ihn im Mittelalter kein christliches Volk gezeigt hat. Nach langen und heftigen Fehden, die bald die Sarazenen und Normannen, bald die Griechen und freibeuterischen Slawen Dalmatiens bereiteten, waren die Venezianer nicht nur Herren des Adriatischen Meeres, dem der Doge alljährlich am Himmelfahrtstag den goldenen Trauring mit fast lächerlichem Prunk überreichte,** sondern als Inhaber der Po- und Brentamündungen und ansehnlicher Bezirke des Festlands auch Meister des lombardischen und süddeutschen Zwischenhandels. So gestellt, konnten die Venezianer, seit dem Fall Genuas ohne Nebenbuhler, für den friedlichen Verkehr Europas, Asiens und Afrikas als die eigentliche Herzkammer auftreten und im Süden die Rolle übernehmen, die etwa gleichzeitig im Norden der Hansebund durchzuführen begonnen hatte. Also wurden mit den gewerblich tätigen Städten Marseille, Aiguesmortes, Barcelona, Antwerpen, Sluis und London, den Kaisern Griechenlands und Sultanen Ägyptens (1342) wie früher den christlichen Fürsten Palästinas Freundschaftsverträge abgeschlossen. Neben Konstantinopel, wo seit der Gründung des Frankenreichs über ein halbes Jahrhundert lang die Kaufleute der Lagunenstadt unter dem Namen der lateinischen Ritterschaft geherrscht hatten, wurden durch List und Gewalt am Schwarzen Meer Tana, Lazi und Nikopolis, an der Propontis Heraklea, Aegos-Potamos, Radosto und Nikodemien, am Hellespont Sestos und Abydos, im Mittelmeer die Inseln Chios, Tenedos, Negroponte, Kandien (Kreta) und Zypern, vom altgriechischen Festland der größte Teil des Peloponnes (Morea)

* Daru, Histoire de Venise, III, 23.

** *»Desponsamus te«*, sprach er beim Hinauswerfen des Ringes, *»mare, in signum veri et perpetui dominii«*, d. h. »Wir verloben dich, Meer, zum Zeichen unserer wahren, beständigen Herrschaft.« S. Amelot de la Houssaie, S. 431, und Contarinus, S. 38.

und westlich davon alle Inseln von Cephallene bis zum nördlichsten Winkel des Adriatischen Meerbusens gewonnen. Selbst am äußersten Ostrand Kleinasiens, in dem von unabhängigen Christen bewohnten Armenien, leiteten zahlreiche Pflanzer Venedigs den Handel mit Persien, bauten Häuser, Warenlager, Kirchen, schlugen Münzen und lebten unter eigenen Gesetzen und Obrigkeiten als souveräne Gemeinde.

Obschon die Aus- und Einfuhr fremder wie heimischer Erzeugnisse jährlich über 3000 Schiffe der Bürger beschäftigte, hielt es die Regierung der Republik dennoch für pflichtmäßig und vorteilhaft, öffentliche Galeeren an einzelne Kaufleute zu vermieten und jährlich einmal in kleinen Geschwadern unter dem Banner des heiligen Markus nach dem fernsten Osten und Westen zu entsenden. Denn dadurch gewann teils der Seehandel an Würde und Bedeutung, teils die Schiffahrtskunde auch mitten im Frieden an Einsicht und Beweglichkeit, wie denn auch der junge Adel solche Gelegenheit, sich für den künftigen Flottendienst auszubilden, nach uralter Sitte nutzen mußte.

Diese regelmäßigen Handels- und Seezüge geschahen auf folgende Weise. Das für den Osten ausgerüstete, mit Kupfer, Quecksilber, Stahl, Alaun, Samt, Kammgarngewebe, Tuch, Spiegeln und Glas befrachtete Geschwader teilte sich in drei Scharen. Die erste besuchte Griechenlands Küsten, Konstantinopel, Sinope und Trapezunt am nördlichen Gestade des Schwarzen Meeres, die Mündung des Don, wo neben den leckerhaften Stirletfischen die von russischen, tartarischen Karawanen eingebrachten Erzeugnisse aufgeladen wurden. Die zweite Abteilung eilte nach den Häfen Syriens, Zyperns und Kandiens. Die dritte landete zu Alexandrien in Ägypten, dem Stapelplatz der arabischen, persischen und indischen Waren, vor allem der feinen Gewürze, Seidenstoffe, Perlen, Edelsteine und Färbehölzer, gegen die der Venezianer besonders die am Schwarzen Meer eingehandelten Sklaven, unter ihnen Georgiens und Kirkassiens schöne Frauen, austauschte.

Einen noch größeren Kreis beschrieb das westliche oder flandrische Geschwader. Mit Tuch, Glas, Wachskerzen, goldenen Ketten, Waffen, Hausgerät und anderen Früchten des venezianischen Kunstfleißes beladen, ankerte es zuerst in den Reeden Neapels und Siziliens, darauf an der afrikanischen Küste bei Tripolis, Tunis, Algier, Oran und Tanger, wo Elfenbein, Goldstaub, Salz, Getreide und Sklaven gegen die Erzeugnisse Europas und Asiens eingetauscht wurden. Dann durchschiffte es die Meerenge von Gibraltar, berührte die Küsten Marokkos, Portugals, Spaniens und Frankreichs, nahm auf den Märkten von London, Antwerpen und Brügge englische Wolle, flandrische Spitzen und Waren des hanseatischen Nordhandels ein, legte auf der Rückreise für den Kauf roher Seide in Cadiz und Barcelona an und erschien nach einjähriger Abwesenheit wiederum in den Lagunen der Vaterstadt.*

Auf diese Weise setzte Venedig durch 25 öffentliche Schiffe ein Warengut von 2,5 Millionen Dukaten in Umlauf und konnte neben dem Gewinn gleichsam eine lebendige See- und Handelsschule ohne Kosten unterhalten. Alle auf den Verkehr bezüglichen Gesetze atmeten den Geist schlau berechnender Selbstsucht. Kein Fremder durfte den Bord venezianischer Fahrzeuge betreten, Schiffe in den Häfen der Republik bauen oder kaufen, kein Bürger mit Ausländern – die überdies doppelte, dreifache Zölle entrichten mußten – in Gesellschaft Geschäfte treiben oder außerhalb Venedigs mit Deutschen handeln, keine untertänige Stadt anderswo als im Sitz der Herrschaft Waren kaufen und verkaufen, endlich kein Handwerker und Arbeiter in den Anstalten des heimischen Gewerbes auswandern. Er sollte, lautete die strenge Verordnung, anfangs mit guten Worten gemahnt, darauf durch Festnahme der nächsten Verwandten zurückgenötigt und, wenn auch das mißlinge, heimlich getötet werden.** Also führten Klugheit und Gewalt die Erzeugnisse aller Länder und Himmelsstriche nach den Gewölben des großen Weltmarktes und von hier zu nahen wie fernen Völkern,*** während die Bereitung leinener und wollener Tücher, baumwollener und seidener Gewebe, aller Arten Waffen für Schutz und Angriff, Leder- und Glaswerks, Zucker- und Seifensiedereien usw. dem Gewerbe ununterbrochen Nahrung und Abfluß gewährten. Endlich bewachte eine stets schlagfertige Kriegsflotte, deren Oberadmiral, ein Patrizier, über Leben und Tod der Befehligten gebot, die Sicherheit des Handels und der Pflanzungen, die Würde und Ehre der Republik, die, um Unbilden zu rächen, in ihrem durch Umfang und Kunst ausgezeichneten Arsenal (Zeughaus) regelmäßig 15 000 Arbeiter und 26 000 Matrosen beschäftigen konnte.****

---

* Siehe Daru, III, 44–51. Ranke, Geschichte der romanischen und germanischen Völker, I, 266.

** Inquisitionsgesetz bei Daru, III, 90. Vgl. Ranke, I, 267.

*** Contarinus, De republica Venetorum, 1. »*Mira quaedam res esse videbatur, tam magnam mercium omnium copiam ex omnibus terrarum oris ac regionibus perpetuo quodam ac constanti tenore in hanc unam civitatem invehi, indeque in longe diversissimas gentes terra marique deduci.*«

**** Daru, III, 40. Contarinus, S. 92 ff.

Die Landerwerbungen Venedigs, dem bis zur Mitte des 14. Jahrhunderts nur ein schmaler Küstenstrich *(il dogato)* gehorchte, wuchsen zum bedeutenden Gebiet an, seit die Festigkeit der Regierung alle Stoffe der Zwietracht unterdrückt und der schon ausgedehnte Handel Reichtum gebracht hatte. Dabei wurde aber nichts übereilt. Jeder Eroberungszug wurde durch klug genährte Zwistigkeiten der Nachbarn vorbereitet, jeder Gewinn als Grundstein eines neuen Fortschritts betrachtet und bald Geld, bald Waffengewalt gebraucht. In den Verträgen für Waffenstillstand, Frieden oder Bündnis wurde nicht die Treue, sondern der Nutzen befragt, mit einem Wort, die Staatsklugheit eines abgefeimten, großen Handlungshauses werktätig geübt.

So entriß die Republik, die seit dem Besitz Trevigis (1339) und dem Sieg über Genua (1381) begierig nach Ausdehnung der Grenzen und mit Mailand verbündet war, dem carrarischen Fürstenhaus die Städte Verona, Padua, Rovigo, Feltri, Belluno und Vicenza (1404, 1405) und nahm – wortbrüchig – dem gefürchteten Franz Carrara (II.) Freiheit und Leben. Es trat, taub gegen die Warnungen des friedliebenden Doge Mocenigo, dem Bündnis der Florentiner gegen den mailändischen Herzog Philipp Maria Visconti bei (1425) und eroberte Brescia und Bergamo durch Hilfe des von Mailand nach Venedig flüchtigen Feldherrn Franz Carmagnola, der bald danach den Tod unter dem Beil des Henkers finden mußte, um der neuen Herren Eifersucht zu büßen (1431). Durch den Gewinn Cremas dehnte es das Festlandsgebiet bis an die Adda aus (1448).

Gleiche Erfolge erzielte es außerhalb Italiens. Denn während die reiche und fruchtbare Insel Korfu (1386) und die für Handel und Freibeuterei günstig gelegenen dalmatischen Küstenplätze Durazzo, Scutari, Zara, Trau und Spalatro durch Kauf und gütliche Übereinkunft gewonnen wurden, kam das gesamte Friaul im Krieg mit seinen bisherigen Herren, den Patriarchen von Aquileia, als Siegespreis unter die Botmäßigkeit der Republik. Dieselben Künste bahnten den Weg zum altgriechischen Gebiet, wo Argos, Napoli di Romania, Patras und viele kleine Lehnsträger huldigten (1386–1408), so daß eine weite und geschlossene Postenkette, die sich auf Friaul und Dalmatien im Norden, Morea, Negroponte und Kandia (Kreta) im Südosten stützte, den nahen und fernen Seeverkehr sicherte und die zersplitterten Untertanenländer wie mit einem eisernen Ring umfing.

Daher konnte die Hauptstadt alle Schätze, Ehren und Herrlichkeiten ungestört sammeln und genießen. Sie zählte, in den Tagen der Blüte von 200 000 Menschen bewohnt, über 70 prachtvolle

Kirchen, Kapellen und Klöster, zeigte am langen Kanal eine doppelte Reihe von Palästen, deren viele aus weißem Marmor gebaut und mit Säulengängen von gleichem Stoff geschmückt waren, und breitete durch 30 000 Gondeln ein reges Leben über alle Quartiere und Gassen aus. Auch das Innere der Wohnungen kündete häufig von der dem Venezianer eigentümlichen Prunkliebe. Man sah wenigstens zwei Festzimmer mit vergoldeten Decken, marmornen Kaminen, bunt getäfeltem Boden und kostbarem Gerät. Selbst der gemeine Bürgersmann trug seine goldenen Ketten und Ringe, ehrte den Gast durch silberne Teller und ähnliche Zeichen des Überflusses, wobei er selber in Speise und Trank mäßig lebte.

Obschon die Regierung gewöhnlich Ernst im Beratschlagen, Schnellkraft und Ausdauer im Vollziehen, vor allem während eines Mißgeschicks, offenbarte und, wenn nicht Ehrgeiz blendete, unparteiische Rechtspflege übte, hatten dennoch Genußgier und Wollust allmählich die strengen Staatssitten untergraben, während Herrschsucht und Stolz auf ausschließliche Vorrechte jede Nachgiebigkeit gegen Forderungen einer etwa verschiedenen Zeitlage von vornherein ächteten. Doch gerade dieser Starrsinn hat, solange das Mittelalter dauerte, Venedigs Freiheit gegen innere und äußere Feinde geschützt. Sie blieb im Raum von fast 1200 Jahren unangefochten.*

Wenn auf diese Weise in Ober- und Mittelitalien die republikanische Grundkraft durch Parteibildungen, Waffen- und Geldadel, Verderbnis der Sitten und zügellose Leidenschaften zerschnitten und mit Ausnahme Venedigs in fürstliches Wesen umgewandelt wurde, so hat bisweilen die blendende Macht eines phantastischen Gefühls den notwendigen Entwicklungsgang für etliche Augenblicke aufgehalten, um desto strenger an die nackte, urbildlichen (idealen) Begriffen feindselige Wirklichkeit zu gemahnen. Dafür zeugt besonders Rom, um die Mitte des 14. Jahrhunderts von einem ebenso schnell aufsteigenden wie sinkenden Rückfall in den

---

* Contarinus, S. 113. »Vom Anfang bis auf unsere Zeit (1520) ist die Stadt beinahe 1200 Jahre lang frei geblieben von der Herrschaft des Fremden und bürgerlichen Unruhen *(turbae alicujus momenti)*. Das alles aber gewann sie nicht durch Söldnerbanden und Zwingburgen, sondern durch ihr gemäßigtes Regiment, wobei das Volk gerne dem Adel gehorcht und keine Neuerungen will.« Über Venedig am Ende des 15. Jahrhunderts vgl. Comines, Mémoires, 137, und Jovius, Hist. sui temp., I, 4.

jetzt bodenlosen Kreis der Republik ergriffen und in fast abenteuerliche Wechsel des Lichts und der Nacht hineingerissen.

Dazu gab äußere Not die Gelegenheit. Seit nämlich Papst Klemens V. auf Befehl des französischen Königs Philipp des Schönen den Wohnsitz jenseits der Alpen zu Avignon genommen hatte (1309),* wuchs in der Tiberstadt mit dem Verfall der Kirche auch die Ungebundenheit des Adels und der Bürgerschaft. Ein wildes Faustrecht herrschte. Den Gesetzen und Beamten des Heiligen Stuhls fehlte selbst der Schatten des öffentlichen Ansehens. Straflos übte man Mord, Raub, Brand, Notzucht und alle Freveltaten, entriß Ehefrauen den Armen ihrer Gatten, Jungfrauen den schutzlosen Eltern. In Kirchen und Klöstern begegneten Schändungen. Unter den Toren wurde der Hausvater, am Pflug der Landmann, auf den Straßen der sonst geweihte Pilger geplündert, verwundet, getötet. Bewaffnete Banden blut- und habgieriger Ritter, die wie die Orsini, Colonna und Savelli einander rastlos befehdeten, kannten keine Achtung des Lebens und Eigentums, der staatsbürgerlichen Zucht und Sicherheit. Gesellen der rohesten Abenteurerei und gedungene Soldknechte spotteten des geistlichen Bannes und der machtlosen Obrigkeit. Ihnen standen Gott und Teufel gleich hoch, Tugend und Laster gleich niedrig.**

In solcher Lage allgemeiner Ratlosigkeit und Verwirrung trat Nikolaus (Colas) Rienzo (Laurentius) als Wiederhersteller des tiefgesunkenen Vaterlands auf und gab Rom durch eine unblutige Revolution nicht nur den Frieden und die Herrschaft des Gesetzes, sondern auch den freilich vergänglichen Glanz einer geordneten Republik zurück. Sohn armer und auf niedere Berufskreise angewiesener Eltern – der Vater war Pintenschenkwirt und die Mutter Wäscherin –, hatte Nikolaus durch anhaltenden Fleiß ziemlich gründliche Kenntnis der altrömischen Sprache und Geschichte erworben. Umringt von Baudenkmälern und Inschriften, die niemand besser zu entziffern wußte, hatte er die phantastische Einbildungskraft auf Kosten des nüchternen Verstandes an der Betrachtung des ehemaligen Weltreichs entzündet, das für sittliche Größe und Reinheit empfängliche Gemüt durch den steten Blick auf die Tugenden des alten und die Laster des neuen Geschlechts gefestigt und schließlich bei einem schönen Äußeren durch hinrei-

---

* Vgl. S. 196 in diesem Band.

** Siehe Fragm. hist. Roman., I., Kap. 5, bei Muratori, Antiquit. Ital., Band III.

ßende, die Frevel und Versunkenheit der Gegenwart scharf rügende Beredsamkeit die Gunst des Volkes und den Haß des gewalttätigen Adels gewonnen. Selbst Papst Klemens VI., den Rienzo mit dem gefeierten Dichter Petrarca im Namen der Römer beglückwünschte, wurde aufmerksam. Der junge, feurige Mann kehrte als Schreiber der kirchlichen Kammer von Avignon nach der Vaterstadt zurück (1342) und war fortan ernsthaft beschäftigt mit Plänen und Maßnahmen für die Unterdrückung der lastenden Gebrechen und wachsenden Wirren.

Nachdem also sinnbildliche Gemälde, die bald auf dem Kapitol, bald in der Laterankirche des heiligen Johannes ausgestellt und mit eindringlicher Rede erklärt wurden, das schau- und hörlustige Volk geweckt und zur Betrachtung seines Elends geführt hatten, versammelte Rienzo um Mitte April 1347 heimlich auf dem aventinischen Hügel die kräftigsten und feurigsten Bürger, Kaufleute, Gelehrte, Handwerker und selbst Adelige. Er schilderte in einem begeisternden, oft von Tränen und lautem Schluchzen unterbrochenen Vortrag die Knechtschaft und Erniedrigung der einst freien und gebietenden Weltstadt, zeigte darauf die bedeutenden Hilfsmittel für die Wiederherstellung des alten, guten Standes *(lo buono stato)* und schloß mit einem feierlichen Eid, in dem Sprecher und Anwesende gelobten, der römischen Freiheit Gut und Blut zu opfern.

Diese Zusammenkunft der Verschworenen abgerechnet, geschah alles öffentlich, wie denn bald der gute Stand das tägliche Gespräch wurde und die Gemüter in steigender Gärung hielt. Kaum hatten daher am 18. Mai unter Trompetenschall die Herolde ausgerufen, daß sich in der Nacht des folgenden Tages alle Freunde des guten Standes unbewaffnet in der Kirche des Schlosses St. Angelo einfinden sollten, als zahlreiche Volksscharen erschienen und andächtig den 30 Heilig-Geist-Messen beiwohnten, die von Mitternacht bis zur neunten Stunde des ersten Pfingsttages (20. Mai) dauerten und die Spannung der Menge steigerten. Jetzt endlich verließ Rienzo, mit Ausnahme des Kopfes vollständig bewaffnet, das Heiligtum. Er schritt – den Bischof von Orvieto, des Papstes Stellvertreter, zur Seite, die Fahnen der Freiheit, Gerechtigkeit und Eintracht voran – langsam auf das Kapitol zu, bestieg oben angelangt unter dem Jubel des begleitenden Volkes die Rednerbühne und ließ nach einer kurzen, feurigen Mahnung die von ihm entworfenen Grundgesetze des guten Standes ablesen. »Jeder Mord«, lauteten diese, »soll mit dem Tod gestraft, jeder Rechtsstreit innerhalb von 15 Tagen entschieden, jedes Stadtquartier mit einer Sicherheitswache von 25 Reitern und

100 Fußknechten versehen, jeder Adlige auf den Landfrieden beeidigt und genötigt werden, keine Burg zu befestigen. Für Witwen, Waisen und Arme sorgt die Gemeindekasse durch Geldbeiträge und Getreidespenden. In der Stadt Rom wie im ganzen Gebiet derselben gilt mit Vorbehalt des Papstes die Hoheit des römischen Volkes.«*

Begeistert durch die Aussicht auf Ruhe, Wohlleben und Macht, genehmigte nicht nur die Menge mit dem Handzeichen die vorgelegten Ordnungen, sondern wählte auch den Urheber zum Vollstrecker und Herrn *(signore)*, so daß er über Krieg und Frieden, Gesetze und Verträge, Tod und Leben widerspenstiger Bürger nach Gutdünken entscheiden sollte. Rienzo nahm sofort Besitz vom Senatspalast auf dem Kapitol und zwang den Adel, sich in seine Burgen zurückzuziehen. Er bestrafte etliche berüchtigte Räuber mit dem Tod, stellte an den Toren, Brücken und Küsten Wachen auf und nahm, sobald der Landfriede befestigt war, mit seinem blinden Werkzeug, dem Bischof von Orvieto, vor dem versammelten, selbstherrlichen Volk unter maßlosem Jubel die Würde eines Tribunen und Befreiers der römischen Republik an.

Sofort eilten Herolde, mit Wappenschilden und versilberten Stäben geschmückt, in die Hauptländer der Christenheit und meldeten den Fürsten und Gemeinden diesseits wie jenseits des Gebirges, daß Frieden und Gesetzlichkeit in der heiligen Stadt walteten, ungefährdet Pilger die gewohnten Orte besuchen und Boten der Könige und Herren erscheinen dürften, um unter der Leitung des erlauchten Tribunen für die Gründung eines allgemeinen, christlichen Standes der Tugend und Redlichkeit zu arbeiten. Überall fanden die Gesandten der fast wunderbar wiedererweckten römischen Republik freundliche Aufnahme. Selbst der Papst genehmigte, was nicht mehr geändert werden konnte. Heimische und fremde Fürsten erklärten durch höfliche Sendschreiben und Ehrengeschenke ihre mehr der Überraschung denn der Aufrichtigkeit entsprossenen Glückwünsche. »Ich habe«, meldete unter anderem ein zurückgekehrter Herold, »diesen Stab auf den Straßen und in den Wäldern getragen. Tausende küßten ihn mit Freudentränen und Kniebeugungen, Gott dankend, daß die Räuber gebändigt, Wege und Stege dem Verkehr geöffnet wurden.«**

---

* Fragmenta bei Muratori, Antiquit. III, S. 413.
** Fragmenta bei Muratori, S. 422.

Wirklich bot Rom eine gänzliche Umgestaltung dar. Die Edelleute, aus der Stadt in ihre Burgen gebannt, leisteten meistens den geforderten Eid, der Gehorsam gegen Zucht und Gesetz vorschrieb. Die Kaufleute, Richter und Notare beschworen freudig eine längst gewünschte Ordnung. Die Diebe, Mörder, Ehebrecher und ähnliche Missetäter flüchteten, erschreckt durch unnachsichtige Strenge, in die Wälder und Gebirge, doch auch hier wurden sie aufgescheucht und zur Rechenschaft gezwungen. Vieljährige Streitigkeiten der Bürger wurden teils in Güte beigelegt, teils durch unparteiische Richter entschieden und alle Klagen auf Landfriedensbruch nach dem rohen, aber fast notwendigen Grundsatz der Wiedervergeltung so erledigt, daß der Mißhandelte dem Beleidiger die gesetzliche Buße zusprechen oder aus Milde erlassen konnte.*

Bald wimmelte Rom, wo Sicherheit, Ruhe und Überfluß herrschten, von Pilgern, beglückwünschenden Boten der Fremde, Neugierigen, Abenteurern, Possenreißern und Bänkelsängern, die des Tribunen Ruhm unter den Völkern der Nähe und Ferne auszubreiten wetteiferten. Alle aber übertraf an schwärmerischem Eifer für den Befreier der heiligen Stadt Petrarca, der unter den Urbildern des Altertums aufgewachsen war und in einem feurigen Schreiben den neuen Brutus bewillkommnete und an die pflichtmäßige, leichte Wiederherstellung der Weltherrschaft als würdigsten Kampfpreis erinnerte.**

Nikolaus, strenger und gnädiger Tribun der Freiheit, Gerechtigkeit und des Friedens und erlauchter Befreier des heiligen römischen Freistaats,*** antwortete zwar dem gefeierten Dichter mit frommer Bescheidenheit (28. Juli) und beteuerte auch dem Papst als einzig rechtmäßigem Oberherrn in demütiger Sprache unbedingten Gehorsam, wurde aber bald durch Eitelkeit, Glück und

* So stand z. B. vor dem Friedensgericht *(Casa della pace)* zitternd vor Furcht und der Strafe gewiß ein Bürger, der seinem Nachbarn im Hader ein Auge ausgeschlagen hatte. Der Kläger jedoch, gerührt durch den Anblick, verzichtete freiwillig auf die Genugtuung, die das Gesetz gönnte. Beweis der noch nicht erloschenen Sittenkraft des römischen Volkes. Fragm., 420.

** Petrarchae ad Nicolaum Laurentium, Trib. P. Q. R. de capessenda libertate, hortatoria epistola, bei Petrarchae, Opuscula historica et philosophica, Bernae 1604, S. 159. Vgl. de Sade, Mémoires pour la vie de Pétrarque, II, 336. Petrarca feierte seinen Liebling neben der Laura in Sonetten und Hirtengedichten. Er sah ihn wachend und im Traum.

*** Diese Begrüßung wird gewöhnlich von Rienzo gebraucht. Mémoires, S. 343. Überdies unterzeichnet er seine Briefe stets nach dem ersten Jahr der republikanischen Freiheit.

Schmeichelei über die anfangs treu beachteten Schranken des obersten Volksbeamten hinausgerissen. Der kostbar ausgeschmückte und stark befestigte Palast des Kapitols nämlich glich einem fürstlichen Hoflager. Umringt vom gedemütigten Adel, der barhäuptig, die Hände kreuzweise zusammengeschlagen, zitternd dastand,* saß der neue Herr, mochten prunkvolle Messen gelesen oder für laufende Geschäfte Sitzungen gehalten werden, im Prachtgewand auf thronähnlichem Sessel, gab seiner jungen und artigen Frau, wenn sie zur Peterskirche zog, ein Ehrengefolge bewaffneter Männer und schön geputzter Fräulein, die mit feinen Fächern ihre zarte Herrin gegen den Stich der Sonne und der Mücken schützten, vermählte eine Schwester dem Baron von Castella und gebot, daß sein Oheim Johann, bisher Barbier, niemals ohne ein Geleit der angesehensten Bürger öffentlich erscheinen sollte.

Aber das alles genügte der wachsenden Eitelkeit noch nicht. Am 1. August nahm der Befreier mit außerordentlichem Prunk die Ritterwürde an und lud inmitten des Hochamtes die uneinigen Könige der Deutschen, Ludwig von Bayern und Karl von Luxemburg, vor den Richterstuhl des römischen Volkes, dem die Kaiserwahl gesetzlich gebühre. Er mahnte den Papst Klemens und die Kardinäle ernsthaft zur baldigen Rückkehr und teilte, um dem Stolz der alten Weltherrscher zu schmeicheln, mit gezücktem Schwert den Himmel in drei Kreise, jedesmal ausrufend: »Das ist mein! Das ist mein.« Mehrere Tage lang dauerten die üppigsten Feste und Gelage. Adel, Priester, Handwerker, Kaufleute, Tagelöhner und Bettler, Frauen und Männer sowie unzählige durch Neugier und Aussicht auf Wohlleben herbeigelockte Fremde schwelgten an reichbesetzten Tischen. Aus den Nasenlöchern des eisernen, weiland zur Ehre Kaiser Konstantins gefertigten Rosses strömten vom Morgen bis an den Abend Wein und Wasser in ein weites Becken um den Durst der jubelnden Menge zu stillen, während Bänkelsänger und Harlekine durch mutwillige Lieder und Gebärden ergötzten und Zwischenreden des von glänzender Ritterschaft umgebenen Tribunen in flammenden Zügen die Größe der wiederhergestellten christlichen Weltstadt schilderten.**

---

* Fragm., 439. *»Deh! como stavano paurosi!«*

** Vgl. Fragm., 450–52. De Sade, Mémoires II, 364. Anm. 20, zweifelt an der feierlichen Einladung des Papstes, Avignon zu verlassen. Die Beweise sind jedoch mangelhaft und dem urkundlichen Zeugnis des Zeitgenossen, der die Bruchstücke römischer Geschichte schrieb, entgegen. Fragm., S. 452. *»disse. (il tribono) noa citamo Missore Papa Chimento, che a Roma ne venga a la soa Sede.«*

Etliche Wochen vergingen unter diesen und ähnlichen Maßnahmen, um durch Prunkaufzüge, Sinnbilder, Gastgelage und hinreißende Vorträge den Freiheitsschwindel zu nähren. Aber allmählich gedachten der niedergebeugte Adel des übermütigen Hohnes, der nur äußerlich geehrte Papst des bösen Beispiels einer gebilligten Empörung, die betrogene Bürgerschaft der für leeren Pomp verschleuderten Güter und Steuern. Mißtrauen, Unfrieden, Gärung traten hier und dort offener hervor. Da gebrauchte der ebenso verschlagene wie furchtsame Tribun mit Glück ein Mittel, um das schwankende Ansehen wiederherzustellen, den Schrecken. Am 16. September nämlich wurden plötzlich die einflußreichsten und mächtigsten Edelleute, unter ihnen der hochbetagte Stephan Colonna, in die Kerker des Kapitols abgeführt und am folgenden Tag der Volksgemeinde als schuldig des Hochverrats bezeichnet, aber auf Bitten des angeblich am Leben bedrohten Herrn begnadigt und ungekränkt entlassen. Jedoch mußten vorher alle schwören, den guten Stand nach Kräften und in rechter Treue zu schirmen.

Da urteilte mancher Besonnene: »Rienzo zündet ein Feuer an, das mit Mühe wird gelöscht werden. Er hat zu viel oder zu wenig getan!« – In der Tat sann der Adel, kaum von den Todesnöten befreit, auf Rache, im festen Glauben, daß ein erzwungener Eid keine Verbindlichkeit habe. Daher wurde das Schloß Marino, das man zum Waffenplatz wählte, befestigt und die Umgegend Roms bis an die Tore verwüstet. Mit den an Zahl wachsenden Feinden der gegenwärtigen Ordnung wurde eine geheime Übereinkunft getroffen und nach leichten, auf beiden Seiten mit gleicher Feigheit bestrittenen Gefechten die Überrumpelung der Hauptstadt beschlossen. Doch das Unternehmen scheiterte hauptsächlich an der Mutlosigkeit des adligen Heeres. Drei Colonnas, unter ihnen Stephan, fielen im offenen Kampf, den sie fast allein gegen die anfangs eingeschüchterten Volkshaufen bestanden, das Gefolge aber flüchtete in Verwirrung nach den Burgen des Flachlands.

Der Tribun, während der Gefahr oft ratlos und außer sich vor Furcht, faßte bei dem unerwarteten Sieg neue Hoffnung. Er belebte durch theatralisches Gepränge, Umzüge, Reden, Träume und Zeichendeuterei den abnehmenden Eifer, nutzte jedoch auf keine Weise den günstigen Augenblick für tatkräftige Demütigung des geschlagenen Feindes. Dieser wiederholte alsbald die Streitereien in das römische Gebiet, schnitt die Zufuhr ab und trieb den Getreidepreis bei wachsender Unsicherheit des Verkehrs so in die Höhe, daß Teuerung, bisweilen sogar Hungersnot entstanden und lautes Murren erweckten. Sofort bewegten sich auch die geheimen Widersacher. Der Adel befestigte einzelne Häuser und Straßen, der päpstliche Kardinallegat Bertrand de Deux schleuderte auf Befehl des Heiligen Vaters den Bann gegen das ketzerische Oberhaupt der Republik, und die Bürgerwachen blieben gleichgültig, als bei Tag und Nacht das Sturmgeläut auf dem Kapitol gehört wurde. Da verzweifelte Rienzo, keines großmütigen Entschlusses fähig. Wie ein Kind schluchzend nahm er von dem weinenden Volk Abschied, zog mit fliegenden Fahnen und unter dem Schall der silbernen Trompeten aus dem kapitolinischen Palast in die Stadt herab, entäußerte sich seines fürstlichen Schmucks und flüchtete zuerst in die Engelsburg (15. Dezember 1347), darauf unter mancherlei Abenteuern nach Böhmen an den Hof Kaiser Karls IV.

Rom aber sank, sobald der Adel nach seiner Heimkehr Mittel und Wege der Rache fand, in ärgere Wirren denn je zuvor. Man konnte ebensowenig Freiheit wie Knechtschaft ertragen. Da beschloß noch einmal der Heilige Stuhl, auf dem seit dem Tod Klemens' VI. (1352) Innozenz VI. saß, die Dazwischenkunft der Güte und Gewalt und sandte den streitbaren Kardinallegaten von Albornoz mit unumschränkter Vollmacht ab, um Rom und die kleinen Städte des kirchlichen Gebiets von Zwingherren und bürgerlichen Zerwürfnissen zu befreien (August 1353). Als Gehilfe und dienstbares Werkzeug wurde dem geistlichen Heermeister (Diktator) der wesentlich umgewandelte Alttribun beigesellt. Dieser nämlich hatte nach einem kurzen Aufenthalt in Prag, wo er durch hinreißende Beredsamkeit und gefügige Sitten Fürsten und Reichsgroße gewann, Avignon besucht. Dort hatte er etliche Monate im einsamen Kerker teils der Selbstbetrachtung, teils dem Lesen der Bibel und des Titus Livius gewidmet. Danach wurde er auf Verwenden Petrarcas begnadigt und vom Bann gelöst und erhielt den Befehl, als rechtgläubiger Christ und treuer Dienstmann des Heiligen Vaters für die Beruhigung Roms zu arbeiten.

Durch bittere Glückswechsel mehr verschlechtert denn belehrt und ohne den ehemaligen Aufschwung seines schwärmerischen Gefühls nach wie vor Knecht der Eitelkeit, aber entschlossen, an trügerischen Feinden und Freunden das Wiedervergeltungsrecht zu üben, begleitete Rienzo den Kardinallegaten über das Gebirge. Nach mehrmonatigem Umherziehen in der Toskana und den Städten des kirchlichen Gebiets regte er durch glänzende Reden und Verheißungen die entzündlichen, leichtfertigen Römer auf und nahm, das zweitemal als Befreier-Tribun begrüßt und vom Papst zum Senator erhoben, im Palast des Kapitols seinen Wohnsitz (Sommer 1354).

Doch bald verschwand der blendende Zauberschimmer einer Macht, die weder auf sittlicher Stärke des Besitzers noch auf durchgebildeter Freiheitsliebe des selbstherrlichen, käuflichen und feigen Volkshaufens ruhte. Denn der Tribun, von fremden Soldknechten umgeben, die ungestüm den vertragsmäßigen Lohn forderten, handelte oft nach launenhafter Willkür und ließ, um Geld zu bekommen, unter nichtigen Vorwänden reiche Bürger einkerkern und um ansehnliche Summen strafen. Den berüchtigten Bandenführer *(condottiere)* Johann von Montreal ließ er aus niedriger Gewinnsucht und in schwarzer Undankbarkeit hinrichten und dessen Schätze einziehen. Schließlich legte er bei steigender Not auf Salz, Wein und andere Bedürfnisse bisher unbekannte Steuern, während er selber, unbekümmert um die wachsenden Ränke des niedergebeugten Adels, der gemeinsten Völlerei frönte und wie ein Wüstling bei Tag und Nacht schwelgte.

Da erhoben sich plötzlich am 8. Oktober die klug von den Gegnern des guten Standes bearbeiteten Volksrotten. Sie erschienen mit Waffen und Brandfackeln unter dem Ruf: »Es sterbe der Verräter! Es lebe das Volk!« vor dem Palast des Kapitols und sprengten durch Äxte und Feuer die vergitterten Pforten. Rienzo, von allen Freunden verlassen, schwankte etliche Augenblicke unschlüssig zwischen dem Tod der Ehre und der Schande, doch aus Liebe zum Leben wählte er den Weg der Flucht. Er stürmte, als gemeiner Kerl vermummt und das Gesicht mit Ruß geschwärzt, durch die Rauch- und Flammenwirbel die Stiegen des Kapitols herab und fiel, bald erkannt, unter den Streichen der rasenden Menge. Während diese über die Befreiung jubelte, verbrannten Juden den wie ein Sieb von unzähligen Stichen durchlöcherten Leichnam. Selbst die kleinen Christenkinder warfen, um ein Zeichen des Abscheus zu geben, Steine auf den zweimal angebeteten Abgott.

Mit dieser Tat endete Roms Republikanismus für das Mittelalter, obschon noch mancher theatralische Versuch geschah, die innere Fäulnis durch tönende Reden und Ehren zu übertünchen. Italien war reif für die Monarchie.*

* Vgl. über Rienzos Tod Fragm. Hist. Rom., S. 537.

## Dritter Abschnitt

*Die ständisch-republikanische Entwicklung der Kirche und Priesterschaft oder der zweite Kampf des Papsttums mit der weltlichen Fürstenmacht und den religiös-philosophischen Bruderschaften**

Während Staat, Sitten und Wissenschaften bei den Hauptvölkern der Christenheit einen freieren Aufschwung nahmen und die früher geschlossene Herrschaft des Lehnswesens in ihren Grundfesten erschütterten, hier die Stärke der Völker, dort der Fürsten auf Kosten der Dienstmannenschaft mehrten, während statt der phantastischen, feurigen Gemütskraft allmählich eine besonnene, vom nüchternen Verstand geleitete Welt- und Menschensicht das Übergewicht bekam, hatte die römisch-katholische Kirchengewalt mit gleichgültigem Stolz den Andrang der Wogen betrachtet, die den Fuß ihrer Riesensäule umspülten. Die langsamen und dennoch tiefgreifenden Änderungen schienen, eben weil sie vereinzelt wirkten, keine Gefahr zu bereiten. Kaum ahnend, daß die früher in den Tagen Kaiser Friedrichs II. einsame oder ohne hinlängliche Bundesgenossenschaft geführte Fehde der weltlichen Macht jetzt in den Fortschritten des öffentlichen Urteils neue Hilfsmittel gewonnen hatte, behaupteten die Päpste nicht nur ihre alten Ansprüche, sondern versuchten sie auch, als wenn die Zeit rückgängig geworden wäre, zu steigern. So verkündete Bonifazius VIII., obschon durch Bestechung und niedrige Umtriebe an die Vorsteherschaft des Heiligen Stuhls erwählt (seit 1294), daß Christus seinem unmittelbaren Nachfolger, dem Papst, als einzigem Hirten aller Völker zwei Schwerter, ein geistliches und ein weltliches, überreicht habe. Jenes führe die Kirche aus eigener Machtvollkommenheit, dieses auf ihren Wink und Zuspruch der König oder die irdische Obrigkeit, deren Heil diesseits und jenseits nur vom unbedingten Gehorsam gegen die Befehle des göttlichen Statthalters abhänge.

Diese Grundsätze, mit schneidendem Stolz vorgetragen und bei günstiger Gelegenheit werktätig gemacht, fanden jedoch keinen Anklang mehr. Die Zeit war ihnen entwachsen. Als nichtsdestowe-

---

* Siehe Band I, S. 382 ff.

niger Bonifazius, um ein Beispiel zu geben, in Frankreich die mindeste Besteuerung geistlichen Gutes unter Strafe des Bannes verbot und entgegen den herkömmlichen Rechten die Abtei Pamiers ohne Einverständnis mit der Krone zum Bistum erhob, die Besetzung erledigter Pfründen unbedingt der Laienschaft entzog (1300) und daneben wie der geborene Oberherr drohte, nahm Philipp der Schöne (IV.), ein ebenso gewandter wie kühner Fürst, den hingeworfenen Fehdehandschuh auf und entgegnete dem Heiligen Vater in einer seit Kaiser Friedrich II. nicht gehörten Sprache. Dem päpstlichen Schreiben nämlich, das rücksichtslose Unterwerfung in geistlichen und weltlichen Dingen forderte und Andersgläubige Narren schalt, folgte diese spöttische Antwort: »Philipp, König in Frankreich, wünscht dem Bonifazius, der sich für einen Papst hält, wenig oder nichts Gutes. Deine große Narrheit *(maxima fatuitas)* soll wissen, daß wir in weltlicher Regierung niemanden über uns erkennen, etliche erledigte Kirchen und Pfründen nach königlichem Recht verleihen und Menschen, die anders glauben, für witz- und vernunftlos erklären.«

Außer sich vor Zorn schleuderte Bonifazius den Bann. Philipp aber berief neben dem Adel und dem Klerus die ersten Abgeordneten der Bürgerschaft *(tiers état)* zu einer allgemeinen Ständeversammlung *(états généraux)* nach Paris (10. April 1302) und schlug, des öffentlichen Beifalls sicher, die geistliche Acht dadurch nieder, daß der Papst vor den wiederum eingeladenen Stellvertretern auf Zauberei und Irrglauben angeklagt und dem Ausspruch einer allgemeinen Kirchenversammlung zu Lyon übergeben wurde, die ihn absetzen und einen Nachfolger wählen sollte (13. Juli 1303). Um etwaigen Unruhen, die der kecke und im rechtgläubigen Frankreich nie gesehene Schritt bei dem von Steuern und Elend niedergebeugten Volk leicht hervorrufen konnte, zu begegnen, mußten Briefe der Landschaften, Städte, Gemeinden, Kirchen, Ordenshäuser, Prälaten und weltlichen Herren unumwunden den Beschluß billigen, alle gottesdienstlichen Handlungen trotz des Bannes in Kraft bleiben und endlich geheime Boten, unter ihnen der schlaue Kanzler Nogaret, über die Alpen nach Rom eilen, um sich des Papstes für die bevorstehende Kirchenversammlung zu bemächtigen.

Doch jener hatte bereits aus Mißtrauen und Furcht die Hauptstadt der Christenheit verlassen und sich nach seinem Geburtsort Anagni begeben, wo ungesäumt eine neue Bulle gerüstet, Philipp des Fürstentums enthoben und der Habsburger, Kaiser Albrecht, eingeladen wurde, die von ihrem Eid gelösten Franzosen in Huldigung und Pflicht zu nehmen. Aber auch diese letzte Schanze erstürmte der zum Äußersten entschlossene Feind. Denn am 7. September drang Sciarra Colonna, ein römischer Edelmann, von Nogaret und etlichen Reiterscharen begleitet, in Anagni ein. Nachdem der Palast ohne Hindernis besetzt war, verhaftete er den Heiligen Vater unter bitteren Schmachreden, schlug ihn als erstgeborenen Sohn des Teufels *(primogenitus Sathanae)* sogar mit dem Handschuh ins Angesicht und wich nicht eher, als bis das Volk drei Tage später von der lähmenden Betäubung erwachte und den frechen Haufen verjagte. Schrecken und Gram über die Mißhandlung wirkten jedoch so stark auf die Gesundheit des achtzigjährigen, erstmals in der Geschichte vom weltlichen Arm körperlich gezüchtigten Greises, daß er, kaum befreit, in ein hitziges Fieber fiel und starb (11. Oktober).*

Gewarnt durch den traurigen Ausgang des Vorgängers, der umsonst in dem hundertjährigen Sündenablaß (Jubeljahr 1300) ein neues Bollwerk gegen den Zeitgeist gesucht hatte, widerriefen die Nachfolger, Benedikt XI. und Klemens V. (seit dem 5. Juni 1305), alle Bannurteile und Ansprüche auf die Hoheitsrechte des französischen Königs. Der letzte, früher Erzbischof von Bordeaux, verlegte sogar, weil es Philipp so gebot, den bleibenden Sitz des Hofes von Rom nach Avignon (März 1309), das mit der Grafschaft Venaissin (seit 1274) zwar das Gebiet des Heiligen Stuhls erweiterte, aber gleichzeitig den Vorsteher der römisch-katholischen Kirche in ein gefügiges Werkzeug der landesherrlichen Fürstenmacht verwandelte.

Nicht ohne innere Wahrheit konnten daher die Päpste ihren siebzigjährigen Aufenthalt zu Avignon der babylonischen Gefangenschaft des jüdischen Volkes entgegenstellen und über eine gänzliche Änderung der geistlichen Machtverhältnisse klagen. Wenn nämlich einerseits die weltliche Hoheit bei schnell wachsendem Selbstgefühl das bisher noch starke Band des römischen Priesterkönigtums zerriß, dort Eduard III. für England den lehnskirchlichen Peterspfennig aufhob, hier die deutschen Kurfürsten das Kaisertum für unabhängig von päpstlicher Dazwischenkunft und den großen

---

* Über den Tod des Papstes siehe Felix Osius zum Albertinus Mussatus bei Muratori, Script., Band X, S. 315 f. Man pflegte sprichwörtlich über den Heiligen Vater, den hochherzigen Sünder *(il magnanimo)*, zu urteilen: »Er kam als Fuchs zum Papsttum, regierte als Löwe und starb als Hund.« Oelenschlager, Geschichte des 14. Jahrhunderts, S. 14. Auch Dante trug keine Bedenken, diesem letzten Riesen des Priesterkönigtums die Wohnungen der Verdammnis anzuweisen. Hölle, Gesang 19, 53 f.

Bann (Interdikt) für unwirksam erklärten (1338), so riefen andererseits die steigenden Gebrechen und Zuchtlosigkeiten in der christlichen Lehre und allgemeinen Gesellschaft der Gläubigen zur schleunigen und durchgreifenden Abhilfe auf.

Der Volksunterricht nämlich, von Priestern und Mönchen besorgt, stellte meistens ein rohes Gemenge leerer Äußerlichkeiten und grobsinnlicher Überlieferungen dar. Ablaß und Meßopfer, Wallfahrten und Heiligendienst galten als untrügliche Mittel, um durch wohlfeilen Kauf und ohne Kräftigung des Sittengefühls begangene Sünden zu tilgen und Gnade für künftige Missetaten vorwegzugewinnen, besonders seit Bonifazius VIII. in der Feier des bald von einem Jahrhundert auf kürzere Zeitfristen herabgesetzten Jubeljahrs eine Fundgrube des Seelenheils und der Bereicherung entdeckt hatte. Die kirchlichen Feste der Weihnacht und der Fastnacht, Ostern und Pfingsten, denen um die Mitte des 13. Jahrhunderts (1264) der Fronleichnamstag beigefügt wurde, boten ein Getümmel lärmender Prunkumzüge und ausgelassener Freudengelage dar ohne Tiefe des Gefühls und religiöse Weihe. Überall stand hinter dem Geistlichen gleichsam der Gaukler mit dem Fuchsschwanz, wie man denn, vor allem in Frankreich, auch wirkliche Narren- und Eselsfeste mit großem Eifer und der Schau- wie Ohrenlust frönendem Gepränge zu begehen pflegte.

Die Unwissenheit der Ordens- und Weltgeistlichen hielt gleichen Schritt mit der Sittenverderbnis, die am Hofe zu Rom und Avignon, an den Sitzen der Erzbischöfe, Bischöfe und Äbte, in den Frauen- und Männerklöstern alle Scham und Zucht durchbrach, frech einherschreitend in der Nacktheit des Lasters. Denn während der Prälat öffentlich seine Stelle erkaufte und den schändlichsten Ämterhandel trieb, gaben ihm, weil sämtliche Abstufungen der Priesterschaft dem Gebot des Wuchers folgten, der Pfarrer und untere Kirchendiener eine beliebige Geldsumme für den Ankauf der vom Gesetz so oft untersagten Kebsfrauen.

Die Dominikaner- und Franziskanermönche wetteiferten miteinander in der Hab- und Herrschgier ebenso wie in der Kunst, das Volk zu verdummen und jeden Keim der selbständigen Denkkraft durch Wundermären und groben Aberglauben zu ersticken. So trat der heilige Franz von Assisi, dessen sieben Wundenmale und sonstige Übereinstimmungen (Konformitäten) mit spitzfindiger Gründlichkeit erforscht und bezeichnet wurden, als Nebenbuhler des Heilands auf, erschienen unzählige Vorschriften gegen die Einflüsse der Unholde und Unholdinnen (Hexen), deren peinliche Hals- und Gerichtsordnung schulmäßig gegliedert und angewandt wurde. Auch das Ungeziefer und böse Gewürm entging dem Bann der Beschwörer nicht. Mehr als einmal sind die Engerlinge (Inger, Larven der Maikäfer) zu Bern und anderswo vor geistliche Dingstätte geladen und als schuldig des Friedensbruchs feierlich, wenn auch umsonst, mit Acht und Fluch belegt worden.[*] Schwärmer und Verzückte, die den Himmel offen sahen oder sich für Heilige hielten, stiegen wie Blasen des gärenden Glüheisens auf und beurkundeten den Höhepunkt des aus seinen Fugen gerissenen Gemüts, wie denn eine Frau des Utrechter Sprengels wöchentlich dreimal die Erde zu verlassen und mit Gott dem Vater im braunen Rock zu verkehren glaubte (um 1430).

Der Heiligendienst hatte in dem Maße, in dem der Kern des christlichen Lehrbegriffs hinter Äußerlichkeiten verschwand, an Umfang und vernunftloser Gliederung ohne des Heidentums sinnbildliche Schönheit gewonnen und sich über alle Berufsarten, Stände, Tugenden und Gebrechen, selbst Krankheiten ausgebreitet. So schützten z. B. Nikolaus gegen Stürme und Ungewitter, Krispinus gegen schlechte Schuhe und Stiefel, wehrte Cyprian das Zipperlein ab, hütete Maria von Magdala die fahrenden Frauen.[**] Nicht minder zahlreich und ausgedehnt waren die geistlichen Bruderschaften. Jedes Handwerk, jede Begangenschaft bis zu den gemeinen Dirnen herab stiftete ihren überirdischen Schutzherren Jahrestag, Messe, Altar, Kapellen, Opfer und Beleuchtung. Endlos war die Reihe der Reliquien, denn sie dienten nicht nur dem Vorteil der Priesterschaft, sondern auch des weltlichen Wucherers, obwohl sie längst der früher oft sichtbaren, bisweilen wohltätigen Rückwirkung auf Gemüt und Sittlichkeit beraubt waren.[***]

Die meisten, sonst durch Sittenstrenge, Fleiß und Mildtätigkeit ausgezeichneten Klöster gaben durch einen üppigen, trägen und selbstsüchtigen Lebenswandel den Laien gerechten Anlaß zu lau-

---

[*] Anshelm, Berner Chronik, I, 207, gibt ein Beispiel.

[**] Vgl. Schads Leben, I, 68 ff.

[***] Die Entartung des geistlichen Standes um die Mitte des 14. Jahrhunderts beschreibt treffend das Chronicon Hirsaugense zum Jahr 1354 so: »*Apud omnes ordinis nostri (Benedikts) monachos per totam fere Germaniam his temporibus regularis disciplianae observantia penitus defecerat; studium literarum monachorum rarissimus curabat; venationibus, otio et comessationibus erant dediti, et nihil minus quam internae conversationis exercitium aut lectionem curabant scripturarum*«, d. h. »Bei allen Mönchen unseres Ordens hatte in diesen Zeiten die Zucht ganz aufgehört; nur selten studierte ein Klosterbruder; man kümmerte sich um Jagd, Müßiggang, Gelage und vernachlässigte durchaus die Besserung der Sitte und die Wissenschaften.«

ten Klagen und Beschwerden. Der wachsende Reichtum brachte selbst in die Zellen der arbeitsamen und nüchternen Benediktiner Prunkliebe und Müßiggang. So konnte z. B. das im Pommernland gestiftete (1173) Gotteshaus Kolbatz (d. h. die fette Wurst) schon zwei Jahrhunderte später täglich allein an Mühlenpacht ein Winspel Korn erheben und 64 Dörfer mit allen Rechten des Eigentümers besitzen.*

Gegen diese tiefgreifende und ausgebildete Verderbnis der römisch-katholischen Kirche und des kirchlichen Lebens überhaupt erhoben sich, jedoch aus verschiedenen Wegen, die wiedergeborenen Kämpfer des 12. und 13. Jahrhunderts, Bruderschaften (Sekten) und Stellvertreter des wissenschaftlich-religiösen Geistes oder Blutzeugen der Wahrheit. Beiden Richtungen aber gingen im Mutterland der entarteten Papstgewalt, in Italien, zwei durch sittlichen Ernst und Tiefsinn ausgezeichnete Dichter voran, Dante und Petrarca, von denen jener in gemessener, dieser in rücksichtsloser Sprache die Gebrechen des Priestertums heraushob und geißelte. »Dort unten«, meldet z. B. des Florentiners verklärte Beatrix im Paradies,** »bedenkt niemand, wieviel Blut es kostete, die Heilige Schrift in der Welt auszubreiten, und wie gefällt, wer ihr demütig naht. Nein! für den Schein strengt jeder sich an und macht eigene Erfindungen, die dann von den Predigern ausgeboten werden, während das Evangelium verborgen bleibt. – Florenz hat nicht so viele Lapi und Bindi (gewöhnliche Eigennamen), wie jahraus jahrein pergamentene Märchen hier und dort mit Geschrei ausgekündigt werden. So kehrt die kopflose Herde von der Weide zurück mit Wind gefüttert. Daß sie ihren Schaden nicht kennt, bringt keine Entschuldigung. Christus sprach nicht zu den Jüngern: ›Gehet und prediget der Welt Possen!‹, sondern gab ihnen den Grund der Wahrheit. – Jetzt aber bringt man Späße und Gaukeleien auf die Kanzel, und erschallt darüber ein Gelächter, dann bläht die Kapuze sich auf und fordert nichts weiter. Aber es nistet im Barett ein Vogel (der Teufel), bei dessen Anblick die Leute nicht mehr Sündenverzeihung vom Beichtvater holen möchten. Darum wuchs auf Erden die Narrheit so, daß ohne Beweis eines Zeugnisses jedes Versprechen Gläubige finden würde. Damit mästet dann der heilige Antonio seine Sau und manchen anderen, der noch schlechter

* Siehe Geschichte der Klöster in Pommern, von Steinbrück, S. 90 ff.
** Dante, Göttliche Komödie, Gesang 29, 90 ff.

ist denn die Sau, und zahlt mit Münzen ohne Gepräge (Indulgenzen, Wundergeschichten) usw.«

Wenn Dante in allgemeinen Zügen die Entartung der Lehre durch Menschendünkel und Leichtsinn schilderte, griff Petrarca (gest. 1374) mit schonungslosem Freimut die verwilderten Sitten des römischen Hofes an. Er nannte ihn das Nest der Verrätereien, in dem sich alle Laster der Welt Besuch abstatteten und Beelzebub den Reigen anführe, die Quelle der Leiden, Herberge des Grimms, Schule der Lügen, den Tempel der Ketzerei, das falsche, verruchte Babylon, den Tod des Guten und Schutzherrn des Bösen, die Hölle der Lebenden, freche Lustdirne, Schmiede der Betrügereien, und weissagte, daß ein neuer Herr kommen werde, um Babels Götzen zu zerschlagen, die stolzen, dem Himmel feindseligen Türme zu brechen und die Wächter dem Feuer zu übergeben.*

Dieser Seherspruch des begeisterten Dichters, den sittlicher Ernst und wissenschaftliche Bildung entflammten, wurde zwar nicht in den nächsten Menschenaltern erfüllt, aber viele Zeichen der Zeit deuteten hin auf bevorstehende Änderungen der kirchlich-religiösen Verhältnisse und kündigten den Sturm an, unter dessen Beben einst der stolze Dom des römischen Priesterkönigtums zusammenstürzen sollte. Zuerst nämlich tauchten die bereits** geschilderten Anhänger der Lichtlehre, Waldenser, Albigenser usw., teils in den alten, teils in neuen Gestalten wieder auf und stimmten bei mannigfachen Verschiedenheiten darin überein, daß die Beendigung des Papst- und Priestertums sowie der prunkvollen und oft inhaltslosen Kirchenbräuche und Satzungen und die Lesung des göttlichen Wortes in der jeweiligen Muttersprache als unerläßliche Bedingungen eines reinen Christentums gefordert wurden. In Südfrankreich und im Piemont, den Hauptsitzen der durch kein Glaubensgericht und Schwertrecht ausgerotteten Albigenser und Waldenser, in der Steiermark und Österreich, in Ungarn und Böhmen, in den Niederlanden und den Reichsstädten Mittel- und Norddeutschlands erhoben diese durch Leiden und Erfahrungen vielfach gereinigten Vereine bald als Brüder und Schwestern des freien Geistes (Fratrizellen), bald als Begharden (eifrige Beter) und Lollharden (sanfte Sänger) ihre Stimme gegen die Mißbräuche des geistlichen Lebens und machten auf das rohe und bedrängte Volk um so stärkeren Eindruck, je größere Sinnenlust die den Gläubigen

---

* Sonett 15 und 16.

** Siehe Band I, S. 399 ff.

vergönnte Gemeinschaft der Güter und Frauen darbot und je verführerischer die Lehre von der ständischen Gleichheit ertönte. Denn Zehnten, Frondienste und andere Abgaben des Lehnswesens sollten aufhören, Jagd, Fischerei, Forste und Ströme jedermann offenstehen. Fortan kam es zu blutigen Empörungen, die zwar augenblicklich unterdrückt wurden, aber mit einem neuen Ausbruch drohten, so daß Fürsten und weltliche Obrigkeiten schon des eigenen Friedens wegen mit dem Gedanken an eine durchgreifende Prüfung der kirchlichen Gebrechen hin und wieder befreundet wurden.

Dafür wirkten selbst bisweilen unvermeidliche Naturgeschicke, Erdbeben und pestartige Seuchen, die um die Mitte des 14. Jahrhunderts besonders Deutschland heimsuchten und hier wie anderswo, wenn sie die Schwäche der menschlichen Hilfe dargelegt hatten, die Gemüter der Reichen und Armen, Vornehmen und Geringen, Bauern und Städter so erschütterten, daß ganze Scharen ohne Einwilligung der Kirche sich selbst Buße setzten. Mit Kreuzen, Fahnen und brennenden Kerzen versehen, hielten sie unter Gebet und Sang feierliche Umzüge, bekannten ihre Sünden und geißelten sich bis aufs Blut.

Diese Geißler und Geißlerfahrten, die von einem dunklen Sittengefühl ergriffen die innere Seelenreinigung für eine Bedingung wahrhafter Reue hielten und aus eigener Machtvollkommenheit priesterliche Handlungen verrichteten, schwächten beim Volk, ohne es zu wollen, die Ehrfurcht vor den heiligen Gebräuchen und nährten den Neuerungsgeist.*

Während also die Bruderschaften den morschen Bau der alten Glaubenssatzungen und des römisch-katholischen Priesterregiments erschütterten, traten zahlreicher denn je, obschon wiederum sehr verschieden an Gehalt und Wesen einzelne Zeugen für die Besserung des Lebens und der Lehre auf. Etliche suchten sie innerhalb der gesetzlichen Kirchenordnung, andere, kühneren Geistes, trachteten außerhalb der gültigen und verfassungsmäßigen Schranken durch unmittelbare Änderungen die tiefverwurzelten Gebrechen zu entfernen. Jene richteten sich mehr auf Abwehr, diese auf Angriff. Dort wirkte die erhaltende, hier die zerstörende Kraft (Reform, Revolution). Obschon es unmöglich sein dürfte, stets die

---

* »Suchten Pönitentien und thäten das mit eignem Willen und nahmen den Papst und die heilige Kirche nicht zu Hilff und zu Rath, das grosse Thorheit war und grosse Unvorsichtigkeit und Versäumniß und Verstopfung ihrer Seelen.« Limburger Chronik, S. 14. Ausgabe vom Jahr 1826.

Grenzlinien beider Gebiete, die oft einander durchkreuzen, zu bestimmen, bleibt dennoch kein Zweifel übrig, daß in dem ersten, milderen Sinne besonders Deutsche handelten.

Zu ihnen gehört vor allem der Straßburger Dominikanermönch Johann Tauler (gest. 1361), der mit außerordentlicher Stärke des Gemüts und der Rede nicht ohne wahrhafte Herrschaft über die noch ungelenke Muttersprache in hinreißenden Predigten Reinigung des Herzens als Unterpfand des christlichen Lebens forderte und mit Nachdruck die Heuchelei toter Gebräuche bekämpfte. »Wenn solche Menschen«, urteilte er unter anderem, »ihr Fleisch durch Wachen und Fasten gekreuzigt haben, vermeinen sie zum höchsten Grad der Vollkommenheit gekommen zu sein, richten alle andere Menschen, auch die, die viel vollkommener sind als sie, achten und schätzen alle Menschen, die sich äußerlich nicht so kasteien, schlecht und gering, heißen sie grobe und des geistlichen Lebens unerfahrne Leut', meinen auch, es irren alle diejenige und seien von dem geistlichen Leben abgewichen, die nicht einerlei Werk mit ihnen treiben und ihnen dießfalls gleich werden, murren und sagen, daß sie keines geistlichen Lebens achten. Weil sie aber sich selbst und alles, was ihnen zugehört, in dienstbarer Eigenschaft und in eigener Lieb' allzusehr besitzen, so machen sie sich selbst vor Gott zunichte mit ihrer allgemeinen Liebe, die sie tragen sollten gegen alle Menschen, sie seien gleich fromm oder bös, und bleiben so in einer geteilten und geschiedenen Liebe, daher sie gegen sich selbst allerlei Unfriede erwecken, sich in sich selbst verlieben und nur ihren eigenen Nutzen und Bequemlichkeit ihnen angelegen sein lassen.«* Der Mensch müsse ein inneres, Gott schauendes Leben führen, sich selbst beherrschen, die Freiheit des Willens, in dem mehr denn in der Tat die Sünde liege,** erstreben und schädliches Urteilen und Richten des Nächsten gewissenhaft meiden. Die aber von Amts wegen dazu verpflichtet seien, möchten mit Bedacht handeln. »Strafen«, lautete die Mahnung, »sollen sie nicht mit mürrischen Gebärden oder ungeheuren, zornigen Worten, die allerlei Unwillen und Traurigkeit verursachen, sondern so sollen sie ihre Untertanen vermahnen und strafen, daß es zur Besserung derselben gereiche. Aber leider! leider! ist es dahin kommen, daß die Prälaten und die Oberherren sich dieses Orts gar zu viel übernehmen, ihre eigene Ehr'

---

* Taulers Predigten, 1692, Zweiter Teil, S. 23.
** S. 555.

und Nutzen suchen und sich unterstehen, die Untertanen unbilligerweise zu unterdrücken. Darum werden sie widerspenstiger und halsstarriger. Denn es sind fast die meisten, die da meinen, sie strafen aus Andacht der Gerechtigkeit, und tun das doch aus zornigem Rächen und frevlem Gemüt, und das sie meinen zu tun aus Haß gegen die Sünde, das tun sie aus Haß gegen den Menschen.«*

Mit Nachdruck erhob sich Tauler gegen den starren, äußeren Gottesdienst und forderte die innere Reinheit und Andacht als erstes Merkmal des gläubigen Christen. »Man findet Leute«, sprach er unter anderem, »die lange Jahre einen geistlichen Schein getrieben und gute Leute heißen und sein wollen, die sich alle ihre Tage also genügen lassen, daß sie von der Vereinigung Gottes so wenig sich annehmen zu fragen, zu forschen und zu merken, als von den Türken über Meer. Und wenn sie von göttlichen Dingen sagen hören, da verstehen sie soviel davon, als ein Deutscher die welsche Sprach verstehet. So sie ihr Paternoster und ihren Psalter vielmehr gelesen haben, und ihre dürren gehorsamen Werke mit den auswendigen Sinnen tun, so genüget sie es gar wohl. Gott vereinige sich mit wem er wolle, das geht sie gar nicht an. Aber wäre es ein auswendiges Urtheil oder ein Nützlein oder Ehre oder etwas lustiges, das ihnen zu tun oder zu verrichten vorfiele, so sollte man wohl sehen, wie geschäftig sie sein sollten. – Ein inwendiger Mensch muß ganz genau auf seiner Hut stehen, daß er nichts Fremdes darzu schlagen lasse, das diesem ungleich sei, es seien Bilder, Gedanken oder einige Mannigfaltigkeit auswendig und inwendig. – Welcher Mensch dahin kommen will, muß sich überformen, so daß er seinen Leichnam bezwinge und in die Seele überforme, in die Vernunft, in den Geist und die Vernunft in die Gottbildliche Einigkeit. Daher soll er den auswendigen Menschen untersuchen und prüfen, seine Neigungen, seine Gewohnheiten, seine Sitten, Worte, Werke, Wandel und Gebärden usw.«**

---

* Predigten, 69.

** Medulla animae, S. 81, 84 und 156. An der letzten Stelle werden Demut und Gelassenheit als der nächste Weg zu Gott bezeichnet. Ein armer, vollkommener Mensch antwortet einem Gelehrten auf die Frage: »Was wolltest du tun, wenn dich Gott in die Hölle würfe?« »Mich werfen in die Hölle? das hält ihn seine Güte. Doch so er es täte, so hätte ich zween Arme, damit ich ihn umfinge. Der eine Arm ist wahrhafte Demut, denselben lege ich unter ihn und damit bin ich mit seiner heiligsten Menschheit vereinigt. Und mit dem rechten Arm der Liebe, so mit seiner heiligen Gottheit vereinigt ist, umfinge ich ihn, daß er mit mir in die Hölle müßte. Und also wollte ich lieber in der Hölle sein und Gott haben, als in dem Himmel und Gott nicht haben.« Da verstand dieser Meister, daß wahre Gelassenheit mit gründlicher Demut der nächste Weg zu Gott wäre.

Bei dem allem hütete sich jedoch der strenge Sittenprediger ängstlich, die Lehren und Grundsätze der Kirche anzugreifen, mahnte vielmehr zum pünktlichsten Gehorsam und weissagte aus dem Leichtsinn der Zeitgenossen, die mit seltsamen, wunderlichen Gebärden kurze, durchgeschnittene Kleider trügen, eine solche Glaubensverwirrung, daß die Leute an der Wahrheit verzweifeln und niemandem mehr trauen würden.*

Während Tauler und später sein Geistesverwandter, Thomas von Kempen (gest. 1471), im vielgelesenen Büchlein von der Nachfolge Christi mit eindringendem Ernst an die Rückkehr zur sittlichen Natur mahnten und, einer gewalttätigen Dazwischenkunft feindselig, die Kräfte des vorwärtsstrebenden Geistes gleichsam in die Schranken einer edlen, gemütlichen Beschaulichkeit bannten, traten in England, Frankreich und Böhmen nach- und nebeneinander Männer auf, die unmittelbar die Gebrechen der kirchlichen Gesellschaftsverfassung angriffen und das Zeichen zu einem allgemeinen, obschon nichtsdestoweniger gehemmten Durchbruch der gespannten Verhältnisse gaben. Dafür wirkte besonders der Brite Johann Wiclef (Wicliffe), der weltlicher und geistlicher Wissenschaft kundig war. Rechtschaffen und unbestechlich, bescheiden und freimütig im Wesen, bezweifelte er als öffentlicher Lehrer an der Universität Oxford die Hauptgrundsätze des römisch-katholischen Glaubens und Kirchenregiments oder verwarf sie gänzlich. Den Papst, den weltlich stolzen Priester von Rom, dessen Macht weder auf den Ansprüchen der Apostel noch den ursprünglichen Einrichtungen des Christentums beruhe, nannte er den abscheulichsten Schafscherer und Beutelschneider.** Er erklärte die Heiligen Bücher, deren Lesung durch stellenweises Übertragen in die Muttersprache gefördert werden müsse, zu den einzigen, unverfälschten Quellen des evangelischen Lehrbegriffs. Die weltliche Gerichtsbarkeit der Kirche und den Besitz irdischer Güter, namentlich wenn sie übel angewendet würden, bezeichnete er als gesetzwidrige Anmaßungen des Ehrgeizes und der Habgier. Er sprach dem Papst, Bischof und Priester, sobald sie einer Todsünde schuldig seien, alle Macht über die Gläubigen und alle Befugnis zu gottesdienstlichen Handlungen ab, knüpfte mithin das Amt an die Sittlichkeit. Hinsichtlich der Buße erklärte er das gewöhnliche Sündenbekenntnis vor einem Priester bei aufrichtiger Reue für unnötig, die gesetzliche Ohrenbeichte aber als Hauptmittel des geistlichen Hochmuts für

* Medulla, 142, Kap. 62. »Taulers Prophecei.«

** »*The most cursed of Clippers and Purse carvers*«, bei Pfister, Geschichte der Deutschen, III. Buch, S. 376.

einen groben Betrug der Kirche. Er verwarf den Heiligendienst, die Wallfahrten, Kreuze, Bilder und Gemälde als unchristliche Gebräuche und entdeckte in dem ehelosen Leben der Priester, Mönche und Nonnen nicht den Beweis der Frömmigkeit, sondern die Quelle vieler Unordnungen und Ärgernisse.*

Diese Lehren, die, gestützt auf tadellosen Wandel, Beredsamkeit und tiefe Kenntnis der Gegenstände, bei Volk und Adel mächtigen Anhang fanden, konnten durch keine Bannbullen und Glaubensverhöre der Kirchenpartei unterdrückt werden. Sie überlebten den Urheber, der unangefochten auf seiner Pfarrei Lutterworth in Leicestershire starb (1384), und breiteten sich durch die zahlreichen Schüler und Gläubigen, Wiclefiten, Lollharden, unter fruchtlosen Verfolgungen über Großbritannien wie auch einen beträchtlichen Teil des Festlands aus. Denn in Frankreich stimmte ihnen die gesamte Pariser Universität bei, deren Sprecher Nikolaus von Clamenge, Peter von Ailly und Johann Gerson trotz des Gegengeschreis eine durchgreifende Besserung der kirchlichen Lehre und Zucht vom Haupt bis zu den Gliedern forderten, während auf Deutschland, dessen junge Hochschulen einstweilen der wissenschaftlichen Bewegung meistens fernblieben, teils die Bruderschaften (Sekten),** teils die von der böhmischen Universität Prag ausgehenden Hammerschläge aufregend zurückwirkten und in einem allgemeinen Brand endeten.

Schon seit Jahren nämlich enthielt Böhmen, wo flüchtige Waldenser und englische Lollharden eine Schutzstätte gefunden hatten, andererseits päpstliche Boten und höhere Geistliche alle Mißbräuche des entarteten Kirchenwesens geduldet und gefördert hatten, Keime innerer Zerwürfnisse. Diese wurzelten um so tiefer, je stärker unter den luxemburgischen Königen (seit 1311) die Spannung zwischen den Eingeborenen und den deutschen Fremdlingen wurde, die besonders Kaiser Karls IV. Sohn und Nachfolger, der wollüstige, träge und bisweilen grausame Wenzel (1378–1419), durch Ämter und Ehren begünstigte. Während also das Volk im steigenden Druck der geistlichen und herrschaftlichen Steuern, der

---

* Rapin, Geschichte Englands, III, 86, 90. Mackintosh, Geschichte Englands, II, 173.

** Waldenser lebten z. B. so zahlreich in Pommern und der Mark Brandenburg, daß man um 1391 bei einer obrigkeitlich-rechtgläubigen Untersuchung 443 Ketzer fand. Sie hielten ihren Gottesdienst still in Gewölben und unterirdischen Kapellen, deren Altäre und Geräte man später fälschlich den mit den Waffen eingedrungenen Hussiten als Werkmeistern zuschrieb. Siehe Bekmann, Orationes secul. a. 1713, S. 14, bei Lenfant, Geschichte der Hussitenkriege, S. 342.

ausländischen Sitte, Sprache und Hofhaltung die Ursachen wohlbegründeten Mißvergnügens fand, nährte die von Heimischen, Deutschen, Polen und anderen Fremden zahlreich besuchte Hochschule Prag, die durch Karl IV. nach dem Vorbilde der Pariser gestiftet worden war (1348), den wissenschaftlichen Gärungsstoff und eröffnete ihm wachsenden Spielraum in den Schlössern des Adels und den Städten der Bürgerschaft.

Daher fehlte nur ein Anstoß, um den zwiespältigen Kräften, die hier das Fremdtum und die Volkstümlichkeit, dort der leibliche Druck und die wachsende Bildung neben dem stolzen Trotz des weltlichen und priesterschaftlichen Schwertes gewährten, die Pforte des Durchbruchs zu öffnen. Dafür trat in den Tagen allgemeiner Bewegung Johann Huß auf. Geboren zu Hussinetz, einem Dorf des südböhmischen Kreises Prachin unweit der bayrischen Grenze (6. Juli 1373), wurde er bei frühzeitig sichtbaren Fähigkeiten von den armen, rechtschaffenen Eltern dem geistlichen Stande bestimmt und nach Vollendung der ersten Schuljahre zu Prachenitz durch den fleißigen Besuch der Universität Prag unter vielfachen Drangsalen in die höhere Gelehrsamkeit eingeweiht, die durch gründliche Kenntnis der griechischen und lateinischen Sprache vorbereitet wurde. Als Meister der freien Künste, Priester und Prediger war er am Gotteshaus Bethlehem zu Prag gleich tätig für die Wissenschaft und den christlichen Volksunterricht.

Beredt, scharfsinnig, freimütig und standhaft, griff Huß anfangs die Gebrechen und Laster der Weltlichkeit, danach die entarteten Sitten der kirchlichen Großen gleich furchtlos an. Er predigte gegen den Ablaß und andere Mißbräuche, verkündete öffentlich die durch Schrift und Wort auch über Böhmen ausgebreiteten Grundsätze Wiclefs als acht evangelische Wahrheiten, trotzte, gestützt auf seine Überzeugung und die wachsende Zahl der Anhänger, den Umtrieben und Gewalttätigkeiten des päpstlich gesinnten Erzbischofs Sbinko von Prag wie der gesamten Priesterpartei und ruhte nach mannigfaltigen Wechseln des Kampfes nicht eher, als bis der römische Hof über den Halsstarrigen und dessen Freund, Hieronymus Fulfisch, den schon einmal angedrohten Bann aussprach und jeden Ort, der die Irrgläubigen beherbergen würde, für geistlich geächtet erklärte (1413). Huß aber, in seinem Geburtsdorf durch den Grundherrn, Nikolaus von Hussinetz, geschützt, fuhr nur desto eifriger fort, als Lehrer und Schriftsteller auf das öffentliche, mächtig angeregte Urteil einzuwirken, und legte vor dem schlecht unterrichteten Römischen Stuhl Berufung ein an die allgemeine, damals nach Konstanz ausgeschriebene Kirchenversammlung.

Mehrere Umstände vereinigten sich, um dieses bisher umsonst von der denkenden Minderheit gewünschte Heilmittel laufender Gebrechen dem zaudernden Priestertum abzutrotzen. Denn teils wollte der unlängst an das Reich der Deutschen gewählte Luxemburger Sigmund (1411), der kräftige und ehrgeizige Bruder des schlaffen und sinnlichen Böhmenkönigs Wenzel, die Gefahr drohender Glaubenszwiste nach Güte und Recht schlichten, teils dem in den Hauptländern sichtbaren Begehren nach durchgreifender Besserung des geistlichen Wesens als römischer König und weltliches Oberhaupt der Christenheit entgegenkommen, vor allem aber einem vieljährigen Ärgernis ein Ende setzen. Die Römer hatten nämlich im gerechten Zorn über die willkürliche Verpflanzung des Heiligen Stuhls nach Avignon einen Italiener, Urban VI. (1378–1389), dem Franzosen Klemens VII. (1378–1394) entgegengestellt und dadurch das Zeichen zur Zweiung (Schisma) gegeben, die beim tiefen Verderbnis der kirchlichen Zucht und dem herrschsüchtigen Wesen der weltlichen Macht, besonders in Frankreich, auf die nächsten Generationen überging. Durch gegenseitigen Bann, Wetteifer des Lasters und der Heimtücke zerstörte sie die letzte Ehrfurcht vor den Nachfolgern des Apostelfürsten und machte den christlichen Glauben bei den Heiden zum Gespött. »Die Christen«, sprachen diese oft zu den Reisenden, »hatten vor Zeiten einen irdischen Gott, der ihnen ihre Sünden vergab. Jetzt haben sie sich gebessert. Sie haben nun zwei Götter, und will ihnen der eine ihre Sünden nicht vergeben, so besuchen sie den anderen.«*

Um solchem Unwesen endlich zu wehren, wurden vorzüglich auf Betreiben der Pariser Universität Kardinäle, Erzbischöfe, Bischöfe, Äbte, Gesandte der Hochschulen und Fürsten aus Frankreich, England, Deutschland, Portugal, Böhmen, Polen, Sizilien, Italien und anderen Ländern nach Pisa berufen, die Doppelpäpste Gregor XII. und Benedikt XIII., von denen jener in Rom, dieser in Avignon wohnte, als hartnäckige Abtrünnige und Ketzer ihres Amtes enthoben und anschließend die Rechte eines Vaters der Christgläubigen dem Kardinal Peter von Kandia als Alexander V. übertragen (26. Juni 1409). Doch jetzt entstand aus der Zweiung eine Dreifaltigkeit, die um so heilloser wirkte, als nach dem frühzeitigen Tod des pisanischen Papstes (Mai 1410) der sitten- und schamlose Kardinal Balthasar Cossa unter dem Namen Johann XXIII. den Heiligen Stuhl bestieg. Fortan wuchs mit dem Unfrieden und

---

* Justinger, Berner Chronik, S. 275.

Ärgernis die Sehnsucht nach einer allgemeinen, die Gebrechen und Zerwürfnisse tilgenden Kirchenversammlung bis zur unabweisbaren Notwendigkeit, so daß Johann den Mahnungen Sigmunds und der öffentlichen Stimme nachgeben mußte.

Sofort wurde durch päpstliche und königliche Schreiben die Reichsstadt Konstanz am Bodensee, als ein fruchtbarer, geräumiger und günstig gelegener Platz, zum Sitz des großen Rates der Christenheit gewählt. Von den geistlichen und weltlichen Herren wurde jedermann eingeladen, persönlich oder durch Boten für den besonderen Frieden der Kirche und des christlichen Volkes am 1. Dezember des Jahres 1414 der Eröffnung beizuwohnen. Auch Meister Johann Huß wurde aufgefordert, mit kaiserlichem Geleitbrief für die Sicherheit der Hin- und Rückreise in Konstanz zu erscheinen und hier Rechenschaft von seiner Lehre zu geben. Willig gehorchte jener und verließ, nachdem ihm der für Böhmen bestimmte Ketzermeister, Nikolaus, Bischof von Nazareth, ein Zeugnis des getreuen, christgläubigen Mannes ausgestellt und Sigmund durch Siegel und Schrift des Reiches Schutz zugesagt hatte, mit etlichen Gefährten um Anfang Oktober Prag.

Inzwischen rüstete auch Papst Johann, obschon ungern und von mehreren Freunden gewarnt, zur Fahrt nach Deutschland. Bei dem Klösterlein auf dem Arlberg, wo ein neuer Schnee gefallen war, stürzte er mit dem Wagen um, zum Ärgernis der herbeieilenden Landleute wegen des schlechten Weges in des Teufels Namen fluchend.* Als er den Berg herabfuhr und Konstanz wie die Umgegend sah, rief er gleichsam vorahnend aus: »So fängt man die Füchse!« und hielt am 28. Oktober mit außerordentlichem Gepränge und einem Gefolge von 600 Dienern Einzug in die ihm bald verderbliche, schon damals unheimliche Stadt. Rat und Bürger hießen danach den Heiligen Vater, der in der Pfalz Herberge nahm, mit einem Ehrengeschenk von Silbergeschirr, welschen und Elsässer Weinen und viel Hafer willkommen. Als Gegengabe empfing Heinrich von Ulm, damals Bürgermeister in Konstanz, einen schwarzen, seidenen Rock.

---

* *»Jaceo hic in nomine diaboli«*, rief der Heilige Vater aus. Stumpf, Das gemeine Concil zu Konstanz, 9. Reichenthal, Das Concilium zu Konstantz, Augsburg 1536, S. 15. »Als der Babst also inn dem schnee under dem Wagen lag, do kamen zu im seine diener und Churtisanen, die dem hoffe dann nachlieffent, unnd sprachen zu im, Heyliger vatter, gebricht euwer heyligkait ichtz? Da antwurt er inn Lateyn: Jaceo hic in nomine diaboli, das ist inn teutsch gesprochen: Ich lig hie inn dem nammen des Teufels.« – Ein Leser setzte hinzu: »Ist recht geredt, Herr Ammann; dann dis ist der Päbste landssprach.« (Ausgabe Reichenthals in der Berner Bibliothek.)

In den nächsten Wochen ritten und zogen darauf ununterbrochen geistliche und weltliche Herren ein, wie die Boten der Päpste Gregor und Benedikt, der Könige von England und Schottland, Frankreich, Spanien und Portugal, Neapel und Sizilien, Dänemark, Norwegen und Schweden, Böhmen und Polen, Ungarn und Masovien, Zypern und Armenien, des griechischen Kaisers, der Fürsten von Litauen, der großen und kleinen Walachei, der weißen und roten Reußen, der Türkei und anderer Heidenländer, letztere in seltsamen Trachten, mit spitzigen Hüten und um das Haupt gewundenen Turbanen. Die Großmeister der Johanniter und übrigen geistlichen Ritterorden, die Patriarchen von Jerusalem, Aquileia, Konstantinopel, viele Erzbischöfe, Bischöfe, Äbte, Kloster- und Schulpfaffen, Meister und gelehrte Leute aus Frankreich, Italien, dem deutschen Reich und anderen Ländern, Fürsten, Grafen, Freiherren, Ritter und Knechte der gesamten Christenheit, besonders deutscher Nation, die Abgeordneten der freien Städte Welsch- und Deutschlands, der schweizerischen Eidgenossenschaft, endlich Handwerker, Wirte, Wechsler, Krämer, Gaukler, Schauspieler, Müßiggänger und leichtfertige Leute der Christen- und Heidenwelt. Im Durchschnitt zählte man an 100 000 Fremde mit 30 000 Pferden, 33 Kardinäle, 47 Erzbischöfe, gegen 145 Bischöfe, 83 Weihbischöfe, 124 Äbte, überhaupt an 500 geistliche Fürsten mit 3000 Dienern, wenigstens 5000 gemeine Priester, nicht einbegriffen ihre Leute, an 750 Meister (Doktoren) der Gottesgelehrsamkeit, Rechte, Arzneikunde und 1400 der freien Künste sowie Abgeordnete von 37 hohen Schulen mit einem Gefolge von 2000 Köpfen. Dazu kamen gegen 1700 Schauspieler, Pfeifer, Trompeter und Schwänkemacher, 700 gemeine Frauen in Häusern, Ställen und Winkeln, an die 80 Pastetenbäcker, die ihre Öfen auf Karren in der Stadt umherführten, 567 Kaufleute und Kleinhändler aus allen Ländern, 268 Schneider, Meister und Knechte, etwa 83 Wirte für welschen, 95 für deutschen Wein, auch viele alte Frauen, die den römischen Herren ihre Kleider wuschen und ausbesserten und sonstwie dienten.*

* Stumpf, S. 174 und Reichenthal, S. 212. Es erschienen auch hin und wieder falsche Boten, um das Volk zu berücken. So sandte der fabelhafte Priester Johann von Indien angeblich Bevollmächtigte, »drei Moren, die sich erdicht haben; sy habent kein Latein künth noch kein sprach, damit man sie hett mögen verstehen.« Reichenthal, S. 82; also schlaue Betrüger und Beutelschneider, die den gemeinen Mann durch den Radikalismus der Sonderbarkeit fingen, im übrigen aller Welt Freunde waren.

Aus den verschiedensten Ursachen eilte dieses und anderes Volk nach Konstanz. Etliche kamen eingeladen um ernster Absichten willen, andere unaufgefordert, um die Versammlung zu beschauen und die fremden Leute. Einige haben Heiraten darauf beschlossen, damit desto mehr Glück dazu schlüge. Manche erschienen, um Ruhm im Rennen und Stechen zu gewinnen, etliche, um ihre Pracht und Herrlichkeit zu zeigen, noch andere, um vom König Freiheiten, Ritterschaft und Lehen zu empfangen oder des neu erwählten Papstes Segen und Ablaß davonzutragen, so daß Konstanz in Wahrheit den kleinen Schauplatz der damaligen Welt mit allen Tugenden und Gebrechen, vielartigen Völkern, Sitten und Sprachen, deren man bei 30 hören konnte, vier Jahre lang darstellte. Trotz des bunten Gewühls und der ein- und ausströmenden Menge herrschten jedoch Ordnung und Überfluß an allen Lebensbedürfnissen, beides durch Fürsorge des Rates und Pfalzgrafen am Rhein, der als Schutzvogt und Statthalter des römischen Königs regierte. Dieser langte am Christabend in Überlingen an, setzte früh vor Tag über den See und zog mit großem Pomp und Gefolge in das Münster, wo Papst Johann die Messe las, und von da in die Herberge.

Inzwischen hatte die Versammlung, durch den Heiligen Vater an einem Freitag, den 16. Dezember, mit außerordentlichem Gepränge in der Domkirche eröffnet, in ihren ersten Handlungen nachdrücklichen Ernst gezeigt und, um den Feinden einer gründlichen Besserung des geistlichen Wesens zu widerstehen, beschlossen, daß künftig nicht die Mehrheit der Bischöfe und Äbte, sondern der vier Nationen, nämlich der deutschen, französischen, italienischen und englischen,* über umstrittene Fragen entscheiden und daß auch jede Hochschule durch ihre Sendboten und Meister am Stimmrecht teilnehmen sollte. Dieser den Anhängern der kirchlichen Gebrechen unerwartete und gefährliche Schritt führte zu einem zweiten, nicht minder folgenreichen. Man erklärte die Notwendigkeit, vor allem die jahrelange Spaltung der Christgläubi-

---

* Die Spanier wurden erst später als Nation anerkannt, sie gehörten nach dem früheren Brauch zur französischen. Stumpf, S. 16. Übrigens rechnete man zu den Deutschen *(natio germanica)* die Ungarn, Böhmen, Polen, Dalmatier, Griechen, Kroaten, Preußen und Reußen; zu den Franzosen *(natio gallica)* gehörten die Pikarden, Normannen, Spanier, Portugiesen; zu den Engländern *(natio anglica)* die Schotten, Iren, Dänen, Schweden, Norweger; zu den Italienern *(natio italica)* die Lombarden, Rom, Venedig, Neapel, Apulien, Kalabrien, Provence und Sizilien. Stumpf, S. 16.

gen, das Ärgernis der abscheulichen Dreieinigkeit, wie Gerson, der Kanzler der Pariser Universität, die Fehde der Gegenpäpste nannte, zu entfernen. Daher sollten des allgemeinen Friedens wegen die drei Nebenbuhler freiwillig abdanken und ihre geistliche Macht der Versammlung übergeben, die sodann eine neue, unparteiische Wahl zum Nutzen und Heil der Kirche bewerkstelligen würde.

Johann, dessen Anhänger bisher die Hauptsorge der Väter auf Ausrottung der Ketzerei gerichtet und trotz des königlichen Geleitbriefs die Verhaftung von Huß (28. Dezember) durchgesetzt hatten, erschraken wegen des unerwarteten Schlages und versuchten ihn auf jede Weise abzuwenden. Als jedoch die Mehrzahl der Nationen, besonders der deutschen, fest blieb und eine Schrift verbreitete, die weitläufig die Todsünden und Abscheulichkeiten des geistlichen Oberhaupts schilderte, wich Johann dem drohenden Sturm einer richterlichen Untersuchung. Er trat in feierlicher Sitzung des Konzils vom Papsttum zurück,* unterzeichnete und beschwor die darauf bezügliche Urkunde und empfing demütig, wie es schien, den Dank und Fußkuß des römischen Königs, der als Gegengeschenk eine goldene, geweihte Rose bekam. Danach wurde, während die Freunde und Diener des entthronten Priesterfürsten und auch viele Fremde trauerten und weinten, zum Schluß ein Lobgesang angestimmt und dreimal des Tages mit allen Glokken Freude geläutet (2. März 1415).

Aber die Herrlichkeit dauerte nicht lange, denn Johann, der in seinen Hoffnungen bitter getäuscht war und von Sigmund, einem stets geldbedürftigen Fürsten, trotz des unerwarteten Einverständnisses mit den Vätern um neue Anleihen ersucht wurde, empfand Reue über die bisherige Willfährigkeit und gedachte Konstanz, die unheimliche Stadt, deren Luft ungesund sei, für kürzere oder längere Zeitfrist zu verlassen. Umsonst boten der König und die Bürger von neuem sicheres Geleit an, ja, versprachen die letzteren, eher ihre eigenen Kinder zu essen, als zu brechen, was sie geschworen hätten.** Der Papst, teils eingeschüchtert, teils gesonnen, durch heimliche Flucht Schrecken und Zwiespalt über die Versammlung zu bringen, traf dafür mit dem schon früher befreundeten Herzog

* »Die vier Nationes und das gantz Concil wurden zu Rath, daß Bapbst Johannes seines Bapbstthums einfeltigklichen abtret.« Reichenthal, S. 20. Stumpf, S. 23.
** Reichenthal, S. 21. »Sy wölten im ir gelayt stät halten unnd sölte es also hert werden daß sy ire eygene kind essen müsten.«

Friedrich von Österreich die zweckmäßigsten Maßnahmen. Daher gab dieser, den der König als habsburgischen Nebenbuhler und das Konzil als Feind der Geistlichkeit haßten, am 20. März um Mittag vor der Stadt auf dem inneren Feld ein prachtvolles Stechen und erschien persönlich in den Schranken, um mit dem Grafen von Cilly für den Gewinn des Kampfpreises etliche Lanzen zu brechen. Während nun das Volk und die Ritter auf das Waffenspiel schauten und vergaßen, was drinnen geschah, warf Johann XXIII. einen grauen, mit weißem Tuch gefütterten Mantel, der an den Seiten offen war, um, verhüllte das Gesicht in eine gleichfarbige Kappe mit langem Zipfel, der um das Haupt gewunden war, und stieg, einem Boten oder Herrendiener gleich, an der Seite die Armbrust, vor sich einen ähnlich gekleideten Knaben, aufs Roß. Unerkannt trabte er aus Konstanz auf dem nächsten Weg nach Ermatingen in des Pfarrers Haus, wo ein Trunk Wein genommen wurde, stieg dann in ein wohlgerüstetes Schiff und fuhr an Stein und Dießenhofen vorbei nach Schaffhausen.

Kaum vernahm Herzog Friedrich von einem getreuen Diener die glückliche Abreise, als er das Stechen aufgab, seinem Gegner die Ringe und Kleinodien überließ und in das Haus eines Juden eilte, wo Hans Truchseß von Dießenhofen, genannt Molle, den jetzt ratlosen Fürsten traf. Denn diesem hatte der Oheim, Graf Johann von Lupfen, der die Sache bemerkte, den gewünschten Besuch abgeschlagen und alle Hilfe verweigert. Da sprach der Truchseß: »Ihr erschrockener Herr, was habt ihr getan?«, warf ihn auf ein Pferd und ritt mit ihm aus dem Augustinertor längs dem Graben nach Schaffhausen dem Papst nach. Heimlich folgte das Gesinde.

Auf die Kirchenversammlung, die Kaufleute, Wechsler und Handwerker aber fiel, sobald das Geschehene ruchbar wurde, große Furcht. Man schloß die Buden, packte ein und flüchtete, aus Besorgnis, des Heiligen Vaters Entfernung möchte dem Konzil und dem Landfrieden ihre Gültigkeit nehmen und das Zeichen zu wildem Volksgetümmel geben. In solcher Not ritt der König Sigmund am nächsten Morgen mit dem Pfalzgrafen, Herzog Ludwig von Bayern, durch die Straßen, sicherte unter Trompetenhall den Fremden und Heimischen strenges Geleit zu, so daß die Krämer, Apotheker und Wechsler ihre Läden wieder öffneten und alles wieder feilboten wie vorher. Er beschied die Kardinäle, geistlichen und weltlichen Herren, klagte den Herzog Friedrich der Untreue an und beschloß auf den Rat der Stände, ihn durch offene Schreiben vor das königliche Gericht zu laden und, wenn er halsstarrig bliebe, als schuldig des Hochverrats zu strafen.

Aber Fürst und Papst wiesen trotzig die Botschaft ab und beschleunigten dadurch die ihnen drohende Gefahr. Denn während der Herzog, mit dem Bann und der Reichsacht belegt, an einem Tag zu Schaffhausen die Fehdebriefe von mehr als 400 Herren und Städten empfing, erklärten die Väter, daß das gegenwärtige Konzil, das im Heiligen Geist versammelt und unmittelbar bevollmächtigt war, von jeglichem, auch dem Papst, Gehorsam zu fordern, nicht eher weichen solle, als bis die Trennung (Schisma) aufgehoben und die Kirche im Haupt und in Gliedern gebessert sei. Sie verboten jedem Anwesenden bei schwerer Buße heimliche oder offenbare Entfernung (30. März, 6. April).

Darauf begann der Kreuzzug – jeder Teilnehmer gewann neben der Beute vollkommenen Ablaß – gegen Habsburg, dessen Stammhalter, von drei Heeren und den schweizerischen Eidgenossen bedrängt, ohne Freunde und Bundesgenossen nach kurzer Gegenwehr dem Gesetz der Notwendigkeit folgte und auf den Rat seines Oheims, des Herzogs Ludwig von Bayern, die Gnade des Königs anrief. In einer gesiegelten Urkunde übergab er diesem alle seine Länder, Herrlichkeiten, Güter und Leute zur unbedingten Verfügung und versprach, den Papst Johann – jedoch unter dem Vorbehalt, daß ihm Leib und Habe gesichert blieben – nach Konstanz zu bringen und hier so lange als Geisel zu wohnen, bis alle Habsburgischen im Breisgau, Elsaß, Tirol, Schwabenland und Inntal dem Oberhaupt des Reiches gehuldigt hätten.*

Als nun der Herzog Friedrich im Speisesaal der Barfüßermönche zu Konstanz vor den Fürsten, Prälaten und Botschaftern der Fremde fußfällig um Verzeihung aller Missetaten gefleht und Gehorsam gelobt hatte, wandte sich der König Sigmund an die Gesandten Venedigs, Mailands, Genuas und Florenz' und sprach: »Ihr Herren von Italien, ihr meint, glaubt und wißt nichts anderes, als daß die Herzoge von Österreich die größten Herren sind in deutschen Landen und in der Nation Germania. Nun seht ihr, daß ich ein mächtiger Fürst bin über die von Österreich und sonst über alle Fürsten, Herren und Städte.« Damit kehrte er sich wiederum zu Herzog Friedrich um und fragte: »Wollt ihr den Brief ungezwungen beschwören und halten?« Jener bejahte, hob Hand und Finger auf und schwor zu Gott und den Heiligen, dies so zu vollziehen und dagegen nichts zu tun, noch tun zu lassen.**

* Diese Verschreibung wurde ausgestellt dienstags vor Himmelfahrt. Stumpf, S. 53.
** Reichenthal, S. 68.

Etliche Tage später (14. Mai) saß die Kirchenversammlung zu Gericht über den Papst Johann, der, mehrmals vorgeladen, trotzige Antwort gegeben hatte. Die in 70 Abschnitte (Artikel) gegliederte Anklageschrift – obschon nicht vollständig abgelesen, um Ärgernis zu meiden – beschuldigte den Heiligen Vater des Wuchers, Pfründen- und Ämterhandels, des Treubruchs gegen die unter seiner Vorsteherschaft einberufenen Stellvertreter der Christenheit sowie des ketzerischen und lasterhaften Lebenswandels. Er habe, hieß es unter anderem, seinen Vorgänger, Alexander V., durch Gift getötet, seines Bruders Frau beschlafen, an 300 Nonnen verführt, unnatürlichen Lüsten gefrönt und oft mitten in der Völlerei geschworen, daß es keine Unsterblichkeit gebe, dieweil Seele und Leib mit dem Tod vergingen.

Der Angeklagte, inzwischen von Freiburg im Breisgau nach Radolfzell, gegenüber Konstanz, gebracht, verschmähte weitläufige Rechtfertigung. Er gestand den größten Teil der Vorwürfe ein, vor allem die gesetzwidrige Flucht, erinnerte demütig an die früheren Verdienste um das hohe, in Kirchensachen allein gültige Konzil und gelobte, sich dem Spruch desselben mit schuldigem Gehorsam zu unterwerfen. Da urteilten die Väter in Gegenwart des Königs, der Fürsten und weltlichen Herren an einem Mittwoch, den 24. Mai, daß Balthasar Cossa, genannt Johann XXIII., als Wucherer, Verschwender und böser Haushalter des Kirchenguts, der überdies durch schändliches Leben Gottes Volk ärgere, des Papsttums für immer enthoben sei, und wer dawider etwas sagen wolle, austreten möge. Jedermann blieb still. Sofort riefen die Vorsteher der vier Nationen: »Es gefällt uns!« und hoben die Sitzung auf.*

Johann aber wurde zuerst auf Befehl Sigmunds in das Schloß Gottlieben bei Konstanz, danach nach Heidelberg gebracht, wo ihn auf der Burg Pfalzgraf Ludwig drei Jahre lang in leidlicher Haft halten ließ. Als auch bald danach Gregor XII. freiwillig abgedankt (4. Juli) und Benedikt XIII. in Spanien trotz des hartnäckigen Sträubens die gebotene Unterhandlung angenommen hatte, richtete sich das Konzil, in dem Glauben, die Kircheneinheit sei wiederhergestellt und die Wahl des künftigen Papstes einstweilen kein dringliches Bedürfnis, auf das zweite Ziel, die Ausrottung der sogenannten Ketzerei, die vor allem, wie es schien, in Johann Huß verkörpert war. Dieser edle und unerschrockene Böhme hatte, wie oben berichtet wurde, im Vertrauen auf den königlichen Geleit-

---

* Stumpf, S. 62.

brief und die Stellvertreter der Christenheit von etlichen Freunden begleitet die Reise nach Konstanz als sicherstes Mittel der Rechtfertigung gegen die Anklagen der geheimen und öffentlichen Feinde gewählt. Unterwegs wie bei der Einfahrt (3. Dezember 1414) hatte er viele Beweise der Achtung empfangen, ja, den Papst Johann durch schriftliche und mündliche Zeugnisse bewogen, die früher wegen des böhmischen Handels verhängte Bannstrafe zu widerrufen.

Aber bald schlichen sich die eigenen Landsleute und Amtsgenossen, Stephan Paletz und Michael de Causis von Prag, nach Konstanz und boten heimlich bei den Kardinälen, Bischöfen und Mönchen abgerissene Bruchstücke hussischer Schriften als Beweise des Ketzertums mit gleisnerischem Eifer für Rechtgläubigkeit herum. Sie füllten durch lügenhafte Berichte die Lücken der unbestimmten Anklage und ruhten nicht eher, als bis der tödlich gehaßte Mann unter dem Vorwand eines freundlichen Gesprächs über ausgestreute Gerüchte aus seiner Herberge in die Pfalz gelockt und auf Befehl des Papstes und der hohen Geistlichkeit verhaftet wurde (28. Dezember 1414). Umsonst berief sich der böhmische Ritter, Johann von Chlum, auf den Geleitbrief, vergeblich befahl der damals noch abwesende König, die besiegelte Urkunde, selbst mit Waffengewalt, zu handhaben. Die rachgierige, jetzt aufgeregte Geistlichkeit ließ den Gefangenen in einen dunklen, feuchten Kerker des Predigerklosters werfen und, als eine gefährliche Krankheit die Lebenstage des Schlachtopfers zu verkürzen drohte, des Heiligen Vaters kunstreiche Ärzte rufen, die auch die Gefahr glücklich beseitigten.*

Sigmunds Ankunft änderte den Stand des inzwischen förmlich eingeleiteten und Verhörrichtern übergebenen Ketzerprozesses wenig, denn der selbstsüchtige und zweideutige Fürst räumte willig die Befugnis ein, daß in Glaubenssachen die Kirchenversammlung durchaus frei schalten und gegen Irrlehrer bei dem geringsten Verdacht einschreiten dürfe, wie denn auch in solchen Fällen Geleitbriefe die verdienten Strafen nicht von dem Schuldigen abwenden könnten. Solchen Grundsätzen gemäß wurde ein Schreiben der böhmischen Stellvertreter, die an das ihrem Landsmann gegebene Wort erinnerten, unter Hohnlachen abgelesen, zerrissen und verbrannt.

---

* Stumpf, 21, 23. »Aber Pabst Johannes erzeigt hie ein gut vatterstuck; dann auf dass er (Huß) nit eines gemeinen tods sturbe und darmit der kätzer straf entrunne, so schickt er im etliche seiner besten artzet, die im hulffind.«

Nur mit knapper Not gewann Sigmund, durch Herrn von Chlum und Menzel von der Tauben bestürmt, einen kurzen Aufschub des schon fertigen Urteils und die Vorführung des Gefangenen, den die Mehrheit ungehört verdammen wollte. Also erschien Huß nach halbjähriger Haft am 5. Juni (1415), während Papst Johann, vom Schicksal ereilt, auf dem Schloß Gottlieben saß, vor dem hauptlosen Konzil, wurde aber beim Beginn seiner Verteidigung mit solchem Geschrei empfangen, daß kein Wort gehört werden konnte. Etliche schmähten, andere spotteten oder schrien, als der Angeklagte schwieg und seine Sache Gott empfahl, als wenn der Sieg schon entschieden wäre: »Er schweigt jetzt. Gelt, er schweigt! Es ist ein genugsam Zeichen, daß er seine Irrtümer selbst bekennt.« Indes gelang es wenigen Vernünftigen, bei dem wilden Lärm die Spruchfällung zu verhindern und für den Gefangenen, der wiederum in den Kerker geführt wurde, eine kurze Frist zu gewinnen.*

Am 7. Juni, als die Sonne etliche Stunden lang finster blieb, hielt das Ketzergericht im Speisesaal der Barfüßermönche vor dem König und den Fürsten seine zweite Sitzung und führte neben den schriftlich beigebrachten Anklagebeweisen über 20 Zeugen, meistens Priester, auf. Huß aber verantwortete sich ebenso gelehrt und scharfsinnig wie freimütig und bescheiden, so daß die Widersacher, die mit den angeblichen Glaubensirrtümern nicht durchkommen konnten, in Verlegenheit gerieten und auf ein anderes Feld flüchteten. Sie beschuldigten nämlich den Böhmen des Ungehorsams gegen die weltliche Obrigkeit und daß er die Untertanen von der Pflicht, den Zehnten und ähnliche Abgaben zu zahlen, losgesprochen, auch bereits offene Empörung angestiftet habe. Aber auch hier fehlte die entsprechende Antwort nicht. Scham und Zorn fielen auf die Versammlung. Sie brachte statt der Gründe Schmachworte. Endlich mahnte Sigmund den Angeklagten, durch Zeugnisse belegte Irrlehren zeitlich zu widerrufen oder zu gewärtigen, daß des Reiches Oberhaupt eher mit eigenen Händen die Flamme des Scheiterhaufens anschüren als frevelhafte Hartnäckigkeit dulden werde. Gerne, beteuerte dagegen Huß vor Gott und den Menschen, wolle er seine Meinung widerrufen, wenn Vernunft und Stellen der Heiligen Schrift dagegen zeugten, sonst aber nie. – Dieselbe Gesinnung blieb, als am nächsten Tag (8. Juni) nicht nur die

* Stumpf, S. 66. »Und ward ein ellende confuß und betrübung.«

Kardinäle und Bischöfe etwa 34 ketzerische, abgerissene Sätze vorlegten, sondern auch die gelehrten und bisher den kirchlichen Gebrechen feindseligen Franzosen, Peter von Ailly und Gerson, aus Eitelkeit und Neid den Anklägern beitraten, wobei sie selbst Mittel der Heimtücke nicht verschmähten. Denn ein Mann, äußerten sie, der öffentlich verkündet habe, Untertanen und gemeine Leute dürften der Oberen Laster und Fehlgriffe aufdecken und strafen, sei kein Freund der bürgerlichen Ruhe, wohl aber ein vermaledeiter Aufwiegler.*

Auf diese Weise von allen Seiten her bedrängt und selbst von bisherigen Bundesgenossen angegriffen, bekam Huß nach langem Hader die Mahnung, die vorgelesenen Irrtümer eidlich zu widerrufen und fortan nie mehr weder zu hegen noch zu lehren. Er entgegnete jedoch fest, daß er niemals auf Kosten der Wahrheit sein Gewissen beschweren werde. Kaum hatte man nach solcher Erklärung den Gefangenen abgeführt, als der König, jetzt entschieden gegen ihn gestimmt, hervortrat und sprach: »Ihr habt die schweren und hinlänglich bezeugten Laster Johann Hussens gehört. Sie verdienen auch jegliches allein den Tod. Widerruft er daher nicht, so muß der Scheiterhaufen die Irrtümer strafen und austilgen. Aber auch wenn der Ketzer abschwört, soll man ihm das Predigen und den Aufenthalt in Böhmen verbieten, wohingegen die für den reinen Glauben in Konstanz eifrigen Bischöfe und anderen Geistlichen ihren Fürsten gegenüber hoch zu beloben und empfehlen sind.«**

So von der weltlichen Macht kräftig unterstützt, schritt die Kirchenversammlung am 6. Juli im Münster mit großem Gepränge und in Gegenwart Sigmunds wie des deutschen Adels zur Verurteilung des Halsstarrigen, den keine Drohworte und Bitten, keine Ränke und blendende Zusagen einschüchtern konnten. Er wurde demnach als ein Schüler des verfluchten Johann Wiclef und offenbarer Ketzer, der frevelhafte und aufrührerische Lehren unter den Christgläubigen ausgebreitet und taub gegen alle Mahnungen in seiner boshaften Widersetzlichkeit der Kirche Schlüssel, Macht und Richter verachtet habe, der priesterlichen Weihe für gänzlich unwürdig und beraubt erklärt. Seine Bücher und Schriften sollte das Feuer verzehren, ihn selber, wenn keine Reue erfolgte, die Strafe des weltlichen Arms treffen. Umsonst versuchte Huß, als ihn

* Stumpf, S. 84.
** Stumpf, S. 88.

die weitläufige Anklage neben anderen tollen Lästerungen beschuldigte, er habe sich für die vierte Gottheit in der Heiligen Dreifaltigkeit ausgegeben, die Stimme zu erheben. Sie wurde vom Geschrei der Geistlichen: »Schweig! schweig! Wir haben dich genug gehört!« übertönt und zuletzt auf Befehl des Kardinalobmanns von den Schergen durch Gewalt unterdrückt, so daß der Verlassene auf die Knie fiel und seine Sache Gott allein, dem höchsten Richter, anheimstellte. Denn auch König Sigmund, auf dessen Geleitbrief der Mißhandelte sich berief, blieb, starr angeschaut, untätig. Jedoch färbte eine leise Schamröte die Wange des Oberhaupts der Deutschen.

Danach führten der Erzbischof von Mailand, zwei Kardinäle, zwei Bischöfe und Weihbischöfe den Meister Johann Huß zu einem hohen Gerüst, bekleideten ihn mit einem Meßgewand und fragten noch einmal, ob er abschwören wolle. Die Antwort: »Wie kann ich vor dem Angesicht Gottes Irrtümer verleugnen, die nie mein Gewissen beschwerten?« gab das Zeichen zur endlichen Verurteilung des Ketzers. Die ganze Priesterschaft rief: »Seht den halsstarrigen, hartköpfigen Bösewicht und Sünder!« Die genannten Geistlichen aber zogen ihm unter gräßlichen Flüchen und allerlei Gebeten ein Stück der kirchlichen Kleidung nach dem anderen ab, beschabten, um das Salböl der heiligen Weihe zu tilgen, seine Finger mit einem Messer und sprachen: »Jetzt hat die Kirche dem Abtrünnigen ihre Zierden und Freiheiten genommen. Es ist nun an dem, daß er der weltlichen Obrigkeit überantwortet werde!« Danach setzte man dem aus der Gemeinschaft aller Christgläubigen Verstoßenen eine papierne Bischofsmütze mit drei gemalten Teufeln und der Umschrift: »Das ist ein Erzketzer!« auf das Haupt und überlieferte die Seele den Unholden der Hölle. »Und ich befehle sie«, entgegnete Huß mit zum Himmel erhobenen Augen, »meinem Herrn und Heiland, Jesus Christus.«

König Sigmund aber, den die Väter mit scheinbarer Barmherzigkeit baten, den Schuldigen nicht töten, sondern einem ewigen Kerker übergeben zu lassen,* beschied vor sich den Herzog Ludwig, Pfalzgrafen bei dem Rhein, und sprach: »Weil wir das weltliche Schwert führen, um das Übel zu strafen, so nehmet hin, lieber Oheim und Fürst, diesen Mann, Johann Hussen, und tut ihm als

* Reichenthal, S. 214. »Unnd hatten unsern herrn den Künig unnd das weltlich recht, das man ihn nit tödtenn sölt, unnd ihn sonst behielt, unnd im einen ewigen kärcker geb.«

einem Ketzer!« Da entbot zu sich der Pfalzgraf den Vogt des Reiches und der Stadt Konstanz, der sofort mit den bewaffneten Knechten hervortrat, und sprach: »Auf unseres Herrn, des römischen Königs, Urteil und unseren besonderen Befehl, nehmet hin da Meister Johann Hussen und verbrennt ihn als einen Ketzer!«

Dieser, von dem Nachrichter und dessen Gehilfen unter dem Geleit von 3000 Bewaffneten und eines zahllosen Volkes durch die Straßen auf das innere Feld vor dem Geltinger Tor geführt, sah lächelnd seine Schriften verbrennen und beteuerte vor allen Menschen die eigene Unschuld und der Feinde Arglist. Bei dem Anblick eines Bauern, der emsig Holz zum Scheiterhaufen trug, rief er aus: »Ach! du heilige Einfalt!« Er lehnte die durch Ulrich von Reichenthal gebotene Hilfe eines Beichtpriesters ab. Schon an den Pfahl gebunden, verweigerte er den noch einmal als Rettungsmittel durch des Pfalzgrafen Marschall empfohlenen Widerruf und starb, ein unverzagter Held, in den Flammen. Asche und Gebein wurden sorgfältig gesammelt und in den Rhein geworfen, damit auch kein Stäubchen übrigbliebe von dem gefürchteten Zeugen der Wahrheit.*

Denselben Ausgang nahm Hieronymus von Prag, der freiwillig, obschon ohne königliche Geleitbriefe, nach Konstanz gekommen war, um seinen Freund zu verteidigen, aber erschreckt durch den Anblick der rohen Gewalt die Heimreise angetreten hatte (April 1415). Unweit dem Böhmer Wald wurde er im Haus eines Priesters, wo er im unbewachten Augenblick das Konzil eine Schule des Teufels und der verkehrten Leute schalt, erkannt und darauf durch einen gleisnerischen Edelmann nach Konstanz zurückgeführt. Nach kurzem Verhör wurde Hieronymus so lange in einem finsteren, ungesunden Kerker gepeinigt, bis er, von Hunger, Krankheit und Angst niedergedrückt, aus Liebe zum Leben einen Widerruf unterzeichnete und unbedingten Gehorsam gegen die Satzungen der heiligen Kirche gelobte (23. September). Als aber die

* Stumpf, S. 114. Die Priester, um das Volk mit dem Glauben an Hussens Höllengeist zu erfüllen, ließen kurz vorher auf der Richtstätte ein totes Maultier verscharren und deuteten nun den Gestank als Wirkung des verbrannten Teufelskindes. Reichenthal, S. 215. »Do er nun aller ding verbrunnen was, dannocht was die pappierin inffel (Mütze) inn dem feuwer gantz; do zerstieß sy der nachrichter, da verbranne sy erst auch, unnd ward der allerbösest schmack, den man schmecken mocht. Wann ein maul (Maulthier) vorhin was vergraben worden; von der hitz wegen des feures thet sich das erdtrich auff, das der böß schmack herauß kam.« Welcher Pfaffentrug!

Priester, die auch dadurch nicht befriedigt waren und denen aus Brotneid Gerson, der Kanzler der Pariser Hochschule, beitrat, neue Bedenklichkeiten erhoben, kehrte der angeborene Geistesadel zu dem Gefangenen zurück. Die Abschwörung wurde als Frucht des Schreckens bedingungslos widerrufen und das Bekenntnis der Wahrheit mit inbrünstiger Reue wegen des augenblicklichen Wankelmuts unumwunden abgelegt.

Als er nach jahrelanger, peinvoller Haft vor die im Münster als Ketzergericht versammelten Väter des Konzils geführt wurde (26. Mai 1416), verteidigte der Mann, den die Feinde durch Körper- und Seelenleiden zu brechen versucht hatten, seine Überzeugung mit solcher Kraft des Gedankens und Wortes, so schneidendem Ernst und Spott, daß selbst den Grundsätzen feindselige Widersacher um der außerordentlichen Gaben willen zur Milde rieten. Denn der angebliche Irrlehrer schilderte zuerst in kurzen, treffenden Zügen die Leuchten der Vorzeit, die als Lohn der Tugend den Tod empfangen hätten, stellte neben Sokrates Plato, Anaxagoras, Moses, die Propheten, den Heiland, die Apostel und christlichen Blutzeugen, ging danach auf Wiclef und Johann Huß über und bekannte offen, daß er entschlossen sei, die Gesinnungen und Lehren dieser guten, gerechten und heiligen Männer mit dem Tod zu besiegeln und falsche Richter, die Gott betrügen möchten, am Jüngsten Tage zu erwarten. Dabei zeigte der Redner eine unzerstörbare Ruhe und Besonnenheit. Er schlug grobe Gegner, besonders Mönche, die ihn durch Geschrei oder Schmähungen zu verwirren trachteten, mit beißendem Witz nieder, schwieg, wenn sich ein Gemurmel erhob, eine Weile und bat dann die Leute, mit Geduld zuzuhören, da sie ihn doch nimmermehr vernehmen würden. Seine Stimme war lieblich, klar und verständlich, seine Haltung unerschrocken und furchtlos, wie die eines Menschen, der nicht allein den Tod verachtet, sondern begehrt, so daß der gelehrte Florentiner Poggio einen zweiten Cato zu sehen und zu hören glaubte.*

Als in der letzten Sitzung (30. Mai) die Mahnung zum Widerruf erneuert wurde, sprach Hieronymus: »Nun wohlan, so bezeuge ich heute vor euch allen auf meinen Gott und Herrn, daß ich wissentlich keine Ketzerei hege und deshalb auch nicht abschwören kann

---

* Stumpf, S. 131, wo des Poggios Brief an Leonardo von Arezzo in einer Übersetzung mitgeteilt wird. Die lateinische Urschrift siehe in Poggii opera, und im reinsten Abdruck bei Orelli, Symbolae ad historiam philologiae, Programm der Zürcher Hochschule, 1835.

die echt christlichen Lehren Wiclefs und Hussens. Denn diese gottseligen Meister haben mit Fug und Recht gegen der Geistlichen schändliches und verderbtes Leben geschrieben und ebenso der Wahrheit gemäß eure falschen Satzungen und bösen Bräuche angegriffen. Von diesem Bekenntnis will und darf ich nicht abstehen, obschon ihr mich deshalb töten werdet.« – Danach erkannte das Konzil fast einhellig die Strafe des Scheiterhaufens, ein Urteil, das am selben Tag auf der Richtstätte Hussens vollzogen wurde. Hieronymus aber zeigte bis zum letzten Augenblick freudigen Mut und verlangte, als der Henker aus Schonung im Rücken anzünden wollte, daß es vorne geschehe. »Denn«, sprach er, »hätte ich das Feuer gefürchtet, so wäre ich wohl nicht hierher gekommen.« Die Stimme des Betenden erstickte unter den Wirbeln der Rauchsäulen. Asche und Gebein empfing der Rheinstrom, den Fluch die Kirchenversammlung, über die nach dem doppelten Gerechtigkeitsmord steigende Zwietracht kam.

Als man nämlich in Gegenwart des römischen Königs Sigmund, der acht Monate nach dem über Hieronymus von Prag verhängten Urteil nach Konstanz zurückgekehrt war, die Hauptaufgabe des Konzils, die Verbesserung des geistlichen Lebens, zu behandeln anfing, erhob sich unter den Nationen großer Zwiespalt. Deutsche und Engländer forderten unverzüglich die Ausrottung der kirchlichen Gebrechen, Italiener und Franzosen wollten dagegen vor allem den vakanten Papststuhl besetzt wissen. Mit solcher Heftigkeit wurde darüber hin und her gestritten, daß der Kardinal Zabarella aus Florenz an den Folgen des gewaltigen Schreiens starb und unbefangene Zuhörer fürchten mußten, es würde bei dem wilden Getümmel alles zerschlagen werden.* Umsonst boten Deutsche und Engländer für ihre Meinung das Äußerste auf. Von den Welschen, denen seit des alten Benedikts XIII. Enthebung auch die Spanier beitraten (Juli 1417), überstimmt und in künstliche Trugnetze verstrickt, mußten sie dulden, daß von den auf dem Kaufhaus versammelten Kardinälen und Wahlherren Otto von Colonna zum Papst gewählt wurde (6. Dezember). Mit großem Gepränge, wobei der König das Pferd des Heiligen Vaters am Zügel leitete und in der anderen Hand für die Beschwichtigung des

* Reichenthal, S. 38. »Inn dem Brachmonet an dem 16ten tag 1417 do warent die fünff Rationes bey einander, unnd ward als hert, daz man forcht, es wurd alles zerschlagen unnd kament inn grossen unwillen von einander.«

Volksgetümmels einen Prügel trug, wurde er durch die Stadt ins Münster geführt und am 21. Dezember als Martin V. feierlich gekrönt.*

Die ersehnte Kirchenverbesserung verschwand fortan wie ein anmutiges Traumgebilde, denn der Papst nutzte klug die Zwistigkeiten und besonderen Wünsche der christlichen Stellvertreter. Er gab in Kleinigkeiten nach, wobei er für Hauptgegenstände desto unbeugsamer blieb, teilte Segen und Ablaß aus und schloß endlich, sobald die Gesamtheit getrennt und für gemeinschaftliche Tätigkeit gelähmt war, mit jeder Nation ein gesondertes Abkommen (Konkordat) ab, das z. B. den Deutschen die Freiheit der Bischofswahlen zusagte. Dabei hütete er sich aber sorgfältig, den eigentlichen Krebsschaden der Zeit, das Verderbnis der oberen und unteren Priesterschaft, zu berühren. Denn in dieser Hinsicht blieb alles unverändert. Man bestimmte desto genauer, wie die Glatzen geschoren, die Röcke und Kleider gefertigt und andere geringe Dinge mehr geordnet werden sollten.**

Froh des Vorwands, den die in Konstanz und der Umgegend herrschenden Krankheiten gewährten, beurlaubte Martin die heiligen Väter, gab ihnen und den Dienern reichlich die geistlichen Mittel, um begangene Sünden zu tilgen, und verließ am 16. Mai (1418) unter großem Gepränge die Stadt. Überall auf der Fahrt nach Italien wurde er von den Eidgenossen, besonders den Bernern,*** mit gastlicher Ehrerbietung empfangen und beherbergt. Bald darauf zogen auch König Sigmund, die Fürsten und Ritter, die Prälaten und die unteren Priester ab. Konstanz, vier Jahre lang Sitz des beweglichsten Lebens, wurde still. Die zahlreiche und allgemeinste Kirchenversammlung endete spur- und geräuschlos, scheinbar nur mit dem einen Ergebnis, daß sie praktisch als gesetz-

---

* »Unnd neben inen (den Kardinälen) ging unser herr der Künig, mit einem Bengel (Prügel) unnd warnt dem volk (verrichtete also Polizeidienste).« Die Wahl fiel auf den Martinstag, S. 44. »Unnd lief menigklich zu dem kaufhauß, unnd beschahe ein groß zaichen; das kaufhaußtach ward alles geleych vol klayner vögelin, das menigklich wunder nam ab den vögelin.« Ein Leser des Bernischen Reichenthal schrieb dazu: »Sind gsin des pabsts hellische geisterlin.«

** Stumpf, S. 154.

*** Diese schenkten dem Papst neben anderem 120 Mütt Kernen, 40 Malter Hafer, 8 Fuder Wein, halb burgundischen, halb rheinischen, 8 feiste Ochsen, 40 Schafe und täglich, solange er in Bern blieb, weiße Semmeln, auch Hühner und Fische. »Deßhalb sich der heil. Vatter da enthielt und ruwet vom 20ten Mai biß in den dritten Tag Junii.« Stumpf, 149.

gebende Gewalt den römischen Hof beurteilt und die regelmäßige Einberufung des hohen, geistlichen Rates der Christenheit zuerst innerhalb von fünf, dann sieben, zuletzt zehn Jahren befohlen hatte. Aber gerade der klägliche Ausgang des Konzils und die bittere Enttäuschung aller Gutgesinnten enthielten den Keim der furchtbaren Stürme, die fortan gegen den römisch-katholischen Kirchenglauben und die alte Priestergewalt losbrachen und nicht eher gestillt wurden, als bis die Grundlagen des stolzen Gebäudes zerrissen und die Trümmer weithin zerstreut waren. Dazu gab der böhmische Hussitenkrieg den ersten Anstoß.

Kaum erscholl nämlich die Kunde von Hussens und seines Freundes Hieronymus Hinrichtung, als ein Schrei des Unwillens den zahlreichen Anhängern und Glaubensgenossen entfuhr. Der böhmisch-mährische Adel, von den Boten vieler Städte unterstützt, legte kräftige Verwahrung ein. Er sicherte die freie, unverfälschte Predigt des göttlichen Wortes innerhalb der eigenen Landesgrenzen durch förmliche Beschlüsse und untersagte den heimischen Priestern bei schwerer Strafe die Annahme fremder Bannbriefe. Die Konstanzer Herren nannte er Ketzer und Schüler des Antichrist und förderte geflissentlich die Verbreitung von beißenden Spottliedern.*

Gleichzeitig erklärte die Prager Hochschule in einem offenen Schreiben ihren ehemaligen Mitbürger, Johann Huß, zum Vorbild des frommen, gerechten, standhaften Christen. Die Kanzeln hallten von dem Lob des Blutzeugen wider, dem zu Ehren Bettage gestiftet und Schaumünzen geschlagen wurden. Von schwärmerischem Eifer getrieben, fiel das Volk in verschiedenen Bezirken des Reiches plündernd und mordend auf die Klöster, besonders der Bettelmönche.

Umsonst versuchte König Sigmund das drohende Ungewitter durch milde Brise zu beschwören und Hussens Tod als ein Gesetz der traurigen Notwendigkeit darzustellen. Oft, hieß es, habe er, der Fürst, unbeschreibliches Herzeleid über den schmerzlichen Vorfall empfunden, mehr als einmal den Sitz des allgemeinen, hohen Kirchenrats verlassen, aber endlich um des Friedens willen das geforderte Sühneopfer preisgegeben. Möge man jetzt in Böhmen das Geschehene vergessen, die Besserung des geistlichen Wesens den Oberen überlassen und bedenken, daß Laien die Geheimnisse der Heiligen Schrift weder erforschen dürften noch könnten!** Wenn

* Lenfant, Geschichte der Hussitenkriege, S. 77.
** Lenfant, S. 75.

Trotz und Ziellosigkeit weitergingen und die väterliche Mahnung verachteten, so müßte die Strenge des Rechts entscheiden und einen Kreuzzug hervorrufen, dessen Leiden und Ärgernisse keine königliche Dazwischenkunft abwenden möchte.

Aber niemand traute dem Urheber des frevelhaft gebrochenen Geleitbriefs. Die Unruhen wuchsen, als Martins Ketzer- und Bannbulle den Schlußstein der Konstanzer Versammlung legte und alle Anhänger Hussens (Hussiten) bei anhaltender Widersetzlichkeit mit Feuer und Schwert auszurotten gebot. Vergeblich. Tausende, Männer und Frauen, viele bewaffnet, hielten unter freiem Himmel den vereinfachten Gottesdienst und nahmen bei der Feier des Abendmahls das Gelübde, Gut und Blut für ihre Überzeugung zu opfern. Bald stieg auf einem steilen Berg, Tabor (das Zelt) genannt, im Bechiner-Kreis die gleichnamige Feste empor, die stark genug war, um den schlecht gerüsteten und ungeübten Haufen Angriff und Abwehr zu sichern. Kühne und begeisterte Führer, wie der Priester Wenzel Koranda, der Edle Nikolaus von Hussinetz und Johann von Trocznow (Trautenau), mit dem Beinamen der Einäugige (Ziska), brachten der steigenden Bewegung allmählich Einheit und Nachdruck, so daß die Befehle der päpstlichen Boten und weltlichen Oberen verhöhnt und absichtlich überschritten wurden.

Die Anordnungen des schwachen Königs Wenzel, den die Furcht vor den Folgen der Neuerungen aus dem Pfad der Milde zur schonungslosen Strenge trieb, beschleunigten den Durchbruch. Denn als die Prager Hussiten in einem langen, von religiösem Pomp begleiteten Zug die Herausgabe etlicher Gefangener forderten, aber dafür Steinwürfe bekamen, entbrannte das Volk zu jähem Zorn. Es stürmte das Neustädter Rathaus, warf den Bürgermeister nebst zwölf Räten durch die Fenster in den Ring der emporgestreckten Spieße, Schwerter, Keulen und Mistgabeln und stürzte sich auf die Bewohner der katholisch gesinnten Altstadt, die jedoch den Angriff blutig zurückwiesen. Dagegen wurden etliche Klöster geplündert, die Mönche mißhandelt und mit knapper Not durch die Fürsprache der Gemäßigten dem Tod entrissen (30. Juli 1419). Der König, der sich schon seit Wochen hinter den Mauern der Feste Visherad, welche die Moldau von Prag trennt, verborgen hielt, wurde auf die Kunde des Ereignisses von solchem Zorn und Schrecken erfaßt, daß er erst allen Hussiten den Tod schwor, bald danach im Gefühl der Ohnmacht verzieh und etliche Tage später vom Schlagfluß getroffen starb (16. August).

Der Bruder und Erbe am Reich Böhmen, zu dem Mähren, Schlesien und die Lausitz gehörten, Sigmund, der den Hussiten als

Mörder des geliebten Lehrers ein Abscheu war, gab durch Unschlüssigkeit und Ächtung der empörten Ketzer das Zeichen zu der furchtbarsten Bürger- und Glaubensfehde zwischen den Katholisch-Königlichen und Hussitisch-Unabhängigen. Jene begannen den Wetteifer der Grausamkeit, diese folgten – und waren bald nicht mehr Schüler, sondern Meister. So ließ Sigmund, vom päpstlichen Sendboten (Nuntius) gedrängt, zu Breslau den Prager Kaufmann, Johann Krasa, weil er Hussens Verurteilung ungerecht genannt hatte, gefesselt durch die Straßen schleifen und dem Scheiterhaufen überliefern (17. März 1420),* zu Leutmeritz der gefühllose Bürgermeister 24 angesehene Bürger, unter ihnen den eigenen Schwiegersohn, in der Elbe ertränken und blieb ungerührt beim Anblick der jammernden Tochter, die dem sinkenden Gemahl nachsprang und mit ihm den Tod teilte (30. Mai 1421). Gleiche Unmenschlichkeit herrschte auf der anderen Seite. Das siegreiche Schwert der Neugläubigen verschonte kein Alter und Geschlecht. Gefangene wurden nicht selten in mit Pech gefüllten Fässern verbrannt, Frauen und Kinder, Greise und Männer, wenn eine Stadt durch Sturm fiel, hingewürgt, vor allem aber Mönche und Nonnen als Schlachtopfer einer Gott wohlgefälligen Rache aufgesucht. Ihr entgingen selbst leblose Gegenstände nicht. Innerhalb etlicher Jahre sanken an 550 Kirchen und Klöster in Trümmer. Denn viele glaubten, daß Gotteshäuser und Altäre, Künste, Wissenschaften und Bücher – mit Ausnahme der Heiligen Schrift –, Priester und Amtskleidung als Werke des Antichrist dem Heidentum angehörten.**

Überhaupt erhöhten biblische Bilder und Vergleiche, Sehersprüche und Wundergeschichten den schwärmerischen Aufschwung der an sich schon unwissenden Menge. Ihr hießen die Kämpfer für den neuen Glauben Israeliten und Volk Gottes, die Gegner Philister und Kanaaniter, die der Andacht oder dem Heerlager bestimmten Orte bald Oreb und Tabor, bald Ölberg und Hügel des Lammes. Sie nannte mit ihren weissagenden Priestern König Sigmund den roten Drachen in der Offenbarung und glaubte fest, daß bei der Nähe des Jüngsten Gerichts der Heiland durch die Waffen der Hussiten alle Fürstentümer des Erdkreises zertrümmern, die Städte Böhmens bis auf fünf von den Erwählten bewohnte vernichten und ein neues Jerusalem gründen werde.***

---

* Siehe das seltene Buch: Historia persecutionum Ecclesiae Bohemicae, S. 40.
** Pfister, Geschichte der Deutschen, III. Buch, S. 424.
*** Lenfant, S. 119.

Gestützt auf die sittliche Kraft, die aus dem Gefühl der gerechten Sache und den Rückwirkungen eines schwärmerischen Gemüts hervorzugehen pflegt, schufen allmählich gleichgestimmte, aber besonnene Führer strenge Manneszucht und eine den Verhältnissen angemessene Lager- und Kriegskunst, so daß sich auch hier wie bei den meisten großen Volksbewegungen aus anfangs rohen, verworrenen Stoffen Einheit und Zusammenhang entwickelten. Dafür arbeitete besonders Johann von Trautenau, Ziska (der Einäugige) genannt. Einem armen, unbekannten Adelsgeschlecht entsprossen, wurde er zuerst unter den Hilfsscharen des polnischen Königs in der Schlacht bei Tannenberg gegen die Deutschritter durch glänzende Tapferkeit ausgezeichnet (1410). Danach war er etliche Jahre lang Kammerherr am Hofe Wenzels und den Lehren Hussens so befreundet, daß er den Tod des Meisters an der gesamten Priesterschaft zu rächen gelobte. Dem Äußeren nach von mittlerem, festem Körperbau, mit breiter und hoher Brust, großem, rundlichem und beinahe kahlem Haupt, kastanienbraunen Haaren, starker, gebogener Nase und großem Mund, war er gegen Freunde treu, offen und freigebig, Feinden gegenüber unversöhnlich bis zur unmenschlichen Grausamkeit. Als Feldherr war er wachsam, kühn, besonnen und rastlos.

Beim Ausbruch der Unruhen trat Ziska an die Spitze der Hussitenpartei, die unter dem Namen Taboriten den Höhepunkt der für die Freiheit des Glaubens und Vaterlands entflammten Böhmen darstellten. Bald wurden den rohen Haufen, die meistens mit Keulen, Spießen, Feuerhaken und von Eisen beschwerten Dreschflegeln kämpften, Zucht und Ordnung gegeben und auf die Natur des Landes wie des Volkes gegründete Kriegsregeln durch Lehre und Beispiel eingeübt. Aufgeworfene Erdwälle, die Anfänge der neueren Feldbefestigungskunst, klug gewählte Höhen und Niederungen für die Lagerstätten, die Gräben, durch Ketten verbundene, in Gassen und Plätze gegliederte Reihen von Wagen und Karren gegen feindliche Einbrüche sicherten, Leibesstärke, Gewandtheit und Begeisterung für die gemeinschaftliche Sache – diese und ähnliche Mittel brachten hinlänglich Ersatz für die mangelhafte Bewaffnung und machten den Hussiten seinem Gegner furchtbar. Denn während der Feuerhaken den geharnischten Reiter aus dem Sattel riß, zerschmetterte den zu Boden Gestürzten der Dreschflegel, oft mit so behender Kraft geschwungen, daß er innerhalb einer Minute 28 Menschen niederschlagen konnte. Stürmte der Feind gegen eine Höhe an, so folgte pfeilschnell im günstigen Augenblick der Böhme den herabrollenden Wagen und vollendete, keilförmig einbrechend, die Niederlage des schwankenden, in der Gliederordnung gestörten Gegners. Überstieg dieser an etlichen Lücken die Wagenburg, so zermalmten ihn in den unbekannten Windungen der Gassen gleichzeitige Stirn- und Seitenangriffe. Ging endlich eine Feldschlacht verloren, so boten befestigte Plätze, vor allem Tabor an der Lussinitz, die Hoffnung Gottes, sicheren Rückhalt dar. Unaufhörliche Übungen, unter Gebet und Lobgesängen abgehalten, befähigten den Hussiten zu allen Teilen der Kriegskunst, besonders der Fertigkeit, mit Fußvolk, Reiterei und Wagen rasch vorzubrechen, abzuschwenken und rückwärts zu weichen.*

Ziska selbst hatte solche Lebendigkeit der Einbildungskraft und Schärfe des Urteils, daß er nach dem Verlust des zweiten Auges unter den Mauern der Feste Raby (1420) trotz der Blindheit die Stellung und Zahl des Feindes durch dafür bestimmte Gehilfen (Adjutanten) erforschen und darauf zweckmäßige, den Sieg entscheidende Befehle geben konnte. Für Milde und Menschlichkeit war sein heftiges Gemüt unempfänglich. Es fühlte nur die Lust der Blutrache, besonders Priestern und Mönchen gegenüber. Kein Unterschied der Schuld und Unschuld, des Alters und Geschlechts galt im Sturm der Schlacht. Bei der Einnahme Brodas wurden 200 Männer und Frauen in einem Kirchturm verbrannt und viele Gefangene, allem Kriegsrecht entgegen, mit Keulen erschlagen (1421). Zu Kommotau wurden über 2000 Wehrhafte, Kinder, Frauen und Greise niedergehauen, ertränkt und in die Flammen geworfen. Dagegen wurden die um Gnade flehenden Bewohner von Kuttenberg verschont, obgleich die dortigen Bergknappen, meistens katholische Deutsche, ganze Scharen der Hussiten in den Schächten eingesperrt und dem Hungertod übergeben hatten.**

Bei dieser fessellosen Entwicklung aller Leidenschaften konnte nicht lange Eintracht bestehen. Bald bildeten sich zwei schroffe Parteien unter den Neugläubigen aus. Während nämlich die Prager und die Kelchner (Kalixiner), benannt nach dem Abendmahl in beiderlei Gestalt, ein gesetzlich beschränktes Königtum und Kirchenregiment forderten, wollten die Taboriten den Freistaat und den gänzlichen Umsturz des römisch-katholischen Gottesdienstes und priesterlichen Lehramts. Sie duldeten keine Bethäuser, Altäre, Bilder, freien Wissenschaften und Künste, in dem Glauben, daß sämtliche Schriftwerke mit Ausnahme der Bibel Werke des Teufels und Heidentums seien.

---

* Lenfant, S. 211.
** Lenfant, S. 151.

Aber gegenüber den gemeinsamen Feinden hörten die sonst tief verwurzelten Zwistigkeiten schnell auf und wichen dem Gefühl der Notwehr und Vaterlandsliebe. Deshalb scheiterten alle Anstrengungen der Fremden und Katholischen. Sigmund, der auf dem Landtag zu Czaslau abgesetzt wurde (Juli 1421), erlitt mit seinen Ungarn und vom Papst für die Kreuzfahrt geweihten Soldknechten des Heiligen Römischen Reiches Deutscher Nation schmähliche Niederlagen. Verheerend drangen die sieghaften Böhmen in Mähren ein, an weiteren Fortschritten nur durch neue Zwietracht gehindert (1423). Während nämlich die Prager und der größte Teil des Adels den litauischen Fürsten, Sigmund Koribut, an das Königtum erwählten und prunkvoll empfingen, erklärten sich die Taboriten, meistens Bürger und Bauern, mit Ziska für die Republik, die allein freien Männern gezieme, und überließen, sobald der äußere Feind vertrieben war, die Entscheidung der auf beiden Seiten gleich hartnäckig bestrittenen Frage dem Gottesurteil der Schlacht.

Diese geschah am 8. Juni (1424) auf dem Gebirgsrücken bei Maleschau, etliche Meilen von Kollin entfernt. Die Prager wurden nach heftiger Gegenwehr vollständig geschlagen und danach in der Hauptstadt belagert. Aber das Heer der Taboriten zog ungern gegen den Sitz des Reiches und scheute sich, länger Blut zu vergießen. Da bestieg Ziska eine Biertonne und sprach: »Warum, Waffengenossen, zürnet ihr dem, der jeden Tag für euch sein Leben wagt? Seid ihr nicht unter meinem Befehl reich und berühmt geworden? Mir dagegen bleibt als Lohn der Arbeiten nichts als ein leerer Name. Blind geworden in eurem Dienst, kann ich nur eurem Augenlicht folgen. Jedoch alles trage ich mit Geduld, wenn ihr helfen wollt. Die Prager dürsten nicht nach dem Blut eines alten, blinden Mannes, sie wollen das eurige, fürchten eure unerschrockenen Herzen. Auf also gegen Prag! Es gibt keine andere Wahl. Jedoch beratet und entscheidet selber! Wollt ihr den Frieden? Meinetwegen. Nur macht ihn fest und verläßlich! Wollt ihr den Krieg? Seht! ich bin bereit.«

Sofort rüsteten alle zum Sturm. Da sandten die Bedrohten den von beiden Parteien hochgeehrten Priester Johann Rockizana als Vermittler und schlossen mit den Taboriten am 13. September Friedensversöhnung ab, um vereint den Kaiser Sigmund und die Fremden zu bekämpfen. Jener, an offener Gewalt verzweifelnd, bot im geheimen dem furchtbaren Hauptmann in der Hoffnung Gottes die böhmische Statthalterschaft und reichen Lohn an. Stolz verwarf Ziska den entehrenden Vorschlag und rüstete auf das nachdrücklichste für entscheidende Schläge, als ihn plötzlich unter den

Mauern der böhmisch-mährischen Grenzstadt Przibislav die Pest hinwegraffte (11. Oktober). Der Körper wurde feierlich im Münster von Czaslau beigesetzt, unter den Feinden aber die Kunde verbreitet, daß man die Haut des Helden dem ausdrücklichen Befehl gemäß über eine Trommel gespannt habe, die gerührt das Zeichen zum Sieg gebe.*

Wahr bleibt dagegen die aufrichtige Trauer der Waffengefährten, die trotz des Abscheus vor Gemälden Ziskas Bild über dem Haupttor von Tabor aufstellten und wochenlang laute Klage hören ließen. Sobald aber die Zeit den gemeinschaftlichen Schmerz etwas gemildert hatte, zerfielen sie in drei Parteien. Denn etliche folgten dem ehemaligen Mönch Prokop Holy (dem Größeren) als Heerführer, andere, die Waisen (Vaterlosen) geheißen, mehreren Hauptleuten, unter ihnen Prokop dem Kleinen, während die Orebiten dem Hinko und Krusina von Kumburg gehorchten. Aber den Katholischen und Fremden gegenüber, die man Philister, Moabiter, Amalekiter und Idumäer nannte, bildeten die hussitischen Bewohner Böhmens, des gelobten Landes, nur eine durch Glaubenseifer und Freiheitsliebe befestigte Schlachtordnung.

Bald ging das Volk Gottes von der Abwehr zum Angriff über und fiel, mit Feuer und Schwert wüstend, in Österreich, Bayern, Schlesien und Sachsen ein, das seit dem Sieg bei Aussig (1426) steten Mord- und Brandzügen offenlag. Nur schimpflicher Loskauf schützte Städte und Länder. Wer den Ketzergroschen nicht zahlte, fand vor den Hussiten keine Gnade. Zwietracht, Eigennutz und schlechte Kriegsverfassung des deutschen Reiches machten jede kräftige Gegenmaßnahme fast unmöglich. Kaiser und Stände, Fürsten und Völker, Adel und Bürger wälzten einander wetteifernd die Schuld der Mißgeschicke zu und erwarteten endlich ihr Heil sogar von Soldknechten.

Um diese zu werben gegen den Unglauben der Böhmen, wurde nach langem Hader die erste allgemeine Steuer (der gemeine Pfennig) von Priestern und Weltlichen, Frauen und Männern ohne Rücksicht auf Alter und Stand gefordert (1427), aber nachlässig eingetrieben. Denn die Ritterschaft, besonders in Schwaben und Franken, erklärte, daß sie dem Reich und der Kirche mit ihrem Leib, nicht mit Geld diene, während die Städte andere Ausflüchte gebrauchten.** Noch konnte der Deutsche die Pflicht zu zinsen nicht

* Lenfant, S. 207.
** Pfister, Geschichte von Schwaben, II. Buch, zweite Abteilung, S. 384.

begreifen. Sie erschien ihm als Eingriff in die Freiheit und das Eigentumsrecht. Bei solchem Hader und Unwesen mußte das Heilige Römische Reich nur Spott und Schaden ernten. Ungestraft fielen die Böhmen dort in das Meißner- und Sachsenland, hier in die Oberpfalz und Franken ein und wüsteten ringsum mit Feuer und Schwert. Während der Adel aus den Burgen floh und die Städte durch Brandschatzungen sich loskauften, fühlten die armen Leute in den Dörfern und offenen Flecken den vollen Grimm des raub- und mordgierigen Feindes.

Müde des steigenden Jammers, ruhten endlich die Stände nicht eher, als bis der träge und leichtfertige König Sigmund seinen Schlupfwinkel, Ungarn, verließ und Fürsten, Herren und Städte nach Nürnberg entbot, um einen allgemeinen Landfrieden und Zug gegen die schnöden Ketzer und Hussiten zu verabreden (Februar 1431). Nach langem Beratschlagen wurde beschlossen, daß während der Heerfahrt und noch vier Wochen darüber alle Fehden, gerichtlichen Urteile und Ansprüche, Geldschulden ausgenommen, stillstehen, zu dem gemeinen Pfennig auch die Dänen, Schweden, Norweger, Polen und andere Christenvölker beisteuern und im Lager des Aufgebots strenge Zucht und Ordnung herrschen sollten. »Wer«, hieß es unter anderem, »von dem Streit flieht, der oder die sollen mit Frau und Kind ewiglich vertrieben sein und Hab und Gut verloren haben. Wer stiehlt, wird gehenkt, wer spielt, an einer Hand verstümmelt. Wer freventlich schwört oder böse Flüche tut, den soll man öffentlich an den Pranger schließen, bis die Hauptleute ihn begnadigen, oder zur Stunde auf bloßer Haut mit Geißeln peitschen. Jeder soll die Woche wenigstens einmal beichten, jedes Heer vier oder fünf wohlgelehrte Geistliche mitbringen, die dem Volk predigen und lehren, wie man sich halten und um des Glaubens willen kämpfen solle. Keine Frau und Büberei darf mitziehen oder folgen.«*

Schon diese und ähnliche Lagerbefehle deuteten an, daß unter den langen und steten Fehden der Deutschen die alte Stärke und Behendigkeit des Volkes gebrochen waren, wie denn künstliche Mittel, Furcht und Religionsschwärmerei die ursprüngliche Kraft und Begeisterung für allgemeine Ehre nicht ersetzen können. Umsonst suchte daher Julio Cäsarino, des Papstes Kardinallegat, durch Ablaß und himmlischen Lohn das 100 000 Mann zählende Kreuz-

* Pfister, Geschichte von Schwaben, II. Buch, zweite Abteilung, vierter Abschnitt, S. 379.

heer gegen die Schrecknisse des Todes und bösen Gewissens zu wappnen. Denn kaum hatten die ungelenken, trägen Haufen, trotz des geistlichen Segens zwieträchtig und mißmutig, unter dem Oberbefehl des Kurfürsten Friedrich von Brandenburg den Böhmer Wald durchschritten und zwischen Taus und Riesenberg am Tag vor Mariä Himmelfahrt eine Wagenburg aufgeschlagen, als die Kunde vom Anzug der für Tod oder Sieg gerüsteten Hussiten Entsetzen über die Fuhrleute und vordersten Reihen brachte. Ihrer Flucht folgte der Gewalthaufen. Reiterei und Fußknechte, Karren und Geschütz stürzten sich, von plötzlichem Schrecken erfaßt, in den finsteren Forst, dessen Grauen beim Nachsetzen des Feindes, dem Krachen auffliegender Pulverkarren, dem Getöse der einander drängenden Rotten so wuchs, daß viele fürchteten, von den Bäumen zerschmettert und bedeckt zu werden.* 8000 Wagen, unter ihnen 240 mit Gold, Silber und Wein beladen, 150 schwere Geschütze wurden von den Böhmen erbeutet, an 11 000 Menschen, meistens ohne Gegenwehr, erschlagen oder durch Hunger und Elend aufgerieben. Der Kardinallegat verlor, mit den Fürsten und Gemeinen an Schnelligkeit wetteifernd, im Gedränge seine Bannbulle und seine Klingel, seinen Mantel und seinen rot gefütterten Hut nebst dem kostbaren Kreuz.** Erst in Regensburg, das schnell befestigt wurde, machte der flüchtige Heerhaufen halt.

Seit dieser schmählichen Niederlage (14. August 1431), die frommen Gemütern als ein Gericht Gottes erschien, entsagten Kaiser und Papst dem Gedanken, durch Waffengewalt die Ketzerei der Hussiten zu bändigen, und beschlossen gütliche Einigung. Dafür wirkte auch die besondere Lage der Kirche. Es hatte nämlich Papst Martin, von den steigenden Klagen über die Gebrechen der Geistlichen bedrängt, nach langem Zundern ein allgemeines Konzil nach Basel ausgeschrieben und kurz vor seinem Tod (19. Februar 1431) den Kardinal Julian Cäsarino zum vorsitzenden Stellvertreter ernannt, so daß der Nachfolger am Heiligen Stuhl, Eugen IV., trotz des Widerwillens gegen die Wahl des Ortes, den er lieber in Welschland denn in Deutschland bestimmt hätte, den Beschluß des Vorgängers bestätigen mußte.

Sofort arbeitete Cäsarino, der die noch schwach besuchte Versammlung durch einen Bevollmächtigten eröffnen ließ (23. Juli), nach dem Mißlingen der Kreuzfahrt mit aufrichtigem Eifer für den

* Lehmann, Chronik von Speyer, S. 792.
** Lenfant, S. 318.

Frieden der Christenheit und lud deshalb vor allem die Böhmen ein, schleunigst Abgeordnete nach Basel zu senden. Dasselbe tat gleichzeitig Sigmund (18. Oktober). Jene, Herren, Ritter, Städte und Stände des Reiches, beriefen sich in ihrem Schreiben an den Kaiser auf die Pflicht, die Wahrheit Gottes frei zu lehren und den Hauptfeind, die römisch-katholischen Priester, so lange zu bekämpfen, bis sie abließen von unchristlichen Ränken und Gewalttätigkeiten. Übrigens folge man bei diesem ehrenhaften Ungehorsam nicht eigenem Gutdünken, sondern dem Befehl des heiligen Petrus, der geboten habe, viel mehr Gott als den Menschen zu gehorchen.*

Darauf wurden die Feindseligkeiten mit neuer Wut fortgesetzt. Schlesien, Mähren, Österreich, Ungarn und Sachsen wurden durch Rotten zu Fuß und zu Roß unter Prokop dem Großen und Kleinen weit und breit verwüstet. Solche Not steigerte den Eifer des Kaisers und Kardinallegaten, auf dem Wege gütlicher Übereinkunft dem wachsenden Elend und Unglauben zu begegnen. Daher hielten in Gegenwart Herzog Wilhelms von Bayern – den Sigmund, damals für eine Reise nach Italien gerüstet, zum Statthalter ernannt hatte – und des mehrfach erwähnten päpstlichen Stellvertreters die zahlreich versammelten Väter am 14. Dezember ihre erste Hauptsitzung und entschieden, daß die Absicht des Konzils vornehmlich auf drei Sachen gehen müsse: erstens die Ketzerei der Hussiten und anderer, die sich etwa erheben würden, einzudämmen, zweitens alle bösen Sitten und Gewohnheiten sowie unordentlichen Abläufe zu bestrafen und abzuschaffen, und drittens wiedergutzumachen und einen allgemeinen Frieden zwischen allen Herren und in allen Ländern zu bestätigen.**

Aber kaum hatte man in diesen Vorberatungen Ernst und Eintracht für die endliche Heilung des geistlichen und weltlichen Schadens gezeigt, als der Papst Eugen IV. hemmend dazwischentrat und unter verschiedenen Vorwänden gebot, den Sitz des großen Kirchenlandtages von Basel nach Bologna zu verlegen. Dort (in Basel) und in der Umgegend, hieß es, wurzele der Unglaube der Hussiten, sei wegen der Fehde zwischen Österreich und Burgund die persönliche Sicherheit bedroht, hier (zu Bologna) wollten, die

* Lenfant, S. 323.
** Pfister, Geschichte von Schwaben, IV. Buch, S. 379. Übrigens wurde später zum Statthalter des Konzils Conrad von Weinsberg eingesetzt, der, hochbetagt und schwach, die Stellvertretung dem Ritter Hans von Thierstein übertrug.

obigen Nachteile nicht zu erwähnen, Abgeordnete der Griechen die längst gewünschte Vereinigung mit dem katholischen Christentum bewerkstelligen. Überdies dürfe man den böhmischen Ketzern nicht zu Recht stehen ohne Gefährdung des Ansehens der heiligen römischen Kirche, die jene Halsstarrigen öffentlich zu Konstanz verurteilt habe.

Aber einmütig wiesen die Väter, von dem Kardinallegaten Cäsarino unterstützt, in bescheidener, jedoch ernster Sprache des Papstes Auflösungsbulle zurück. Sie wiesen auf die Schande des christlichen Namens hin, wenn den Hussiten die freundliche Einladung nicht gehalten und die dringliche Reform des geistlichen Wesens wiederum verschoben würde. Begehrten die Griechen aufrichtig den Eintritt in das katholische Christenbekenntnis, so könnten sie sich zu Basel so gut wie anderswo bekehren, obschon wenig von ihnen, die schon 300 Jahre lang Unchristen gewesen seien, dürfte gehofft werden.

Eugen, durch diese freimütige und entschlossene Antwort des Konzils, das sich sofort als über dem Papst stehend erklärte *(concilium supra papam),* von offener Gewalt abgeschreckt, suchte mittels einer neuen List die Tätigkeit der Versammlung zu lähmen. So wurde der König Sigmund, ohne dessen Beihilfe die Väter schwerlich entscheidende Schritte tun konnten, unter dem Versprechen, die sehnlich gewünschte Kaiserkrone zu empfangen, über die Alpen gelockt und nach langem Zaudern dahin berichtet, daß er entweder auf den kaiserlichen Ehren- und Gnadenschmuck verzichten oder des Papstes kirchliche Pläne unterstützen müsse. Doch der sonst schwache und eitle Fürst blieb diesmal der Würde und Pflicht getreu. Er verteidigte in mannigfaltigen Bedrängnissen durch Mailänder, Venezianer und andere Welsche so standhaft die Notwendigkeit, dem geistlichen Unwesen auf gründliche Weise gegenzusteuern, daß Eugen nachgeben und die Krönung bewilligen mußte (31. Mai 1433).

Heimgekehrt, arbeitete der Kaiser nachdrücklich und aufrichtig für den in Basel vereinigten Kirchenrat und gebot namentlich den deutschen, bisher fahrlässigen Erzbischöfen, Bischöfen und Äbten, ohne jeden Verzug und Ausreden zu erscheinen, damit die laufenden Gebrechen aufs beste gewendet würden.* Diese Mahnung

* Schreiben vom 19. Dezember 1433 bei Pfister, Geschichte von Schwaben, IV. Buch, S. 403.

wirkte; selbst der Papst mußte seine Sperrbulle widerrufen und die Beschlüsse des Konzils nach der in Konstanz verabredeten Grundlage anerkennen. Dahin drängte aber auch die wachsende Not. Denn die Hussiten hatten, um der auf beiden Seiten zweideutig geführten Unterhandlung Nachdruck zu geben, ihre Streifzüge erneuert. Sie hatten Mähren, Ungarn, das Voigtland, Meißen, Schlesien, Sachsen, wo Naumburg kaum dem Untergang entkam, vor allem aber die Mark Brandenburg verheert, Bernau erfolglos bestürmt, Landsberg, Strausberg, Königsberg und Angermünde geplündert und die Schrecken des ketzerischen Namens bis nach Stettin und an das Gestade der Ostsee getragen (1432).* Das deutsche Sprichwort »Jeder böhmische Lanzknecht hat 100 Teufel in der Brust« wurde tatsächlich gerechtfertigt und der Glaube allgemeiner, Menschen der Art könnten nicht durch die Waffen, nur durch Güte und – Zwietracht bezwungen werden.

Daher schickten die Väter in Basel neue Botschaft und erreichten endlich, daß Prokop der Größere und Johann von Rockizana, von 300 Kriegern begleitet, als Unterhändler abgesandt wurden. Die ganze Stadt und Umgegend setzte sich bei ihrem Einzug in Bewegung. Straßen, Fenster, selbst Dächer wimmelten von Neugierigen. Jeder wollte die furchtbaren Ketzer schauen, in den finsteren, scharfen Gesichtszügen Zeugnisse der schreckensvollen Siege über das Volk der Gläubigen entdecken (6. Januar 1433). Etliche Tage später vor die Kirchenversammlung geführt, hörten die Böhmen eine lange und salbungsvolle Mahnrede des Kardinallegaten Julio Cäsarino an. Sie möchten, lautete der Inhalt, sich wieder zu der allgemeinen Mutter, der Kirche, wenden, die Macht habe, zu binden und zu lösen, möchten bedenken, daß während der Sintflut alles, was nicht in die Arche geflüchtet sei, den Tod gefunden habe. Im Namen der Gesamtbotschaft dankte Johann von Rockizana für die wohlwollenden Gesinnungen der Väter und legte danach die Annahme von vier schon früher aufgestellten Artikeln als Bedingungen des Friedens vor. Man solle, lauteten sie, das heilige Abendmahl unter beiden Gestalten austeilen, Gottes Wort frei und rein predigen, Todsünden und andere Verbrechen der Geistlichkeit der weltlichen Obrigkeit zur Untersuchung übergeben und den Prie-

---

* Lenfant, S. 340. Kantzow, Chronik von Pommern, II, 28. Nach diesem wurden die Hussiten endlich durch die Pommern und Brandenburgischen bei Angermünde geschlagen: »und davon heißt die Stadt Ketzer-Angermünde; sunst heißt's Neuen-Angermünde.«

stern die staatsbürgerliche Macht und den Besitz eigener Güter als feindselig den Lehren und Bräuchen des Evangeliums für immer nehmen.

Darüber entbrannte ein heftiger Streit, der bisweilen Persönlichkeiten und Abschweifungen einflocht, ohne jedoch den Freimut der Böhmen zu erschüttern. Als z. B. der Kardinallegat, von der Hauptsache ablenkend, den Vorwurf brachte, daß sie die Bettelmönchorden für eine Erfindung des Teufels erklärt hätten, äußerte trocken Prokop: »So ist es auch. Denn wenn die Erzväter, Moses, die Propheten, Christus und die Apostel keine Bettelmönche einsetzten, wer sieht da nicht das Werk des Teufels und der Finsternis?«* Allgemeines Gelächter lobte den kriegerischen Redner. Jedoch konnte bei dem schroffen Gegensatz der Meinungen kein friedliches Endergebnis den häufigen und langen Gesprächen folgen. Ungeduldig der Heimkehr und müde des fruchtlosen Wortshaders verließ die Gesandtschaft am 15. April Basel.

Sofort änderte die Mehrheit des Konzils Zweck und Handlungsweise. Man beschloß, die Hussiten durch Zwietracht zu vernichten und scheinbar aufrichtige Friedensliebe als Deckmantel der Bestechung zu gebrauchen. In solcher Absicht erschien die Botschaft der Väter, den verschlagenen Bischof Philibert von Coutance in der Normandie obenan und von vielen Bevollmächtigten weltlicher Fürsten begleitet, zu Prag und gewann den ehr- und habgierigen Johann von Rockizana durch die Aussicht auf das Erzbistum der böhmischen Hauptstadt, die gemäßigten, meistens von Adligen und Grundbesitzern gebildeten Kalixtiner (Kelchner) durch klug genährtes Mißtrauen in die Partei der Landleute und Republikaner (Taboriten, Waisen), so daß beim festeren Auftritt der Katholischen jene von diesen sich offen trennten und mit dem Konzil das Prager Abkommen (Compactaten) schlossen (30. Dezember). Durch sie wurden die vier Artikel wesentlich beschränkt. Unter vieldeutigen Worten wurden die Gerichtsbarkeit und die Güter der Kirche gerettet, indem zum einen bei denselben Verbrechen der geistliche und der weltliche Stand nach wie vor besonderen Behörden anheimfielen, zum anderen die Priester zwar nur den Nießbrauch und die Verwaltung des geistlichen Gutes bekamen, aber gleichzeitig jeder anderweitige oder weltliche Gebrauch desselben als Kirchenraub gelten sollte.

---

* Lenfant, II, 4.

Doch die traurigste Frucht dieser Halbheit, die mit der linken Hand nahm, was die rechte gegeben hatte, war die bürgerliche Zwietracht der schon früher gärenden und einander mißtrauenden Parteien. Taboriten und Waisen verwarfen die Prager Übereinkunft als Vorläuferin des Papsttums und griffen gegen die Kalixtiner zu den Waffen, von den Katholischen kräftig unterstützt. Bald stand ganz Böhmen in Flammen. Dem Blutbad in der Prager Neustadt, wo an die 20 000 Menschen fielen (6. Mai), folgte die entscheidende Schlacht bei Böhmischbrod. Beide Prokope fanden mit dem Kern der Taboriten und Waisen den Tod auf dem Schlachtfeld, während der siegreiche Adel (Kalixtiner) mehrere tausend Gefangene in eine große Scheune lockte und verbrannte (29. Mai 1434). Die Reste der Landleute und Republikaner flüchteten nach Lomnitz und kämpften hier zwölf Stunden lang mit dem kühnsten Heldenmut und wechselndem Glück gegen den dreifach überlegenen Feind. Man hörte das Geschrei und Waffengetöse eine böhmische Meile weit. Endlich um Mitternacht behauptete die Überzahl die Oberhand. Fast niemand entkam.

Bald darauf huldigte auch Tabor, die Wiege und das Grab der gleichnamigen Partei. Fortan war der Weg zur Aussöhnung mit dem Kaiser und dem Papst gebahnt. So gelobte der Prager Reichstag mit Vorbehalt der heimischen Rechte und Freiheiten dem König Sigmund Gehorsam und Rückkehr in den Schoß der heiligen römischen Kirche unter der Bedingung, daß die vier oben erwähnten Artikel bestätigt und namentlich hinsichtlich des Abendmahls in beiden Gestalten treu gehalten würden. Darauf lösten Abgeordnete des Konzils den Bann und andere geistliche Strafen und kündigten allgemeine Vergessenheit des Geschehenen an. Stände und Volk empfingen den heimgekehrten Fürsten, der manche geheime Vergünstigung, z. B. die Nichtaufnahme der vertriebenen Mönche und Nonnen, bewilligt hatte, mit unermeßlichem Jubel (23. August 1436).

Doch kaum sah sich der falsche und in seinen Vorurteilen verhärtete Luxemburger im Besitz der Macht, als er treubrüchig die Domherren und Klosterbrüder zurückrief, den Erzbischof von Prag, Rockizana, der kein Werkzeug unumschränkter Macht sein wollte, vertrieb und mit Beihilfe Philiberts von Coutance in den Kirchen und Kapellen den römisch-katholischen Gottesdienst wiederherstellte, jedoch durch die drohenden Bewegungen der Hussitenpartei eingeschüchtert von der gesetzwidrigen Bahn ablenkte und für den völligen Aufbau des Alten einen günstigeren Augenblick erwartete. Dieser Zweideutigkeit des siebzigjährigen und dennoch ebenso wollüstigen wie herrschsüchtigen Königs brachte der Tod eine Schranke, die bei geringerer Zwietracht auch das zweitemal die böhmische Nation würde geboten haben (9. Dezember 1437).

Fortan hing ihr und der Glaubensbesserung Schicksal hauptsächlich von dem Gang der in Basel versammelten Väter ab, denen Pflicht und Klugheit geboten, den durch künstlich erregte Zwietracht der Böhmen gewonnenen Sieg als Hauptmittel für eine gründliche, umfassende Heilung der kirchlichen Gebrechen zu nutzen. Denn ohne innere Einheit oder Rückkehr des ursprünglichen, von den wildesten Auswüchsen der Unsittlichkeit und Priestermacht wenigstens notdürftig befreiten Christentums verbürgte der äußere Kirchenfriede keine lange Dauer, drohten vielmehr um so endlosere Wirren, je schmählicher sich etwa die Partei des Fortschritts in ihren Wünschen und Hoffnungen getäuscht sah.

Das Konzil, zwischen dem Römischen Stuhl und leidenschaftlichen Neuerern als ausgleichender Schiedsrichter stehend, entsprach in den nächsten Beschlüssen vollkommen seinem ebenso schwierigen wie hohen Beruf. Es bestätigte nämlich die Konstanzer Ordnungen, erklärte diesen gemäß die Notwendigkeit, alle zehn Jahre den großen Kirchenrat einzuberufen, der als oberste gesetzgebende Behörde über dem Papst stehe, und hob, sobald der böhmische Zwist beseitigt war, die Narrenfeste, Gelage, Jahrmärkte und Mummereien in den Kirchen und die Beischläferinnen der Priester auf. Es verbot bei strenger Buße die Käuflichkeit der Pfründen, den ersten Bischofssitz in Rom nicht ausgenommen, und die Einforderung der sogenannten Jahresgelder (Annaten) von erledigten hohen Kirchenstellen und anderer Steuern, da der Römische Stuhl nicht das Recht besitze, Abgaben festzulegen, sondern von den Einkünften der ihm gehörenden Ländereien, Städte und Flecken *(patrimonium Petri)* leben müsse. Es stellte die gesetzliche Befugnis, ohne Dazwischenkunft des Papstes, dem nur die Bestätigung gebühre, Bistümern und Abteien durch freie Wahl der geistlichen Standesgenossen ihre Vorsteher zu geben, wieder her. Es ordnete, um vielfachen Mißbräuchen zu begegnen, das Kardinalkollegium, das mit seinen 24 Mitgliedern, die bei etwaigem Abgang durch Stimmenmehrheit (Kooptation) ergänzt werden konnten und auch Fremde aufnehmen durften, acht Tage nach dem Tod oder der Absetzung eines Papstes im verschlossenen Raum (Konklave) den Würdigsten nach Pflicht und Gewissen erwählen sollte. Darüber hinaus beschränkte es die Gerichtsbarkeit des Heiligen Vaters und erneuerte für die Aufsicht und Pflege der kirchlichen Zucht die längst verschollenen Landschaftsversammlungen (Provinzialsynoden).*

Eugen IV., durch diese gemessenen, nicht übereilten Fortschritte des großen, seiner Unabhängigkeit bewußten Kirchenrates beunruhigt und entschlossen, auch die angemessenste Minderung der alten Macht als ein dem neuerungssüchtigen Zeitgeist abgetrotztes Opfer zu verweigern, ordnete die Verlegung des Konzils von Basel nach Ferrara an, damit man, lautete der beschönigende Vorwand, desto schneller und kraftvoller über die von den Griechen angetragene Rückkehr in den Schoß der römisch-katholischen Christenheit unterhandeln könne. Als aber die Väter, wohl bekannt mit den geheimen Triebfedern des nicht auf Einigung, sondern auf lähmende Zwietracht gerichteten Vorschlags, die Annahme entschieden ablehnten, eröffnete der Papst ohne Säumnis seine welsche Versammlung (6. Oktober 1438), die mit besonderem Eifer über den Ausgang des Heiligen Geistes, den Gebrauch des ungesäuerten Brotes beim Abendmahl und das Fegefeuer als Hauptgegenstände des griechisch-lateinischen Glaubenszwistes für und wider stritt und bei nahender Pest, ohne einen Schritt vorwärts zu tun, ihre unfruchtbaren Untersuchungen in Florenz fortsetzte (Februar 1439). Dagegen handelten die Basler, mit dem Bann bedroht, gemäß dem anerkannten Grundsatz, daß ein gesetzliches, ohne den Willen der Mehrheit unauflösbares Konzil über dem Papst stehen und Urteilssprüche desselben als oberrichterliche Behörde prüfen und verbessern dürfe. Daher wurde Eugen zuerst im Weltlichen und Geistlichen eingestellt (suspendiert), danach bei beharrlichem Trotz für widerspenstig, meineidig, ungehorsam gegen die Ordnungen der Kirche und ihre Einheit, unverbesserlich, abtrünnig und ketzerisch in den Glaubenslehren erklärt und in Gegenwart von 39 höheren und 300 niederen Geistlichen abgesetzt (25. Juni 1439).

Diesem entscheidenden Schritt, der Völker und Fürsten überraschte, folgte bald ein anderer. Vier Bevollmächtigte nämlich, Thomas, ein Zisterziensermönch, der Abt von Schottland genannt, Johann von Segovia, Erzhelfer zu Villaviciosa in Spanien, Thomas von Courcelles, Domherr (Kanonikus) zu Amiens, und Christian Gregrerin, ein deutscher Meister (Doktor) der Gottesgelehrsamkeit, ernannten aus sämtlichen in Basel versammelten Nationen einen Wahlausschuß von 33 Mitgliedern, die unter dem Vorsitz des ein-

* Siehe Lenfant, Histoire du concile de Basle, S. 28, 39, 55.

zigen, anwesenden Kardinals, Ludwig Allemand, Erzbischof von Arles, den ehemaligen Herzog von Savoyen, Amadeus den Friedfertigen, derzeit Einsiedler zu Ripaille, an das Papsttum erwählten (24. Oktober). Jener nahm als Felix V. nach einigem Sträuben die hohe Würde an. Er empfing in der Klosterkirche von St. Maurice die Weihe, ließ sich nicht ohne Widerwillen den ungewöhnlich langen Bart scheren und begann zu Tonon durch Abhaltung eines prunkvollen Hochamtes die Geschäfte des geistlichen Vorstehers der Christenheit.*

Diese wichtigen Beschlüsse hatte das Konzil unter den heftigsten Kämpfen und Wortwechseln der Parteien gefaßt. Die Väter, von denen etliche unbedingt vorwärtsstrebten, andere einlenken oder durch gemäßigte Vorschläge vermitteln wollten, trafen bisweilen so ungestüm aufeinander, daß die Stadt Basel etliche Ratsherren als Friedenswärter senden und Graf Hans von Thierstein, der Stellvertreter des hochbetagten, vom Kaiser gesetzten Schutzvogts, Konrad von Weinsberg, durch persönliche Dazwischenkunft handgreiflichen Ausbrüchen der Erbitterung begegnen mußten. Als z. B. eines Tages der Patriarch von Aquileia, Ludwig, der letzte Sproß der alten, schwäbischen Herzöge von Teck, bemerkte, die Italiener möchten sich hüten vor dem Zorn der Deutschen und froh sein, wenn sie mit unzerschlagenen Köpfen aus dem Lande kämen, erhoben der Bischof von Palermo und andere Welsche so ungefügen Lärm, daß Graf Hans Mühe hatte, durch weltliches Drängen den nahen Faustkampf niederzudrücken.**

Hin und wieder wurde die trotz des Neuerungseifers nicht besiegte Ehrfurcht vor den alten Bräuchen und Glaubensgewohnheiten benutzt, um den erkaltenden Eifer zu beleben. So ließ der Kardinal von Arles kurz vor der Absetzung Eugens alle Gebeine und Denkmäler der Heiligen (Reliquien) in Basel aufsuchen und durch Scharen von Mönchen und Priestern in den Sitzungssaal bringen, um die Lücken der Abwesenden zu füllen, eine List, die ihren Zweck nicht verfehlte. Denn die ganze Versammlung kam bei dem Anblick in die feurigste Andacht, zerfloß in Tränen, sang das Heilige-Geist-Lied und stürzte den Thron des widerspenstigen Vaters der Christgläubigen um.***

---

* Lenfant, S. 98–100.
** Pfister, Geschichte von Schwaben, V. Buch, S. 15.
*** Lenfant, S. 97. Die Basler Väter hatten also auch ihre revolutionäre Taktik.

In diesem entscheidenden Augenblick, als das ganze Gebäude des römischen Priesterkönigtums schwankte, traten die weltlichen Fürsten und Stände, etliche aus Furcht vor den Folgen, andere aus blindem Eifer für das Alte, rettend dazwischen und bewirkten durch ihr zaghaftes, laues Betragen eine allmähliche Rückkehr in die schon halb angetretene Bahn des kirchlichen Herkommens. Während nämlich Italien, Frankreich, obschon auf dem Tag zu Bourges den allgemeinen Beschlüssen der Basler günstig, Spanien, England, Portugal, Ungarn, Savoyen, die Schweiz sowie mehrere deutsche Städte und Herren offen die Sache Eugens verteidigten, sprach das deutsche Reich, ohne Rücksicht auf den bestimmten Willen einzelner Glieder und den Ruf nach endlicher Besserung der schleichenden Gebrechen zu nehmen, für den persönlichen Zwist des Konzils mit dem Papst seine Parteilosigkeit aus und bot seine Dienste zur gütlichen Vermittlung an (17. März 1438). Bald danach richteten die Kurfürsten, denen es nicht genügte, sich durch eine öffentliche Urkunde (Protestation) gegen alle tätliche Teilnahme zu verwahren, eine förmliche Übereinkunft des Friedens auf und versprachen, nach Kräften für die Aussöhnung des Papstes und des großen Kirchenrats arbeiten zu wollen (20. März). Als aber diese Vermittlungsversuche wie gewöhnlich am Starrsinn der Parteien scheiterten, billigte der Mainzer Reichstag die in Konstanz und Basel aufgestellten Reformpläne, soweit sie der Kirchenzucht und den mannigfaltigen Gelderpressungen des Römischen Stuhls angehörten, berief sich hinsichtlich der Fehde zwischen den Vätern zu Basel und zu Florenz auf ein neues, allgemeines Konzil und erklärte, da die dafür gesetzte Jahresfrist ohne Endergebnis ablief, wiederum die Parteilosigkeit des Kaisers und der deutschen Stände (Februar 1441).

Bei so halbem und schwankendem Betragen des Volkes, von dem neben den Böhmen bisher die Hauptanstöße der kirchlichen Bewegung ausgegangen waren, konnte nur das Papsttum gewinnen. Der Weg, durch Hilfe der Lauen (Neutralen) in die alte Laufbahn einzulenken und die Widersacher zu trennen, stand offen. Es fehlte nichts als ein gewandter Unterhändler. Dieser trat denn auch bald in Aeneas Sylvius Piccolomini auf, einem Mann, der Geist, Kenntnisse, Erfahrungen und Ehrgeiz genug besaß, um als Stellvertreter der rechten Mitte anfangs beide Parteien, wie es schien, auszugleichen und danach, sobald die Leidenschaften und geeinigten Pläne der vorwärtsstrebenden Neuerer gebrochen waren, den Sieg des römisch-katholischen Priesterkönigtums als Vorsteher des Heiligen Stuhls (Pius II.) zu festigen.

Sohn vornehmer, aber armer Eltern, die im Toskanischen wohnten, und bis zum 22. Lebensjahr gezwungen, von Feldarbeiten seinen Unterhalt zu ziehen, wurde er danach mit Beihilfe etlicher Verwandter in Siena den Wissenschaften bestimmt. Bald als gründlicher Rechtsgelehrter, trefflicher Dichter und Redner ausgezeichnet, begleitete Aeneas Sylvius den Kardinal Dominicus Capranita nach Basel und verteidigte als Geheimschreiber und Kanzleivorsteher des Konzils jahrelang mit jugendlichem Eifer und glänzendem Erfolg die Grundsätze der Kirchenfreiheit und Glaubensbesserung. Durch Ernst und heitere Laune gewann er neue Freunde und Gönner. Auf Reisen und Gesandtschaften an Menschen- und Länderkenntnis vielfach bereichert, trat er aus dem Dienst des Papstes Felix V. als Geheimschreiber und Staatsrat in den vertrauten Umgang mit dem gutmütigen und wissenschaftlich gebildeten, aber dabei schwachen und an Ehrfurcht vor dem alten Kirchentum gewohnten Kaiser Friedrich III., der habsburgischen Stammes war. Allmählich neigte er sich aus Weltklugheit und wachsendem Ehrgeiz auf die Seite der die feindlichen Gegensätze angeblich ausgleichenden Parteilosen (Neutralen). Etliche Jahre später – nachdem er auf einer Reise nach Rom durch Papst Eugen IV. gewonnen wurde, der Aussichten auf die Stellen eines Geheimschreibers, Bischofs und Kardinals zeigte – ergriff er mit steigender Entschiedenheit die Verteidigung des alten Kirchenregiments (1444) und weihte fortan dessen Sieg alle Kräfte seines fruchtbaren, durch Nachdenken, Wissenschaft und Leben gereiften Geistes.

Daher wurden die Kurfürsten, die in ihrem zweiten Verein (1446) drohten, das Basler Konzil unbedingt anzuerkennen, sowohl durch Bestechung der Räte, z. B. des gelehrten, bisher standhaften Mainzer Domherrn Johann von Lysura, als auch durch zweideutige Nachgiebigkeit mit Beihilfe des unsteten Kaisers getrennt und bewogen, im sogenannten Fürstenabkommen (Fürstenkonkordat) dem Papst Eugen als rechtmäßigem Oberhaupt der Kirche zu huldigen (5. Februar 1447). Der Heilige Stuhl versprach dagegen Annahme der allgemeinen Basler Beschlüsse, die vor allem die Besetzung der Pfründen auf bestimmte, im kirchlichen Gesetzbuch *(Corpus juris)* angegebene Fälle beschränkt, die Jahresgelder (Annaten) erledigter Stellen und die üblichen Bestätigungsgebühren aufgehoben und endlich den Gerichtsbann des römischen Hofes gezügelt hatten.* Dabei wurde aber der Vorbehalt in die Ur-

---

* Alle Rechtsstreitigkeiten, die vier Tagereisen von Rom entstehen würden, sollten hier nicht in erster Instanz verhandelt, sondern vom Richter entschieden, alle Be-

kunde eingeschoben, daß man für die abgetretenen Rechte eine Entschädigung von der deutschen Nation zu gewärtigen habe.

Obschon dergestalt Gewinn wieder Verlust wurde, nutzte dennoch mit Glück die schlaue Gewandtheit Roms den argen Fehlgriff des zwiespältigen und plumpen Gegners. Sie bewirkte, auch jetzt vom Kaiser tätig unterstützt, auf dem nach Aschaffenburg geladenen Reichstag die Anerkennung des unlängst nach dem Tod Eugens (20. Februar 1447) gewählten Papstes Nikolaus V. – eines übrigens milden, um die Wissenschaften hoch verdienten Mannes –, während die betrogenen Stände den Entscheid über die dem Heiligen Stuhl verheißene Wiedererstattung dem für das nächste Jahr nach Nürnberg ausgeschriebenen Tag anheimstellten (Aschaffenburger Konkordat, Juli 1447).

Diese letzte, wegen des Aufschubs entscheidende Blöße der Deutschen brachte, weil Ränke und Bestechungen wiederum frei wirken konnten, der alten Kirchenmacht den Sieg. Friedrich III. nämlich, für den sich auch die päpstliche Schatzkammer geöffnet hatte, schloß unter der Leitung des Geheimschreibers Aeneas Sylvius zu Wien mit dem Legaten ein Abkommen, in dem die bisher errungenen Vorteile meistens preisgegeben, die Annaten und andere Abgaben eingeräumt, die gesetzlich vollzogenen (kanonischen) Wahlen in den Kathedralkirchen (Hochkirchen) und Klöstern der päpstlichen Bestätigung vorbehalten, kleinere Pfründen, abwechselnd nach den geraden und ungeraden Monaten, dem rechtmäßigen Verleiher *(ordinarius collator)* und dem römischen Hof für die Wiederbesetzung überlassen wurden – mit einem Wort, die Hauptbeschwerden der deutschen Nation gleichsam vertragsmäßig als ungegründet bezeichnet wurden (17. Februar 1448). Aeneas Sylvius setzte, um nichts halb zu tun, dadurch seinem Werk die Krone auf, daß er, den für die Beschlußfassung notwendigen Reichstag umgehend, Fürsten und Bischöfe einzeln mittels kleiner Zugeständnisse für den Wiener Vertrag (Konkordat) gewann und den gefälligen Kaiser bewog, nachdrücklich an die Auflösung des Basler Konzils zu schreiten.

Als nämlich die Stadt, der Ehre und Pflicht eingedenk, den versammelten Vätern das Geleit nicht aufkündigen wollte, ertrotzten nach fast einjährigem Widerstand strenge Fruchtsperre und ange-

---

rufungen (Appellationen) stufenweise an die Kurie gebracht und von dieser nicht unmittelbar, sondern durch bevollmächtigte Richter an Ort und Stelle erledigt werden. Siehe Eichhorns deutsche Staats- und Rechtsgeschichte, § 471, Band III.

drohte Reichsacht Gehorsam, zumal mit dem Abfall des Bischofs bürgerliche Unruhen die öffentliche Sicherheit gefährdeten. Daher begab sich die Versammlung, von 500 Bewaffneten geschützt, nach Lausanne, entschlossen, hier das Äußerste abzuwarten (4. Juli 1448).* Da vermittelte, gleichsam die deutschen Reichsstände ablösend, der König Karl VII. von Frankreich. Von ihm nach Lyon geladen, bewog eine Versammlung weltlicher und geistlicher Großen, unter denen auch deutsche und englische Abgeordnete erschienen, den Papst Felix V., sein Amt niederzulegen. Danach wählte das Basler Konzil den Gegner Nikolaus V. unter der Bedingung, daß er eine vollständige Vergessenheit (Amnestie) des Geschehenen bewilligen und binnen Jahresfrist in einer französischen Stadt wiederum einen allgemeinen Kirchenrat der Christenheit einberufen sollte, zum rechtmäßigen (legitimen) Papst und löste sich nach siebzehnjähriger Tätigkeit von selbst auf (19. April 1449).

Leicht konnte fortan das Papsttum, durch Eintracht und Bündnis mit dem um seine Krone besorgten Kaiser stark, den Sieg über die zersplitterten, betrogenen und verratenen Gegner vollenden und ein Stück der Abkommen nach dem anderen ablösen. Kühne und beredte Wortführer vermochte es teils durch Bestechung zu bändigen, wie denn der freimütige Deutsche, Georg von Heimburg, so lange mit Acht und Bann verfolgt wurde, bis er im hohen Greisenalter das stolze Haupt beugte (1472). In Kleinigkeiten wußte es zu weichen, um bei eigentlichen Lebensfragen desto sicherer zu gewinnen. In der wachsenden Türkennot wurden Kreuzzüge und kriegerische Rüstung als wirksame Mittel für den Bestand der alten christkatholischen Einheit und Rechtgläubigkeit gegen den vorwärtsdrängenden Zeitgeist benutzt und schließlich mit dürren Worten das vertragsmäßig gewährleistete Ansehen allgemeiner Konzilien, den kostbarsten Ehrenpreis der bisherigen Kämpfe, widerrufen. Denn öffentlich verkündete Pius II. (1458–1466), der als Vorsteher des Heiligen Stuhls dem Werk des Geheimschreibers Aeneas Sylvius den Schlußstein geben wollte, daß nur der Papst eine Kirchenversammlung einberufen und aufheben könne und daß niemand sich wundern möge, wenn die Nachfolger des Apostelfürsten, wie einst auch es Augustin getan habe, die durch Wort

---

* »A. 1448, 4. Juli seynd des *Concilii* Vätter auß Basel abgeschieden, von den Baßlern zu Roß und zu Fuß biß gen Waldenburg, da dannen von den Solothuruern und Bernern biß gen Losannen begleytet, auch in Sicherheit gebracht worden.« Haffner, Solothurner Schauplatz, I, S. 380.

und Schrift in früheren Jahren verbreiteten Irrtümer abschwören und die Schwächen des Menschen eingestehen würden.*

Diesem unumwundenen Bekenntnis gemäß verschwanden auch bald alle den Böhmen, Deutschen, Franzosen und anderen Völkern eingeräumten Bewilligungen. Annaten, Zehnten, Pfründenverkäufe, Ketzerhaß und Glaubenszwang kehrten, durch die weltlichen Fehden und Wirren unterstützt, zurück. Jede Aussicht auf eine schnelle und gründliche Heilung der laufenden Gebrechen trat in den Hintergrund. Tiefer denn je wurzelten Selbstsucht und genußgierige Gleichgültigkeit der Fürsten und Herren, Laster und Roheit der Geistlichen. »Wo man Böses hörte oder Krieg war«, meldet ein Zeitgenosse, »und man fragte: Wer tut das? so hieß es: Der Bischof, der Propst, der herrliche Dechant, der Pfaff – und waren die Laien von den Priestern so sehr überladen, daß es nicht Wunder wäre gewesen, wenn die Hussen und Ketzer fast stärker um sich gegriffen hätten.«**

Doch gerade diese schreienden Mißbräuche und der taube Hochmut, mit dem der römische Hof Klagen und Beschwerden ausnahm, kräftigten den Geist der Opposition und gaben ihm, der bisher meistens nur mit den Waffen der Lehre (Theorie) gestritten hatte, allmählich eine werktätige (praktische) Richtung. Dies geschah vor allem in Deutschland, wo die an Zahl und Einfluß wachsenden Hochschulen (Universitäten) zu Wien (1365), Heidelberg (1386), Köln (1388), Erfurt (1392), Würzburg (1403), Leipzig (1409), Rostock (1419), Trier (1450), Greifswald (1456), Freiburg im Breisgau (1460), Basel (1460), Ingolstadt (1472), Tübingen (1477) und Mainz (1477) das wissenschaftliche Vorrecht der Geistlichkeit mehr und mehr in ein bürgerliches Gemeingut umwandelten. Durch heftige Kämpfe für und gegen die Kirchenfreiheit schärften sie das noch unbeholfene und befangene Urteil und hielten gleichsam die von den Konzilien angeregten, jedoch nicht entschiedenen Lebensfragen in ununterbrochenem Fluß, während die

* Pfister, Geschichte Deutschlands, III. Buch, S. 538. Das Schreiben des Papstes ist vom 26. April 1463 an Rektor und Universität Köln gerichtet. Übereinstimmend mit diesen Grundsätzen, ermahnte Aeneas Sylvius den Kaiser Friedrich, seine Händel ganz für den Nutzen der Kirche aufzugeben, »denn *justius est, pro Christo pugnare, et dere*«, d. h. es ist gerechter, für Christus zu streiten und dringlicher, Christi Erbe denn das deinige zu schützen. Opera A. Sylvii, Ed. Bas. ep. 373.

** Nach Windeck, Leben König Sigmunds bei Mencken, Sammlung teutscher Geschichtsschreiber, I, 1259.

Erfindung der Buchdruckerkunst den Kreis der öffentlichen Teilnahme in demselben Maß ausdehnte, in denen diesseits wie jenseits der Alpen die Wiederherstellung der klassischen Altertumsstudien durch die Schriftwerke Roms und Griechenlands einen neuen, fruchtbaren Gärungsstoff brachte. So reifte in der letzten Hälfte des 15. Jahrhunderts hinsichtlich der kirchlich-religiösen Verhältnisse das Mittelalter einem Durchbruch entgegen, den bei dem sich ausbildenden Gegensatz der ständisch-republikanischen Grundkraft zum römisch-katholischen Priesterkönigtum nichts mehr hemmen konnte.

# Zweite Abteilung

*Die besondere Völker- und Fürstengeschichte des sechsten Zeitraums*

## Erster Abschnitt

*Sinken und Verfall des mittelalterlichen Reiches deutscher Nation; vom Untergang der Hohenstaufen bis zum Aschaffenburger Abkommen unter Kaiser Friedrich III.*
(1268–1447)

Die unter den Saliern und Hohenstaufen vorherrschende Macht der Deutschen zog sich seit dem entscheidenden Sieg des römisch-katholischen Priesterkönigtums über das Kaisertum mehr und mehr von Italien, Arles und Burgund auf das eigene Gebiet zurück, entsagte den bisher mit tatkräftigem Ehrgeiz ausgeübten Ansprüchen des kriegerisch-staatsbürgerlichen Übergewichts in Südwesteuropa und zersplitterte den gleichsam geharnischten Riesenkörper des erobernden Lehnsreiches in eine zweifache Reihe wiederum vielfach gegliederter Sonderstaaten mit feindseligen Gegensätzen.

Während nämlich unter dem allgemeinen Schutzdach des bald aus den Habsburgern, bald aus den Luxemburgern erwählten Königs, der auf Erblichkeit bestimmt und auf Mehrung der Hauskräfte gerichtet war, das Freistädtetum in der früher beschriebenen Bahn mannigfaltige, zu ewigen und wandelbaren Bündnissen vereinigte Entwicklung fand, trachteten Herren und Fürsten hier auf kirchlichem, dort auf weltlichem Gebiet nach der möglichsten Ausdehnung landeshoheitlicher Rechte und zwangen dadurch auch ihrerseits den kaiserlich-königlichen Häuptling der großen, republikanisch-monarchischen Reichskonföderation, seine Sorgen und Mühen nicht nur der allgemeinen, sondern auch seiner besonderen Ehre und Stärke zuzuwenden. Als naturgemäße Frucht dieser entgegengesetzten, des nationalen Schwerpunkts entbehrenden Richtungen mußte aber der Rückfall ins altgermanische Gau- und Kriegsabenteurerleben um so sicherer hervortreten, je länger der Kampf zwischen den wenigstens stellenweise gewonnenen freistädtischen und fürstlichen Grundkräften mit wechselndem Ausgang schwankte und je größer die Abspannung war, die auch nach dem endlichen Übergewicht des Herrenstandes Sieger und Besiegte fühlten.

Aber gerade die unsichere Strömung abgestreifter und neu angeknüpfter Verhältnisse, indem dort das Bürgertum als Ausdruck der Gau- oder Wehrfreiheit sinkt, hier die Adelsschaft als Wiedergeburt der ursprünglichen Waffenabenteurer (Gefolge) steigt und die bindende Königsmacht nirgends als in den Stammländern Gültigkeit besitzt, gibt ein festes Merkmal für den Verfall und die Abnahme des deutschen Mittelalters. Denn wie jene zwieträchtigen, im weltlichen Kreis dennoch vereinigten Gegensätze und die wiederum im kirchlichen Gebiet mit frischem Eifer aufgenommenen Lebensfragen, deren Gang der dritte Abschnitt schilderte, bei wachsender Bildung des öffentlichen Urteils entschieden werden sollten, diese Aufgabe mußte der Übergang in eine andere Zeit lösen. Der Gang, der dahin führte, ist etwa folgender.

23 Jahre lang (1250–1273) dauerte seit dem Tod Kaiser Friedrichs das Zwischenreich der Willkür und Zerrissenheit. Denn die weltlichen und geistlichen Stände gedachten nur ihres besonderen Nutzens, während Namenskönige, wie Graf Wilhelm von Holland, Richard von Cornwall und Alfons von Kastilien durch Ohnmacht, Eitelkeit und Selbstsucht den öffentlichen Wirrwarr mehrten* und der Gesetzlosigkeit Tor und Riegel öffneten. Daher schützten sich, dieweil überall der Landfrieden vor dem Recht des Stärkeren wich, Städte und schwächere Gemeinwesen durch Bündnisse, Klöster und Gotteshäuser durch Schutzverträge mit dem einen oder anderen mächtigen Burgherrn, dehnten Herzöge, Markgrafen und Grafen, Erzbischöfe, Bischöfe und Äbte, als sie den günstigen Augenblick des Zugreifens erkannten, auf Kosten der Gesamtheit (des Reiches) ihre verfassungsmäßige Macht aus. Sie rissen Zölle und Gerichtsbarkeiten an sich und verfuhren in ihren Kreisen nicht als Belehnte, sondern als Alleinherrscher, die Recht und Ordnung in eigenem Namen handhaben durften, keine Rechnung ablegen und keine Steuer- und Zolleinkünfte mehr entrichten mußten.** Bei so entschiedenem Streben nach der Landeshoheit konnte es daher nicht befremden, wenn etliche, schon früher begünstigte Fürsten ihre Standesgenossen von der Königswahl allmählich verdrängten und nach dem weit älteren Vorbild des Kardinalkollegiums die aus-

---

*Siehe Band I, S. 516.

** Hüllmann, Geschichte der Stände, II, 121. Pfister, Geschichte Schwabens, II. Buch, Zweite Abteilung, S. 4.

schließliche Ernennung eines Nachfolgers am Heiligen Römischen Reich deutscher Nation auf die Erzbischöfe von Mainz, Trier und Köln – als geborene Kanzler in deutschen, welschburgundischen und italienischen Ländern – und vier weltliche Herren, den Pfalzgrafen bei Rhein als Truchseß, den Herzog von Sachsen als Marschall, den Markgrafen von Brandenburg als Kämmerer und den König von Böhmen als Erzschenk, übertrugen. Zwar hatten diese sieben Kurfürsten, die einen geraden, gesunden und nicht ketzerischen Herrn aus dem hohen Adel erwählen sollten, weiter keine Vorrechte, wohl aber Mittel, dafür Grund und Boden zu gewinnen. Bei solcher Zerrissenheit und Ohnmacht des Gesamtreiches fanden Eigennutz, Hab- und Raubgier freien Spielraum. »Wer«, meldet ein altes Zeitbuch, »in jenen Tagen ein- und ausging, traf auf keinen Frieden; denn es fehlte der König, und jeglicher tat was ihm beliebte; man hörte nur von Kriegsgeschrei; der Reiche drückte auf den Armen, dieweil niemand die Gerechtigkeit handhabte.«* Das Recht der wilden Selbsthilfe drang sogar in das häusliche Leben ein und zerriß ohne Scheu vor einem höheren, strafenden Gesetz die geheiligten Familienbande. So ließ der Pfalzgraf Ludwig bei Rhein und Herzog in Oberbayern seine schuldlose, tugendhafte Gemahlin Maria, Schwester Herzog Heinrichs von Brabant, auf den leisesten Verdacht der Untreue hin aus jäher, unbesonnener Rache zu Schwäbisch-Wörth enthaupten, ohne daß auch nur die mindeste Untersuchung der frevelhaften Tat erfolgte (1256).**

Diese Wirren erlitten besonders Franken, die Rheinlande, Ober- und Niederschwaben, wo kleine und große Machthaber vom Erbe der Hohenstaufen und des aufgelösten Herzogtums zehrten. Nur ein streitbarer, durchgreifender Mann konnte Deutschland aus den Gefahren einer drohenden Städte- und Herrenrepublik retten und den zersetzenden Kräften beider feindseligen Grundkräfte gegensteuern. Solches Los war dem Grafen Rudolf von Habsburg beschieden.***

---

* Annalista Leob. bei Pez, Scriptores rerum Austriacarum, Band I, 834.

** Siehe v. Freibergs Sammlung historischer Schriften, I, 56, und Chronicon antiquum Bavaricum Ms. in der Wiener Hofbibliothek, Nr. 3087, ad. a. I.

*** *»Dominus huic populo post longam et asperam correptionem motus misericordia misit eis Salvatorem Rudolphum, comitem de Habsburc«,* d. h. »Gott sandte dem Volk nach langer und harter Prüfung aus Barmherzigkeit als Heiland den Grafen Rudolf von Habsburg.« Oefele, Scriptores rerum Boicarum, Band II, S. 529.

Sohn Hedwigs aus dem Geschlecht der reichen Grafen von Kyburg und Albrechts, des Grafen von Habsburg und Landgrafen im oberen Elsaß, diente Rudolf, am 1. Mai des Jahres 1218 geboren, eine Zeitlang als Edelknabe am Hofe seines kaiserlichen Paten Friedrich II., den er auf mehreren Heerfahrten begleitete. Später folgte er, um die in Italien gewonnene Ritterschaft durch Heidenkämpfe zu verherrlichen, dem Banner des böhmischen Königs Ottokar gegen die ungläubigen Preußen (1254) und erwarb als Mitgift seiner Gemahlin Gertrud (Anna), Tochter des mächtigen Grafen Burkhard von Hohenberg, ansehnliche Güter im Elsaß. Durch Mut und Klugheit sicherte er die kyburgische, von der Mutter Hedwig mitgebrachte, weitläufige Erbschaft und zeigte in den zahlreichen Fehden, die bald die ehr- und herrschsüchtigen Bischöfe Bertold von Basel und Walther Geroldseck von Straßburg, bald neidische und gewalttätige Raubritter bereiteten, entschiedene Überlegenheit des Geistes und der Waffenkunst. Er verteidigte als frei erwählter Hauptmann und Schutzherr der Zürcher, Urner, Schwyzer und Unterwaldner (1257) Recht und Gesetz gegen den zügellosen Lehnsadel der Umgegend und trat bei vielfachen Gelegenheiten als ein Hort der Schwachen und Bedrängten den Anmaßungen trotziger Willkür mit solcher Kraft und Uneigennützigkeit entgegen, daß neben wachsendem Waffenruf sein menschenfreundlicher Biedersinn in nahen und fernen Ländern gepriesen wurde. Die Kirche und deren fromme Diener fanden nirgends größere Achtung als bei dem Grafen Rudolf. Er brachte unaufgefordert einen Priester, der das Allerheiligste trug, durch den hoch angeschwollenen Reußfluß und schenkte ihm noch obendrein das eigene Roß, indem er sprach: »Ich schätze mich unwürdig, daß ich fürbaß sitze auf dem Vieh, auf dem der Herr der Herren ist übergeführt worden.«*

Solche Ehrfurcht entsproß jedoch nicht der abergläubigen Furcht, sondern dem milden, christlichen Gefühl. Der Habsburger spottete des päpstlichen Bannes, als Innozenz IV. die oft erprobte Treue gegen Kaiser Friedrich und die Einäscherung des St. Margarethenklosters in der ersten Fehde mit dem Bischof Bertold von Basel durch geistlichen Fluch strafte (1254), aber keine Kraft der Vollziehung besaß. Darum wurde auch später ohne Bedenken die Fehde mit jenem reichen und hoffärtigen Hochstift wieder auf-

---

* Hagen, Germanic. chronicon Austriae bei Pez, Script. rerum Austriac. I, S. 1084.

genommen, zumal der Nachfolger, Bischof Heinrich von Welschneuenburg, unter den steigenden Wirren die Städte Breisach und Rheinfelden als erledigte Lehen trotz der Ansprüche des Hohenstaufen Konradin einziehen wollte und auch auf andere Weise seine feindselige Gesinnung offenbarte.

Als nämlich in Basel zwischen der Bürgerschaft und dem Adel der lange verhaltene Groll in tätlicher Parteibildung ausbrach – jene der Gesellschaft zum Sittich (Papagei), dieser dem Verein vom Stern folgte –, unterstützte der Bischof, nicht sowohl aus Grundsatz denn aus Rücksicht auf augenblicklichen Nutzen so nachdrücklich den Bürgerstand, daß die ritterschaftlichen Geschlechter größtenteils flüchten und in der Fremde Mittel der Rückkehr suchen mußten. Da versammelte Rudolf, um den Schimpf des Adels zu rächen, ein ansehnliches Aufgebot, und zwang nach dem Fall der Vorstädte die Bürgerschaft zum Frieden, in dem Genugtuung wegen der vertriebenen Ritter gelobt wurde (1267), setzte aber die Feindseligkeiten mit dem Bischof und den Verbündeten so lange fort, bis jener, hart bedrängt, um eine vierundzwanzigtägige Waffenruhe bat und die fernere Ausgleichung des Streites frei erwählten Schiedsrichtern übertrug. Was diese nach Güte oder Recht entschieden, sollte für beide Parteien verbindliche Kraft haben (St. Moritztag 1273, 22. September).

Mittlerweile versammelten sich, müde der langen und zerstörenden Wirren, die Kurfürsten zu Frankfurt am Main und übertrugen nach reiflicher Vorberatung einhellig dem Rheinpfalzgrafen Ludwig die Vollmacht, im Namen aller Stimmfähigen einen König zu bezeichnen. Da entschied sich jener für den Grafen Rudolf von Habsburg, weil er gerecht und weise war und von Gott und den Menschen geliebt werde. Herren und Volk billigten mit lautem Jubel die Wahl (29. September). Nur die Boten des Königs Ottokar von Böhmen und des bayerischen Herzogs Heinrich verließen unmutig die Wahlstadt, denn die, denen sie dienten, hätten selbst gerne des Reiches Krone getragen.

Friedrich aber, Burggraf von Nürnberg, mit dem Erzbischof Werner von Mainz besonders tätig für die geschehene Ernennung, und der Reichsmarschall Heinrich von Pappenheim eilten nach Basel und meldeten den einhelligen Beschluß der Kurfürsten wie den Wunsch, daß der Gewählte so bald wie möglich nach Aachen zur feierlichen Krönung kommen möchte. »Die Ehre und den Preis«, antwortete Rudolf, »so mir Gott erzeigt, habe ich leider! meiner Würdigkeit nach nicht verdient. Doch bitte ich Gott, er wolle mir einen solchen Sinn verleihen, daß ich ihm und den Menschen wohlgefällig das Reich führen möge!« Durch eine aufrichtige Versöhnung legte er seine Streitigkeiten mit dem Bischof und der Bürgerschaft von Basel bei, dessen vertriebene Gesellschaft zum Stern heimkehren durfte, und zog, überall mit offenem Jubel empfangen, an der Spitze eines starken Gefolges schwäbischer und rheinischer Ritterschaft stromabwärts über Frankfurt nach Aachen, wo in Gegenwart unzählbaren Volkes der Erzbischof Engelbrecht von Köln mit dem üblichen Prunk die Kleinodien des Reiches übergab und dem König zuletzt die Krone aufsetzte (28. Oktober).

Danach empfing Rudolf die Huldigung aller anwesenden Fürsten und Lehnsträger, wobei statt des vermißten Szepters das Kreuz gebraucht wurde. Er belohnte freigebig die Dienste seiner Anhänger, hörte in den oberen Ländern des Elsaß, Rheines und Schwabens die Klagen der Bauern und Städter über ungerechte Zölle und mannigfaltige Unterdrückungen des Adels mit Hilfe versprechender Teilnahme an und meldete in offenen Briefen seinen festen Entschluß, des Reiches Güter und Rechte standhaft zu schützen und dem wilden Unwesen, das der Starke an dem Schwachen übe, durch einen allgemeinen Landfrieden gegenzusteuern. Er entbot sämtliche Fürsten und Stände nach Nürnberg, damit die laufenden Beschwerden und Mißstände gründlich geprüft und erledigt würden. Alle gehorchten, nur Ottokar von Böhmen und Heinrich, Herzog von Bayern, blieben daheim, weil sie des Habsburgers Wahl für ungültig hielten und eigenen Kräften vertrauten. Rudolf untersuchte und entschied die vielfachen Klagen, ließ die geschriebenen Rechte und kaiserlichen Satzungen ablesen, den so oft gebrochenen Landfrieden beschwören und öffentlich auskünden, daß bei Strafe der Acht jedermann dem Reich gehörige Lehen, Rechte und Güter zurückstellen sollte. Schließlich ließ er die beiden abwesenden Fürsten auf einen Tag nach Würzburg laden, damit sie sich hier verantworteten (Dezember 1274).

Um aber den nächsten Zweck, die Wiedergeburt des zerrissenen, in feindselige Gegensätze aufgelösten deutschen Volkstums desto sicherer zu gewinnen, begnügte sich Rudolf nicht mit dem weltlichen Schwert und persönlicher Hegung des Gerichts,* sondern gebrauchte auch, obschon vom redlichen Eifer über die Grenzen der Klugheit hinausgerissen, die mächtige Beihilfe des kirchlichen

* »Do fuhr Chunig Rudolf zu allen Stetten und rietet allenthalben, waz do was ungeslechtes.« Hagen bei Pez.

Ansehens. So wurden, um die Anerkennung Papst Gregors X. zu gewinnen, alle Ansprüche auf die Hinterlassenschaft der Bischöfe (Spolienrecht), Freiheiten, Hoheitsrechte und Besitzungen, namentlich in der Romagna, der Mark Ancona, der Grafschaft Bertinoro, dem Herzogtum Spoleto und dem Erbteil der Gräfin Mathildas, bedingungslos bestätigt sowie Gunst und Beistand gegen Ketzer und aufrührerische Lehnsleute, die etwa unter den Schutz des römischen Königs flüchten wollten, versprochen. Karl von Anjou und dessen Getreue wurden für rechtmäßige Inhaber des kirchlichen Lehnsreichs Sizilien erklärt und dadurch gegen die noch nicht beseitigte Furcht einer konradinischen Blutrache sichergestellt. Kurz, sämtliche von den Saliern und Hohenstaufen teils erstrebte, teils wirklich errungene und auf Tod und Leben verteidigte Rechte des weltlichen Oberhaupts wurden dem Priestertum preisgegeben (1274).* Dafür empfing Rudolf, der die Folgen so schmählichen Vertrages nicht ahnte, als Gegendienst die päpstliche, immerhin noch zweideutig ausgedrückte Bestätigung der von den deutschen Fürsten vollzogenen Wahl und den väterlichen Rat, die beschworenen Pflichten gegen die heilige Mutter, die Kirche, gewissenhaft zu erfüllen und auch nach feierlicher Krönung in Rom ohne Zaudern ein Kreuzheer gegen die Heiden zu führen.

Aber nicht allen Mitbewerbern gefiel diese Entscheidung. Denn während Alfons von Kastilien auf Gregors Betreiben dem leeren Namen eines römischen Königs entsagte, verharrte der Böhme Ottokar im Trotz. Er unterband die für den Glaubenskrieg angeordneten Predigten und Zehnten, nahm die Geistlichkeit seiner Länder in ein besonderes Eidgelübde, redete von einem höheren

* Diese auch später von Rudolf nicht abgelegte Willfährigkeit widersprach allerdings nicht nur der denkenden Minderheit, sondern auch dem Volksurteil der Deutschen. Die Hohenstaufen hatten eine so nachhaltige Rückwirkung hinterlassen, daß ein betrügerischer Abenteurer, der sich für Kaiser Friedrich II. ausgab, am Niederrhein beträchtlichen Anhang finden konnte. Selbst nachdem er verbrannt war als Gaukler und Schwarzkünstler (1276), wollten viele nicht an den Tod des falschen Friedrich glauben. Man habe, hieß es, unter den Kohlen des Scheiterhaufens kein Gebein gefunden, ein Zeichen, daß Gott den großen Kaiser aufbehalte, um die Priesterschaft zu vertreiben.

»Es wäre von Gotts Kraft,
Daß er leiphaft
Scholde noch peleiben,
Und die Pfaffen vertreiben.«

Ottokars Reimchronik, Kap. 326, bei Pez, Script. rerum Austriacarum, Band III.

Richterstuhl der allgemeinen Christenheit, der über den Ausspruch des Papstes zu urteilen habe, und schloß mit dem Herzog Heinrich von Bayern ein offenes Bündnis ab. Da lud Rudolf das dritte Mal die Widerspenstigen nach Augsburg vor den Reichstag und gebot auf den Rat der Fürsten, daß bei Strafe der Acht Österreich, Steiermark, Kärnten und Krain als erledigte Lehen ohne Aufschub zurückgegeben werden sollten.

Doch statt des Gehorsams legte der Gesandte Ottokars, Bischof Bernhard von Seccan, in einer langen, lateinischen Rede trotzigen Einspruch ein und leugnete die rechtmäßige Wahl des Grafen von Habsburg, über dem als Kirchenräuber der Bann des Papstes laste. Während der König den aufsteigenden Zorn bezwang und ruhig entgegnete, daß deutschen Herren und deutschen Angelegenheiten nicht gelehrte, sondern heimische, jedermann verständliche Mundart gezieme,* erhoben sich die Fürsten mit großem Unwillen von ihren Sitzen, entrüstet ob der frechen Worte. Ja, der Pfalzgraf Ludwig rief aus: »Der Pfaffe soll seine unverschämte Rede teuer bezahlen!« und machte Anstalten, der Drohung tatsächlichen Nachdruck zu geben. Des Königs Dazwischenkunft rettete jedoch den Priester, der am folgenden Tag unter sicherem Geleit heimkehren und seinem Herrn die Kunde von dem Geschehenen hinterbringen durfte (Mai 1275). Jener, dadurch mehr gereizt denn niedergebeugt, antwortete dem Burggrafen Friedrich von Nürnberg, der dringend zur Herausgabe der genannten Reichsgüter mahnte, in stolzem Selbstvertrauen: »Wir haben nicht beschlossen, demjenigen so leicht zu entsagen, was teils durch Schwert und Bogen mühsam errungen, teils durch Blutsverwandtschaft gewonnen wurde. Auch nimmt es uns höchlich wunder, daß die Fürsten den schwachen Grafen von Habsburg an das Königtum wählen und einen mächtigen Herrn, der schon die Krone trägt, übergehen konnten.«

Diese hochmütige Erklärung entschied. Der widerspenstige Böhme wurde mit der Acht des Reiches belegt und Anstalten getroffen, sie unverzüglich zu vollziehen. Überdies wirkten dafür die mannigfaltigen Unbilden und Grausamkeiten, die Ottokar an zü-

---

* »Habt ir icht zu schaffen
Mit chainem pfaffen
Da latein zu gehort
Daz spart uf die chor
Ze Maynz oder ze Trier.«
Ottokars Reimchronik, Kap. 112.

gelloser Herrschsucht in den durch List und Gewalt gewonnenen Ländern deutscher Zunge geübt hatte. Das Blut vieler Unschuldiger forderte Rache, die gebrochene Treue Vergeltung. Denn der ehrgeizige, gegen die Wahl der Mittel gleichgültige Fürst hatte einst nicht nur nach Kräften den Untergang Konradins und Friedrichs von Baden gefördert,* sondern auch unbarmherzig an den nächsten Verwandten der gestürzten Nebenbuhler gehandelt. So mußte Gertrud, die Mutter des unglücklichen Friedrich, im tiefsten Elend aus ihren steiermarkischen Burgen nach Meißen wandern, die Babenbergerin, Margaretha, die der Fremde um des österreichischen Erbes willen geheiratet hatte, trotz päpstlichem Einspruch das Band der Ehe lösen und verstoßen an Gift sterben, während mancher unabhängige Herr in Steier, Kärnten, Krain und Österreich den Mangel an blindem Gehorsam durch Tod und Bann büßte.

Aber auch das genügte Ottokar nicht. Ausgesuchte Qualen sollten schrecken und Volk wie Ritterschaft der deutschen, bevogteten Länder in dumpfe Betäubung stürzen. Deshalb wurden zwei Edle in einem Turm lebendig verbrannt und an Siegfried von Merenberg zwei Tage lang alle Folterkünste erfolglos versucht, um ein Geständnis der Schuld zu erpressen. Rechte und Freiheiten der Städte und Länder achtete Ottokar nicht. Er betrachtete sie als eine Bürde, die man abschütteln müsse, und scheute sich nicht, nach errungenem Besitz Eidgelübde zu brechen.**

Pflicht, Vorteil und Ehre forderten dergestalt den König Rudolf auf, dem frechen Übermut des Böhmen ein Ende zu setzen. Doch jener, wachsam und tätig, wartete nicht die Ankunft des Feindes ab, sondern ging von der Verteidigung zum Angriff über. Der östlichen Hilfe nämlich sicher und durch heimliche Boten aufgeregt, trat der hohe Adel Schwabens unter die Waffen, aus Furcht, bei längerem Zaudern gleichfalls die dem Reich entrissenen Güter und Rechte zu verlieren, und schloß mit Herzog Heinrich von Bayern und Ottokar von Böhmen ein offenes Bündnis ab. Dies taten vor allem die Grafen Ulrich und Eberhard von Württemberg, der Markgraf Rudolf von Baden, die Grafen von Helfenstein und Freiburg, die Herren von Montfort und viele alte Widersacher des Hauses Habsburg, so daß die Verbindung vom Rhein über Bayern bis an die Grenzen Ungarns ausgedehnt wurde und den König wie mit einem Netz umzog und in seinen Erblanden einzuschließen drohte.

---

* Siehe Band I, S. 536.

** Aus und über Ottokars von Horneck Reimchronik, von Schacht, S. 58 ff.

Sofort versammelte jener, um das Übel in der Geburt zu erstikken, den kleinen Haufen seiner Getreuen und trennte die Vereinigung des schwäbischen Adels durch Güte und Gewalt. Auf gleiche Weise zwang er den Herzog Heinrich von Bayern zur Unterwerfung und zog, nachdem die Rüstungen gegen Böhmen vollendet waren, mit einer glänzenden, zahlreichen Ritterschaft aus Schwaben, Franken, dem Elsaß und dem Rheinland die Donau abwärts nach Wien, das nach fünfwöchentlicher Belagerung huldigte. Durch den befreundeten Grafen Mainhard von Tirol gewann er Kärnten, Krain und Steiermark, wo Volk und Adel sehnsüchtig des Befreiers harrten, und traf eben Anstalten zum Donauübergang, als Ottokar auf den Rat des Bischofs Bruno von Olmütz Versöhnung anbot und dem Ausspruch vier unparteiischer Schiedsrichter zu folgen gelobte.

Sobald diese dahingehend geurteilt hatten, daß die umstrittenen Länder dem Reich anheimfallen, Böhmen aber und Mähren im Lehnsverband bleiben sollten, erschien Ottokar, prachtvoll geschmückt und von einem ansehnlichen, in Gold und Silber prunkenden Gefolge begleitet, vor dem König Rudolf, der einen grauen Rock, einen groben Mantel und einen spitzen Bauernhut trug. Ottokar beugte das Knie, schwor den Lehnseid und kehrte, äußerlich versöhnt, aber mit Grimm im Herzen, von dem Wiener Feldlager nach Mähren zurück (22.–25. Dezember 1276) und verweilte hier so lange, bis Zeit und Überlegung die tiefe Wunde gekränkten Stolzes einigermaßen geheilt hatten.

Da riß die Königin, Kunigunde von Bosnien, die unbedingt über den Gemahl herrschte, sie wiederum auf und beschleunigte den vom Schicksal verhängten Sturz des böhmisch-slawischen Reiches. Im Übermaß der Hoffart daran gewöhnt, eigenmächtig Urkunden auszustellen, Zölle und andere Rechte zu verleihen,* empfing die eitle und hochmütige Frau den von Scham und Kummer noch niedergebeugten Fürsten in der Hofstadt Prag mit boshaften Hohnworten und sprach: »Was bist du doch für ein gewaltiger Held! Du belltest den Rudolf, als er noch fern war, nach Art der Hunde an, gabst ihm aber, sobald er kam, um Mundschenk der Deutschen zu bleiben, vier fruchtbare Länder, die Überfluß haben an Burgen, Ritterschaft und Schätzen! Ein armer Graf, ehemals euer Diener, nahm den König der Böhmen in Lehnspflicht! – Ja,

* Aventinus, Annales Bojorum, Frankfurt 1625, VII. Buch, S. 439.

ihr macht es, wie von den jungen Maultieren erzählt wird. Wenn der Wolf naht, bäumen sie sich auf, spitzen die Ohren, schreien stark und schlagen mit den Füßen. Kommt aber das Raubtier hart zum Angriff, dann werden sie wehrlos und lassen sich fressen. Hättet ihr meinen Witz und Mut gehabt, so wäre der Graf tot oder gefangen in eueren Händen. Nun aber rühmen sich die Schwaben des blutlosen Sieges und mögen noch kommen, uns aus Böhmenland zu vertreiben. Denkt daran und handelt, wenn ihr bieder und tapfer seid! Ich rede davon nicht mehr. Was verloren ist, sei verloren!«

Der König, von heftigem Zorn gepackt, antwortete: »Was ich nach eurem Sinn tat, ist noch nie gelungen. Doch weil ihr danach ringt, mich in Mühe und Arbeit zu bringen, so will ich dem König Frieden und Versöhnung aufkündigen! Das soll ihm zu Leid und mir selber zur Schande begegnen.« Sogleich wurde ein Schreiber gerufen, um den Fehdebrief abzufassen. Zwar warnten fromme und kluge Räte vor Übereilung, Treubruch und Meineid, bewirkten aber nichts weiter, als daß Ottokar nach kurzem Schwanken versicherte, Seele und Leib, Gut und Ehre wagen zu wollen. Denn dahin habe es die üppige Rede der Königin gebracht und das alte Sprichwort bestätigt: »Eines Unglück ist des anderen Glück!« Die Herren aber hörten nicht auf, die Leichtfertigkeit des Entschlusses zu rügen. Man müsse sich, meinten sie, nicht um Frauen kümmern, die langes Haar und kurzen Sinn hätten, sondern an den Nutzen und die Redlichkeit gedenken. Umsonst. Ottokar, von altem Groll bewegt, antwortete: »Keine Eidschwüre sollen mich binden. Ich ruhe nicht eher, als bis ich mit dem Habsburger zum Streiten zusammentreffe! Er oder ich!«*

Danach wurde im ganzen Umfang des Böhmenreichs kräftig, jedoch verstohlen gerüstet und mit dem Herzog Heinrich von Bayern und anderen alten Freunden ein Bündnis geschlossen. Durch listige Umtriebe und freigebige Versprechungen wurde in Steier, Kärnten, Krain und Österreich Unfrieden geweckt, wie denn der Marschall Heinrich von Kunring bald offen übertrat,** und endlich dem König Rudolf auf Tod und Leben Fehde angekündigt. Jener antwortete: »Will Ottokar den Krieg, so soll er ihn haben!« und sandte Eilboten nach Bayern, Schwaben und an den Rhein, die zu schneller Hilfe gegen einen mächtigen, treubrüchigen Feind mahn-

* Ottokars Reimchronik, Kap. 103.
** Codex epistolaris Rudolfi, Ed. Bodmann, Nr. 72, S. 75.

ten. Er schloß mit dem jungen König Ladislaus von Ungarn einen Schutzvertrag ab und bewog den Papst Nikolaus III., auf Ottokar und dessen Anhänger als Störer christlicher Eintracht die geistliche Acht zu schleudern (Februar 1278).

Der Ruf des Königs fand aber nicht überall Bereitwilligkeit, denn groß war noch, besonders in Schwaben, die Zahl der heimlichen Neider und Widersacher, denen der streng gehandhabte Landfrieden mißfiel. Ein fremdes Oberhaupt, wie etwa der Böhme, konnte eher die schöne Zukunft des zügellosen Fehderechts gewährleisten. Jedoch die Mehrzahl der Fürsten und Herren gedachte der beschworenen Reichspflicht und rüstete mit Eifer für die Heerfahrt. Das taten namentlich die Grafen von Hohenberg, Fürstenberg, Hohenlohe, Ortenburg und Tirol, die Markgrafen von Hochberg und Baden, der Pfalzgraf Ludwig bei Rhein und der Burggraf Friedrich von Nürnberg, unter den Prälaten die Bischöfe Friedrich von Salzburg und Heinrich von Basel – mit dem Beinamen nach Ißny benannt, Rudolfs Beichtvater und treuester Freund –, mehrere schwäbische Städte, z. B. Zürich, sowie viele Ritter und Bauern aus Steiermark, Kärnten, Krain und Österreich. Neben der Treue trieb sie die Furcht, bei etwaigem Glückswechsel die volle Rache Ottokars an Leib und Gut fühlen zu müssen.

Jener, ungeduldig des Kampfes, hatte inzwischen, während aus Böhmen, Mähren, Polen, Schlesien und selbst deutschen Ländern sächsischen Stammes der Gewalthaufen heranzog, mit etlichen Reiterscharen die Donau überschritten und durch Mord, Brand und Raub den Anfang der Fehde auf Tod und Leben bezeichnet. Danach hatte er am linken Stromufer etliche Burgen mittels Verrat gewonnen und im Marchfeld, nicht weit von Kustendorf, alle Schlachthaufen versammelt, um hier die Ankunft des Feindes zu erwarten.*

Dieser zauderte nicht lange, denn schon am 12. August räumte Rudolf Wien, setzte bei Heimburg über die Donau und lagerte in der Nähe von Marcheck, wo bald darauf die Steirer, Krainer, Kärnter und etliche tausend ungarische Reiter unter dem jungen Ladislaus anlangten. Dennoch blieb das Mißverhältnis der Streitkräfte unverändert. Der Böhme zählte an die 30 000 Fußknechte und Reiter, der Deutsche kaum die Hälfte. Aber dort wohnten Unlust, Zwietracht und Frechheit, hier im Vertrauen auf die gute Sache, die

---

* Bodmann, Cod. epist., Nr. 79.

den Meineid strafen sollte, Freudigkeit, Zucht und Ordnung. Deshalb antwortete der König einem böhmischen Überläufer, der für Lohn Meuchelmord anbot, großmütig: »Obschon Ottokar mein Todfeind ist, so will ich seinetwegen dennoch nicht Recht und Redlichkeit vergessen!« und trug diesem mit der Meldung des drohenden Verrats eine gütliche Übereinkunft hinsichtlich der schwebenden Streitigkeiten an.

Ottokar aber deutete beides als Arglist und Feigheit. Er wollte jedoch eine Hauptschlacht meiden und von seiner festen Wagenburg aus dem Gegner mit List Abbruch tun. Als aber solches fehlschlug, rüsteten beide Heere, durch leichte Gefechte gereizt, am Morgen des Freitags nach Bartholomäus, den 26. August, für den entscheidenden Feldstreit, die Deutschen in vier, die Böhmen in drei Schlachthaufen. Bei jenen, die rote Kreuze im weißen Felde führten, bildeten die Schwaben, Steirer, Kärnter und Krainer den Kern, bei diesen, deren Banner grün war mit weißem Kreuz, standen 900 geharnischte Reiter unter Ottokar als Blüte der gesammelten Mannschaft in der dritten Reihe gegenüber dem König Rudolf.

Während die Heere einander langsam näherrückten und unter den Deutschen der Bischof Heinrich von Basel, allen voran, nach beendetem Gebet den Kriegsgesang anstimmte, wurde Heinrich Schorlin, Ritter aus Schwaben, vom Ungestüm seines Rosses aus den Gliedern der Waffengefährten hinweggerissen und gerade auf den Feind geworfen. Das gab allen ein Zeichen zum Kampf, der über eine Stunde lang mit gleicher Wut und wechselndem Glück dauerte. Rudolf selbst, der im dichtesten Gewühl durch den polnischen Ritter Herbot von Füllenstein aufgesucht, erkannt und vom Pferd geschleudert wurde, entkam mit knapper Not durch eigene und der Seinigen Tapferkeit, insonderheit des Herrn von Ramschwag, dem Tod oder der Gefangenschaft. Er bestieg ein frisches Roß und griff das Hintertreffen der Böhmen an, die von einer anderen Seite her der Hauptmann des Königs, Bertold Kappeler, hart bedrängte und mit dem Feldgeschrei: »Sie fliehen!« scharenweise trennte und niederwarf.

Bald lösten sich alle Glieder, bedeckten Flüchtige zu Fuß und zu Roß die Ebene. Ottokar, dessen Nachhut im Gedächtnis an frühere Unbilden keinen Schritt vorwärts tat und bei steigender Gefahr davonritt, wurde mitten im Gedränge von zwei Steiermärkern, die früher erlittenen Schimpf rächen wollten, eingeholt, zu Boden geschleudert und nach tapferer Gegenwehr niedergestochen. Die Kunde davon breitete lähmende Bestürzung aus unter den Böhmen und deren Hilfsscharen. Reiter und Fußknechte wurden in wilder Flucht teils von den Nacheilenden niedergehauen und gefangen, teils in den Marchfluß gejagt, so daß an 14 000 während und nach der Schlacht den Tod fanden und die Reste in der elendesten Lage ihre bestürzte Heimat erreichten.

König Rudolf aber dankte Gott für den herrlichen Sieg und lobte den Mut seines unermüdlichen, ehrenhaft in Wien, später Prag beigesetzten Feindes.* Zum Andenken an diesen Tag vergab er an die Kirche von Marcheck beträchtliche Ländereien,** überließ die reiche Beute meistens den Getreuen und brach nach dreitägiger Rast von der Kampfstätte auf, um den Feind zu verfolgen. Ohne Widerstand huldigte Mähren, während Böhmen unter der Leitung des brandenburgischen Markgrafen, Ottos des Langen, der als Schwiegersohn Ottokars die Reichsverweserschaft für den unmündigen Waisen und Erben Wenzel übernahm, zur hartnäckigsten Gegenwehr rüstete.

Da folgte Rudolf der angeborenen Großmut und Klugheit. Auf den Rat des Bischofs Braun (Bruno) legten vier Schiedsrichter zu Kollin den Streit so bei, daß Böhmen und Mähren dem heimischen Fürstenhause bleiben, Kärnten, Krain, Steiermark und Österreich als erledigte Lehen dem Gemeinwesen der Deutschen angehören und doppelte Heiraten die Versöhnung festigen sollten. Selbst Kunigunde, die Haupturheberin des Friedensbruches, wurde nicht vergessen. Sie bekam ein jährliches Witwengut von 3000 Mark Silber, das auf Grundstücke in Böhmen und Mähren gezahlt wurde.***

Nach Wien heimgekehrt und von den Bürgern mit Jubel empfangen, ordnete Rudolf umsichtig die durch lange Fehden zerrütteten Ostländer und schlichtete vielfache Streitigkeiten teils persönlich, teils durch unparteiische Richter und Amtleute. Er gewährleistete den Städten, Herren und Bauern ihre verbrieften Freiheiten und übergab danach die Aufsicht des meistens beruhigten Landes seinem Sohn Albrecht, den etliche schwäbische Räte, z. B. die von Waldsee, leiten sollten. Anschließend eilte er an den Oberrhein, um den hier wie in Schwaben und Franken gestörten Frieden durch Güte und Gewalt wiederherzustellen (Som-

* »*Infatigabilis Reip. fatigator, nostraeque et vitae notorius persecutor*«, d. h. »der unverdrossene Feind des Reiches und offenkundige Widersacher unseres Glückes und Lebens.« – Epist. Rudolfi ad Summum pontific. bei Bodmann, Nr. 82.

** Bodmann, Cod. epist., Nr. 86.

*** Bodmann, Cod. epist., Nr. 94.

mer 1280). So wurden auf den Reichstagen zu Nürnberg und Mainz die alten Satzungen Kaiser Friedrichs II. gegen Raub, Mord und Brand erneuert und beschworen, die Fehden zwischen dem Grafen Eberhard von Württemberg und der Gemeinde Eßlingen, den Grafen und Bürgern von Freiburg nach Güte und Recht beigelegt, viele Schlösser am Rhein, in Schwaben, Franken und Thüringen unter dem Banner des Reiches gestürmt und gebrochen und die widerspenstigen Inhaber ohne Rücksicht auf ritterliche Geburt mit dem Tod bestraft. »Sie sind«, sprach der König zu dem abmahnenden Grafen von Waldeck, »nicht Adlige, sondern verruchte Diebe und Räuber, die den Armen unterdrücken, den Frieden stören und des römischen Reiches Hoheit niedertreten. Der echte Adel hält Treue und Glauben, übt Gerechtigkeit, beleidigt und kränkt niemanden.«*

Dabei sah der biedere Fürst nie auf den eigenen, sondern immer auf den allgemeinen Nutzen und antwortete etlichen Getreuen, die ihn dafür tadelten, daß er die den Mainzer Wucherjuden abgenommenen Güter den Armen geschenkt, nicht aber für sich und die heilige Kirche behalten habe: »Wißt ihr nicht, daß jene Bußen, die erhoben wurden, um Wucher zu strafen, einen unehrlichen Besitz bringen müßten? Des Herrn Kirche aber ist heilig und darf nur durch rechtmäßig erworbenes Gut bereichert werden. Denn es steht geschrieben: Deines Hauses Zierde ist die Heiligkeit.«

Nachdem Rudolf auf diese Weise das zerrüttete Reich notdürftig wieder in Frieden und Ordnung gebracht hatte, gedachte er der eigenen Hausmacht, die sich von ihrem bisherigen Sitz im Westen Alemanniens, insbesondere Aargau und Elsaß, über Österreich und die Nebenländer ausbreiten sollte. Daher wurden die Kurfürsten und Fürsten, viele angesehene Freie und Dienstleute um Weihnachten 1282 nach Augsburg geladen und prachtvoll empfangen. In der ersten Sitzung, der auch Albrecht und Rudolf, die Söhne des Königs, beiwohnten, wurden sie neben anderem folgendermaßen angeredet: »Nun seht, ihr Herren, was ich für das Reich getan habe, ist nächst Gott um dieser zwei wegen geschehen. Darum wäre es angemessen, daß sie Fürstenwürde bekämen. Zur Tat sind sie wakker und werden dem Reich nicht undankbar sein.« – Als danach die Versammlung freudig eingewilligt hatte, belehnte der König im Fronhof der Stadt seine Söhne Albrecht und Rudolf mit Österreich, Krain, Steier, der wendischen Mark und Portenau, den Gra-

* Chronic. Hirsaug., II, 44.

fen Mainhard von Tirol aber mit Kärnten und übergab den neuen Fürsten, die sofort Hulde schworen, die Fahnen der genannten Länder (27. Dezember). Ritterspiele und Gastgelage beschlossen die bedeutsame Feierlichkeit, die den Habsburgern mit der Fürstenwürde auch das entschiedene Übergewicht im Südosten des Reiches gebracht hatte.

Da fürchteten die Grafen und Landherren Schwabens, der König möchte durch Wiederherstellung des Herzogtums zugunsten des einen oder anderen Sohnes dem Wachstum ihrer auf Kosten des Gesamtwohls erstarkenden Häuser begegnen, und schlossen unter Leitung des unruhigen Grafen Eberhard von Württemberg einen Bund ab, dem die Grafen von Helfenstein, Zollern, Montfort, der Abt Wilhelm von St. Gallen sowie die Städte Bern, Colmar und Hagenau beitraten. Sofort versammelte der König schnell die Dienstleute seiner habsburgischen Stammländer und etliche Haufen der Reichsgetreuen in Schwaben und warf sich auf den mächtigsten Feind, den Grafen Eberhard. Er schloß Stuttgart, dessen Hauptfeste, zwei Monate lang ein und gab nicht eher nach, als bis der trotzige Graf die Vermittlung Heinrichs von Ißny, der damals das Erzbistum Mainz verwaltete, annahm, Unterwerfung und Schadenersatz gelobte und schließlich seine Stadt, deren Ringmauern gebrochen wurden, überlieferte (10. Dezember 1286).

Spätere Widersetzlichkeit blieb erfolglos. Der zänkische Lehnsgroße mußte nicht nur mit seinen Helfern nach demütiger Abbitte kniend von neuem Gehorsam schwören, sondern auch drei Burgen als Unterpfand abtreten (1287). Jetzt erst gelang es, in dem schwäbischen, zersplitterten Heimatland der Hohenstaufen, wo die Gebiete reichsunmittelbarer Gemeinden, Stifte, Bauerschaften und unabhängiger Grundherren sich durchkreuzten, Ordnung und Zucht zu festigen, der wilden Selbsthilfe den Schild geregelter Rechtspflege entgegenzustellen und was verworren war zu ebnen.* Fortan konnte auch am Rhein, in Franken und Thüringen, wo viele Burgen in Trümmer sinken mußten, der Landfrieden gefestigt und

---

* »Waz er (Rudolf) verwarrens (verworren) vand
Umb dem Rein und daz Swabenland,
Daz macht er alles slecht (gleich, gerad),
Eben und gerecht,
Daz ist dez Reiches Recht.«

Ottokars Reimchronik, Kap. 217. Über die schwäbischen Wirren vgl. Pfister, Geschichte Schwabens, III. Buch, S. 60 ff.

auf den allgemeinen Reichstagen in Würzburg (1287) und Speyer (1291) von Fürsten, Herren und Städten beschworen werden.

»Der Sohn«, lautete diese in deutscher Sprache abgefaßte Urkunde, »der seinen Vater an Leib und Gut schädigt, soll ewiglich recht- und ehrlos bleiben, sobald er durch das Zeugnis von zwei sendbaren Männern (Sempermannen, sempere Lüte) der Schuld überführt ist.* Niemand soll den empfangenen Schaden selbst rächen, sondern vorerst seinem Richter klagen und der Klage an das Ende folgen, als recht ist. Wird ihm aber dann nicht gerichtet und muß er durch Not seinen Feinden widersagen, so soll es bei Tage geschehen und drei ganze Tage lang auf beiden Seiten Frieden walten, widrigenfalls der brüchige, durch sieben sendbare Zeugen überführte Teil ewiglich für ehr- und rechtlos gelten, so daß er nimmer komme zu seinem Recht. – Alle Fürsten des Reiches und alle, so Gerichte vom König haben, sollen recht richten nach des Landes Sitten und Gewohnheiten und dasselbe auch denen gebieten, die Gerichte von ihnen haben. Wer das aber nicht tut, über den wird der König richten scharflich, als recht ist, und nichts übersehen und niemanden schonen. Die Pfahlbürger soll man allenthalben abschaffen (lassen), niemand den anderen durch das Land geleiten, er habe denn das Geleit vom Reich, damit Arme und Reiche desto sicherer fahren mögen, niemand einen neuen Zoll und Geleit machen, weder auf dem Lande noch auf dem Wasser, bei Strafe der Acht und des päpstlichen Bannes. Alle Zölle, so seit Kaiser Friedrichs Zeiten aufgesetzt wurden, sollen gar abgeschafft sein, es wäre denn, daß der Inhaber ihren rechtlichen Besitz nachweisen könnte. Dasselbe gilt von den Münzen, deren Fälscher ihr Landrecht verlieren. Wo zwei miteinander urlugen (kämpfen) und der eine oder sie beide das Geleit haben, wer denen zu Leid die Straße angreift, und wird er dessen überzeugt mit Recht, über den soll man richten wie über einen Straßenräuber. In geistlichen Dingen entscheidet das geistliche, in weltlichen das weltliche Recht. Gotteshäuser und Klöster schützt der Vogt mit Pflicht und Gewissen,

* Lehmann, Speyerische Chronik, S. 555. Pfister, Geschichte Schwabens, III. Buch, S. 82. Anm. »Sendbar, der das Recht hat, in der Sende, Volksversammlung, zu zeugen. Das spätere: semperfrei ist so viel als sendbarfrei.« Die Glossen zu etlichen altdeutschen Gesetzen (Wiener Hofbibliothek, Cod. hist. prof. Nr. 915, f. 42) erklären (gezwungen) das Wort: semperfrei durch: *compar atque conjunctibilis* (sembar), die sich allein ebenbürtig, d. h. *ex qualibus nati* zusammen in die Eh schicken, zempar, zu einem Paar geschickt.

bei etwaiger Untreue dem König verantwortlich, der festiglich richten und niemanden schonen will. Pfändung ohne des Richters Erlaubnis wird bestraft wie Straßenraub, den auch begeht, wer räuberisches oder diebisches Gut wissentlich kauft oder Räuber, Diebe und Ächter (Geächtete) beherbergt (behält). Des Reiches Hof soll haben einen Hofrichter, der ein Freimann ist und zum mindesten ein Jahr im Amt bleibt, ob er sich recht und wohl hält. Er soll alle Leute richten, die ihm klagen, und vor allen Leuten, außer die Fürsten und andere hohe Leute, wo es ihnen geht an Leib oder Recht, Erbe oder Lehen, denn das will der König selber richten, der auch allein in die Acht tun und aus der Acht entlassen kann. Alle Vorladungen (Fürgebote) geschehen schriftlich. Wer den Landfrieden nicht schwört in einem Monat, nachdem er öffentlich verkündet wird in dem Bistum, da er sitzt, was dem geschieht, das soll niemand richten, weder mit geistlichem noch mit weltlichem Gericht. Wer aber den Landfrieden schwört und ihn danach bricht, der soll in 14 Nächten* den Bruch bessern oder rückgängig machen, so er dessen gemahnt wird von dem Richter. Tut er das nicht, so soll er meineidig sein und in des Bischofs Bann wie des Königs Acht liegen, bis der Bruch gebessert wird. Gleiche Strafe trifft den, der den gebannten und geächteten Störer des Landfriedens wissentlich acht Tage lang behält, hauset und hofet.«

Rudolf war unaufhörlich bemüht, diesem einstweilen nur für drei Jahre beschworenen Stillstand des Faust- und Fehderechts durch persönliche Dazwischenkunft Nachdruck zu geben und die rauhen, an Waffenentscheidung gewohnten Sitten der Deutschen mit dem Gebrauch milderer Sühnemittel anzufreunden. Deshalb reiste er nach dem löblichen Brauch der altdeutschen Könige von Gau zu Gau, Stadt zu Stadt, saß, jedermann zugänglich, bald auf den Reichstagen und in den Rathäusern, bald auf den Dingstätten und unter dem Schatten eines Ulmen- oder Eichenbaums öffentlich zu Gericht, urteilte nach reiflicher Prüfung des Sachverhalts schnell und unparteiisch, indem sein angeborener, durch lange Übung ausgebildeter Scharfsinn stets den entscheidenden Punkt traf und ein natürlicher Mutterwitz den trockenen Ernst der Geschäfte erheiterte.** Viele Streitigkeiten schlug er auf dem Wege

* Statt Tagen, nach altgermanischer Zeitrechnung, die auch bei den Kelten galt. Caesar, De bello Gallico, VI, c. 18.

** Einst kam der König, dessen Nase stark gebogen war, nach der schwäbischen Reichsstadt Eßlingen, wo ihn, wie gewöhnlich, das Volk im munteren Gedränge

gütlicher Vermittlung (in Minne) nieder und übergab andere den willig gegönnten Schiedsrichtern, deren Spruch sodann mit unnachsichtiger Strenge vollzogen wurde.*

Bei dem allem war er oft so geldarm, daß er mehrmals die Kosten für den Reichstag borgen oder für rückständige Zahlung Geiseln stellen mußte.** Dienstleistungen erprobter Freunde bekamen den angemessenen Lohn, obschon nie auf Kosten des allgemeinen Wesens. So gewann der kluge und tapfere Burggraf Friedrich von Nürnberg durch einen Freibrief das dortige Landgericht und an-

---

umgab. Da rief jemand aus Mutwillen: »Was für eine Nase; man kann nicht vor ihr durchkommen.« Rudolf, der glaubte, in einer freien Stadt müßten auch Geist und Zunge frei sein, drehte ruhig das Gesicht auf die Seite und sprach: »Nun, guter Geselle, wirst du wohl vorbei können.« Der unberufene Witzbold wurde zum Gespött. Pfister, Geschichte Schwabens, III. Buch, S. 89, und Fuggers Ehrenspiegel, I, 139. Eine Bäckersfrau zu Mainz, die den ihr nicht bekannten König in ihrem Haus, wo er sich am Herd wärmen wollte, gelästert und mit Wasser begossen hatte, mußte bei der Tafel zum großen Gelächter der Gäste die Schimpfreden wiederholen und noch dazu ein Geschenk annehmen (Chronic. Colmar. ad a. 1288, bei Urstisius, Script. rerum Germanic., Band II, und Lehmann, Speyerische Chronik, S. 560). Ähnliche Züge finden sich häufig.

* So urteilte z. B. der König auf dem Reichstag zu Erfurt (1290) gegen den österreichischen Edlen Konrad von Pilchdorf, der einen früheren Schiedsrichterspruch gebrochen hatte. Die bisher nicht gedruckte Urkunde (Wiener Hofbibliothek, Cod. hist. prof., Nr. 394) lautet dem Wesentlichen nach so: »Wir Rudolf von Gottes gnaden Römischer König und ein Merer des Reiches tuon kunt allen den die disen Brief ansehent oder hörent lesen, daz Alber von Puochheim kam für uns, da wir zu Erfurt te gericht saßen unde erzugete mit Hantfesten, die man do für uns las, das er unde Cunrat Ulriches Sun von Pilchdorf an schtedelüte hetten gelassen alle die Kriege und mischelunge (Streitigkeiten), die zwischen in waren oder mochten werden, es wer umb den Truchsessen Ampt zu Oesterreich oder schwas umbe es were oder mohte sin und swer daz breche, der solt verloren han alle ansprache und sache es wer umb des Truchsessen ambt oder swer umbe es wer, und solte darzu dem andern, die die schiedunge hielte, geben vieuse 100 Pfund. Und da die Hantfeste gelesen was, da erzugete Alber von Puchheim mit Herzogen Albrecht von Oesterriche unserm lieben Sun und den Fürsten und mit andern ersamen Lüten, das der vurgenand Cunrat von Pilchdorf die schidunge alse an dem briefe ftuont gebrochen hette. Da wart urtheilet den vorgenennt Alber von Puchheim das Truchsessen Ampt zu Oesterrich und auch daz er gehabet hatte, alle die sache und Clage dorumb er unde Cunrat von Pilichdorf kriegeten und ouch an schiedleute hatten gelozzen und solte die Cunrat von Pilchdorf zu allen rechten verloren han. Unde dertzu war er schuldig Alber zu geben fünfhundert Pfund, Also an dem schiedebrief stehet.«

** Bodmann, Cod. ep. S. 182. »Wir bitten und mahnen euch inständig, uns für den bevorstehenden Reichstag mit 70 Pfund behilflich zu sein. Solchen Dienst werden wir euch freigebig vergelten.«

dere dem Reich zuständige Abgaben,* während die Vermählung seiner Töchter, Guthas mit Wenzel, dem König der Böhmen, Katharinas mit Otto, dem Sohn des störrischen Bayernherzogs Heinrich, Hedwigs mit dem Markgrafen Otto von Brandenburg, mit Beinamen der Kleine, Mathildens mit dem Kurpfalzgrafen und Herzog in Oberbayern, Ludwig dem Strengen, und Agnes mit dem Kurfürsten Albrecht von Sachsen das habsburgische Geschlecht an die mächtigsten Stammhäuptlinge der Deutschen knüpfte und ebenso viele Schwiegersöhne wie Bürgschaften der Treue erwarb.

So tätig und glücklich auch Rudolf im hochalemannischen Gebiet** und an der Donau in Österreich den Umfang und die Kraft seines Hauses förderte, urkundliche Rechte und Freiheiten der Gemeinden und Landschaften wurden dennoch gewissenhaft beachtet und trotz mancher Versuchung dem Spielraum fürstlicher Willkür entzogen. Überall behielten die städtischen Obrigkeiten und landschaftlichen Stellvertreter ihren gesetzlichen Wirkungskreis, die heimischen Handfeste (eigenhändig unterzeichnete Verträge), Bräuche und Gewohnheiten ihre herkömmliche Beachtung, wie denn auch fortan Richtersprüche und Beschlüsse der Reichstage immer in deutscher, dem Volk verständlicher Sprache niedergelegt werden sollten. Deshalb blieb das Gefühl für öffentliche Ehre und Freiheit bei allen Ständen stark und lebendig, obschon der Begriff des einigen deutschen Reiches und Volkes abnahm. Der Bürger in den Städten, der Ritter auf den Festen und nicht selten auch der Bauer auf dem kleinen Erbe oder Lehnsgut fand in den verbrieften Rechten das gegen Herrenwillkür schützende Bollwerk.

Davon nur ein Beispiel! Wenn der steiermärkische Adel laut Brief und Siegel Befugnis hatte, von einem treuebrüchigen Fürsten abzufallen,*** so zeichnete das Landvolk in Kärnten dem neuen

* Die Urkunde, 1281 zu Gemünd ausgestellt und in einer Wiener Handschrift (Cod. jur. civil., Nr. 26) aufbewahrt, gönnte dem Burggrafen unter anderem jährlich XII. *denarios a quacunque fabrica ferrea* (Schmiede) *civitatis Norinbergensis solvendos.*

** Siehe S. 65 f. in diesem Band.

*** »Wann der Handvest Tenor
Also geschrieben ist und stat:
Wenn das ergat
Daß wir den Landherren swern,
So soll er sich nicht wern,
Er swer jungen und Alten,
Des Landes Recht zu behalten,
Als verr in war Leib und Gut,

Herzog, bevor er die Huldigung empfing, in sinnvoller Feierlichkeit seine Pflichten und Obliegenheiten vor. Auf dem Felde bei Zoll nämlich nahm der jeweils Älteste eines benachbarten Bauerngeschlechts den im Felsen angebrachten Sessel ein, während sich das Volk versammelte und die Landherren (der Adel) den Fürsten ins Frühamt führten. Nach beendetem Gottesdienst legten sie ihm Bauerntracht an. Mit gräulichen Hosen, roten, durch Riemen an die Füße gebundenen Schuhen, einem grauen, vorne und hinten offenen Rock, gleichfarbigem Mantel ohne Schleppe und hohem, grauem Hut angetan, an der einen Hand einen buntscheckigen Stier, an der anderen ein weißschwarzes Feldpferd führend, an jeder Seite zwei freigeborene Herren, so ausgerüstet und begleitet näherte sich der künftige Herzog dem Zollfelder Bauern, der in seinem steinernen Sitz unbeweglich, ein Bein über das andere gelegt,* in wendischer Sprache fragte: »Wer ist der, den ihr mit euch führt her?« Die Freiherren antworteten: »Er ist uns von des Reiches Vogt (dem König) gesandt, und du sollst nun ohne Säumniß den Stuhl räumen und ihn da sitzen lassen!« Darauf der Bauer: »Das tu ich nicht, bis ich weiß, ob er dessen wert sei.« Die Gegenrede lautete: »Ja, er ist es.« – »So sagt mir«, sprach der Bauer wieder, »steht es so um ihn, daß er christgläubig ist?« Dies wurde bejaht. »So tut mir mehr bekennen«, fuhr der Frager fort, »ist er auch ein guter Richter, der weder aus Liebe urteilt noch aus Haß?« – »Ja, das versprechen wir!« entgegneten die begleitenden Edelherren. »Und«, sprach der Bauer weiter, »mag er dieses Land schützen in Gefahren, Witwen, Waisen und geistlichen Leuten guten Frieden schaffen?« War auch diese Frage bejaht und durch einen Eid von sämtlichem Ehrengefolge bekräftigt, so räumte der Landmann endlich die Stätte und führte den Ackergaul nebst dem Stier als Geschenk mit davon. Darauf bestieg der Herzog den Stuhl, schwor, daß er Frieden und Versöhnung schaffen, rechtes Gericht pflegen und nicht straucheln wolle vom Wege des Glaubens. Jetzt erschienen unter Klang und Schall die

---

Und wo er das nicht entut,
So soll man ihm für die Stunden,
Nichts sein gepunden.«

Ottokars Reimchronik, Kap. 483, S. 477.

* »Derselb (Gepaur) soll ein pain (Bein)
Auf das ander legen.«

Offenbar um die behagliche Gemütsruhe des Stellvertreters auszudrücken. Ottokars Reimchronik, Kap. 201. Vgl. Schacht, Über Ottokars Reimchronik, 294 ff.

Landherren, empfingen ihre Lehen und leisteten die Huldigung. Im Ganzen ehrte Rudolf diese und ähnliche Rechte der Landleute, obschon in den letzten Jahren die Ausbreitung des habsburgischen Stammgebiets durch Kauf und Pfandschaft bei den oberalemannischen Waldstädten nicht unbegründete Besorgnis erwecken mußte.*

Seinem Wahlspruch »Es ist besser, im Frieden wohl zu regieren, denn das Reich durch Krieg zu erweitern!« getreu, behandelte der König die Angelegenheiten Burgunds und Italiens als Nebensache. Dort begnügte er sich mit dem lockeren, zum Teil schon zerrissenen Lehnsverband, hier mit leeren Ansprüchen des toten Buchstabens, während tatsächlich jede Wirksamkeit des alten Kaisertums aufgegeben wurde. Für die Sicherung der deutschen Westgrenze unternahm Rudolf, nachdem der plötzliche Tod seines liebsten Sohnes Hartmann, der im Rhein ertrank (Dezember 1281), den Gedanken an die Wiederherstellung der burgundischen Krone im Keim zerstört hatte, mehrere Heerfahrten, um den Trotz der Großen zu beugen und die lauernde Eroberungssucht des französischen Königs abzuweisen. So wurde Graf Philipp von Savoyen, der den Gehorsam verweigerte und neben Murten und Peterlingen im Wiflisburger Gau selbst die Reichsstadt Bern als Schutzherr behaupten wollte, bekämpft und nach dem Gefecht bei Murten – wo der fünfundsechzigjährige Habsburger, von den Feinden bedrängt, mit jugendlicher Kraft in den See sprengte und allein kämpfte, bis Graf Herrmann von Waldeck Hilfe brachte – zum Frieden genötigt (1283). Etliche Jahre später kündigte er (1289) dem Pfalzgrafen Otto von Hochburgund, der für den Abfall an Frankreich arbeitete, und dem gleichgearteten Raynald, Grafen von Mömpelgard, die Reichsacht an und vollzog sie durch ein ansehnliches Aufgebot. Dieses demütigte zuerst Mömpelgard und umlagerte darauf Besançon (August).

Da sandte Philipp, König der Franzosen,** der mit den Burgundischen heimlich verbündet war, eine Botschaft und drohte, mit einem mächtigen Heer heranzuziehen, wenn nicht augenblicklich die Deutschen von der Stadt abließen. Rudolf lachte über solches Ansinnen und entgegnete den übermütigen Fremden: »Euer König möge kommen, wenn er Lust hat! Wir wollen ihm hier den Empfang bereiten und zeigen, daß wir nicht des Tanzens halber da sind!«*** Während Philipp, darüber erschrocken, tätliche Dazwi-

---

* Siehe S. 65 f. in diesem Band.

** »Franczoysen« bei Ottokar, Kap. 331.

*** Fugger, Ehrenspiegel, I, 128.

schenkunft aufgab, nahten die burgundischen Grafen mit zahlreichen Scharen und lagerten im Talgrund des reißenden, von steilen Ufern eingeschlossenen Doubs, während die Deutschen den jähen Bergrücken besetzt hielten und alsbald Mangel an Lebensmitteln fühlten. Viele Ritter und Knechte murrten, andere erklärten offen, daß man ohne Speise auch nicht kämpfen könne. Da zog der König, der sich nicht geschämt hatte, mit eigener Hand sein Wams zu flicken, eine Rübe aus dem Feld, schabte und aß sie vor aller Augen und sagte: »Solange wir dergleichen Nahrung haben, stirbt niemand an Hunger. Auf, zur Schlacht! Wird der Feind besiegt, so ist auch sein Vorrat der unsrige. Unterliegen wir, so wird er ja als ehrlicher Biedermann den Gefangenen wohl zu essen geben.« Diese Worte wirkten und erweckten eine so allgemeine Kampflust, daß der König hocherfreut ausrief: »Mit 4000 erlesenen Reitern und 40 000 Fußknechten aus Alemannien will ich aller Welt widerstehn!«

Sofort wurde mit Eifer für den Angriff gerüstet, den der burgundische Kriegsrat wegen der beiderseitigen Stellung für unmöglich hielt. Da sprach ein Hauptmann: »Soweit ich den König kenne, wird er eher auf Händen und Füßen zu uns herabkriechen als ungeschlagen von dannen ziehen.« Dieses Wort ging auch schnell in Erfüllung. Während die Gewalthaufen für den Streit des nächsten Tages waffneten, stiegen noch in der Nacht 1500 Schweizer auf unwegsamen Pfaden herab, fielen in das Lager des Burgunders ein, töteten eine beträchtliche Zahl und kehrten mit reicher Beute am Morgen zurück. Jetzt verzagten die Grafen, baten um Frieden und schworen, sobald dieser gewährt war, dem König Rudolf in Basel als Lehnsleute, daß sie seine Ehre und seinen Nutzen wahren und seinen Schaden abwenden wollten.*

Während auf diese Weise die Feinde der Westgrenze dem klugen und mannhaften Habsburger** weichen mußten, zeigte eine

---

* Ottokars Reimchronik, Kap. 333. Fugger, I, 130.

** »Der Kunig Ruedolf vacht (focht)
Pey seinen Tagen vierczehen Streit,
Daz im zu chainer Zeit
Nie misselankch,
Noch daz dhain (kein) Wannkch
Sein Herez nie getrat
Aus der Manheit Pfat,
Noch von ellenhaften (starken) Mut
Ain Ritter so frut (tapfer)
Nie dhain Man gesach,

einzige Bürgergemeinde, was Rechtsgefühl, Heldenmut und umsichtige Benutzung der Hilfsmittel vermögen. Bern nämlich weigerte sich, die ihres schnöden Wuchers wegen vertriebenen Juden wieder aufzunehmen und daneben noch eine Geldbuße zu zahlen. Deshalb zog der König persönlich zweimal (Frühling und Herbst 1288) gegen die ungehorsame Reichsstadt und sandte das drittemal während des Burgunderkrieges (Frühling 1289) seinen Sohn, Herzog Rudolf, um frühere Vergehen zu rächen.

Jener legte sofort den Gewalthaufen auf dem Breitfeld in ein Versteck hinter der Schoßhalden und sandte etliche Scharen vor, daß sie die Bürger herauslockten. Als nun diese, das mächtige Geschlecht der Neunhaupt an der Spitze, ungeduldig des Kampfes, einzeln zu Roß und zu Fuß gegen die Vorhut anstürmten, brach der Hinterhalt los und richtete unter den Überraschten ein großes Blutbad an. Mit Mühe rettete das zerrissene Stadtbanner der tapfere Walo (Hans) von Greyers, der dafür mit seinen Nachkommen durch den Beinamen des Biderben geehrt wurde. Allerdings konnte der Herzog trotz seines Sieges an der Schoßhalden den Mut des Feindes nicht brechen. Auch er mußte nach bedeutender Einbuße abziehen und die Schlichtung der Fehde von einem gütlichen, beiden Teilen ehrenhaften Vergleich erwarten.*

Dem Papsttum und Italien gegenüber beachtete König Rudolf eine durchaus passive, bisweilen unterwürfige Stellung. Von Natur aus friedfertig und daran gewöhnt, der Richtung eines nüchternen, auf das Nächste und Sichere beschränkten Verstandes zu folgen, verschmähte der Habsburger den kühnen, empfindsamen Ehrgeiz der Hohenstaufen und unterwarf sein Urteil in Glaubensangelegenheiten unbedingt der Entscheidung der heiligen römischen Kirche, die jetzt erst frei und ohne Furcht vor weltlicher Dazwischenkunft in ihrem weitläufigen Gebiet die Rechte voller Landeshoheit üben durfte.** Im Bewußtsein der Unmöglichkeit, die alten Ansprüche des weltbeherrschenden Reiches deutscher Nation zu behaupten,

---

Dew Warheit ym daz jach (bejahete),
Wann ez an ym pewert waz,
Er waz der Tugent ain Spiegel-Glaz,
Pey seiner Zeit gewesen ye.«

Ottokar, Kap. 330.

* Justinger, Berner Chronik, 40–46. Fugger, I, 130.

** Siehe S. 251 in diesem Band.

verschmähte er den Namen und die Würde des Kaisers.* Er trieb, darin mehr einem Kaufmann als einem König gleich, mit den Rechten des Oberlehnsherrn förmlich Handel, so daß Bologneser, Lucceser, Florentiner, Genueser und andere Welsche für größere oder geringere Summen vollkommene Freiheit bekamen (1286).**

Karl von Anjou überließ er nicht nur den Besitz Neapels und Siziliens, sondern vermählte auch (1281) seine jüngste und liebste Tochter Clementia mit dessen Sohn, Karl Martell, und befestigte die gegen Konradins Blutrache verhärtete Freundschaft durch ein Schutz- und Trutzbündnis, an dem die Erhebung der Sizilianer und Ghibellinen nichts ändern konnte (1282). Überall wollte Ru-

---

* Bezeichnend spricht Rudolf in Ottokars Reimchronik, Kap. 98, auf der Lausanner Zusammenkunft mit Papst Nikolaus III.:

»Herre, ich siech daz wol,
Daz ir gen mir Genaden vol
Seit und ganczer Treuen,
Disen Sit neuen
Herre, dez enpert,
Daz ich icht Chaiser wert;
Wann manß dafur hat,
Daz ich durch Gemach tat,
Darumb lazz wirs underwegen,
Seind sein nicht han gepflegen
Vor unser und ander Fursten –:
Man wolt mich leicht in den Getursten
Nicht wissen, daz ich darczu töcht,
Daz ich ze Rom empfahen möcht
Die Weich von Ewr hannt,
Seint daz wol ist bechannt,
Welher Kunig ze Rom varn wil,
Daz der mus streiten vil,
E er ze Rom chumpt,
Und daz ym nicht so sere frumpt
Als Uberchrift der Ritterschaft,
Damit er werd sighaft
An den, die sterkchleich
Seczend gegen dem Reich.«

Dennoch heißt es von der alten tatsächlich schon verfallenen Kaiserwürde, S. 617:

»Es ist erchant
Nu und zu aller Frist,
Daz der Chunig von Rom ist
An Gewalt, an Reichthum, an Ern
Aller Chunig und aller Herrn
Obrister Chunig und Herr.«

** Lehmann, Speyerische Chronik, S. 554.

dolf, nur auf Deutschland und die Erbmacht gerichtet, lieber ein Regierer denn ein Mehrer des Reiches genannt werden. Ihm entging das Streben der Zeit nach stärkerer Abschließung gesonderter Volkstümlichkeit so wenig, daß er im Alpenkamm das südwestliche Grenzgebiet zwischen dem deutschen und dem welschen, fortan unvereinbaren Raum fand und die Länder jenseits des Gebirges wie eine unheimliche Löwengrube mied.*

Niedergebeugt von der Überlast des Alters und empfindlich getroffen durch die ablehnende Kälte, mit der der Frankfurter Reichstag den Wunsch, die Thronnachfolge seines jetzt einzigen Sohnes Albrecht gesichert zu sehen, aufgenommen hatte, erkrankte König Rudolf während einer Rheinreise unweit Straßburg so gefährlich, daß ihm die Ärzte nur noch fünf Tage Lebensfrist zusichern konnten. »Ist das«, sprach der Fürst ruhig, »die Wahrheit, was ihr gesagt habt?« – Man bejahte achselzuckend. »Wohlauf denn«, lautete die Antwort, »nach Speyer! Da sind mehrere meiner Vorfahren, die auch die Krone trugen.« – Ohne Säumnis wurde die Fahrt angetreten, jedoch das Ziel nicht mehr erreicht. Der König starb bei plötzlich schwindender Kraft auf der Burg Germersheim (15. Juli 1291), 73 Jahre alt. Den Körper empfing die längst dafür bestimmte Gruft des speyerischen Domes, mit einem kunstreichen Marmorbild geschmückt, das die sieben Fuß hohe Gestalt, die starke, gebogene Nase und die ernst-milden Gesichtszüge getreu spiegelte.**

Rudolfs Tod gab das Zeichen zum Wiederausbruch der kaum gestillten Wirren. Das mühsam gegründete Werk des Landfriedens brach, besonders in Schwaben, unter den entfesselten Leidenschaf-

---

* Franckens Chronik des gantzen Teutschlands, S. 194. »Dieses Kaisers Weisheit erscheinet nur an dem, das er der Welschen müssig und sich den Bapst nit in Astam hat lassen schwatzen, sonder sein Germaniam befriedet, in gute Ordnung gericht und nit daz verlassen und anderen frembden nationen nachgehengt und lieber ein regierer dann ein merer des reichs wollen genent werden.«

** »Ein chluger Stainmetz
Ein Pild sauber und rein
Aus einem Merbelstain
Schön hat gehauen. –
Der Stein ward nu sein Dach.«

Ottokars Reimchronik, Kap. 377. Das Bild enthielt mit ängstlicher Genauigkeit alle Runzeln aus der Stirne Rudolfs. Dieser stirbt übrigens nach demselben Chronisten in Speyer, nicht in Germersheim, das er verläßt, um die Grabstätte der Könige zu erreichen. Das ganze Kapitel hat deshalb die bedeutende Überschrift: »Wie Kunig Ruedolf zu seinem Grab geritten sey.«

ten persönlicher Hab- und Ehrgier schnell zusammen, und das zügelloseste Faustrecht fand überall freien Spielraum. So stritten die Grafen von Württemberg mit denen von Hohenberg, die Bürger und der Bischof Augsburgs mit dem herrschsüchtigen Bayernherzog Rudolf, des Pfalzgrafen Ludwig Sohn, der ausgetretene Abt Wilhelm von St. Gallen und der gleichfalls landflüchtige Bischof von Speyer mit den habsburgischen Dienstleuten, während Bauern, kleine Grundherren, Stifte und Klöster allen Mutwillen der stärkeren Parteien dulden mußten.

Um solchem Unwesen ein Ende zu setzen, versammelten sich endlich die sieben Kurfürsten in Frankfurt am Main und übergaben, einzeln gewonnen durch Ränke, Schmeicheleien und Zusagen, ihre Stimmen dem hoffärtigen, verschlagenen und von jeher Habsburg feindseligen Reichskanzler und Erzbischof von Mainz, Gerhard von Eppenstein, damit er dem Würdigsten der Bewerber die Nachfolge am deutschen Königtum bestimmte. Da verkündigte im Münster nach feierlicher Messe der durch eine besondere schriftliche Übereinkunft eingesetzte Wahlherr im Namen der Heiligen Dreifaltigkeit, entgegen aller Erwartung, den anwesenden Grafen Adolf von Nassau als römischen König (24. Juni 1292).

Dieser junge, dem Erzbischof blutsverwandte Fürst war bis zur Kühnheit tapfer. Bei angeborener, durch ein kriegerisches Leben ausgebildeter Großmut und Freigebigkeit war er den Ränken der Feinde wie denen falscher Freunde leicht zugänglich und im Beratschlagen eben deshalb unvorsichtig. Im Ausführen gefaßter Beschlüsse war er mehr auf die Kräfte des Leibes als die des Geistes gerichtet. Trotz seines schlichten und einfachen Wesens war er ruhm- und ehrbegierig, und obschon er im Feldlager aufgewachsen war, waren ihm die Künste des Friedens nicht fremd, wie er denn Fertigkeit in der lateinischen und französischen Sprache besaß. Arm an Erbgut und ohne haushälterische Gaben, war er ein so entschiedener Verächter des Geldes, daß er etwaige Bedenken seiner Getreuen durch den Wahlspruch zu beseitigen pflegte: »Im Gemüt muß man den Reichtum suchen. Der Mann gilt mehr als das Geld.«*

---

* Fugger, I, 208. Über die Wahlumtriebe in Frankfurt, wo sich jetzt zuerst die Folgen der kurfürstlichen Geschlechterherrschaft (Oligarchie) zeigten, gibt Ottokar in der Reimchronik, Kap. 538–547, genaue Auskunft. Hinsichtlich Adolfs wird hier (S. 520) etwas einseitig geurteilt:

»Und (die Churherrn) namen ain arm Man,
Der Sinn noch Witz nie gewan,

Dem Heldenmut des Grafen huldigten selbst Erbfeinde. Nach der Schlacht bei Worringen, wo ihn ausdauernde Tapferkeit furchtbar gemacht hatte, wurde er als Gefangener vor den siegreichen Herzog Johann von Brabant geführt und über Stand und Geburt befragt, und Adolf antwortete: »Ich bin der Graf von Nassau, Herr eines kleinen Landes. Aber wer seid ihr, in dessen Haft ich mich befinde?« – »Ihr seht«, wurde ihm entgegnet, »den Herzog von Brabant, den ihr im Kampfgetümmel unaufhörlich verfolgt habt.« – »Fünf Ritter mit eurem Wappen«, sagte der Nassauer, »habe ich also heute umsonst getötet, da ihr, Ziel meiner Anstrengung, noch lebt.« Der Herzog, der solchen Freimut bewunderte, entließ den Gefangenen sogleich ohne Lösegeld und warb durch Geschenke und Ehrenbezeugungen nicht erfolglos um seine Freundschaft.

Nachdem König Adolf den Wahlfürsten, vorzüglich den geistlichen, ihre Rechte und Freiheiten, oft auf Kosten des Reiches, bestätigt und in Aachen die Krönung empfangen hatte, zog er ins Elsaß und nach Schwaben, um hier wie anderwärts den gebrochenen Landfrieden bald durch Güte, bald durch Waffenmacht wiederherzustellen. Er gewann einstweilen die Huldigung der meisten Städte und Grundherren, vor allem in Oberalemannien (Schweiz), wo der Haß gegen Habsburg wirkte, und bewog nach langem Unterhandeln sogar den gefährlichsten Widersacher, den Herzog Albrecht von Österreich, in Oppenheim dazu, den Lehnseid zu schwören (Winter 1292).

Aber diese scheinbare Gefügigkeit tilgte nicht den inneren Grimm des stolzen Nebenbuhlers, der von 600 Rittern begleitet in Weinheim fast sicher die Krone erwartet hatte und, in seiner Hoffnung getäuscht, es für schmachvoll hielt, einem armen Gräflein zu weichen.* Die Rückkehr nach Österreich, wo Albrecht eine offene

---

Noch dhain Tugent an sich laz,
Wenn daz er gut Ritter waz,
Schildes-Ampt chund er wol.
Darczu waz er Manhait vol,
Er het auch an dem Leib Chraft,
Auf solche Er gedenkhaft,
Ward er bei seinen Zeiten nie,
Dew (die) an ym da ergie.«

* »Waz soll das Gräflein,
Daz nu erwelt habent die Pfaffen,
Dez Reichs Frum schaffen?«
Ottokars Reimchronik, S. 520.

Empörung des Adels und der Wiener Bürgerschaft bekämpfen mußte, vertagte daher nur einen Streit, dessen stärkeren Ausbruch manche Mißgriffe des mehr ungestümen denn vorsichtigen Königs beschleunigte.

Um nämlich nach Rudolfs Vorbild den Thron durch eine Hausmacht zu sichern, kaufte Adolf die Landgrafschaft Thüringen dem Markgrafen Albrecht von Meißen ab, fand aber an dessen Söhnen, Dietzmann und Friedrich (mit der gebissenen Wange), von mütterlicher Seite Enkel Kaiser Friedrichs II., so umsichtige und hartnäkkige Widersacher, daß mehrere, von allen Greueln zuchtloser Soldknechte begleitete Heerfahrten erfolglos blieben und die Königlichen nichts gewannen als den Ruf wilder Freibeuter, die Kirchen und Altäre beraubten, Frauen, Jungfrauen und Nonnen schändeten, mit einem Wort, ärger als Türken und Tartaren hausten (1294–1297). Ebenso bitter wurde die Art und Weise getadelt, auf die man die Kosten der ungerechten, thüringischen Erwerbung beizutreiben suchte. Dieselben Gelder nämlich, die der englische König Eduard seinem deutschen Bundesgenossen gegen den gemeinsamen Feind, Philipp den Schönen von Frankreich, vorstreckte, wurden entgegen der Übereinkunft, Ehre und Pflicht entweder für die nassauische Hausfehde oder den Ankauf einzelner Herrschaften im Schwäbischen gebraucht.*

Ebensosehr mißfiel der Stolz, mit dem der König oft Fürsten und Stände von der allgemeinen Ratpflegung ausschloß und eigenem Gutdünken oder den Einflüsterungen der Hofschmeichler und Kriegsleute folgte, während die Erzbischöfe von Mainz, Trier und Köln sich besonders dadurch gekränkt fühlten, daß ihnen manche Zölle und Einkünfte entgegen den Wahlbedingungen vorenthalten und die landeshoheitlichen Ansprüche vielfach geschmälert wurden. Denn obschon Adolf bei den weltlichen Feinden der Pfaffenkönig hieß, hat er nichtsdestoweniger dem priesterlichen Regiment kräftig widerstrebt, von Klöstern und Gotteshäusern Steuern erhoben, peinliche Verbrechen ohne Rücksicht auf die Weihe der geistlichen Missetäter bestraft, überhaupt nicht – wie man anfangs gehofft hatte – wie ein Werkzeug des kurfürstlichen Ehrgeizes, sondern als selbständiger, wenn auch bisweilen über Gebühr eigenwilliger Vorsteher des deutschen Reiches gehandelt.

---

* Siehe Pfister, Geschichte Schwabens, III. Buch, S. 122 ff.

Auf diese Weise bildete sich allmählich eine mächtige, weitverbreitete Fürsten- und Herrenpartei aus, an deren Spitze Gerhard, Erzbischof von Mainz, und Herzog Albrecht traten. Jenen beleidigte des ehemaligen Schützlings Ungefügigkeit, diesen trieb die tiefverwurzelte, durch erfolglose Thronbewerbung nur verstärkte Eifersucht vorwärts.* Bald traten, von den zwei tätigsten und stärksten Feinden Adolfs geleitet, viele Lehnsgroße und Städte im Nordosten wie Südwesten des Reiches dem in Prag und Eger geschlossenen Bündnis bei, namentlich Wenzel, König der Böhmen, die Kurfürsten Albrecht von Sachsen und Herrmann von Brandenburg, der Herzog Heinrich von Kärnten, die Grafen Albrecht von Hohenberg-Haigerloch, Egon von Freiburg, Hugo von Werdenberg, Eberhard von Württemberg, Otto von Ochsenstein, die von Leiningen und Zweibrücken, unter den Bischöfen die von Konstanz und Straßburg mit den Bannern ihrer Städte. Selbst die Hilfe des Auslands wurde nicht verschmäht, um eine neue Königswahl zu bewirken. So nahm Herzog Albrecht von Österreich ohne Erröten französisches Geld, weil ja auch Adolf sich nicht geschämt habe, ein Söldner des Engländers zu werden, und die Boten der Verbündeten bettelten am päpstlichen Hof, obschon erfolglos, um eine Bannbulle gegen den ketzerischen Nassauer, der seinerseits alles anwandte, um durch heimische und fremde Kräfte das drohende Ungewitter abzutreiben.

Im Frühling 1298, als die Rüstungen der habsburgisch-priesterlichen Partei vollendet waren, brach Herzog Albrecht mit einem großen, aus Österreichern, Bayern, Böhmen und Ungarn gebildeten Heer auf. Er durchzog Bayern, dessen friedlich gesinnter Herzog Otto für 1000 Mark Silber die Pässe und Straßen öffnete, wandte sich von Augsburg, wo die Hilfstruppen der Kärntner und Schwaben vereinigt wurden, nach Memmingen, von hier längs dem Bodensee über Dießenhofen, Schaffhausen, Waldshut und Freiburg im Breisgau nach Kenzingen. Ebendahin eilte König Adolf, dem der Pfalzgraf Rudolf, sein Schwiegersohn, der Bayernherzog Otto, der Abt Wilhelm von St. Gallen, die Waldstädte Hochalemanniens, mehrere Herren und Gemeinden Schwabens, Frankens, des Oberrheins, z. B. Worms und Speyer, der Erzbischof von Trier, vor allem aber die Niederrheiner (Niederländer) folgten. 14 Tage lang standen beide Heere, durch die Elzach getrennt, ein-

* »Hertzog Albrechten stanck der athem nach dem Reich, alle dieweil Adolff regieret.« Franckens Chronik, S. 195.

ander gegenüber. Mancher Ritter fiel im Zweikampf. Gegenseitige Scheu verhinderte einen allgemeinen Feldstreit. Endlich gab Albrecht, durch den Verlust der Feste Kenzingen genötigt, seine Stellung auf und ging nach Straßburg, während Adolf bei Breisach über den Rhein setzte und die bischöfliche Stadt Ruffach zu belagern anfing, auch den Bayern gebot, daß sie sich dem Gewalthaufen anschließen möchten. Da wollte jenen der greise Graf von Hohenberg-Haigerloch, die Stütze der Habsburger, die Straße sperren und unweit von Haigerloch am Neckar bei dem Flecken Oberdorf den Feind durch einen Überfall verderben. Die Bayern aber wurden gewarnt und empfingen unter ihrem tapferen Herzog Otto wohl gerüstet und auch an Zahl überlegen den Angriff der Schwaben. Nach mannhafter Gegenwehr starb mit seinen Getreuen Graf Albrecht, die Zierde der Ritterschaft, der Meister des Gesangs und Vater der Armen. Er wollte lieber von seinem Leben als von seiner Ehre scheiden.* Ganz Schwabenland beklagte seinen Tod.

Inzwischen nahte der Tag, an dem die habsburgisch-priesterliche Partei durch ein öffentliches Gericht den Sturz des nassauisch-weltlichen Oberhaupts vollenden wollte. Am 23. Juni nämlich versammelten sich unter dem Schall der Glocken und Herolde sämtliche Kurfürsten, außer Trier und Pfalz, entweder persönlich oder mittels Stellvertreter im Münster zu Mainz. Sie traten vor den Altar und luden den Erzbischof Gerhard, den Kanzler des Reiches,

* »Ein Streit wird da pegangen
Und ein Neid-Spil,
Daz ich in langem Zil
Han hören nicht pedewten,
Daz von so luczeln (wenigen) Lewten
Sey gevochten so ser. –
Es wirt in Swaben-Lant
Nimermer geporn,
Da so vil an ward verlorn,
Als an im, der do ist tot,
Nu sei er empholen Got.
Die Minn soll ir zellen
An im grosse Verlust,
Wann mit kallender Brust
Ist nider gangen nach der Leng
Ein Want der Chamer eng,
Da die Minn starkh
Irn Hort inn verparg.« usw.

Ottokar, Kap. 691, S. 614.

ein, daß er allem Volk, das zugegen war, den Zweck der Beratung berichten möchte. Darauf redete jener ungefähr folgendes: »Jedermann wisse, wie die Wahlherren vor sechs Jahren einhellig den Grafen Adolf von Nassau zum König erkoren hätten, in der Hoffnung, seine damals so oft erprobten Tugenden würden des allgemeinen Wesens Hoheit und Nutzen schützen und fördern. Doch die anfangs treffliche und löbliche Herrschaft sei später in Ungerechtigkeit und Frevel verkehrt worden. Willkür, mutwillige Kriege, ohne Rat der Fürsten und Stände unternommen, Kirchenraub und Mißhandlung gottgeweihter Männer und Frauen, nachlässige und käufliche Rechtspflege, ehrlose Söldnerei im Dienst eines Fremden, diese und ähnliche Missetaten hätten den Grafen Adolf von Nassau des Königtums unwürdig gemacht. Erfolglos aufgefordert, sich vor dem nach Mainz beschiedenen Landtag zu rechtfertigen, sei er demnach von den Kurfürsten einhellig seines Amtes enthoben, jeder Reichssasse der beschworenen Pflichten entbunden und der durchlauchtige Herzog Albrecht von Österreich zu einem römischen und des Reiches deutscher Nation König erkoren, ernennt und ausgerufen worden.«

Darauf stimmten die Geistlichen den Lobgesang an,* die Wahlherren aber ritten hinaus zu dem benachbarten Lager Albrechts und verkündigten ihm Glück wünschend das Geschehene. Jener, hocherfreut über die Botschaft und am Ziel des alten Ehrgeizes, rief im Kreise seiner Ritter: »Jetzt darf ich als Herr dem Streit nicht länger ausweichen!« Er brach auf, eroberte die pfalzgräfliche Stadt Alzey und rückte vorwärts, um den Gegner zu suchen. Dieser, gleichfalls kampfbegierig und ungeduldig über den Aufschub, wollte nicht, wie die Freunde rieten, den nahenden Zuzug von 10 000 städtischen Reitern und Fußknechten abwarten, sondern verließ hastig die Umgegend Speyers und eilte über Oppenheim dem an Zahl und Wappnung stärkeren Feind entgegen.

Am siebten Tag nach Sonnenwende (1. Juli) stießen beide Heere zwischen Gelheim und dem Wormser Kloster Rosenthal kurz vor Sonnenuntergang aufeinander und rüsteten sofort für die Schlacht, die am nächsten Morgen beginnen sollte. Adolf teilte die Seinen in drei Haufen. Den ersten bildeten Bayern, Franken und Rheinpfälzische unter dem Befehl des Herzogs Otto und Pfalzgrafen Rudolf.

* Nach Ottokar, Kap. 674 u. 675, mit dem die von Lehmann, S. 572, und Fugger, I, 216, gegebenen Berichte im wesentlichen übereinstimmen.

Im zweiten und dritten Treffen standen die Niederrheiner, Elsässer und Schwaben, dort vom König, hier vom Reichsmarschall geleitet. Das Hauptbanner trug ein Rechberg, die Fahne des Fußvolks Hesso von Usenberg. Dieselbe Ordnung zeigten auch die Scharen Albrechts. Im Vorzug erschienen die Kärntner unter Herzog Heinrich und die Steierer des Ulrich von Waldsee, im Mitteltreffen die Ungarn, Böhmen und Österreicher, in der Nachhut die Leute aus Franken, Schwaben, Elsaß und vom Rhein. Die rote Sturmfahne mit weißem Kreuz wurde dem Grafen von Ochsenstein empfohlen, das Banner Österreichs Herrn Ulrich Pruschink.

Schlaflos verging den meisten Kriegern beider Lagerstätten die Nacht. Die einen beichteten dem Priester, die anderen besserten ihre Rüstung aus oder schmückten den Helm mit goldenen und silbernen Kleinodien, die Fische, Vögel und mannigfaltige Tiergestalten darstellten.* Weithin leuchteten die Wachtfeuer. Mit Tagesanbruch (2. Juli), sobald die Messe gehört war, bestieg Albrecht das Roß und zog still mit den Seinen über den schmalen Plan bis auf die Höhe, die Hasenhübel heißt. Sofort wurde der von unten her anrückende Feind entdeckt und vom Straßburger Bischof nach kurzer Mahnung der Schlachtgesang St. Maria Mutter und Maid angestimmt. Dasselbe geschah bei den Nassauischen durch den geleitenden Erzbischof von Trier, der in bewegender Rede die Krieger daran erinnerte, daß sie hier stritten für Gott und das Recht.

Darauf begann mit Ungestüm der Kampf zwischen den vorderen Reihen der Kärntner und Bayern. Hell klangen die Schwerter. Da sprach König Adolf: »Wie die Bayern sich gebärden gegen ihren Oheim, den Kärntner! Wie lustsam das ist zu hören und zu schauen!« und spornte mit dem Ausruf »Ich muß hin!« trotz der mahnenden Freunde das Roß vorwärts. Dieses aber strauchelte mitten im Getümmel. Bewußtlos von dem schweren Fall wurde der Reiter weggetragen und niedergelegt, damit ihn der Wind erquickte. Unterdessen setzten Pfalzgraf Rudolf und Herzog Otto die Schlacht im ersten Treffen mit Mühe fort. Schon waren die Pferde der meisten Ritter erstochen, die sich fortan statt der Lanze des Schwertes bedienen mußten, schon die Kräfte der tapfersten Män-

---

* »Von Silber und Golt
Ward auf Helmen gepunden,
Manig Chlaynat zu den Stunden,
Visch, Vogeln, Tiern geleich.«
Ottokar, Kap. 681.

ner gebrochen, als Adolf, von der Ohnmacht befreit, ein frisches Roß bestieg und mit dem zweiten Haufen zur Hilfe herbeieilte. Jetzt, da auch der Feind unter Albrecht sein Mitteltreffen herangezogen hatte, entbrannte der heftigste Streit. Auf beiden Seiten sanken tot oder verwundet die trefflichsten Ritter. Da stürzte Adolf, obschon matt und ohne Helm, nach langem Suchen dem Herzog von Österreich entgegen und rief, seiner ansichtig, mit drängender Stimme: »Hier mußt du Leben und Reich lassen!« – »Das steht in Gottes Hand!« antwortete Albrecht, führte zugleich einen mächtigen Streich und traf den helmlosen König so stark auf den Kopf, daß dieser vom Roß stürzte und liegend von der Hand des Rauhgrafen (Waldgrafen) eine tödliche Halswunde empfing.

Dies entschied. Die Nassauischen flohen, sobald ihr Führer gefallen war. Mancher Ritter, wie der Bannerträger von Usenberg, erstickte bei der Hitze des Tages im Harnisch. Unter den Gefangenen wurden insbesondere bemerkt die Grafen Eberhard von Katzenellenbogen und Weinsberg und Ruprecht, Adolfs Sohn. Letzterer hatte, als der König ihn vor der Schlacht aus Zärtlichkeit zurücksenden wollte, heldenmütig geantwortet: »Vater, bei dir bleibe ich!« und überall im Kampf seinen Platz behauptet. Selbst erbitterte Feinde rührte der Fall des tapferen Nassauers. Als Erzbischof Gerhard von Mainz den blutigen Leichnam sah, rief er, von dem Gedanken an den Wechsel der menschlichen Größe bewegt, mit Tränen im Auge aus: »Heute ist ein mannhaftes Herz gestorben!«, weswegen er von dem argwöhnischen Habsburger mit Scheelsucht angesehen wurde.*

Dieser verweilte etliche Tage auf dem Schlachtfeld und empfing dann in Frankfurt durch jetzt einhellige Wahl das zweitemal die Reichskrone, die nach dem alten Brauch in Aachen vor dem versammelten Volk der Erzbischof von Köln weihte und mit den anderen Abzeichen übergab (25. August). Nach geschehener Huldigung gewährleistete Albrecht den Fürsten, Herren und Gemeinden ihre Lehen, Güter, Freiheiten und Rechte, erneuerte am Nieder- und Oberrhein, im Elsaß und in Schwaben den so oft gestörten Landfrieden und hielt um Martini mit außerordentlichem Prunk

* Vgl. über die Schlacht Ottokar, Kap. 682–686. Fugger, 217 ff. Lehmann, 573. Bayrische Chronik eines Ungenannten bei von Freiberg, I, 61, 62. »Und zu nachts ward er (Adolf) nackhet auff dem veld gefunden, der doch deß morgens zuvor ein mächtiger König war.« Den Körper setzte man übrigens nicht in der speyerischen Königsgruft, sondern im nahen Kloster Rosenthal bei. So wollte es der Sieger.

zu Nürnberg den ersten Reichs- und Hoftag. Hier wurde in Gegenwart von 74 Laien- und Pfaffenfürsten, 300 Grafen und Freiherren sowie 5000 Mitgliedern des niederen Adels neben anderem eine auf Sicherung des Handels und Verkehrs bezügliche Satzung beschworen, die Königin Elisabeth, Tochter des Grafen Mainhard von Tirol, gekrönt und der erstgeborene Sohn, Rudolf, zum Herzog von Österreich und Steier ausgerufen. Von jeglichem Kurfürsten wurde bei der Tafel die Verrichtung des bisher nur herkömmlichen, aber selten vollzogenen Hofamtes mit solcher Strenge gefordert, daß selbst der Böhmenkönig Wenzel persönlich auftreten und kniend den Wein kredenzen mußte.

Inmitten dieser Festlichkeit erschien Adolfs Witwe, warf sich weinend vor der Königin nieder und flehte, daß sie sich für die Befreiung ihres Sohnes Ruprecht verwenden möchte. Albrecht aber, nicht gerührt durch die Tränen der unglücklichen Mutter und die Bitten seiner Frau, antwortete kalt: »Wendet euch an den Erzbischof von Mainz, der den Gefangenen bewahrt!« – »So bin ich denn«, rief die leidvolle Frau aus, »abgewiesen!« Sie stand auf und wünschte beim Hinweggehen der Königin Elisabeth, daß Gott ihr niemals ähnlichen Jammer senden möge.*

Deutlich genug spiegelte sich in solchen Zügen des Regierungsantritts die herbe, gemütlose Verstandeskraft des Habsburgers ab. Von rauhem, zurückstoßendem Äußeren, das der Verlust eines Auges noch widerwärtiger machte, machte ihn sein rastlos vorwärtsstrebender Geist, der die möglichste Erhebung der häuslichen Macht ohne Rücksicht auf die Mittel als letztes Ziel ununterbrochener Arbeiten und Kämpfe betrachtete, kriegerisch und bis zur Tollkühnheit tapfer. Er war gerecht,** wenn nicht Stolz, Herrsch- und Habsucht ihn blendeten. Bei allem Geiz war er freigebig gegen Freunde und treue Diener. Nie war er der Wollust und Üppigkeit untertan. Seinen sechs Söhnen und fünf Töchtern war er ein so zärtlicher Vater, daß er, um sie reich und mächtig zu sehen, keine Anstrengungen scheute. In Glaubensdingen war er jedoch durchaus abhängig von den Vorschriften der Kirche und opferte dieser

---

* Ottokar, S. 636, Kap. 688.

** Aus Furcht trug man aber oft die Klagen des Volkes nicht vor; es geschah, was Ottokar über Albrechts Richten in Steier meldet, Kap. 737, S. 704:

»Was darinn schedleich  
Im und seinen Chinden was,  
Das selb man im vorlas.«

für seine Zwecke selbst die Ehre und den Nutzen des deutschen Königtums auf. In der Hast des Schaffens verfolgte er nicht selten gleichzeitig mehrere Pläne, auch widerstrebender Natur, und wurde deshalb häufig enttäuscht. In allem verfolgte Albrecht einen Lebensplan: die Erhöhung und Erblichkeit der seit den Hohenstaufen schwachen, durch Wahl bestimmten Macht der Krone.*

Schon die Verwaltung des Herzogtums Österreich hatte manchen Stoff zu begründeten Besorgnissen gebracht, denn die Rechte des steiermärkischen Adels waren durch Waffen gebeugt, die Freiheitsbriefe der Wiener Bürgerschaft nach kurzem, unglücklichem Aufruhr auf dem Kalenberge in Gegenwart der Gnade suchenden Boten zerrissen worden (1296).** Nicht urkundliches Herkommen, sondern fürstliches Wohlbelieben sollte gelten, und alle ständischen Einschränkungen, die diesem widerstrebten, sollten fallen, während in den äußeren Verhältnissen gleichfalls selbstsüchtige Aussicht auf den unmittelbaren, nächsten Gewinn über Freund- und Feindschaften entschied, die allgemeine Reichsehre aber und die geistige Bildung in den Hintergrund schob. So wurde entgegen den abwehrenden Kurfürsten und Herren mit dem französischen König Philipp IV. (dem Schönen), der vor allem in Lothringen Ländereien und Rechte des deutschen Gebiets an sich gerissen hatte, ein Schutz- und Trutzvertrag abgeschlossen und dadurch befestigt, daß Blanca, die Schwester Philipps, den Erstgeborenen des Habsburgers, Rudolf, heiratete (1299).***

---

* Francke, S. 196, schildert ausdrucksvoll den König so: »Diser Albrecht war ein bewrisch, freysamer, onerschrockner Mann, der sein leben dürr waget, und allweg in allen huten und wachten vornen dran was.«

** »Und waz der (Handfesten) waz,
An denen man macht gechiesen,
Daz daran möcht verliesen
Der Furst mit ainem Ding
Gegen zehen Phening,
Der liez er dhain nicht,
Er zärt (zerriß) sey zu ir Angesicht,
Die ander gab er in wider.«

Ottokars Reimchronik, Kap. 626. So sind oft, bemerkt Schacht (zu Ottokars Reimchronik, S. 325), Legitimitäten entstanden.

*** Als Heiratsgut verschrieb Albrecht der Tochter des Fremden die Landgrafschaft Elsaß und Freiburg im Üchtland. Das Bündnis, das eigentlich gegen den Papst gerichtet war, erlaubte keine Ausnahme. Es war bedingungslos *»contra omnem hominem veri et validi adjutores erimus.«* Siehe die Urkunde bei Dumont, Recueil des traités, I, S. 124.

Der Einspruch der rheinischen Kurfürsten, deren Leitung wiederum Erzbischof Gerhard von Mainz übernahm, wurde mit Beihilfe der durch zollfreie Rheinschiffahrt verlockten Städte gebrochen (1300–1302). Bald darauf erbettelte er sich mehrfach die Gunst des stolzen Papstes Bonifazius VIII. durch Verzichtleistung auf alle weltlichen Kirchenrechte und schmählichen Verrat an dem französischen Bundesgenossen. Er gelobte sogar dem Heiligen Stuhl als Oberlehnsherrn unbedingte Hilfe gegen alle und jede Feinde, die es wagen sollten, seine Hoheit, Freiheiten und Rechte anzutasten (1303). Nur der plötzliche Sturz des römischen Priesterkönigs durch Philipps des Schönen List und Gewalttat (Oktober 1303) ersparte dem Deutschen die Schande, in wesentlich geänderten Zeiten das Beispiel Heinrichs IV. oder Johanns ohne Land zu erneuern.*

Wenn Albrecht, als Reichsoberhaupt gegenüber der Fremde schwach und grundsatzlos, Feind- und Freundschaften nach dem wechselnden Maßstab des augenblicklichen Nutzens und der jeweiligen Bequemlichkeit ausrichtete, so hat er andererseits für die Innenverhältnisse desto fester und gewandter die möglichste Erhöhung der habsburgischen Hausmacht als unverrückbares Ziel rastloser Tätigkeit verfolgt und diesen bisweilen großartigen Ehrgeiz besonders auf drei einander ergänzende Pläne gerichtet. Erstens nämlich wurde im Nordwesten der Versuch gemacht, beim Tod des letzten Erbgrafen Seeland und Holland als erledigtes Lehen einzuziehen, was aber durch den Mut und die Klugheit Johanns von Avesnes, Graf von Hennegau, vereitelt wurde.

Dieser, als Verwandter des heimischen Fürstenstammes von der Mehrheit des Adels und Volkes gewählt, flüchtete von mannhafter Gegenwehr zu feiger Hinterlist und lud den König ein, mit kleinem Gefolge nach Nymwegen zu kommen, wo man die Bedingungen eines gütlichen Ausgleichs verabreden werde. Gleiche Sprache führte der Bundesgenosse des Hennegauers, Graf Raynald von Geldern, dessen Tochter Albrecht mit seinem zweiten Sohn, Herzog Friedrich, verlobt hatte, ohne jedoch später das gegebene Wort zu

* Vgl. S. 194 in diesem Band. Der Gehorsamsbrief Kaiser Albrechts, in Nürnberg am 15. Juli 1303 ausgestellt, bekennt unter anderem, daß der Apostolische Stuhl die römische Kaiserwürde von den Griechen auf Karl den Großen gebracht und gewissen geistlichen und weltlichen Fürsten die Wahlbefugnis verliehen habe *(jus eligendi concessit)*, verzichtet mithin auf alle Souveränität des deutschen Volkes und räumt dem Papsttum die Macht der Lehnshoheit ein. Siehe den Brief bei Olenschlager, Geschichte Deutschlands im 14. Jahrhundert, Urkundenbuch, Nr. 5.

halten. Dafür wurde der Vater des Königs bitterster Feind, bekämpfte ihn öffentlich und trug jetzt keine Bedenken, des Hennegauers Arglist tätig zu unterstützen. Demgemäß wurde Albrecht höflichst nach einer Burg des geldrischen Grafen unweit von Nymwegen eingeladen, freundlich empfangen und bewirtet, während bewaffnete Scharen von der Land- und Rheinseite her nahten, um die sorglosen Gäste zu überfallen. Aber die hochherzige Tochter des Grafen Raynald, uneingedenk der persönlichen Kränkung, entdeckte dem König die drohende Gefahr. Er entfloh durch ein von der Jungfrau geöffnetes Türchen nach dem Schloß Kronburg, verzieh den Missetätern, die der damals noch feindselige Philipp der Schöne angestiftet hatte, stand von dem holländischen Eroberungsplan ab und belehnte Johann von Avesnes mit der Grafschaft (1299).*

Denselben unglücklichen Ausgang hatte der thüringisch-böhmische Plan, der im Nordosten die Grenzen der habsburgischen Hausmacht erweitern und abrunden sollte. Während nämlich der junge Landgraf Friedrich (mit der gebissenen Wange) Thüringen und Meißen als Erbe seiner Väter mit bewaffneter Faust schützte und unweit von Pegau bei Lücken einen glänzenden Sieg gewann (31. Mai 1307), eröffnete in Böhmen das Ende der heimischen Fürsten aus dem Geschlecht Przemisl mit König Wenzel III. (1306) lange Wirren und blutige Kämpfe um die Nachfolge. Denn während Albrecht das, wie er sagte, jetzt erledigte Reichslehen seinem Sohn, Herzog Rudolf, übertrug und diesem die Königin-Witwe, Elisabeth von Polen, zur Frau gab, erklärte sich die Mehrheit der böhmischen Stände für den Herzog Heinrich von Kärnten, den Gemahl Annas, der Schwester des letzten Wenzel.

Sofort entbrannte eine wilde Fehde, deren Greuel den Haß gegen die anfangs überwiegende österreichische Partei so verstärkten, daß beim plötzlichen Tod Rudolfs (Juli 1307) die in Prag versammelten Herren fast einstimmig riefen: »Wir wollen keinem Oesterreicher schwören!« Sie stießen etliche Gegner nieder, andere wurden verjagt und darauf der Herzog Heinrich von Kärnten wiederum zum König gewählt. Da rüstete Albrecht, der Böhmen um jeden Preis seinem zweiten Sohn, Herzog Friedrich von Österreich, erwerben wollte, ein großes Kriegsvolk. Nach einem erfolglosem Versuch, die Feste Kuttenberg zu erobern, lagerte er unter

* Ottokars Reimchronik, Kap. 731–733.

den Mauern Prags, mußte aber, durch Mangel, Kälte und Feindesschwert gezwungen, beim Eintritt des Winters unverrichteter Sache abziehen, um in den Rhein- und Stammländern neue Kräfte für die Bezwingung Böhmens zu sammeln.

Diese erschien so wichtig, daß einstweilen der dritte, bisher folgerichtig durchgeführte Plan der Gründung eines habsburgischen Fürstentums im südwestlichen Oberalemannien (Oberschwaben) als Nebensache betrachtet und trotz des Aufstands der Waldstädte den Angelegenheiten des Nordostens untergeordnet wurde. Der König nämlich, seit Jahren auf die planmäßige Erweiterung der Stammgrafschaft Habsburg gerichtet, hatte in Niederschwaben vom Bodensee bis an die Donau eine fast ununterbrochene Reihe von Burgen und Herrschaften – z. B. Tengen, Sigmaringen, Krenkingen, Riedlingen und Munderkingen – verarmten oder gefälligen Rittergeschlechtern abgekauft,* vom Stift Seckingen die Stadt Waldshut und den Schwarzwald, von der Abtei Reichenau am unteren See Radolfszell und die dortige Vogtei erworben. Im oberen Alemannien, als dem eigentlichen Kern der habsburgischen Hausmacht, hatte er neben anderem die erbliche Kastvogtei der Klöster Seckingen, Einsiedeln und St. Blasien, den Frickgau und das Entlibuch, die Städte Luzern und Zug – jenes vom Murbacher Abt, dieses von den erblos verstorbenen Grafen Lenzburgs –, das dem Stift Seckingen gehörende Glarnerland, den St. Gotthardszoll und die Reichsvogtei Urseren errungen. Schließlich hatte er die Talgemeinden Schwyz, Uri und Unterwalden von allen Seiten her so eingeengt, daß den auf Recht und Freiheit bedachten Landleuten kein anderes Mittel übrigblieb als die Selbsthilfe.**

König Albrecht, bald nach diesen Vorfällen ins Land seiner Väter heimgekehrt, bekümmerte sich aber wenig um den Aufruhr der Waldstädte. Ganz dem Gedanken an die böhmische Herrschaft hingegeben, begnügte er sich einstweilen mit der Handelssperre, die Luzern, Zug und Glarus vollziehen mußten, und drohte, sei es vor oder nach dem Böhmenkrieg, später persönlich den Trotz der Bergbauern zu beugen.*** Da hielt plötzlich der Tod die Ausführung der kühnen, auf den Westen und Osten gerichteten Erobe-

---

* Vgl. Pfister, Geschichte Schwabens, III. Buch, S. 140.

** Vgl. über das alles S. 67 ff. in diesem Band.

*** Fugger, I, 243. Ottokars Reimchronik, sonst weitläufig über Albrechts Taten und Pläne, erwähnt diese Vorfälle im Hochgebirge mit keiner Zeile, ein Beweis dafür, daß sonst gründlich unterrichtete Zeitgenossen, wie Horneck, weder die Bedeutung noch die Folgen des Ereignisses ahnten.

rungspläne auf. Umsonst nämlich hatte Herzog Johann, Rudolfs Sohn, von dem geizigen und spröden Oheim die Herausgabe des väterlichen Erbes, besonders der oberen Länder gefordert. Stets vertrösteten schöne Worte und täuschende Einwendungen den bereits für mündig erklärten Jüngling auf bessere Zeiten und erzeugten zuletzt ein so tiefes Mißtrauen, daß leicht geschäftige und dem König feindselige Zwischenträger den Bruch vollständig machen konnten. Der Herzog möge, mahnte z. B. im geheimen der Erzbischof Peter von Mainz,* sein Recht unbedingt verfolgen und nötigenfalls auf die Hilfe der Fürsten und Herren zählen. Wer kenne und hasse nicht Albrechts Ländergier? Man müsse das Äußerste fürchten oder wagen. – Ähnliche Sprache führten habsburgische Dienstleute und Johanns Altersgenossen, unter ihnen die edlen Herren Rudolf von Wart, Rudolf von Palm und Walther von Eschenbach. Auch sie klagten über Undank und vorenthaltene Erbgüter, und nach reiflicher Beratung waren sie bereit, wenn ein letzter Versuch der Güte scheitern sollte, mit dem Schwert Rache zu nehmen.

Der Herzog, von Natur aus heftig und überdies künstlich dazu getrieben, genehmigte den Anschlag. Man erwartete den günstigen Augenblick. Dieser kam im Frühling des Jahres 1308, als viele Reichsfürsten, weltliche und geistliche Herren, nach der Grafschaft Habsburg zogen, um für die böhmische Herrschaft zu rüsten. Manchen bewog das freigebig zu Bruck im Aargau gespendete Gold und Silber zur Teilnahme, andere folgten aus Furcht oder Diensteifer. Ungemein heiter über den glücklichen Fortgang seiner Pläne und so sorglos, daß er die Warnungen eines mitverschworenen, aber jetzt reuigen Ritters verachtete, wollte Albrecht nach alter Gewohnheit zu Ehren des ersten Maitages einen glänzenden Hof halten und nach beendetem Fest gegen den Feind aufbrechen.

Sofort eilten von allen Seiten her die geladenen Gäste nach Baden,** wo noch einmal vor dem Beginn der Mittagstafel der Erzbischof von Mainz und der Bischof von Konstanz die Forderung des Herzogs vortrugen, aber wiederum vertröstet wurden. Der ungeduldige Neffe, hieß es, möge warten, bis der Böhmenkrieg voll-

---

* »Von Maynz der Pifcholf
Peter der ungetreu Wolf.«
Ottokars Reimchronik, S. 806 und 834.

** Fugger, I, 245, Lehmann, 623, nennen diesen Ort. Horneck (Reimchronik, S. 806) gibt Bruck an, mit dem sich aber die Richtung des Königs auf Rheinfelden, von wo seine Gemahlin naht, nicht verträgt. Justinger, S. 56, und Melchior Ruß, S. 71, bezeichnen kurz Windisch als Kampfstätte, ohne den früheren Aufenthalt anzugeben.

bracht sei. Dann werde man nach dem Rat der Fürsten für ihn sorgen. Einstweilen genüge der Befehl über ein Geschwader trefflicher Reiter, die stattlich auf des Königs Kosten gerüstet werden sollten. Zornig vernahm Johann den Bescheid. »Wer mein Land begehrt«, sprach er, »begehrt auch meinen Tod«, und setzte sich finster und in sich gekehrt zu Tisch, auch dadurch nicht aufgeheitert, daß ihm der König beim üblichen Verteilen der Maienkränze den schönsten Rautenstrauß übergab und die besten Stücke von Wildbret und Fischen vorlegen ließ. Etliche Tränen bezeichneten den inneren Kampf des Jünglings, der auf alle Freundlichkeit kein Wort entgegnete und bisweilen leise mit seinen einverstandenen Genossen redete.

Nach beendetem Mahl zog Albrecht, von einem zahlreichen Gefolge umgeben, der Königin entgegen, die von Rheinfelden her nahte und nur noch einige Meilen entfernt war. Da eilten der Herzog und die Verschworenen voran, setzten mit dem arglosen König, der sich fröhlichen Gemüts von seinen Begleitern getrennt hatte, allein über den Fluß Reuß und vollzogen danach in der Gegend des Fleckens Windisch den kalt überlegten Mordplan. Denn auf den Ruf des hinten nachreitenden Herzogs: »Jetzt nicht länger gezaudert!« fielen Palm und Wart mit Hieben und Stichen über den König her, rannte ihm Johann, in der Not um Hilfe angerufen, das Schwert in den Rücken und jagte dann auf dem Roß des herabgesunkenen, sterbenden Oheims davon. Die übrigen Missetäter entflohen gleichfalls, jeder einzeln, umsonst von dem Ritter Dietdegen von Kastelen eine Stunde Weges verfolgt. Nur drei Knechte wurden eingeholt und später von Pferden zu Tode geschleift.

Albrecht, auf diese Weise in dem Seinigen, von den Seinigen und im Angesicht der Seinigen erschlagen,* fand bei den meisten Fürsten und Völkern nur geringe Teilnahme. Man haßte oder fürchtete ihn und verkannte in der Parteileidenschaft auch das Löbliche und Gute der stürmischen, oft herben Reichswaltung. Ja, hin und wieder glaubten nachdenkliche Zeitgenossen, wenn sie sich an Adolf von Nassau erinnerten, an ein sichtbares Strafgericht des Himmels** und verschlossen der plötzlich gesunkenen Größe ihr

---

* Ausdruck Fuggers, I, 245.

** »Man wird euch messen mit dem Maß, mit dem ihr messet.« ruft z. B. der Verfasser der Geschichte des Erzbischofs Balduin von Trier (Gesta Balduini, Ed. Reuber, I. I., c. 4.) aus. »Do ward von vilen arren verständigen lüthen geredt, das wäre einmal der rächt langist verdient lhon sines unerfettigenden gyts, und die raach des unschuldigen bluts könig Adolffen.« Heinrich Bullinger nach alten Chroniken bei Schnellers Ausgabe der eidgenössischen Chronik des Melchior Ruß, S. 83.

Mitgefühl. Andererseits traf aber auch die selbstsüchtigen Mörder der verdiente Lohn, denn des Königs Söhne, Leopold und Friedrich, übten, begleitet von ihrer Schwester Agnes, die der ungarische König Andreas als Witwe hinterlassen hatte, so furchtbare Blutrache, daß an die zehn Schlösser gebrochen und etwa 1000 Menschen, unter ihnen viele Unschuldige, entweder hingerichtet oder aus dem Land verjagt wurden. Rudolf von Wart endete unter unsäglichen Schmerzen auf dem Rad, während seine fromme und getreue Gemahlin unten kniend Trost erflehte und selbst den Todfeind rührte. Walther von Eschenbach hielt sich 35 Jahre lang als Schäfer im Württembergischen verborgen. Herzog Johann starb, geächtet und landflüchtig, nach drangsalvollen Abenteuern als Mönch in einem Augustinerkloster in Pisa und Ulrich von Palm zu Basel in einem Beginenhaus, von Kummer überwältigt.

Inzwischen herrschten im deutschen Reich Schrecken und Verwirrung. Die Städte schlossen ihre Tore, der Adel bewachte seine Burgen. Überall weckte der plötzliche Tod Albrechts die Furcht, es könnte der Mangel eines Oberhaupts den kaum gezügelten Fehdegeist entfesseln und alle Bande der schwachen, gesellschaftlichen Ordnung zerreißen. Diese Ratlosigkeit, einstweilen durch Bündnisse hier der Gemeinden, dort der Herren für den nächsten Augenblick beseitigt, wuchs, als beim Verschwinden der ersten Bestürzung heimischer und fremder Ehrgeiz wetteifernd nach der Krone strebte und ohne Rücksicht auf die Mittel den Preis zu gewinnen suchte.

Es bewarben sich nämlich nicht weniger als neun eingeborene Fürsten, unter ihnen Herzog Friedrich von Österreich und Graf Eberhard von Württemberg, der den Wahlspruch: »Gottes Freund, aller Welt Feind!« führte, während der schlaue und herrschsüchtige König Philipp der Schöne die Gelegenheit benutzte, seinem Bruder, Karl von Valois, den ersten Thron der Christenheit zu verschaffen. Deshalb wurde der in Avignon wohnhafte Papst Klemens V. mit Bitten und Drohungen bestürmt, laut apostolischer Vollmacht das Kaisertum durch einen feierlichen Ratschluß für einige Zeit von den Deutschen auf die Franzosen zu übertragen. Bei den Wahlherren aber mußten Gold und Schmeichler, List und Gewalt so lange wirken, bis der Erzbischof Heinrich von Köln und der Herzog Johann von Sachsen-Lauenburg offen zur französischen Partei übertraten und durch Wort wie Tat für den Fremden wirkten.

Doch die Mehrzahl der geistlichen und weltlichen Kurfürsten widerstrebte ebenso entschieden wie die dem Welschtum feindselige Volksstimmung, besonders in den Grenzgauen, während der Heilige Vater, obschon dem König durch geheimes Gelübde verpflichtet, im Gelingen des Planes die vollendete Knechtschaft der Kirche entdeckte und daher alles aufbot, um der gefährlichen Neuerung zu begegnen. Demnach mahnten vertrauliche Briefe die einflußreichen Erzbischöfe Peter von Mainz und Balduin von Trier an möglichste Eile und empfahlen dringend für die Nachfolge den Grafen Heinrich von Luxemburg. Jene, schon längst aus unabhängigen Gründen dem biederen und tapferen Günstling des Heiligen Stuhls gewogen, beriefen sofort, nach fast siebenmonatigem Zwischenreich, sämtliche Wahlfürsten zu einem vorberatenden Tag nach Rense, einem Flecken am linken Rheinufer zwischen Koblenz und Bacharach, wo der sogenannte Königsstuhl, unter uralten Nußbäumen erbaut und von neun Säulen getragen, seit vielen Jahren die feierliche Versammlungsstätte darstellte. Drei Tage (22.–25. Dezember) vergingen hier unter heftigem Wortwechsel, der jedoch allmählich die Leidenschaften abkühlte und die Gemüter so einigte, daß am eigentlichen Wahltag zu Frankfurt (27. Dezember) der Pfalzgraf Rudolf auf Geheiß seiner Mitkurfürsten den Grafen Heinrich von Luxemburg als römischen König und künftigen Kaiser bezeichnen und in der Predigerkirche am Hochaltar allem Volk und der Geistlichkeit öffentlich vorstellen konnte.

Etliche Wochen später (6. Januar 1309) geschah zu Aachen die übliche Krönung, von Freunden und Feinden des allgemeinen Wesens mit gleicher Spannung angeschaut oder vernommen. Denn die bisherigen Taten und Pläne des Luxemburgers hatten einen ungewöhnlichen Menschen angekündigt, der nicht sowohl durch weitläufigen Landbesitz als persönliche Tüchtigkeit Ruf und Ansehen zu erwerben wußte. Die Grafschaft Luxemburg (Lützelburg), benannt nach der uralten, auf jähem Felsen an der Elze im Mittelpunkt des Ardennenwaldes erbauten Feste, umschloß ein nur 20 Meilen langes Gebiet, das nach Osten vom Erzstift Trier, nach Süden vom Herzogtum Lothringen, nach Westen von der Grafschaft Champagne und nach Norden vom Bistum Lüttich, dem Herzogtum Limburg, den Grafschaften Namur und Jülich begrenzt wurde. Sie enthielt einen meistens bergigen, sandreichen, unfruchtbaren Boden, fand aber dafür in ihren Eisengruben, Waldungen und der Viehzucht günstigen Wiesen hinlänglichen Ersatz. Die Bevölkerung, streitbar und gewerblich fleißig, gehörte größtenteils dem deutschen Stamm an. Die welsche Minderheit redete französisch und wallonisch.* Graf Heinrich, von mütter-

* Vgl. Geschichte des Hauses und Landes Luxemburg, bei Schlossers und Berchts Archiv für Geschichte und Literatur, IV, S. 259 f.

licher Seite dem luxemburgischen, von väterlicher dem herzoglich-limburgischen Hause entsprossen, hatte bei einem schönen, männlich starken und in allen Turnkünsten geübten Körper ein kühnes, für Ehre, Vaterlandsliebe und ritterliches Abenteuer empfängliches Gemüt, dem Hindernisse und Gefahren nur als Ansporn zu erhöhter Anstrengung galten, und eine hochgesinnte, auf mannigfaltige Kenntnisse, vor allem Kunde der Zeitgeschichte gestützte Urteilskraft, die leicht das Wahre vom Schein trennte und die Abhängigkeit von Räten oder Günstlingen unmöglich machte. Seine Ehrfurcht vor dem Heiligen war rein und frei von abergläubischer Schwäche, seine Gerechtigkeitsliebe so lauter und stark, daß auf den Straßen und in den Waldungen der Grafschaft die größte Sicherheit galt. Arme, Witwen, Waisen und Fremde fanden in ihm einen liebreichen Schutzherrn, Hoffärtige, Räuber und Unterdrücker einen unbiegsamen Widersacher. Häufige Fehden und Turniere, denen der leidenschaftliche Freund ritterlichen Abenteuers von Land zu Land, Meer zu Meer nachzog, hatten seinen Ruf kriegerischer Meisterschaft begründet und einen Tatendrang geweckt, der bald die Schranken der Heimat überspringen und jenseits des Gebirges in Italien die schon abgelaufene Entwicklung deutscher Heerfahrten gleichsam dem Schicksal vorgreifend wieder erneuern sollte.*

Durch die Vermählung mit Margaretha, der Tochter des bisherigen mächtigen Erbfeindes, Herzog Johanns von Brabant, an Gut und Kräften bedeutend verstärkt, berechtigte der Luxemburger, fortan als König Heinrich VII. genannt, zu begründeten Hoffnungen, denen denn auch schon die ersten, auf das Gemeinwohl gerichteten Schritte vollkommen entsprachen. Denn überall wurden die verfallenen Ordnungen des Landfriedens erneuert und kräftig vollzogen. Friedensrichter wurden ernannt und Bündnisse

* »Doch was so gros,
Als man von im sait,
Sein Lewmt (Ruf) an aller Gerechtigkait,
War er von Polrewsßen (Polen) chomen,
Man solt in han genomen,
Zu Verweser dem Reich,
Seyd im dew Werlt allgeleich
So grosßer Frumigkait jach.«

Ottokars Reimchronik, S. 820. Über diesen »piderben und frumigen« (Ottokar, S. 820) König urteilt Sebastian Francke treffend: »Er war gar ein ernsthaffter, weiser, gerhümpter fürst.« Chronik, S. 196.

der Stände gegen laufende Gewalttätigkeiten eingeleitet und abgeschlossen, hartnäckige Wegelagerer nach der Strenge des Gesetzes bestraft und ungebührliche Zölle aufgehoben. In den meisten Landschaften wurden Vögte bestellt, die verpfändete Reichsgüter einlösen, königliche Rechte wahren und die Hilfsbedürftigen schützen sollten. Trotzige Lehnsgroße, wie der bürgerfeindliche Graf Eberhard von Württemberg, wurden geächtet und durch allgemeines Aufgebot gedemütigt. Städte und Länder, Klöster und weltliche Genossenschaften wurden in ihren urkundlichen Freiheiten und Rechten geschützt gegen jedweden Eingriff, überhaupt alle Mittel benutzt, um der Willkür und Ziellosigkeit zu begegnen.

Dabei zeigte der König stets eine bewunderungswürdige Mischung von Milde und Ernst, die gleich weit entfernt von willenloser Schwäche und finsterer Herrschsucht einerseits am frischeren Umschwung der ständischen Kräfte Lust fand, andererseits den verfassungsmäßigen Ansprüchen der Kronmacht niemals entsagte. Während daher z. B. die ersten Boten der Reichsgemeinden auf dem Tag zu Speyer (1309) neben den Abgeordneten der Geistlichkeit und des Adels sitzen durften, bestätigte Heinrich den Straßburgern nicht eher ihre Rechte und Freiheiten, bis die eitel-stolze Gesandtschaft in ihrer Anrede den Ausdruck: »Unsere Herren von Straßburg« zurückgenommen und eine bescheidenere Wendung gewählt hatte.*

Besondere Mühe und Umsicht kostete das notwendige und aufrichtige Abkommen mit den mächtigen und hochstrebenden Habsburgern, deren Stellvertreter, die Herzöge Friedrich und Leopold, von 700 Rittern begleitet, in Speyer erschienen und nach langem, bisweilen drohendem Hader** die Bestätigung ihrer östlichen Lehen empfingen, den Treueid schworen und gelobten, mit

---

* Königshoven, Elsaßische Chronik, S. 124. Sebast. Francke, S. 197. »Ich wißt nicht«, antwortete der König, »was herre ir meynten, aber so ir sind meiner burger von Straßburg botten, die kennen ich wol. man soll euch thun, wie ir begert. Also worden si zu hand abgefertiget.«

** »Der Keyser, der vielleicht diese Lande seinem Sohn und der Kron Böheim zuzuwenden gedachte, suchte allerhand vorwände herfür, die Brüder zu bereden, daß sie Oesterreich, Steyer und Crain abtreten solten, unter anderen erwehnend, diese Länder seyen mehrmals eine ursach verderblicher Kriege gewesen, und es seyen schon fünf Könige deswegen ums Leben gekommen. Herz. Friederich, merkte des Keysers gemüte, antwortete demselben ganz unerschrocken: ›Ey, so sey der der Sechste, der dessen nit manglen will.‹« Fugger, I, 259. Ottokars Reimchronik, Kap. 825, wo Friedrichs Gefolge auf 700 Ritter geschätzt wird, erwähnt dieses stolze Wort nicht.

200 Lanzen auf der Römerfahrt zu dienen. Danach gedachte der König Böhmens und verlieh, weil es die Mehrheit der Stände wünschte und der eigene Vorteil damit übereinstimmte, die Nachfolge an den erledigten Reichslehen seinem erstgeborenen Sohn Johann, der mit Elisabeth, der jüngeren Schwester des letzten Stammfürsten Wenzel (II.), vermählt war und der luxemburgischen Hausmacht im Lande der Tschechen damit eine feste Stütze erwarb und den weitgreifenden Ehrgeiz der Habsburger zügelte. Um diese endlich ganz zu versöhnen, sprach Heinrich die Acht aus über alle Teilnehmer an dem jüngsten Fürstenmord und ließ den Körper Albrechts neben Adolf von Nassau in der Speyerer Domgruft mit großer Feierlichkeit beisetzen. Der Tod sollte den Groll des Lebens tilgen, der verwitweten Königinnen laute Klage an die Wechsel der menschlichen Dinge gemahnen, wie denn auch die Ehefrau des Luxemburgers, Margaretha von Brabant, inbrünstig Gott bat, er möge sie gnädig vor ähnlichem Leid bewahren.*

Zwei Wege standen jetzt dem tat- und ehrbegierigen König offen: Entweder konnte er, wie seine nächsten Vorgänger gehandelt hatten, daheim bleiben und die deutschen Innenverhältnisse festhalten oder den Hohenstaufen nacheifernd über das Gebirge ziehen und in Welschland um die erloschenen Rechte des Kaisertums kämpfen. Jenes forderte die Gegenwart, dieses die Vergangenheit. Dort lagen fruchtbare Lebenskeime, hier knüpften sich abgestorbene Kräfte an große Erinnerungen und tote Sinnbilder der römischen Weltkrone, die aber in dem schon abgeschlossenen und getrennten Wesen der deutschen und italienischen Volkstümlichkeit keinen festen Boden mehr fanden.

Dem frei erwählten Oberhaupt des heimischen, auf die Herrschaft über romanische Stämme verzichtenden Reiches deutscher Nation bot die Gegenwart allerdings eine würdige, der vollen Mannesstärke bedürftige, wenn auch weniger glänzende Aufgabe dar: die Pflege der neuen Bildungsstoffe. Diese wurzelten nicht mehr in

* »Ir payden (Albrechts und Adolfs) Wytben gehewr
Chlagten viel tewr
Ir lieben Herren Tot;
Da pat die dritt Got,
Als noch ain getrewe tut,
Daz er den yrn pehut
Und durch Freuden Genieß
Des Wytwentums si erließ.«
Ottokars Reimchronik, S. 836.

dem streitbaren, dichterischen Gemüt, das, nachdem es der veredelten Lehns- und Ritterpflicht, der Hingebung für Gebilde des bald frommen, bald düster schwärmerischen Kirchenglaubens beraubt war, den Grundton christlich-abenteuerlichen Weltbürgertums aufgegeben und der Welt- und Menschensicht des nüchternen Verstandes beträchtlichen Spielraum gegönnt hatte.

Das auf ihm beruhende Volksbürgertum, das auf die Abrundung gleichartigen Gebiets hinarbeitete, kündigte sich wie anderswo so auch überall in Deutschland an. Die Tage kühner Eroberungsfahrten für Kaisertum und Reichsehre, Heidenkampf und Heiliges Grab waren abgelaufen. Freie Städte und Genossenschaften, Landherren und adlige Vereinigungen mit entschiedenem Streben nach erblichen Hoheitsrechten, von der Staatsgewalt bisweilen unterstützte, aber oft vernachlässigte Kämpfer für das römisch-katholische Priesterkönigtum und feindselige, durch ihre Niederlagen immerdar nur gekräftigte Bruderschaften – diese und ähnliche Gewalten einer neuen Gesittung bildeten einen Gegensatz, dessen Durchbruch teils stattgefunden hatte, teils nahe bevorstand.*

Allerdings konnte hier das Nationalkönigtum, obschon vielfach beschränkt und eigentlich nur der wechselnde Ausdruck des losen Völker- und Ständevereins, vermittelnd auftreten. Es vermochte die widerstrebenden Richtungen des nach Selbstherrlichkeit strebenden Lehnsadels und Fürstentums auf der einen, des Bürger- und Freisassentums auf der anderen Seite zu zügeln und den zerstörenden Zusammenstoß beider Grundkräfte wenigstens hinzuhalten und zu mäßigen, wie denn auch die ersten Boten der Reichsgemeinden auf dem Speyerer Tag erschienen (1309).** Unterstützt von der luxemburgischen, durch Böhmens Besitz beträchtlich erweiterten Hausmacht konnte es die Gesetze des Landfriedens unnachsichtig vollziehen, dem Gewerbe und Handel Straßen und Flüsse öffnen, vom Niederrhein und von Böhmen her auf die allmähliche Annäherung der fast getrennten Gebiete Nordost- und Südwestdeutschlands kräftig einwirken. Darüber hinaus konnte es

* Vgl. S. 8 ff. und S. 38 ff. in diesem Band.

** Alertus Argent, S. 116, bei Olenschlager, S. 37. »*Mansit ibi (Spirae) rex sex hebdomadibus cum Principibus Electoribus et aliis Principibus et civitatum nunciis;*« d. h. »der König verweilte dort sechs Wochen lang mit den Kurfürsten und Fürsten und den Boten der Städte.«

die Grenzgebiete dort gegen polnische Slawen, hier gegen französische Romanen – die Lothringen, die Freigrafschaft Burgund, Arles, Provence und die Landschaften am Rhônefluß bis zum Genfer See erstrebten – nicht ohne Aussicht auf glücklichen Erfolg schützen und dem Reichsverband erhalten. Die drohenden Anmaßungen des in Avignon vor den Karren französischer Staatsklugheit gespannten Papsttums konnte es durch offene Freundschaft mit der kirchlichen Gegenpartei (Opposition) in ihre Schranken weisen.

All diese Bestrebungen lagen innerhalb des deutschen und zum Teil auch allgemeinen völkerschaftlichen Zeitgeistes und gehörten dem Leben der Gegenwart, nicht dem Tod der Vergangenheit an. Dagegen wurzelten in der letzteren, von dem neuen Umschwung der herrschenden Verhältnisse teils stellenweise, teils ganz abgewiesen und zersetzt, die einst gewaltigen Begriffe Papst- und Kaisertum. Das Papsttum hatte durch das wachsende Gewicht der kirchlichen Gebrechen mit der Verpflanzung des Hofes nach Avignon den empfindlichsten Stoß bekommen, aber trotz des Joches in den langjährigen Gewohnheiten, Sitten und Vorstellungen der Christenheit noch festen Boden behauptet. Das Kaisertum jedoch hatte mit dem Untergang der Hohenstaufen und der steigenden Ausrichtung auf völkerschaftliche Abgeschlossenheit sowie fürstlich-republikanische Gegensätze seine Lebenskraft eingebüßt und nichts als den Schatten der Form aus dem Schiffbruch einer glänzenden Vorzeit gerettet. Doch je deutlicher die Tatsachen der Wirklichkeit gegen die Ansprüche des jetzt teilweise oder sogar völlig mark- und gehaltlosen Urbildes (Ideals) zeugten, desto eifriger verschanzte sich dieses hinter dem Bollwerk der Wissenschaft und stellte mehr oder weniger gut geordnete Lehren und abgezogene (abstrakte) Begriffe dem widerspenstigen Leben des derzeitigen Menschenalters entgegen.

Die priesterkönigliche Machtvollkommenheit nämlich legte Berufung ein, nicht nur an die geheiligten, untrüglichen Satzungen der römisch-apostolischen Kirche, sondern auch an das Natur- und Völkerrecht. Jenes Verfahren war alt, dieses neu und Beweis der sinkenden Gläubigkeit, die man durch die Beihilfe der auf prüfendem Urteil ruhenden Wissenschaft – wenn auch erfolglos – zu verstärken hoffte. Von so breiter Grundlage ausgehend, konnte deshalb der Heilige Stuhl den üblichen Schutzeid des Kaisers als des geborenen Vogtes und Schutzherrn der kirchlichen Besitztümer, Ehren und Rechte bei günstigem Anlaß leicht in ein Gelübde förmlicher Lehns- oder Vasallenabhängigkeit umwandeln. Damit erhob er Anspruch auf die unbestrittene Oberherrlichkeit *(superioritas)* über das deutsche Reich und die Befugnis, bei erledigtem Thron unmittelbar dem Kaiser nachzufolgen – ein Machturteil, das eben wegen seiner Unverträglichkeit mit den Kräften und Bestrebungen der Gegenwart im schon tief erschütterten Glauben der Vergangenheit und den künstlichen oder erzwungenen Folgerungen eines spitzfindigen, aus der entarteten Scholastik (Religionsphilosophie) hervorgegangenen Natur- und Kirchenrechts beweisende Zeugnisse aufzufinden versuchte.* Daher mußte denn auch das Kirchenrecht die Entwicklung des christlich-römischen Glaubens als die einzige Aufgabe und Gesamtbestrebung des Menschengeschlechts erklären und die drei Hauptgebiete des kirchlichen Staates so bestimmen, daß Italien dem Priestertum, Deutschland der kaiserlich herrschenden Hoheit, Frankreich wegen der Pariser Hochschule den Wissenschaften als Wohnsitze und Hofstätten – natürlich unter päpstlicher Oberleitung – bestimmt und zugewiesen wurden.**

Der zweite, einst kräftige und praktisch wirksame Begriff in den allgemeinen Gesellschaftsverhältnissen der Völker, das Kaisertum, hatte fast alle Lebenswurzeln eingebüßt und schwebte nur noch als

---

* Das alles liegt deutlich in dem Urteilsspruch, durch den Papst Clemens V., ein blindes Werkzeug der französischen Politik, die von Kaiser Heinrich VII. über König Robert von Neapel verhängte Acht laut apostolischer Machtfülle aufhebt. Mehrere Male wird hier das Naturrecht herangezogen, das jedem Angeklagten Mittel der Verteidigung gestatte und so stark sei, daß keine weltliche Macht auflösend dazwischentreten dürfe: »*defensionis facultas, quae a jure naturali provenit, Imperatori non licet illa tollere, quae juris naturalis existant.*« Hinsichtlich der päpstlichen Oberherrlichkeit heißt es: »*Nos tam ex superioritate, quam ad Imperium non est dubium nos habere, quam ex potestate, in qua, vacante Imperio, Imperatori succedimus*«, d. h. »gemäß der Oberherrlichkeit, so wir unzweifelhaft über das Reich besitzen, und kraft der Gewalt, in der wir bei erledigtem Reich dem Kaiser nachfolgen.« Siehe die Urkunde 14 bei Olenschlager und Barthold, Römerzug Heinrichs von Lützelburg, II, 465 ff.

** Cod. mss. Biblioth. Vindob., Hist. Prof. Nr. 900 enthält eine *notitia saeculi, auctore Pavone*, wo jene vornehme, vom Leben bereits widerlegte Theorie eines theokratischen Universalreichs weitläufig entwickelt wird. »*Fides christiana*«, heißt es unter anderem, »*i. e. ecclesia romana summa est humani generis et ideo per caeteram ejus mutationem consideratur principaliter mutatio saeculorum. Caeterum respublica ecclesiae romanae residet in Europa, principaliter tamen in Romano regno et Francorum. Quae regna in tres partes dividuntur, h. e. in Italiam, Teutoniam et Galliam. Nam pater et filius et spiritus sanctus unus Deus ita disposuit, ut sacerdotium, regnum et studium una esset ecclesia. Cum ergo fides Christi his tribus regatur principatibus, sacerdotio, regno et studio et sacerdotium fidem teneat in Italia et regnum eandem teneri imperet in Teutonia et studium ipsam tenendam doceat in Gallia, manifestum est, quod in his tribus provinciis principalibus residet respublica fidei Christianae*« usw.

riesenhaftes Gebilde am äußersten Rand der Gegenwart, umgeben vom Heiligenglanz altväterlicher Überlieferung und eben deshalb gezwungen, durch die Aufnahme eines künstlichen, fremden Rechts den Mangel an innerem Gehalt für gleichgültige oder ungläubige Zeitgenossen notdürftig zu verdecken. Das römisch-deutsche Kaisertum nämlich hatte durch den Sieg der priesterköniglichen Macht über die letzten Hohenstaufen, die wachsende Nationalunabhängigkeit Italiens und die zunehmende Zersplitterung Deutschlands in Souveränität anstrebende Fürstentümer und Freistaaten seinen Schwerpunkt verloren und mit ihm die Kräfte für den kühnen Plan des allgemeinen Heermeistertums (Diktatur) in Europa – einen Plan, den Karl und Otto der Große, die Salier und die Hohenstaufen unter den mannigfaltigsten Wechseln und Hindernissen praktisch verfolgten und an das unbestrittene Übergewicht der Deutschen knüpfen konnten. Sobald aber dieses bei dem notwendigen Fortschritt einer in sich geschlossenen Volkstümlichkeit und innerer, auflösender Gärungsstoffe abnahm, blieb auch der Begriff kaiserlicher Machtvollkommenheit gehaltlos und flüchtete aus dem jetzt dafür verödeten Leben der Gegenwart zu den toten Formen und Buchstaben der Vergangenheit. Daher mußte das Gesetzbuch Justinians bei dem steigenden Einfluß des römischen Rechts hervortreten und die Lehre verkündigen, daß von der Zucht und Stärke des Heiligen Römischen Reiches Deutscher Nation auch die Ordnung der ganzen Welt abhänge und daß nach göttlichen und menschlichen Rechten alle Kreaturen den Nachfolgern des Augustus Gehorsam schuldig seien,* eine Sprache, der die Wirklichkeit schneidend widerstrebte.

Dennoch nahm der für ritterliche Abenteuer zu begeisternde Luxemburger Heinrich den Gedanken an die längst entwichene Hoheit des Kaisertums mit allem Feuer eines tiefen, schwärmerischen Gemüts auf und beschloß, durch eine glänzende Römerfahrt nicht nur Italiens Wirren zu schlichten, sondern auch die erloschenen Reichsrechte wiederherzustellen. Freudig stimmten die

* Siehe Olenschlager, S. 58, und Albert. Mussatus, VIII. Buch, Rubric. IV, bei Muratori, Script. Rerum Ital., Band X. Wo das römische Recht nicht genügte, mußte auch bei den kaiserlichen Räten das Naturrecht aushelfen. Sie urteilten z. B. 1312 zu Rom dahin, daß der Papst keinen Waffenstillstand zwischen dem Kaiser als Lehnsherrn und dem König Robert von Neapel als Lehnsträger aus eigener Machtvollkommenheit gebieten könne, denn das sei gegen natürliches und göttliches Recht. »*Quod est contra jus naturale et divinum.*« Iter Italicum bei Muratori, Band IX, S. 921.

in Speyer versammelten Stände bei. Denn teils schwebte ihnen das durch heimische Überlieferung fortgepflanzte Bild ehemaliger Herrlichkeit und Stärke vor den Augen, teils erweckten Boten und Briefe der welschen Parteien, besonders in Lombardien, nicht unbegründete Hoffnungen auf Gelingen.

Es forderten nämlich, scheinbar müde der Wirren, Ghibellinen und Welfen die baldige Ankunft des alten, gemeinsamen Oberhaupts, jene durch den vertriebenen Beherrscher Mailands, Matthäus Visconti, diese durch den Nachfolger an der Macht, Guido della Torre. Der König, meldete letzterer arglistig, bedürfe keines großen Kriegsvolks. Unbewaffnet und von einem Falken begleitet, könne er siegreich ganz Lombardien durchziehen.* Selbst Papst Klemens V., ungeduldig der französischen Bevormundung, billigte den Römerzug und versprach neben anderweitiger Hilfe die feierliche Kronweihe in St. Peters Heiligtum, während der staatskluge Philipp der Schöne nicht ungern die Verwicklung des Luxemburgers in Italiens Händel sah und bereitwillig den angetragenen Freundschaftsvertrag abschloß (28. Juni 1310).** Vor allen Ghibellinen aber blickte der begeisterte Flüchtling, Dante Alighieri, mit Sehnsucht auf den künftigen Kaiser als rettenden Heiland aus den drangsalvollen Parteiwirren und als festen Mittelpunkt eines wiedergeborenen, nach Gesetzen regierten Gesamtvaterlands, das frei und einträchtig unter dem gemeinsamen Oberhaupt seine zersplitterten und zerstörenden Kräfte sammeln und für die Segnungen des Friedens entfalten sollte.***

Wenn also der edle Dichter, an der Gegenwart und seinen zwieträchtigen Landsleuten verzweifelnd, von der Zukunft und einem beinahe urbildlich (ideal) aufgefaßten Fremden Hilfe erwartete, trat

---

* Iter Italicum, bei Muratori, Band IX, S. 888. Über den damaligen Stand der Parteien vgl. den Abschnitt, der Italien umfaßt, S. 118 ff. in diesem Band.

** Etwaige Grenzstreitigkeiten sollten sechs von beiden Teilen erwählte Schiedsrichter erledigen und unter diesen bei etwaigem Zwist ein siebter als Obmann den Ausschlag geben. »*Ils prendront six personnes grans gens et preudes hommes autant d'une partie, comme d'autre, et se les six preud'hommes* (d. i. weise Männer, *prudentes viri*) *estoient à descord, ils de leur commun assentement à accord esliroient un septiesme.*« Siehe die Urkunde bei Olenschlager, Nr. 10.

*** Siehe über Dante, Band I, 528 ff.; über dessen politische Ansichten siehe den trefflichen Aufsatz in Schlossers Archiv, IV, 15. Nicht einen unbedingten Diktator, sondern einen gesetzlich beschränkten Vorsteher Gesamtitaliens, eben den Kaiser, wollte der edle, unglückliche Mann, der in dem Büchlein von der Monarchie den Fürsten zurief: »Das Volk ist nicht um des Königs, aber der König um des Volkes willen da.«

der Luxemburger gleichsam als fahrender Ritter für einen Begriff der Vergangenheit, das Kaisertum, in die Schranken und betrachtete den Römerzug als ersten Schritt für dessen Wiederherstellung. Die romantisch-abenteuerliche Einbildungskraft übersprang dabei den Abstand zweier Zeitenwenden und hielt es für möglich, auch ohne das Schwert Karls des Großen oder Friedrich Barbarossas jenseits der Alpen des Heiligen Römischen Reiches verschollene Hoheit zu erneuern. Denn der König, meldeten Boten und Sendschreiben den Welschen, wolle lediglich Frieden stiften, den Bedrückten ihre Rechte und Freiheiten zurückgeben, Gesetz und Zucht handhaben und ohne Ansehen der Personen oder des Geschehenen Welfen wie Ghibellinen in den Schoß kaiserlicher Huld aufnehmen. Überhaupt wolle er als unparteiischer Vermittler und Richter handeln, der nur im äußersten Notfall statt der Güte Strenge gebrauchen werde.

Nach solchen Vorbereitungen übertrug Heinrich auf dem Tag zu Frankfurt seinem Sohn Johann, König von Böhmen, und etlichen Beiräten gereiften Alters die Verweserschaft Deutschlands. Anschließend überstieg er mit etwa 2000 Bewaffneten, unter denen Leopold, Herzog von Österreich, der Erzbischof Balduin von Trier und Graf Walram von Luxemburg, des Königs Bruder, bemerkt wurden, den Mont Cenis (Oktober 1310). Durch die Scharen der lombardischen Ghibellinen und Lehnsleute bedeutend verstärkt, hielt er ohne Hindernis feierlich in Mailand Einzug (23. Dezember) und empfing in der Ambrosiuskirche aus den Händen des Erzbischofs die Eiserne Krone (6. Januar 1311). Zunächst schlug er den Aufstand der torrianisch-welfischen Partei mit Waffengewalt nieder* und demütigte, als darauf eine Stadt nach der anderen den gelobten Frieden brach und die königlichen Reichsvögte vertrieb, Crema, Cremona, Lodi, Bergamo und Brescia. Unter wachsenden Beschwerden und Gefahren zog er über Genua, wo seine tugendhafte und fromme Gemahlin Margaretha starb (Dezember 1311), nach Pisa, dem Sitz der toskanischen, von Florenz schwer bedrängten Ghibellinen, und von da nach kurzer Rast auf Rom.

Hier tobte eine wilde Bürgerfehde. Die Ghibellinen unter dem Oberbefehl der Kolonna hielten den Lateran und das Kolosseum, die Welfen, von den Orsini geführt, das Kapitol, die Engelsburg, die Peterskirche und die leoninische Vorstadt am rechten Tiberufer (Transtevere) besetzt. Daneben wirkte gegen den Luxemburger an-

---

* Siehe S. 120 in diesem Band.

fangs geheim, bald öffentlich Philipp der Schöne, der entgegen dem geschlossenen Abkommen als Unterpfand fernerer Freundschaft die Abtretung des arelatischen Reiches und der Rhôneländer bis zum Genfer See gefordert hatte. Nachdem diese Forderung abgewiesen worden war, hatte er nicht nur den Papst, sondern auch den König Robert von Neapel, Enkel Karls I. von Anjou, aufgewiegelt. Daher machte der Papst hinsichtlich der versprochenen Kaiserkrönung plötzlich Schwierigkeiten, und Robert von Neapel sandte seinen jüngeren Bruder Johann, den Fürsten von Achaja, mit beträchtlichen Scharen ab, um die römischen Welfen zu stärken und den Eingang der Stadt auf das hartnäckigste zu verteidigen. Sie glich zwei feindlichen, durch Türme, Burgen, Gräben und Barrikaden verschanzten Feldlagern, die seit Monaten bei Tag und bei Nacht den kochenden Parteienhaß in vereinzelten Gefechten, Brandstiftungen, Mordtaten und Räubereien entluden. Und mit dem gleichem Eifer, wie die einen den entscheidenden Augenblick zu beschleunigen versuchten, bemühten sich die anderen, ihn hinauszuzögern.

Alles blickte auf den Deutschen. Der zauderte nicht lange. Er ordnete am 7. Mai seine 2000 Waffengefährten, erstürmte den Paß und die Brücke von Pontemolle und kämpfte danach beinahe acht Wochen lang innerhalb Roms, wo das Kapitol eingenommen, die Peterskirche aber umsonst angegriffen wurde. Am Peter-und-Pauls-Fest (29. Juni) empfing er aus den Händen der von Klemens V. endlich bevollmächtigten Kardinallegaten im Lateranmünster des heiligen Johannes die ersehnte, goldene Kaiserkrone und wurde vom jubelnden Volk als Augustus und Oberherr des Erdkreises begrüßt.

Aber bald verschwanden die Täuschungen des Augenblicks und trat die nackte Wirklichkeit im schneidenden Gegensatz zu dem abenteuerlichen Urbild verschollener Hoheit hervor. Scharenweise nämlich zogen deutsche Dienstleute, als ob jetzt alles vollzogen wäre, aus dem unheimlichen Welschland in die Heimat. Im Süden jedoch rüsteten die Neapolitaner unter Robert, im mittleren und nördlichen Italien die Welfen, hier von dem stolzen und geldreichen Florenz, dort von selbstsüchtigen, käuflichen Häuptlingen geführt. Beinahe die ganze Toskana und Lombardien traten unter die Waffen, während König Philipp von Frankreich den Brand nach Möglichkeit anfachte und den im geheimen widerstrebenden Papst als blindes Werkzeug für die Pläne seines schlauen Ehrgeizes gebrauchte.

In dieser Not, überall von Feinden bedroht, ohne Geld, Kriegsmittel und treue Freunde, handelte Heinrich mit der männlichen Würde und Entschiedenheit, die das Bewußtsein religiös-sittlicher Kräfte, auch wenn sie nicht mehr in dem Zeitalter wurzeln, mit sich zu bringen pflegt. Im Vertrauen auf Gott und die Pflichten des wiedergeborenen Kaisertums verließ er den erfolglos betretenen Weg des Mittlers und Schiedsrichters und sagte allen Welfen offene Fehde an. Er schloß mit dem Erben der konradinischen Blutrache, dem Aragonier, König Friedrich von Sizilien, gegen Robert von Neapel-Anjou, den Enkel Karls I., ein Schutz- und Trutzbündnis ab (Juli) und rief alle Ghibellinen zur Oriflamme des Reichsadlers.* Als jene sich freudig erhoben, fiel er in die Toskana, das Herz Welschlands, ein und bedrängte, mit Feuer und Schwert wütend, von St. Salvi aus mehrere Wochen lang Florenz, das stinkende Füchslein.**

Durch Kälte und Mangel sowie den Heldenmut der jetzt einträchtigen Bürger abgetrieben, überwinterte er auf dem rauhen Bergrücken des Apennin bei Poggibonzi, wo schnell aus den Trümmern des zerstörten Ghibellinenfleckens die neue Pfalz und Hofstatt, Kaisersberg *(Montimperiale)* genannt, zu regem, obschon vergänglichem Leben emporstieg (9. Januar bis 10. März 1313). Denn kaum trat der Frühling ein, als der Luxemburger, auf die nachdrücklichste Bekämpfung seiner mächtigen Feinde gerichtet, das einsame Bergschloß räumte und in dem getreuen Pisa einen ebenso überraschenden wie kühnen Angriffsplan entwarf. Während nämlich jenseits der Alpen König Johann von Böhmen auf des Vaters Anweisung einen Reichstag nach Nürnberg berief und die anfangs gleichgültigen oder widerstrebenden Stände für den Aufbruch nach Welschland gewann, wappneten sich diesseits des Gebirges mit den Ghibellinen Lombardiens und der Toskana die Aragonier Siziliens. Gleichzeitig arbeiteten in Neapel die zahlreichen Anhänger der deutschen Partei, eingedenk des Hohenstaufen Friedrich, am Sturz des verhaßten Franzosenregiments,*** und unter dem Vorsitz des Kaisers sprachen schließlich die versammelten Fürsten und Räte die Acht aus über den König Robert als treubrüchigen Hochver-

* »*Aquilas aureamque flammam explicans.*« Albert. Mussatus, IX. Buch, Rubric. I bei Olenschlager, S. 62. Oriflamme hieß das rot-gelbe Reichsbanner. Villani, Hist. VII, 75.

** Dantes Brief an den Kaiser, bei Barthold, Band I.

*** Albert. Mussatus, VIII. Buch, Rubric. VIII. »*Vulgabant, Apuliae Regnum in se ipsum divisum factionibus multis agitari, plurimos Imperii nomen dominiumque zelare; multos Francigenas odisse; Francorum mores Apulis exosos; viaque minus, quam Siculis varios varia exoptare; Friderici olim Imp. gesta in abditis susurris laudari*«, d. h. »Apulien, sagte man, werde von vielen Parteien bewegt. Die meisten begünstigten die Ehre und Herrschaft des deutschen Reiches. Viele haßten den Franzosen. Des Franzosen Sitte widerstrebte der heimischen. Alles sei zwiespältig in Sizilien. Man preise im geheimen die Zeit Kaiser Friedrichs II.«

räter, der um Lehen, Ehre, Freiheit und Leben gestraft werden solle (25. April).

Dieses beispiellose Urteil, gefaßt nach dem Gutachten der sonst streng welfisch gesinnten Rechtsgelehrten Bolognas und gegründet auf die Dienstpflicht, die der Anjou für die Grafschaft Provence dem Reich schuldete, suchte umsonst Papst Klemens auf Betreiben Philipps durch Androhung des Bannes und als Oberlehnsherr Apuliens zu vermeiden. Ruhig antwortete Heinrich dem an das Schicksal Friedrichs von Hohenstaufen erinnernden Legaten: »Wenn Gott für uns ist, wird uns weder der Papst noch die Kirche verderben, weil wir Gott nicht beleidigen!« und schritt zur Vollziehung des Spruches. Daher beschleunigten deutsche Heerhaufen, unter ihnen der kampfgeübte Herzog Leopold von Österreich, den Zug durch die Schweiz und über das Alpengebirge. Pisas und Genuas Geschwader lichteten die Anker, um sich mit der Flotte des Aragoniers Friedrich, der das Ehrenamt eines Reichsadmirals besaß, zu vereinigen. Sizilianische Kriegsvölker landeten an den Küsten Kalabriens.

Das Hauptheer, 40 000 Mann stark, brach am 8. August von Pisa auf, um oben bei Terracina in das jetzt auf drei Seiten bedrohte Gebiet Neapels einzufallen. Schon hielt sich der Anjou Robert für verloren und dachte an Flucht in die Provence, schon blickte die gesamte Christenheit, sogar Griechen und Sarazenen, in ängstlicher Spannung auf den Ausgang eines Unternehmens, dessen abenteuerliche Kühnheit die Zeiten Wilhelms des Eroberers und der Kreuzfahrten erneuerte, als Heinrich unweit von Siena in dem Flecken Bonconvento plötzlich erkrankte und nach etlichen Tagen starb (24. August, am Fest des heiligen Bartholomäus). Übermäßige Anstrengung, Schwüle der Jahreszeit, starker Genuß des roten Weines und Mangel an ärztlicher Pflege hatten die sonst kräftige Gesundheit des kaum 51 Jahre alten Helden untergraben und ein hitziges Fieber erzeugt, dessen zerstörende Wirkungen die zu spät hinzutretende ärztliche Kunst nicht mehr vermeiden konnte. Eben deshalb fand bei Deutschen und Ghibellinen das bald umlaufende Gerücht Glauben, ein Predigermönch (Dominikaner), Bernhard von Monte Pulciano, habe dem Kaiser in den Kelch des heiligen Abendmahls Gift gemischt. Die Frömmigkeit des mit dem Tode Bedrohten aber habe nicht nur schleunige Gegenmittel verschmäht, sondern auch den ruchlosen Mörder gemahnt, sich durch die Flucht der sicheren Rache zu entziehen.*

---

* Vgl. Bartholds Römerzug König Heinrichs von Lützelburg, II, 438ff. Dieses treffliche, den Kaiser vielleicht hin und wieder zu hoch stellende Werk gibt eine voll-

Groß waren die Folgen dieses verhängnisvollen Ereignisses. Die ganze Unternehmung gegen Neapel scheiterte. Geschwader und Landheere, des leitenden Geistes beraubt, gingen auseinander. Welfen, Anjous, Franzosen und Päpstliche jubelten; Ghibellinen, Aragonier, Deutsche und Widersacher des Heiligen Stuhls trauerten. Italien, das mit den zu Pisa beigesetzten Gebeinen des Luxemburgers gleichsam die Totenfeier und Seelenmesse des altertümlichen Reichsverbandes beging, sank in die auflösenden Wirren und Parteibildungen seines krampfhaften Nationallebens zurück und endete, wie früher gezeigt wurde, mit dem Untergang des freien Bürgertums.* Die Kirche blieb, während Klemens durch hochtönende Beschlüsse (Klementinen) die unbestrittene Oberherrlichkeit über das deutsche Reich verkündete, im Knechtsdienst der französischen, rasch angewachsenen Kronmacht und vermehrte dadurch die Anhäufung ihrer inneren, des Heilmittels bedürftigen Krankheitsstoffe.**

Deutschland endlich verzichtete für immer auf die Behauptung des kaiserlichen Heermeistertums außerhalb seiner heimischen Gebiete und zog die ungefüge Stärke in engeren, dennoch vielfach bewegten Kreisen zusammen, die gerade deshalb nicht mehr den ersten Schauplatz der abendländischen Weltbegebenheiten darbieten und nur zu oft neben dem großartigen Aufschwung der städtisch-landschaftlichen Vereinigungen kleinliches Ringen um den häuslichen Nutzen hier der Fürsten und Stammkönige, dort der Körperschaften, Stände und getrennten Völker zeigen. Das alles trat bereits in dem Menschenalter hervor, das unmittelbar dem Tod Heinrichs VII. folgte.

Während nämlich die Habsburger für den damaligen Ältesten des Hauses, Herzog Friedrich den Schönen, nicht mit Schätzen, Umtrieben, Schmeicheleien und Versprechungen sparten, um die Mehrheit der käuflichen Kurherren zu gewinnen, arbeiteten ihnen mit denselben Waffen die Luxemburger entgegen und ruhten nicht eher, bis auch ihrem Bewerber und Schützling etliche Stimmen verkauft waren. Weil jedoch König Johann von Böhmen, Kaiser Heinrichs Sohn, der Jugend und luxemburgischen Schwäche wegen dem

---

ständige und anschauliche Darstellung des Tatbestands, mögen auch nicht immer die bewegenden Kräfte richtig aufgefaßt sein. Denn Heinrich wirkte gegen seine Zeit; er war der fahrende Ritter, der gleichsam veredelte Don Ouixote *(sit venia verbo!)* des deutschen Kaisertums.

* Vgl. S. 109–192 in diesem Band.

** Vgl. S. 193 ff. in diesem Band.

mächtigen Nebenbuhler nicht gewachsen schien, beschloß man, einem älteren, süddeutschen Fürstengeschlecht Bundesgenossenschaft und Vorrang anzubieten. Dies gelang, denn nach einigem Widerstreben zeigte sich der Wittelsbacher, Herzog Ludwig von Oberbayern, von seiten der Mutter Mathildas Enkel Rudolfs des Habsburgers, bereit, mit dem Jugendfreund und Geschwisterkind, Friedrich dem Schönen, um den Preis der Krone zu werben.

Unter vielfältigen Vorbereitungen und Ränken, die für die habsburgische Partei besonders der jüngere Bruder Friedrichs, Herzog Leopold, für die luxemburgisch-wittelsbachische der Erzbischof Peter von Mainz leiteten, nahte endlich nach vierzehnmonatigem, unruhigem Zwischenreich der nach Frankfurt auf den 19. Oktober 1314 ausgeschriebene Wahltag. Beide Teile zogen mit mächtigen Haufen dahin, als ob eine Feldschlacht entscheiden sollte, und lagerten einander gegenüber, die Bayerisch-Luxemburgischen in den Vorstädten, die das Frankenfeld hießen, die Österreichischen am linken Mainufer in Sachsenhausen. Während jene, um die immer noch erhoffte Vereinigung anzubahnen, die Wahlfrist ausdehnten, erkoren diese am gesetzlich bestimmten Tag den Herzog Friedrich zum römischen König und künftigen Kaiser.

Länger zauderte auch die Gegenpartei nicht. Am 20. verkündete der Erzbischof Peter von Mainz dem Volk und der Geistlichkeit, daß der Herzog Ludwig zum Oberhaupt des Römischen Reiches erwählt sei, und führte ihn danach unter dem Jauchzen der Bürgerschaft in die Bartholomäuskirche an den Fronaltar, von hier in den Dom und außerhalb dessen auf eine Bühne, wo er der anwesenden Priester- und Laienschaft dem Brauch gemäß vorgestellt wurde. Dem Heer von Sachsenhausen aber blieben die Tore verschlossen, obwohl sie sie mit Gewalt zu öffnen versuchten. Die Habsburgischen, die den drei unbestrittenen Wahlstimmen der Widersacher, nämlich Mainz, Trier und Brandenburg, nur zwei sichere, Pfalz und Köln, entgegensetzen konnten, suchten Entschädigung in der schnellen Besitznahme der Krönungsstätte, fanden sich aber wiederum getäuscht. Denn frohlokkend empfingen die Aachener den von 4000 Reitern begleiteten König Ludwig und antworteten der österreichischen Botschaft trocken, daß nach herkömmlichem Recht nur die Waffen über mindere oder größere Würdigkeit der Neugewählten entscheiden müßten.*

---

* *»Juxta suas sanctiones vellent prius utriusque potentiam experiri et sic ad hunc vel ad illam esse benivolos et paratos«*, d. h. »sie möchten herkömmlichen Satzungen gemäß auf beiden Seiten ihre Stärke versuchen. Dem Ausgang werde die Bürgerschaft von Aachen folgen.« Anonym. Leob., I. V., bei Olenschlager, S. 88.

Sofort trachtete Friedrich, der überdies im Besitz der Reichskleinodien war, wenigstens den Vorsprung in der Zeit zu nutzen. Also gab ihm der Kölner Erzbischof, Heinrich von Virneburg, in Bonn die feierliche Weihe, die dagegen Ludwig einen Tag später zwar an dem rechten Ort, aber durch den unrechten Kirchenfürsten, den Erzbischof Peter von Mainz, empfing. Beide Nebenbuhler, die gleichermaßen auf die Gesetzlichkeit ihrer Wahl und Krönung pochten, überließen, weil keine gütliche Übereinkunft den starren Sinn beugen konnte, die Entscheidung dem Gottesurteil der Waffen und scheuten sich nicht, ihren persönlichen Hader in einen achtjährigen Bürgerkrieg umzuwandeln, der vor allem Bayern, Schwaben, das Elsaß und die Rheingaue traf. Er übertrug die Zwietracht, von Raub, Mord, Brand, Hungersnot und Pest begleitet, in das Innere der Familien, z. B. der Grafen von Montfort und Oetingen, und der emporstrebenden Städte, wie Straßburg und Augsburg, und schied zuletzt auch bei der Einmischung des Papstes die Geistlichkeit in zwei feindselige Lager.*

Norddeutschland, das nicht wie früher unter den Hohenstaufen und Welfen unmittelbar beteiligt war, sah ruhig zu und verfolgte besonders seine von der Hanse geöffnete Laufbahn bürgerlicher Unabhängigkeit,** während auch die Landesfürsten nach Kräften den Reichsverband zu lockern suchten. Die Parteien des Kriegsschauplatzes aber gestalteten sich frühzeitig so, daß auf seiten des Habsburgers Friedrich, den Körperschönheit, Milde, Biedersinn und ritterlicher Mut auszeichneten, Österreich, Steier und Kärnten standen, dazu die Angehörigen der weitläufigen Erbländer im Elsaß und oberen Schwaben, die meisten der hier seßhaften Adelsgeschlechter und städtischen Gemeinden, der Markgraf Friedrich von Baden, der Pfalzgraf Rudolf, ein Wittelsbacher, am Oberrhein und der Erzbischof von Köln am Niederrhein. Außerhalb Deutschlands standen die Könige von Ungarn und Neapel auf seiner Seite, letzterer seit des Luxemburgers Heinrich Tod als Haupt der Welfen. Herzog Leopold, der bei unansehnlichem Körper eine Heldenseele und einen gewandten, regsamen Geist besaß, leitete durch Wort und Tat den habsburgischen Bund.

Dem König Ludwig, dessen natürlichen Verstand und aufstrebenden Ehrgeiz ein Hang zur Trägheit und Mangel an Rechtsge-

* Pfister, Geschichte Schwabens, III. Buch, S. 182.
** Vgl. S. 38–50 in diesem Band.

fühl begleiteten, folgten Böhmen, Thüringer, Meißner, fast der ganze Rheinstrom, von Selz an bis nach Westfalen und zu den Niederlanden die meisten Bürgergemeinden – in Hoffnung auf Gewinn neuer Freiheiten und Vorteile –, vor allem die schweizerischen Waldstädte, aus begründetem Mißtrauen in die Söhne Albrechts. Nur wenige Gemeinden, wie Bern und Solothurn, blieben entweder parteilos oder fielen, wie Straßburg und Ulm, in blutige Zweiteilung. Der Heilige Stuhl in Avignon aber nährte heimlich die Zerwürfnisse so lange, bis der günstige Augenblick nahte, um nicht nur für den Nutzen der Kirche, sondern auch des französischen Königs die Rolle eines gebietenden Schiedsrichters zu übernehmen.

Unter solchen Verhältnissen konnte die Thronfehde keine rasche Entscheidung zeigen, zumal der Krieg mit den Waldstädten und die Niederlage am Morgarten Habsburgs Streitkräfte geteilt und gemindert hatten. So vergingen sieben Jahre ohne merkliches Übergewicht der einen oder anderen Partei. Wechselnde Gefechte, Räubereien und Brandstiftungen, Steuern, Hunger und Krankheiten, Flucht der Landleute aus den Dörfern und Höfen, Stocken des Handels und Wandels in den Städten und auf den unsicheren, aller Willkür frechen Gesindels preisgegebenen Straßen, Ohnmacht der Rechtspflege und gesellschaftlichen Zucht – diese und ähnliche Erscheinungen zwangen endlich beide gleich hartnäckigen und herrschsüchtigen Nebenbuhler, einen letzten, allgemeinen Feldstreit zu suchen.

Daher versammelte König Friedrich in Österreich über 30 000 Mann, unter ihnen 5000 ungarische Reiter, überschritt den Inn und lagerte um den 20. September (1322) bei dem salzburgischen Städtchen Mühldorf, um hier die Ankunft seines Bruders Leopold abzuwarten, der mit einem beträchtlichen Heerhaufen aus Schwaben gegen Bayern vorrückte und bereits in der Nähe des Lechflusses die Güter des Grafen von Montfort verwüstete. Die von beiden Seiten gesandten Eilboten aber hatten die Mönche des Klosters Fürstenfeld abgefangen und dadurch Ungewißheit in das habsburgische Feldlager gebracht. Rasch nutzte Ludwig, um nicht zwischen zwei Feinde zu geraten, die kostbare Zeit. Er vereinigte mit den Bayern die gesamten Hilfsscharen des Königs Johann von Böhmen, des Erzbischofs Balduin von Trier sowie anderer Bundesgenossen und eilte, unterwegs noch bedeutend verstärkt, nach Mühldorf, in dessen Nähe die Ampfinger Heide Lager- und bald Kampfplatz wurde. Friedrich nämlich beschloß, die gebotene Feldschlacht nicht länger zu meiden, und antwortete seinen abmahnenden Räten, die, wie der Marschall Dieterich von Pilichdorf, einen

Aufschub etlicher Tage forderten: »Ich habe so viele Witwen und Waisen gemacht und so viel Unangemessenes an der Christenheit begangen, daß ich den Streit nicht mehr verschieben darf, mag daraus kommen, was da wolle!«

So rüsteten am 28. September beide Parteien für den Kampf. Die Österreicher, in ein Treffen eingeteilt, standen unter dem unmittelbaren Befehl Friedrichs, der durch einen prachtvollen Harnisch kenntlich war und am Tag der Gefahr allen vorleuchten wollte. Die Bayern standen unter der Leitung des alten, kriegskundigen Ritters Seyfried Schweppermann, der in Nürnberg das Bürgerrecht besaß. Während Ludwig, um sein oft bedrohtes Leben zu schonen, den blauen Wappenrock eines gemeinen Reiters anlegte und dem Streit persönlich fernblieb, ordnete sein bedingungslos schaltender Stellvertreter die Mannschaft. Die Böhmen und die Reiter des Herzogs Heinrich von Niederbayern bildeten unter König Johann den linken, verschiedene Hilfsscharen den rechten Flügel, während die Oberbayern, vom tapferen Ritter Rindsmaul befehligt, die Mitte bildeten. 400 Geharnischte endlich lagen unter dem Burggrafen Friedrich von Nürnberg am Fluß Isen im Hinterhalt, um auf ein gegebenes Zeichen den Rücken des Feindes anzufallen. Mehrere Junker spotteten, als dem gealterten Feldhauptmann die Füße in den Stegreifen schlotterten und die Sporen klirrten: »Hat der König so lange auf einen Helden gewartet, der dem Österreicher nicht viel Schadens tun wird!«

Frühmorgens begann die Schlacht und dauerte mit gleichem Mut und Glück zehn Stunden lang bis gegen den Abend. Endlich wichen vor dem Ungestüm der österreichischen Ritter, an deren Spitze Friedrich so tapfer kämpfte, daß 50 Feinde unter seinen Streichen sanken, die Böhmen und Bayern des linken Flügels. Mit knapper Not entkam Johann, der nebst 500 Rittern aus dem Sattel geworfen worden war, durch die gefällige Beihilfe eines unbekannten Feindes der Gefangenschaft oder dem Tod. Da sammelte der wachsame und besonnene Schweppermann einen Teil der Flüchtigen, gewann durch eine geschickte Bewegung den zu rasch nachfolgenden Gegnern den Wind und die Sonne ab, so daß ihnen Staub und Waffenglanz die Augen blendeten, und gebot der noch frischen Hinterhut, vom Fluß Isen her vorzubrechen. Dies entschied, denn die Habsburgischen, durch den Anblick der befreundeten Fähnlein, die der Burggraf Friedrich von Nürnberg führte, getäuscht und im Glauben, der sehnlich erwartete Herzog Leopold nahe, begannen, sobald der Feind im Rücken und auf den Seiten angriff, zu flüchten.

Umsonst setzte Friedrich mit einem auserlesenen Haufen den jetzt ungleichen Streit fort. Er wurde von seinem tödlich verwundeten Roß auf den Boden geschleudert und durch den Nürnberger Burggrafen, den der Dienstmann Albrecht von Rindsmaul herbeirief, unter Vorbehalt des Lebens in Haft genommen. Dasselbe Los hatten sein Bruder, Herzog Heinrich, über 1200 adlige Herren und ganze Scharen gemeinen Volkes. »Vetter«, sprach Ludwig der Bayer freundlich, »wir sehen euch gerne!« Friedrich aber schlug sowohl aus Furcht wie aus Schamgefühl die Augen nieder und antwortete kein Wort, sammelte sich jedoch allmählich und entschied kaltblütig eine ihn betreffende Streitfrage. Als nämlich unter den Rittern und Fußknechten aus Bayern, Böhmen und Franken ein heftiger Wortwechsel entbrannte und viele sich rühmten, den König gefangen zu haben, betrachtete dieser eine Weile die ihm vorgelegten Wappenröcke und Helmkleinodien (Cimiere), klopfte dann auf ein Kuhmaul und sprach: »Das Ding hier konnte ich heute weder mit Stechen noch Schlagen von mir bringen. Ihm gebührt der Preis.«*

Ludwig belohnte dagegen vor allem die Verdienste Schweppermanns, der bei dem kärglichen Mahl ein Ei mehr empfing.** Er überließ dem Böhmenkönig den Herzog Heinrich, dem Burggrafen Friedrich die meisten österreichischen Herren zur Bewachung, damit sie an den Lösegeldern ihren Beuteteil gewinnen möchten, und sandte seinen Gefangenen, den König Friedrich, nach dem Schloß Trausnitz in der Oberpfalz, unweit von Nabburg. Dann brach er hastig von der Kampfstätte auf. Denn groß war der Mangel, während die Furcht vor dem Herzog Leopold die jetzt freilich entblößten Erbländer Habsburgs jenseits des Innflusses schützte. Überdies wollte der Sieger, einstweilen ohne Nebenbuhler am

---

* Bayrische Chronik bei v. Freyberg, I, 100.

** Den bekannten Spruch, durch den Ludwig seinen Feldherrn ehrte, enthielt auch die Grabschrift im Kloster Kastel, wo Schweppermann 1337 beerdigt wurde. Sie lautete:

»Hier leit begraben Herr Seyfried Schweppermann
Alls Thuns und Wandels an.
Ein Ritter keck und vest
Der zu Gunterstorff im Streit that das best,
Er ist nun tod
Dem Gott genod.
Jedem ein Ey
Dem frommen Schweppermann zwey.«

Siehe Olenschlager, S. 115.

Reich und durch den Beitritt vieler Städte und Herren im Elsaß und unteren Schwaben bedeutend verstärkt, in Muße die Früchte genießen und nach schon herkömmlichem Grundsatz die bisher beschränkte Hausmacht mehren.

Daher wurde auf dem Tag zu Nürnberg (April 1323) der allgemeine Landfrieden verkündet. Die Mark Brandenburg, deren askanischer Fürstenstamm mit den letzten Markgrafen Waldemar und Heinrich geendet hatte (1320), wurde für ein erledigtes Reichslehen erklärt und dem ältesten Sohn, Ludwig, übertragen, der beabsichtigte Austausch Böhmens gegen die rheinische Pfalz wegen des Widerwillens der Stände jedoch einstweilen aufgegeben. Dagegen wurde den bedrängten Ghibellinen und Viscontischen in Mailand eine beträchtliche Hilfsschar gesandt, die die Hauptstadt Lombardiens von dem päpstlich-welfischen Belagerungsheer befreite und dadurch den schon lange vorbereiteten Bruch mit dem Heiligen Stuhl beschleunigte.

Johann XXII. nämlich (seit 1316), ein geborener Franzose und unbedingter Knecht des königlichen Hofes, wollte einerseits seinem Herrn, Karl IV., die deutsche Krone verschaffen, andererseits die schon halb verjährten Ansprüche auf kirchliche Oberhoheit als Schiedsrichter des Thronzwistes durch Wort und Tat behaupten. Daher wurden die deutschen Wirren und Zwistigkeiten arglistig genährt, beide Bewerber gleichzeitig zum Frieden gemahnt, Kur- und andere Fürsten durch Schmeicheleien, Geld und Versprechungen für den Plan eines französisch-deutschen Kaiser- und Königtums vorbereitet und zuletzt, da die geheimen Künste scheiterten, offene Gewalttätigkeiten und Eingriffe in das Recht eines unabhängigen Volkes versucht.

Daher empfing Ludwig vom Papst, dem bei erledigtem Thron die gesetzliche Verweserschaft des Reiches gebühre, die gebieterische Weisung, innerhalb dreier Monate seine angemaßte Regierung bei Strafe des Bannes niederzulegen. Da er im Zwiespalt gewählt worden sei, entbehre er der Bestätigung durch den Heiligen Stuhl, außerdem begünstige er offenbare, ketzerische Feinde desselben, vor allem in Welschland, frevelhaft (8. Oktober 1323). Das unerhörte Urteil wurde ohne vorherige Anklage und Ladung an die Kirchentüren zu Avignon einfach angeschlagen und gleichsam nur durch das Gerücht dem Beteiligten kundgetan. Als der König nichtsdestoweniger eine Friedensbotschaft sandte und über den seltsamen Schritt in ehrerbietiger Sprache Auskunft, daneben eine Frist von sechs Monaten, verlangte, lautete die noch schnödere Antwort, daß dem angeblichen König, der durch den Versuch der

Rechtfertigung seine Schuld gesteigert habe, aus apostolischer Milde und Gnade ein Aufschub von zwei Monaten vergönnt werde. Diesem mehrere Male wiederholten Vorspiel, dem geheime Unterhandlungen mit weltlichen und geistlichen Fürsten zur Seite gingen, folgte endlich der Hauptschlag. Johann schloß durch einen feierlichen Bann den König Ludwig als ungehorsamen, ketzerischen Sohn von der Gemeinschaft aller Christgläubigen aus, kündigte dieselbe Strafe sämtlichen Freunden und Helfern des Geächteten an und belegte das ganze Land mit dem allgemeinen Fluch oder Interdikt (21. März und 11. Juli 1324).

Gleichzeitig wurde die gegen das deutsche Reich eingeleitete Verschwörung offener ausgeführt und die französische Partei eingeladen, im burgundischen Städtchen Bar-sur-l'Aube über die baldige Wahl König Karls eine nähere Verabredung zu treffen. Hier erwartete man neben anderen Großen die Kurfürsten von Köln, Trier und Mainz, den König Johann von Böhmen und den Herzog Leopold, der für die Befreiung des geliebten Bruders aus dem Kerker von Trausnitz nach langem Widerstreben einem fremden Oberhaupt zu gehorchen beschlossen hatte. Geld, Schmeicheleien, Ränke, Versprechungen, Gewalt scheiterten jedoch trotz der bürgerlichen Wirren an dem Ehr- und Vaterlandsgefühl der nur augenblicklich verblendeten Deutschen. Niemand erschien als Leopold, doch durch den Anblick der französischen Hoffart und Dünkelhaftigkeit wurde er so schnell geheilt, daß er nach seiner Heimkehr dem schnöden Bündnis entsagte und lieber die eigenen Kräfte in ehrlicher Fehde aufreiben denn ausländische Oberherrschaft dulden wollte.

Am kräftigsten arbeitete aber der Luxemburger, Erzbischof Balduin von Trier, Kaiser Heinrichs VII. jüngerer Bruder, den Plänen des kapetingisch-päpstlichen Hofes entgegen. Er versagte standhaft allen Bullen und Bannflüchen den Eintritt in das ihm anvertraute Erzbistum, stimmte seinen Neffen, den schon von französischen Fallstricken umgarnten König Johann, um und ruhte nicht eher, bis auch die letzten Spuren der unnatürlichen Verbindung getilgt waren. Mit demselben Eifer bekämpfte der Kommentur des deutschen Ordens zu Koblenz, Bertold von Bucheck, den französischen Plan und schilderte besonders seinem Bruder, dem Erzbischof von Mainz, die gefährlichen Folgen und bitteren Früchte. »Nichts«, sprach er, »sei schändlicher und dem gemeinen Wesen verderblicher, als Fürsten nach dem Wohlbelieben des Papstes ab- und einzusetzen. Wie doch Fremde, deren Sprache niemand kenne, in Deutschland schalten dürften! Überdies hätten die Franzosen von jeher den Brauch gehabt, nur an den eigenen Vorteil zu denken, wie sie denn auch jetzt ihr Dichten und Trachten darauf richteten, unter dem Deckmantel der Freundschaft einzelne Grenzgaue dem deutschen Reich abzuzwacken und ihrer Krone einzuverleiben. Entschieden widerstrebe das Volk der etwaigen Wahl eines Ausländers, namentlich eines Franzosen. Der blutigste Bürgerkrieg, dergleichen ihn seit Menschengedenken Deutschland nicht gesehen habe, drohe, wenn man den heillosen Plänen nicht bedingungslos entsagte.«*

Inzwischen traf auch König Ludwig, durch die Bannbulle zum Äußersten getrieben, Anstalten, die nicht nur Mittel der Abwehr, sondern auch des kräftigsten Angriffs darboten. Die vom Regensburger Reichstag nämlich unterzeichnete und überall verbreitete Verwahrung (Protestation) bezeichnete den Papst als einen geschworenen Feind des Friedens, der den Samen des Unkrauts in Deutschland und Italien auszustreuen trachte und in Zerwürfnissen und Wirren schamlos seinen Nutzen suche. Kläger und Richter zugleich, verdamme er die Freunde gesetzlicher Ordnung unter dem Schein der Ketzerei, uneingedenk der Wahrheit, daß Konstantin der Große den Sylvester aus seiner Höhle hervorgezogen und der kaiserlichen Freigebigkeit für die Erhöhung des Heiligen Stuhls durch Güter, Vorrechte und Ehren Bahn gebrochen habe. Aus schnödem Undank wolle er König, Fürsten und Stände erniedrigen und zertrümmern, göttliche und menschliche Rechte umkehren, Erzbistümer und andere hohe Kirchenämter an die Unwürdigsten ohne Rücksicht auf Alter und Wandel vergeben, wenn sie sich nur als Widerspenstige und Empörer gegen das Reich gezeigt hätten. Schließlich erkläre er auf die frechste Weise eine zwiespältige Wahl für ungültig und trete alle Rechte, Freiheiten und Bräuche mit Füßen. Einen Papst, der öffentlich vor den Kardinälen der ehernen Schlange, dem Reich der Deutschen, den Untergang geschworen habe, einen listigen Fuchs, der statt des Friedens unablässig Krieg und Zwietracht predige, einen Ketzer, der die Armut des Heilands und der Apostel für unchristlich halte, einen Geldmakler und Wucherer, der die Steuern der Gläubigen nicht für den Kampf mit den Heiden, sondern für Wollust und Blutvergießen gebrauche – diesen angeblichen Statthalter Gottes auf Erden dürfe und könne der

---

* Olenschlager, S. 154. Die Franzosen verwunderten sich über die hochherzige, stolze Gesinnung der Deutschen. *»Franci Teutonicorum gloriam admirati sunt.«* Anonym. Leob. ad a. 1324.

König als geborener, durch den Krönungseid verpflichteter Schutz- und Schirmherr der Kirche nicht dulden. Er lege also Berufung ein an einen wahren und rechtmäßigen Papst und schwöre auf die Evangelien, daß die Wahrheit des Gesagten vor einer künftigen, allgemeinen Kirchenversammlung behauptet und erhärtet werden solle (Oktober 1324).*

Groß waren die Folgen dieses offenen, alle Halbheit verschmähenden Fehdebriefes. Priesterpartei und Hof zu Avignon, die auf einen solchen Schritt nicht vorbereitet waren, erschraken. Das längst untergrabene Gebäude des Priesterkönigtums drohte einzustürzen.** Denn fast überall traten Fürsten, Herren, Städte, Hochstifte und Volksgemeinden gegen die Anmaßungen des von Frankreich mißbrauchten Heiligen Stuhls auf. Man riß die Bannbullen, wenn sie etwa hier oder dort angeschlagen waren, von den Kirchentüren ab, man las und sang Spottlieder und zwang nicht selten durch Gewalt Mönche und Priester, trotz des Landfluchs Gottesdienst zu halten. Ja, die Straßburger warfen einen Geistlichen, der das päpstliche Urteil verbreiten wollte, in den Rhein und öffneten den halsstarrigen Predigermönchen die Tore. Die Regensburger aber ließen ihre Mitglieder desselben Ordens so lange hungern, bis sie Messe lasen und für den König Ludwig beteten. Andere Städte, wie Ulm, wo österreichischer und bayrischer Anhang wechselseitig Mord, Totschlag, Mauerbrechen und ähnliche Frevel verübte, blieben nach Austreibung der Priester außerhalb aller Gemeinschaft mit den Festlichkeiten und geweihten Bräuchen der Kirche.***

Auch durch Wissenschaft und Scharfsinn ausgezeichnete Laien wirkten als Staatsmänner und Schriftsteller für die Unabhängigkeit des Fürsten- und Volksrechtes. Denn während in Italien der große Dante durch sein Buch über die Monarchie den Begriff eines christlichen, von den Gesetzen regierten Gemeinwesens entwikkelte und die Grenzlinien der geistlichen und weltlichen Macht mit fester Hand absteckte, leitete bei den Deutschen sein Freund, Meister Ulrich von Augsburg aus dem angesehenen Geschlecht der Hangenör, als Geheimrat den oft schwankenden König Ludwig,

---

* Olenschlager, S. 143, 144. Vgl. Kurz, Österreich unter K. Friedrich dem Schönen, S. 290.

** *»Onde il detto papa et tutta la chiesa hebbe grande turbazione«*, d. h. »Papst und Kirche kamen in große Unruhe und Verlegenheit.« Villani, IX. Buch, Kap. 274, bei Muratori, XIII, S. 564.

*** Jägers Geschichte der Stadt Ulm, S. 224.

dessen Sache sein Leibarzt, Marsilius von Padua (gest. 1328), unterstützt von seinem Freund, Johann von Gent (Johannes a Janduno), in der vielgelesenen Schrift »Der Friedensanwalt, oder gegen die angemaßte Gerichtsbarkeit des römischen Bischofs« mit gleicher Gelehrsamkeit und Schärfe des Urteils verteidigte.* Er ging dabei hauptsächlich von den staatsrechtlichen Lehren des Aristoteles aus und betrachtete das Wahlreich als eine lediglich vom Volk durch Stellvertreter auf den römischen König und Kaiser übergegangene Macht, die in weltlichen Angelegenheiten ungeschmälert bleibe, in geistlichen aber zunächst den Bischöfen und Kirchenversammlungen und schließlich dem Papst gebühre. Auf geschichtlichem und deshalb weniger schroffem Wege wirkte in derselben Richtung Lupold von Bebenburg, Domherr in Mainz und später Bischof von Bamberg (gest. 1362), dessen Schrift »Von den Rechten des Römischen Reiches und Kaiserthums« den Entwicklungsgang der Tatsachen festhielt und von diesen zu allgemeinen, die Mißbräuche der priesterköniglichen Macht beschränkenden Grundsätzen gelangte, ohne daß hier die ursprüngliche Natur und Bestimmung des römisch-katholischen Kirchenoberhaupts verkannt, dort eine fremdartige, allgemein staatsrechtliche Wissenschaft als über der Wirklichkeit stehend geduldet wurde.

Wenn auf diese Weise die Gegenpartei des Heiligen Stuhls eine besonnene und schrittweise weitergreifende Kraft entfalten und eben dadurch das Ziel, nämlich die Verbesserung (Reform) des kirchlich-weltlichen Wesens, allmählich gewinnen konnte, wurde sie durch die heillose Aufnahme revolutionären Mönchstrotzes plötzlich in eine halt- und grundsatzlose Laufbahn geschleudert, die gerade deshalb mit Schmach und Niederlage endigen mußte. Es hatte nämlich unter den Bettelorden die heimliche Eifersucht von einem spitzfindigen Wortstreit zu offenem Bruch geführt. Denn während die Mehrheit der Barfüßer (Franziskaner, Minoriten) nicht sowohl aus Überzeugung denn aus Rechthaberei die unbedingte Armut und Eigentumslosigkeit Christi und der Apostel zum Glaubenssatz erhob, leugneten die Predigermönche (Dominikaner) die Wahrheit einer Ansicht, die nicht nur den Zeugnissen der heiligen Schriften widerstrebe, sondern auch, folgerichtig angewandt, Papst, Kirche und Geistlichkeit des Treuebruchs und Eigennutzes bezichtigen müßte. Als aber Johann durch einen Macht-

* *»Defensor pacis, sive adversus usurpatam Rom. pont. jurisdictionem«*, lautete die Überschrift des 1324 erschienenen Werkes. (Frankfurter Ausgabe, 1592)

spruch die bisher gültige Meinung der Schüler des heiligen Dominikus für allein rechtgläubig erklärte und dadurch dem an sich unbedeutenden Hader Wichtigkeit verlieh, griffen die stolzen, eigensinnigen Sprecher des Franziskanerordens die Unfehlbarkeit des stiefväterlichen Papstes an und wirkten, deswegen gebannt, unter dem Schutz Ludwigs des Bayern fortan durch Beichtstuhl, Predigt und Schrift gegen den ketzerischen Hof von Avignon.

Bald trat der schwache, ausdauernder Gemüts- und Geistesanstrengung unfähige Fürst unter den wachsenden Einfluß der falschen Mönchsfreisinnigkeit, die ihr eitles Schulgezänke in den Ernst des öffentlichen Lebens verflocht und durch schwärmerischen Glaubenseifer sowie wilde und dennoch feige Neuerungslust den würdevollen, festen Gang des Kampfes aufhielt. Mochte daher auch immerhin die Gelehrsamkeit des Italieners Michael von Cesena, des Engländers Wilhelm Occam (gest. 1343?) und des Deutschen Heinrich von Talheim augenblicklichen Nutzen bringen – die Freundschaft mit diesen vertriebenen, um ihre Persönlichkeit sich drehenden Klosterpfaffen hat die Laienpartei zu entscheidenden Mißgriffen verleitet und bei der Unzuverlässigkeit des Königs den endgültigen Sieg des Heiligen Stuhls gefördert.

Einstweilen wirkten jedoch die Schriften und Predigten der Franziskaner vereinigt mit den Anstrengungen der weltlichen Bundesgenossen so stark auf Ritter, Bürger und Bauern, daß nirgends die päpstlichen Bannbullen Furcht erweckten. Dennoch beschloß Ludwig, vom rastlosen Herzog Leopold bedrängt, seinem gefangenen Nebenbuhler, obschon unter harten Bedingungen, die Freiheit zu geben. Daher entsagte Friedrich durch den von beiden Teilen beschworenen Trausnitzer Vertrag dem Königtum, versprach die Rückgabe der besetzten oder verpfändeten Reichsgüter und Hilfe gegen alle Feinde seines künftigen Oberlehnsherrn, vor allem den Papst. Er schwor, falls die Übereinkunft nicht vollzogen werden könnte, am nächsten Sonnenwendtag auf Johannis sich wieder im Trausnitzer Kerker einzustellen (13. März 1325).

Aber umsonst mahnte der nach Wien heimgekehrte und mit lautem Jubel empfangene Fürst Brüder, Verwandte und Freunde zur Annahme des Abkommens. Umsonst erinnerten andererseits die Getreuen an die Gehaltlosigkeit eines durch Not abgepreßten Wortes, drohte sogar von Avignon her Johann mit dem Bann, wenn der einem Ketzer und verbrecherischen Thronräuber abgelegte Eid gehalten würde. Friedrich, der dem Gebot der Redlichkeit folgte, entriß sich den Armen seiner Gattin und seiner Kinder und ritt um die gesetzte Frist zu München beim König Ludwig wieder ein. Der, augenblicklich gerührt, vergaß den zehnjährigen Groll, speiste mit dem ehemaligen Jugendfreund an derselben Tafel und schlief mit ihm in demselben Bett.

Diese Vertraulichkeit, die leicht in bleibende Versöhnung übergehen konnte, weckte beim Papst neue Besorgnisse. Er regte alle feindseligen Kräfte auf, um die beginnende Eintracht der Habsburger und Wittelsbacher zu stören. So drangen von Nordosten her mit den Polen Scharen heidnischer Litauer, Reußen und Walachen in die Mark Brandenburg ein, verbreitete im Südwesten Herzog Leopold, um den geliebten Bruder auszulösen, Raub und Mord, entbrannte in Italien mit neuer Wut unter dem Banner des Königs Robert von Neapel und der Florentiner die Fehde zwischen den Welfen und Ghibellinen. In solcher Bedrängnis richtete Ludwig, um den Zorn Leopolds zu entwaffnen, mit Friedrich einen zweiten, den Münchener Vertrag, auf (5. September 1325). Ihm gemäß sollten beide Fürsten als Brüder gemeinschaftlich regieren. Sie sollten dieselben Ehren und Vorzüge genießen, bei Unterschriften auf Urkunden abwechselnd ihren Namen voranstellen, nur ein Hofgericht und einen Hofschreiber halten und vereinigt die Huldigung von geistlichen und weltlichen Fürsten, Grafen, Dienstleuten, Städten und Märkten empfangen, überhaupt gleichsam als eine Person handeln.*

Als aber diese anfangs geheime Übereinkunft, die das deutsche Reich in eine große Lehnsrepublik mit zwei lebenslänglichen Präsidenten umzuwandeln drohte, auf den hartnäckigsten Widerspruch der Kurfürsten traf, wurde ein anderer, ebenso seltsamer Ausweg gefunden. Ludwig nämlich sollte als Kaiser in Italien, Friedrich als römischer König in Deutschland schalten, die etwaige Mißbilligung der Reichsfürsten aber unbeachtet bleiben – ein deutlicher Beweis, daß der stets schlagfertige und für die Ehre des Bruders wirksame Herzog Leopold den in Ulm unterzeichneten Vertrag ertrotzte (7. Januar 1326). Der plötzliche Tod des rastlosen Helden, den bald darauf zu Straßburg ein hitziges Fieber hinwegraffte (28. Februar), änderte daher die ganze Lage der Verhältnisse. Denn der schlaue und ehrgeizige Wittelsbacher sah sich kaum von seinem habsburgischen Wächter befreit, als er gemächlich die eingegangenen Verbindlichkeiten abstreifte und dem gutmütigen, nach endgültiger Ruhe sehnsüchtigen Friedrich einstweilen nur

* Siehe den Vertrag bei Kurz, Urk. 27.

den leeren Namen des römischen Königs gönnte und auch diesen Schatten zu entfernen beschloß, sobald Italien und die Kaiserkrone gewonnen wären.

Dahin nämlich richtete der eitel-stolze Fürst – statt Deutschland zu beruhigen und hier allein das Bollwerk gegen Papst- und Priestergewalt zu suchen – alles Dichten und Trachten. Dabei wurde er nicht wie Heinrich der Luxemburger von einem romantisch-phantastischen Glauben an die Allmacht des kaiserlichen Wortes und Schwertes geführt, sondern von persönlicher Ehrsucht und blindem Vertrauen auf die Macht zweideutiger Priester- und Mönchsklugheit vorwärtsgetrieben. Denn mehr galten jetzt die landflüchtigen, für ihren Orden eifernden Franziskaner als die besonnenen Laienräte der Heimat, die ebensowenig wie der in Speyer versammelte Reichstag den abenteuerlichen Zug nach Welschland billigen konnten. Dagegen schilderten wie gewöhnlich die Häuptlinge der Ghibellinen und kleinen Gewaltherren in den Städten eine glänzende Zukunft und leichte Unterwerfung des Welfen- und Papsttums. Die Fürsten Cane della Scala von Verona, Passerino von Mantua, Galeazzo Visconti von Mailand sowie der kühne und gewandte Castruccio von Lucca boten wetteifernd Geld und Mannschaft an, während auch der Aragonese Friedrich, König Siziliens, tatkräftige Hilfe gegen den mächtigsten Bundesgenossen des Papstes, König Robert von Neapel, versprach und die reizbaren Römer von der baldigen Wiederherstellung des kaiserlichen Weltreichs träumten.

So brach Ludwig mit etwa 100 Reitern und einer Schar Mönche nach Trident auf (12. Februar 1327). Hier sprach er vor den durch ghibellinisches Geld bedeutend vermehrten Soldknechten Acht und Bann aus über Papst Johann, den man spottweise nur den ketzerischen Priester Johann nannte.* Er empfing zu Mailand, wo bald darauf aus Geiz und Mißtrauen der Reichsverweser Galeazzo Visconti verhaftet wurde,** mit großem Pomp die Eiserne Krone (31. Mai) und langte unter dem Geleit des tapferen, zum Herzog von Lucca erhobenen Castruccio (4. Dezember) über Pisa und Viterbo im jubelnden Rom an (7. Januar 1328), dessen Regiment damals der Hauptmann *(capitano)* Sciarra Colonna und 52 Beiräte *(conservatori del popolo)* besorgten. Zehn Tage später erreichte er das

---

* Villani, IX. Buch, Kap. 15. *»E per dilegione chiavavano il Papa Prete Giovanni; onde grande errore sene commosse in Christianità.«*

** Vgl. S. 121.

Ziel der bisher mehr einem Lust- denn einem Heerlager ähnlichen Römerfahrt. Am 17. Januar nämlich setzte in der Peterskirche Sciarra Colonna dem angeblichen König der Könige und Herrn der Welt die Kaiserkrone aufs Haupt. Peter Colonna, des Hauses Ältester, überreichte das mit Ölzweigen geschmückte Szepter. Zwei gebannte Bischöfe verrichteten die Salbung, und das Volk begleitete mit einem tausendfachen Freudenruf den prunkvollen Zug aus St. Peters Heiligtum nach dem Kapitol.

Ludwig aber, statt der Klugheit gemäß durch einen raschen und kräftigen Angriff den unvorbereiteten und bereits eingeschüchterten König Robert von Neapel niederzuwerfen, blieb monatelang in Rom müßig* und begnügte sich mit leeren Machtsprüchen, Gaukeleien und Gastgeboten, die auf die Gunst des großen Haufens berechnet waren und einem leichtfertigen Demagogen, nicht aber dem ernsten Oberhaupt der weltlichen Christenheit geziemten. Am 14. April nämlich wurde das römische Volk nach dem Petersplatz beschieden, wo eine allgemeine, für die Vergangenheit, Gegenwart und Zukunft gültige Satzung vorgelesen wurde, die jeden der Ketzerei und des Hochverrats Schuldigen zum Tode verurteilte. Vier Tage später (18. April) wurde vor derselben Gemeinde und in Gegenwart des auf dem Thron prunkenden Kaisers, vieler Ritter, Mönche und Geistlicher der Priester Johann von Cahors, fälschlich Papst Johann XXII. genannt, als Ketzer und Majestätsverbrecher unter lautem Jubel der Menge für des römischen Bistums und der angemaßten Vorrechte enthoben erklärt.

Schließlich wurde am Himmelfahrtsfest (12. Mai) mit noch größerem Gepränge die Wiederbesetzung des Heiligen Stuhls vollzogen. Denn sobald Ludwig, von zahlreichem Gefolge umgeben, auf dem Thron, den die Stufen der Peterskirche trugen, Platz genommen hatte, wurde Bruder Peter von Corvara, ein bisher durch frommen Wandel und Gelehrsamkeit ausgezeichneter Minorit, herbeigerufen. Er wurde vom Volk mittels dreimaligen Geschreis als Papst anerkannt, vom Kaiser bestätigt und als Nikolaus V. mit dem Fischerring und dem Mantel geschmückt. Hochamt und Prunkgelage im Vatikan beschlossen den feierlichen Wahltag, der bei den Römern als Gebietern der Welt ein so starkes Selbstgefühl erweckte, daß sie den von neuem gebannten Johann in Gestalt eines Strohmanns förmlich verurteilten und dem Scheiterhaufen übergaben.

---

* Villani, X. Buch, 54. »*Ma a cui Iddio vuole male, li toglie il buono consiglio*«, d. h. »wem Gott zürnt, dem wird der Verstand genommen.«

Aber bald änderte sich die Stimmung, denn Bruder Peter setzte mit der dreifachen Krone auch einen glänzenden Hofstaat ein. Er hielt Kutschen, Pferde, Bediente und eine üppige Tafel. Um die Kosten zu bestreiten, verkaufte er Ämter und Würden und forderte, als die Bedürfnisse wuchsen, von den Christgläubigen der Hauptstadt bald freiwillige Geschenke, bald wirkliche Steuern. Sofort trat Haß an die Stelle der Liebe. Man verwünschte den Kaiser und seinen Papst. Viele Ritter und Knechte entwichen aus dem armen Feldlager oder begehrten trotzig die Zahlung des rückständigen Soldes. Andere Scharen folgten dem Banner des Herzogs von Lucca, Castruccio, der, beleidigt durch den Stolz seines ohnmächtigen Gönners, Rom verlassen, Pisa eingenommen und selbst mit den Welfen geheime Unterhandlungen angeknüpft hatte.

Nur der plötzliche Tod des streitbaren und klugen Fürsten (3. September) unterband die Entwicklung eines Plans, der die ganze Toskana umfaßte und Welfen wie Ghibellinen, vor allem aber den Florentinern unheilvoll werden konnte. In solcher Not, von Freunden und Feinden verachtet, räumte Kaiser Ludwig nach fünfmonatigem, erfolglosem Aufenthalt Rom (4. August), begleitet von dem Volksgeschrei: »Es sterben die Ketzer! Es lebe die heilige Kirche!« In fluchtähnlicher Unordnung zog er auf Pisa, das ihn noch einmal, um nicht unter die Herrschaft der Erben Castruccios zu geraten, mit offener Freude und Gastlichkeit empfing (3. September), auch bereitwillig ein Ehrengeschenk von 100 000 Goldgulden darbrachte.

Doch das gute Einverständnis dauerte nicht lange. Denn kaum hatte der Hof etliche Rasttage genossen, als ein Schwarm Franziskanermönche – den Ordensgeneral Michael von Cesena und die Helden des Federkampfes, Wilhelm Occam aus England und Bonagratia aus Bergamo, an der Spitze – erschien und das alte Gaukelspiel kraftloser Verketzerung auch am Arnofluß wiederholte. So wurde am 13. Dezember vor allem Volk der Priester Jakob von Cahors, der sich fälschlich Johann XXII. nenne, mit großem Gepränge abgesetzt und einige Monate später (9. Februar 1329) als verstockter Sünder durch den gleichfalls nach Pisa beschiedenen Papst Nikolaus für gebannt und verstoßen aus dem Kreise der Christgläubigen erklärt. Manchen Bürger, der dem abgenutzten Gericht nicht beiwohnen wollte, munterten deutsche Soldknechte durch Schläge und Stöße zum Besuch auf.

Unter dergleichen Prahlereien und Theaterstreichen ging das zweite Mal der günstige Augenblick des Handelns vorüber. Scharenweise lief das zuchtlose, unbezahlte Kriegsvolk davon und machte Wege und Stege unsicher, so daß Ludwig endlich aus Geldmangel seinen Papst dem Schutz der getreuen Pisaner empfehlen und nach langem, abenteuerlichem Umherziehen in der Lombardei mit einem ärmlichen, zerlumpten Gefolge von Rittern, Knappen, Mönchen und Priestern, ein Gespött den Welfen und den Ghibellinen, durch Tirol nach Bayern zurückkehren mußte (Januar 1330). Ein noch schmachvolleres Los traf den Bruder Peter von Corvara. Nach Avignon ausgeliefert, durfte er als reumütiger Franziskaner in einem wohlbewachten Zimmer noch etliche Jahre lang essen und trinken, Andachtsbücher lesen und die Lockungen des geistlichen Hochmuts bejammern.

Würdevoller endete dagegen König Friedrich. In denselben Tagen, als sein Nebenbuhler von der ruhmlosen Römerfahrt heimkehrte, stürzte er auf dem österreichischen Schloß Gutenstein durch nagenden Gram über verfehlte Pläne bei noch rüstigem Alter in die Grube – ein Fürst, dem bei allen Glückswechseln niemals Folgerichtigkeit und biedere Gesinnung fehlten, während Ludwig der Bayer wie in den früheren, so in den folgenden Begebnissen nur zu oft Wankelmut und Zweideutigkeit zeigte. Klug und entschlossen im Glück, wurde der Kaiser, wenn ein Mißgeschick eintrat, deshalb leicht zu Fehlgriffen und unziemlichen Zugeständnissen verführt, weil die sittlich-religiöse Kraft, von keinem klaren Selbstbewußtsein geleitet, mal nach kurzem Anlauf erlahmte und vor den Glaubensschrecknissen zurückbebte, mal einer maßlosen Ländergier knechtisch folgte.

Wenn die Habsburger in ihrem unabweisbaren Streben nach erblicher Hausmacht als Gegenmittel der sinkenden Reichseinheit möglichst geschlossene Grenzen suchten, so nahm der Wittelsbacher, unbekümmert um planmäßige Abrundung des Gebiets, alles auf, was ihm nur irgendwie günstige Zufälle oder offenbare Gewalttätigkeiten entgegenführten. Er glich einem nimmersatten Raubvogel, den die Beute nur lüsterner macht. So wurden Hennegau, Holland, Seeland und Friesland der zweiten Gemahlin Margaretha, Schwester des letzten Grafen Wilhelm IV., zu Lehen gegeben (1346) und Niederbayern nach dem Tod des Herzogs Heinrich trotz des rechtmäßigen Einspruchs der rheinisch-pfalzgräflichen Verwandten besetzt und dem Kammergut (Hausgut) einverleibt (1340). Tirol und Kärnten wurden durch eigenmächtige Verheiratung der Erbtochter des Herzogs Heinrich von Kärnten und Grafen von Tirol, Margaretha (Maultasche), mit seinem ältesten Sohn, Ludwig, Markgraf von Brandenburg, auf dieselbe Weise gewonnen (1342). Kurz, alle Gelegenheiten und Arten eines blinden Zugreifens wurden genutzt und versucht.

Unmöglich konnte bei solchem Betragen, das sich Freund- und Feindschaften von Fürsten und Völkern nach dem veränderlichen Maßstab einer kümmerlichen Hauspolitik wählte, die von unwandelbaren Grundsätzen abhängige Fehde zwischen der weltlichen und der priesterschaftlichen Hoheit, dort des Reiches, hier des Papstes, auf der Seite des Kaisers Stetigkeit und Würde offenbaren. Es fehlten sittliches Selbstgefühl und Klarheit des Überblicks – Eigenschaften, die Salier und Hohenstaufen, obschon in ungünstigeren Verhältnissen, für eine ähnliche Richtung größtenteils entfaltet hatten. Nicht als Steuermann leitete Ludwig das Schiff für eine Bewegung, die schon Eigentum des öffentlichen Urteils geworden war. Er gehorchte als der erste, mit Purpurmantel und Krone geschmückte Matrose den vorwärts und rückwärts treibenden Kräften des geheimen, von ihm kaum geahnten Zeitgeistes.

Dagegen blieb der Heilige Stuhl – bald freiwillig, bald gezwungen von seinen Kerkermeistern, den französischen Königen – unerschütterlich und wandte den Grundsatz, Deutschland zu verwirren und zu demütigen, mit so ungefüger Leidenschaftlichkeit an, daß endlich nicht sowohl der Kaiser als auch die Fürsten und Stände nach erschöpfter Geduld von der Abwehr zum Angriff übergingen. Die Persönlichkeit der Päpste entschied dabei wenig oder gar nichts, denn man handelte mit unbeugsamer Folgerichtigkeit. Dabei vergaß man jedoch, daß diese, nicht unterstützt von der geistigen Richtung des Jahrhunderts und dem sittlichen Selbstgefühl des kirchlichen Vorstehers, durch einen unbeholfenen, zaghaften Feind zu gleichartigen Gegenmaßregeln (Repressalien) führen mußte. Papst Benedikt XII. nämlich, Johanns XXII. Nachfolger (seit 1335), von Natur aus friedfertig und bescheiden, wünschte zwar als Mensch eine baldige Beilegung der wachsenden Wirren, forderte aber als Oberhaupt der Kirche und willenloses, der weltlichen Geschäfte fast unkundiges Werkzeug Frankreichs* vom Kaiser Zugeständnisse, die selbst ein zerknirschtes und hoffnungsloses Gemüt aufregten und erbitterten.

* Benedikt, ein gründlich gelehrter Pedant und Zisterziensermönch, erklärte im Bewußtsein praktischer Untüchtigkeit dem Kardinalkollegium mit naivem Freimut, man habe einen – Esel gewählt, *»havete eletto un Asino.«* Villani, XI. Buch, c. 21. »Das geschah«, bemerkt der florentinische Geschichtsschreiber, »entweder aus zu großer Bescheidenheit oder im Vorgefühl seiner künftigen Stellung *(stato).* Denn er war zwar ein guter Schriftgelehrter, aber ein schlechter Staatsmann *(huomo di grosso intelletto, quanto nella pratica cortigiana).«*

Ludwig nämlich bekannte durch eine feierliche Botschaft darüber seine herzlichste Reue, daß er den Papst Johann des Amtes enthoben und Peter von Corvara zur Nachfolge berufen, die ketzerischen Visconti und die aufrührerischen, von Irrlehren befangenen Minoriten geschützt und die gefährlichen Ratschläge des Marsilius und Johann von Gent nur zu oft angenommen habe. Jedoch wolle er, damit der Heilige Stuhl eine tatsächliche Bürgschaft für die Aufrichtigkeit dieses offenen Sündenbekenntnisses empfinge, der kaiserlichen Würde entsagen, persönlich um seine Freisprechung (Absolution) bitten und gerne die zugesprochenen Bußen tragen. Er wünsche aber, der Vater des Glaubens möchte den gefallenen Sohn zu Gnaden wieder aufnehmen, ihm die kaiserliche Ehre von neuem gewähren, Bann und Landfluch (Interdikt) lösen und dafür gewärtigen, daß des Reiches künftiger Vorsteher dem Heiligen Stuhl den Eid des Gehorsams leisten, die Ketzer verfolgen und ausrotten, Kirchen und Klöster ausbauen und die Heiden unter dem Banner des Kreuzes bekämpfen werde.* Dieser schmähliche, aller weltlichen Hoheit spottende Antrag fand dennoch kein Gehör. Benedikt verweigerte auf Betreiben des französischen Königs Philipp von Valois und der gleichgesinnten Kardinäle die Annahme des reumütigen Sünders und entgegnete, daß derselbe noch nicht zur Buße bereit sei (April 1337).

Jetzt endlich fielen den zwieträchtigen Fürsten und Völkern Deutschlands die Schuppen von den Augen. Sie erkannten den französisch-päpstlichen Unterjochungsplan und schritten sofort zum tatsächlichen Widerstand, den Schriftgelehrte und Mißgriffe der Unterhändler hinlänglich vorbereitet hatten. So wurde mit dem englischen König Eduard III., dem Erbfeind Frankreichs, rasch ein Schutz- und Trutzbündnis abgeschlossen (22. Juli 1337) und nach Frankfurt vom wiedererwachenden Kaiser ein großer Reichstag ausgeschrieben, an dem neben den geistlichen und weltlichen Fürsten auch die Reichsfreien und Edlen, die Kapitel von den Stiften und Abgeordnete der meisten Städte und Landschaften teilnehmen, also Stellvertreter der gesamten, vielfach gegliederten Nation erscheinen sollten (Mai 1338).**

Sobald nun Ludwig an dem festgesetzten Tag die Umtriebe und Anmaßungen des Römischen Stuhls sowie die Ränke und die ehrsüchtigen Pläne des französischen Königs in einem langen Vortrag

* Olenschlager, S. 366.
** Olenschlager, S. 279.

geschildert hatte, erklärte die Versammlung einhellig und auf den Eid, daß der Kaiser, der an den bisherigen Wirren und Zerwürfnissen schuldlos sei, die von einem unbefugten Richter, Papst Johann XXII., gefällten Urteilssprüche für nichtig erachten, den Landfluch überall aufheben, den freien Gottesdienst wiederherstellen und widerspenstige Geistliche als Störer der öffentlichen Ruhe und Feinde des allgemeinen Wesens zur gebührenden Strafe heranziehen solle. Hinsichtlich des vom apostolischen Hof frevelhaft bestrittenen Wahlrechts aber möchten die Kurfürsten vorläufig gesondert beratschlagen und gemäß ihren Pflichten, der Hoheit und der Würde des Reiches entscheiden.

Sofort eilten jene nach dem Feld bei Rense am Rhein, als der von alters her gewohnten Stätte, und gelobten einander eidlich, daß sie das Heilige Römische Reich, von dem der gesamten Christenheit Schutz abhänge, bei seinen Rechten, Ehren, Gütern, Freiheiten und Herkommen gleich wie ihre fürstliche, an die Kur des Reiches verliehene Ehre gegen jedermann nach aller Macht und Kraft handhaben, beschützen und erhalten wollten, auch sich hieran durch keine Gefahr ihrer Personen und Güter noch Gebote, Befehle und Prozesse oder auf sonstige Weise beirren lassen wollten. Entzweiung und Zweifel aber müßten gemeinschaftliche Übereinkunft oder Stimmenmehrheit entscheiden, und wer dieser Verbindung entgegenhandle, der sollte vor Gott und der Welt ehrlos, treulos und meineidig sein und genannt werden.

Nach dem Abschluß dieses ersten, sogenannten Kurvereins (15. Juli), dem nur der Luxemburger, König Johann von Böhmen, aus Anhänglichkeit für die französisch-päpstliche Partei nicht beitrat, verkündeten Kaiser und Reichstag durch ein bleibendes Grundgesetz, daß der von den Kurfürsten einhellig oder mit mehr Stimmen gewählte römische König oder Kaiser seine Macht von Gott habe und deshalb laut Recht und Gewohnheit der Bestätigung von seiten des Apostolischen Stuhles durchaus nicht bedürfe. Wer aber solcher Ordnung zuwiderhandle, solle seine Lehen, Rechte und Freiheiten einbüßen und die Strafe des Hochverräters erleiden (8. August). Daneben wurde die Annahme päpstlicher Bullen, denen die Einwilligung der Erzbischöfe fehle, verboten. Bei erledigtem Thron wurde die Reichsverweserschaft nicht dem Heiligen Stuhl, sondern dem Pfalzgrafen bei Rhein gemäß Pflicht und Herkommen überwiesen und der Landfluch noch einmal für null und nichtig erklärt.

Diesen tiefgreifenden Beschlüssen, die hier die Unabhängigkeit des Reiches von der geistlichen Macht für immer aussprachen, dort die schwankenden Wahlrechte der kurfürstlichen Körperschaft als einem bevorzugten Oberhaus der ständischen Stellvertreter bleibend übertrugen, folgte anfangs rasche und kräftige Vollziehung. Denn überall wurden widerspenstige Priester, besonders Predigermönche und Karmeliter, entweder zum Gottesdienst gezwungen oder vertrieben und die Bannflüche des Papstes durch die jetzt wirksamen Gegenschriften und obrigkeitlichen Befehle außer Kraft gesetzt. Ganze Städte und Bezirke wurden von solcher Gärung ergriffen, daß bei fremden Zeitgenossen der Glaube wurzeln konnte, die Deutschen hätten ernsthaft daran gedacht, sich vom Römischen Stuhl zu trennen und einen eigenen Erzpatriarchen zu wählen.*

Doch der Wankel- und Kleinmut des Kaisers und die Bestechlichkeit vieler Fürsten, die französisches Geld lieber als heimische Ehre hatten, lähmten den frischen Aufschwung der Nationalkraft und verdarben, was die Stände so schön eingeleitet hatten. Ludwig nämlich, bald dem heldenmütigen König Eduard III. von England zu Schutz und Trutz verbündet (1338), bald von den Umtrieben und Schmeicheleien seines natürlichen Erbfeindes, Philipps (VI.) von Valois, gefangen, schwankte so lange, bis bei weichender Länder- und Habgier die Glaubensschrecknisse des schwachen und gequälten Gewissens über Vernunft und bessere Einsicht siegten. Daher entsagte der Wittelsbacher, um nur endlich die Lösung von Bann und Landfluch zu erreichen, in einer dem Papst Klemens VI. (seit 1342) ausgestellten Urkunde dem Kaisertum. Er widerrief alle gegen die Kirche gerichteten Beschlüsse und Satzungen, gelobte treue Übernahme aller Bußen und Strafen, durch die etwa frühere Ketzereien gesühnt werden sollten, ja, versprach den blinden Gehorsam eines Menschen, der keinen eigenen Willen habe und die künftige Bestätigung der königlichen Würde von der Gnade des Heiligen Vaters erwarte (18. September 1343).

Fortan war der Sturz Ludwigs, der wie ein vom langjährigen Kerkerdruck niedergebeugter Knecht um Freiheit gebettelt hatte, entschieden. Denn obschon die von Bevollmächtigten feierlich beschworene Übergabe auf Tod und Leben am Starrsinn des Römischen Hofes, der neue Forderungen machte, und am Ehrgefühl der in Frankfurt versammelten Stände scheiterte, wandten sich allmählich Fürsten und Völker von dem gesinnungslosen Ober-

---

* Gazata im Chronic. Rhegiens, ad a. 1338, bei Muratori, Band XVII. »*Omnis Alemania statuit, quod de cetero non confirmetur Imp. a Papa, et fecit unum Papam, qui dicebatur Magnus Patriarcha.*« Siehe Olenschlager, S. 286.

haupt ab und neigten auf die Seite König Johanns von Böhmen, der für seinen erstgeborenen Sohn, den mährischen Markgrafen Karl, um die oft geschändete Reichskrone warb. Französisches Geld, päpstliche Bannbullen, Ablaß- und Segenspenden – jene den Widerspenstigen, diese den Gehorsamen bestimmt – unterstützten dabei so tatkräftig den Luxemburger, daß fünf Kurherren – Brandenburg und Pfalz blieben natürlich dem Ältesten ihres Hauses treu – in Rense den Markgrafen Karl unter dem Namen des Vierten zum römischen König und künftigen Kaiser wählten (11. Juli 1346).

Auf diese Weise folgte ein Meineid dem anderen. Die vor kaum acht Jahren geschlossene Übereinkunft war auf beiden Seiten gebrochen, dem Verrat des allgemeinen Wesens die Pforte geöffnet, die aufkeimende Frucht religiös-geistiger Unabhängigkeit, soweit es von den Großen abhing, zertreten. Denn der junge Luxemburger schämte sich seinerseits nicht, dem Papst die Rücknahme aller von seinem Vorgänger getroffenen Ordnungen und unbedingten Gehorsam in Glaubens- und Kirchensachen zu versprechen und daneben als Söldner Frankreichs mit dem alten, blinden Vater Johann, der fiel, in der blutigen, vom englischen König Eduard gewonnenen Schlacht bei Crécy zu kämpfen (26. August). Wegen solcher Verdienste um den geistlichen und weltlichen Oberlehnsherrn endlich mit des Papstes Erlaubnis zu Bonn durch den Erzbischof Walram von Köln gekrönt (25. Dezember), rüstete Karl nachdrücklich für den wiederum entbrennenden Bürger- und Thronkrieg, als der plötzliche Tod Ludwigs des Bayern, nicht ohne Argwohn der Vergiftung, den Wirren und Mißgeschicken Deutschlands einstweilen ein Ende setzte (11. Oktober 1347).

Dagegen brachen Erdbeben, die ganze Städte und Gemeinden erschütterten, Hungersnot und greuliche Krankheiten als neue Plagen aus, deren Rückwirkung auch die gesellschaftlichen Verhältnisse fühlen mußten. Vor allem wütete die Pest (der Schwarze Tod), die zuerst im Morgenland binnen Jahresfrist über 23 Millionen Menschen vernichtete, danach auf genuesischen Schiffen nach Italien eingeschleppt wurde und den Südwesten Europas ergriff. Stellenweise wurde der dritte Teil der Bewohner vertilgt. Von Großbritannien nach Deutschland übersetzend (1347), drang sie bis in den äußersten Norden vor. Starke und Schwache, Junge und Alte, Reiche und Arme wurden ohne Unterschied hinweggerafft, ganze Städte und Straßen in Öde gelegt, die Eltern von den Kindern, die Frauen von den Männern, die Ärzte von den Kranken und die Geistlichen von den Sterbenden durch betäubende Furcht getrennt. Selbst die Haustiere, wenn sie nicht das Schicksal ihrer

Herren traf, flohen und irrten in den Waldungen und auf den Feldern umher.

Viele Tote vermoderten unbeerdigt. Teils lähmte der Schrecken, teils fehlte auf den Kirchhöfen der Raum. In Florenz wurden 60 000, in Lübeck 90 000, in Basel 14 000 Leichen gezählt. Es starb nach etlichen ein Drittel, nach anderen die Hälfte des Menschengeschlechts, gewöhnlich binnen zwei oder drei Tagen, oft innerhalb 24 Stunden, bisweilen in einer Stunde. Heftiger Kopf- oder Brustschmerz, von der Fieberhitze ausgedörrte, mit Blut unterlaufene Zunge und Kehle, eiternde Geschwüre, schwarze Beulen und Flekken, stinkender Atem, Wahnsinn sprechende Gebärden und Laute kündeten gewöhnlich eine Krankheit an, gegen die kein Heilmittel schützte. Wer jedoch genas, wurde nicht mehr tödlich ergriffen.*

Das Volk aber sah oft in der gräßlichen Seuche die strafende Hand des göttlichen Zorns und griff je nach dem Maßstab der Bildung zu verschiedenen Sühnemitteln. Während nämlich hier Scharen zerknirschter Geißler in den Städten und Dörfern für gemeinschaftliche, blutige Bußübungen zusammentraten,** stürzte sich dort der unwissende, schwärmerische Pöbel mordend und brennend auf die Juden, da sie Wucher getrieben, die Brunnen vergiftet und alles Pestunheil über die Christenheit gebracht hätten. Tausende der Unglücklichen wurden erschlagen. Nicht eher endete die Verfolgung, bis König Karl den Kammerknechten des Heiligen Römischen Reiches durch bewaffnete Dazwischenkunft Hilfe brachte.

Inmitten dieser Leiden und Grausamkeiten blieb die bayrische Kronpartei ungebeugt und versuchte bald einen fremden, bald einen heimischen Fürsten dem Luxemburger entgegenzustellen. Der Pfaffenkaiser aber – so hieß Karl beim Volk – kaufte den eitlen und habgierigen Nebenbuhlern ihre Ansprüche regelmäßig wieder ab und verwandelte das Heilige Römische Reich in eine Trödlerbude, in der der Meistbietende obenan saß. Denn die zersetzenden Kräfte der Republik und des Fürstentums hatten den Gesamtverband so gelockert, daß er weder der einen noch der anderen Richtung genügte und beim Zusammenstoß einander zügelnder und das Gleichgewicht haltender Stoffe die Entscheidung über bürgerliche Freiheit auf der einen und lehnsherrliche Treue auf der ande-

* Siehe Cuntacuzenus Histor., IV. 8, S. 46 ff., Ed. Schopen. Fugger, Ehrenspiegel, S. 325. Limburger Chronik, S. 13.
** Siehe S. 200 in diesem Band.

ren Seite nur zu oft dem – Geld überließ. Selbst der biedere und streitbare Graf Günther von Schwarzburg mußte nach fünfmonatiger Regierung, von den bestochenen Freunden preisgegeben, die Schattenwürde für eine Leibrente von 20 000 Mark Silber niederlegen und bald darauf an Gift sterben (14. Juni 1349).*

Karl, der jetzt unbestrittenes Oberhaupt der Deutschen war und der Kirche, die Bann und Landfluch allmählich aufhob, bedingungslos anhing, vollendete dadurch den Untergang des alten Kaisertums, daß er, zufrieden mit der leeren Krönung (1355), Italien seinen heimischen Wirren, Arles und Burgund dem rasch zugreifenden Ehrgeiz der französischen Valois überließ und die republikanisch-bündische Entwicklung der Hanse und anderer Stadtvereine ebenso ruhig duldete, wie er den zur Landeshoheit emporstrebenden Fürsten- und Herrenstand zuvorkommend unterstützte. Einkünfte, Rechte und Freiheiten des Reiches verkaufte er willfährig und schuf für Geld in Mecklenburg (1349), Luxemburg und Bar (1354), Jülich und Berg (1356, 1378) fünf neue Herzogtümer, im Burggrafentum Nürnberg und in der Grafschaft Nassau-Weilburg zwei geforstete Grafschaften (1363, 1366). Nach dem Vorbild Frankreichs stellte er für gute Bezahlung Adelsbriefe aus. Vor allem aber schloß er die böhmisch-luxemburgische Hausmacht durch den Gewinn der Lausitz, Schlesiens und der Mark Brandenburg zu einem abgerundeten, rein slawischen Erbgebiet ab,** das fast nur in der ersten diesseits des Rheins vollständig gegliederten Hochschule Prag (1348) den wissenschaftlich-geistigen Bindestoff für das sonst vernachlässigte und getrennte Deutschland erhielt.

Oft wohnte der Kaiser, der sechs Sprachen beherrschte und in der Geschichte nicht unerfahren war, den Sitzungen der Gelehrten bei und freute sich über die Gewandtheit im Verteidigen und Bekämpfen zweifelhafter Sätze. Ja, als einst hungrige Hofjunker an die Nähe der Mittagstafel erinnerten, entgegnete Karl: »Für mich ist es noch nicht Zeit. Diese Gespräche hier bilden mein Mahl.«*** Derselbe Fürst übte innerhalb Böhmens, dem er als Vater vorstand, strenge und unparteiische Rechtspflege. Er hörte und entschied persönlich die Klagen der Bedrängten. Stundenlang war er vor dem unteren Tor des Prager Schlosses auf seinem Richtstuhl jedermann, besonders den Armen, Witwen und Waisen, zugänglich und durch

---

* Siehe über ihn Hoffmanns Günther von Schwarzburg, Rudolstadt 1819.
** »Er (Karl) kauffet und verkaufet gern Land.« Fraackes Chronik, S. 209.
*** Fugger, I, 352.

keine Ansprüche der Geburt und des Reichtums vom Buchstaben des Gesetzes abgelenkt. Hans Panzer, wegen seiner tapferen Taten mit dem Ritterschwert umgürtet, mußte den gebrochenen Landfrieden am Galgen büßen, weil die erste Standeserhöhung nicht gefruchtet habe. Der Edelmann Zachera, der seinem freimütigen Pfarrer ein Auge ausgeschlagen hatte, mußte nicht mit Geld, sondern mit demselben Glied zahlen. Überhaupt mußte der unbändige, rohe Adel seinen Trotz ablegen und dem beliebten Faustrecht entsagen. Gegen das deutsche Reich aber handelte der fast in einen slawischen Erbfürsten umgeschaffene Luxemburger durchaus stiefväterlich. Den Boten der Stände, die bittere Klage über seine lange Abwesenheit führten, wurde die gefüllte Schatzkammer gezeigt und die höhnende Frage gestellt: »Ob solche Einkünfte auch außerhalb des Böhmenlands dem Kaiser zufielen?«

Diese allgemeine Sicht der deutschen Verhältnisse, die als Nebensache galten, spiegelt sich am deutlichsten in dem neuen Grundgesetz, der sogenannten Goldenen Bulle. Entworfen und unterzeichnet von den Reichstagen zu Nürnberg und Metz (1356), berechnet nicht auf das Wesen, sondern auf den Schein ständischer Freiheit, übertrug sie die Wahl des römischen Königs ausschließlich und für immer den Erzbischöfen von Mainz, Trier und Köln, dem König von Böhmen, dem Pfalzgrafen bei Rhein, dem Herzog von Sachsen-Wittenberg und dem Markgrafen von Brandenburg. Sie gab diesen sieben Kurherren als Grundsäulen und Leuchten des Heiligen Römischen Reiches Vorrechte und Befugnisse, die so ziemlich den Begriff der von den Machthabern erstrebten Landeshoheit enthielten und den übrigen Fürsten die Bahn dafür brachen, während Ritterschaft, Städte und Freisassen, um ihre Selbständigkeit zu schützen, gleichsam gesetzlich auf adlige Vereinigungen und republikanische Eidgenossenschaften verwiesen wurden.

Die Kurherren nämlich, deren Länder unteilbar und reichslehenbar bleiben und, mit Ausnahme der geistlichen Mitglieder, auf die männliche Erstgeburt übergehen mußten, bekamen auf ihren abgeschlossenen Gebieten einen so gefreiten Gerichtsstand *(jus de non evocando)*, daß alle innerhalb dessen seßhaften Grafen, Herren, Ritter, Dienstleute und Bürger ihn als einzig gültige Behörde anerkennen und nur im Fall verweigerter Rechtspflege an kaiserlichen Gerichten Berufung einlegen sollten. Sie durften als wahrhafte Landesherren alle Bergwerke, mochten sie Gold, Silber, Eisen, Zinn, Kupfer, Blei oder Salz liefern, besitzen und gebrauchen sowie goldene und silberne Münzen in beliebiger Gestalt und Währung prägen lassen. Sie durften die herkömmlichen Zölle und den Judenschutz beziehen* sowie durch Kauf, Pfandschaft oder Schenkung Erbgüter (Allodien) und Lehen erwerben, jedoch mit Vorbehalt der dem Reich etwa zustehenden Rechte und Befugnisse. Als Teile des königlich-kaiserlichen Leibes** genossen sie persönliche Weihe und Unverletzlichkeit, so daß den Majestätsverbrecher Tod und Einziehung der Habe, Söhne und Töchter des schuldigen Vaters aus Gnaden ewige Ehrlosigkeit und verhältnismäßige Armut treffen sollten.*** Die reumütigen Anzeiger einer Verschwörung *(faccio)* aber sollten Ehren und Lohn erhalten.

Auf diese Weise fast vollkommene Landesherren ihrer abgeschlossenen Gebiete, wurden die Kurfürsten als geborene Reichsräte angewiesen, sich alljährlich in den ersten vier Wochen nach Ostern in einer Reichsstadt zu versammeln und hier über allgemeine Angelegenheiten mit dem Kaiser zu beratschlagen. Bei etwaigen Klagen sollte letzterer dem Pfalzgrafen bei Rhein herkömmlicher Sitte gemäß zu Recht stehen und Antwort geben, jedoch nur persönlich und vor dem gesamten Reichshof *(Imperialis Curia).*****

Rang, Ordnung, Sitz, Vortritt und andere Förmlichkeiten an den Tagen der Wahl, Krönung, Hoffeste usw. wurden mit ängstlicher, Byzanz nacheifernder Sorgfalt bestimmt, teils um Streitigkeiten zu begegnen, teils um sinnbildlich die in der Tat ausgebildete Kaste einer bevorrechtigten Wahl- und Pärskammer zu bezeichnen. Eben deshalb untersagte endlich die Goldene Bulle alle Arten von Vereinigungen und Eidgenossenschaften, die ohne Erlaubnis der Landesherren geschlossen würden, und wiederholte die Verbote gegen Annahme der sogenannten Pfahlbürger, ein Schritt, der deutlich genug den zwischen der Republik und der lehnsherrlichen Macht aufgegangenen, schon früher beschriebenen Kampf beur-

* Aurea Bulla, Kap. 9. *»Nec non Judaeos habere«*, d. h. von diesen bisher ausschließlich dem Reich und Kaiser angehörigen Kammerknechten innerhalb der kurfürstlichen Markung das Schutzgeld fordern. Jeder mündige Jude zahlte übrigens einen Gulden. Limburger Chronik, S. 110.

** Aurea Bulla, Kap. 24. *»Nam et ipsi pars corporis nostri sunt.«*

*** Aurea Bulla, Kap. 24. »Denn«, lautet die undeutsche, dem römischen Majestätsgesetz abgeborgte Verordnung, »der Sohn sollte eigentlich des Vaters Strafe (den Tod) erleiden, dieweil man die erbliche Fortpflanzung des Verbrechens fürchten muß«, *»filii enim paterno deberent perire supplicio, in quibus paterni, hoc est, hereditarii criminis metuuntur exempla.«* – Also eine wahrhafte sillanische *lex de liberis proscriptorum.*

**** Aurea Bulla, Kap. 5.

kunden und die feindseligen, aller Vermittlung beraubten Kräfte zu desto schrofferen Gegensätzen treiben mußte.*

Unter dem trägen, wollüstigen, weinsüchtigen und dabei grausamen König Wenzel (1378–1400), dem der Vater, Karl IV., zwei Jahre vor seinem Tod (1378) durch Bestechung der Kurherren die Nachfolge am deutschen Reich verschafft hatte, wurden auch die letzten Grundpfeiler des alten, auf Kaiser und Ständen ruhenden Gemeinwesens umgestürzt, Rechte und Landschaften dem Meistbietenden überlassen, wie denn die Visconti das Erbherzogtum Mailand für 100 000 Goldgulden dem Lehnsverband entziehen durften.** Die inhaltsschweren Ansprüche freier Städte und Eidgenossenschaften, ritterschaftlicher Vereinigungen und nach der Landeshoheit strebender Fürsten wurden den mannigfaltigsten, bereits früher bezeichneten Wechseln des Bürgerkriegs übergeben, der größtenteils mit dem Sieg der Herren endete. Alle günstigen Augenblicke für den Gewinn der hier zum Schiedsrichteramt berufenen Kronmacht wurden von der Schwäche und Falschheit des Inhabers versäumt, alle im geheimen schleichenden oder offenbar hervortretenden Gebrechen und Gärungsstoffe der Kirche so lange geduldet, bis auch dieser faule Fleck als unabweisbarer Parteikampf sich selber Bahn brach und eine gütliche Ausgleichung einstweilen unmöglich machte.*** Kurz, es wurden alle Schwingungen des bewegten Zeitalters mit stumpfer Gleichgültigkeit aus der Ferne her betrachtet und alle Pflichten des dem Rang nach ersten Fürsten der Christenheit den gemeinsten Lüsten aufgeopfert.

Daher versammelten sich endlich, da Bitten und Mahnungen fruchtlos blieben, die vier rheinischen Kurherren zu Oberlahnstein, setzten in Gegenwart einer großen Volksmenge den König Wenzel als einen unnützen, saumseligen Entgliederer und unwürdigen Handhaber des Heiligen Römischen Reiches ab (20. August 1400)**** und wählten den zwar sittlich reinen, aber geistesschwa-

---

* Aurea Bulla, Kap. 15. »*Detestandas preterea et sacris legibus reprobatas conspirationes et conventiculas, seu colligaciones illicitas, in civitatibus et extra, vel inter civitatem et civitatem, inter personam et personam etc. reprobamus, damnamus et ex certa scientia irritamus*«, d. h. »die abscheulichen, von heiligen Gesetzen untersagten Eidgenossenschaften und unerlaubten Vereinigungen in den Städten und außerhalb usw. werden von uns mißbilligt, verdammt und abgeschafft.« Vgl. dazu S. 38–109 in diesem Band, besonders S. 54 ff.

** Siehe S. 125 in diesem Band.

*** Siehe S. 38–109 in diesem Band.

**** Worte der kurfürstlichen Urkunde bei Lehmann, Speyerische Chronik, S. 734.

chen Pfalzgrafen Ruprecht an die Nachfolge (21. August). Der böhmische König, bis zu seinem Tod (1419) ein guter Trinker und ein schlechter Regent,* geriet darüber in so lebhafte Freude, daß er öffentlich die Gunst des Himmels, der ihm die schwere Bürde abgenommen habe, pries, die Nürnberger für vier Stückfässer welschen Weines des geschworenen Eides der Treue entband und keine Anstalten traf, seinen gleichfalls unbedeutenden Widersacher aufzuhalten. Dieser, von einem krankhaften Gefühl für das längst entschwundene Kaisertum über die Alpen getrieben, durchzog als bewaffneter Pilger ruhmlos Oberitalien (1402) und richtete nach seiner Heimkehr umsonst das dürftige Maß seiner Kräfte auf die Wiederherstellung des im bürgerlichen und religiösen Kreise tief erschütterten Friedens (gest. 1410).

Schwierig wurde daher bei der rettungslosen Lage des Reiches,** das weder Einheit noch Stärke besaß und wahrhaft zersetzende (revolutionäre) Stoffe nährte, die Wahl eines Nachfolgers. Da sprach, wird von etlichen berichtet, zu den in Frankfurt versammelten, ratlosen Kurfürsten der Luxemburger Sigmund, Markgraf von Brandenburg und durch Vermählung mit Maria, der Erbtochter König Ludwigs, König in Ungarn (seit 1386), um sein Gutachten befragt: »Es gibt keinen Fürsten im Reich, den ich besser kenne als mich selber. Auch übertrifft mich niemand an Macht und durch vielfaches Glück und Mißgeschick teuer genug bezahlte Erfahrung in der Kunst des Regiments. Demnach gebe ich als Kurfürst zu Brandenburg dem König Sigmund in Ungarn die Stimme und will mich selber hiermit zum römischen Kaiser erwählt haben.«*** Durch eine so edle, aller Ziererei abholde Freimütigkeit gewonnen, billigten die Kurherren den Vorschlag, zumal der Bewerber dem Reich und der Kirche die gewissenhafteste Diensttreue versprach, auch wirklich manche Eigenschaften besaß, die zu den schönsten Hoffnungen berechtigten.

Sigmund nämlich hatte bei einem überaus anmutigen Äußeren, das hoher Wuchs, schöne Gesichtszüge, ein langer Bart, blondes, in Locken herabwallendes Haar und würdevolle Haltung darboten,

---

* Francke, Chronik, S. 230. »Er lebt als ein ander trunkener Mann; königlicher Ehren wielt (d. h. waltete) er nit, darumb ward er mit großen Unehren von dem Riche gesetzet.« Justinger, Berner Chronik, S. 195.

** »Das römsche Rich war lider verdorben und war jedermann darvon gestanden.« Justinger, S. 277.

*** Fugger, I, 412; Lehmann, 784.

einen natürlichen Scharfsinn, dabei eine angeborene, bisweilen durch unzeitige Rücksicht auf Staatsklugheit niedergehaltene Herzensgüte und Freundlichkeit. Breite und gründliche Kenntnisse, besonders in den alten und lebenden Sprachen, bezeugten seine reine und uneigennützige Empfänglichkeit für Bildung und Wissenschaft. Er besaß eine ausgezeichnete Rednergabe, die leicht große Versammlungen führen und überzeugen konnte, endlich Rührigkeit des Leibes und Geistes, wie sie der Umfang so vielgestaltiger Reiche und Verhältnisse wohl fordern und ertragen mochte. Andererseits haben sein Hang zur gröberen Wollust und feineren, auf Nichtachtung des Geldes ruhenden Prunkliebe sowie seine Abhängigkeit von den frühzeitig angelernten Satzungen und Bräuchen der Kirche – deren Gebrechen sein klares Urteil mißbilligte, die gefangene Gemütskraft aber infolge der Gewohnheit festhielt – die sechsundzwanzigjährige Regierung (1411–1437) des letzten Luxemburgers in einen bleibenden Widerspruch der Gedanken und Taten umgewandelt. Denn kaum dürfte man einen deutschen König und Kaiser finden, der reicher an treffenden Sprüchen und Urteilen, ärmer an löblichen Handlungen und folgerichtig ausgeführten Plänen gewesen wäre.

Ein gekrönter, immerdar fertiger Spruchsprecher, ein stets heiterer, dem Volk und dem Adel, der Priesterschaft und der Laienschaft, den Frauen und den Männern angenehmer Gesellschafter ohne vornehmen Zwang oder widerwärtige Gemeinheit, hat Sigmund eine bunte Reihe persönlicher Wechsel und Abenteuer bestanden und bedeutenden Stoff zu einer geheimen wie öffentlichen Hauschronik geliefert, aber dagegen in die allgemeinen Angelegenheiten der tief aufgeregten Zeit selten tatkräftig und fördernd, meistens passiv und hemmend eingegriffen. Er war gleichsam ein breiter, plumper Stein des Anstoßes, der vom Himmel herabgefallen den ringenden Parteien die Kampfbahn sperrt und mühsam, bald auf diese, bald auf jene Seite geschoben, hier die Zertrümmerung des alten, dort den Bau des neuen Hauses durch das Gewicht seiner Schwere verzögert.* Da die Art und Weise, wie diese Hemmung im religiös-kirchlichen Kreise geschah, bereits oben geschil-

* Man erkannte die Dringlichkeit einer Reform, hatte aber nicht Mut und Kraft, sie durchzuführen. »Das geistlich Recht«, sagte Sigmunds Reformationsentwurf (Goldast, Reichssatzungen, Band IV, 192), »ist krank, das Kaisertum und alles das ihm zugehört stehet zu Unrecht.« Mit diesen und ähnlichen schönen Worten begnügte sich der Besserungseifer.

dert wurde,* so bleibt hier nur die Aufgabe übrig, dieselbe Richtung im weltlich-reichsständischen Bereich kurz nachzuweisen und durch einzelne Züge der Persönlichkeit zu erläutern.

Obschon in der Not des Hussitenkrieges bestimmte Beiträge an Geld und Mannschaft für alle Mitglieder des Reiches verzeichnet und erhoben wurden,** nahm dennoch nach innen und außen hin die auflösende und zersetzende Kraft zu. Denn während dort Bündnisse der Fürsten, Ritter und Städte der schwachen Kronmacht trotzten und das Recht der Vereinigung als Merkmal der Freiheit behaupteten, traten hier an der Südwestgrenze neben dem unabhängigen, den eigenen Wirren überlassenen Italien die Provence, Dauphiné und Burgund aus dem deutschen Lehnsverband zu Frankreich über, während Savoyen und die Freigrafschaft Burgund dem Namen nach Teile des deutschen Gemeinwesens blieben. In der Nordwestmark wuchs das neuburgundische Haus durch Waffen, Erbschaft und Kauf zu einem souveränen Zwischenstaat an, der die Herzogtümer Burgund, Brabant, Limburg und Luxemburg, die Grafschaften Flandern, Artois, Névers, Rethel, Salins, Mecheln, Namur, Hennegau, Holland, Seeland und Westfriesland umfaßte und Stärke genug besaß, um bei etwaigen Kämpfen seiner französischen oder deutschen Nachbarn den Ausschlag zu geben. An der Südostseite endlich stellte das luxemburgische Erbland Böhmen, durch das den aufstrebenden Polen entrissene Schlesien erweitert, den unabhängigen Feuerherd der kirchlich-weltlichen Bewegungen dar, die Deutschlands Fürsten und Völkern die Waffen gegen Genossen desselben Glaubens aufzwangen und dadurch die Kluft zwischen zwei an Sprache und Sitte verschiedenen Stämmen durch den Religionshaß festigten. Ungarn aber, Erbgut der Gemahlin Maria, war in unaufhörliche Fehden mit inneren und äußeren Feinden verwickelt und durfte sich um so eher von allen Pflichten gegen das deutsche Reich lossagen, je teurer der magyarische Grenzwächter seine souveräne Stellung bezahlt hatte. Denn während ihm die Polen Rotrußland, Podolien und die Walachei, die Venezianer Dalmatien entrissen, wartete der furchtbarste Gegner der gesamten Christenheit, der eingedrungene Osmane (Türke), nur auf die Gunst des Augenblicks, um den Siegestag bei Nikopolis (1396) zu erneuern.

---

* Siehe S. 60 ff. in diesem Band.

** Vgl. S. 228 in diesem Band über diese erste Reichsmatrikel.

Unter so vielfältigen, einander hemmenden und durchkreuzenden Verhältnissen, denen selbst eine ungewöhnlich kräftige Natur hätte weichen müssen, konnte die Einwirkung Sigmunds auf das Gesamtreich der Deutschen nur unbedeutend sein und mehr vorübergehenden denn bleibenden Grundsätzen folgen. So verkaufte derselbe König, der sonst wie seine Vorgänger stets an seine Hausmacht dachte, die erbliche Mark und Kurwürde Brandenburg dem getreuen, vielfach hilfreichen Burggrafen Friedrich von Nürnberg für 400 000 Goldgulden und eröffnete dadurch dem aufstrebenden, nach dem schwäbischen Stammschloß unweit von Tübingen benannten Geschlecht der Hohenzollern die glänzende und schicksalsträchtige Laufbahn in Norddeutschland (1415). Um ein Unterpfand der Anhänglichkeit zu gewinnen, wandelte er die Grafschaften Kleve, Mark (1417) und Savoyen (1419) in Herzogtümer um. In steter Geldverlegenheit, übertrug er Einkünfte und Rechte des Reiches bald dem adligen, bald dem bürgerlichen Gläubiger. Mal stieß er die fehdelustige Ritterschaft durch redlichen, obschon erfolglosen Eifer für den Landfrieden zurück,* mal erwarb er durch ein leutseliges, besonders Frauen und Jungfrauen gefälliges Betragen die Gunst der Städte, um sie ein andermal wieder durch machtlose Angriffe auf zünftische Körperschaften zu verscherzen.

Er handelte mit einem Wort jeweils nach den Umständen, wie sie vor allem aus den Kämpfen der republikanischen und fürstlichen Parteien hervorgingen, ohne daß dabei gerade wegen der Haltlosigkeit die für die Einigung des Ganzen bestimmte Kronmacht an Umfang oder Nachdruck gewinnen konnte. Umsonst suchte deshalb der leutselige und im Grunde gutherzige Kaiser, der jedermann nicht Du, sondern Er nannte,** laufende Gebrechen zu verbessern, dem Wucher und Fürkauf durch regelmäßige, von Geschworenen bestimmte Marktpreise, dem Faust- und Fehderecht

---

* »Sigmund hette gern fride und gerechtigkait gesehn und gehalten, nur mochte er der hilffe von den fursten nit gehaben, wenn der konig hette einen slus (Beschluß) vor Im, das nymant den andern brennen oder rawben solte, er solte mit recht behalten, was er haben solte, das gefil den fursten nit wol, und meinent, wenn es darzu keme, so were ir macht zu eleine, darumb so lissent es sie nit zugent (zugehen), wenn sie doch den konig gar sere vorchten.« Eberhard Windeck, Leben Sigmunds, S. 111, bei Mencken, Script. rerum Germanic., Band I.

** Windeck, S. 1275. »Der was also ein schoner herre und fursten wol redende und vernunfftig, und was nymant den er du hisse, sunder alle ere, und wart an manichen enden angemolet umb seiner schoner angesicht willen«, und S. 1277: »kaiser Sigmund was ein grunt biderbe harzman und furste.«

durch Landfriedensbündnisse, den Plackereien der hörigen und leibeigenen Leute durch strenge Mahnungen an Menschen- und Christenpflicht zu begegnen.* Glücklicher mochten dagegen einzelne Polizeiverordnungen ausfallen, die z. B. jeder Reichsstadt einen geschworenen Schreiber und Notar sowie einen mit 100 Gulden besoldeten Meisterarzt vorschrieben, der jedermann, Arme und Reiche, umsonst versorgen sollte, außerdem eine regelmäßige Paßbehörde für fremde Leute, es seien Frauen oder Männer.**

Als Gesellschafter und Freund der Wissenschaften gab dagegen Kaiser Sigmund hin und wieder Entschädigung für die häufigen Mißgriffe und Vorfälle im Staatsleben. Er haßte höfischen Zwang und heuchlerische Gleisnerei, sondern verkehrte gerne mit Bürgern und Gelehrten. Er belohnte treue und gelehrte Räte, unter denen besonders Kaspar Schlick hervorleuchtete, durch offene, ungeschminkte Freundschaft. Er floh den Umgang des meistens rohen Adels und fertigte ahnenstolze Tadler mit der bitteren Antwort ab, daß es leicht sei, an einem Tag 1000 Ritter zu machen, aber unmöglich, in 1000 Jahren einen einzigen gelehrten Meister (Doktor) zu schaffen.

Die Freigebigkeit des Fürsten grenzte jedoch an Verschwendung. Stets geldbedürftig, kam er deshalb in endlose Verlegenheiten und büßte mit ihnen selbst bei dem gemeinen Volk so sehr die notwendige Achtung ein, daß ihm auf einer Reise durch Schwaben am hellen Tage sein goldenes Schwert nebst anderem Gerät von den Gläubigern genommen wurde und der kleine Flecken Haigerloch dem vornehmen, kostspieligen Gast die Tore verschloß. Dennoch war Sigmund so durchdrungen vom Gefühl kaiserlicher Hoheit, daß er noch auf dem Totenbett gebot, ihn als römischen König anzukleiden und nach dem Tod zwei bis drei Tage lang auszustellen, damit jedermann sehen könnte, daß der Herr aller Welt gestorben wäre.***

---

* »Es ist ein ungehörte Sach, daß in der heil. Christenheit einer so geharzt ist vor Gott, daß er getar (darf) sprechen zu einem: ›Du bist mein eigen!‹ Denn wer getauft ist und glaubt, er sey edel oder unedel, reich oder arm, der wird unter Christi Glieder gezählt. Wer darum seinen Mitchristen eigen spricht, der ist nit Christ und ist Christo wider, und seyn alle Gebot Gottes an ihm verlohren.« Sigmunds durch Herrn Friedrich von Landskron 1436 abgefaßte Reformation, bei Goldast, Reichssatzungen, Band IV, S. 191.

** Ebd., S. 164.

*** Windeck, S. 1278.

Entsprechend dem Wunsch des letzten Luxemburgers, der am 9. Dezember 1437 zu Znaym in Mähren verschied, übertrugen die Kurherren die Nachfolge dem Gemahl seiner einzigen Erbtochter Elisabeth, Herzog Albrecht von Österreich, König der Böhmen und Ungarn (18. März 1438). Die Anstrengungen dieses tapferen, gerechten, den Wissenschaften und freien Künsten befreundeten Habsburgers richteten sich besonders auf ein allgemeines und bleibendes Landfriedensbündnis. Daher wurde den in Nürnberg versammelten Ständen ein Plan vorgelegt, dem gemäß das gesamte Reichsgebiet mit Ausnahme Böhmens und Österreichs nach den völkerschaftlichen Grenzen in sechs Kreise zerfallen und ebensoviele Kriegshauptleute erwählen sollte, um alles Gericht und Recht nach Vorschrift des Landfriedens zu handhaben und auszuführen (Oktober 1438).

Doch die Kurfürsten und andere Lehnsgroße widerstrebten aus Haß gegen die Freiheiten der Städte, die ihrerseits keine Lust hatten, dem mühsam errungenen Gut bürgerlicher Selbständigkeit im geringsten zu entsagen, so daß auch jetzt die feindseligen Gegensätze der Republik und der Monarchie den auf das Gesamtwohl berechneten Vorschlag in der Geburt erstickten. Der plötzliche Tod König Albrechts II., der mit 42 Jahren auf dem Heimweg von einer Türkenfahrt in Langendorf, zwischen Wien und Gran, starb (27. Oktober 1439), vereitelte alle Aussichten auf eine durchgreifende Landfriedensordnung und eröffnete dem Fehdewesen von neuem weiten Spielraum.

Diesem Unwesen konnte auch der Nachfolger am Reich, Kaiser Friedrich III., Stammhalter der steiermärkisch-habsburgischen Linie, keine festen Schranken entgegensetzen. Friedrich war der Sohn des Erzherzogs Ernst und der masovischen Fürstentochter Cimburga, die solche Leibesstärke auszeichnete, daß sie mit flacher Hand eiserne Nägel in die Wand schlug. Bei gewöhnlichen Geistesgaben durch eine frömmelnde Erziehung an unbedingte Ehrfurcht vor dem Heiligen Stuhl gewöhnt, war er den Wissenschaften, vor allem der Natur- und der Sternkunde, mehr aus oberflächlicher Liebhaberei denn aus aufrichtigem Eifer für die Wahrheit befreundet. In der Geschäftsführung war er träge und fahrlässig, wie er denn für durchgreifende Schritte stets die rechte Stunde abwarten und alles möglichst verschieben wollte. Trotz seiner friedfertigen Natur war er überaus geld- und ländergierig, aber um der Ruhe willen geneigt, Ehren und Güter des Reiches dem unruhigen Zeitgeist aufzuopfern. Überhaupt war er mehr zum tüchtigen Hausvater denn zum Vorsteher Deutschlands berufen.

So hat Friedrich während seiner dreiundfünfzigjährigen Regierung (1440–1493) für die Lösung der schwebenden Lebensfragen nichts getan und den naturgemäßen Entwicklungsgang durch sein ewiges Stillsitzen teils aufgehalten, teils auf Abwege gebracht. Denn im kirchlich-religiösen Bereich wurden die gerechten Hoffnungen einer endgültigen Reform durch den Abschluß des Aschaffenburg-Wiener Abkommens (1447) getäuscht und die steigenden Ansprüche des Papsttums, soweit es vom Kaiser abhing, ruhig geduldet.* Im weltlich-staatsbürgerlichen Bereich wurden nicht die Ehre und die Sicherheit des Reiches gegen Türken und Franzosen, Ungarn und Böhmen mit Umsicht und Mannhaftigkeit geschützt, sondern alle Gelegenheiten genutzt, um teils die habsburgische Hausmacht auf Kosten der schweizerischen Eidgenossenschaft zu erweitern, teils das Wachstum der fürstlichen Landeshoheit durch Demütigung der schwäbischen und fränkischen Städte zu fördern.

Seit nämlich die Toggenburger Erbschaftsfehde den oberalemannischen Bund getrennt und die ersten bitteren Früchte unredlicher Eroberungslust gezeitigt hatte,** nutzte Friedrich, Enkel des bei Sempach gefallenen Erzherzogs Leopold, den günstigen Augenblick, um die während der Konstanzer Kirchenversammlung entrissenen Länder wiederzugewinnen. Er nahm das von seinen Mitständen schwer bedrängte Zürich in ein Schutz- und Trutzbündnis auf (1442) und mahnte Adel wie Gemeinden der nächsten Rheinkreise, besonders Schwabens, zur schnellen und kräftigen Hilfe. Willig gehorchte der Adel, aus Groll gegen die Sieger bei Sempach und Näfels – ablehnend antworteten die Städte, eingedenk der alten Freundschaft und des gleichgearteten Strebens. Von allen Greueln entfesselter Parteileidenschaften begleitet, tobte inzwischen der Bürgerkrieg im Zürichgau. Die Eidgenossen, an ihrer Spitze der heftige Landammann Itel Reding von Schwyz, stritten mit Glück bei Freienbach, am Hirzel und bei St. Jakob im Sihlfeld, unweit von Zürich (Juli 1443), dessen Bürgermeister Stüssi, Haupturheber des österreichischen Abkommens, fiel. Aber durch empörende Frevel und Grausamkeiten schändeten sie den Glanz der Waffentaten. Im Kloster Rüti wurden Glocken und Gerät geraubt, Gräber aufgewühlt und Totengebeine verstreut, mit dem Blut des erschlagenen Stüssi die Wände des Beinhauses von St. Jakob bestri-

---

* Siehe S. 241 in diesem Band.
** Siehe S. 101 in diesem Band.

chen und die Gliedmaßen des zerstückelten Körpers ins Wasser geworfen. 62 Gefangene, die heldenmütig das Schloß Greifensee verteidigt hatten, wurden mit ihrem Hauptmann, Wildhans von Landenberg, dem Schwert des Scharfrichters übergeben und dessen Fürbitten von dem rauhen Itel Reding mit dem kurzen Wort abgewiesen: »Fahr fort! Muß ein anderer kommen, so fängt er bei deinem Kopf an, und schont die anderen doch nicht!«*

Erschreckt durch die unerwartete Wendung des Krieges, forderte der römische König rasche und kräftige Hilfe von den Reichsständen, während die Eidgenossen ihrerseits durch Boten und Schreiben sich zu rechtfertigen versuchten. Da antworteten die meisten Fürsten dem Oberhaupt, sie seien für die ohne ihre Zustimmung unternommene Fehde nicht gerüstet, und die Städte erklärten unumwunden, daß ein Streit des österreichischen Hauses sie gar nicht kümmere. In solcher Verlegenheit, als weder die eigenen Dienstleute noch die Scharen der getreuen Ritterschaft genügten, forderte Friedrich vom französischen König Karl VII. etliche Fähnlein jener zuchtlosen, tapferen Soldknechte, die nach ihrem ersten Rottenführer, Bernhard, Graf von Armagnac, die Armagnaken (armen Gecken) genannt wurden. Wegen des unlängst mit Burgund geschlossenen Friedens konnten sie leicht entbehrt werden.

Gern bewilligte Karl die Bitte. Mit 40 000 Mann zog sein erstgeborener Sohn, der Dauphin Ludwig, durch das Elsaß gegen die Eidgenossen heran, deren Gewalthaufen das zweitemal Zürich belagerten. Aber die Schlacht bei St. Jakob unweit von Basel, in der 1600 Männer der schweizerischen Vorhut zehn Stunden lang kämpften und bis auf 16 Flüchtige das Schlachtfeld mit ihren Leibern deckten (26. August 1444), vereitelte die Pläne des Fremden. Denn der Schrecken über die Einbuße von 6000 Toten und die Achtung vor einem Volk, das, obwohl gleichzeitig von heimischen und auswärtigen Feinden bedrängt, den Eingang zu ihrem Land mit kühnem Todestrotz geschützt hatte, wirkten so stark, daß der Dauphin nach dem Elsaß entwich und bald darauf im Frieden von Ensisheim beständige Freundschaft zusagte (28. Oktober). Der österreichisch-zürcherische Krieg aber dauerte unter Raub, Mord und Brand so lange fort, bis auf beiden Seiten die Erschöpfung einen Versöhnungsvertrag gebot, in dem Zürich nach dem schiedsrichterlichen Spruch Peter Argons, des Bürgermeisters von Augs-

* Siehe Tschachtlans Berner Chronik, hrsg. von Stierlin und J. Wyß, S. 207.

burg, dem habsburgischen Bündnis entsagte und die Eidgenossenschaft im Besitz ihrer Eroberungen blieb (1450).

Unwillig über den unglücklichen Ausgang des Schweizerkrieges, begünstigte König Friedrich die Fehde, die Fürsten und Adlige mittlerweile der größeren Städtevereinigung in Franken und Schwaben angesagt hatten. Zoll- und Grenzstreitigkeiten, ständischer Haß, den dort der wachsende Wohlstand der Gemeinden, hier die steigende Armut der Ritterschaft, vor allem von St. Georg, nährten, Herrschsucht der nach Abrundung ihres Gebiets strebenden Fürsten, wie der Markgrafen Albrecht (Achilles) von Brandenburg und Jakob von Baden, des Grafen Ulrich von Württemberg und zuletzt des Herzogs Albrecht von Österreich – diese und ähnliche Ursachen beschleunigten den Durchbruch der längst auf beiden Seiten gespannten Verhältnisse (1448–1450). Zwar setzte der 31 Mitglieder starke Städtebund – Ulm, Nürnberg und Augsburg als leitende Vororte an der Spitze – einen bleibenden Kriegsrat in Ulm ein, nahm Schweizer in Sold und stellte statt der unregelmäßigen Bürgerwehr geordnete Reiterscharen (reisigen Zeug) auf, aber es fehlten die Hauptbedingungen für den Sieg: Eintracht und Uneigennützigkeit.

Alles geschah zerstückelt und mit ängstlicher Sorgfalt für die Abwendung des nächsten, örtlichen Schadens und daher unglücklich, zumal die fürstlich-adligen Zwischenländer die gemeinsame Wirksamkeit der Bürgerlichen erschwerten und vereint handelten, während jene zwiespältig beratschlagten oder über die Kosten haderten. Umsonst wurden daher vom Main bis an den Bodensee blutige Gefechte geliefert, an 200 Dörfer ausgeraubt oder eingeäschert, umsonst Menschen und Gelder vergeudet. Der Fürsten- und Herrenstand, vom König unterstützt, behauptete nicht nur im Bamberger Frieden (1450) seine Rechte und Ansprüche, sondern erreichte auch durch seine jetzt entschiedene Überlegenheit, daß die reichsstädtische Eidgenossenschaft in Schwaben und Franken sich auflöste und der gesonderten Stellung folgte, die schon während des letzten Kampfes die Gemeinden am Rhein und im Elsaß aus Selbstsucht und Kleinlichkeitskrämerei trotz der auch ihnen drohenden Gefahren eingenommen hatten.

Manche Städte, im Gefühl ihrer Schwäche und niedergedrückt von Brandsteuern und Schulden, traten, um den Landfrieden zu sichern, bei Abnahme des Freiheitsdrängens mit den Fürsten in Einigung, aber nicht mehr wie früher als gleichberechtigte Verbündete, sondern als Schirmverwandte oder Schutzgenossen – ein Schritt, der allmählich zur Umwandlung in eine abhängige Landstadt führte. Manche Adlige, die das Freisassentum innerhalb und außerhalb der Mauern mit unerbittlichem Groll bekämpft hatten, folgten verarmt derselben Bahn und opferten ihre trotzige Burgmannenfreiheit dem bequemeren Hof- und Herrendienst auf.* Selbst im norddeutschen Hansebund, von dem sich die niederländischen Gemeinden langsam trennten, ermattete beim Übergewicht der kaufmännischen Tätigkeit das Streben nach staatsbürgerlicher Unabhängigkeit. Die von der reichsstädtischen getrennte schweizerische Eidgenossenschaft ausgenommen, zeigte das republikanische Vereinigungswesen der Deutschen überall Abnahme und Verfall, während gleichzeitig die Gesellschaften des Adels erlahmten und als Schiffbrüchige, auf die sodann das gültige Strandrecht angewandt wurde, an den festeren Fürstengebieten landeten.

Unter diesen ragten um die Mitte des 15. Jahrhunderts in Süddeutschland an Umfang und Bevölkerung hervor:

1) die habsburgische Mark, die Österreich, Kärnten (seit 1335), Tirol (seit 1363), Feldkirch, Pludenz, Breisgau (seit 1367), Pfirt im oberen Elsaß und mehrere Landvogteien Schwabens umfaßte und fast sämtlich unter Kaiser Friedrich III. vereinigt wurde,

2) die luxemburgisch-böhmische Mark, der Schlesien und die Lausitz angehörten, seit dem Tod Kaiser Sigmunds und seines Schwiegersohns, König Albrechts II., nach mannigfaltigen Wirren unter die Obhut des eingeborenen Statthalters Georg Podiebrad gestellt und gegen die Ansprüche der habsburgischen Thronfolge als unabhängiges, dem deutschen Gemeinwesen nur lose verbundenes Nationalreich durch Umsicht wie Waffengewalt geschützt,

3) die bayrisch-wittelsbachische Mark, nach der kurpfälzisch-, ober- und niederbayrischen Stammlinie getrennt, aber trotz der Zersplitterung durch Hausverträge und Volkstümlichkeit zu einem geschlossenen Ganzen abgerundet.

Oft durchschnitten von geistlichen Stiften, Reichsgemeinden und kleineren, aufstrebenden Landherren, unter denen die Grafen von Württemberg, die Markgrafen von Baden und die Burggrafen von Nürnberg neben den Herzögen Savoyens planmäßiges Wachstum auszeichnet, war die süddeutsche Fürstenmark durch das Herzogtum Lothringen, die drei rheinisch-kurherrlichen Erzbistümer sowie die mitteldeutschen Gebiete Hessens, Braunschweig-Lüne-

* Vgl. Pfister, Geschichte Schwabens, V. Buch, S. 62 ff. über den letzten großen Städtekrieg und dessen Folgen.

burgs und Thüringens den größeren, obschon wiederum vielfach zersplitterten Gebieten des Nordens verbunden, wo besonders neben Sachsen-Lauenburg die kurherrlichen Herzöge von Sachsen-Wittenberg, die Markgrafen von Meißen und Kur-Brandenburg, die Grafen von Holstein, die Herzöge von Mecklenburg und Pommern, endlich der deutsche Ritterorden den Stützpunkt wachsender Abrundung gewährten und den Bund freier Städte, vor allem den der Hanse, zügelten. Letztere nahte überdies, seit die niederländisch-flandrischen Gemeinden sich abgespalten und die überwiegenden Kräfte des Handels und des Geldes den Geist der Freiheit gelähmt hatten, raschen Schrittes dem Verfall, so daß auch im Norden die republikanisch-bürgerliche Entwicklung langsam der fürstlich-lehnsherrlichen weichen mußte.

Dieses Fortschreiten der Landeshoheit, vor der die bisher gültigen Vereinigungen der Städte und der Adligen infolge ihres gegenseitigen Hasses zusammensinken und die Rechte der ohnmächtigen Königskrone das Knie beugen, bildet ein wesentliches Merkmal der neuen, die Abnahme des deutschen Mittelalters in politischer Hinsicht bezeichnenden Richtung. Ihr steht das einstweilige Altern des kirchlich-religiösen Republikanismus gegenüber der wiederum aufsteigenden Hierarchie gleichsam ergänzend zur Seite.

Bei einem so vielfältigen und nicht vom Königtum, sondern von einer königlichen, die Krone als Aushängeschild gebrauchenden Hausmacht lose vereinigten Reich deutscher Nation konnte selbst die Maßnahme der äußeren Sicherheit, der Landfrieden, kaum Dauer und Gewährleistung finden. Denn hier fehlte die durchgreifende Macht des von geistlichen und weltlichen Ständen gebundenen Oberhaupts, dort die fast abgestorbene Stärke der Eidgenossenschaft oder einer für und gegen staatsbürgerliche Fragen kämpfenden Vereinigung, die früher auch den Gemeinden und Adligen, jetzt nur noch den landeshoheitlichen Fürsten eigen war. Dazu kam, daß Friedrichs III. gutherzige und dennoch ehrgeizige Persönlichkeit den Verfall des gesellschaftlichen Rechtes und mit ihm der öffentlichen Zucht, ohne es zu wollen, förderte. Ein Kaiser, der einst aus seinen Erbstaaten vertrieben worden war und über den von der schwäbischen Stadt Hall mit etlichen Ochsen bespannten Wagen scherzen und ausrufen konnte: »Seht, bei Gott, man führt das Römisch' Reich im Land mit Kühen umb!«,[*] war in Wahrheit nicht dazu berufen, durch die Übernahme einer höheren

* Pfister, Übersicht der Geschichte Schwabens, S. 77.

Mittlerrolle den einander zersetzenden und auflösenden Parteien die Bahn des Gesamtwohls vorzuschreiben. Daher tobte die wildeste Selbsthilfe, die sogar den Schuhknechten Leipzigs die Bekämpfung der Universität erlaubte,* so lange, bis später mit Verzichtleistung auf staatsbürgerliche Zwecke von Prälaten, Freien, Grafen, Rittern, Knechten und Städten unter Aufsicht des römischen Königs der große, schwäbische Polizeibund für die Sicherung des Lebens und Eigentums geschlossen und dadurch für immer das Ende der früher getrennten, ständischen Vereinigungen des Adels-, Fürsten- und Bürgertums ausgesprochen wurde (1488).

Je mehr aber die gesellschaftlichen Bande der Gesamtheit erschlafften, je fruchtbareren Boden die wachsende Aufnahme der deutschen Pest und des römischen Rechts den Umtrieben der Anwälte und den offenen Gewalttätigkeiten der Stärkeren brachten, desto weiter breiteten sich von Westfalen her die in eigener Gestalt auftauchenden Reste altgermanischer Rechtspflege aus, die Frei- oder Feme-(d. h. Ober-)gerichte. Unter Königsbann gehegt und nach Bezirken (Freigrafschaften) gegliedert, die wiederum in mehrere Freistühle zerfielen, und vom Statthalter des Kaisers, dem Erzbischof von Köln, als Erben der herzoglichen Macht Heinrichs des Löwen mit dem Blutbann belehnt, hielt die Feme zweierlei Gericht, das offenbare und das heimliche. Jenes behandelte und entschied bürgerliche Angelegenheiten der Unwissenden, dieses, die heimliche Acht, das Stillgericht genannt, urteilte in peinlichen Sachen und todeswürdigen Verbrechen der Wissenden. Auf Unwissende bezog es sich nur dann, wenn sie sich, nachdem sie vor ein offenes Freigericht geladen worden waren, sich hier der Klage nicht entledigt hatten.

In beiden Fällen galt übrigens keine Heimlichkeit. Man versammelte sich unbewaffnet auf dem herkömmlichen Malplatz unter freiem Himmel. Vor dem Freigrafen, der feierlich die Sitzung eröffnete (die Bank spannte), lagen das bloße Schwert und der Strick. Alle Wissenden oder unmittelbaren Femegenossen und Schöffen, deren Zahl bisweilen über 100 000 betragen haben soll, mußten deutscher, freier, ehelicher Geburt sein und bei der Aufnahme die

---

* Siehe den Fehdebrief vom J. 1471 bei Senkenberg, Selecta juris et historiarum, Band IV, S. 416. »Wir«, melden die Schuhknechte, »thun kundt allen und iglichen Studenten der Universitet Liptzk welches wesens sy sind, es seind *Doctores*, Licentiaten, Meyster oder *Baccalauri*, sie sind geistlich oder weltlichen, jung oder alt, clein oder gros, das wir uwir fynde worden sind.« usw.

strengste Geheimhaltung eidlich geloben.* Den Verrat der Losung, an der sich die Genossen erkannten, oder irgendeines gerichtlichen Geheimnisses traf unnachsichtig der Tod, wie denn auch dem Schwörenden als Warnzeichen ein Sarg, eine Binde um den Nakken, eine Weide am Hals vorgelegt und die Hände auf dem Rükken zusammengebunden wurden. Nur auf westfälischer oder roter** Erde durften Freischöffen gemacht werden. Selbst der Kaiser besaß kein Ansehen, wenn ihn nicht der Erbgraf von Dortmund bei seiner Krönung unter die Wissenden aufgenommen hatte.

Die Feme urteilte nach von Geschlecht zu Geschlecht sich fortpflanzender Überlieferung und ergänzte etwaige Lücken durch einzelne, bei besonderen Fällen gefaßte Weisungen. Sie entschied nur auf eingelegte Klage und wenn der Kläger vor dem ordentlichen Gericht kein Recht erlangen konnte. Ein untersuchendes (inquisitorisches) Verfahren fand schon nach dem altdeutschen Sprichwort »Wo kein Kläger ist, ist auch kein Richter!« niemals statt.

Die Vorladungen, die gewöhnlich an die Stadttore und Kirchentüren des Ortes, wo der Betroffene wohnte, angeheftet wurden, trugen zuerst einen gütlichen Vergleich an und geboten darauf, wenn dieser scheiterte, dem Beklagten, vor Gericht zu erscheinen. Der Beweis des Klägers geschah teils durch Urkunden, teils durch Zeugen und Eid, den in peinlichen Sachen sechs Mitschwörer (Eideshelfer, Konsakramentalen) beglaubigen mußten. Der Gegenbeweis des Beklagten forderte 14 Eideshelfer, die jedoch durch 21 Mitschwörer der klagenden Partei entkräftet werden konnten. Das Urteil fanden die von dem Freigrafen aus den umstehenden Genossen erwählten Schöffen, die nach kurzer Beratung in den Ring zurückkehrten und ihren Ausspruch verkündeten. Dieser wurde sofort, wenn kein Anwesender Einspruch erhob (widersprach), auf Befehl des Grafen niedergeschrieben und vollzogen. Neben dem regelmäßigen Verfahren galt auch ein außerordentliches, in dem aber die Keime großer Mißbräuche lagen. Wenn nämlich drei oder vier Freischöffen einen Verbrecher auf offener (handfester) Tat ergriffen, so konnten sie ihn nach geschehenem Geständnis sogleich verurteilen und hinrichten.

---

* »Vor Mann und Weib
Vor Dorf (Torf?) und Traid (Getraide?)
Vor Stall vor Stein
Vor Groß vor Klein.«

** Wahrscheinlich nach der roten Belehnungsfahne als Sinnbild des Blutbanns benannt.

Die Ausdehnung der Feme, die unter Königsbann fast ganz Deutschland umfaßte, die Strenge und Unparteilichkeit, mit der sie lange ohne Rücksicht auf Geburt und Reichtum schaltete, die Würde und Heimlichkeit ihrer Beratung, der rasche Nachdruck im Vollstrecken der Urteile, die bisweilen den frechen, vornehmen Missetäter wie ein Wetterstrahl aus heiterem Himmel trafen und vernichteten, die rechtlose Ungebundenheit des zwieträchtigen Jahrhunderts – all diese Umstände brachten den westfälischen Freistühlen ein mit ehrfurchtsvollem Grauen gemischtes Ansehen.* Wunderbare Zwittergeschöpfe der Willkür und des Rechtsgefühls, mußten sie fallen, sobald der auch in ihnen beurkundete Scheidungsprozeß zweier Zeitwenden und der Übergang in eine neuere Entwicklung vollendet waren.

Alles kündigte die Nähe derselben an. Im Staat hatte die monarchische Landeshoheit über die mehr oder minder gemeinheitlichen Vereinigungen des Adels und des Bürgertums beinahe gesiegt und die der kaiserlichen Ansprüche längst beraubte Königskrone in den Präsidenten souveräner Fürsten, untergeordneter Reichsritter und Reichsstädte umgewandelt. In der Kirche arbeitete die republikanische Grundkraft, von der priesterköniglichen niedergedrückt, an der Wiederholung des Kampfes, den Hochschulen, Buchdrukkerkunst, Rührigkeit des Handels und Gewerbes sowie wachsende Abnahme der phantastisch-dichterischen Gemütswelt unvermeidlich machten. In Sitten und Lebensgewohnheiten endlich traten kriegerische Abenteurerei auf der einen und altväterliche Zucht und Einfalt auf der anderen Seite mehr und mehr in den Hintergrund. Selbst Tracht und Kleidung wechselten, seitdem Ritter und Bürger durch den häufigeren Verkehr mit der Fremde – die vor allem die großen Kirchenversammlungen zu Konstanz und Basel öffneten – den früher entweder unbekannten oder noch gezügelten Hang zur Prunksucht und Nachäfferei ausgebildet hatten.

Etwa die Mitte des 14. Jahrhunderts, als Pest, Mißernten, Teuerung und Krieg vereinigt wirkten, bezeichnet den Anfang dieser Richtung. Man begann, als die Plagen endeten, die versäumte Sinnenlust gleichsam nachzuholen und für künftige Entbehrungen und Opfer den Augenblick zu genießen. »Danach«, bemerkt ein

* Vgl. über die Femegerichte: Usener, die Frei- und heimlichen Gerichte Westphalens; Eichhorn, deutsche Staats- und Rechtsgeschichte, Band 3, § 419–423; v. Freiberg, Sammlung histor. Schriften, Band I, 203ff.; und Thiersch, die Verfemung Herzog Heinrichs des Reichen von Bayern.

Zeitgenosse, »da das Sterben, die Geißelfahrt, Römerfahrt, Judenschlacht ein Ende hatte, da hub die Welt wieder an zu leben und fröhlich zu seyn, und machten die Männer neue Kleidung. Die Röck waren unten ohne Geren (Falten), und waren auch abgeschnitten um die Lenden, und waren die Röck einer Spannen mehr über die Knie. Danach machten sie die Röck also kurz, eine Spann unter dem Gürtel. Also trugen sie Hoicken (Mäntel), die waren all um rund und ganz. Das hieße man Glocken, die waren weit, lang und auch kurz. Da gingen lange Schnäbel an den Schuhen, die Frauen trugen weite, ausgeschnittene Hembde, also daß man ihnen die Brust beinahe halb sahe.«*

In denselben Tagen wandelte sich auch durchweg der Harnisch des Ritters und Bürgers. Man gebrauchte statt der bisher im ganzen üblichen Platten schuppen- und kettenförmig gefertigte Panzer,** die wiederum verschiedenartig ausgeschmückt wurden. Gleichen Wechsel erlebte der Volksgesang. Die langen, meistens geschichtlichen Lieder verkürzte der Meister von fünf oder sechs Gesatzen (Sätzen) bis auf drei und änderte daneben die Tonweise.*** Schon steuerte hin und wieder in den Städten, z. B. in Augsburg, die Obrigkeit durch Verbot dem Kleiderprunk, Karten- und Würfelspiel, während der niedere Adel mit seinen vergänglichen Gesellschaften der Schlegler (Bengeler), Falkener, des Horns, des brummenden Löwen usw. der Üppigkeit so lange nachgehen durfte, bis er verarmt entweder in den Dienst der Bürger und der Fürsten treten oder vom Raubabenteuer leben mußte.

Trotz der oft rohen Trinklust und des feineren, durch öffentliche Häuser geförderten Frauenumgangs herrschten noch anderen Völkern gegenüber häusliche Zucht und Ehrbarkeit. Die entschieden kriegerischen Sitten, die durch Waffenübungen, Jagd und Fehden unterhalten wurden, gaben dem Leib Kraft und Gewandtheit. Man verachtete den Weichling und setzte auf unnatürliche Laster den qualvollsten Tod. Der Knabe lernte sozusagen früher reiten als sprechen, saß fest auf dem einherstürmenden Roß und gewöhnte sich an Hitze, Kälte und alle Unbilden der Witterung. Niemand

* Limburger Chronik, S. 27.
** Ebd., S. 27.
*** Ebd., S. 43. »Auch hatte es sich also verwandelt mit dem Pfeiffenspiel, und hatten aufgestiegen in der Musica, daß die nicht also gut war bißhero, als nun angangen ist. Denn wer vor fünff oder sechs Jaren ein guter Pfeiffer war im Land, der deuchte ihn ietzund nicht ein Fliehen.«

ging unbewaffnet aus. Jeder bewegte gleich gelenkig Waffen und Glieder. Der Ritter und der wohlhabende Bürger hatten in der Regel eine gutgefüllte Rüstkammer, die neben Schwertern, Lanzen, Wurfgeschossen, vielfältigem Sturmzeug auch Feuergewehre oder Bombarden, eine Erfindung der Deutschen, enthielt.*

Im geselligen Leben galten Offenheit und geräuschvoller Frohsinn, die bisweilen durch Ausbrüche des Zorns und lange genährter Rache gestört wurden. Eben deshalb waren Zweikämpfe und Mordtaten nicht selten, die überdies in dem nur eingeschränkten, aber nicht abgeschafften Fehderecht einen Anhaltspunkt fanden. Auf den Burgen und in den Städten, an den Fürstenhöfen und in den Wohnungen des Landmanns wurde die Gastlichkeit als eine überkommene heilige Pflicht geübt. Jedermann bewillkommnete und beherbergte den Fremdling mit fröhlichem Angesicht und reiner Herzlichkeit ohne Eigennutz und Nebenabsichten. Bei solchen Anlässen oder wenn Turniere und Umzüge zu Ehren eines Heiligen und ähnliche Festlichkeiten abgehalten wurden, zeigte der sonst einfache Deutsche gern seinen ererbten oder durch Sparsamkeit und Fleiß gewonnenen Wohlstand. Dann prunkten silberne und goldene Becher auf den Tischen, selbst der Wirtshäuser, strahlten edle und bürgerliche Frauen in seidenen, mit kostbaren Metallen, Perlen und Steinen besetzten Kleidern, schimmerten die Ketten und Zäume der Rosse, die Sporen, Degenscheiden, Panzer und Helme von Gold und Kleinodien.**

Kirchen und Kapellen, Altäre und Reliquien, Priester- und Meßgewänder waren nirgends reicher ausgestattet als in Deutschland, wo man bei abnehmender Gläubigkeit Ersatz im Äußeren suchte. Aber daneben wirkte auch der lautere Sinn für die Darstellung religiös-christlicher Urbilder in der kirchlichen, derzeit geschlossenen Baukunst fort und führte selbst die rohesten Gemüter aufwärts. So riefen einst die Gesandten der Bosnier, als sie den Wiener Stephansturm erstiegen hatten, verwundert aus: »Dieses Werk ist mehr wert denn das ganze Königreich Bosnien!«***

Die Städte, seit dem Anfang des 15. Jahrhunderts allmählich gepflastert, hatten meistens ein jugendlich frisches, reinliches Aussehen und übertrafen in dieser Hinsicht die älteren, an Palästen rei-

---

* Aeneas Sylvius in dem um 1457 geschriebenen Büchlein: »Von den Sitten der Teutschen.« Opera Basileae, 1571, S. 1058.

** Aeneas Sylvius, S. 1055.

*** Aeneas Sylvius, S. 1055.

cheren Schwestern Italiens, wie Venedig, Genua, Florenz und Neapel,* die auch hinsichtlich der persönlichen und öffentlichen Freiheit bei weitem nachstanden. Denn während bei den Welschen nur eine kleine Minderzahl regierte, das Volk aber diente, durfte in den 100 Reichsgemeinden Deutschlands jeder Bürger sein Eigentum sorglos genießen und bei mäßigen Steuern ohne zerrüttende Parteikämpfe den gebührlichen Ehrenplatz einnehmen.**

»Wie furchtbar«, ruft Aeneas Sylvius aus, »müßte der Deutschen Macht sein, wenn die zersplitterten Kräfte vereint wirkten!«***

Daß dies nicht geschah, zeugt aber eben für die Abnahme des mittelalterlichen, Staat und Kirche umschließenden und von Kaiser und Papst geleiteten Vereinigungstriebes.

---

* Ders., S. 1055.

** Ders., S. 1058.

*** Ders., S. 1058. *»Quam igitur et qualem esse horum potentiam principum, quam formidabilem, quam terribilem putas, si uno in loco se ostenderit.«*

## Zweiter Abschnitt

*Preußen und Skandinavien*

Um den Anfang des 15. Jahrhunderts hatten die deutschen Ordensritter den Höhepunkt ihrer Macht und ihres Wohlstands erreicht. Durch Waffen, Kauf und Vertrag waren sie die Herren des großen, oft tief landeinwärts ausgreifenden Küstengebiets, das neben dem eigentlichen, nach Norden die Feste Memel überschreitenden Preußenland nach Westen die Neumark und das zwischen Netze, Weichsel und Ostsee gelegene Herzogtum Ostpommern (Pomerellen) mit der Hauptstadt Danzig (seit 1295) und nach Nordosten Samogitien (Samaiten), Kurland, Livland und Estland umfaßte. Es reichte vom Peipussee bis an die Oder und enthielt vom Finnischen Meerbusen bis zur Leba in Pomerellen etwa 150 Meilen der Ostseeküste.*

Während seit dem Ende des 13. Jahrhunderts in römischen und welschen Ländern der Deutschmeister oder Meister die Güter und die Ritterschaft in Spanien, Italien und Deutschland beaufsichtigte und der Herrmeister in Livland für den ihm übergebenen Kreis dieselbe Wirksamkeit ausübte, regierte mit Siegfried von Feuchtwangen (1309–1312) in der prachtvollen, am Ufer der Nogat erbauten Marienburg der Hochmeister als frei erwähltes, aber mit bedeutender Macht ausgerüstetes Oberhaupt der gesamten, auf die Künste des Krieges und des Friedens gerichteten Vereinigung. Obschon nur Reichsfürst, wurde er an Ehren, Herrlichkeiten, Städten und Ländern einem großen König gleich geachtet.** Ihn unterstützten beratend und zügelnd die Großgebietiger, von denen der Großkomtur als unmittelbarer Stellvertreter des Meisters den ersten Rang einnahm. Der Marschall beaufsichtigte das Heer, der oberste Spittler die Kranken- und Armenpflege, der oberste Trapirer die Kleidung und das Kriegszeug, der oberste Tresler den Schatz und den Haushalt. Diese hohen Ämter aber verlieh das jährlich einmal

---

* Vgl. Band I, S. 543 ff.

** »Ende die Hoege groote Meister van der Duytschen Oirden, ist gerekent gelyck een groot machtich Coninck van stact, van eer, ende van landen.« Chronic. anonym. Eq. Ordinis Teutonici bei Matthaei veteris aevi analect., Band V, S. 690. Die Reihenfolge der Ordensbeamten entwickelt am besten: Bachem, Versuch einer Chronologie der Hochmeister des teutschen Ordens.

versammelte, auch allein für die Gesetzgebung bestimmte Generalkapitel, während der Hochmeister über alle unteren Stellen nach Belieben und ohne Rechenschaft verfügen durfte. Zu jenen gehörten vor allem die Komture, die den besonderen, an eine Burg geknüpften Kreisen (Gebieten) und Konventen von 12–24 Ritterbrüdern vorstanden, die Bezirksverwaltung leiteten und im Krieg das Aufgebot der Reiter und Fußknechte befehligten.

Die Zucht unter den geistlichen und weltlichen Ordensgenossen (Priester- und Ritterbrüdern)* war streng, die Rechtspflege unparteiisch, die Regierung umsichtig, milde und empfänglich für gemeinnützige Unternehmungen. Daher blühten neben den Werken der Ritterschaft Ackerbau, Handel und Gewerbe, selbst Wissenschaften und Künste schnell auf. Den Landmann drückte in der Regel keine Leibeigenschaft und unangemessene Steuer, den Bürger kein Eingriff in die von den Oberherren verliehenen, frische Lebenskraft entfaltenden Rechte und Freiheiten. Den Städten, wie Thorn, Elbing und Danzig, fehlte zwar ständische Mitberatung, aber eben deshalb wuchsen sie, da sie auf die eigenen Angelegenheiten beschränkt waren, zu so unabhängigen, reichen und mächtigen Körperschaften an, daß z. B. Danzig an die 50 000 Wehrfähige zählte und im hanseatischen Bund nach dem Untergang Visbys (1449) Hauptstadt des preußischen und des livländischen Quartiers werden konnte.

Kirchen und Geistlichkeit, letztere unter den vier Bischöfen von Kulm, Pomesanien, Ermeland und Samland, genossen eine freigebige Ausstattung, doch es gab keine Teilnahme der Priesterschaft an den weltlichen Angelegenheiten. Mehrmals hat der Papst umsonst seinen Bann geschleudert. Selbst Ketzer, wie der verfolgte Waldenser Leander, ein gelehrter Arzt und Mathematiker, fanden in Preußen offene Zuflucht. Für die Pflege der Wissenschaften wurden bedeutende Summen verwandt. Es wurden Volksschulen gestiftet und Vorschriften für den Unterricht erlassen. Auch gebildete

* Ruterbroeders, auch weerlicke (streitende) Priester hießen die Laienritter, Priesterbröders die geistlichen Mitglieder. Siehe Chron. Ord. Teut., c. 31. Übrigens zählte der Orden um den Anfang des 15. Jahrhunderts 28 Komture, 46 Hauskomture, 38 Konventherren, 81 Spittelherren, 65 Kellermeister, 37 Pfleger, 18 Vögte, 39 Fischmeister, 93 Mühlmeister, 35 Ordensdomherren, 25 Pfarrherren, 162 Chorherrenpriester, 3162 Ritterbrüder, 6200 Dienstknechte und Hofgesinde, 55 Städte, 48 Schlösser, 18 368 Dörfer, 640 Pfarrdörfer und 2000 Freihöfe. Schütz, Histor. rerum Prussicarum, S. 101.

Fremde aus Deutschland und Italien wurden berufen und in Kulm und Marienburg höhere Lehranstalten gegründet. Viele Ritterbrüder wurden daran gewöhnt und dazu befähigt, neben dem Schwert die Kräfte des Geistes zu achten und zu entwickeln. Sänger und Baumeister, Maler und Bildhauer standen in Ehren. Das noch vorhandene Denkmal der Marienburg beweist, welche Fortschritte die Künste machten. Für das alles genügten die reichen und trefflich verwalteten Einkünfte, die aus den Kammergütern, Steuern, Zöllen, Strafgeldern, Erbabgaben, dem Bernsteinhandel usw. jährlich an die anderthalb Millionen ungarischer Gulden abwarfen.

Diese Blüte gewann der Orden unter dem weisen, tugendhaften und heldenmütigen Hochmeister Winrich von Kniprode (1351–1382), der, wie einst im Großen von Perikles gerühmt wurde, das Schöne mit Maß und die Wissenschaft ohne Verweichlichung liebte. Damals urteilten heimgekehrte Reisende, nirgends hätten sie so wohlgestaltete Männer gesehen wie unter den Rittern Preußens, und in anderen Landen galt das gemeine Sprichwort: »Bist du klug und weise, so ziehe hin nach Preußen und widme dich den Herren in Preußen!«* Aber inmitten aller Macht und Fülle blieb der Hochmeister züchtig und bescheiden und mahnte oft, wenn er im Kreise seiner Untergebenen saß, zu Umsicht und Besonnenheit. »Wir wissen wohl«, sprach er dann im Vorgefühl der Zukunft, »daß diesem würdigen Orden Geld und Gut niemals fehlen werden, jedoch an Weisheit und gutem Rat mag es einst eher gebrechen.«

Dieses warnende Wort wurde nur zu bald erfüllt. Denn die Sitten der Bruderschaft verfielen; Prunk und Üppigkeit, Stolz und Ehrsucht, gewöhnlich im Gefolge der Macht und des Reichtums, rissen ein und schwächten die Bande der Gesellschaft. Zur gleichzeitigen Übung mönchischer und ritterlicher Pflichten bestimmt, unterlag sie langsam dem Andrang der neuen, Herrschertum und weltlichen Sinnengenuß bietenden Verhältnisse, und es wurde die Gelegenheit versäumt, durch zweckmäßige Reform den schleichenden Gebrechen ein Ende zu setzen. Als unumschränkter Landesherr konnte der auf Armut, Heidenkampf und Keuschheit vereidigte Orden nach dem Ablauf seiner unschuldigen, goldenen Heldenzeit nur dann gesund und kräftig bleiben, wenn es ihm gelang, sich selbst dadurch zu beherrschen, daß er die alten, nicht mehr haltbaren Regeln und Formen gemäß den Bedürfnissen der

---

* Chronicon Eq. Ord. Teut., S. 780.

Gegenwart verjüngte – eine Forderung, die nun wiederum aus ängstlicher Ehrfurcht vor den Werken der Vergangenheit zurückgewiesen wurde. Daher traten die Obliegenheiten des ritterlichen Weltmanns gleichsam in heimlichen, heuchlerischen Wettkampf mit den strengen und rauhen Geboten des demütigen Klosterbruders und erzeugten unnatürlichen Zwang, gleichzeitig Heuchelei und Parteibildung.

Dieser Mangel an Gleichmaß und festen Grundsätzen geht schon aus dem abweichenden Betragen der Hochmeister hervor, deren Persönlichkeit mehr und mehr die Oberhand gewinnt, während sie früher dem Wohl des Ganzen untergeordnet wurde. Wenn z. B. Konrad von Wallenrode über Gebühr den Krieg liebte und die Geistlichkeit haßte,* so war sein Nachfolger, Konrad von Jungingen (seit 1394), dagegen ein zu eifriger Anhänger des Friedens und der römisch-apostolischen Kirche, so daß unter seinem milden Regiment die Unordnung wuchs und die Widersacher ungerügt urteilen durften, er eigne sich eher für Klosternonnen als für Ritter und Völker des Landes Preußen. Aber diese und ähnliche Schmähreden störten den Hochmeister, der die nahenden Gefahren erkannte, in seinem Entschluß, die Fehdelust zu zügeln, nicht. Von Gesinnung durchaus edel und über Eigennutz erhaben, mahnte vielmehr Konrad auf dem Totenbett die Ordensgenossen dringend, ja nicht seinen Bruder Ulrich an die Nachfolge zu wählen, denn der sei zu heftig und werde dem Land nur Schaden bringen.

Das Generalkapitel aber, längst überdrüssig der Ruhe und uneingedenk der großen Wechsel, die bereits Sitten und Lebensart erlitten hatten, vergaß bald den Rat des Sterbenden und ernannte den streitbaren Marschall Ulrich von Jungingen zum Hochmeister (26. Juni 1407). Dieser traf sofort kriegerische Rüstungsanstalten, nahm Reiter und Fußknechte in Sold, warb um Bündnisse mit fremden Fürsten und Herren und kündigte darauf den beiden mächtigsten Feinden, dem Großherzog Witold von Litauen und dem König Ladislaus-Jagello von Polen, gleichzeitig die Fehde an. Letzterer, aus dem Geschlecht der litauischen Großfürsten, hatte durch die Annahme der Taufe die Hauptursache der bisherigen Glaubenskriege mit seinem Vaterland entfernt, indem Adel und Volk seinem Beispiel folgten. Gleichzeitig hatte er durch Vermäh-

---

* Er pflegte zu sagen, man habe in jeglichem Land an einem Bischof und einem Priester genug und müsse diese Herren daneben einsperren, damit sie in desto größerer Abgeschiedenheit des Seelenheils pflegen könnten. Chronic. Teut., S. 783.

lung mit Hedwig, der Erbtochter König Ludwigs, den Thron der Jagellonen nach Polen verpflanzt (1386), während sein tapferer und gewandter Vetter Witold Litauen als Lehen behielt. Aber hier wie in Polen schlugen Eifersucht und Haß gegen die erobernden, an Geist und Waffenkunst überlegenen Deutschritter in demselben Maße tiefere Wurzeln, in dem der Orden wuchs.

Jedoch hielt Ladislaus aus Frömmigkeit und Einsicht so lange Frieden, bis der ungestüme Großmeister ihn zuerst brach. Dann aber wappnete er nachdrücklich zu einem entscheidenden Schlag. Er stellte alles wehrhafte Volk unter die Waffen und ließ aus Schlesien, Mähren und Böhmen beträchtliche Scharen Mietknechte nach Polen entbieten. Heidnische Tartaren und wilde Litauer, nur dem Namen nach Christen, zogen unter dem Großherzog Witold von Nordosten her gegen Preußen an und vereinigten sich bei der Drebnitz mit den Gewalthaufen der Polen, die der König führte. Brand, Raub und Mord kennzeichneten ihren Weg. Die Stadt Gilgenburg wurde gestürmt und eingeäschert, die Einwohnerschaft ohne Rücksicht auf Alter, Geschlecht und Stand erschlagen und danach im Forst von Tannenberg die Ankunft des Feindes erwartet.

Dieser zauderte nicht lange; ihn trieben Kampf und Rachelust vorwärts, so daß er weder auf Zahl noch Stellung des Gegners achtete. Ja, der Hochmeister Ulrich sandte dem König durch einen Herold zwei Schwerter und lud ihn ein, sich aus dem Wald auf die Ebene zu begeben, damit hier ein Gottesurteil der Schlacht ritterlich gehalten werden könnte. Die Straße wolle man inzwischen öffnen und niemanden beim Hinausziehen hindern. Denn das fordere Ritterpflicht.

Freudig empfing Ladislaus die Botschaft, behielt eines der Schwerter als Zeichen des Sieges, entließ den Herold reich beschenkt und rückte aus dem Dickicht in die Ebene, über 100 000 Mann stark, die sich um 100 fliegende Banner sammelten. An die 40 000 Geharnischte standen in beiden Heeren einander gegenüber. Alsbald entbrannte ein herber, blutiger und wechselvoller Streit. Reihenweise wurden Tartaren und Litauer von den Kriegsleuten des Ordens niedergemacht, Polen, Mähren und Böhmen mehrmals zurückgedrängt; aber frische Haufen nahmen den Platz der Erschlagenen, Verwundeten und Flüchtigen ein.

Die siegreichen Deutschen ermatteten wegen der Überzahl des Feindes und mußten ihr drittes und letztes Treffen aufbieten. Da rieten etliche Getreue dem Hochmeister, die Kampfstätte zu räumen und mit dem noch unversehrten Volk Städte und Schlösser zu schützen. Er aber antwortete: »Davor behüte mich Gott, daß ich aus dem Felde reite, auf dem so mancher Biedermann den Tod und die Gefangenschaft gefunden hat!« und ließ auch den Rückhalt hervorbrechen. In diesem Augenblick, als die Deutschen, ermüdet von dem langen Kampf, eine sichere Blöße gewährten, befahl König Ladislaus der Blüte des polnischen Adels, der bisher noch nicht gekämpft hatte, den Angriff zu tun, während sich die flüchtigen Heiden von neuem sammelten. Solcher Übermacht unterlagen endlich die Ordensleute; der Hochmeister, die meisten Komture, fast 600 Ritter und 40 000 Gemeine fielen; was überlebte, wurde gefangen oder zersprengt.*

Ein Tag hatte auf diese Weise die Früchte mehrerer Menschenalter vernichtet. Er hatte den Kern der fremden und heimischen Wehrmänner zerstört, den Ruf der Unüberwindlichkeit getilgt, vor allem aber die Gebrechen eines schon untergrabenen, von der Masse des Volkes getrennten Kriegerstaates enthüllt. Denn die Niederlage bei Tannenberg (15. Juli 1410) stürzte auch die Herrschaft der deutschen Herren in Preußen, indem fortan bürgerliche Wirren zu den äußeren Feinden traten und vollendeten, was diese begonnen hatten.

Kaum hatte nämlich der unerschrockene Komtur Heinrich von Plauen durch die tapfere Verteidigung Marienburgs den Orden gerettet und im Thorner Frieden (1411) mit Ausnahme Samogitiens das ganze Gebiet behauptet, als nach kurzer Ruhe innere Zwistigkeiten ausbrachen. Denn hier klagten Adel und Städte, begierig nach dem Gewinn ständischer Freiheit, über Eingriffe in Rechte und Eigentum, dort Bauern und leibeigene Untertanen über unerträglichen Steuerdruck, während die Ritterschaft selber in Parteien zerfiel und den Hochmeister willkürlicher Herrschsucht bezichtigte. Jener, eben der Held Marienburgs, Graf Heinrich von Plauen, versuchte, rauh und spröde wie er war, durch Strenge und Furcht den Machtgeboten Ansehen zu geben. Er ließ widerspenstige Bürger Danzigs verhaften und hinrichten, für die Tilgung der Schulden geringhaltige Münzen schlagen, Gold und Kleinodien der Kirchen einziehen und aus steigendem Mißtrauen meistens Blutsverwandte in den höheren Ämtern regieren.

---

* Vgl. Aeneas Sylvius, De Europa, S. 421. Opera. Chronic. Eq. Ord. Teut., S. 787. Stenzel, Geschichte des preußischen Staats, S. 147. Es fehlte die Gelegenheit, das größere Werk von Voigt zu benutzen.

Darüber erbittert, setzte die Mehrheit des Generalkapitels den Hochmeister, der in Dürftigkeit sterben mußte, ab (1413) und wählte dessen Erbfeind, Michael Küchenmeister, an die Nachfolge. Dies vollendete den Bruch der Ritterschaft; zersplittert in die Parteien vom »Goldenen Vlies« und vom »Goldenen Schiff«, konnte sie den jetzt rasch anwachsenden Kräften der ständischen Gegenpartei nicht lange das Gleichgewicht halten, zumal die mit Eifer aufgenommenen Grundsätze Hussens auch einen religiösen Gärungsstoff geschaffen und die von etlichen Hochmeistern schon bezweifelte Rechtgläubigkeit offenbar angegriffen hatten. Daher mußte der bisher souveräne Orden in die Errichtung eines Landrates einwilligen, der aus den klügsten und angesehensten Ritterbrüdern, zehn Abgeordneten des Adels und ebenso vielen Ratsherren der fünf Hauptstädte gebildet wurde, in Marienburg sitzen und mit dem Hochmeister über Steuern sowie allgemeine Landesangelegenheiten entscheiden sollte (1416).

Eine mangelhafte Vollziehung des Vertrags, da der an Herrschen gewöhnte Ritter die stellenweise Einbuße seiner Macht nicht verschmerzen konnte, neue, meistens unglückliche Fehden mit den Litauern und Polen, gesteigerte Ansprüche der Stände, die des Ordens Gebrechen, Blößen und Zerwürfnisse deutlich sahen und im Notfall auch auf Hilfsscharen des polnischen, lauernden Nachbarn zurückgreifen konnten, schließlich die durch keinen Gewissensdruck beschwichtigten Glaubenswirren der Hussiten – diese Ursachen und Verhältnisse bewirkten ein rasches und kräftiges Wachstum der konstitutionellen, auf Beschränkung der Ordenshoheit (Souveränen) gerichteten Partei. Denn der neue, erweiterte Landrat sollte neben dem Hochmeister sechs Untergebene, sechs Prälaten, sechs Bevollmächtigte des Adels und sechs gleichfalls vom Hochmeister ernannte Boten der Bürgerschaft enthalten. Er sollte sich jährlich einmal in Marienburg versammeln und alle Streitigkeiten über Freiheiten und Rechte durch gesetzlichen Spruch erledigen, Steuern bewilligen, die Führung der Geschäfte beaufsichtigen und überhaupt die Befugnisse des Landesherrn teilen (1430).

Doch dadurch wurde der Friede nicht wiederhergestellt. Denn einerseits hatte der Orden durch das Recht, alle Stellvertreter zu ernennen, seiner Hoheit nur geringen Abbruch getan, andererseits hatte die Gegenpartei trotz der abhängigen Wahl die gesetzliche Teilnahme an der Regierung gewonnen – ein ständisches Blendwerk, das bei dem entschiedenen Wesen der Parteien über kurz oder lang fallen mußte. Daneben verlor die Ritterbruderschaft immer mehr im öffentlichen Urteil des Volkes, weil die stolzen Süddeutschen aus Schwaben, Franken, Bayern und Österreich in den Besitz der wichtigsten Ämter gelangten und gegen die Städte wie den niederen, eingesessenen Adel ein hochmütiges Betragen annahmen, das zu der freundlichen, milden Weise der Nord- und Mitteldeutschen aus Thüringen, Meißen, Sachsen, Westfalen, Brabant, Flandern und dem Rheinland einen schneidenden Gegensatz bildete.*

Die Landstände, der Adel und die Städte nutzten daher unter der Leitung des tapferen, umsichtigen und aufstrebenden Hans von Baisen, aus dem deutschen Geschlecht Zailingen, den wachsenden Zwiespalt des Ordens. Sie forderten freie Getreideausfuhr, Abschaffung der Zölle und daß kein Deutschritter Handel treiben solle. Als sie mit ihren Beschwerden abgewiesen wurden, nötigten sie den alten, schwachen Hochmeister, Bellizer von Rußdorf, zur Flucht von Marienburg nach Danzig und bald darauf zur Einberufung einer Tagfahrt nach Elbing. Laut und heftig erschollen hier die Klagen über Willkür, Geiz, Wollust, Bestechlichkeit und Völlerei der Ritterbrüder – eine Einleitung zu dem Bund (Union), den etliche Wochen später Länder und Städte, gemeine Ritter, Knechte, Bürger und Einwohner Preußens am Montag nach Judica (13. März 1440) zu Marienwerder aufrichteten und unterzeichneten.

Darin gelobten sie für sich und ihre Nachkommen, »daß jeglicher dem Herrn Hochmeister und seinem Orden wie überhaupt seinem Herrn tun solle, was er von Ehren und Rechtens wegen zu tun pflichtig sei, verlangten aber dagegen, daß der Herr auch sie bei ihren Rechten, Freiheiten und Briefen lasse, alte Beschwerungen abtue und keine neue auflege. Wider Gewalt solle man zuerst beim Hochmeister, darauf dem großen, alljährlich abzuhaltenden Richttag (Landgericht) klagen und, wenn das alles fruchtlos sei, getreu und feste, einer bei dem andern, in seinem Recht bleiben und die Sache zum Ende helfen austragen. Und ob jemand mit Gewalt überfallen, an seinem Leib beleidigt oder unschuldig zum Tod gebracht würde, so wolle man das dem Herrn Hochmeister klagen und begehren, daß er ein solches richte unverzüglich; möchte dann das nicht geschehen, so gelobe man in guten Treuen, sich darin getreulich und mit solchem Ernst zu beweisen, daß man erfinden solle, wie ihnen allen ein solches leid sei, und wolle das an

*Chronic. Eq. Ord. Teutonic., S. 792.

ihm, dem Vergewaltiger, seinen und ihren Beilegern, an Leib und Gut, nach seinem höchsten Vermögen, nicht lassen ungerächt. Was endlich von den gemeinen Ländern und Städten auf den Tagfahrten mit Eintracht, nach alter Gewohnheit, verliebet (gut befunden) und beschlossen werde, wolle man getreulich halten.«*

Diese Einigung, der neben dem Adel anfangs 20, zuletzt 55 Städte** beitraten, bildete fortan das unerschütterliche Bollwerk gegen die oft mißbrauchte Landeshoheit des Ordens. Umsonst versuchte der kluge und für die Gemeinwohlfahrt besorgte Hochmeister Konrad von Erlichshausen (1441–1449) durch teilweise Nachgiebigkeit den aufsteigenden Sturm zu beschwichtigen. Der Bund, den Kaiser Friedrich III. urkundlich genehmigte (1451),*** verharrte im Mißtrauen, die Mehrheit der Ritterbrüder im Trotz des Herrschertums, so daß die Spannung immer größer, die Aussicht auf Frieden immer ungewisser wurde. Da beschleunigte der Tod des besonnenen und versöhnlichen Hochmeisters den Durchbruch. Die Stände nämlich verweigerten seinem schwachen und dabei hochmütigen Nachfolger, Ludwig von Erlichshausen (1450–1467), die Huldigung, wenn er nicht vorher alle Beschwerden getilgt hätte. Die Ritterbrüder dagegen, den stolzen Deutschmeister Jost von Venningen an der Spitze, drohten aufrührerischen Untertanen mit schwerer Züchtigung und forderten, daß der Bund als pflichtwidrig abgeschafft würde. Der dem Orden bedingungslos günstig gesonnene Legat des Papstes Nikolaus V. mehrte durch sein stolzes Betragen den Unfrieden.

Auf beiden Seiten geschahen Rüstungen, während Kaiser Friedrich die Parteien einlud, Boten nach Mähren zu senden und hier die letzte Entscheidung des Reichsoberhaupts zu empfangen. Da klagten in weitläufiger Rede die Ständischen über jahrelangen, vielfältigen Druck und Schimpf, den sie an Leib und Gut straflos hätten dulden müssen, über willkürliche Steuern, Fälschung der Münze, ungerechte Verhaftungsbefehle und Todesurteile, Gewalttätigkeiten, die an Frauen und Jungfrauen verübt wurden, und

* Dumont, Corps diplomatique, Band III, S. 1, S. 86.
** Aeneas Sylvius, Comment., II. Buch. Opera, S. 478.
*** Dumont, Band III, S. 181. »Wir gebieten allen Fürsten, Geistlichen und Weltlichen, Graffen, Frey-Herrn, Rittern, Knechten, Bürgermeistern, Gemeinen und allen anderen unseren und deß Reiches Unterthanen ernstlich und festiglich, daß sie die vorgenandten Städte und die so sich mit ihnen verbunden, oder vertragen, bey den obgemelten Verwilligungen, Gnaden, Vergnügungen und Erlaubnissen bleiben lassen.«

schilderten den durch Eidgelübde bekräftigten Bund als die von natürlichem und geschriebenem Recht erlaubte Waffe der Notwehr. Diese gebiete aber, Gewalt mit Gewalt abzutreiben. Nie habe es ein Recht gegeben, weder geistlich noch weltlich, weder bei Heiden noch bei Christen, das jemanden zwingen könne, sich guten Willens unrechtmäßiger Gewalt zu unterwerfen. Wenn einer den Sohn im Angesicht des Vaters ermordete oder das Weib im Angesicht des Ehemanns entehrte oder freie Leute ohne Urteil und Recht hinrichtete, so lehrte die Natur selbst einen jeden, nicht allein die Gewalt abzutreiben und zu hindern, sondern auch an dem Gewalttätigen sich mit der Faust zu rächen. Der Bund sei nach göttlichem und natürlichem Recht gestiftet worden, sintemal Gott und die Natur vom ersten Anbeginn nicht allein den Menschen, sondern auch den wilden Tieren eingepflanzt und zugelassen hätten, daß sich ein jedes gegen unrechtmäßige Gewalt nach Kräften schützen und bewahren möge.*

Der kaiserliche Spruch aber fiel zugunsten des Angeklagten aus und gebot, daß die Städte und Herren ihre Einigung auflösen und dem Orden getreu, hold und untertänig sein sollten (28. Dezember 1453). Die Verbündeten jedoch legten gegen solches Urteil Verwahrung ein. Im geheimen warben sie Reiter und Fußknechte, knüpften mit dem König Kasimir von Polen Unterhandlungen an und sandten plötzlich, als die Wehrmaßnahmen vollendet waren, nach Marienburg folgenden Absagebrief: »Ehrwürdiger Herr Hochmeister! Als ihr Hochmeister wurdet, so habet ihr die Huldigung von uns begehrt, die wir leisteten, soferne verheißen wurde, uns bei unseren Rechten zu lassen und jährlich auf einer Tagfahrt mit uns zu richten Gewalt und Unrecht. Aber das ist nicht geschehen. Auch hat eure Würdigkeit uns lassen schinden, lästern und entehren als Verräter und Meineidige und viele lästerliche Schriften über uns geschrieben an Könige, Herzoge, Fürsten, Herren und Städte. Darum sagen wir euch Huldigung und alle Pflicht von derselben auf und wollen hiermit für uns, unsere Helfer und Helfershelfer unsere Ehre bewahrt haben (6. Februar 1454)!«**

Danach erhob sich fast das ganze Preußenland. Innerhalb etlicher Wochen wurden, durch Verrat unterstützt, an die 56 Ordensburgen eingenommen, von denen mehrere geschleift wurden. Man

---

* Schütz, Historia Rerum Prussicarum, S. 189.
** Chronicon Eq. Ord. Teutonic., S. 808, und Schütz, S. 195. Vgl. Stenzel, S. 212.

fing und ermordete etliche Ritterbrüder, nötigte andere zur Flucht nach Deutschland und schloß Marienburg, das mit den Städten Stum und Konitz allein widerstand, eng ein. Umsonst versprach der Hochmeister die Anerkennung des Bundes und das Ende aller Beschwerden. Der Bund, durch Hans von Baisen geleitet, warf die Brücke der Versöhnung ab. Von blindem Parteihaß über die Schranken der Pflicht hinausgetrieben, rief er den Schutz des alten Erbfeindes, Polens, an und versprach, diesem mit Vorbehalt herkömmlicher Rechte und Freiheiten als Oberherrn zu huldigen.

Eine Zeitlang schwankte König Kasimir, stellte aber, sobald die Boten im Weigerungsfalle einen anderen Schutzherrn zu wählen drohten, die Aufnahmeurkunde aus (6. März 1454). Sie erklärte – weil man nach göttlichen und menschlichen Rechten lasterhaften und willkürlichen Herrschern keinen Gehorsam schuldig sei – die vom deutschen Orden abgefallenen Länder Preußen, Kulm, Michelau und Pommern für wieder vereinigt und dem polnischen Reich einverleibt, an dessen Rechten, Freiheiten, Ehren und Vorzügen, auch hinsichtlich der Königswahl, sie fortan teilnehmen dürften. Des weiteren hob sie den Pfundzoll und andere Zölle auf, entsagte dem grausamen und unchristlichen Strandrecht und erlaubte für die Verwaltung einen Statthalter und einen Landrat, ohne dessen Beiziehung der König nichts tun solle. Sie bestätigte und erweiterte endlich alle Rechte, Freiheiten, Briefe und Vorzüge, die bisher Gültigkeit gehabt hätten, und gelobte, jede Beeinträchtigung derselben gewissenhaft zu meiden. Dagegen versprachen die Prälaten, Freiherren, Ritter, Edelknechte, Bürger und Einwohner der genannten Länder, vorbehaltlich ihrer Rechte, dem König von Polen in Treue zu dienen und niemals ohne seine Erlaubnis mit dem Hochmeister und Orden der Deutschritter irgendeinen Vertrag, welcher Art auch immer, abzuschließen. Denn göttliche und menschliche Satzungen erlaubten jedem Lehnsmann und Untertan, das Joch der Knechtschaft abzuschütteln und sich unter den Schutz einer gerechten Herrschaft und Obrigkeit zu begeben.*

Darauf sagte der neue Oberherr, dem Städte und Land wetteifernd huldigten, dem Orden Fehde an, wurde aber nach erfolgloser Einschließung Marienburgs bei Konitz trotz der sechsfachen Überlegenheit durch Heinrich Reuß von Plauen so vollständig geschla-

* Siehe die polnische Einverleibungsurkunde und den preußischen Abschwörungsbrief bei Dumont, Band III, Nr. 147 und 148.

gen, daß die Wagenburg mit 4000 Rüstkarren, vielen goldenen Ketten und Kleinodien in die Hand des Siegers kam. Königsberg und etliche andere Städte gelobten dem Hochmeister wiederum Treue (17. September 1454). Aber die Zuchtlosigkeit und Habgier der deutschen Söldnerbanden, besonders aus Franken, Schwaben und Bayern, brachten bald den Orden in äußerste Not. Er mußte den unbändigen Rotten, die nur für Geld dienten und keinen Funken christlicher Milde oder ritterlichen Ehrgefühls hatten, die Marienburg, alle Schlösser, Städte und Länder in Preußen wie in der Neumark verpfänden und zum beliebigen Gebrauch überlassen, wenn die gesetzte Frist abgelaufen wäre.

Als nun diese erschien und keine vollständige Zahlung geschah, rückten die Söldner in Marienburg ein. Sie nötigten den weinenden Hochmeister mit seinen Untergebenen zum Abzug und mißhandelten die zurückgebliebenen Priester und Ritterbrüder. Sie brachen Gemächer und Kapellen auf, raubten Kelche und Meßgewänder und zerschlugen Kreuze und Heiligenbilder. Priester und Altardiener, wenn sie nachts die Messe lesen wollten, zogen sie bis auf das Hemd aus und trieben sie wie gehetztes Wild durch die Gänge. Danach übergaben sie, verhärtet gegen Bitten und Tränen, das älteste, ehrwürdigste Haus, die Marienburg, nebst allen übrigen verpfändeten Schlössern dem König von Polen für 436 000 ungarische Gulden und kehrten dann scharenweise in die Heimat zurück (1456), wo sie Heiden und Unchristen gescholten wurden.*

Doch dieser Schimpfname wirkte nicht mehr. Schon hatte die Macht des Geldes so tiefe Wurzeln geschlagen, daß sie zuletzt den Ausschlag geben mußte. Umsonst versuchte deshalb der Orden, durch Verpfändung der Neumark an den Kurfürsten Friedrich von Brandenburg (1456) Mittel für neue Soldknechte zu gewinnen. Die gewerblichen Städte, Danzig an der Spitze, konnten leicht das Doppelte bieten und dadurch die feindlichen Haufen, bei denen keine Triebfedern der Treue und Sittlichkeit regierten, zum geheimen oder offenen Verrat anlocken. Dennoch dauerte die Fehde unter Raub, Brand und Mord mit wechselndem Glück 13 Jahre lang fort, wobei die östlichen Gebiete dem Hochmeister, der in Königsberg siedelte, die westlichen dem Bund und Polen anhingen. Endlich wurde in Thorn unter Vermittlung des Heiligen Stuhls dahingehend Friede geschlossen, daß die Landschaften Michelau,

* Schütz, S. 262.

Kulm und Pomerellen (Vorderpreußen) nebst den Städten Danzig, Thorn, Elbing, Marienburg, Stum und Christburg sowie den Bistümern Kulm und Ermeland an Polen fallen, die übrigen Besitzungen aber, Pomesanien und Samland (Hinterpreußen), dem Hochmeister als Lehnsfürsten und beständigem Rat der polnischen Krone bleiben sollten (19. Oktober 1466).*

Hart war der Verlust beider Teile. Man zählte auf seiten des Ordens und seiner Feinde während der dreizehnjährigen Fehde wenigstens 300 000 Tote, Edle, Bürger, Bauern und Soldknechte. Von 18 368 preußischen Dörfern entgingen kaum 3020 der Zerstörung. Etwa 1019 Kirchen lagen in Trümmern; ganze Strecken glichen einer Wüste. Wo einst Flecken, Dörfer, Höfe und Saatfelder prangten, sah man Brandstätten, Wälder und Heide.**

So kennzeichnete Preußen das Ende seines Mittelalters durch den Verlust der Unabhängigkeit und volkstümlichen Gesittung. Es mußte sich, getrennt in eine deutsche und eine slawische Hälfte, unter polnischem, von Leibeigenschaft und Roheit begleitetem Druck mühsam zu einem neuen Leben emporarbeiten und den Fehler, das Glück nicht ertragen zu haben, für viele Menschenalter büßen.

Während in Deutschland und auf dem Gebiet des deutschen Ordens alles auf Zersplitterung hinarbeitete, dort die Reichseinheit in einen leeren Namen umwandelte, hier mit einer fremden Schutz- und Oberherrschaft endete, trachtete Skandinavien, wenn auch fruchtlos, seine durch Abkunft, Sprache und Sitten einander befreundeten, aber durch langjährige Eifersucht entfremdeten Völker demselben Gesetz der Nationaleinheit zu unterwerfen. Diese für den germanischen Hochnorden wichtigste und folgenreichste Änderung empfing ihren Anstoß von Dänemark, dessen erkünstelte, auf dem Weg erobernder Heerfahrten gesuchte Größe nach kurzer Blüte verschwand*** und den greulichsten Gewalttätigkeiten Platz machte. Seit nämlich König Waldemar II., der Sieger genannt, die Reste seiner durch die Schlacht bei Bornhövde zersplitterten Land- und Seeherrschaft unter seine drei gleich ehrgeizigen und boshaften Söhne, Erich, Abel und Christoph, verteilt hatte, brachen hun-

---

* Siehe die Vertragsurkunde bei Dumont, Band II, Nr. 268.
** Schütz, S. 332.
*** Siehe Band I, S. 543.

dertjährige Wirren aus (1242–1340), während derer Brüder gegen Brüder kämpften. Sie begründeten die zügelloseste Übermacht des Adels und der Geistlichkeit und schufen viele tausend Freibauern in Leibeigene einer priesterlich-ritterschaftlichen Kaste um. Sie zerstörten Handel, Gewerbe und Flotte, öffneten dem hanseatischen Bund die Pforte und überlieferten die meisten Landschaften und Städte den Fremden. Mit einem Wort, sie führten das Reich an den Rand des Verderbens. Denn beim Tod König Christophs II. (1334) hatte Dänemark für immer Rügen eingebüßt, Schonen, Halland und Blekingen an Schweden, Nordjütland, Fünen, Seeland und Laaland an die Grafen Gerhard und Johann von Holstein abgetreten und für die Krone nichts als ein Stück von Laaland gerettet, das einstweilen unabhängig schaltende Adelshäuptlinge mehr aus Gnaden denn aus Notwendigkeit oder Pflichtgefühl tolerierten.

Rettung brachte der letzte Estrithide, Waldemar III., mit dem Beinamen Allerdag, das heißt: »Morgen ist wieder ein Tag« (1340–1375). Nicht träge und aufschiebend, wie man etwa aus seinem Wahlspruch entnehmen möchte, sondern tatkräftig und ausdauernd, kühn und verschlagen zugleich, hat er die zerstückelten Glieder des väterlichen Reiches teils durch Waffengewalt und Klugheit, teils durch Geld und Ränke wieder versammelt und verbunden. Das zu weit entfernte Herzogtum Estland überließ er käuflich dem deutschen Orden (1347), viele verpfändete Schlösser und Städte in Fünen, Jütland und Seeland löste er ein. Nicht zufrieden mit der Besitznahme der von Schweden entrissenen Landschaften, eroberte er Öland und Visby (1360), und den Untergang androhenden Krieg mit der norddeutschen Hanse (1361–1370) beendete er durch einen wenn auch nicht ehrenvollen, doch für die Umstände vorteilhaften Frieden.*

Er brach den Trotz der Großen und verschaffte dem Eigentum und den streng vollzogenen Gesetzen Achtung. Mitten in einer wilden, von Fehden, Hungersnot und Pest heimgesuchten Zeit bereitete er selbst den Wissenschaften und Künsten eine Zufluchtsstätte.

Waldemars unternehmerische und geistvolle Tochter Margaretha, die mit Hakon VIII., König der Norweger, vermählt war, setzte dem Werk des Vaters dadurch die Krone auf, daß sie zunächst für den früh verstorbenen Sohn Olof (1375–1387), danach in eigenem Namen Dänemark und Norwegen mit Kraft und Um-

* Siehe S. 44 in diesem Band.

sicht regierte und schließlich auch in Schweden einen mächtigen Anhang gewann. Denn hier hatten unter den Wahlkönigen des Folkungergeschlechts (1250–1363) unaufhörliche Fehden der Lehnsgroßen und um die Krone kämpfender Nebenbuhler den Adel und die Priesterschaft erhöht und die Bauern und Bürger herabgedrückt. Trotz des öffentlich verkündeten Landfriedens (1295) und abgeschafften Zweikampfs hatten diese ständigen Fehden die unbestimmte Neuerungslust und das selbstsüchtige Mißtrauen der Stände genährt.

Solche Wirren wuchsen, als nach der Absetzung des letzten Folkungers, Magnus Erichson, mit dessen Schwestersohn, Albrecht von Mecklenburg, der erste Fremde den schwedischen Thron bestieg (1363) und, roh wie er war, auf Kosten des Landes seine deutschen Trink- und Waffengesellen abfütterte. Dazu kam, daß die langjährige und schrankenlose Macht eines heimischen Großen und Günstlings, Bo Jonsson, einen beträchtlichen Teil des Adels erbittert und auch dann nicht beruhigt hatte, als der Tod des gefürchteten Rates (1386) die Zügel der Regierung den Händen des schwachen, an Willkürlichkeit gewöhnten Königs überlieferte. So wich der Haß gegen die Dänen der allgemeinen Unzufriedenheit. Albrecht wurde in der Schlacht bei Falköping vom Heer der schwedischen Mißvergnügten, das dänische Hilfsscharen unterstützten, besiegt, gefangen und danach wegen seiner stolzen, albernen Reden auf Befehl Margarethas mit einer Narrenkappe geschmückt (1389).

Da sie jetzt dem Ziel lang gehegter Pläne nahe war, ließ die Königin ihren Pflege- und Schwestertochtersohn, Herzog Erich von Pommern, zum gemeinsamen Oberhaupt aller skandinavischen Länder wählen und auf der großen Versammlung zu Kalmar krönen. Dort wurde am Margarethentag (13. Juli 1397) auch die ewige Einigung (Union) der drei nordischen Reiche dahingehend verabredet und unterzeichnet, daß jedes Land unter demselben, aus einem Geschlecht zu wählenden König neben seinem eigenen Rat auch besondere Gesetze und Rechte behalten, Streitigkeiten mit den Bundesgenossen vermeiden oder auf dem Weg der Güte schlichten und gleichen Freund und Feind anerkennen sollte.

Schon die Unvollständigkeit des Vertrags, der nichts bestimmte über die Art der Königswahl, den Sitz der Regierung, das Verhältnis der Stände, die Beiträge an Mannschaft und Geld für gemeinschaftliche Unternehmungen usw., beweist, daß die Union mehr auf einen bleibenden Landfrieden der bisher einander feindseligen Skandinavier denn auf staatsbürgerliche Verschmelzung berechnet war und eben deshalb nicht sowohl die innere als die äußere Einheit der Völker beabsichtigte. Dennoch bezeichnet die glückliche, aus der örtlichen und zeitlichen Lage hervorgegangene Ahnung eines skandinavischen Gesamtreichs den Schwer- und Wendepunkt der nordischen Geschichte, die sich eben in den Bestrebungen für und gegen den Einigungsvertrag vom Mittelalter ablöst und eine andere Entwicklungsbahn sucht. Denn die alte Richtung enthielt abstoßende, die neue anziehende Kräfte; jene arbeitete für das gesonderte Leben der Stämme, diese erstrebte zunächst für den Vorteil der Krone und des Adels eine stärkere Zusammenziehung der vereinzelten Fäden.

Doch der an sich tiefe und vorwärtsblickende Plan, der dem germanischen Hochnorden ein dauerndes Übergewicht gesichert hätte, wenn er tatsächlich ausgeführt worden wäre, scheiterte vor allem deshalb, weil er nicht aus den inneren Bedürfnissen der Völker wie eine freie Schöpfung hervorging, sondern als die Frucht der Staatsklugheit von oben nach unten wirkte und die Massen, die dennoch unverändert blieben, ihren eingewurzelten Leidenschaften und Streitigkeiten überlassen mußte. Dazu kam, daß Bauern und Bürger nichts gewannen, Adel und Geistlichkeit aber ihre früher errungene Steuer- und Gerichtsfreiheit behaupteten und dem gemeinen Mann alle Lasten aufbürdeten, was nun wiederum aufgrund des Selbstgefühls und der gesetzlichen Teilnahme an der Reichsstandschaft mit Entschiedenheit zurückgewiesen wurde. Darüber hinaus versuchte die Hanse bald durch Ränke und Bestechung, bald durch offene Feindschaft und Waffengewalt um jeden Preis eine innige Verschmelzung Skandinaviens zu verhindern und auf jede Weise die Schwäche und Zerrissenheit der Sondergebiete zu nähren – ein Verfahren des norddeutschen Städtebundes, das hinsichtlich der Absichten und Mittel an das Papsttum gegenüber der volkstümlichen Einheit Italiens erinnert.

Daher konnten nur eine bedeutende Willensstärke und Gewandtheit des Gesamtkönigs, wie sie aber kein Fremdling besaß, die widerstrebenden Stoffe zusammenhalten und den äußeren wie inneren Gefahren Trotz bieten. Kaum war aber Margaretha, die in den weitläufigen Gebieten vom Eismeer bis hinunter zur Eider durch Weisheit und Kraft Frieden geschaffen hatte, gestorben (1412), als unter ihrem wankelmütigen, habsüchtigen und unbeholfenen Nachfolger, Erich von Pommern (1412–1439), der langwierige und kostspielige Krieg gegen die Grafen von Holstein, denen das umstrittene Herzogtum Schleswig blieb (1435), das Zeichen zur Auflösung des Unionsvertrags von Kalmar gab. In Schweden nämlich, wo ausländische Vögte so schamlos regierten, daß dem Gerücht nach in Dalekarlien und Westmanland ein dänischer Zwingherr, Jösse Erichsson, Bauern durch Aufhängen im Rauchfang peinigte und schwangere Frauen vor den Heuwagen spannte,* trat der hochherzige und kluge Dalekarlier Engelbrecht, Engelbrechts Sohn, nach erfolglosen Klagen an die Spitze des Landvolks. Er vertrieb die Vögte und fremden Soldknechte, brach an die 20 Schlösser (1434) und leitete danach zwei Jahre lang als Reichsverweser die inneren und äußeren Angelegenheiten mit solcher Umsicht, daß der ehrgeizige und hochstrebende Karl Knutson Bonde an die Stelle des ermordeten Bauernfreundes treten und später als König Karl VIII. (1448–1470) unter mannigfaltigen Fehden die Ablösung von der Union vollenden konnte.

Dem Beispiel Schwedens folgten Dänemark und Norwegen. Sie verjagten den Pommer Erich und übertrugen die Nachfolge dessen leichtfertigem, wollüstigem Schwestersohn, Christoph von Bayern, einem Fürsten, der durch Gemeinheit der Sitten, Steuerdruck und Elend auch die letzten Spuren des Vertrags von Kalmar tilgte (1440–1448). Denn nach seinem Tod bildete Schweden unter Karl Knutson, dem Vorgänger des größeren Neffen und Reichsverwesers, Sten Sture (1471–1497), einen gesonderten Staat, während Dänemark und Norwegen dem Grafen Christian von Oldenburg (1448–1481) die durch Adel und Geistlichkeit auf Kosten des Bürgers und Landmanns sehr beschränkte Kronmacht übertrugen. Auf diese Weise stand Skandinavien, da die Bewegungen für und gegen die Kalmarische Union fortdauerten und den alten, kühnen Freiheitstrotz des abenteuerlichen Sonderlebens vielfach brachen, an der Markscheide des Mittelalters und einer neuen Entwicklung.

---

* Geijer, Geschichte Schwedens, I, 200.

## Dritter Abschnitt

*England und Frankreich; Ursprung, Gang und unmittelbare Folgen der englisch-französischen Nationalkriege; neuburgundisches Zwischenreich*

Ein streitbares und kräftiges Volk, in dessen Wesen die Stoffe bürgerlicher Freiheit liegen, ist, sobald jene nach langem Schwanken einen festen Boden gewonnen haben, seinen Nachbarn der gefährlichste Feind. Dann tritt nämlich zur Beute- und Eroberungslust das stolze Selbstgefühl der Unabhängigkeit und erzeugt, durch etwaige Parteibildungen nur verstärkt, jenen an Schwärmerei grenzenden Aufschwung edler und gemeiner Leidenschaften, vor dem alle Hindernisse, Drangsale und Glückswechsel so lange weichen müssen, bis das Ziel des von innen nach außen gekehrten Ehrgeizes erreicht und die kriegerische Begierde gestillt ist. So bezwang Rom nach dem Erreichen der Rechtsgleichheit zwischen Patriziern und Plebejern Italien, Sizilien, Afrika. So demütigte die gesetzlich eingeschränkte und geordnete Lehnsmonarchie Karls des Großen alle Germanenstämme des Festlands. So unterwarf der priesterkönigliche, nach morgenländischen Begriffen auch freie Staat der Araber Asien, Nordafrika und Südwesteuropa dem Islam. So warb glücklich das wiederum nach dem damaligen Maßstab frei gestaltete Kaiserreich der Deutschen unter den Ottonen, Saliern und Hohenstaufen um die weltliche Oberleitung der christlichen Völker. So entwickelten im entgegengesetzten Heerlager die lombardischen und deutschen Republiken erobernde Tatkraft, sobald es ihnen gelungen war, die Macht des innerhalb und außerhalb der Ringmauern ansässigen Lehnsadels zu brechen.

Überall geht bei bildungsfähigen Völkern die erobernde Richtung vom Anstoß geistig-sittlicher Kräfte, vor allem der bürgerlichen Freiheit, aus und trennt sich, wenn sie dauernde Werke schaffen will, nie gänzlich von den inneren Bedingungen äußerer Größe. Dagegen hat rohe Leibesgewalt allein keine gegliederte Weltherrschaft gestiftet. Das Schwert Attilas oder Dschingis-Khans, von frühzeitigem Rost überzogen, verlor seine Schärfe mit dem Tod derer, die es geschwungen hatten, und die furchtbaren Mongolen sanken zweimal in die der rein körperlichen Macht gebührende Bedeutungslosigkeit zurück.

Auch England legt von diesem so oft bestätigten Satz, obschon in einem kleinen Kreis, Zeugnis ab. Denn kaum hatte es, wie früher gezeigt wurde,* den Weg der parlamentarischen Entwicklung betreten und durch feierlichen Vertrag auch die Rechte des Volkes gewährleistet, als König, Adel und Gemeinfreie, oft unter den heftigsten Parteibildungen und Bürgerfehden, den Eroberungskrieg begannen und ihn zuerst gegen Wales, dann gegen Schottland und zuletzt gegen Frankreich richteten. Dafür wirkte besonders der Sohn und Nachfolger Heinrichs III., der streitbare, staatskluge, gegen die Wahl der Mittel gleichgültige König Eduard I. (1272–1307). Während nämlich die Innenverhältnisse durch festere Teilnahme der Gemeinden an den ständischen Versammlungen, Geschworene und Obergerichtshof (königliche Bank, *king's bench*), geregelten Haushalt, vervollkommneten Akkerbau, Fortschritte des Bergwerkswesens und Handels, der Wissenschaften und Künste in einen lebhaften Umschwung gebracht wurden, entlud sich nach außen hin die gesteigerte Nationalkraft in fast ununterbrochenen Kämpfen für ein britisches Gesamtreich.

So mußte zuerst das meist von Gälen bewohnte Wales nach heldenmütiger Abwehr (1277–1283) huldigen und englischen Gesetzen gehorchen. Das tapfere Brüderpaar des alten Fürstenhauses, Lewellyn und David, wurde getötet; jener starb unter dem Messer des Meuchelmörders, dieser verblutete unter dem Beil des Henkers. Die ehrwürdige Zunft der Barden büßte ihre glühende Freiheitsliebe durch Tod und Haft, während das gesamte Volk von Wales seit der letzten, unglücklichen Erhebung den stolzen Nacken unter das Joch des fremden Herrn beugte. Der für den Thronerben gewählte Name »Fürst von Wales« deutete die Wichtigkeit an, die Eduard seiner glücklichen Waffentat beimaß.

Danach wandte sich der König, während Irland die englische Oberherrlichkeit aus Mangel an Eintracht und Führung mit verbissenem Groll ruhig duldete, gegen die Schotten. Diese, im Hochgebirge rein gälischer, in den Ebenen und an der Küste germanischer Abkunft, boten auch in der Sprache, den Sitten, Gewohnheiten und Gesetzen das Bild eines gemischten, nur durch den Haß gegen die Engländer geschlossenen Volkes. Der Hoch- oder Bergschotte nämlich lebte als unmittelbarer Nachkömmling

* Siehe S. 25–28 in diesem Band.

der gälischen Kaledonier meistens von Jagd und Fischfang. Er gehorchte, ohne Empfänglichkeit für bürgerliche oder ritterschaftliche Entwicklung, als bald leibeigener, bald höriger Dienstmann erblichen Häuptlingen *(Lairds)*, die den Stamm *(Clan)* im Frieden und im Krieg unbedingt leiteten, alle Streitigkeiten entschieden und über Eigentum und Leben geboten, jedoch selten dieses erbväterliche (patriarchalische) Verhältnis mißbrauchten. Die an einem Ende blutige, am anderen verbrannte Stange, *Crosch Tarie* genannt, gab, wenn sie durchs Land getragen wurde, allen Stammesgenossen das Zeichen, auf dem dazu bestimmten Waffenplatz zu erscheinen. Wer nicht kam, mußte mit schwerer Strafe rechnen. Vor dem Feind bis zur Verwegenheit tapfer, behende, mäßig und gegen alle Unbilden der Witterung abgehärtet, war der sonst wilde Hochschotte ein Freund der Ton- und Dichtkunst. Der Laird und der ärmste Untertan hörten auf gleiche Weise dem Sänger zu, der die Abenteuer der Heldenzeit durch mündliche Überlieferung fortpflanzte und an Ereignisse der Gegenwart knüpfte.

Die Bewohner des Flachlands aber hatten, da sie sächsisch-normannischer Abkunft waren, viele Grundzüge des großen Hauptgeschlechts entwickelt. Neben den freilich dünn bevölkerten und staatsrechtlich schwachen Städten siedelte ein zahlreicher und kriegerischer Lehnsadel in den Burgen, der die Einwohnerschaft der Umgebung als leibeigene oder hörige Leute beherrschte. Den gemeinsamen König schränkte er, vereint mit den Ersten der reichlich ausgestatteten Geistlichkeit, auf den Parlamenten ein und entlud seine trotzige Streitlust in heimischen und fremden Fehden. Diese richteten sich seit Menschenaltern besonders gegen England, das trotz der Überlegenheit an Volkszahl, Gesittung und Hilfsmitteln die hin und wieder errungene Oberlehnsherrschaft nicht bleibend behaupten konnte. Denn Abhärtung, Schnelligkeit und verwegener Mut machten die Schotten zu einem furchtbaren Grenzfeind. Der Ritter und der Knappe auf großen Schlachtrossen, der gemeine Haufen auf kleinen, mageren Kleppern, das leicht gerüstete Fußvolk in beweglichen Rotten, unternahmen die Schotten, von keinem Gepäck beschwert, meilenweite Streifzüge. Unterwegs lebten sie von dem halb gekochten Fleisch der erbeuteten Rinder oder dem Hafermehl, das jeder Reiter und Fußknecht mit sich führte, um es nötigenfalls auf einen Glühstein zu streuen und in Brotkuchen umzuwandeln, und tranken Wasser. Der ebenso plötzlich unternommene wie beendete Einbruch war gekennzeichnet durch Raub, Mord und Brand. In kleinen Gefechten meistens Sieger, verachteten sie den ihnen im offenen Feldstreit überlegenen Widersacher.*

Dies war die Stellung beider Völker, als der Tod Alexanders III., des letzten schottischen Königs aus altem Fürstenstamm (1289), und seiner für den Thron bestimmten Enkelin Margaretha von Norwegen (1291) das Zeichen zu einem langen und blutigen Erbfolgekrieg gab. Eduard I. nämlich entschied als angeblicher Oberlehnsherr die Ansprüche der zwölf Kronbewerber dahin, daß er – da er zwischen den beiden mächtigsten Häusern Bruce und Baliol stand – den Ältesten des letzteren, Johann Baliol, zum König der Schotten wählte und dafür den allerdings vieldeutigen, gefährlichen Lehnseid empfing (1292). Darüber erbittert, griffen Adel und Volk, bald im geheimen mit Frankreich verbündet, zu den Waffen (1295), mußten aber, da sie bei Dunbar geschlagen wurden und seit der freiwilligen Gefangenschaft ihres schwachen Königs Johann führerlos und zwieträchtig waren, alle Unbilden und Unterdrückungen der englischen, durch Vögte, Steuern und Besatzungen ausgeübten Oberherrschaft dulden (1296). Da trat Wilhelm Wallace, einem alten, armen Geschlecht Westschottlands entsprossen, als Hauptmann der Freiheitspartei auf (1297). Als er jedoch nach trefflichen Taten vom neidischen Adel verlassen und durch Verrat in London gefangen wurde, mußte er auf Towerhill unter dem Strick des Henkers sterben (1305). Doch der Tod des Blutzeugen entmutigte keineswegs den Nacheifer der Vaterlandsliebe. Durch die schonungslose Strenge des Feindes nur noch heftiger aufgewiegelt, traten neue Anführer hervor. Robert Bruce, der in Scone mit der Königskrone geschmückt wurde (29. Mai 1306), führte, indem er entscheidenden Feldschlachten auswich, den kleinen Krieg in Waldungen und Bergen so glücklich,** daß Eduard ganz Schottland mit Feuer und Schwert zu verwüsten beschloß.

Sein plötzlicher Tod verhinderte jedoch die Vollziehung des grausamen Plans (1307), während die schottische Nationalpartei den günstigen Augenblick nutzte, um gegen den schwachsinnigen, aber nichtsdestoweniger eroberungssüchtigen Nachfolger am englischen Reich, Eduard II. (1307–1327), kräftig zu rüsten. Dieser

---

* Froissart, Chronique. Lyon 1559, Band I, S. 16. »*Et en ce temps ils prisoinet assez peu les Anglois*«, bemerkt eine Randglosse des Bongarsischen, in der Berner Bibliothek befindlichen Exemplars.

** Villani, 1. VIII, c. 90 (Muratori, Band XIII). »*Ruberto di Busto si ridusse con suoi seguaci a boschi et a montagne di Scotia.*«

Fürst, bei beschränktem Geist eigenwillig und dennoch abhängig von den Launen bald schamloser Lieblinge, bald seiner schönen, ehrgeizigen und verschmitzten Frau Isabelle, Tochter König Philipps IV. von Frankreich,* brach nach mehrjähriger Waffenruhe mit einem Heer von 100 000 Mann in Schottland ein, wurde aber bei Bannockburn unweit von Stirling von dem um die Hälfte schwächeren Feind so vollständig geschlagen (24. Juni 1314), daß Robert Bruce England heimsuchen und die Unabhängigkeit seiner Krone durch den zwölfjährigen Versöhnungsvertrag von Thorp einstweilen sichern konnte (1323).

Für einen solchen Ausgang der schottischen Fehde wirkten hauptsächlich die Parteiwirren in England, die sich inzwischen herausgebildet hatten. Eduard nämlich, von einem neuen Günstling, Hugh le Despenser (Spencer), geleitet und gegen den hohen, schließlich zu den Waffen greifenden Adel aufgewiegelt, ließ, nachdem er als Sieger aus dem Treffen bei Boroughbridge hervorging (1322), den gefangenen Grafen Thomas von Lancaster, Enkel Heinrichs III., mit 14 Bannerherren und 15 jüngeren Rittern als Hochverräter öffentlich köpfen und henken. Ihre Güter ließ er einziehen und seine allerdings nicht ganz schuldlose Gemahlin so lange verfolgen, bis sie mit dem Thronerben Eduard und etlichen Getreuen nach Frankreich an den Hof ihres Bruders, König Karls IV., entfloh und um Hilfe flehte (1324).

Freundlich empfangen und reichlich mit Gold und Silber ausgestattet,** warb Isabelle, die von ihrem Buhlen, dem schönen Waliserritter Robert Mortimer, tätig unterstützt wurde, 3000 teils französische, teils holländische und flandrische Söldner und setzte nach der Küste von Suffolk über (September 1326). Von Adel und Volk mit Jubel willkommen geheißen, gewann sie fast ohne Schwertstreich Landschaften, Städte und Schlösser. Sie ließ beide Spencer, Vater und Sohn, als Urheber des Bürgerkriegs hinrichten. Durch das nach London beschiedene Parlament ließ sie ihren Gemahl Eduard, als schuldig der Gewaltherrschaft und Feigheit, absetzen und ihren minderjährigen, mit Philippa, der Tochter des Grafen Wilhelm von Hennegau, verlobten Sohn Eduard III. (1327–1377) an die Nachfolge wählen (Januar 1327).

---

* »*Ysabel estait une des plus belles Dames du monde.*« Froissart I, Kap. 3.

** »*C'est le metal, de quoy on acquiert l'amour des gentilzhommes et des poures soudoyers.*« Froissart, I, Kap. 6.

Nachdem darauf der Erzbischof von Canterbury in einer salbungsvollen Predigt über die Worte »Des Volkes Stimme ist Gottes Stimme!« alle Reichssassen zum Gehorsam ermahnt hatte, ging eine Botschaft des Parlaments nach Kenilworth und verkündete dem alten, hier gefangenen König durch den Sprecher das eben gefällte Urteil. »Ich«, sprach letzterer, »Wilhelm Trussel, melde euch im Namen des Parlaments und des ganzen Volkes von England, daß ich die euch geschworene Huldigung und Treue hiermit widerrufe und zurücknehme. Von jetzt an seid ihr aller königlichen Würde und Macht entkleidet. Ich erkläre, daß ihr für alle Zukunft nur als ein einzelner im Volke gelten sollt.« Danach zerbrach der Oberhofmeister seinen Stab und entband dadurch sinnbildlich alle Beamte ihres Dienstes. Lange überlebte Eduard die halb verschuldete Schmach nicht. Er starb im Schloß von Berkeley, nach etlichen aus Kummer,* nach anderen eines qualvollen Todes. Die dazu bestellten Mörder, heißt es, stießen dem Gefesselten das in einem Horn verborgene Glüheisen in die Gedärme, um keine äußerlichen Spuren des Verbrechens zu hinterlassen (20. September 1327).

Aber die Haupturheber der Freveltat, die Königin Isabelle und ihren Günstling Mortimer, traf, wenn auch spät, die vergeltende Gerechtigkeit. Weil sie nämlich ohne Rücksicht auf Gesetz und Wohlfahrt des Landes regierten, den Schotten unter Robert Bruce im Frieden von Northampton vollkommene Unabhängigkeit gewährten (1328), Ehren und Ämter nach Launen vergaben, Steuern und Einkünfte des Reiches unermeßlicher Prunksucht aufopferten und jeden Widerspruch durch Kerker, Bann und Tod straften, schlugen allmählich bei Adel und Volk Unmut und Haß tiefe Wurzeln. Man bezeichnete überall den hoffärtigen Emporkömmling Mortimer, Graf von March, als die Quelle der laufenden Unordnungen und Beschwerden und forderte immer ungestümer seinen Kopf. Daher gehorchte der junge König, der längst der schmählichen Bevormundung überdrüssig war, dem öffentlichen Urteil. Er ließ den Grafen Mortimer auf dem Schloß von Nottingham überfallen, in London durch das Parlament als schuldig des Hochverrats zum Galgen verurteilen und den Spruch sogleich vollziehen (29. Dezember 1330). Die Königinmutter aber ließ er nach Risings auf ihren Witwensitz abführen und streng bewachen.

---

* Villani, X. X. 7. »*Per dolore infermò et morì.*«

Eduard, jetzt allein an der Spitze des Reiches, hatte kaum den Landfrieden wiederhergestellt und mehrere Mißbräuche in der Verwaltung, vor allem der Rechtspflege, verbessert, als er nach dem Vorbild seines Großvaters den schottischen Plan wieder aufnahm. Die Schwäche, die der Sohn und Nachfolger des gefürchteten Robert Bruce, König David, zeigte (seit 1329), nutzte er rasch, um dessen Nebenbuhler, Eduard Baliol, anfangs im geheimen durch Geld und Soldknechte, dann öffentlich an der Spitze eines Heeres so nachdrücklich zu unterstützen, daß David, seit der Niederlage seines Anhangs bei Halidownhill unweit von Berwick hoffnungslos, mit seiner Gemahlin Johanna, der Schwester des englischen Königs, nach Frankreich flüchten mußte.

Sofort schwur Baliol, vom Parlament zu Edinburg als Oberhaupt anerkannt, seinem Schutzherrn den Lehnseid und trat ihm die südöstlichen Grafschaften nebst den Festungen Berwick, Dunbar, Selkirk und Edinburg zur Belohnung der geleisteten Dienste ab (1333). Gegen solch einen Vertrag erhob sich jedoch heftig die Stimme der Nationalpartei. Neue Unruhen und Fehden begannen, einstweilen durch die Überlegenheit des englischen Kriegsvolks an Zahl, Waffentüchtigkeit und Leitung unterdrückt, aber immerdar durch den schottischen Haß gegen die Fremden und französische Hilfe wie eine schleichende Krankheit genährt.

Da beschloß Eduard, der nicht nur für großartigen Ehrgeiz empfänglich, sondern auch klug, heldenmütig und als Freund der parlamentarischen, nach den Bedürfnissen der Zeit umsichtig geförderten Entwicklung bei Bürgern und Gemeinfreien beliebt war, den stärksten Schlag gegen den Nebenbuhler auf dem Festland zu richten und die erobernde Laufbahn von den schottischen Hochgebirgen nach den Ebenen Frankreichs zu verlegen. Der hundertdreiundzwanzigjährige Kampf um die Herrschaft (1337–1460), den die Kapetinger-Valois und die britischen Plantagenets mit allem Aufwand an Kraft und mannigfaltigem Wechsel des Glücks geführt und zum Eigentum ihrer wetteifernden Völker gemacht haben, brach aus. Es ist deshalb nötig, kurz die Änderungen zu verzeichnen, welche die französische, besonders auf Steigerung der Kronmacht gerichtete Lehnsmonarchie seit dem Tod Ludwigs des Heiligen erlitten hatte.*

Unter Philipp II. oder dem Kühnen (1270–1285) entfalteten sich ungestört die von seinem weisen und biederen Vater Ludwig gelegten Keime staatsbürgerlicher Reformen zu den schönsten Früchten.

---

* Über diesen siehe Band I, S. 547–550.

Die Rechtspflege wurde regelmäßig und unparteiisch verwaltet und der Bürgerstand in seinen Freiheiten und Abkommen geschützt. Das Krongebiet wurde durch Einziehung der erledigten Grafschaften Toulouse (1272) und Chartres (1274) bedeutend erweitert und für unveräußerlich erklärt. Der Landfrieden wurde streng gehandhabt und der hohe Adel rücksichtslos gezwungen, ihn und den königlichen Oberhof bei Strafe des Lehnsverlustes anzuerkennen. Bei dem allem wurde aber nicht willkürlich, sondern nach dem Buchstaben des Gesetzes gehandelt. Nicht folgenlos für die späteren Verhältnisse blieb der Lehnseid, den der englische König Eduard I. auf der Heimkehr aus Palästina als Herzog von Guienne öffentlich zu Paris ablegte (1273) und auch dadurch beglaubigte, daß er bei einem Streite mit dem Vicomte von Béarn die richterliche Entscheidung der französischen Pairs annahm.

Gestützt auf solche Grundlagen, konnte Philipp IV. (der Schöne), der schlau, tatkräftig, hab- und herrschgierig war, bei ziemlicher Gleichgültigkeit gegen die Mittel den Plan, die Kronmacht möglichst zu stärken, 29 Jahre lang (1285–1315) mit Beharrlichkeit und Glück verfolgen. So zog er die erledigten Grafschaften de la Marche (1303), Angoulême, Bigorre (1307) und Lyon (1310) ein und nahm die Grafen Karl von Anjou, Robert von Artois und Johann von Bretagne – letzteren als Herzog – in den Kreis der weltlichen Pairs auf. Die Macht des Pariser Parlaments, in dem meistens nach römischem Recht geurteilt wurde, dehnte er über alle Kammerländer aus und gab der gesamten, teils aus Adligen, teils aus Bürgerlichen *(noblesse d'épée et de robe)* gebildeten Körperschaft der vom König ernannten Beisitzer eine festere Ordnung. Er vervielfachte die Berufungen (Appellationen) von den Lehnshöfen ans Obergericht und entzog der hohen Adelsschaft bald durch Güte, bald durch Zwang die bisher ausgeübte Befugnis, Münzen zu prägen – ein Gewinn ebenso für den Schatz wie für die Hoheit der Krone.

Zwar gab es bisweilen Widerstand, aber erfolglos, da Philipp nicht alles, wie etwa Albrecht der Habsburger es zu tun pflegte, überstürzte, sondern schrittweise an sich brachte und auf diese Weise den Gegner ermüdete. Auch diente ihm dafür der Bürgerstand, der, ohne daß eine republikanische Alleinherrschaft befürchtet werden mußte, mannigfaltige Gunst empfing. Als treuer Bundesgenosse durfte er auf den allgemeinen Reichstagen neben dem

---

* Siehe S. 36 in diesem Band.

Adel und der Geistlichkeit sitzen,* während mehrere Landschaften *(pays d'états)* ihre getrennten Versammlungen *(états provinciaux)* beibehielten.

Räumlich durch neues Krongebiet und staatsbürgerlich durch Schwächung der lehnsherrlichen Gerichtsbarkeit verstärkt, richtete der König seine angreifende Kraft gegen den Papst und die Kirche, die, wie bereits früher gemeldet wurde,* der List und Gewalt weichen mußten (1303). Da er jetzt des nach Avignon verlegten Heiligen Stuhles sicher war, wagte Philipp die Zerstörung einer mächtigen, reichen und weitverzweigten weltlich-geistlichen Körperschaft, des Tempelherrenordens. Dieser, damals in 9000 Komtureien und zwölf Landschaften (Provinzen) über Europa ausgebreitet, hat besonders in Frankreich durch trotziges Selbstgefühl und üppige, hoffärtige Lebensart die Eifersucht und den Neid der Krone geweckt, während die freieren Glaubensbegriffe sowie der Prunk und die Unabhängigkeit des Gottesdienstes den Vorsteher der christ-katholischen Kirche beleidigten und dem schon lange umlaufenden Gerücht schleichenden Ketzertums frische Nahrung gaben.

Tatsächlich galten bei der ritterschaftlich-priesterlichen Vereinigung seit der Beendigung der Kämpfe mit den Heiden nicht mehr die Strenge und Lauterkeit des ursprünglichen Grundgesetzes. Statt wie die deutschen Herren nach dem Verlust des Heiligen Landes einen neuen Schauplatz würdiger Taten zu suchen, zehrte sie meistens vom Ruhm der Altvorderen und folgte mehr den Grübeleien einer Wahrheit und Irrtum wunderlich verknüpfenden Geheimlehre, die den Mitgliedern nach mannigfaltigen Abstufungen mitgeteilt wurde, als den Vorschriften und Satzungen des römisch-katholischen Christentums. Durch Reichtum verführt, suchte sie lieber die Freuden der Tafel und der rohen Sinnlichkeit** als die Drangsale und Gefahren des Heidenkriegs, der einst den Ruf und den Stolz der tapferen, demütigen und sittenreinen Gesellschaft begründet hatte.***

Aber andererseits teilten bei weitem nicht alle Mitglieder die Lasterhaftigkeit einzelner Brüder. Noch wurzelten in der Mehrheit Ehrliebe, Heldenmut und von den Schlacken eines blinden Buch-

---

* Siehe S. 194 ff. in diesem Band.

** Man sagte z. B. sprichwörtlich: »Er trinkt wie ein Tempelherr.«

*** Siehe Band I, S. 306 ff.

stabenglaubens gereinigte Frömmigkeit – Tugenden, die nur deshalb keine freiere Entwicklung fanden, weil dem Orden aus Scheu vor Neuerungen der Entschluß fehlte, die behagliche Ruhe mittels einer durchgreifenden Reform des Gebrechlichen zu stören. Also ging er mit gleichsam verbundenen Augen seinem Tod entgegen, der nach unwandelbarem Naturgesetz Staaten und Körperschaften trifft, wenn sie unempfänglich für die Anforderungen einer frischeren Lebenskraft sind und eigenwillig in den abgetragenen Formen verharren.

Die Art und Weise jedoch, wie der Orden endete, empört das Gefühl durch das arglistige und gewalttätige Verfahren der Gegner. Nachdem man nämlich geraume Zeit unbeglaubigte Gerüchte über den ketzerischen, lasterhaften Wandel der Templer verbreitet und schon dadurch das öffentliche Urteil vorbereitet hatte, traten zwei ausgestoßene und zu lebenslänglicher Haft verurteilte Ordensbrüder als geheime Ankläger auf. Denn die beiden ruchlosen Menschen, der eine Squin von Flexan, früher Prior zu Montfaucon, der andere Noffodei aus Florenz genannt, hofften dadurch nicht nur Befreiung von der schuldigen Strafe, sondern auch reichlichen Lohn zu gewinnen. Also verrieten sie, wahrscheinlich nicht ohne amtliche Einladung, den dafür bestellten Dienern des Königs Philipp, daß die Ritter bei ihrer Aufnahme den Eid eines bedingungslosen, lebenslänglichen Gehorsams schwören, das Kreuz und den Heiland lästern und ein dreiköpfiges Götzenbild anbeten müßten. Die Oberen als geheime Bundesgenossen der Heiden hätten mehrere Male Jerusalem, die geweihten Stätten und die christlichen Glaubensheere verraten. Sie behaupteten, daß, wie in der Gottesverehrung Ketzerei und freche Verachtung der christ-katholischen Lehren und Bräuche herrschten, so im täglichen Wandel Mord, Blutschande, Schwelgerei und unnatürliches Laster an der Tagesordnung seien.

Philipp, begierig nach den Gütern der Bruderschaft, die überdies seinen kronhoheitlichen Plänen entschieden widerstrebte, griff sogleich das angeblich freiwillige Geständnis der beiden Gefangenen auf und forderte von dem ersten in Avignon seßhaften Papst, Klemens V., daß über den Orden eine gerichtliche Untersuchung verhängt werden sollte. Der Heilige Vater, teils aus Gefälligkeit gegen den Schutzherrn, teils aus Mißtrauen in die allerdings zweideutige Rechtgläubigkeit der Gesellschaft, zauderte nicht lange und lud den Großmeister Jakob von Molay aus Zypern nach Frankreich, um hier über eine neue Kreuzfahrt zu beratschlagen (1306). Jener, nichts Böses ahnend, erschien mit 60 angesehenen Rittern und fand am päpstlichen Hof anfangs eine freundliche Aufnahme, bald jedoch Kälte und Argwohn, die damit endeten, daß auf königlichen Befehl an einem Tag (13. Oktober 1307) alle in Frankreich weilenden Templer, der Großmeister an der Spitze, eingezogen und nach ihrem Haus (Tempel) in Paris abgeführt wurden.

Sofort begannen unter der Leitung des Kanzlers Wilhelm von Nogaret und des Beichtvaters und Dominikanermönchs Wilhelm Imbert die ersten Verhöre, deren Frucht infolge angeblicher Geständnisse eine förmliche, öffentlich verbreitete Anklageurkunde war. Halb gezwungen, gehorchte auch der Papst und befahl zuerst die Verhaftung, danach die gerichtliche Prüfung aller Ordensmitglieder (1308). Auch nach Großbritannien und Deutschland, Italien und Spanien gingen dafür Bevollmächtigte ab, die aber meistens hier den Eifer vermissen ließen, den die geistlichen und weltlichen Behörden Frankreichs offenbarten. Denn diese schämten sich nicht, Drohungen, Folter, falsche Zeugen, Spitzfindigkeiten und Ränke aller Art zu gebrauchen und noch vor Abschluß der Untersuchung durch wahrhafte Schreckensurteile die Gefangenen einzuschüchtern. Denn in Gegenwart zahlreicher Volksscharen wurden 56 Ritter, die ihre früheren Aussagen widerrufen hatten, nach der Seineinsel des heiligen Ludwig abgeführt, Paar für Paar an Pfähle gebunden und, als sie trotz der Bitten und Tränen ihrer Freunde und Blutsverwandten im Zeugnis für die Wahrheit standhaft blieben, langsam verbrannt (1310).

So vorbereitet, übernahm endlich eine große Kirchenversammlung in Vienne (Oktober 1311) das traurige Geschäft, nach den von mehreren Seiten her übersandten Verhören den letzten Spruch zu fällen. Die Hauptanklagen lauteten, daß der Orden seit einer Reihe von Jahren den Heiland verleugnet und in geheimen Sitzungen, besonders bei der Aufnahme neuer Mitglieder, Abgötterei getrieben und dem Meister erlaubt habe, die gröbsten Sünder auch ohne Beichte von ihren Missetaten zu entbinden – ketzerische Handlungen, die teils in den Geständnissen einzelner Mitglieder, teils im allgemeinen Gerücht* auf unzweideutige Art nachgewiesen werden könnten. Doch obschon König Philipp persönlich erschien, um auf die Beschleunigung des peinlichen Urteils einzuwirken, ver-

---

* »*Quod de his et publica vox, opinio communis et fama, tam inter fratres dicti Ordinis, quam extra.*« Siehe die 123 Verhörartikel bei Wilcke, Geschichte des Tempelherrenordens, Teil 2, S. 276. – Schon dieser Umstand beweist die parteiische Art der Untersuchung.

nahm man so viele und nachdrückliche Stimmen zugunsten der Angeklagten, daß Klemens in einer geheimen Sitzung der Kardinäle und angesehensten Prälaten den Orden der Tempelherren nicht infolge eines Endurteils, sondern aus Vorsicht und apostolischer Machtvollkommenheit aufhob (22. März 1312). Alle seine Güter, Rechte, Einkünfte und Herrlichkeiten aber mit Ausnahme der in Kastilien, Aragonien und Portugal gelegenen Besitzungen wurden den Johanniterrittern zuerkannt.

Ohne Zaudern genehmigte das Konzil ein Verfahren, das offensichtlich den regelmäßigen Rechtsgang verhinderte und im Gefühl der mannigfaltigsten Schwierigkeiten und Widersprüche den Knoten durchhieb, statt ihn zu entwickeln. Auch bediente sich die bald darauf (2. Mai) verkündete Aufhebungsbulle nur des allgemeinen Ausdrucks, die Gesellschaft der Templer habe Verbrechen und Irrtümer begangen, die wegen ihrer Schändlichkeit in Stillschweigen gehüllt werden müßten. Gegen solchen Machtspruch zeugte am kräftigsten die heldenmütige Todesart des Großmeisters Jakob von Molay und des Großpriors der Normandie, Veit. Niedergebeugt von den Qualen der Folter und Haft, hatten diese schon hochbetagten Männer einzelne Missetaten vor dem Untersuchungsrichter in schwachen Augenblicken bekannt und dafür aus Gnade die Strafe eines lebenslänglichen Gefängnisses durch Papst und Kirchenversammlung bekommen. Siegestrunken eilten sofort etliche Kardinallegaten nach Paris, um den armen, reuigen Sündern öffentlich vor dem Volk das Urteil zu verkünden.

Mit feierlichem Prunk wurde die Gemeinde der Christgläubigen in der Liebfrauenkirche eröffnet, das Geständnis der Ordensoberen nebst dem richterlichen Spruch abgelesen und ein kurzes Wort der Mahnung mit bitteren Klagen über die greulichen Verbrechen der Templerbruderschaft vorgetragen. Da erhob sich plötzlich der Großmeister und forderte Stillschweigen. Sobald das bewilligt war, nahm er alle früheren Geständnisse als abgepreßt durch Furcht und Folter zurück und beteuerte bei Gott und der Heiligen Jungfrau, daß der Orden niemals die ihm zur Last gelegten Missetaten begangen habe. Freudig wolle er, der Vorsteher, seinen früheren Wankelmut mit dem Haupt bezahlen. Dieselbe Erklärung gab der Großprior Veit ab.

Kaum hatte aber König Philipp den überraschenden Widerruf vernommen, als er ohne weiteres gebot, die schuldigen Ketzer zu verbrennen. Der Großmeister aber lud den blutgierigen Fürsten vor den Richterstuhl Gottes und starb auf der Seineinsel, bis zum letzten Augenblick standhaft, in den Flammen. Gleiche Unerschrokkenheit zeigte sein Leidensgefährte Veit, während zwei andere Ker-

kergenossen, Hugo von Peyrand und Gottfried von Gonovilla, die Liebe zum Leben durch Verachtung und Dürftigkeit büßten.*

Übrigens wurden die meisten Ordensgüter in Frankreich nicht den Johannitern, sondern wie z. B. das Pariser Haus (der Tempel) der königlichen und päpstlichen Kammer einverleibt. Die Brüder, die etwa kein weltliches Gewerbe ergriffen, wurden nur notdürftig verpflegt, viele Flüchtige eingefangen und als Ketzer bestraft. Spanien und Italien, Großbritannien und Deutschland – letzteres widerstrebend und unvollkommen – schlossen sich dem Beispiel des französischen Königs an, nicht sowohl aus Haß gegen den Orden als aus Gewinnsucht, die hier unter dem Vorwand der Religion das erstemal Ländereien, Städte, Flecken, Burgen und Rechte einer geistlich-weltlichen Körperschaft gefahrlos antasten (säkularisieren) und benutzen durfte. Nur in Portugal gelang es dem Großprior Lorenz Fernandez und sechs anderen Rittern, mit päpstlicher Duldung die aufgelöste Bruderschaft in den Christusorden umzuwandeln (1318) und dadurch manche Güter, Bräuche und Gewohnheiten der Templer aus dem allgemeinen Schiffbruch zu retten.

Der Fremde gegenüber trachtete Philipp nach möglichster Grenzabrundung, ein Streben, das bei der Zerrissenheit des deutschen Reiches unter den Königen Adolf von Nassau und Albrecht von Habsburg so glücklichen Erfolg hatte, daß der Franzose mehrere Stücke Lothringens besetzen und als Lehnsherr des durch Geld und Ränke gewonnenen Grafen Otto von Burgund straflos auftreten durfte. Während die Rückgabe Guiennes an den König Eduard I. den englischen Krieg (1294–1303) einstweilen beendete und die Vermählung Isabelles mit dem Fürsten von Wales den Freundschaftsvertrag festigte, stieß der Plan, die Nordostmark durch Flandern zu erweitern, auf größere Hindernisse und Glückswechsel.

Philipp nämlich hatte zwar nach mancherlei Streitigkeiten den Grafen Guido von Flandern durch Treulosigkeit in Haft gebracht und den Grafen von St. Paul, Jakob von Châtillon, zum Statthalter des gesamten Landes, das huldigen mußte, bestellt (1300), aber keineswegs den Freiheitssinn der Bürger und Bauern gebrochen. Daher griff, müde des französischen Drucks und Übermuts, Brügge

* Das Ganze nach Villani, VIII, c. 92, der als redlicher und wahrheitsliebender Zeitgenosse über den Prozeß der Templer sorgfältiger vernommen werden muß, als es bisher geschehen ist. Auch Wilcke hat ihn nicht beachtet, wie denn überhaupt der ganze Gegenstand trotz der ans Tageslicht beförderten Urkunden noch keineswegs erledigt sein dürfte.

unter der Leitung des Leinwebers Peter Koninck *(le Roi)* zu den Waffen und entfachte einen Aufstand, der sich innerhalb etlicher Wochen über die meisten Städte, Flecken und Dörfer ausbreitete. Umsonst sandte Philipp ein zahlreiches, wohlgeordnetes Ritterheer; es wurde von dem flandrischen Landsturm bei Courtrai teils getötet, teils gefangen und zersprengt (11. Juli 1302). Dennoch mußte der junge Graf Robert, Guidos Sohn, nach mannhafter Abwehr dem feindlichen Übergewicht weichen und im Frieden den diesseits der Lys gelegenen Bezirk mit den Städten Lille, Douai, Orchie und Bethune dem habgierigen Nachbarn abtreten, der dafür Flanderns Rechte und Freiheiten zu achten versprach. Aber so tief wurzelten bereits hier Eroberungssucht, dort Unabhängigkeitsgefühl, daß die Notversöhnung auf beiden Seiten keine Bürgschaft langer Dauer besaß.* Dasselbe schwankende Verhältnis bot die Südwestmark dar, die zwar durch Philipps Vermählung mit der Thronerbin Johanna um Navarra erweitert wurde, aber durch den Trotz der spanisch-baskischen Bewohner auf alte, ständische Rechte und die gebieterische Regierungsweise des neuen französischen Oberherrn in einen Schauplatz ununterbrochener, bisweilen blutiger Zerwürfnisse verwandelt wurde.

Den Ansprüchen kronhoheitlicher Machtvollkommenheit verlieh der König, wenn List und Bestechung unzulänglich erschienen, durch schonungslose, oft grausame Strenge Nachdruck. Diese mußten selbst die sonst vielfach gegen den hohen Adel begünstigten Städte erfahren, besonders wenn sie den häufigen, Handel und Verkehr störenden Münzfälschungen zu widerstreben wagten. So wurden z. B. 300 Pariser Bürger, welche die Gemeinde nach einem erfolglosen Aufruhr als Geiseln der künftigen Treue unter dem Vorbehalt der Straflosigkeit gestellt hatte, eines Morgens plötzlich von bewaffneten Soldscharen umringt, aus den Gefängnissen in die Straßen geschleppt und hier, ein jeglicher vor seinem eigenen Haus, gehenkt. Die Leichen blieben sogar, wegen der niedrigen Galgen von Hunden und Schweinen erreicht und umhergezerrt, bis zum dritten Tag in den Gassen liegen und wurden erst dann verscharrt, als die gesamte Geistlichkeit den rachgierigen Fürsten im Namen des Himmels mit Bitten und Drohungen bestürmte (1301).**

---

* Siehe Warnkönig, Flandrische Staatsgeschichte, I, 210 ff.

** Ottokars Reimchronik, Kap. 707–709. »Wo ist je«, ruft Horneck aus, »ein so bitterer Mord erhört worden.« – »Und wo war«, bemerkt Schacht, S. 237, »das Gericht über den Verbrecher?«

Aber die bitteren Früchte dieser plan- und kraftvollen Willkürherrschaft, die in der Geschichte des Mittelalters beispiellos sein dürfte, gingen unter den drei schwachen Söhnen und Nachfolgern Philipps des Schönen auf, der nur etwa neun Monate die Hinrichtung des Großmeisters der Templer überlebte (gest. 29. Dezember 1314). Denn weder Ludwig X. (Hutin, der Zänker, 1314–1316) noch Philipp V. (der Lange, 1317–1322) und Karl IV. (der Schöne, 1322–1328) besaßen hinlänglich die gewandte, unbeugsame Willensstärke des Vaters, um auf der einmal eröffneten Laufbahn schrankenloser Kronmacht mit Nachdruck und Glück vorwärtsschreiten zu können, so daß sie bald schwankten und hier durch Strenge, dort durch Nachgiebigkeit die aufsteigenden Gefahren bürgerlicher Wirren wie ausländischer Fehden zu beschwichtigen suchten.

Schwierig war allerdings die Lage Ludwigs X., der nicht wegen seiner hadersüchtigen Gemütsart, sondern wegen der vorherrschenden Wirren den Beinamen »der Zänker« trägt. Denn Flandern stand unter Waffen. Landschaften, Adel und Geistlichkeit forderten die Wiederherstellung ihrer ständischen Rechte, Städte und Flecken forderten festere Bürgschaften und geringere Steuern, und Bauern und Leibeigene forderten Hilfe gegen den Druck ihrer Herren. Alles drohte mit wildem Durchbruch und Zerstörung dessen, was Philipp der Schöne mühsam aufgebaut hatte. Doch diesmal gelang es dem König, den Sturm zu beschwören und die feindseligen Kräfte, die nichts Gemeinsames suchten, sondern vereinzelt handelten, in ihrem Angriff auf die Kronmacht durch Trennung zu lähmen. So wurden die eifersüchtigen und zwieträchtigen Stände mit leeren Zusagen und vieldeutigen Abkommen abgefunden, unzufriedene Landschaften, wie die Normandie, durch unschuldige Freiheitsbriefe in die engen Schranken ihrer Örtlichkeit gebannt, dem Volk verhaßte Beamte entlassen oder wie Enguerrand von Marigny, der Aufseher des Haushalts, ungehört dem Henker überliefert. Schließlich wurden, weil nach dem Recht der Natur jedermann frei sei und der Name des Frankenreiches eben dafür spreche,* die Leibeigenen auf den Kammergütern um angemessenen Loskaufpreis aller per-

* *»Come selonc le droit de nature chasecuns doit nestre franc, et aucuns usages ou coustumes, qui de grant anciennité ont esté entroduites et gardées jusques ci en nostre Royaume, et par avanture pour le mesfait de leurs predecesseurs, moult de personnes de nostre commun peuple soient encheus en lien de servitude – Nous considerans que nostre Royaume est dit et nommé le Royaume des Francs – avons ordené et ordenons que generaument par tout nostre Royaume telles servitutes soient ramenées à franchises.«* etc. Urkunde Ludwigs X. vom 3. Juli 1316 bei Dachery, Spicileg. III, S. 707.

sönlichen und sachlichen Dienstbarkeit entbunden – ein Verfahren, das den Schatz so anfüllte, daß hin und wieder der Landmann, er mochte wollen oder nicht, frei werden mußte.

Dagegen blieben alle Unternehmungen gegen Flandern fruchtlos. Bei Courtrai geschlagen (1315), starb Ludwig mitten unter großen Rüstungen für eine neue Heerfahrt (5. Juli 1316) und hinterließ die Nachfolge am Reich seiner einzigen Tochter Johanna. Diese aber wurde laut dem salischen Gesetz, das keine Frauen auf dem französischen Thron duldete, von den teilweise in Paris versammelten Ständen ausgeschlossen und auf das großmütterliche Erbe, Champagne und Navarra, verwiesen, während ihr Oheim Philipp (V.) Krone und Huldigung empfing.

Unter ihm und seinem jüngsten Bruder, Karl IV., geschahen nach Wiederherstellung des Friedens mit Flandern (1320) manche nicht erfolglose, obschon bisweilen wunderliche und grausame Versuche, das Steuerwesen und den Haushalt von eingeschlichenen Mißbräuchen zu reinigen. Denn bald wurden fahrlässige und dem Volk feindselige Beamte, wie der Obereinnehmer Laguette, ohne weiteres auf die Folter gespannt und zu Tode gequält, bald die Juden als Wucherer und Brunnenvergifter der Wut des Pöbels preisgegeben oder schuldige und unschuldige Italiener (Lombarden), die etwa im königlichen Dienst Geldgeschäfte besorgten, ohne gerichtliche Prüfung ihrer Güter beraubt und fortgewiesen. Mit einem Wort, selbst in den wohlwollenden Entwürfen der Regierung regierten die blindeste Willkür und Zufälligkeit, während auf der Seite des Volkes und der Stände niemand an das Bedürfnis eines allgemeinen, parlamentarischen Freiheitsbriefes dachte.

In dieser für die Kronmacht günstigen Lage, als Adel und Geistlichkeit gedemütigt, Bürger und Landleute durch einzelne Zugeständnisse gewonnen, Burgund und andere Grenzbezirke des deutschen, zwieträchtigen Reiches vorläufig besetzt waren, geschah es, daß mit Karl IV. die erste Linie der Kapetinger erlosch (1. Februar 1328) und die zweite, nach der Grafschaft Valois geheißen, aus dem Dunkel zur lange dauernden, wechselvollen Herrschaft (1328–1589) über Frankreich emporstieg. Weil nämlich der letzte, ältere Kapetinger nur eine unmündige Tochter, Maria, hinterlassen hatte, wählten die Stände, gestützt auf die Tradition und salisches, freilich zweifelhaftes Recht,* den Sohn des Grafen Karl von Valois

* Wenn dieses verordnete: »Salisches (d. h. Allodialgut) Land geht nicht auf die Frau, sondern den Mann über« *(de terra vero salica in mulierem nulla portio transit,*

und Neffen Philipps des Schönen, Philipp VI. (29. Mai 1328–1350), an die Nachfolge.

Klug, unternehmend, tapfer und ehrgeizig, wie ihn bereits die Geschichte der Deutschen gezeigt hat,* erweiterte der neue König das Kammergut durch rasche Einziehung der Grafschaften Champagne, Brie, Valois, Anjou, Maine und Chartres. Er besiegte für seinen bedrängten Schützling, den Grafen Ludwig, das flandrische Städte- und Bauernheer in der Schlacht bei Kassel (1328), ohne jedoch die fest verwurzelte Gärung unterdrücken zu können. Seinen Schwager und ehemaligen Bundesgenossen, den Grafen Robert, vertrieb er aus dem väterlichen Erbe Artois, so daß dieser in England Schutz und Hilfe suchen mußte (1334). Durch käufliche und abhängige Päpste und Freundschaftsverträge mit Böhmen sowie geistlichen und weltlichen Fürsten griff er tief in die Wirren Deutschlands ein. Er zwang den britischen Stolz, für das Herzogtum Guienne öffentlich in Amiens die Lehnstreue zu schwören, und unterstützte durch Rat und Tat die schottische Partei von David Bruce. Bei wachsenden Mißhelligkeiten fiel er sogar, ohne den Ausgang der angeknüpften Unterhandlungen abzuwarten, in das erwähnte Gebiet seines nicht minder tätigen und bald furchtbaren Nebenbuhlers ein (1337).

Eduard III. nämlich, der als Schwestersohn des verstorbenen Königs Karl IV. Ansprüche auf die französische Thronnachfolge erhob, hatte, vom Eifer des englischen Adels und Volkes kräftig unterstützt, für die Eroberung seines angeblichen Erbes nachdrücklich gerüstet und mit dem deutschen Kaiser Ludwig von Bayern, dem kölnischen Erzbischof, den Herzogen von Brabant und Geldern, den Grafen von Hennegau und Namur sowie dem Markgrafen von Jülich ein Schutz- und Trutzbündnis geschlossen. Vor allem aber hatte er durch den geflüchteten Grafen Robert von Artois den gewaltigen Führer der flandrischen Volkspartei, Jakob von Artaveldt (Artevelle), Bier- und Metbrauer zu Gent,** gewonnen.

*sed ad virilem sexum tota terrae haereditas pervenit),* so galt die Bestimmung nur für privatrechtliche Verhältnisse. Denn Kronlehen wie Regentschaften standen bisher in Frankreich den Frauen offen. Vgl. die Abhandlung über Königthum, Dienstmannenschaft, Landestheilung, S. 33.

* Siehe S. 318–321 in diesem Band.

** *»Brasseur de miel.«* Froissart, I, Kap. 30. *»Alla fine (anno 1337) si levò in Guanto uno di vile nazione e mestiere, che facea, e vendea il melichino, cioè cervogia fatta con mele, ch'havea nome Giacopo Dartivello.«* Villani, XI, c. 82.

Dieser außerordentliche Mann, der verschlagen und kühn, beredt und gewandt war und je nach den Umständen milde und grausam, stolz und bescheiden sein konnte, leitete damals seit der Vertreibung des Grafen Ludwig und seiner adligen Anhänger mit fast unumschränkter Vollmacht von Gent aus die Gemeinden und Landschaften Flanderns. Er verfügte über Steuern, Zölle, Anleihen, Ämter, Krieg und Frieden und hielt in den Städten, Flecken und Dörfern besoldete Späher, die jeden Schritt des Feindes überwachten und anzeigten. An der Spitze des Heerbannes brach er die Schlösser und Wohnungen widerspenstiger Ritter und Bürger, zog von den Gütern der Ausgewichenen *(avolés)* die eine Hälfte ein und gab die andere den etwa zurückgebliebenen Frauen und Kindern. Er ging niemals ohne ein Gefolge von 60–80 wöchentlich bezahlten Trabanten durch die Gassen, die auf den Wink ihres Gebieters das bezeichnete Todesopfer trafen und solchen Schrecken verbreiteten, daß niemand zu widersprechen wagte. »Man fand«, bemerkt ein Zeitgenosse, »weder in Flandern noch anderswo einen Fürsten, Grafen, Herzog oder sonstigen Menschen, der ein Land so unbedingt und so lange regiert hätte als Jakob von Artaveldt.«*

Die Flamen aber ertrugen das alles willig und jubelten über das englische Bündnis als der kräftigsten Schutzwaffe gegen Frankreich und die gräflich-adlige Partei, gleichwie seinerseits der Engländer durch das Gebiet der neuen Kampfgenossen ins Herz des gemeinschaftlichen Feindes einzudringen hoffte. So vorbereitet, landete Eduard mit einem zahlreichen Heer bei Antwerpen (Juli 1338). Anschließend vereinigte er sich, vom Kaiser Ludwig zum Reichsstatthalter ernannt, mit den flämischen und deutschen Hilfsscharen, für deren Besoldung selbst die goldene Krone dem Erzbischof von Trier verpfändet werden mußte. Er überschritt nach erfolgloser Einschließung von Cambrai die Schelde und forderte den bei Vironfosse lagernden König Philipp feierlich zum Gottesgericht der Schlacht auf.

Jener entließ den Herold mit schönen Pelzmänteln beschenkt und nahm freudig die Einladung an. Schon standen beide Heere zum Feldstreit gerüstet einander gegenüber, als plötzlich der Franzose, sei es aus Furcht vor Untreue oder um nach dem Rat des weisen, sternkundigen Königs Robert von Neapel Ehre und Reich nicht auf die Spitze des Schwertes zu setzen, abschwenkte und,

---

* Froissart, I, Kap. 30.

ohne verfolgt zu werden, bei St. Omer ankam (22. Oktober 1339).* Den zweiten Feldzug eröffnete Eduard, der auf Bitten Artaveldts Würde und Wappen eines Königs von Frankreich als Unterpfand für die Stetigkeit in seinen Plänen angenommen hatte, mit dem Seesieg bei Sluis. Die ganze französische Flotte wurde trotz der Überlegenheit an Zahl vernichtet, ihre 20 000 Streiter starke Bemannung teils gefangen, teils getötet (22. Juli 1340).** Dagegen scheiterte die Belagerung Tournais am Mut der Verteidiger und dem sinkenden Eifer des englischen Bundesheeres, das bei der Unzuverlässigkeit Kaiser Ludwigs des Bayern gegenüber dem Fremden keinen festen Mittel- und Haltepunkt besaß. Daher wurde auf Betreiben des Papstes ein Waffenstillstand geschlossen (September 1340), jedoch wegen der über das Herzogtum Bretagne entbrennenden Erbfolgefehde bald wieder gebrochen.

Während nämlich nach dem kinderlosen Tod des Herzogs Johann III. (1341) der Pairshof und König Philipp sich für den Grafen Karl von Blois, den Gemahl der bretonischen Erbtochter Johanna, entschieden, beschützte Eduard III. den Grafen Johann von Montfort, der als jüngster Bruder des letzten Herzogs den Ansprüchen seiner Nichte und ihrer mächtigen Bundesgenossen durch offene Waffengewalt zu trotzen versuchte. In Nantes durch Feigheit und Verrat in französische Haft gebracht, fand der Graf von Montfort im Heldenmut seiner Gattin Johanna aus Flandern den Rächer und Verteidiger einer fast verlorenen Sache. Den unmündigen Sohn auf den Armen, trat die Frau, die die Tapferkeit eines Mannes und das Herz eines Löwen besaß,*** in Rennes vor die Versammlung ihrer bestürzten Anhänger und sprach: »Ihr Herren, erschreckt nicht zu sehr über den Verlust des Herrn, der uns entrissen wurde! Es ist nur ein Mensch, seht hier auf mein kleines Kind, das, so es Gott gefällt, sein Nachfolger werden und euch allen hinlängliche Güter verleihen wird!« Danach durchzog die edle Frau, kriegerisch gerüstet, Städte und Dörfer, ging mehrmals, um die Hilfe Englands anzurufen, über den Sund und zog sich zu-

* Froissart, I, Kap. 33. »*Lequel Roy Robert avoit trouvé en l'astrologie et par influence, que, se le Roy de France, son cousin, se combattoit au Roy d'Angleterre, il convenoit qu'il fust déconfit.*« Villani, XI, c. 86, bemerkt deutlicher, Robert habe seinen Neffen ermahnt, nicht den Engländern, Deutschen und Flamen, als einem tollen und grausamen Volk *(gente disperata e crudele),* eine entscheidende Schlacht zu liefern.

** Villani, XI, Kap. 109.

*** Froissart, I, Kap. 73. »*Qui bien avoit courage d'homme et cœur de lion.*«

letzt, von der feindlichen Überzahl überwältigt, nach dem Küstenschloß Hennebon zurück. Dort entbrannte bei der Verteidigung solcher Wetteifer, daß Frauen und Jungfrauen, um dem Beispiel der schönen Fürstin zu folgen, die Gefahren der kämpfenden Männer teilten, die Straßen entpflasterten und Steine wie Töpfe mit glühendem Kalk gefüllt auf den anstürmenden Feind herabschleuderten. Aber dennoch ermattete der Widerstand mit dem Wachstum von Not und Gefahr. Schon dachte die Besatzung ernsthaft an Übergabe, als Johanna, deren Auge stundenlang von den Zinnen des höchsten Turmes herab das Meer durchspäht hatte, am fernsten Gesichtskreis Segel entdeckte und jubelnd zweimal ausrief: »Ich sehe die ersehnte Hilfe kommen!« Nach etlichen Stunden landeten die Engländer unter dem gefürchteten Seehelden Walther Manny und zwangen den Herzog Karl von Blois zum schleunigen Rückzug.

Die dreijährige Waffenruhe, die durch päpstliche Dazwischenkunft vermittelt wurde (1343), wurde aber weder durch die Wut der bretonischen Parteien Montfort und Blois noch durch die bereits herausgebildete Eifersucht zwischen Engländern und Franzosen lange geduldet, während die unerwartete Wendung der flandrischen Angelegenheiten den Zündstoff mehrte. König Eduard nämlich hatte, gestützt auf die oft erprobte Anhänglichkeit der Flamen, den ehrgeizigen Entschluß gefaßt, seinem hoffnungsvollen Sohn Eduard, dem Fürsten von Wales, die Stelle des vertriebenen Grafen Ludwig zu übertragen und deshalb vom Hauptquartier Sluis aus im Sommer 1345 mit den guten, durch einen losen Bund vereinigten Städten lebhafte Unterhandlungen angeknüpft. Dabei leistete besonders der mächtige Volksführer, Jakob von Artaveldt, treffliche Dienste, sei es, daß er aufrichtig den Plan billigte, oder, daß er, vom bisherigen Glück geblendet, seine ursprüngliche Vaterlandsliebe dem Fremden aus Eitelkeit aufopferte.

Nach mancherlei Vorbereitungen wurden endlich die Abgeordneten der Gemeinden an Bord des großen englischen Admiralsschiffes, der »Katharina«, im Hafen von Sluis versammelt, unumwunden von dem bisher nur angedeuteten Plan in Kenntnis gesetzt und an die heilsamen Folgen erinnert, die ein so entscheidender Schritt für die Ehre und den Nutzen Flanderns haben müsse. Die Städteboten aber antworteten ausweichend. Der Vorschlag berühre, hieß es, die Gegenwart und Zukunft des gesamten Landes; nur die Abstimmung der einzelnen Bürger könne darüber verfügen. Was binnen Monatsfrist die Mehrheit beschließen werde, das solle auch ihnen, den derzeitigen Bevollmächtigten, genehm sein.

Während Artaveldt, der umsonst für den König seinen persönlichen Einfluß gebrauchte, etliche Tage in Sluis zurückblieb, eilten die erbitterten und jetzt mißtrauischen Gefährten nach Gent und gaben der schnell einberufenen Volksgemeinde Kunde von dem Geschehenen. Nur ein Schrei des Unwillens wurde gehört. »Gott behüte uns«, sprachen Vornehme und Geringe, »daß wir unseren natürlichen Herrn enterben und einem Fremden gehorchen sollen!« Dabei wurden Flüche gegen den Verräter Artaveldt laut.

Kaum erschien dieser – dem es inzwischen gelungen war, Brügge und Ypern für den Plan zu gewinnen – in der Vaterstadt, als die Menge sich zusammenrottete und höhnisch rief: »Seht da den Großhans, der Flandern, die Grafschaft, nach seinen Gelüsten regieren will! Schmach dem, der es länger duldet!« Das Gerücht, der seit Jahren aus Einkünften und Bußgeldern angehäufte Schatz sei heimlich nach England geschickt worden, steigerte den Groll des argwöhnischen Volkes so, daß Artaveldt, erschreckt durch die plötzliche Veränderung, Tore, Türen und Fenster seines Hauses verriegeln und sperren ließ. Augenblicklich wimmelte die Straße von Bewaffneten, besonders der unteren Handwerke, die wütend die von der Dienerschaft herzhaft verteidigte Wohnung angriffen.

Als aber trotz der Einbuße an Toten und Verwundeten die Stürme heftiger wurden, trat der Bedrohte demütig und barhaupt an ein Fenster und sprach mit schönen Worten: »Ihr guten Leute, was wollt ihr? Warum zürnet ihr? Sagt's, gerne will ich euch Genüge tun!« Da riefen alle, die es gehört hatten, einhellig: »Wir fordern Rechenschaft über den großen Schatz von Flandern, den ihr weggeschickt habt!« Den, lautete die Antwort, habe ich nie berührt. Geht heim und kommt morgen wieder! Dann will ich euch strenge Rechenschaft abstatten. – Der Haufen aber schrie ungestümer: »Nein! Nein! Es soll jetzt geschehen. Ihr habt den Schatz ohne unser Wissen nach Antwerpen gebracht und müßt dafür sterben!«

Als der unglückliche Mann das hörte, faltete er die Hände, weinte und sprach: »Ihr habt mich zu dem gemacht, der ich bin, und Schutz gelobt gegen alle Menschen. Und dennoch wollt ihr mich töten ohne Urteil und Recht. Freilich könnt ihr es tun, wenn es euch gefällt. Denn ich bin nur einer gegen euch alle. Aber denkt um Gottes willen an die Vergangenheit! Wißt ihr nicht, daß aller Handel daniederlag und ich ihn wiederherstellte? Ich habe euch in Frieden regiert und in der Zeit meines Regiments alles gegeben, was ihr nur wünschen konntet, Getreide, Geld und alle anderen Güter, die ihr im Überfluß und zu niedrigen Preisen haben durftet.« Das Volk aber schrie: »Steigt herab und haltet uns keine Predigt von oben her! Wir verlangen Rechenschaft über den Schatz von Flandern, den ihr so lange nach eurem Belieben verwaltet habt.«

Als Jakob von Artaveldt die Menge halsstarrig fand, schloß er das Fenster und wollte durch eine Hintertür in eine benachbarte Kirche flüchten. Doch schon war auch dieser Weg versperrt. Von unzähligen Hieben und Stichen getroffen, fiel der Beherrscher Gents und der flandrischen Städte unter den Händen derer, die ihn einst erhoben hatten (19. Juli). Dasselbe Schicksal traf seinen Bruder, seinen Neffen sowie 70 Freunde und Anhänger.*

Erzürnt über den frevelhaften Tod seines großen Freundes und teuren Gevatters,** verließ Eduard sogleich mit dem Geschwader Sluis. Nach seiner Heimkehr untersagte er die Ausfuhr von Wolle und anderen Bedürfnissen des gewerblich tätigen Flandern, nahm jedoch bald, als sämtliche Städte durch feierliche Botschaft die Tat der Genter mißbilligten und Treue versprachen, nicht nur Abstand von seinem Zorn, sondern schloß auch neue, den Bundesgenossen weniger gefährliche Freundschaftsverträge ab. Auf diese Weise der flämischen Hilfe sicher, rüstete der König für den französischen Krieg mit verdoppeltem Nachdruck. Er nahm viele Ritter und Knechte aus Frankreich, Burgund, Flandern, Schottland und Deutschland in Sold, hielt zu Ehren des heiligen Georg und des gleichnamigen, unlängst gestifteten Ordens in Windsor glänzende Turniere und versammelte, als die Wappnung vollendet war, auf der Insel Wight Flotte und Landheer. Jene zählte 600 Segel, dieses 4000 Geharnischte und 30 000 Fußknechte, unter denen sich 10 000 treffliche Bogenschützen befanden.***

Nach beendeter Messe wurden die Ritter und Hauptleute zur Lagergemeinde berufen. Die Fahrt, sprach Eduard, der vom Kronprinzen begleitet wurde, solle den Grafen Philipp von Valois, der sich König von Frankreich nenne, demütigen und Guienne, die Normandie und andere Länder einem unrechtmäßigen Herrscher entreißen. Stehe man einmal auf der feindlichen Küste, so würden die meisten Schiffe den Rückweg antreten, damit die Krieger nur die Wahl zwischen Sieg und Tod hätten. Fehle jemandem für solch ein Abenteuer der Mut, so möge er frei reden und daheim bleiben.

---

* Villani, XII, e. 46. Froissart, I, Kap. 116. *»Poures gens«*, bemerkt letzterer, *»le monterent premierement et méchans gens le tuerent à la parfin.«*

** *»Son grand ami et son cher compere.«* Froissart, I, 1.

*** Froissart, I, Kap. 121. Villani, XII, c. 62, nennt 2500 Ritter, nach einer Randbemerkung 5000.

Alle beteuerten einhellig, daß sie folgen wollten, wohin und wie es auch gehen möge.

Darauf gebot der König die Anker zu lichten. Nachdem er ohne Gefährdung bei dem Vorgebirge (Kap) la Hogue in der Normandie gelandet war (20. Juli 1346), schickte er die Flotte größtenteils zurück und eröffnete, nachdem der sechzehnjährige Sohn den Ritterschlag empfangen hatte, ohne Säumnis den hier nicht erwarteten, überraschend glücklichen Feldzug. Denn bei der ziemlich verbreiteten Unzufriedenheit der Städte, die sich unter englischem Schutz die Freiheiten der flandrischen Gemeinden wünschten,* fielen ohne bedeutenden Widerstand Valogne, Corentan, Harfleur, Caën und andere Plätze. Unter Raub, Mord und Brand erreichten die Engländer über Lisieux und Evreux längs dem linken Ufer der Seine Poissy und die Nähe von Paris, äscherten St. Germain, St. Cloud und andere Dörfer ein** und verbreiteten Bestürzung in der Hauptstadt Frankreichs, die seit Jahrhunderten keinen auswärtigen Feind mehr gesehen hatte.

Aber die Ankunft König Philipps, der inzwischen bei Rouen und Pont de l'Arche durch Abbrechen der Brücke das rechte Seineufer zu schützen wußte, begegnete zeitig der drohenden Gefahr. Denn von allen Seiten her zogen Reiter und Fußknechte in so hellen Haufen nach dem Hauptquartier St. Denis, daß Eduard, um die Vereinigung mit den über Arras anrückenden Flamen zu bewerkstelligen und dem wachsenden Mangel zu entkommen, am 16. August bei Poissy den Seineübergang erzwang und sich rasch nach dem Sommefluß wandte. Aber schon hatte der Feind, an 100 000 Mann stark, auf Seitenstraßen den Vorsprung gewonnen, Amiens und Araines besetzt, alle Brücken abgeworfen und an allen Furten Reiterei und Fußvolk aufgestellt. Dennoch gelang es den Engländern, mit Beihilfe eines Kriegsgefangenen, der dafür die Freiheit und 100 Goldstücke erhielt, bei nahender Ebbe den Paß von Blanchetaque unweit von Oisemont, wenn auch nicht ohne hartnäckige Gegenwehr des hier Wache haltenden Ritters Godemar du Fain aus der Normandie, zu überschreiten und am Freitag, dem 25. August die Gegend von Cressy (Crécy), einem Städtchen in der Grafschaft Ponthieu auf dem Weg nach Hesdin, unter großen Gefahren und Beschwerden zu erreichen.

---

* Villani, XII, c. 45. »*I Normandi feciono tra loro Comuna al modo di' Fiamminghi.*«
** »*La villa di Sancro*«, bei Villani, XII, c. 63. »O! verfluchter Krieg«, ruft der ehrliche Florentiner aus, »wie viele Leiden bringst du über Reiche und Völker, um die Sünden der Menschen zu strafen.«

Während Philipp bald danach bei dem nur drei Meilen entfernten Abbéville über die Somme setzte und den Seinen kaum etliche Stunden Rast gönnte, hatte Eduard, trotz der dreifachen Überlegenheit des Feindes zum Sieg oder zum Tod entschlossen, mit Umsicht und Eifer für die Schlacht gerüstet. So wurde das Lager am Abhang des rückseitig von Gehölz umgebenen Hügels durch eine weitläufige Wagenburg, die nur einen Hauptausgang hatte, geschützt und innerhalb des auf diese Weise aufgerichteten Bollwerks Reiterei und Fußvolk, jene 4000, diese 30 000 Streiter stark, in drei Treffen geschart, von denen das erste der junge Fürst von Wales, das zweite der Graf von Arundel, das dritte der König befehligen sollten. Auf, vor und unter den Karren erhielten die wohlgeübten Bogenschützen ihren Platz, unterstützt von etlichen Bombarden, die, heißt es, besonders dazu bestimmt waren, durch Feuer und eiserne Kugeln die 12 000 Mann zählende Reiterei der Franzosen einzuschüchtern und zu verwirren.*

Schlaf, Speise und Trank gaben dem Heer Kraft für die bevorstehende Blutarbeit. Frühmorgens am 26. nahm es nach beendeter Messe und Beichte die angewiesenen Stellen ein. Eduard aber bat zuerst Gott kniend um seine Hilfe, durchritt dann, in der Hand einen weißen Stab und von den beiden Marschällen begleitet, die Reihen, wobei er Herren und Gemeine mahnte, daß sie Ehre und Recht nach Pflicht und Gewissen verteidigen möchten. Freudig und noch einmal durch reichliche Nahrung erquickt, erwarteten anschließend Ritter und Knechte stundenlang den zögernden Feind und ruhten gemächlich aus, um desto frischer den Kampf zu bestehen.

Unordentlich und vom langen Zug, der des Morgens Abbéville verließ, fast ermattet, langten inzwischen die Franzosen, bei 100 000 Streiter zählend, auf dem Kampfplatz an. Umsonst warnte der erfahrene Ritter Münch von Basel, der ungestört des Feindes Stellung geprüft hatte,** den König Philipp vor Übereilung. Der Rat, wegen des ermüdeten Volkes den nächsten Tag abzuwarten, wurde zwar angenommen, aber nicht befolgt. Denn ungeduldig

* Villani, XII, c. 65. *»Bombarde, che saettavano pallottole di ferro con fuoco per impaurire, e disertare i cavalli de' Franceschi.«*

** Die Engländer, darin nicht ungleich den Spartiaten bei Thermopylae (Herodot, VII, c. 208), ließen ihn und sein Gefolge ohne Hindernis spähen. *»Et bien veirent les Anglois, qu'ils estoient là venus pour les veoir: mais ils n'en firent point de semblant et les laisserent tous en paix retourner.«* Froissart, I, Kap. 129.

des Kampfes drängte der hintere Haufen auf den vorderen und blieb taub, als die Marschälle den Bannerträgern zuriefen: »Halt, im Namen Gottes und des heiligen Dionysius!« Die städtischen Scharen, von denen die Wege zwischen Abbéville und Crécy wimmelten, wurden auf die Kunde vom Beginn des Streites sogar von solcher Kampflust ergriffen, daß sie noch drei Stunden vom Feind entfernt die Schwerter zückten und schrien: »Zum Tode! Zum Tode!«*

So gleichsam vom Schicksal vorwärtsgetrieben, willigte Philipp in die ungestüm geforderte Schlacht ein und ließ sofort drei Gewalthaufen bilden. Das erste Treffen, aus 15 000 genuesischen** und anderen italienischen Bogenschützen zusammengesetzt, stand unter dem Befehl von Karl Grimaldi und Anton Doria, die 300 erlesene Ritter des alten Böhmenkönigs Johann von Luxemburg und seines unlängst zur Nachfolge am deutschen Reich berufenen Sohnes Karl unterstützen sollten. Die zweite Schar, neben dem Fußvolk 4000 Reiter stark, führte der Herzog Karl von Alençon, die dritte der königliche Bruder, umgeben von der Blüte des hohen Adels.

Während beide Heere nachmittags zwischen drei und vier Uhr zum Feldstreit wappneten, entlud sich ein heftiges Gewitter in Donner, Blitz und Regen und erfüllten Schwärme von Raben die Luft mit unheilverkündendem Gekreisch. Aber bald wurde der Himmel wieder heiter, die Sonne hell; ihre Strahlen trafen das Auge des Franzosen, den Rücken des Engländers. Der, als er des Feindes ansichtig wurde, erhob sich gemächlich vom Boden und nahm ruhig die ihm angewiesene Stelle in der Schlachtordnung ein.*** Sobald Philipp durch den Ruf: »Im Namen Gottes und meines Herrn, des heiligen Dionysius!« das Zeichen gegeben hatte, rückten die italienischen Schützen langsam und mit entsetzlichem Geschrei den englischen entgegen. Diese, bogenförmig aufgestellt, blieben stumm und unbeweglich. Als aber die Welschen das drittemal jauchzten und den Kampf begannen, da taten sie einen Schritt vorwärts und entsandten so emsig ihre Pfeile, daß

* *»Les communes écrierent, À la mort, á la mort.«* Froissart, I, Kap. 129.
** Froissart, I, Kap. 130. Nach Villani 6000.
*** Froissart, Ms. in der Berner Bibliothek. *»Les anglois qui ordonnez estoient en III batailles et qui estoient assiz a terre si tost qu'ils veyrent les françois approcher ils se leverent ordonnement sans effroy et se rengierent en leurs batailles.«*

sie wie Schneeflocken fielen* und Roß und Mann verwundeten, während die Kugeln der Bombarden Schrecken und Unordnung vermehrten.

Bald wichen die Welschen, deren Geschosse den durch Karren und ausgespannte Decken teilweise geschützten Feind selten trafen, zurück und dachten, die Armbrüste wegwerfend, an Flucht. Aber die meisten sanken unter den Schwertern und Lanzen der französischen Reiterei des zweiten Treffens, die auf Befehl Philipps in das feige und, wie man fälschlich glaubte, verräterische Fußvolk einhieb. Diesen Augenblick nutzte der Fürst von Wales und stürzte sich mit seinen Rittern auf den Feind. Da entbrannte ein grimmiger, lange schwankender Streit, in dem auch der greise, blinde Böhmenkönig einen ehrenhaften Tod suchte und fand. Als nämlich Johann der Luxemburger das Kampfgetümmel hörte, sprach er: »Wo ist mein Sohn Karl?« Die Leute antworteten: »Wir wissen es nicht, aber wahrscheinlich ist er im Handgemenge.« Da entgegnete der König: »Ihr seid meine Dienstleute, Freunde und Waffengefährten am heutigen Tag. Ich bitte euch daher, führt mich so weit vorwärts, daß ich einen Schwertstreich tun kann.« Die Ritter, unter ihnen Münch von Basel, gehorchten, banden ihre Rosse durch Stricke aneinander und folgten dem alten Luxemburger, der mit sämtlichen Begleitern im dichtesten Schlachtgewühl, wie etliche berichten, unter der Faust des jungen, englischen Helden Eduard fiel.**

Aber auch dieser geriet, als einige Fähnlein Franzosen, Deutscher und Savoyischer den vorgeschobenen Haufen der Bogenschützen durchbrachen und an dem Reitergefecht teilnahmen, in so große Bedrängnis, daß nicht nur die zweite Schar unter dem Grafen von Arundel zu Hilfe kommen, sondern auch ein Eilbote des Grafen von Warwick den Beistand des auf einer Höhe haltenden Königs anrufen mußte. »Ist mein Sohn«, fragte Eduard, »tot oder verwundet?« – »Nein, Sire«, entgegnete der Ritter, »aber ihm setzt der Feind hart zu.« – »So gehe zurück«, lautete die Antwort,

---

* *»Tant vivement que ce sembloit neige.«* Froissart, I, Kap. 130. *»Che parea in aria una nuvola«*, d. h. »daß sie einer Wolke glichen.« Villani, XII, c. 66.

** Froissart, Ms. *»Le vaillant roy de Behaigne qui s'apelloit charles (statt Jehan) de Lucemburg quant il qui estoit aveugle entendi l'ordonnance de la bataille, dist ou est monseigneur charles mon fitz ses gens respondirent nous ne le savons. Il se combat dans la presse. Lors dist le roy a ses gens seigneurs vous estes mes hommes et mes amis et compaignons à la journee de huy. Je vous requiers que vous me veuillez mener si avant que je puisse ferir ung coup despee.«* etc. Johanns Tod erinnert an den blinden Spartiaten Eurytos bei Thermopylae. Herodot, VII, c. 229.

»und melde denen, die dich gesandt haben, sie sollen nicht wieder schicken, solange mein Sohn lebt! Denn heute mag er seine Sporen gewinnen; ich will, so es Gott gefällt, daß ihm und seinen Begleitern die Ehre des Tages verbleibe.«

Solcher Bescheid erhöhte den Mut der Engländer und ihres jungen Führers. Sie ruhten, Mann gegen Mann, nicht eher, als bis die französischen Reihen getrennt waren. Umsonst suchte König Philipp an der Spitze des dritten Haufens die drohende Niederlage zu verzögern, umsonst stellte er sich persönlich allen Gefahren entgegen. Die Franzosen, von Bogenschützen, mit Streitkolben und langen Messern bewaffneten Walisern und geharnischten Reitern gleichzeitig bedrängt und auf dem engen Schlachtfeld oft durch die eigene Überzahl gehemmt und verwirrt, wichen zurück, als auch König Eduard nahte, anfangs geordnet, dann in wilder Flucht. Aber sie wurden bald eingeholt und scharenweise niedergeschlagen.

Selbst die Nacht, von 1000 englischen Fackeln und Wachtfeuern erhellt, machte dem Morden kein Ende. Nur die Ermüdung des Siegers und die Eilfertigkeit des Überwundenen brachten Rast. Eduard der Vater aber umarmte auf dem Schlachtfeld den Sohn und sprach: »Ihr habt mit Gottes Hilfe ritterlich gekämpft und die Krone verdient.« Bescheiden beugte der Fürst von Wales das Knie und bat nach Landesart um den Segen des Königs. Dieser dankte darauf Gott und den Waffengefährten für die herrliche Tat und gebot, daß keine rauschenden Gelage und übermütigen Handlungen die Freude stören sollten.

Der nächste Sonntag vervollständigte das Werk des 26. August. 7000 Lothringer, die nichts vom Ausgang der Schlacht wußten, als sie eintrafen, wurden erschlagen oder gefangen. Man zählte überhaupt an getöteten Feinden 30 000 Gemeine, 1600 Ritter, unter ihnen König Johann von Böhmen, den Herzog Raoul von Lothringen, die Grafen von Blois, Auxerre, St. Pol, Salms, Alençon und Flandern. Mit knapper Not entkam Philipp von Valois, der durch den Grafen Johann von Hennegau vom gesuchten Untergang abgehalten wurde, in der Nacht zu dem etliche Stunden entfernten Schloß Broye. Er weckte den Kastellan mit dem Wort: »Öffnet! Öffnet! der unglückliche König Frankreichs ist da!«* und setzte nach kurzer Rast die Flucht über Amiens nach Paris fort.

Eduard aber verweilte drei Tage auf der Kampfstätte, wo er die Toten begraben und die Verwundeten beider Parteien pflegen ließ.

---

* Froissart, Ms. »*Ouvrés, ouvrés, c'est l'infortuné Roy de France.*«

Danach wandte er sich gegen die Hafenstadt Calais, entschlossen, diese Pforte Frankreichs um jeden Preis zu gewinnen. Elf Monate lang dauerten Angriff und Abwehr. Endlich brach der Hunger den Mut der Bürgerschaft und Besatzung; sie bot Übergabe unter der Bedingung eines freien Abzugs an. Dies wurde vom König, den der schwere Verlust erbittert hatte, abgelehnt. Er forderte den Gehorsam aller auf Gnade und Ungnade, begnügte sich jedoch zuletzt damit, daß ihm sechs der ersten Bürger barhaupt, Stricke um den Hals und die Schlüssel in den Händen, zur Hinrichtung ausgeliefert werden sollten.

In Calais herrschten auf solche Kunde Schrecken und Jammern; niemand wußte Rat. Da rief Eustach von St. Pierre, angesehen durch Stand und Beruf, aus: »Um dieses Volk zu retten, will ich der erste sein, der das Leben wagt!« Alles staunte, mehrere Männer und Frauen knieten weinend vor dem edlen Mann, der bei angeregtem Wetteifer bald fünf Gefährten fand. In das englische Lager abgeführt, wurden sie finster empfangen und trotz der Fürsprache der anwesenden Ritter dem Henker überliefert. Als aber auch die Königin niederfiel und um Gnade für die hochherzigen Feinde bat, sprach Eduard nach kurzem Schweigen: »Frau! wärt ihr doch anderswo als hier! Doch ihr fleht so dringlich, daß ich euch nichts abschlagen kann. Da, nehmt die Gefangenen und macht mit ihnen, was ihr wollt!« Freudig führte Philippa die Geretteten in ein anderes Zimmer, ließ sie kleiden, bewirten und in Sicherheit bringen.* Etliche Tage danach (29. August 1347) wurde die Stadt übergeben, auf Befehl des neuen Herrn von den alten Einwohnern geräumt und als künftiger Waffenplatz meistens mit Engländern bevölkert.**

* Froissart, I, Kap. 146.

** Um Calais zu befreien, zog König Philipp mit einem zahlreichen Heer an, konnte aber den Feind auf keine Weise aus seinen verschanzten Linien locken und für die Feldschlacht gewinnen. Auch der Vorschlag, die Fehde durch einen Kampf zwischen sechsen gegen sechse zu entscheiden, wurde nicht angenommen. Aus diesen wirklichen Tatsachen mag die schöne historische Sage bei Justinger, Berner Chronik, S. 21, hervorgegangen sein. Sie meldet, beide Könige hätten beschlossen, den Streit durch einen Zweikampf der zwei tüchtigsten Ritter zu beenden. Der englische Kämpe, Herr von Strättlingen, aus dem Berner Oberland gebürtig, habe ruhig im Ring seinen französischen Widersacher erwartet und endlich, von Müdigkeit befallen, auf einem Sessel die Augen geschlossen »und slief als fast, daß er rußet (schnarchte). In den Dingen so kumpt sin Widersacher, dem ward bald geseit, daß er slief. Da erschrack der und sprach: förchtet er mich so wenig, daß er slafet, das ist ein Zeichen, daß ich mit ihm nit kempfe, und konnte noch mochte ihn niemand in den Ring bringen.«

Sieggekrönt kehrte darauf der König, nachdem er den Feinden einen sechsmonatigen, später verlängerten Waffenstillstand bewilligt hatte, in die Heimat zurück. Er festigte das bisweilen schwankende Übergewicht in Schottland und versuchte durch Turniere und Stiftung des dem heiligen Georg gewidmeten Hosenbandordens den kriegerischen Aufschwung der Ritterschaft zu verstärken, während strenge Gerechtigkeitspflege und gewissenhafte Beachtung der parlamentarischen Abkommen die Liebe und Treue des Volkes von allen Glückswechseln unabhängig machten.

Dagegen konnte Philipp von Valois im Gewinn der Dauphiné (Grafschaft Vienne, 1349), die der letzte, kinderlose Inhaber, Humbert II., unter dem Vorbehalt unabhängiger, einem Sprößling des königlichen Hauses überlassener Verwaltung abtrat, keinen Ersatz finden für die Unglücksfälle des Krieges und den vom wachsenden Steuerdruck erzeugten Unfrieden der Stände. Zwar versprach der König ihnen, da bereits Kaufmannsgüter, Getränke und Salz mit Abgaben belegt waren, daß ohne ihre Einwilligung keine neuen Abgaben gelten sollten (1338), aber die schon tief verwurzelte Lust an kronhoheitlicher Macht und höfischer Üppigkeit auf der einen und der Mangel an geregeltem Widerstand auf der anderen Seite verhinderten den freien Entwicklungsgang der staatsbürgerlichen Verhältnisse.

Der Sohn und Nachfolger Philipps VI., Johann, später mit dem Beinamen der Gute (*le Bon*, 1350–1364), sah sich deshalb genötigt, beim nahen Wiederausbruch der englischen Fehde, dem gesteigerten Elend des hungernden Volkes, der trotzigen Selbsthilfe des hohen Adels und dem lauernden Mißtrauen der an ihren alten Vorrechten gekränkten Geistlichkeit einen allgemeinen Reichstag nach Paris einzuberufen und ihm Bedingungen zu gewähren, die, wenn sie festgehalten und vollzogen würden, die Grundlage eines wahrhaft parlamentarischen Vertrags hätten bilden können. Der König nämlich willigte ein, daß die außerordentlichen, vom Salz *(gabelle)* und vom Vermögen zu zahlenden Steuern ohne Unterschied, solange der auswärtige Krieg dauere, von Priestern und Kirchendienern, Johannitern, Adligen und Nichtadligen sowie allen Mitgliedern des regierenden Hauses entrichtet werden sollten. Durch einen Ausschuß der Generalstaaten *(états généraux)* erhoben, beaufsichtigt und verwaltet, sollten sie auch, wenn sie etwa ungenügend erschienen, mittels einhelligen Beschlusses erhöht werden.* Hinsichtlich

* *»Et ce sera ordonné par tous les trois états, d'un accord, sans que deux puissent lier le tiers.«* Erklärung Johanns bei Capefigue, Histoire constitutionnelle de la France, Band II, S. 378.

der Münze dürfe keine willkürliche, ohne Hinzuziehung der drei Stände bewerkstelligte Änderung geschehen. Bei Reisen des Königs, der Königin und des Kronprinzen *(dauphin)* habe jeder Untertan die Befugnis, Eingriffe in sein Eigentum, die etwa der eine oder andere Beamte unter dem Namen des Vorkaufsrechtes begehen würde, tätlich abzutreiben und nichts zu liefern ohne angemessene Bezahlung, gleichwie über Krieg, Frieden oder Waffenruhe die Krone nur nach dem Rat der regelmäßig versammelten Generalstaaten entscheiden könne.

Aber diese gemeinnützige, auf die Wohlfahrt der Gesamtheit gerichtete Anordnung (Dezember 1355) mißfiel der Selbst- und Herrschsucht mancher geistlicher und weltlicher Großer, während einzelne Landschaften und Städte auch nicht geneigt waren, den engen Kreis ihrer Örtlichkeit und Körperschaft zu verlassen oder die Geschäfte derselben Beamten der gesamten Reichsstandschaft (Generalstaaten) zu übertragen. Daher fand der allgemeine Freiheitsbrief, der für die Steuern alle Vorrechte aufhob, vor allem beim stolzen Adel der Normandie lauten Tadel und erzeugte allmählich den Entschluß, durch Umtriebe und offene Gewalt die Vollziehung der Salz- und Vermögenssteuer zu unterbinden. Ja, der den Valois blutsverwandte* König Karl II. (der Böse) von Navarra, der in der Normandie Lehen besaß, erklärte nicht nur heftig seinen Unwillen über die verhaßte Abgabe, sondern knüpfte auch mit dem Erbfeind Frankreichs, Eduard III., geheime Unterhandlungen an. Davon benachrichtigt, rief Johann, jähzornig wie er war, aus: »Bald sollen sie erfahren, daß ich allein Herr bin!« Er eilte mit Bewaffneten nach Rouen, wo der Dauphin und Herzog der Normandie, Karl, gerade den Verschworenen, ohne ihre Pläne zu ahnen, ein Gastgelage gab. Johann überfiel die Arglosen an der Tafel, ließ den König von Navarra einkerkern und vier seiner Begleiter, unter ihnen den angesehenen Grafen von Harcourt, so schnell enthaupten, daß nicht einmal der Beichtvater gerufen wurde.** »Denn«, meinte der Valois, »für Verräter ist Sündenbekenntnis unnötig.«

Diese willkürliche, ohne verfassungsmäßige Teilnahme des Pairshofes an Standesgenossen geübte Rechtspflege (April 1356) erbitterte die Adelspartei. Sie sah es daher nicht ungern, daß Kö-

---

* Er war Sohn Philipps von Evreux und Johannas, der Tochter Ludwigs X., und seit 1351 mit König Johanns achtjähriger Tochter verlobt.
** Capefigue, II, 396.

nig Eduard den Waffenstillstand aufgekündigt und den heldenmütigen Fürsten von Wales, der wegen seines dunkelfarbigen Harnischs der Schwarze Prinz genannt wurde, mit beträchtlichen Streitkräften nach dem Herzogtum Guienne gesandt hatte. Anfangs begünstigte das Glück die auf das fruchtbare Languedoc von Bordeaux aus gerichteten Streifzüge der Engländer, aber bei der zweiten Raubfahrt, die etwa 8000–10 000 Reiter und Fußknechte unternahmen, erschien plötzlich König Philipp mit wenigstens 60 000 Kriegern, dem Kern des Adels und der Städte. Er sperrte die Straße von Poitiers nach Bordeaux und zwang den Feind, zwischen ungleichem Kampf oder schimpflichem Vertrag zu wählen.

Eduard, zwar überrascht, aber nicht entmutigt, rüstete sofort auf einer von Weinbergen, Hohlwegen, Hecken und Gebüschen durchschnittenen Ebene bei dem Dorf Maupertuis, zwei Stunden von Poitiers, zur Schlacht. 4000 Bogenschützen bildeten das erste, 2000 Geharnischte das zweite Treffen, die übrigen Haufen den Rückhalt. Schon erwarteten beide Heere das Zeichen zum Handgemenge, als der von Papst Innozenz VI. gesandte Kardinallegat Talleyrand Périgord einen kurzen Aufschub gewann und die Bedingungen gütlicher Übereinkunft von einem Lager ins andere trug. Der Fürst von Wales zeigte auch aufrichtige Bereitwilligkeit. Er versprach für die ungehinderte Heimkehr nach Bordeaux Herausgabe aller auf diesem Zug gemachten Gefangenen und eroberten Plätze. Er gelobte sogar, binnen sieben Jahren nicht gegen Frankreich zu streiten. Johann aber, des Sieges gewiß, forderte die Gefangenschaft des Feldherrn, den etwa 100 Ritter als Leidensgefährten begleiten dürften.

»Lieber Tod als Schmach des englischen Namens! Gott schütze das Recht!« antwortete der Schwarze Prinz, brach alle Unterhandlungen ab und mahnte am Morgen des 19. September die Seinen, vor dem hoffärtigen Feind mannhaft zu bestehen. Immerhin möge dieser auf Überzahl trotzen! Doch nicht von ihr, sondern von der Tapferkeit hänge mit Gottes Hilfe der glückliche Ausgang ab. Überwinde man, so bringe der heutige Tag beispiellosen Ruhm; den ehrenhaften Tod würden überlebende Väter, Verwandte und Freunde zu rächen wissen. Demnach möge jeder herzhaft streiten und auf den Führer blicken, der, so es Gott und dem heiligen Georg gefalle, sich heute als guter Ritter zeigen werde!

Das Heer antwortete mit freudigem Zuruf und vollendete seine letzten Maßnahmen für die Schlacht. Diese eröffnete alsbald ein ungestümer Angriff des ersten französischen Treffens auf den von Bogenschützen klug und tapfer verteidigten Hohlweg. Aber umsonst drangen die Geharnischten zu Roß und zu Fuß vor. Von Pfeilen und Lanzen umschwirrt und durch die eigene Menge auf engem Raum verwirrt, wandten sich nach kurzem Streit die meisten um und warfen sich in Unordnung auf den zweiten Haufen, den der Dauphin Karl mit zwei jüngeren Brüdern unter der Leitung waffenkundiger Räte befehligte. Aber kaum nahte der Feind, auf der Stirnlinie von der Seitenbewegung einer gesonderten Schar unterstützt, als die königlichen Söhne mit 800 Rittern den angewiesenen Platz verließen und davonsprengten, um das teure Leben zu retten.

Sofort schwankten die französischen Banner und Fahnen. Der Ruf »St. Georg! Guienne!« wurde stärker, dagegen »St. Denis! Montjoye!« schwächer. Der entscheidende Augenblick rückte näher. Da sprach der getreue und erfahrene Ritter Lord Chandos zum Fürsten von Wales: »Vorwärts! Sir, der Tag ist euer. Gott hat ihn in eure Hand gelegt. Auf! gegen den König von Frankreich, von dem jetzt alles abhängt! Bei seiner Tapferkeit wird er, das weiß ich, nicht fliehen, sondern uns erwarten.«*

Sogleich geschah der Ansturm, der von den Franzosen zu Roß und zu Fuß eine Weile mit Mut empfangen wurde. Denn Philipp, von seinem jüngsten, gleichnamigen Sohn begleitet, in der Faust den Streitkolben, leuchtete allen vor durch treffliche Taten, mußte aber endlich, als die Reihen der Kampfgenossen getrennt und in wilder, verderblicher Flucht zersprengt waren, inmitten feindlicher Scharen einem aus Frankreich verbannten Ritter, Denis Mortbèque, einem Angehörigen der Grafschaft Artois, den rechten Handschuh als Zeichen der Gefangenschaft übergeben. Fortan verschwand auch die letzte Gegenwehr. Ganze Scharen wurden niedergehauen oder in die Haft abgeführt. Den Tod fanden, frühere Verluste mit eingerechnet, 500–700 Ritter, unter ihnen der Herzog Peter von Bourbon, und 6000 Gemeine, gefangen wurden neben vielen Mitgliedern des niederen Adels 17 Grafen. Reich war die Beute an kostbaren Waffenstücken, seidenen Gewändern, goldenen und silbernen Geschirren und ähnlichen Kleinodien, denn

* Froissart, Ms. Bern, kürzer: »*Seigneur, chevaulchez avant dieu est en vostre ayde. Car la journée est votre. le prince qui tendoit à toutte perfection de bien chevaulchoit toujours avant, sa banniere devant lui, en reconfortant les chevaliers la ou il les veoit courir.*«

die französischen Herren hatten sich meistens wie zu einem sicheren Sieg geschmückt.

Eduard behandelte seine unglücklichen Widersacher mit aller Bescheidenheit und Großmut. Er wartete dem König beim gastlichen Mahl persönlich auf und tröstete ihn wegen des erlittenen Mißgeschicks durch den Gedanken an die Launen des Zufalls, der oft den Tapfersten sieglos mache. Den Ruf des wackersten Ritters habe aber am heutigen Tag der Gefangene erworben – ein Urteil, das nicht auf Schmeichelei, sondern auf von Feinden und Freunden bezeugter Wahrheit beruhe. Da offenbarten Engländer und Franzosen halblaut ihre Zustimmung, priesen letztere unverhohlen den fünfundzwanzigjährigen Helden, dessen ritterliche Tugend ein langes Leben und Glück verdiene.*

Groß waren die Folgen der Schlacht bei Maupertuis. Denn während der Fürst von Wales nach dem Abschluß eines zweijährigen, von der Kirche vermittelten Waffenstillstands den König Johann nach England führte, sank Frankreich, einstweilen sich selbst überlassen, in gesetzlose Wirren und blutige Bürgerkriege, denen der Sieger absichtlich eine Zeitlang ruhig zuschaute. Die Generalstaaten des diesseits der Loire gelegenen Gebiets *(Langue d'oyl)* nämlich, von dem Dauphin und Oberstatthalter *(lieutenant général)* Karl nach Paris geladen (17. Dezember 1356), forderten ungestüm, daß die derzeitigen Räte entlassen und teilweise bestraft und die Gebrechen der Verwaltung und Rechtspflege untersucht und verbessert wurden. Zwölf Prälaten und ebenso viele Ritter und Bürger, im ganzen 36, sollten als ständischer Ausschuß und Regierungsrat dem Thronerben beigegeben werden. Endlich sollten der, wie man sagte, unschuldig verhaftete König Karl von Navarra und dessen Getreue in Freiheit gesetzt werden. Umsonst widerstrebten Hof und hoher Adel; Stephan Marcel, Zunftmeister der Pariser Kaufleute *(prevost des marchands)* und kühnes Oberhaupt der heranreifenden Volkspartei, ruhte, vom Sprecher der Geistlichkeit, dem Bischof le Coq von Laon, tatkräftig unterstützt, nicht eher, als bis der

---

* Froissart, Ms. Bern. »*Et alors commencha chascun a marmurer et disoient entre eulx françois et anglois que noblement et a point le prince avoit parle, si le prisoient moult et disoient communement que en lui avoit et auroit encores gentil seigneur sil pouvoit longuement durer et vivre et en telle fortune perseverer.*« Froissart setzt übrigens die Schlacht auf den 19. September (Ms. Bern auf den 23.), eine Angabe, die Capefigue, II., 403, wo der 29. genannt wird, nicht berücksichtigt hat.

Dauphin nach fruchtlosen Ausflüchten und Beschwichtigungsmitteln in alles einwilligte (März 1357).*

Sofort wurden die 36 Bevollmächtigten der Kirche, der Ritterschaft und der Bürgerschaft gewählt und mit der Macht ausgerüstet, nicht nur die Regierung zu besorgen, sondern auch als Reformatoren zu handeln. Die meisten Mitglieder der Rechenkammer *(chambre des comptes)*, des Staatsrats und des Obergerichts (Parlament) wurden entfernt und bestraft und die vom Reichstag beschlossenen Steuern trotz der Verwahrung, die König Johann einlegte, erhoben.** Bei wachsender Unzufriedenheit des über die Fortschritte der Gemeinden erbitterten Adels wurden auf Befehl Marcels die Ein- und Ausgänge der Stadt Paris befestigt und bald danach, als der Dauphin durch Umtriebe und Versprechungen die Trennung der Stände in eine Adels- und eine Volkspartei vollendete (Januar 1358), rote und blaue Mützen und Helmdecken auf weißem Grund als Abzeichen der Bürgerlichen gewählt.

In und außerhalb von Paris wurden Bruderschaften für den Schutz des durch Hof und Adel immer gefährlicher bedrohten Volksrechtes gestiftet und beschworen. Stephan Marcel und der aus seinem Kerker zu Arleux in Cambresis befreite König Karl von Navarra wurden wegen ihres durch Worte und Taten dargelegten Eifers als Retter des Vaterlands und Anwälte der Unterdrückten gefeiert. Bei wachsender Leidenschaft wurden die der neuen Ordnung feindseligen Marschälle von Clermont und Champagne in Gegenwart des Dauphins ermordet (22. Februar 1358), der dafür die rot-blaue Volksmütze aufsetzen, die Würde des Reichsverwesers (Regenten) annehmen und dem Haupturheber aller Wirren, dem Zunftmeister Stephan Marcel, eine Stelle im fortan bedingungslos beherrschten Staatsrat gewähren mußte.

Viele Städte Langue-doyls, z. B. Laon, Rouen und Amiens, folgten dem Beispiel der Pariser. Sie wählten die Volksfarben, er-

* Das Reformedikt siehe bei Capefigue, II, 432 ff. Für die Verderbnis der Rechtspflege spricht besonders folgende Stelle: »*nous ferons faire bonne justice, et désormais ne donnerons plus grâce pur ravissemens et forcemens de femmes, mariées, ou pucelles, pour trêves rompues, que les gens du parlament et des enquêtes fassent brief accomplissement de justice, car des arrêts qui eussent dû ètre donnés il y a vingt ans, sont encore à rendre.*«

** Froissart, Ms. Bern. »*Apres les trois estats ordonnerent et establirent de par eulx et en leurs noms receveurs pour recevoir et lever touttes maltoltes imposicions subsides et touttes autres droitures appartenans au roy et au royaulme et firent forgier nouvelle monnoye de fin or quon appelloit moutons.*«

richteten Bruderschaften sowie Schutz- und Trutzbündnisse, während ein furchtbarer Bauernaufstand zuerst in der Umgegend von Beauvais, dann in den Bezirken von Laon, Soissons und Brie ausbrach und das schon schwankende Staatsgebäude ganz aus den Fugen zu heben drohte. Denn müde des langen, oft grausamen Drucks, erhob sich das Landvolk, meistens mit Messern und eisenbeschlagenen Knitteln bewaffnet, zu Hunderten und Tausenden gegen den Adel, dessen Feigheit in der Schlacht bei Poitiers den seit Jahren genährten Haß gesteigert hatte. Unter Raub, Mord und Brand fiel es auf die bald geschleiften Burgen, tötete Männer, Frauen und Kinder ohne Unterschied und gelobte feierlich, nicht eher zu rasten, als bis die gesamte Adelsbrut vertilgt sei (Mai 1358). Unmenschlichkeiten wurden verübt, wie ihrer nur der Leibeigene, wenn er die Ketten sprengt und den Ingrimm des Tieres gegen seinen mutwilligen Peiniger angelegt hat, fähig ist. Frauen und Jungfrauen wurden unter den Augen der Gatten und Eltern geschändet und zuletzt mit diesen qualvoll hingerichtet, ja, die zerstückelten Gliedmaßen eines Ritters wurden am Spieß geröstet und der verzweifelten Gemahlin so lange als Speise aufgezwungen, bis sie unter den Keulenschlägen der Henker das Leben aushauchte.*

Über 60 Schlösser im Umkreis von Beauvais, Corbie, Amiens und Montdidier lagen binnen etlicher Tage in Asche. Durch den Schrecken einstweilen gelähmt, flüchtete der Adel mit Frau und Kind nach der festen Stadt Meaux in der Landschaft Brie. Aber bald erreichte die Empörung »Jakobs des Tölpels« *(Jacques-bonhomme),* wie man spöttisch die Bauernschaft zu nennen pflegte, auch die Ufer der Marne und Seine. Flammen und Krachen der Burgen kündigten die Nähe der wilden Rotten unter dem rotblauen Banner Jakobs des Tölpels an und gaben der Pariser Volks-

---

* Froissart, Ms. Bern. »*Et ces mechans gens pilloient et roboient et tuoient tout sans chief. Ilz efforceoient et vyoloient touttes dames et pucelles sans pitie ne mercy comme tous enragez. – Je ne oseroie rescrire ne racompter les horribles fais et abbominables quils faisoient, mais entre leurs abbominables fais ils tuerent ung chevalier si le tournerent ou feu en une broche veant sa deme de femme. puis apres ce que X. ou XII. leurent vyolee ils la voulurent faire mettre de son mari rosti et apres le firent morir de malle mort.*« Wenn man die Bauern fragte, warum sie denn so mißhandelten, erfolgte häufig die Antwort: »Wir wissen es nicht und tun, was wir andere tun sehen. Jedoch bleibt es unser Gedanke, daß man die Edelleute in der ganzen Welt ausrotten muß.« »*Et pensoyent qu'ils deussent en telle manière destruire tous les Nobles et Gentilshommes du monde.*« Froissart, I, Kap. 183.

partei den Mut, durch Gründung einer förmlichen Stadtrepublik die letzten Spuren des königlichen Ansehens zu tilgen.

Der Reichsverweser Karl nämlich hatte, beunruhigt durch die Fortschritte der ständisch-gemeinheitlichen Kraft, im geheimen Paris verlassen und von Meaux, seinem Hauptquartier, aus alle getreuen Untertanen ebenso wie den gesamten Adel zu den Waffen gegen die aufrührerischen Bürger und Bauern gerufen. Solchem Ruf folgte die Ritterschaft nicht nur Frankreichs, sondern auch des Auslands. Flandern, Brabant, Hennegau, selbst Böhmen sandten beträchtliche Scharen adliger Herren, um mit den französischen vereinigt die böse, täglich weiter um sich greifende »Michelei«* *(Jacquerie)* niederzuwerfen und danach die Pariser Neuerer zu züchtigen.

Diese blieben ihrerseits auch nicht müßig. Den Zunftmeister Stephan Marcel und die Schöffen an der Spitze, kündigten sie in groben und spöttischen Briefen dem Dauphin allen Gehorsam auf. Sie verschanzten bei Tag und bei Nacht die Stadt, besetzten den Louvre, dessen beträchtliche Waffenvorräte ausgeteilt wurden, schlossen sich enger denn je dem freilich zweideutigen König Karl von Navarra an, der sofort mit zahlreichen Söldnerhaufen einrückte, und entsandten ein Fähnlein von 500 Reitern, um den verabredeten Angriff der Bauern auf Meaux zu unterstützen. Aber das ganze Unternehmen scheiterte. Landleute und Bürger, schlecht ausgerüstet und geführt, wurden vom Adel unter der Leitung des Grafen von Foix und des englischen, aus dem Heidenkrieg in Preußen heimgekehrten Hauptmanns *(captal, capitalis)* von Buch auf das Haupt geschlagen. Die in Meaux herumirrenden Flüchtlinge wurden mit den Häusern verbrannt** und danach innerhalb etlicher Wochen alle zersprengten Rotten anderer Gebiete durch Feuer und Schwert aufgerieben.

Rasch entschied sich jetzt das Schicksal der Pariser. Vom Dauphin belagert und von König Karl, der nach St. Denis entwich, verraten, außerdem zwieträchtig und seit der Ermordung ihres getreuen, aber leidenschaftlichen Zunftmeisters Stephan Marcel

---

* Dieser deutsche Ausdruck entspricht dem französischen so ziemlich. Seit dem unglücklichen Bauernkrieg im 16. Jahrhundert wurde der Spottname »deutscher Michel« fast sprichwörtlich.

** *»Et quand les gens d'armes retournerent en la ville de Meaux desordonnée ils l'ardirent toute et tous les villains, qu'ils peurent dedans enfermer.«* Froissart, I, Kap. 184, nach der Bongarsischen Randglosse und Froissart, Ms. Bern.

durch Johann Maillard (31. Juli) führerlos, öffnete die unglückliche Hauptstadt dem erbitterten Reichsverweser die Tore. Bald kennzeichneten Hinrichtungen, Bann- und Verhaftungsbefehle den Sieg des Königtums. Alle Schöffen und die vornehmsten Bürger endeten unter dem Beil des Henkers. Robert le Coq, Bischof von Laon, wurde mit mehreren Geistlichen der Volkspartei verwiesen, ihr Gut eingezogen, die Gemeinde der Wahlrechte und anderer Freiheiten beraubt. Der ständische Ausschuß wurde zugunsten der Ritterschaft abgeschafft, überhaupt die kronhoheitliche Machtfülle fester denn je begründet und die parlamentarische Stellvertretung als ihr willenloses Werkzeug gebraucht.

Hungersnot, Pest und die Raubzüge der zuchtlosen Söldnerrotten brachten eine so lange Reihe des Elends und Jammers über Frankreich, daß der gefangene König Johann nach reiflicher Prüfung kein anderes Rettungsmittel zu finden wußte als einen demütigenden Friedensvertrag. Dieser wurde, zumal die Engländer unter dem Befehl Eduards III. die Feindseligkeiten wieder eröffnet hatten, mit Beihilfe päpstlicher Kardinallegaten in dem Flecken Bretigny, unweit von Chartres, dahingehend geschlossen, daß erstens die britische Oberhoheit über Guienne und Gascogne sowie die Landschaften Poitou, Thouars und Belleville, Saintonge, Agenois, Périgord, Limousin, Quercy, Tarbe, Bigorre, Gaure, Angoumois, Rhodez, Rouergue, die Städte La Rochelle, Montreuil, Calais, die Grafschaften Ponthieu und Guines unbedingte Gültigkeit haben sollte. Zweitens sollte der König Eduard für sich und seine Erben allen Ansprüchen auf die französische Krone und die Länder Normandie, Touraine, Anjou, Maine, Bretagne und Flandern entsagen. Drittens sollte der König Johann für seine Freilassung drei Millionen Goldgulden (anderthalb Millionen Rosenobel) in verschiedenen Zielen zahlen und zwei Söhne nebst mehreren Mitgliedern des regierenden Hauses und hohen Adels als Geiseln stellen.* Hinsichtlich der auf beiden Seiten während des Krieges an Gut und Ehren Bestraften wurde verfügt, daß sie sämtlich wieder in den Genuß ihrer Besitzungen und Ämter kommen müßten, genauso wie Eng-

* Die Vertragsurkunde siehe bei Froissart, I, Kap. 212. Die Berner Handschrift berichtigt mehrere in der gedruckten Ausgabe offenbar entstellte Namen. Statt Colloigne (?) besagt sie z. B. deutlich: Boulogne neben Hames (Hamm in der Pikardie). Der ganze Satz lautet: »*Item le chastel et ville de calaix, le chastel et ville de merly, les villes, chasteaux et seignouries de santages (?), boulogne, hames, wale et oyes (Eu?).*«

länder und Franzosen in beiden Reichen studieren und die Freiheiten der Universitäten ungekränkt nutzen dürften.

Gewissenhaft erfüllte Johann das Abkommen, das den englischen Plantagenets nicht nur das ehemalige Erbgebiet mit erweiterten Grenzen und völliger Unabhängigkeit zurückgebracht, sondern auch neben dem ungeschwächten Einfluß auf die von Parteien bewegte Normandie und Bretagne den Besitz der wichtigen Seeplätze La Rochelle, Calais und Boulogne gesichert hatte. Aber das Gefühl der Volkstümlichkeit, das trotz der Wirren und Mißgeschicke aus dem Haß gegen England neue Kräfte ableitete, wirkte bei den Franzosen schon so stark, daß die Stände mehrerer Bezirke dem Fremden offenbar widerstrebten und königliche Räte auf ihre Seite zogen. Noch größere Schwierigkeiten fand bei dem allgemeinen Unfrieden und entschiedenen Mangel an haushälterischer Ordnung die ausgehandelte Loskaufsumme.

Als daher Johann die Unmöglichkeit sah, den geschlossenen Vertrag zu vollziehen, übertrug er seinem ältesten Sohn Karl, bisherigem Herzog der Normandie, die Regentschaft und kehrte nach fast vierjähriger Freiheit nach London zurück. Denn sein Biedersinn wollte lieber als Geisel am Hof eines erklärten, jedoch hochherzigen Nebenbuhlers leben als Wortbruch und Meineid begehen. Deswegen wurde er mit ungeheuchelter Achtung empfangen und bewundert. Jedoch starb der biedere Mann nach kurzem Aufenthalt in London (8. April 1364), wo ihn eine plötzliche, aller ärztlichen Kunst spottende Krankheit, vermutlich eine Folge des nagenden Kummers, befallen hatte. Seinen oft geäußerten Wahlspruch »Wenn Treue und Wahrheit aus der übrigen Welt verbannt sind, so müssen sie sich dennoch im Munde der Könige wiederfinden!« hat nicht nur das Glück, dem die heftige Natur bisweilen unterliegen mußte, sondern auch das mannhaft ertragene Mißgeschick bestätigt.

Geblendet vom Glanz der Waffentaten, verließen dagegen die bisher unbefleckten Zierden des englischen König- und Rittertums, Eduard III. und der Schwarze Prinz, allmählich den Pfad der Ehre und befleckten den Abend ihres Lebens durch Handlungen, die ihren früher erworbenen Ruf der Großmut verdunkeln mußten. Allerdings bedurfte es einer seltenen Selbstbeherrschung, um auf dem Gipfel der schnell gestiegenen Macht bescheiden zu bleiben. Denn die kühnsten Hoffnungen waren erfüllt. Schottland, in der Schlacht bei Durham besiegt (1346), trat nach dem Tod des kinderlosen Eduard Baliol unter dem neuen Schützling David Bruce in englische Lehnsabhängigkeit. Die Bretagne folgte seit dem Fall Karls von Blois in dem entscheidenden Gefecht bei Avray (1364), in dem die Krieger des britischen Ritters Chandos den Ausschlag gaben, der Richtung des von England wiederum abhängigen Grafen Johann Montfort, während der Held von Maupertuis, der mit der anmutigen Tochter des Grafen von Kent, Johanna Plantagenet, vermählt war, als souveräner Fürst von Aquitanien und Gascogne die Kernländer Südwestfrankreichs im Namen des Vaters regierte. Dieser konnte nicht immer so lockenden Versuchungen trotzen. Er wurde bei schon vorgerücktem Alter mißtrauisch, prunksüchtig, gebieterisch und seit dem Tod seiner trefflichen Gattin Philippa den Launen des verschmitzten Buhlweibes Alice Perries so untertänig, daß er, von den treuesten Dienern und Freunden verlassen, auf dem Krankenbett einsam sterben mußte (21. Juni 1377).

Ebensowenig entsprach in der letzten Lebenshälfte der früher mit allen Tugenden des Helden und Menschen geschmückte Sohn, Eduard, Fürst von Wales und Aquitanien, den Ansprüchen des durch Taten des Krieges und Friedens erworbenen Ruhms, den vor allem in den spanischen Händeln falsche Begriffe von Ritterehre und Ritterpflicht verdunkelt haben. In Kastilien nämlich regierte seit Jahren Peter der Grausame (IV.) nicht als gesetzlicher König, sondern als willkürlicher Zwingherr. Ohne Scheu vor Gott und den Menschen hatte er, da er geizig und blutgierig zugleich war, Adlige und Bürger, Priester und Laien, wenn sie seinen Gelüsten nicht blindlings gehorchten, durch Kerker, Bann und Tod gestraft. Aus schnöder Leidenschaft für eine ränkevolle Kebsfrau, Maria Padilla, hatte er seine fromme Gemahlin, Blanca von Bourbon, vergiftet. Die Geliebte seines Vaters Alfons, Leonora de Gusman, hatte er ermordet und ihre Söhne oder die eigenen Stiefbrüder, unter ihnen den tapferen, milden und großmütigen Heinrich, Grafen von Trastamara, ihrer Ehren und Güter beraubt. Er hatte die Rechte und Freiheiten des Landes mit Füßen getreten und die Steuern der Reichssassen teils vergeudet, teils in den heimlich angehäuften Schatz gelegt. Das Christentum hatte er öffentlich gelästert und den Bekennern des Islams, den Arabern Granadas, Gunst und Freundschaft bewiesen. Kurz, er hatte so gehaust, daß ihn jeder Biedermann haßte, fürchtete und als die Pest Kastiliens verabscheute.*

* Froissart, I, Kap. 230. »*Et estoit si cruel, et si plein d'horreur, que tous ses hommes le craignoyent et doutoyent et hayoyent, si monstrer luy osassent.*«

Da beschloß endlich Heinrich von Trastamara, seine Mutter und seine Heimat an dem unnatürlichen Halbbruder zu rächen. Er flüchtete mit etlichen Getreuen nach Frankreich und gewann den Segen der Kirche, die durch Papst Urban V. den Bann gegen Kastiliens ruchlosen und heidnisch gesinnten Fürsten* schleuderte. Auch König Karl V., der nach dem Tod seines Vaters Johann vor allem die unterdrückten Landschaften von den zuchtlosen, unbeschäftigten Söldnerbanden zu befreien versuchte und deshalb gerne der spanischen, überdies gerechten Heerfahrt nach Kräften Vorschub leistete, versprach seine Beihilfe. So wurde die Zierde der französischen Ritterschaft, der Bretone Bertrand du Guesclin, dessen Name bald mit dem Ruf des Schwarzen Prinzen wetteifern sollte, für 100 000 Franken aus der englischen Haft erlöst und dem jungen Grafen de la Marche, Johann von Bourbon, der den Oberbefehl bekam, als leitender Rat beigesellt.

Guesclins Ansehen, reiche Löhnung sowie die Aussicht auf Beute und Abenteuer wirkten so stark, daß binnen einiger Wochen an 30 000 Soldknechte, die bisher Frankreich als ihre Herberge betrachtet hatten – Franzosen, Bretonen, Normannen, Engländer, Pikarden und Burgunder – für die Reise gerüstet waren. Ohne Hindernisse konnten sie die Pyrenäen und Aragonien durchziehen und bei der Ankunft in Kastilien einen mühelosen Sieg gewinnen (1366). Denn Peter der Grausame, von Adel und Volk verlassen, mußte, während sein Stiefbruder Heinrich (II.) unter allgemeinem Jubel die Krone empfing, von einem einzigen Ritter, Ferdinand Castro, begleitet im Hafenplatz Galiciens, Korunna, einstweilen Schutz suchen. Als er bald auch hier bedroht wurde, landete er auf den Rat seines Getreuen als Flüchtling bei Bayonne, um den Schutz und die Hilfe des Fürsten Eduard von Wales und Aquitanien anzurufen.

Der gröbste, aber aus edlem Blut entsprossene Verbrecher stand vor dem bisher makellosen Meister der englischen Ritterschaft, der ihn in seiner glänzenden Hofstadt Bordeaux mit außerordentlichen Ehren aufnahm und im eigenen Palast, der Abtei St. Andrieu, beherbergte. Schon darin kündigte sich der auch bald offen dargelegte Entschluß an, den vertriebenen Erben Kastiliens deshalb wieder einzusetzen, weil es einem echten Christen und Ritter nicht gezieme, einem zwar guten, aber unehelich geborenen Königssohn

---

* »*Excommunié publicquement et declairé et reputé pour bougre et incredule. – Et le dit Bastard (Heinrich von Trastamara) fut legitimé à obtenir le Royaume.*« Ders.

das Reich zu überlassen, während der ebenbürtige, obschon böse Sprößling, durch Aufrührer gestürzt, im Elend umherirre.

Vergeblich warnten weise und besonnene Räte vor Übereilung.* Der gewalttätige, grausame Peter, der mit dem Blut seiner tugendhaften Gemahlin und vieler schuldloser Herren befleckt sei, erleide nach den Schickungen Gottes die gebührliche Strafe – anderen Mächtigen der Erde ein Zeichen, daß sie sich vor solchem Wandel hüten möchten. Doch der Schwarze Prinz, dadurch nicht überzeugt, blieb bei seiner Meinung, daß ein Bastard kein König sein könne, und ruhte nicht eher, als bis mit Erlaubnis seines darin gleichgesinnten Vaters ein zahlreiches Heer von Engländern und Gascognern versammelt war, um den gekrönten Henker Kastiliens wieder einzusetzen.

Alles ging nach Wunsch. Die Ritter und Fußknechte der Gesetzlichkeit des Buchstabens (Legitimität) drangen glücklich nach leichten Gefechten in Navarra über den Ebro vor und siegten unter dem Banner des kampfgeübten Fürsten von Wales und Aquitanien so entscheidend in der Schlacht bei Najera (Navarette), daß Heinrich von Trastamara trotz der heldenmütigsten Gegenwehr zur Flucht genötigt, der kluge und ritterliche Bertrand du Guesclin gefangen und Peter durch fremde Waffen in das Erbe seiner Väter zurückgeführt wurde (3. April 1367). Doch Geiz und Undankbarkeit belohnten sie schlecht. Die geld- und genußgierigen Abenteurer mußten, den zum Verkauf seines Silbergeschirrs gezwungenen Schwarzen Prinzen an der Spitze, arm, hungrig und angesteckt von der spanischen Luft, über das unheimliche Gebirge nach der Herberge des Söldnertums** heimkehren und hier die alten Übergriffe erneuern.

Sofort schwankte auch der Thron Peters, den das Unglück nicht gebessert hatte. Müde der Knechtschaft, eilten Adlige und Gemeinfreie zu den Fahnen Heinrichs von Trastamara und Bertrands du

---

* *»Aucuns sages Seigneurs et imaginatifs.«* Froissart, I, Kap. 231.

** *»Et appeloyent ces compaignons (die Banden) le royaume de France leur chambre.«* Froissart, I, Kap. 230. Vgl. I, Kap. 231. *»Car Anglois et Gascons de leur nature sont volontiers convoiteux.«* – In der Schlacht bei Najera kämpften mit vorzüglicher Tapferkeit die spanischen Gemeinden. Aber ihr leichtes Fußvolk, das meistens Schleudern führte, konnte auf die Dauer den englischen Bogenschützen nicht widerstehen. *»Moult fut ceste bataille grande et perilleuse, si portoyent les Communautés d'Espaigne des fondes à leur usage, dont ils gettoyent des pierres moult fierement. Mais quand ce get fut passé et qu'ils sentirent les sagettes des Anglois ils ne tindrent plus nul arroy.«* Froissart, I, Kap. 241.

Guesclin, der sich wiederum für 100 000 Franken von der britischen, übrigens anständigen Haft gelöst hatte. Lange ließ auch diesmal die Entscheidung nicht auf sich warten. Die beiden feindseligen Brüder trafen nach leichten Vorgefechten in der Ebene von Montiel, unweit von Toledo, aufeinander. Peter, dessen Hauptstärke Juden und Araber bildeten,* floh mit den Resten des geschlagenen Heeres (13. August 1368) in die Burg von Montiel. Bei einem Versuch, nachts dem drohenden Hungertod zu entrinnen, geriet er in die Gewalt seiner feindlichen Feldwache, die den Gefangenen sogleich in das Zelt des Ritters Lyon de Laconnet abführte. Bald darauf trat auch Heinrich von Trastamara ein und rief, des Bruders ansichtig, zornglühend aus: »Wo ist der angebliche König Kastiliens?« – »Du bist der Bastard! Mein Vater hieß Alfons«, entgegnete Peter. Er warf seinen Gegner nach kurzem Ringen auf ein Polsterbett nieder und legte die Hand an den Dolch. Da sprang der Vicomte von Roquebertin herbei, riß den König zu Boden und blieb ein gleichgültiger Zuschauer, als ihm Heinrich das Schwert durch die Brust stieß. Sofort huldigten Toledo und ganz Kastilien dem Grafen von Trastamara, der durch eine gerechte und weise Regierung den Bruder in Vergessenheit zu bringen suchte.

Mittlerweile hatte der Fürst von Wales und Aquitanien nicht nur als Beschützer eines fremden Zwingherrn den Stoff der spanischen Wirren vermehrt, sondern auch wesentlich für den Bruch des Friedens von Bretigny gewirkt. Um nämlich den Forderungen der im kastilischen Krieg schlecht bezahlten Söldner zu genügen, wurden alle Feuerstellen und Grundstücke außerordentlich besteuert. Die darüber laut gewordenen Beschwerden etlicher Grafen und guten Städte Aquitaniens wurden stolz abgewiesen und die Unzufriedenen schließlich genötigt, bei König Karl V. von Frankreich als ihrem ursprünglichen Oberlehnsherrn Berufung einzulegen. Jener, mehr durch Klugheit denn durch Waffenkunst ausgezeichnet und längst begierig nach einem Anlaß, die frühere Schmach zu tilgen, nährte im geheimen die Gärungen Guiennes, Poitous und Gascognes. Er gab den Grafen von Armagnac, Cominges und Périgord, die an der Spitze des auf seine Steuerfreiheit trotzenden Adels standen, das Versprechen baldiger Hilfe und lud schließlich, als die Rü-

* Froissart, I, Kap. 245. *»Les Juifs, qui là estoyent, tournerent tantost le dos; mais moult fort se combattirent ceux de Grenade.«* Wer die Verschiedenheit der Zeiten an einem Beispiel erläutern wollte, könnte hier an das feindselige Bruderpaar D. Pedro und D. Miguel erinnern.

stungen vollendet waren, den unabhängigen Fürsten von Aquitanien vor den hohen Pairshof, um sich hier gegen die eingelegten Klagen zu rechtfertigen. Zornig antwortete der Schwarze Prinz, daß er kommen werde, aber den Helm auf dem Haupt und von 6000 Bewaffneten begleitet.

Sofort sandte Karl auch dem König Eduard, der das Betragen seines Sohnes vollkommen billigte, durch einen gemeinen Fußknecht den Absagebrief, dem unmittelbar in allen von beiden Parteien besetzten Landschaften die Fehde folgte (1369) und der einen überraschenden Glückswechsel darstellte. Während nämlich die Franzosen, die von dem jugendlichen Helden Bertrand du Guesclin geführt wurden und mit den Kastiliern unter Heinrich von Trastamara sowie den Schotten unter dem König Robert Stuart, dem Nachfolger des kinderlosen David Bruce (seit 1370), verbündet waren, glänzende Siege gewannen, befleckte der unpäßliche und mißmutige Fürst von Wales durch eine zweite Missetat den Ruf des ersten Ritters der Christenheit.

Die Stadt Limoges nämlich, deren sich der Feind, unterstützt vom Verrat etlicher Bürger, bemächtigt hatte, wurde nach hartnäkkiger Gegenwehr gestürmt. Die gesamte Bevölkerung, über 3000 Männer, Frauen und Kinder, wurden auf ausdrücklichen Befehl des ergrimmten Herrn getötet, aber dagegen eine Schar von Ritter- und Ebenbürtigen wegen ihres edleren Blutes dem Untergang entzogen, der selbst das Leblose traf, denn alle Häuser verwandelte das Feuer in einen wüsten Schutthaufen (1370).* Fortan ruhte kein Segen mehr über den englischen Waffen. Der Schwarze Prinz kehrte krank und verstimmt in die Heimat zurück, wo er ein Jahr vor seinem Vater, König Eduard III., starb (1376) und auf diese Weise die Nachfolge am Reich seinem elfjährigen Sohn, Richard II. (1377–1399), hinterließ.

Blickt man von einzelnen Gebrechen und Missetaten, die sogar der edelsten Persönlichkeit nachzuschleichen pflegen, auf den eigentlichen Grundzug und Lebensgehalt, so erscheint kein Zeitgenosse den beiden Führern und Zierden des englischen Volkes vergleichbar. Geläutertes Ehr- und Nationalgefühl, Großmut,

* Froissart, I, Kap. 289. *»Il n'est si dur cœur (qui adonc fust en la cité de Limoges et eust souvenance die Dieu) qui ne plourast tendrement du grand méschef qui y estoit.«* Von den kämpfenden, bald begnadigten Rittern heißt es: *»Le Prince (de Galles) en son chariot* (er war krank und schaute der Metzelei zu) *vint celle parti et les regarda moult voulontiers et se rappaisa et adoucit.«*

besonnene Tapferkeit, Treue gegen Freunde und Waffengenossen, kindliche Ehrerbietung gegen Eltern und eine fast jungfräuliche Zucht und Bescheidenheit, die mitten im Glanz der Siege Gott die Ehre und den Gefährten die immer reichlich belohnten Verdienste gibt, kennzeichnen den Fürsten von Wales als das Vorbild eines seinen Grundzügen nach vollendeten Rittertums. Klugheit und Ernst im Beratschlagen, Schnelligkeit und Ausdauer im Vollziehen sowie seine unwandelbare Gemütsruhe und Mäßigung unter den mannigfaltigsten Glückswechseln, seine Milde gegen Arme, Witwen, Waisen und Bedrängte jeder Art, seine trotz hochstrebendem Ehrgeiz spürbare Demut und seine von abergläubischer Schwäche befreite Frömmigkeit, seine bei allem Selbstgefühl und Eifer für die Hoheit der Krone bewahrte Leutseligkeit und tiefe Ehrfurcht vor den parlamentarischen Volksrechten, deren naturgemäßer Fortschritt nie aufgehalten, sondern immer gefördert wurde – diese Tugenden haben die fünfzigjährige Regierung Eduards III. als Spiegel und Muster eines gesetzlich beschränkten, mittelalterlichen Lehnskönigs gestempelt, wie ihn selbst die Tage der beiden Friedrich von Hohenstaufen nicht zeigen.

Aber keineswegs offenbarten nur die staatsbürgerlichen und kriegerischen Verhältnisse Englands den Umschwung frischer, vorwärtsstrebender Kräfte. Auch die Kunst und die Wissenschaften, Gewerbe und Handel blühten. Denn während das dichterische Genie Chaucers die fortan in den Urkunden der öffentlichen Behörden gültige Muttersprache ausbildete und bereicherte, Windsor und Westminsterabtei von namenlosen Meistern dem Höchsten nachstrebende Baudenkmäler empfingen, rüttelten Wicliffe und seine Schüler, die Lollharden, an den Grundsäulen des römisch-katholischen Kirchendoms und trugen wesentlich zu den Bewegungen bei, die im folgenden Jahrhundert zu Konstanz und Basel entschieden werden sollten.* Parlamente und Rechtsgelehrte offenbarten neben Sachkenntnis und Schärfe des Urteils ein nicht erfolgloses Streben nach Glätte und Anmut des Vortrags. Daneben brachten die neuen Verbindungen mit den Flamen, deren geschickte Weber, Färber, Walker und Tuchmacher ungehindert einwandern durften, den Deutschen, Franzosen und Spaniern steigende Rührigkeit in Handel, Verkehr und Gewerbe, so daß mitten

* Siehe S. 203 f. in diesem Band und Mackintosh, Geschichte Englands, Zweite Abteilung, S. 162 ff.

unter den Gefahren und Wechseln des Krieges Wohlstand und Reichtum auf den Burgen wie in den Städten feste Wurzeln schlagen konnten. Nur das oft noch leibeigene oder hörige Landvolk blieb vernachlässigt, reifte aber nichtsdestoweniger einer Mündigkeit entgegen, die bei folgerichtiger Durchführung der bisher von Königtum und Parlament beachteten Grundsätze auch ohne greuelhafte Gewalttaten das vorgesteckte Ziel erreicht hätte.

Dies war die hoffnungsvolle Gegenwart Englands, als noch einmal Krone und hohe Adelsschaft, von Kirchengroßen und auswärtigen Fehden unterstützt, den Fortschritt der gesellschaftlichen Entwicklung zu verhindern trachteten und dadurch eine lange Reihe innerer Wirren bereiteten, die nicht eher endeten, als bis König und Staatsrat wieder in die parlamentarische Laufbahn einlenkten und im Vertrauen der Nation befestigt den französischen Krieg mit dem äußersten Nachdruck fortsetzten.

Den Keim der Unruhen und Zerrüttungen aber legte hauptsächlich die Zeit Richards II. Jähzornig, launenhaft, rach- und herrschsüchtig, folgte er auch in den Tagen der Volljährigkeit dem heillosen Vorbild der von seinem ältesten, stolzen Oheim, Johann de Gaunt (Gent), Herzog von Lancaster, besorgten Regentschaft. Während nämlich die mit Schottland und Frankreich erneuerten Feindseligkeiten trotz des Gewinns von Brest und Cherbourg steigende Mißgeschicke darstellten, schwelgte der Hof in Üppigkeit. Er forderte die bisher unbekannte, besonders den Bauern drückende Steuer des Kopfgeldes, verkaufte Recht und Gerechtigkeit an den Meistbietenden und blieb taub gegen die Klagen des Armen und Bedrängten. Da breiteten sich – zumal Prälaten und Barone nicht selten im allgemeinen Elend eine Quelle ihrer häuslichen Glückseligkeit suchten – unter den geringeren Bürgern der Städte und Flekken Unfrieden, unter den zahlreichen Leibeigenen und Halbfreien der östlichen Landschaften sogar der Grimm der Verzweiflung aus.

Diesen nährten überdies die schwärmerischen Religionslehren, die ein wunderlicher Priester aus Kent, Johann Ball genannt, verkündete. Im Anfang der Welt, sprach er, habe es keine Leibeigenen und Gutshörigen gegeben, sondern alle Menschen seien gleich gewesen, ungefähr so wie das Volkslied laute: »Als Adam grub und Eva spann, wo war wohl da der Edelmann?« Auch dürfe niemand die Freiheit einbüßen, er beginge denn Hochverrat gegen seinen Herrn, wie Luzifer es getan habe gegen Gott. Aber sie wären doch weder Engel noch Geister, sondern Menschen, die, obschon von gleicher Gestalt wie ihre Herren, dennoch wie wilde Tiere gehalten würden. So könne und möge es länger nicht gehen. Unter den Kindern Adams und Evas dürfe kein Unterschied bestehen, so daß die einen geböten und die anderen dienten. Unmöglich. Denn wodurch hätten die Edelleute dieses Vorrecht erworben? Etwa weil sie faulenzten und die Bauern arbeiteten? Oder weil sie Samt und Seide, die Bauern grobes Tuch trügen? Sie in schönen Häusern und Burgen, diese in Hütten wohnten? – Jetzt oder nie müsse man durch vereintes Wirken den traurigen Zustand beenden, von dem jungen König Abhilfe und Freiheit fordern, im Weigerungsfall aber selber an gründliche Heilmittel denken!

Bruder Johann – er war Franziskanermönch – wurde dreimal wegen seiner Predigten zu Canterbury in das Gefängnis des Erzbischofs geworfen, aber ebensooft wieder entlassen, sei es, daß man Besserung hoffte oder die aufgewiegelte Menge fürchtete. Diese fand bald auch in ihrer Mitte einen Führer, der neben den allgemeinen Unbilden die besondere Schmach rächen wollte und Schlauheit mit Unternehmungsgeist verband.

Walther der Dachdecker (Wat-tyler), Handwerker zu Dartford in der Grafschaft Kent, hatte einen frechen Steuereinnehmer, der sich Unanständigkeiten gegen seine schöne, vierzehnjährige Tochter erlauben wollte, mit dem Hammer zu Boden geschlagen und dadurch das Zeichen zum Durchbruch des lange gärenden Grolls gegeben. Scharenweise erhoben sich die Leibeigenen und armen Leute Kents unter der Hauptmannschaft Wat-tylers und forderten die von Norfolk, Suffolk, Essex, Sussex und anderen östlichen Gauen auf, ihrem Beispiel zu folgen. Tausende gehorchten und schworen, daß sie zwar dem König Richard Treue bewahren, aber keine Knechtschaft und Plackerei durch unangemessene Auflagen und spitzfindige Rechtsgelehrte dulden würden.

Da die Regierung teils aus Schrecken, teils aus Absicht zauderte, verließen etwa 60 000 Bewaffnete und Unbewehrte Dörfer und Flecken, um in London dem Hof ihre Bitten persönlich vorzutragen. Unterwegs aber geschahen viele Frevel und Missetaten. Man schrie: »Tod dem Adel!«, zerstörte Burgen der Ritter und Häuser der Sachwalter, plünderte Kirchen und Kapellen und zwang den einen oder anderen Edlen, sich dem Zug bald als Gemeiner, bald als Hauptmann anzuschließen. Wer widerstrebte, mußte sterben – ein Los, das bereits manchen Herrn, Richter und Anwalt im ersten Grimm der rohen Haufen getroffen hatte.

Als sie sich auf der schwarzen Heide *(Blackheath)* bei Greenwich versammelt und gemustert hatte, forderte die Menge, daß der König herauskommen und ihre Beschwerden anhören solle. Als eine abschlägige Antwort erfolgte, eilte sie wütend nach London und bemächtigte sich, durch geheime Anhänger unterstützt, ohne Blutvergießen der Stadt (Mai 1381). Fortan herrschten Raub, Brand und Mord. Die Paläste des Herzogs von Lancaster, des Erzbischofs von Canterbury und der Johanniter, die Wohnungen mehrerer Richter und Adliger wurden geplündert und eingeäschert. Viele Flamen, des Wucherns verdächtig, wurden selbst in den Kapellen und Kirchen getötet. Als der König das von neuem geforderte Gespräch verweigerte, wurden die Pforten des Towers erbrochen, der Reichskanzler und Erzbischof von Canterbury, der Großprior des Johanniterordens und der Oberschatzmeister als schlechte Räte und Unterdrücker des Volkes enthauptet, die Köpfe auf Pieken durch die Straßen getragen und zuletzt auf der Themsebrücke ausgestellt.*

Jetzt erst gab der Hof mehr aus Furcht denn aus Überzeugung nach. Richard mußte, was längst hätte geschehen sollen, hervortreten und in besiegelten Gnadenbriefen den einzelnen Flecken und Dörfern Aufhebung der Leibeigenschaft, freien Kauf und Verkauf auf Messen und Jahrmärkten und Vergessenheit des Geschehenen zusichern. Während danach der eine große Haufen unter dem Priester Johann Straw (Stroh) abzog, blieb der andere, dem das bisher Gewonnene noch nicht genügte, in und bei London mit Wat-tyler zurück. Dieser, dessen Reden mehr übermütigen Leichtsinn denn bösen Willen verrieten, wurde in Smithfield, dem gewöhnlichen Roßmarkt der Londoner, während eines Gesprächs mit dem König von Wilhelm Walworth, dem Bürgermeister *(mayor)* der Stadt, plötzlich angefallen und niedergeschlagen, anschließend die bestürzte und führerlose Menge von bewaffneten Scharen mit leichter Mühe zersprengt (15. Juni 1381). Der Gnadenbrief wurde zerrissen und die Rache des Siegers in vollem Maße an den unglücklichen, zwieträchtigen und ratlosen Landleuten geübt. Richard selbst durchzog an der Spitze eines beträchtlichen Heeres die

* Froissart, II, Kap. 75. *»Et les testes furent mises en longues lances et les faisoyent porter devant eux parmy les rues de Londres, et quand ils en eurent assez joué, ils les mirent sur le pont de Londres.«* Übrigens ist Froissart in der Erzählung des Bauernaufruhrs ziemlich genau, aber hier wie in dem Bericht über ähnliche Unruhen in Frankreich und Flandern so parteiisch, daß er alles von Gent als dem Sitz und Feuerherd der Revolutionäre ableitet. II, Kap. 84. *»Or regardés le grand mal, qui se commençoit à élever en France, et tous prenoyent pié et ordonnance sur les Gaudois«*, usw. Die nächste Ursache der englischen Empörung findet er in dem zu großen Wohlstand (!) der Bürger und Landbewohner, *»et ce pour la grand' aise et graisse, en quoi le menu peuple d'Angleterre lors estait.«* II, Kap. 74.

aufrührerischen Gaue, Städte, Flecken und Dorfschaften, die meist ohne Widerstand huldigten und die Hauptanstifter der Unruhen zur Bestrafung auslieferten.

Aber das genügte dem Blutdurst des Hofes und des hohen Adels noch nicht. Der grausame Oberrichter Tresilian hielt eine schreckliche Nachlese. Über 1500 Bauern und Kleinbürger starben durch die Hand des Henkers – etliche als weltliche Empörer, andere als ketzerische Wiclefiten, die dieselbe, obschon fruchtlose Verfolgung traf. Für glücklich wurde geschätzt, wer mit schweren Geldbußen oder der Einziehung seines kleinen Grundbesitzes davonkam, den die siegreiche Kronmacht nach Willkür durch offene Briefe ändern und auf ihre Günstlinge übertragen konnte.*

Diese, bald nach den Launen des frühzeitig an Willkür und Gewalttätigkeiten gewöhnten Königs, bald nach den Wechseln der von Sippen und Hochadligen bestimmten Parteien häufig geändert, entschieden fortan über die Schicksale des Reiches. Daher wuchs die Gleichgültigkeit gegen Treue und Glauben. Man hielt jegliches Mittel, das Herrschsucht und Rachgier, Wollust und Prunkliebe befriedigen konnte, für erlaubt und suchte die Staatsklugheit hauptsächlich in der Kunst, einander zu betrügen und die gröbsten Verbrechen unter dem Deckmantel des Gemeinwohls zu verbergen. Richard, seit seinem 23. Lebensjahr (1389) scheinbar allein an der Spitze der Regierung, zeigte nur zu deutlich, daß ihn Erziehung, Umgang und Leben für jedes edlere Gefühl abgestumpft und zum Meister in der Heuchelei, Üppigkeit und Herrschgier ausgebildet hatten.

Unempfänglich für den Reiz eines kriegerischen Nachruhms, schloß er mit Frankreich einen fünfundzwanzigjährigen Waffenstillstand (1396), während die mißhandelten Iren, als sie endlich zum Schwert griffen, die schwere Hand des zürnenden Herrn fühlen mußten und der Schotte ungestraft seine Streitereien im englischen Gebiet fortsetzen durfte. Derselbe Fürst ließ seinen allerdings ränkevollen und ehrgeizigen Oheim Thomas, Herzog von Gloucester, der mit seinem Bruder, Johann von Lancaster, in untilgbarer Eifersucht lebte, auf wortbrüchige Weise verhaften, nach Calais abführen und im Gefängnis ermorden (1397). Heinrich, den Sohn und Erben Johann von Lancasters, ließ er nach dem Tod des gefürchteten Vaters (1399) ohne Urteil und Recht ver-

* Mackintosh, II, 200.

bannen, die beträchtlichen Güter aber einziehen. Umgeben von 10 000 Soldknechten ließ er das Machtgebot der Willkür ohne Rücksicht auf Gesetz und Parlament an Bürgerlichen wie Adligen schonungslos vollstrecken und den Begriff des Hochverrats so ausdehnen, daß selbst der freimütige Tadel verstummen oder Kerker und Tod fürchten mußte. Zwar wehrten viele Mitglieder des Parlaments, besonders der Gemeinden, die wiederholten Eingriffe in ihr verfassungsmäßiges Recht mit Standhaftigkeit ab, aber die Stärke des auch hier wirksamen Parteigeistes auf der einen und des Krondespotismus auf der anderen Seite drohte allmählich das letzte Bollwerk der Nationalunabhängigkeit, den Reichstag, niederzureißen.

In dieser Lage wachsenden Unfriedens, als Richard sorglos in Irland schwelgte und wütete, landete plötzlich Heinrich von Lancaster in England. Von den Unzufriedenen eingeladen, sammelte er, in London und anderen Städten als Befreier empfangen, binnen etlicher Tage ein Heer von 60 000 Mann. Den durch treubrüchige List gefangenen König, von dem sich Adel und Volk abgewandt hatten, ließ er in den Tower führen und so lange einschüchtern, bis er die vorgelegte Abdankungsurkunde unterzeichnete und bekannte, viele und schwere Missetaten verübt zu haben (29. September 1399). Darauf versammelten sich am folgenden Tag in Westminsterhall Lords und Gemeinden, erklärten einhellig unter lautem Beifallrufen des Volkes den König Richard für verlustig der Krone und übertrugen sie Heinrich (IV.), Herzog von Lancaster.

Sofort nach seiner prunkvollen Einweihung berief dieser die Stände ein, um teils die laufenden Gebrechen durch zweckmäßige Gesetze zu heilen, teils über den Gefangenen im Tower zu entscheiden. So hob das Parlament die Verleihungen von Ländereien mittels königlicher Gnadenbriefe, wenn die Krone nicht begründete Ansprüche nachweisen könne, auf. Hinsichtlich des Begriffs Hochverrat wurde eine Satzung Eduards III. erneuert, laut der die sonst vieldeutige Anklage nur denjenigen treffen sollte, der des Königs Leben bedroht, gegen des Reiches Oberhaupt die Waffen ergriffen oder auswärtige Feinde unterstützt habe. Gleichzeitig bewilligte es eine allgemeine Verzeihung (Amnestie) mit Ausnahme der Mörder des Herzogs von Gloucester und bestätigte schließlich die Thronnachfolge des durch den derzeitigen König Heinrich IV. erhobenen Hauses Lancaster. Damit beseitigte es die fast unzweifelhaften Ansprüche, die Edmund Mortimer, Graf von March, als Gemahl Philippas, der Tochter Lionels, des Herzogs von Clarence, und Enkelin Eduards III. auf ihre Söhne vererbt hatte.*

Wenn diese und ähnliche Verfügungen im ganzen den Bedürfnissen der durch Gewaltherrschaft und offenen Aufruhr herbeigeführten Gegenwart entsprachen, so handelte das Parlament hinsichtlich Richards nicht als Stellvertreter des Volkes, sondern als rachgierige und furchtsame, gegen alle Forderungen des Rechts und der Pflicht verblendete Partei. Es gebot nämlich, daß der vorige König nach einem entlegenen, von wenigen Menschen besuchten Ort in sicheren, lebenslänglichen Gewahrsam gebracht, von Aufsehern, in die man Vertrauen setzen dürfe, bewacht und von allen Freunden ferngehalten werden solle, wie denn durchweg für die ganze Angelegenheit möglichste Heimlichkeit gelten müsse. Möchte aber nichtsdestoweniger jemand versuchen, den Gefangenen zu befreien, so solle letzterer augenblicklich sterben (27. Oktober 1399).**

Umsonst griff Thomas Merks, Bischof von Carlisle, mit kühner Freimütigkeit einen Beschluß an, der Leben und Sicherheit des Verurteilten der Willkür und dem Zufall anheimstellte. Geistliche

---

* Vgl. die folgende Ahnentafel:

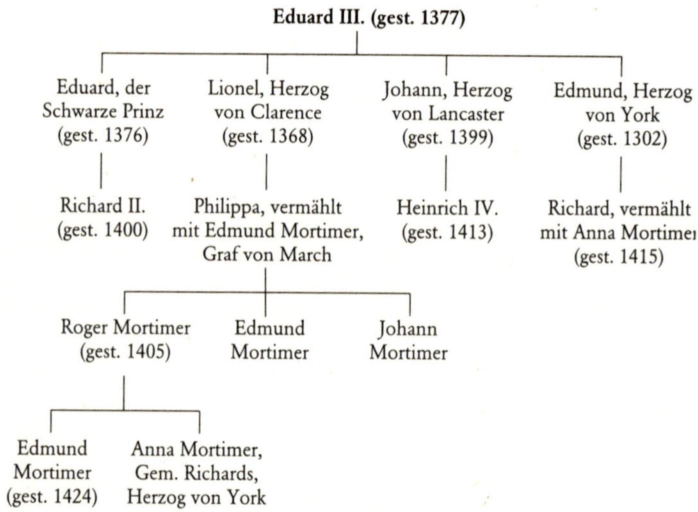


** Rapin, Geschichte Englands, III, S. 107. Vgl. Mackintosh, I, Zweite Abteilung, S. 202.

und weltliche Herren, unter ihnen der Herzog Edmund von York, Richards Oheim, genehmigten einhellig den rechtsmörderischen Spruch, während die Gemeinden sich nicht berufen fühlten, den peinlichen Oberhof der Lordskammer in seinem Verfahren zu hindern. Dieses trat bald in der Nacktheit des schamlosesten Frevels hervor. Denn kaum hatte man die Verschwörung etlicher Lehnsgroßer entdeckt und ohne Mühe unterdrückt, als der unglückliche Enkel Eduards III. im Kerker zu Pomfret, einem Schloß der Grafschaft York, durch Hunger, Durst und Kälte qualvoll getötet und anschließend in London, als wenn er ein natürliches Ende gefunden hätte, zwei Stunden lang vor dem schaulustigen Volk ausgestellt und mit ungewöhnlichem Prunk beerdigt wurde. Selbst der König scheute sich nicht, dem von vier schwarzen Rossen gezogenen Leichenwagen zu folgen und in der Paulskirche für die Seele des ermordeten Vetters zu beten (Januar 1400).*

Auf diese Weise vom Gegenstand der nächsten Furcht befreit, behauptete Heinrich IV. (1399–1413) unter vielen Umtrieben, Verschwörungen und Aufständen die seinem Haus erworbene Herrschaft durch Waffentaten gegen unzufriedene Lehnsgroße, z. B. die Percies, räuberische Schotten und für ihr altes Volkstum unter dem Helden Owen Glendower kämpfende Waliser, während kluge Nachgiebigkeit gegen die Forderungen des parlamentarischen Rechts ihm die Liebe der Gemeinden gewann und für manche, von seinem stets wachen Ehrgeiz ausgehende Unbilden entschädigte. Überhaupt suchten die Lancaster, im Bewußtsein der mangelhaften Geburtsansprüche, den Thron durch freisinnige, auf den Fort-

---

* Die Todesart Richards wurde so geheimgehalten, daß sogar der gutunterrichtete, gefühlvolle und biedere Froissart absichtlich schweigt, aber nichtsdestoweniger den tragischen Ausgang des unglücklichen Fürsten deutlich genug bezeichnet. »*Depuis*«, heißt es in der Berner Handschrift, »*ne demeura gaires de temps que renommee veritable courut parmy Londres, que richard de bordeaux estoit mort. – La cause comment ce fut je ne savoye au jour que ie escrivy les croniques.*« (I. IV, Kap. 117 der Lyoner Ausgabe) – »*Nouvelles*«, fährt nach Beschreibung der Leichenfeier Froissart fort, »*sespandirent partout que le roy richard estoit mort, on nen attendoit autre chose. Car bien savoient et concevoient toutes gens que iamais du chastel de londres il n'istroit en vie.*« Ms. Bern. »Seht«, ruft der Erzähler aus, »ihr Herren, Könige, Herzöge, Grafen, Prälaten, Vornehmen und Mächtigen alle, wie die Dinge dieser Welt wunderbar gehen und wechseln. Dieser König Richard regierte 22 Jahre lang über England in aller Pracht und Herrlichkeit und gebrauchte jährlich allein für sein Haus 100 000 Goldgulden. – Und nun liegt König Richard von Bordeaux begraben in dem Dorf Langley, 30 Meilen von London. Gott schenke ihm Verzeihung und Gnade seiner Seele *(Dieu luy face pardon et mercy à l'ame)*!«

schritt der staatsbürgerlichen Gesellschaft gerichtete Grundsätze zu festigen, die jedoch in den kirchlichen Verhältnissen eine schneidende Ungleichartigkeit darbieten.

Mit unbeugsamer Strenge nämlich wurden, um den Beifall der hohen Geistlichkeit zu gewinnen, trotz des fühlbaren Bedürfnisses einer durchgreifenden Reform die ketzerischen Lollharden verfolgt und dem Scheiterhaufen übergeben, wenn sie sich weigerten, ihren, so hieß es, gottlosen Irrtümern abzuschwören, oder nach geschehenem Widerruf in dieselben zurückfielen.* Umsonst widerstrebten kräftige Bittschriften der Gemeinden einem ebenso grausamen wie zwecklosen Verfahren, das wie überall nur augenblicklich beschwichtigte, den eigentlichen Gärungsstoff aber einem gewalttätigen Durchbruch entgegenführte.

Rastlose Arbeit, von peinlichem Mißtrauen in die Treue seiner Söhne und Verwandten begleitet, untergruben die sonst starke Gesundheit des Königs und wirkten so heftig, daß er nach dreimonatiger Krankheit im 47. Lebensjahr starb (20. März 1413). Nichts hatte ihn in den letzten Tagen mehr gequält als der Blick auf den ehrgeizigen, jugendlich leichtsinnigen Fürsten von Wales, der bei der ersten, voreiligen Kunde vom Tod des nur ohnmächtigen Vaters die neben ihm niedergelegte Krone in ein anderes Zimmer tragen ließ. Da sprach Heinrich, sobald er sich wieder gesammelt hatte, halb zürnend, halb traurig: »Wie wirst du, lieber Sohn, die Krone zu wahren vermögen, auf die dir kein Recht zusteht?« – »Mit dem Schwert«, lautete die Antwort, »hast du sie gewonnen und behauptet, mit dem Schwert will ich sie wahren und schützen mein Leben lang.«**

Selten hat ein Thronerbe größere Hoffnungen und Besorgnisse erweckt als der zweite König des Lancasterschen Stammes, Heinrich V. (1413–1422). Denn etliche schauten auf die im Krieg mit Wales entwickelte Umsicht, Großmut und Mannhaftigkeit, andere auf die üppige und geräuschvolle Vergnügungssucht in den letzten Jahren, die nur zu oft Zeugnis von wilden Gastgelagen, nächtlichen Raufereien und Ziellosigkeiten abgelegt hatten. Noch andere glaubten, daß die Jugend sich austoben müsse, und verziehen dem Königssohn, wenn er, um die Freilassung seiner Lärmgenossen zu erreichen, dem Oberrichter Gascoyne mit dem Schwert drohte, aber

---

* Der erste Befehl, einen Ketzer zu verbrennen *(de haeretico comburendo)*, wurde vom König und vom Parlament 1401 gegeben. Rapin, III, 121.

** Monstrelet, Chroniques, Pariser Ausgabe 1572. Band I, S. 155.

gleichzeitig im Gefühl eines schweren Vergehens ruhig die ausgesprochene Gefängnisstrafe duldete.

Wirklich änderte Heinrich, dessen edle und hochstrebende Natur beim Anblick des öffentlichen Lebens gleichsam vor der Gemeinheit tändelnden Leichtsinns erschrak, mit dem Thron Sitten und Lebensweise. Er gab den Müßiggängern, Gauklern, Spiel- und Trinkgesellen für immer Urlaub und widmete sich mit dem außerordentlichsten Eifer und Geschick den Reichsgeschäften. So wurden manche Unbilden der früheren Regierung getilgt. Die verbannten Percies wurden aus Schottland zurückgerufen und Edmund Mortimer, Graf von March, und mehrere seiner Freunde aus der Haft befreit, die Heinrich IV. über den Nebenbuhler an der englischen Kronnachfolge verhängt hatte. Die Gebeine Richards II. wurden, um wenigstens äußerlich den frevelhaften Mord zu sühnen, in der Königsgruft zu Westminster beigesetzt. Vor allem aber wurden auf dem zahlreich besuchten Parlament die herkömmlichen Rechte und Freiheiten bestätigt und mehrere Mißbräuche gründlich verbessert, die sich in die Wahlen, Rechtspflege und Verwaltung eingeschlichen hatten. Die Wünsche und Bitten der Gemeinden, einen Teil der geistlichen Güter für den Unterhalt von Hochschulen und Armenhäusern anzuwenden, wurden mit solcher Umsicht und Mäßigung aufgenommen, daß die eingeschüchterten Prälaten, nicht befriedigt durch den erneuerten Ketzerbann, die Einkünfte aller auswärtigen Klöster in den Kronschatz legten und die kräftigste Hilfe für den bereits gegen Frankreich beschlossenen Heerzug versprachen.

Dahin nämlich wandte der König, seinem Ahnen Eduard III. nacheifernd, Sinne und Gedanken, um mit einem Schlag des erobernden, von der Nation unterstützten Ehrgeizes die seit 55 Jahren in der Regel unglücklichen Wechselfälle der großen Fehde zu entscheiden. Nichts konnte überdies für den englischen Angriffsplan verführerischer sein als der damalige zerrüttete Zustand Frankreichs, dessen Geschichte nach einem kurzen Lichtblick die nächtliche Öde innerer Wirren und Parteikämpfe ohne Ziel und Richtung darbietet.

Kaum hatte nämlich Karl V., wegen seiner mehr klugen als streitbaren Natur der Weise genannt (1364–1380), durch den Helden Bertrand du Guesclin (gest. 1380) die Engländer aus den meisten eroberten Ländern und Städten vertrieben, Navarra beruhigt und die Bretagne für einen günstigen Frieden vorbereitet, kaum hatte er das Steuer- und Münzwesen, den Haushalt, Ackerbau, Handel und Gewerbe geordnet, die Kammergüter durch das Herzogtum Orléans erweitert und die Kronmacht durch seltene Einberufungen der Reichsstände verstärkt, als unter seinem Sohn und Nachfolger, Karl VI. (1380–1422), vielfältige Wirren und Parteibildungen ausbrachen und die Früchte einer im ganzen trefflichen Regierung bis zum innersten Lebenskeim zerstörten. Ein anfangs minderjähriger, später schwermütiger und mit Ausnahme heller Augenblicke wahnwitziger König, eine verbuhlte, ränkevolle Königin und unnatürliche Mutter, bestechliche Räte, ehr- und habgierige Oheime und Vormünder, dazu ihnen in aller Lasterhaftigkeit nacheifernde Große, schwer besteuerte und mißhandelte, aufrührerische Völkerschaften und schließlich fremde, von den inneren Zerwürfnissen kräftig unterstützte und eben deshalb glückliche Feinde – diese mannigfaltigen und dennoch ineinandergreifenden Ursachen und Verhältnisse haben Frankreich in den Abgrund des Elends und der Knechtschaft gestürzt.*

Die eigentliche Grundwurzel des Übels zeigt sich jedoch in dem mit ungestümer Leidenschaft und starrer Gefühllosigkeit durchgeführten Streben nach unumschränkter Gewaltherrschaft, die den schwachen Keim ständisch-gemeinheitlicher Rechte zertritt und deshalb keine Treue und Bürgschaft in den niedergebeugten Städten, Schlössern und Hütten finden konnte. Das Vorspiel zu diesen Fehlgriffen und Überfällen gab bereits die Reichsverweserschaft, die für den kaum zwölfjährigen, aber in Reims mit großem Pomp gekrönten König (4. Dezember) die stolzen, ehrgeizigen und habsüchtigen Oheime, Ludwig, Herzog von Anjou, Johann, Herzog von Berry, und Philipp, Herzog von Burgund, besorgten. Die schnödeste Willkür, Hoffart und Wollust kamen an die Tagesordnung. Die verbrieften Rechte der Städte und Landschaften wurden nicht beachtet, keine Klagen der mißhandelten Bauern angehört. Man gefiel sich in dem Gedanken, neue Steuern nach Launen auszuschreiben und entweder als tote Schätze in den Kisten der Machthaber, vor allem des Herzogs von Anjou, niederzulegen oder mit den hochadligen Tisch- und Lustgenossen zu vergeuden. Dabei wurde das von Natur aus leichtfertige und aufbrausende Mündel nicht, wie es der sterbende Vater dringend empfohlen hatte, an Arbeit und Zucht, sondern an Müßiggang, Jagen, Tanzen, Schwelgerei und Üppigkeit gewöhnt und auch sorgfältig durch Lehre und Tat angewiesen, jede gesetzliche Schranke der Throngewalt als Zeichen des Verrats und Aufruhrs zu betrachten.

* Mezeray, Histoire de France, III, 242.

Da griffen endlich, müde der fruchtlosen Klagen über unangemessene Steuern und angeregt durch das Beispiel der flandrischen Gemeinden, die Bürger von Paris zu den Waffen. Sie erbrachen die Gefängnisse und das Stadthaus, wo etwa 3000–4000 mit Eisen beschlagene Streitkolben *(maillets)* gefunden und dem wütenden, danach benannten Pöbel (Keulenschläger, *maillotins*) ausgeliefert wurden, töteten mehrere Beamte und plünderten und schleiften deren Häuser. Sie beruhigten sich nicht eher, als bis der nach Meaux geflüchtete Hof die gesetzwidrigen Steuern aufhob und sich mit einer wöchentlichen, von der Bürgerschaft vertragsmäßig gezahlten Abgabe begnügte. Ähnliche Ereignisse geschahen zu Rouen, Orléans, Chalons, Reims, Troyes und Sens (1381).*

Sobald aber die Reichsverweser und der junge König durch den Sieg bei Rosenbeck, unweit von Courtrai, die flämischen Städte, an deren Spitze Philipp Artaveldt, Jakobs Sohn, stand, gedemütigt und der Herrschaft des Grafen Ludwig von neuem übergeben hatten (27. Dezember 1382), wurden auch die flandrischen Gemeinden durch List und Waffengewalt bezwungen, ihrer Rechte und Freiheiten größtenteils beraubt und zum passiven Gehorsam verurteilt. Am schwersten aber büßte Paris. Es mußte alle Waffen ausliefern, 400 000 Franken zahlen, der Wahl seiner Zunftmeister und Schöffen entsagen und 300 der angesehensten und reichsten Bürger aufs Blutgerüst senden. Dieses Los traf sogar den ehrwürdigen, beredten und rechtskundigen Greis Johann Desmarests, der drei Königen mit treuer Gewissenhaftigkeit gedient und kein anderes Verbrechen begangen hatte, als daß er freimütig die Mißgriffe der Regierung zu rügen pflegte. Auf der Richtstätte gemahnt, die Gnade des Königs, der verzeihen wolle, anzurufen, entgegnete stolz der Verurteilte: »Nicht diesen jungen, unwissenden Fürsten, dessen drei Vorfahren meine gute und treue Amtsführung empfingen, sondern Gott den Herrn bitte ich um Gnade.«**

Kerker, Bann, Todesurteile, ungeheure Bußen, die Hof und Adel vergeudeten, Steuern aller Art und der Verlust der wichtigsten Rechte brachen zwar für lange Jahre das trotzige Selbstgefühl der Städte, aber erzeugten auch gleichzeitig Wankelmut, Feigheit und zum Äußersten entschlossenen Haß gegen die Unterdrük-

---

* Froissart, II, Kap. 84 und 129.

** Froissart, II, Kap. 130. *»A Dieu vueil crier mercy et non à autre; et luy prie qu'il me pardonne tous mes forfaits. Adonc prit il congé au peuple, dont la greigneur partie pleuroit pour luy et en cest estat mournt Maistre Jehan des Marests.«*

ker. – Jedoch brachten der Tod des Herzogs Ludwig von Anjou, der auf einem abenteuerlichen Zug nach Neapel starb (1384), und der Regierungsantritt Karls (1388) dem gequälten Volk eine teilweise, kurze Erleichterung. Denn die neuen Staatsräte, unter ihnen der Konnetable Olivier von Clisson, unterbanden das Übermaß der Auflagen, verbesserten die Rechtspflege und die Verwaltung der Einkünfte, konnten aber beim redlichsten Willen weder den an Willkür, Schwäche und Üppigkeit gewöhnten Hof zügeln noch den wachsenden Übermut und Parteigeist der Lehnsgroßen beugen.

Seit nämlich Isabella, Tochter des Herzogs Stephan von Bayern-Ingolstadt, durch kostbar und phantastisch ausgeschmückte Ehrenpforten, die z. B. Gott den Vater, Sohn und Heiligen Geist im Paradies und Sternenhimmel zeigten, als Königin Frankreichs ihren Prunkeinzug in Paris gehalten (1389)* und deutsche Sitte allmählich gegen französische umgetauscht hatte, erreichten Schwelgerei und Verschwendung, Ränkesucht und freche Liederlichkeit ihren Höhepunkt. Denn die listige, ehrgeizige und später auch verbuhlte Fremde scheute kein Mittel, um den schwachen Gemahl in ein blindes Werkzeug persönlicher Leidenschaften umzuwandeln, wie andererseits die Oheime und der Bruder des Königs, Ludwig, Herzog von Orléans, für denselben Plan wirkten. Isabella schämte sich auch nicht, das neue Vaterland als eine ergiebige Goldgrube zu betrachten und durch ihren Bruder, den Pfalzgrafen Ludwig, beträchtliche Barschaften und köstliche Kleinodien in Bayern einzuschwärzen.**

In einer so hoffnungslosen Lage und Umgebung befand sich Karl, als er – bereits krank an Leib und Gemüt – aufbrach, um den

---

* Froissart, IV, Kap. 2, gibt eine weitläufige Schilderung. Die Bürger, die ihre frühere Widerspenstigkeit gleichsam gutmachen wollten, überreichten dabei ein Geschenk von mehr als 60 000 Goldkronen. »Großen Dank«, antwortete der König, »ihr guten Leute! Eure Gaben sind schön und ansehnlich *(Grand mercy, bonnes gens. Ils (les joyaux) sont beaux et riches)*.« Übrigens wurde die bayerische Heirat, die bereits vier Jahre vor dem Einzug in Paris stattgefunden hatte (1385), auf den Rat des verstorbenen, klugen Königs Karl V. eingeleitet und geschlossen, *»parquoy les Allemans eussent plus grans alliances aux François.«* Froissart, II, Kap. 162. Wohl das älteste Beispiel einer politischen Blutsverbindung zwischen Bayern und Frankreich.

** »Die Königin hatt ihren brueder Herzog ludwig gar lieb, darumb sie Ihme dann täglich groß guet gab, an paarschaft und an köstlichen kleinodern von golt und silber, das schickhet er alles heim nach Baiern.« Bayerische Chronik bei von Freiberg, Historische Schriften und Urkunden, I, 132.

Herzog der Bretagne, Johann, wegen eines durch den Ritter Peter von Craon gegen den Konnetable Clisson unternommenen Mordanschlags zu züchtigen. Bei stechender Sonnenhitze zog der König, während das Heer in geraumer Entfernung blieb, nur von zwei Edelknaben begleitet, nachdenklich durch einen Fichtenwald unweit der Stadt Mans. Da trat plötzlich aus dem Dickicht ein ärmlich gekleideter Mensch, barfuß und mit unbedecktem Haupt, hervor, fiel dem Pferd in die Zügel und sprach: »Reite nicht weiter! Kehre um! Du bist verraten!« Als das Gefolge heransprengte, verschwand der Unbekannte, dessen Wort überdies niemand beachtete. Nur ein Narr, hieß es, könne so sprechen. Karl aber, der seit langem abergläubisch war und auf der Sandebene, die sich hinter dem Forst ausdehnte, bei brennendem Sonnenschein langsam und träumerisch fortzog, nahm sich die Erscheinung so zu Herzen, daß er, als zufällig die begleitenden Edelknaben ein Geräusch machten, sein Schwert zückte, rechts und links um sich hieb, mehrere der herbeigeeilten Ritter und Knappen teils tötete, teils verwundete und endlich erschöpft zu Boden sank. Gebunden und auf den Karren eines Ochsenhirten gelegt, wurde der unglückliche Fürst nach Mans zurückgeführt (5. August 1392). Sobald sich die Kunde von dem traurigen Ereignis verbreitete, trat der seit Jahren bedeutungslose Reichstag in Paris zusammen und übertrug nach langer Beratung den Herzögen Johann von Berry und Philipp von Burgund die Verweserschaft, die jedoch mit der Krankheit des Neffen enden sollte.

Kaum war aber jene – nicht durch die umsonst angerufenen Gnadenbilder und dargebrachten Weihegeschenke,* sondern durch die Kunst des Meisters Wilhelm von Harsely – einstweilen geheilt, als ein neues Abenteuer Gefahr brachte und die eben vernarbten Gemütswunden wiederum aufriß. Der König nämlich hatte auf einem Maskenball mit etlichen Jugendgefährten heimlich die Vermummung von Wilden angenommen und seinen Leib in geteertes, von Zottelhaaren starrendes Wachstuch gehüllt. Dieses fing bei einem Tänzer Feuer, das schnell auch die übrigen Spielgenossen ergriff und verzehrte. Karl, der Zeuge des gräßlichen Schauspiels wurde und nur durch einen glücklichen Zufall

* Dem heiligen Acarius zu Avesnes im Hennegau sandte man z. B. neben anderem ein wächsernes Bild des Königs, der für bezaubert gehalten wurde. Froissart, IV, Kap. 45.

gerettet werden konnte (29. Januar 1393), wurde von so heftiger Gemütsbewegung erfaßt, daß einige Monate später der schrecklichste Wahnsinn ausbrach und fortan aller ärztlichen Hilfe spottend keine Aussicht auf Besserung bestand. Denn kehrte auch bisweilen für einige Tage oder Wochen die Vernunft zurück, so nahm nach Ablauf der lichten Augenblicke das Übel mit erhöhter Kraft die ihm von der guten Natur gleichsam bestrittene Gewaltherrschaft wieder ein und benutzte selbst den für die Zerstreuung des Kranken erfundenen Zeitvertreib der Karten, um unter den Hofleuten und Bürgern eine fast tolle, durch keine Verbote gezügelte Spielwut zu entzünden.

Überhaupt hatten jetzt Ränke, Liederlichkeit und Unordnungen jeder Art volle Freiheit, während die kirchlichen Zerwürfnisse und kriegerischen Fortschritte der Türken den allgemeinen Gärungsstoff der Christenheit auch auf Frankreich übertrugen und dessen Notstand beinahe rettungslos machten. Zwar gelang es, die englische Fehde durch eine achtundzwanzigjährige Waffenruhe einstweilen zu beseitigen (1396) und mit der Bretagne einen dauerhaften, den britischen Entwürfen nachteiligen Frieden zu schließen (1395), aber dafür bildete sich ein neues Übel heraus: die tödliche und bald dem ganzen französischen Volk verderbliche Eifersucht zwischen der burgundischen und der Orléansschen Partei.

Den Keim dazu legte das schnelle Wachstum des neuburgundischen, Deutschland und Frankreich gleichzeitig bedrohenden Grenz- und Zwischenstaats, dessen Größe ebensosehr das Werk glücklicher Zufälle wie kluger und tatkräftiger Fürsten gewesen ist. Der Kapetinger, König Philipp V. (der Lange), hatte nämlich Johanna, die Erbin der Freigrafschaft Burgund und Grafschaft Artois, geheiratet und die dadurch gewonnenen Ansprüche auf jene Länder seiner mit dem Herzog Eudo IV. von Burgund vermählten, auch Johanna genannten Tochter überliefert. Als nun mit deren kinderlosem Enkel, Philipp von Rouergue, das altburgundische Fürstengeschlecht kapetingischer Herkunft erlosch (1361), zog der Valois, König Johann der Gute, das Herzogtum Burgund zum Krongut und belehnte damit seinen teuersten Sohn und standhaftesten Gefährten in der englischen Gefangenschaft, Philipp den Kühnen (1363). Ohne die Folgen zu ahnen, ruhte er sogar nicht eher, als bis diesem trotz der englischen Gegenbewerbung Margaretha, Erbtochter des Grafen Ludwig von Flandern, ihre Hand gab und nach dem Tod des Vaters (1382) die Freigrafschaft *(Franche-Comté)* Flandern, Artois, Mecheln, Antwerpen, Revers, Salins und Rethel als Mitgift mitbrachte.

Auf diese Weise Herr eines weitläufigen, fruchtbaren, von kriegerischen, lebhaften und gewerblich tätigen Menschen bewohnten Gebiets und zum ersten Pair seiner französischen Heimat erhoben, nutzte Herzog Philipp (1363–1404) mit weiser Mäßigung das Glück. Er achtete die Rechte, Bräuche und Abkommen mit den auf ihre urkundlichen Freiheiten eifersüchtigen Landschaften und Städten. Den Adel gewann er durch glänzende Hoftage, Ritterspiele und reiche, oft an Verschwendung grenzende Geschenke, den Bürger und Bauern durch freundliche, herablassende Sitte, Förderung des Handels und Verkehrs, strenge und geregelte Rechtspflege. Die Geistlichkeit gewann er durch Gewissenhaftigkeit in den religiösen Vorschriften, prunkvollen, besonders von der Tonkunst begleiteten Gottesdienst und freigebige Gaben an Klöster, Kirchen und Kapellen. Den Hausfrieden mit einer sonst stolzen, launenhaften Frau erreichte er schließlich durch musterhafte Treue und Gemütsruhe.*

Bei dem allem blieb der Herzog gegen sein ursprüngliches Vaterland nicht gleichgültig. Er verteidigte die Ehre und Selbständigkeit Frankreichs nach Kräften und ruhte mitten im Gewühl höfischer Ränke und Parteibildungen nicht eher, als bis der unglückliche König in einem lichten Augenblick die Verweserschaft seinem falschen, ehrsüchtigen und habgierigen Bruder Ludwig, Herzog von Orléans, entzog und dem wohlgesinnten, umsichtigen Oheim übertrug (Juli 1402). Schon fühlte unter dessen fester und kluger Leitung das von Steuern, Beamten und Streitigkeiten der Großen hart bedrängte Volk lindernde Hilfe, als der Tod des Herzogs (27. April 1404) die Leidenschaften der Parteien vollends entfesselte und den lange vorbereiteten Durchbruch beschleunigte.

Während nämlich hier Ludwig von Orléans mit der Wollüstigen und ränkevollen Königin Isabella schwelgte und die der Armut abgepreßten Gelder vergeudete, trat dort der Herzog Johann der Unerschrockene von Burgund, Philipps Sohn und Nachfolger (1404–1419), an die Spitze der Gegner und forderte, von einem Haufen Bewaffneter umgeben, schnelle und durchgreifende Änderung der Reichsverweserschaft. Bestürzt floh Isabella mit ihrem Buhlen nach Melun, während Herzog Johann den von der unnatürlichen Mutter schmählich vernachlässigten Dauphin Ludwig seinem Gefolge entriß und nach Paris zurückführte. Empörende Untaten wurden

* Vgl. Barante, Histoire des ducs de Bourgogne, II, 465.

jetzt ruchbar. Der Knabe sagte aus, daß man ihn seit Monaten habe hungern und darben lassen. Der unglückliche, gewöhnlich wahnwitzige Vater, König Karl, wurde in zerrissenen, schmutzigen Kleidern gefunden, die von Ungeziefer wimmelten. Er fiel mit tierischer Gier über das ihm vorgesetzte Fleisch her. Zwölf starke, vermummte und gepanzerte Männer hatten Mühe, seinen Widerstand beim Waschen und Bartscheren zu überwinden. Pflege und Aufmerksamkeit teilten jedoch einstweilen so weit seine Geistesverwirrung, daß in hellen Zwischenstunden etliche für das Gemeinwohl notwendige Beschlüsse unterzeichnet werden konnten. Zu diesen gehörte vor allem die Versöhnung, welche die schon für den Bürgerkrieg gerüsteten Nebenbuhler, Johann von Burgund und Ludwig von Orléans, unter der Bedingung gemeinschaftlicher Regierung einander feierlich durch Bruderkuß gelobten (1405).

Alle Freunde des Vaterlands jubelten über einen Schritt, der beim drohenden Ungewitter der englischen Fehde die Bürgschaft des notwendigen inneren Friedens gewähren konnte. Aber solche Hoffnung wurde bitter enttäuscht. Während der Rückkehr von einem Abendbesuch bei der Königin fiel Ludwig, als er, etliche Fackelträger voran, singend und mit dem Handschuh spielend durch die menschenleeren und dunklen Straßen von Paris ritt, unter den Streichen von 18 in einem Hinterhalt lauernden Mördern (23. Dezember 1407). Der schrecklich verstümmelte Leichnam – man mußte eine Hand und das Gehirn aus dem Gassenkot hervorsuchen – wurde in der vom Herzog gestifteten Kapelle der Coelestinerkirche prunkvoll und mit allgemeiner Trauer beigesetzt.

Selbst Johann von Burgund, der einige Tage vorher am Tisch des Heilands allem Haß gegen den Verwandten abgeschworen hatte, erschien wie niedergebeugt von Schmerz und rief mehrmals aus: »Nie ist in diesem Reich ein gottloserer, verruchterer Mord verübt worden!« Als aber bald darauf strenge Nachforschungen geschahen und manchen Unschuldigen bedrohten, entdeckte der Herzog halb aus Großmut, halb aus Stolz dem Oheim Berry, daß auf seinen Befehl und infolge teuflischer Einwirkung die Tat beschlossen und vollzogen worden sei. Während jener vor Entsetzen kaum eine Antwort finden konnte, verließ Johann Paris, um in Flandern und Burgund für den etwaigen Notfall des Krieges zu rüsten.*

* Monstrelet, I, 13. »*Lesquels seigneurs* (der Herzog von Berry und der König Ludwig von Sizilien) *oyans ceste confession eurent si grande admiration et tristesse en cueur, qu'à peine luy peurent ils donner responce.*«

Bereitwillig gewährten die Stände, denen der Pariser Mord als unumgängliche Bedingung der öffentlichen Wohlfahrt geschildert wurde, Geld und Mannschaft, während am französischen Hof die Königin Isabella und die verwitwete Herzogin Valentina von Orléans, Tochter Galeazzo Viscontis, umsonst in langen Reden und Traueraufzügen die Bestrafung des Schuldigen forderten. Daher erschien dieser, um durch Kühnheit den schwankenden Feind zu entwaffnen, plötzlich vor den Mauern der verwirrten Hauptstadt. Nach kluger Unterhandlung hielt er von 1000 Geharnischten begleitet seinen prunkvollen Einzug, wobei das jubelnde Volk bis auf die kleinen Kinder herab, als wenn der König nahte, »Weihnachten! Weihnachten *(Noël)*!« schrie (20. Februar 1408).*

Etliche Tage später (8. März) ließ er vor dem Dauphin als Stellvertreter des kranken Vaters, den Herzögen von Berry, Bretagne, Lothringen, vielen Grafen, Freiherren, Rittern, Bürgern, Meistern und Schülern der Universität die Ermordung des Herzogs von Orléans als Werk der Pflicht gegen Gott und die Menschen weitläufig rechtfertigen. Der Redner, Johann Petit, Franziskanermönch und berühmter Lehrer der Theologie, entwickelte zuerst den Sinn und die Bedeutung des biblischen Spruchs: »Eine Wurzel allen Übels ist die Habgier; wer ihr anhängt, ist vom Glauben abgefallen (1. Timotheus, Kap. 6, 10).« Anschließend erläuterte er den wiederum in verschiedene Gattungen, wie Hoffart, Augen- und Fleischeslust, zerfallenden Begriff Habgier durch geschichtliche Beispiele, die vor allem Kaiser Julian der Abtrünnige, der Erzengel Luzifer und Absalom liefern mußten. Schließlich führte er die Folgerung, daß man einen Gewaltherrn (Tyrannen), der die Grundwurzel jeglichen Übels, eben die Habgier, darstelle, töten dürfe und müsse, auf göttliche und menschliche Gesetze, Zeugnisse der besten Gottesgelehrten und Weltweisen zurück. Mit besonderer Vorliebe behandelte dabei Meister Petit einen Spruch des Boccaccio, der lautete: »Soll ich den Gewaltherrn König, Fürst heißen und ihm Treue bewahren als meinem Oberen? Nein! Denn er ist Feind des allgemeinen Wesens. Gegen ihn kann ich Waffen, Verschwörung, Späher, Hinterhalt, List gebrauchen. Denn das ist ein heiliges, notwendiges Werk. Es gibt kein lieblicheres Opfer als Tyrannenblut«.** Da nun, schloß

* Monstrelet, I, 32. *»Et mesmement les petis enfans à hault voix crioient Noël.«*

** Boccaccio, De casibus virorum illustrium, II. Buch, c. 15, bei Monstrelet, I, 39, der den ganzen Vortrag des frommen und gelehrten Meisters der Gottesgelehrtheit mitteilt. Der Auszug bei Barante, III, 108 ff., hat trotz seiner Weitschweifigkeit den eigentlichen Schlagsatz, den Boccaccio liefert, übersehen.

die Nutzanwendung, der Herzog Ludwig von Orléans aus böser Gier nach dem Thron alle Künste des Gewaltherrn ausgeübt, planmäßig dem eigenen Bruder, König Karl, dem vielgeliebten, durch Ränke, Zauberei, Gift und Dolch nachgestellt und im Bund mit verruchten Genossen Volk und Rat durch schwere Steuern, Wirren und Fehden in unsägliches Elend gestürzt habe, verdiene Herzog Johann von Burgund für den pflichtmäßig verübten Mord nicht nur keine Strafe, sondern den aufrichtigsten Dank der geretteten und aus Knechtschaft befreiten Nation.

Die kecke und bisher beispiellose Verteidigungsrede des Franziskaners und Gottesgelehrten Petit erregte zwar bei Adel, Geistlichkeit und Bürgergemeinde anfangs mißbilligende Verwunderung, wirkte aber bald gerade wegen der Neuheit so stark, daß die Orléanssche Partei schweigen oder mit der nach Melun geflohenen Königin ihren Zorn in leeren Drohungen entladen mußte. Ja, der Herzog von Burgund, ermutigt durch den glücklichen Fortschritt seiner kühnen Pläne, ruhte nicht eher, als bis ihm König Karl die Leitung der Staatsgeschäfte mit der Aufsicht über den vierzehnjährigen Dauphin Ludwig anvertraute (1410).

Dadurch zum Äußersten getrieben, schlossen in Gien die Herzöge Johann von Berry, Ludwig von Bourbon, Johann (V.) von Bretagne, Karl von Orléans, dessen unternehmungslustiger Schwiegervater, Graf Bernhard von Armagnac und andere Große ein Schutz- und Trutzbündnis ab, dessen Kennzeichen im Gegensatz zur blauen Farbe des Feindes die weiße Armbinde wurde. Den fortan ausgebildeten Parteien der Burgunder *(Bourguignons)* und Orléans-Armagnacs gefiel für die Erreichung ihrer Absichten – Herrschaft und Rache – jedes Mittel. Brand, Raub, Mord, Käuflichkeit und Verrat am gemeinschaftlichen Vaterland kamen allmählich an die Tagesordnung und zerstörten wetteifernd auch die letzten Reste religiös-sittlicher Grundkräfte. Das erste Beispiel gaben dafür im großen die Orléans. Sie schlossen, um den damals glücklichen Nebenbuhler, Herzog Johann von Burgund, zu stürzen, mit dem lauernden England einen Freundschaftsvertrag, in dem feierlich gelobt wurde, den Engländern alle von den Franzosen besetzten Städte, Burgen und Bezirke Guiennes und Poitous augenblicklich zu überliefern, auch dem Fremden als Oberlehnsherrn Treue zu schwören (8. Mai 1412).*

* Monstrelet, I, 156. Die Armagnacs mußten überdies versprechen, Ehen und Sippschaften nur nach dem Belieben des englischen Königs (Heinrich IV.) abzu-

Die Nachricht dieser ehrlosen Handlung erweckte gerechten Abscheu. Unter dem Zeichen der Oriflamme zog der König, einstweilen in leidlicher Gesundheit und von zahlreichen Scharen begleitet, mit dem Herzog von Burgund gegen die aufrührerischen Oheime und Verwandten. Aber die Belagerung von Bourges scheiterte an der Tapferkeit und Umsicht des Feindes, der geschickt das Mißtrauen gegen die Burgunder zu nutzen wußte. Daher wurde nach kurzer Verhandlung Frieden geschlossen. Die Orléansschen sollten ihre Länder, Städte und Burgen überliefern, dem englischen Bündnis entsagen und wie ihre Gegner alles Geschehene vergeben und vergessen (14. Juli).

Aber die Versöhnung, obschon zu Auxerre durch neue Eide gefestigt, dauerte bei dem Haß und lasterhaften Ehrgeiz der Parteien nicht lange. Der Herzog von Burgund, der in Paris mittels geheimer Künste den Pöbel aufgewiegelt hatte, mußte nach dem Sturz dieses wankelmütigen Bundesgenossen den Orléansschen weichen. Kaum in der Heimat angelangt, mußte er vernehmen, daß ihn der König als offenen Reichsfeind geächtet und unter dem Zeichen der Oriflamme zu bekämpfen geboten habe (1413).

Diesem Gerücht folgte rasche Tat. Ein beträchtliches Heer brach in Artois ein, nahm nach kurzer Abwehr Bapaume und erschien vor Arras, das ebenso heftig bestürmt wie verteidigt wurde. Bedrängt von äußeren und inneren Feinden, indem auch die flandrischen Städte anfingen zu murren, knüpfte Johann durch seine kluge Schwester, die Gräfin von Hennegau, Unterhandlungen an, die bei der Wahrscheinlichkeit des englischen Krieges trotz der widerstrebenden Orléans Eingang fanden und mit dem Friedensvertrag von Arras endeten (16. Oktober 1414). Ihm gemäß sollte der Herzog dem Besitz dieses wichtigen Platzes entsagen und ohne Erlaubnis seines Oberlehnsherrn, des französischen Königs, weder Freundschaftsverträge mit den Engländern schließen noch den Hof besuchen und sich in die Reichsgeschäfte einmischen. Allen Flüchtlingen, deren Namen und Stand ein späteres Verzeichnis melden würde, sollte er Schutz und Herberge aufkündigen und dafür seinerseits eine gänzliche Verzeihung seiner bisher verübten Unbilden und Missetaten gewinnen.

---

schließen. »*Les dits seigneurs offrent leurs fils, filles, nepueux, niepces, parens, affins et tous leurs subjects pour contraicter mariages selon la dicte discretion du dit Roy d'Angleterre.*« Barante, III, 384, übergeht diese wichtige Bedingung mit Stillschweigen.

So vorteilhaft diese Bedingungen für die siegreichen Orléans-Armagnacs waren, genügten sie keineswegs der tiefverwurzelten Hab- und Rachgier. Man bot vielmehr alles auf, um den gekränkten Stolz des Burgunders von neuem zu reizen, verfolgte dessen Anhänger mit Feuer und Schwert, schloß über 500 Geächtete von der Begnadigung aus und ließ auf den Kanzeln durch dienstwillige Priester, vor allem den berühmten Kanzler der Pariser Hochschule, Johann Gerson, nicht nur die früher verteidigten Lehren Petits verketzern,* sondern auch den Herzog Johann als Meuchelmörder und Beschützer des Unglaubens vor allem Volk brandmarken. Man bewog den leichtfertigen, sittenlosen Dauphin Ludwig, seine tugendhafte Gemahlin Margaretha, Tochter Johanns, zu verstoßen, während ränkevolle Buhlerinnen und Günstlinge Leib und Seele des Thronerben völlig untergruben und zerstörten. Daneben galt mitten im Frieden das wildeste Faustrecht. Kein Leben und Eigentum genoß Sicherheit, während Eid und Treue im Gewühl persönlicher Parteikämpfe bei den Mitgliedern von Hof und Adel, Geistlichkeit und Bürgerschaft ihre Kraft verloren hatten. Das Volk, von Steuern und herumziehenden Söldnerhaufen niedergedrückt und ausgehungert, folgte willenlos dem Stoß der Gegebenheiten. Es kannte fast kein Vaterland mehr und nährte eben deshalb den dunklen Trieb nach Neuerungen.

In dieser zerrütteten Lage befand sich Frankreich, als Heinrich V., dem kriegerischen Drang der englischen Ritter und Gemeinfreien gehorchend, durch einen Hauptschlag die alte Erbfehde zu beenden beschloß. Denn welchen Ausgang sie auch nehmen mochte, man durfte mit Gewißheit auf die Beihilfe entweder der Orléansschen oder der Burgundischen zählen. Daher wurde nach langen, täuschenden Unterhandlungen zuletzt in gebieterischer Sprache von dem geisteskranken Karl VI. gefordert,

* Der politisch-kirchliche Glaube folgte hier wie so oft dem Zug der Hofluft. Wenn man z. B. 1407 die Lehren Jean Petits trotz ihrer phantastisch-schwärmerischen Richtung laut pries, so wurde bei veränderten Zeitumständen plötzlich die entgegengesetzte Fahrt angenommen. So bewiesen denn die gelehrten Meister der Heiligen Schrift weitläufig, daß nicht der Erzengel Michael, wie der Ketzer Petit behaupte, sondern ein böses Gewissen den gewalttätigen Luzifer getötet habe – »*S. Michel n'occist pas Lucifer, mais Lucifer s'occist soymesmes par son peché.*« Monstrelet, I, 182 –, und versuchten den Tyrannenmord der Höflichkeit wegen sogar aus dem Register der abgefallenen Engel oder Teufel zu streichen.

daß er seine Tochter Katharina mit dem englischen König vermählen und als Mitgift sämtliche im großen Frieden von Bretigny den Plantagenets bewilligte Länder nebst der Normandie abtreten und eine Million Taler Aussteuer zahlen solle. Wenn nicht, so möchten die Waffen entscheiden! Umsonst bot der französische Hof, aus der bisherigen Sorglosigkeit aufgeschreckt, durch eine feierliche Gesandtschaft mildernde Bedingungen an: 15 Städte Guiennes, das ganze Limousin und einen Brautschatz von 804 000 Talern. Der König blieb unerschütterlich und drohte, daß er sein Erbteil, die französische Krone, dem Valois-Karl mit dem Schwert abtrotzen werde.

Da nahm entrüstet der Erzbischof von Bourges das Wort und sprach: »Wie? den allerchristlichsten und trefflichsten König, unseren teuren und gefürchteten Herrn, wollt ihr vom Thron eines so mächtigen Reiches herabstürzen und vernichten? Glaubt ihr etwa, er habe Tochter, Land und Gut aus Furcht vor euch und euren Engländern angetragen? Keineswegs. Von Friedensliebe geleitet und aus Mitleid gegen Christenblut, das sonst fließen würde, hat er es getan. Aber fortan wird er Gott, die Heilige Jungfrau und alle Heiligen um Hilfe anrufen und mit seinen wie der getreuen Untertanen Waffen euch aus des Reiches Ländern, wenn ihr sie angreifen solltet, vertreiben, vielleicht Leben und Freiheit rauben. Für jetzt wünschen wir nur sicheres Geleit für baldige Heimkehr.«

Diese Bitte wurde gewährt. Reich beschenkt kehrten die Gesandten über Dover und Calais nach Paris zurück (April 1415), wo sofort der Dauphin als Stellvertreter des kranken Vaters, alle Prinzen von Geblüt sowie Abgeordnete des Adels, der Geistlichkeit und der Bürgerschaft den Bericht mit Unwillen anhörten und, weil es Ehre und Pflicht forderten, für die Fehde kräftig zu rüsten beschlossen.*

Aber Schlaffheit, Zwietracht und Stolz hinderten die Vollziehung. Alles geschah unordentlich, matt und in heilloser Halbheit. Selbst die Versöhnung mit dem Herzog Johann von Burgund wurde auf beiden Seiten nur äußerlich und in der geheimen Absicht, sie nach den Umständen zu brechen, geschlossen und beschworen. Es war den Großen unmöglich, den persönlichen Haß der Gesamtwohlfahrt als freiwilliges Opfer darzubringen. Der eine bewachte den anderen mit lauerndem Mißtrauen. Ja, die hoffärtige Ritterschaft, durch die Tage bei Crécy und Maupertuis nicht be-

* Monstrelet, I, 216.

lehrt, hielt Waffenverbrüderung mit den Bürgerlichen für eine Schande des adligen Namens und scheute sich nicht, dieses Urteil durch Wort und Tat zu bekräftigen. Überdies glaubten nur wenige, daß der Feind seine Drohungen rasch erfüllen und Frankreich als angreifender Teil heimsuchen würde. Man gab sich ganz den Täuschungen eines eitlen Selbstgefühls hin und achtete die Gefahren nicht, die mit solchem Blendwerk verbunden zu sein pflegen.

Anders handelte König Heinrich. Unterstützt vom Eifer des Parlaments, rüstete er, während der Feind Wortgepränge trieb, eine Flotte von 1500 Schiffen aus, die mit 6000 geharnischten Rittern und 20 000 Bogenschützen des Freisassenstandes bemannt ohne Hindernisse bei Havre de Grace in der Normandie landete (14. August 1415) und nach kurzer Verteidigung die an der Seinemündung gelegene Feste Harfleur eroberte (16. September). Dieses Mißgeschick weckte endlich die Franzosen aus ihrer trägen Sorglosigkeit, zumal der Engländer in einem stolzen Schreiben den König einfach seinen Vetter von Frankreich genannt und den Dauphin Ludwig zum Zweikampf herausgefordert hatte.

Darüber ergrimmend, eilte von allen Seiten her der Adel zu dem in St. Denis aufgesteckten Reichsbanner (Oriflamme). Insgesamt kamen sie mit so starken Scharen von Reitern und Fußknechten, daß Heinrich, der durch pestartige Krankheiten bedeutend geschwächt war, einem Feldstreit ausweichen und längs der Küste den Weg auf Calais nehmen mußte. Aber Regenwetter, Mangel, zerstörte Brücken und nachdrängende Feinde zwangen ihn zu einer langsamen, beschwerlichen und gefahrvollen Bewegung.

Kaum hatte man endlich an absichtlich unbewachten Stellen die Somme überschritten, als sich bei dem Dorf Azincourt in der Grafschaft St. Pol das sechsfach stärkere, fast 100 000 Mann zählende Heer der Franzosen zeigte und die Straße nach Calais sperrte. Heinrich nahm die vom feindlichen Oberbefehlshaber, Konnetable Albret, angebotene Schlacht ohne Bedenken an und nutzte dafür trefflich den engen, von Gehölz umgebenen Kampfplatz. 400 Lanzen nämlich bildeten links vom Feind und ohne bemerkt zu werden einen Hinterhalt, während rechts etliche Scharen Bogenschützen auf einer niedrigen, von Gebüsch bedeckten Wiese ihre Stellung nahmen. Fußknechte und Bogenschützen, deren man an 10 000 zählen mochte, standen, hin und wieder durch bewegliche, eingerammte Spitzpfähle gedeckt, größtenteils im ersten Treffen, das Eduard, Herzog von York, befehligte. Die zweite Linie enthielt meistens Reiterei, an deren Spitze sich der König befand. Auf seinem Helm glänzte eine goldene Krone.

Die Franzosen dagegen, deren zahlreicher, junger Adel auf sicheren Sieg rechnete, waren so in drei Reihen geschart, daß die Vorhut dem Konnetable folgte, den die Herzöge von Orléans, Bourbon und Richemont begleiteten, der mittlere Gewalthaufen den Herzögen von Alençon und Bar gehorchte, dem Rückhalt die Grafen von Dammartin, Marle und Fauquenberg (Falkenberg) geboten. Im Verhältnis zu den Reitern war die Zahl der Armbrustschützen und der erlesenen Fußknechte, die der Marschall Boucicault führte, nur schwach. Der Hochmut des Adels hatte diese von den Bürgern angetragene Waffe verschmäht, während sie bei den Engländern die ihr gebührende Achtung genoß.

Die Nacht vor dem Schlachttag, dem 25. Oktober, verging den Franzosen in geräuschvoller, bisweilen unheimlicher, von vielfachen Beschwerden begleiteter Unruhe. Denn auf dem nassen, von Wachtfeuern weithin erhellten Boden lagerten Ritterschaft und Fußvolk, in bunten Reihen um die eingesteckten Banner und Fähnlein versammelt, oft bemüht, durch lauten Ruf die bei dem stolzen Selbstgefühl der Herzöge, Grafen und Freiherren schwierige Lagerzucht zu erhalten. Mitten im Überfluß an Speise und Trank herrschte dennoch vorahnende Traurigkeit bei den Rittern und Gemeinen. Man hielt es für ein böses Zeichen, daß keine Spielleute, die zufällig fehlten, zum Frohsinn aufmunterten und nirgends die Rosse ein siegverkündendes Gewieher ausstießen.

Bei den Engländern herrschte dagegen trotz des Mangels und obschon der lange, drangsalvolle Zug die Kräfte erschöpft hatte, laute Freude. Trompeten- und Hörnerklang durch den Widerhall verstärkt, Geschrei und geregeltes Kriegslied zeugten von der Heiterkeit des Heeres, dem der König mit seiner festen, auf Gott und den Arm des Kriegers vertrauenden Gemütsruhe vorleuchtete.

Frühmorgens stellten sich beide Kampfparteien in Schlachtordnung und erwarteten ruhig den ersten Angriff. Da durchschritt Heinrich die Reihen der Seinigen und bemerkte in der kurzen Anrede, daß nicht die Menge, sondern die Tapferkeit den Sieg entscheide. Als der Feind unbeweglich blieb, gab er das Zeichen zum Aufbruch. Sogleich rückten die Bogenschützen, deren Hauptmann Thomas Eppingham den Befehlshaberstab in die Höhe warf,* un-

* *»Thomas Epinhen (Eppingham?) jetta en hault un baston qu'il tenoit en sa main, en disant nestrocque (?). Et au jetter le dit baston tous les Anglois feirent une tres grand criée, dont grandement s'esmerveillerent les François.«* Monstrelet, I, 223. – Sollte dieser Stab nicht das *Crosch Tarie* walisischer, den englischen beigegebener Bogenschützen sein?

ter betäubendem Geschrei vor, schlugen ihre Pfähle kreuzweise ein und entsandten die drei Fuß langen Geschosse in solcher Zahl und mit so wirksamer Kraft, daß die dichtgedrängten Reiterscharen der französischen Vorhut nach erfolglosem Anprall auf den Gewalthaufen zurückweichen mußten.

Rasch nutzten die Schützen, durch die Nebenabteilung des Wiesengrundes unterstützt, den ersten Augenblick der Unordnung, warfen ihre Bogen weg und fielen mit Schwertern, Dolchen, Streitäxten und Keulen in die Lücken der bestürzten Ritter. Sie trennten und verwirrten sie und richteten, als auch die englische Reiterei des Hinterhalts hervorbrach, ein entsetzliches Blutbad an. Was nicht getötet, verwundet oder zersprengt wurde, geriet in Gefangenschaft. Umsonst versuchte der Herzog von Alençon an der Spitze des zweiten Treffens die drohende Niederlage aufzuhalten. Auch er fand mit dem Kern seiner Mannschaft den Tod.

Fortan kämpften die Franzosen, deren dritter Schlachthaufen größtenteils die Flucht ergriffen hatte, nur in kleinen Rotten tapfer, aber unglücklich, nicht für den Sieg, sondern für die Waffenehre. Da geschah es, daß Bauern und zersprengte Reiter unter der Führung Roberts von Bournonville mehr aus Beutegier denn aus Streitlust rückwärts in die englische Wagenburg einbrachen und zu plündern begannen. Dieser Umstand wurde Tausenden verderblich. Denn Heinrich, der die Sachlage nicht überblickte und im Glauben war, der Feind bereite neue und ernsthafte Angriffe vor, ließ alle Gefangenen, meistens adliger Geburt, niederschlagen – eine Grausamkeit, die den sonst glänzenden Tag bei Azincourt mit dem Brandmal des feigen, an Wehrlosen geübten Meuchelmords befleckt hat.

Diesen abgerechnet, entsprach sonst die Schlacht vollkommen dem Urteil eines französischen Kampfrichters. Heinrich nämlich versammelte auf der Kampfstätte die angesehensten Ritter und Herolde beider Völker, damit sie förmlich über den Anfang des großen Zweikampfs entschieden. »Nicht unsere, sondern Gottes Kraft«, sprach der König, »hat, um die Sünden der Franzosen zu strafen, jene blutige Niederlage vollzogen. Sagt, Herold« – dabei deutete der Sprecher auf den befangenen Montjoye hin – »wem schreibt ihr den Preis zu, mir oder eurem Herrn, dem König von Frankreich?« – »Euch!« lautete die Antwort. – »Und wie nennt man«, fragte Heinrich weiter, »das Schloß da oben auf dem Hügel?« – »Azincourt!« entgegneten die Umstehenden. – »So soll denn danach«, endete der Sieger, »die Schlacht heißen. Noch lange wird man von ihr reden.«

In der Tat hatte sie die Blüte des französischen Adels vernichtet und dem Fremden die Pforte des Reiches geöffnet. Unter den Toten, deren fast 8000 gezählt wurden, befanden sich der Konnetable Albret, die Herzöge von Alençon, Bar und Brabant, die Grafen von Vaudemont, Marle, Fauquenberg und Nevers, unter den Gefangenen die Herzöge von Orléans und Bourbon, die Grafen von Richemont und Vendôme. Die Engländer, deren Einbuße eigene Berichte auf 600, französische auf 1600 Gebliebene setzen, betrauerten vor allem den Fall des Herzogs von York und Michael de la Poles, Graf von Suffolk.

Nachdem Heinrich den Seinigen einen Rasttag gegönnt hatte, verließ er das Schlachtfeld und kehrte mit dem größten Teil seines Heeres über Calais in die Heimat zurück (16. Dezember), wo ihn der laute, ungeheuchelte Jubel des Volkes empfing. Die Franzosen aber, bei denen die scheinbare Untätigkeit des klugen Feindes alle Parteileidenschaften aufwiegelte, fielen, wie es gewünscht und beabsichtigt war, in lange, zerrüttende Wirren. In Paris herrschte nämlich der ehr- und blutgierige Graf Bernhard von Armagnac bedingungslos als Konnetable, Befehlshaber der Festungen und Finanzverweser. Er ließ die Anhänger Burgunds durch Kerker, Bann und Tod bestrafen. Den nicht ganz gefügigen Dauphin Ludwig ließ er vergiften (24. Dezember 1415) und dessen ähnlich gestimmtem Bruder und Nachfolger, Johann, bald darauf dasselbe Los bereiten (16. April 1416). Den dritten Dauphin Karl aber wandelte er mittels des Schreckens in ein willenloses Werkzeug um.

Herzog Johann von Burgund warf sich, um Rache und Herrschlust zu befriedigen, den lauernden Fremden in die Arme. So schloß er, obschon seine zwei Brüder, der Herzog von Brabant und der Graf von Nevers, in der Schlacht bei Azincourt gefallen waren, mit dem englischen König zu Calais ein geheimes Schutz- und Trutzbündnis ab. Er gelobte dem, wie es hieß, allein rechtmäßigen Erben der französischen Krone, Heinrich V., alle Hilfe und Treue, die der Lehnsmann seinem Oberherrn schulde (Oktober 1416), und traf danach Anstalten, um durch Ränke wie durch offene Gewalt den verlorenen Einfluß bei Hofe wiederzugewinnen. Doch die wachsame Eifersucht seines mächtigen und gefürchteten Nebenbuhlers Bernhard, Graf von Armagnac, vereitelte einstweilen den Plan. In einem günstigen Augenblick nämlich wurde die ausschweifende, herrschsüchtige und zu jedem Mittel der Rachgier fähige Königin Isabella auf Befehl ihres blödsinnigen Gemahls und des schwachen Dauphins nach Tours in Gefangenschaft abgeführt. Darauf wurde die burgundische Partei mit unnachsichtlicher Strenge verfolgt. Für die Deckung der Kosten, die der von neuem ausbrechende englische Krieg forderte, wurde das Volk, besonders in den Städten, schwer besteuert und jede Widersetzlichkeit durch Wort oder Tat als Hochverrat geahndet (1417).

Jetzt zauderte auch Herzog Johann nicht länger, den hingeworfenen Handschuh des Bürgerkriegs aufzuheben. In einem weitläufigen Rundschreiben kündigte er sich den guten Gemeinden *(bonnes villes)* und gequälten Landleuten als Befreier an. Er versprach gründliche Abhilfe der Beschwerden, vor allem des Steuerdrucks, und brach, fast überall mit dem Jubelruf »Es lebe Burgund!« empfangen, an der Spitze eines zahlreichen Heeres nach Paris auf. Während hier die Armagnacs in Hast rüsteten, brachte er durch plötzlichen Überfall die Königin von Tours nach Troyes, wo sie feierlich für den gefangenen Gemahl die Reichsverweserschaft übernahm, und rückte anschließend mit einem wachsenden Anhang der Hauptstadt näher.

Diese wurde, während der Engländer fast ohne Widerstand die gesamte Normandie eroberte, nach mehrmonatiger Einschließung mittels eines nächtlichen, von den burgundisch Gesinnten kräftig unterstützten Angriffs eingenommen (28. Mai 1418) und wochenlang allen Greueln entfesselter Leidenschaften überliefert. Der blut- und raubgierige Pöbel, nicht beruhigt durch die Flucht des Dauphins nach Melun und die Gefügigkeit des alten, Burgund wieder treu ergebenen Königs, stürmte mordend und plündernd auf alles, was die Farbe der Armagnacs-Orléans trug oder nur von ferne her Argwohn erweckte. Mit Messern, Keulen, Schwertern, Speeren und eisenbeschlagenen Knitteln bewaffnet, zogen die zügellosen Rotten von einem Gefängnis zum anderen, töteten den Konnetable Bernhard, den Großkanzler Heinrich von Marle, die Bischöfe von Coutances, Bayeux, Evreux, Saintes, Senlis, viele Ritter und Gemeine, sogar Frauen und Kinder, im ganzen fast 2000 Menschen, mit wilder Grausamkeit. Manche zwangen sie, von den Türmen herab in die aufgehobenen Schwerter und Spieße zu stürzen,* und schleppten die verstümmelten und entblößten Leichname von Gasse zu Gasse. Sie entweihten Kirchen und Kapellen durch das Blut der

* *»Et en feirent saillir plusieurs du couplet de la tour aval, et les autres les recevoient sur leurs picques et sur leurs bastons.«* Monstrelet, I, 262.

Wehrlosen und opferten 100 unter dem Vorwand, einen Armagnac zu strafen, der persönlichen Feindschaft.*

Der burgundische Adel, gegen 1000 Lanzen stark, blieb stummer Zeuge des Frevels und sagte höchstens: »Meine Kinder, ihr handelt recht.« – Selbst nachdem Herzog Johann und Königin Isabella mit großem Gepränge ihren Einzug gehalten hatten (14. Juli), hörten Mord und Plünderung nicht eher auf, als bis das an etlichen Blutmenschen vollzogene Todesurteil den tollen Haufen einschüchterte und die gutgesinnte Bürgerschaft ermutigte, für die Wiederherstellung von Zucht und Sicherheit die Hand zu bieten. Den schwarzen Verbrechen folgten unmittelbar, als wenn der Himmel sie strafen sollte, Hunger, Elend und pestartige Krankheiten, die in Paris und der Umgegend etwa 40 000 Menschen hinwegrafften, während der Engländer die Zwietracht klug nutzte und durch den Fall Rouens (Januar 1419) die Eroberung der Normandie vollendete.

Jetzt endlich lenkten der Herzog Johann und der Dauphin Karl, damals Haupt der Armagnacs, in die Bahn der vaterländischen Ehre ein und beschworen unter Vermittlung des Heiligen Stuhls zu Pouilly le Fort, zwei Meilen von Melun, jeder von zehn Rittern begleitet, den Versöhnungsvertrag (11. Juli), der gegenseitige Bruderliebe und Hilfe gebot, etwaige Mißhelligkeiten aber der schiedsrichterlichen Entscheidung des Papstes Martin V. überließ. Doch so tiefe Wurzeln hatte bereits der Parteihaß geschlagen, daß Gemeinwohl, Pflicht und Eid den persönlichen Leidenschaften untergeordnet wurden. So fiel Herzog Johann bei einem zweiten Gespräch mit dem Dauphin auf der Yonnebrücke zu Montereau unter den Streichen Tannegui Duchâtels und anderer Armagnacs, die den am Herzog Ludwig von Orléans vor zwölf Jahren vollzogenen Mord ahnden wollten (10. September).

Durch seinen verhängnisvollen, von vielen Zeitgenossen als Strafe Gottes gedeuteten Tod** beschleunigte er den Untergang der

---

* *»Et qui alors à Paris hayoit un homme de quelque estat qu'il fut Bourgongnon ou autre, il ne failloit que dire: veez la un Armignac, et tantost estoit meis à mort sans en faire autre information.«*

** Man urteilte wie Aeschylos im Agamemnon, B. 1546.

»Es büßt der Mörder,
solange Zeus waltend bleibet, bleibt es fest:
es leidet, wer übte.«

französischen Selbständigkeit. Während nämlich die Partei des Dauphins, unter dessen Augen die Freveltat geschehen war, in den Landschaften Poitou, Berry, Orléans, Auvergne, Dauphiné und Provence ihre zersplitterten Kräfte zu sammeln trachtete, trat der junge Herzog Philipp von Burgund – von der Königin Isabella darin unterstützt, den Vater zu rächen – offen auf die Seite der Fremden über und ruhte nicht eher, als bis der Friede von Troyes Frankreichs Unterjochung vollendete (21. Mai 1420). König Heinrich V., der mit Karls VI. Tochter, Katharina, vermählt war, sollte, so lautete der Inhalt, die Regentschaft besorgen, solange der Schwiegervater lebte, aber nach dessen Tod die für ewige Zeiten vereinigten Kronen Frankreichs und Englands tragen und seinen gesetzlichen Erben überliefern. Nur zu freundschaftlicher Hilfe durch Rat und Tat, ungehemmtem und sicherem Handelsumgang verpflichtet, müsse jedoch das einzelne Reich seine besonderen Rechte, Gewohnheiten, Bräuche und Freiheiten behalten. Jeder Pair und jeder Adlige, jede Stadt und jede Zunft sollte in ihren herkömmlichen Rechten, Freiheiten und Vorzügen ungeschmälert bleiben. Mit Karl, der sich Dauphin von Vienne nenne, sollten in Hinsicht auf die von ihm begangenen Missetaten beide Könige und der Herzog Philipp von Burgund keinen getrennten Vertrag abschließen, sondern stets gemeinschaftlichem Rat folgen.

Diese Übereinkunft, bald von dem prunkvollen Beilager Heinrichs und Katharinas begleitet, wurde durch die nach Paris berufenen Generalstände genehmigt und so streng vollzogen, daß Staatsrat und Parlament den rechtmäßigen Thronerben Karl als Mitschuldigen am Mord an Johann von Burgund ächteten und für verlustig der Heimat wie aller Erbansprüche auf Krone, Lehen und Güter erklärten (23. Dezember).*

Fortan mußte sich alles, was noch Gefühl für volkstümliche Ehre und Unabhängigkeit besaß oder persönliche Unbilden rächen wollte, um den sonst an Geist und Gemüt schwachen Dauphin Karl als Mittel- und Haltepunkt sammeln. Dieser behielt den Namen des Reichsverwesers bei und legte von dem ungerechten Urteilsspruch der Pariser an Gott und die Spitze des Schwertes Berufung ein. In Poitiers bestellte er Parlament und Universität mit er-

* Monstrelet, I, 302. »*Banny et exillé du royaume et jugé indigne de succeder à toutes seigneuries venues et advenir; dont il appella à la poincte de son espée.*«

probten Anhängern und setzte den Krieg nördlich der Loire, besonders in den Landschaften Anjou, Lerche, Maine, Champagne und Pikardie, nicht ohne teilweisen Erfolg fort.

Während nämlich Heinrich die Heimat besuchte, verlor sein Bruder, der Herzog von Clarence, in der Grafschaft Anjou bei Baugé Leben und Sieg an die Franzosen unter Marschall Lafayette und die schottischen Hilfsscharen des Grafen von Buchan (21. März 1421). Durch die Kunde dieses Mißgeschicks nach Frankreich zurückgerufen, wurde Heinrich mitten unter großen Rüstungen von tödlicher Krankheit befallen. Auf dem Sterbebett im Schloß von Vincennes und im Kreis der trauernden Waffengefährten empfahl der bis zum letzten Augenblick besonnene König die Verweserschaft Englands und Frankreichs seinen Brüdern, den Herzogen von Gloucester und Bedford. Er ermahnte beide, für den einzigen, gleichnamigen Sohn und Erben, den unlängst Katharina geboren hatte, mit väterlicher Liebe zu sorgen und dem angeblichen Dauphin Karl von Valois, wenn er nicht in die unbedingte Abtretung der Krone oder wenigstens der Normandie einwillige, keinen Frieden zu gewähren. Ebensowenig sollten sie vor der Volljährigkeit des englisch-französischen Thronerben den Herzog von Orléans und die anderen Gefangenen von Azincourt, der Preis möge sein, welcher er wolle, in Freiheit zu setzen.

Als darauf die ernst befragten Ärzte nach einigem Zaudern versicherten, daß binnen zwei Stunden die Lebenskraft erlöschen werde, tröstete Heinrich die umstehenden Verwandten und Großen. Er beteuerte, den französischen Krieg nicht aus Ehrgeiz, sondern im Gefühl des Rechts und nach dem Rat der weisesten Männer unternommen zu haben. Als die Kapläne beim Absingen der sieben Bußpsalmen Jerusalem nannten, gedachte er des Heiligen Grabes und der Heidenfahrt und hauchte etliche Augenblicke darauf ruhig den Geist aus (31. August 1422).*

Zwei Monate später folgte der unglückliche Wahnsinnige, König Karl VI., dem Schicksal seines gefürchteten Schwiegersohnes und hinterließ seine Heimat in der hoffnungslosesten Lage. Denn wohin man blickte, zeigten sich Mißtrauen, Zwietracht, Wirren und zersetzende Kräfte. Zwar hatte das Krongebiet die Grafschaf-

---

* *»Et assez brief ensuivant selon le terme que dit avoient les dessudits medecins rendit son esprit le derrain jour d'Aoust.«* Monstrelet, I, 322.

ten Champagne und Brie (1404), die Herzogtümer Berry und Poitou (1416) gewonnen, aber nur für den Fremden, der vertragsmäßig König Englands und Frankreichs genannt und als solcher geehrt werden sollte. Das schon seit Menschenaltern gelockerte Band ständischer Stellvertretung diente, aufgelöst und zerrissen, nur den Leidenschaften der Parteien als Werkzeug, während die Pariser Parlamente durch mehr und mehr herkömmliche Eintragung (Registrierung) der königlichen Befehle (Edikte) dem Fortschritt der staatsbürgerlichen Gesellschaft die letzten Lebenswurzeln abschnitten.

Zucht und Sitte waren verfallen. Der Hof und die hohe Adelsschaft schwelgten oder haderten. Das Landvolk seufzte unter dem wachsenden Druck der Steuern und Brandschatzungen, wobei es oft pestartigen, von Hungersnot und mannigfaltigem Elend begleiteten Krankheiten preisgegeben war. Der Städter, häufig von ähnlichen Leiden verfolgt, suchte hinter Mauern und Türmen Schutz in selbstsüchtiger Abschließung. Die Geistlichkeit endlich frönte ungebundener denn je der üppigsten Sinnlichkeit und dem wildesten Parteienhaß.

Nicht ohne den rückwirkenden Einfluß der alten Spannung zwischen Nord- und Südfrankreich (Languedoyl, Languedoc) gewinnen diese Gebrechen und zerstörenden Grundzüge, denen freilich auch edlere Kräfte zur Seite stehen, ihren Spielraum in zwei großen Feldlagern: dem englisch-burgundischen und dem volkstümlich-französischen. Dem ersteren folgen vor allem die Normandie, die Pikardie und mit Ausnahme etlicher Plätze alle Landschaften von der Schelde bis an die Loire und Saône, dem zweiten, abgerechnet Guienne, die südlich der Loire gelegenen Gaue und Städte. Auf englisch-burgundischer Seite leuchten als ritterliche Kämpen und Feldherren Warwick, Salisbury, Talbot, die Herzöge Johann von Bedford und Philipp von Burgund hervor, dieser jedoch mit schwankender Treue. Auf französischer Seite, wo alle Prinzen von Geblüt den zunächst hilflosen Sohn Karls VI. umgeben, kämpfen der Bastard Johann von Orléans, auch Graf von Dunois und Longueville genannt,* Tannegui Duchâtel, Jakob und Johann von Harcour, Ludwig von Gaucourt, die Marschälle Lafayette, Rieux, Sain-

* Ihn hatte Maria von Enghien 1402 dem Herzog Ludwig von Orléans (gest. 1407) geboren.

trelles, Stephan de la Hire und Wilhelm Barbasan, mit Beinamen der Ritter ohne Tadel.

Mitten unter überraschenden Glücks- und Kriegswechseln Englands und Frankreichs erstarkt der burgundische Grenz- und Zwischenstaat bis zur völligen Unabhängigkeit und gewinnt, nachdem er sich durch endliches Anschließen für die französische Nationalpartei entschieden und den Fremden zurückgedrängt hat, ein fortschreitendes, den deutschen wie Welschen Gefahr androhendes Übergewicht. Denn Herzog Philipp der Gute (1419–1467), der neben der unternehmerischen Kraft seines Vaters Johann Vorsicht und besonnene Selbstbeherrschung besitzt, dehnt bald durch Erbschaft und Kauf, bald durch Feinheit der Unterhandlungen und zugreifende Waffengewalt die Gebiete Burgunds so aus, daß Namur, Brabant, Limburg, Luxemburg, Hennegau, Holland, Seeland und Westfriesland dem alten Gebiet beitreten und ein abgeschlossenes, vielfach gegliedertes Gemeinwesen darstellen, dessen Stärke gerade in der Durchdringung fürstlicher und bürgerlicher Grundzüge hervortritt und die Künste des Krieges und des Friedens zu vereinigen sucht.

Bei solchem Verhältnis der Streitkräfte mußte der englisch-französische Krieg zäh und wechselvoll werden. Denn für den Fremden wirkten neben den befreundeten Parteien die anfängliche Überlegenheit des Oberbefehls und der Waffenkunst, begleitet vom trotzigen Selbstgefühl bisheriger Siege, für den Einheimischen Ehr- und Vaterlandsliebe, äußeres Elend und Haß gegen den ausländischen Unterdrücker, der selbst den Bundesgenossen mit schnödem Stolz zu begegnen pflegte. Im offenen Feld meistens geschlagen, flüchteten die Anhänger des Dauphins in die Städte, Burgen und Waldungen, um im günstigen Augenblick mit verdoppelter Wut über den sorglosen Feind herzufallen, dessen Gegenwart Raub, Mord und Brand kennzeichneten.

Bis an die Loire hin glich allmählich das Land einer Wüste. Der Ackerbau fand nur notdürftigen Schutz unter den Mauern der befestigten Plätze, während ihn auch in entfernten und abgelegenen Gegenden die unaufhörlichen Streifzüge der habgierigen Banden störten. Zeigten sich diese, so ertönten die Sturmglocken und mahnten den wehrlosen Landmann, dem triebartig sein Vieh folgte, schützende Schlupfwinkel aufzusuchen und, wenn die Gefahr einstweilen verschwunden war, sie wiederum zu räumen. Auf diese Weise mitten im Vaterland heimatlos und an Leben und Eigentum stets bedroht, mußten die Unglücklichen allmählich, wie der Feind, in eine furchtbare Sittenverwilderung verfallen und jeden Weg der Rache oder der Befriedigung des leiblichen Naturbedürfnisses für erlaubt halten.

Meineid und Betrug, Diebstahl und Raub, finsterer Aberglaube und freche Gleichgültigkeit gegen die Vorschriften und Bräuche der von ihren Priestern meistens preisgegebenen Religion und Kirche – diese und ähnliche Laster, die längst von den Großen eingeführt waren, ergriffen auch das Volk und drohten die schon gelokkerten Bande der bürgerlichen Gesellschaft ganz zu zerreißen. Dabei fehlte Engländern und Franzosen die Leitung einer selbständigen und gebietenden Persönlichkeit. Denn wie auf englischer Seite die neununddreißigjährige Regierung Heinrichs VI. (1422–1461), eines schwachen, fast blödsinnigen Fürsten, nur als Aushängeschild bald des erobernden Ehrgeizes, bald innerer Parteibildungen diente, so konnte hier der in Poitiers und später in Reims gekrönte Dauphin als König Karl II. (1422–1461) wegen seines unschlüssigen, weichlichen Wesens keinen Anspruch auf das Vertrauen eines bedrängten, rauhen Zeitalters machen, zumal die nicht grundlos beargwöhnte Teilnahme am Tod Johann von Burgunds viele redliche Franzosen mit Abscheu erfüllt hatte.

Dennoch bildete der Sohn eines wahnwitzigen Vaters und einer unnatürlichen, verbrecherischen Mutter, mochte er auch immerhin lieber in den Armen seiner geliebten Agnes Sorel als auf dem Schlachtfeld ruhen, den Mittelpunkt der äußeren Einheit und das schwankende Boot, das die aus dem Schiffbruch geretteten Trümmer und Unterpfänder der Nationalunabhängigkeit birgt und nach wunderbaren Abenteuern in den Hafen des Festlands trägt. Dies geschah auf folgende Weise.

Sieben Jahre lang hatten die englischen Waffen überall gesiegt, bei Verneuil an den Grenzen der Normandie und der Grafschaft Perche im offenen Feldstreit die Blüte des französischen und des schottischen Adels vertilgt (1424) und das Gedächtnis an die Tage von Crécy, Maupertuis und Azincourt erneuert. Oft durch Zwietracht, Ränke und Stolz gehemmt, hatten sie dennoch die Verteidiger des französischen Volkstums allmählich so eingeengt und umgarnt, daß dem König Karl fast nur Bourges mit der Landschaft Berry blieb und der Spottname des kleinen Fürsten von Bourges *(le petit Roy de Bourges)* eine bittere Wahrheit ausdrückte. Denn auch das letzte Bollwerk am rechten Loireufer, Orléans, schwebte in größter Gefahr. Von den Feinden, die anfangs der Graf von Salisbury, nach dessen Tod der Graf von Suffolk befehligten, eng eingeschlossen (seit dem 12. Oktober 1428) und durch 60 Schanzen (Bastillen) an beiden Seiten des Flusses abgesperrt, näherte sich die

Stadt trotz der tapferen, vom Ritter Gaucourt geleiteten Abwehr bei steigendem Hunger der Übergabe, und damit ergab sich für den kleinmütigen König die Notwendigkeit, nach der entlegenen Dauphiné zu flüchten. Denn das Treffen bei Rouvray (Häringsschlacht, 12. Februar 1429), in dem die Franzosen der Umsicht des feindlichen Heerführers, Johann Fastolf, weichen mußten, trübte alle Aussichten auf Entsatz der Stadt und zeigte den Belagerten nur noch einen Weg: den der Unterhandlung.

Doch auch der Versuch, Orléans, dessen Herr noch in britischer Gefangenschaft war, als parteilosen Platz Burgund zu überlassen, scheiterte an der spröden Festigkeit des Reichsverwesers und Herzogs Johann von Bedford. »Glaubt ihr«, antwortete er trocken den burgundischen und französischen Abgeordneten, »wir hätten auf den Busch geschlagen, damit ein anderer die Vögel nähme?«* Dadurch für den Augenblick beleidigt, rief zwar Herzog Philipp seine Hilfsscharen aus dem Lager von Orléans zurück, lähmte aber keineswegs den Eifer der Bundesgenossen, die von frischen Haufen verstärkt bald am Ziel ihrer langen und mühevollen Anstrengungen zu stehen hofften (April 1429).

Inzwischen liefen bei den Franzosen wunderbare Gerüchte um. Eine Frau aus Avignon, hieß es, habe den König aufgesucht und ihm gemeldet, daß nächstens eine Jungfrau erscheinen und Frankreich retten werde. Gleichzeitig predigte zu Paris Vinzenz Ferrier, ein Franziskanermönch, vom Verderben der Welt, überlieferte Karten, Würfel und Frauenschmuck den Flammen und setzte, von den Engländern vertrieben, auf dem Land seine Mahnungen zur Buße mit steigendem Erfolg fort. Ähnlich handelte in Flandern und Artois ein bretonischer Karmelitermönch, Bruder Thomas Conecte. Er griff besonders die Üppigkeit der Priester und vornehmen Frauen an und wußte gegen letztere mit Glück den Spott der kleinen Kinder zu gebrauchen.**

In solcher Gärung des religiösen Eifers und leiblichen Elends befanden sich die Gemüter der französischen, auf Orléans blickenden Nationalpartei, als an den Grenzen der Champagne, Lothringens und Burgunds erstmals der Name eines achtzehnjährigen Mädchens ausgesprochen und bald tief in die Geschicke der Zeit verflochten wurde. Johanna d'Arc (d'Ay) aus Domrémy, einem loth-

* Barante, V, 266.
** Monstrelet, II, 39.

ringischen Dorf an der Maas, im Sprengel von Toul und vier Stunden oberhalb von Vaucouleurs gelegen, hatte als Tochter wenig begüterter Eltern, Jakob d'Arc und Isabelle Gautier, teils die Herden gehütet und Feldarbeit verrichtet, teils das Hauswesen besorgt und alle ihrem Stand und Geschlecht angemessenen Fertigkeiten gründlich erlernt, wie denn auch dafür der längere Aufenthalt in einer fremden Wirtschaft dienen mußte.* Selbst die Kunst des Reitens blieb nicht ausgeschlossen, obgleich der frommen, schönen, klugen und sittenreinen Jungfrau männliche Übungen dieser Art wenig zusagen mochten.

Da sie eine entzündliche Einbildungskraft besaß, die von den für England-Burgund und Altfrankreich stimmenden Parteien der Heimat und Nachbarschaft aufgewiegelt und genährt wurde, während Einsamkeit, Gebet und strenger Gehorsam gegen die Bräuche der christ-katholischen Kirche sie von innen her stärkten, glaubte Johanna bei wachsendem Kummer über die Fortschritte des von ihr gehaßten Fremden himmlische Gestalten, vor allem den heiligen Michael und die heilige Katharina, zu erblicken und überirdische Stimmen zu hören, die ihr im Namen Gottes und des Heilands geböten, schleunigst aufzubrechen, damit Orléans aus der Belagerung gelöst, der Dauphin in Reims gekrönt, der Herzog von Orléans befreit und die Engländer vertrieben würden.

Dieser Befehl, bei Tag und Nacht, auf dem Feld und im Haus wie auch anderswo wiederholt, fand endlich Vollziehung. In Gesellschaft ihres Oheims Lapart verließ heimlich die Jungfrau ihre widerstrebenden Eltern und Brüder (Februar 1429), wanderte nach Vaucouleurs und meldete dem Hauptmann des Platzes, Robert von Baudricourt, daß er sie unverzüglich zum König nach Bourges senden möchte. Denn ihr habe Gott die Bestimmung gegeben, binnen Jahresfrist Frankreich zu retten und den Feind zu vertreiben. »Das Mädchen«, lautete die erste Antwort, »sei eine Närrin, welche die Rückkehr nach Domrémy und etliche Maulschellen des Vaters oder der Mutter leicht heilen könnten.« Doch die Beharrlichkeit der Jungfrau, günstige Aussagen unbefangener Zeugen und vorteil-

---

* Monstrelet, II, 42. *»Jeanne fut grand espace de temps chambriere en une hostellerie.«* Übrigens gehörte Domrémy, ohne Zweifel eines der Grenzdörfer und Flecken, die dem Heiligen Römischen Reich allmählich abhanden gekommen waren, zur französischen Amtsmannschaft Chaumont. Denn der Johanna d'Arc später ausgestellte Adelsbrief lautet: *»Puella Joanna Day de Dompremeyo, cara et debita nostra de ballivia (baillage) Calvimontis seu ejus ressortiis.«* Siehe Procès, S. 370, Nr. 71.

hafte Endergebnisse der genauesten Prüfung änderten allmählich die Ansichten Baudricourts.

Mit Roß und Männerkleidung, die dringend gefordert wurde, beschenkt und von zwei Edelleuten, Johann von Rovelompont, der sich auch nach Metz nannte, und Bertrand von Poulangiers, begleitet, erreichte Johanna nicht ohne große Gefahren nach eintägiger Reise Chinon, das damalige Hoflager Karls. Sie enthüllte diesem, den sie trotz seiner unscheinbaren Kleidung sogleich erkannt und begrüßt hatte, den Auftrag des Himmels und bat um schnelle Entsendung nach Orléans als dem ersten, von Gott gesetzten Ziel.

Da erhoben sich neue Bedenklichkeiten und Zweifel, denen vielartige Proben, Beratungen der Gottesgelehrten und Rechtskundigen in Poitiers folgten. Denn etliche glaubten, hier herrschten Zauberei und böse Geister, andere deuteten hin auf unabsichtliche Selbsttäuschung, noch andere meinten, daß wirklich die Barmherzigkeit des Himmels eine schwache Frau zum rettenden Werkzeug erkoren habe. Alle aber staunten über die freudige Zuversicht und treffende Schärfe in der Reden der Fremden. Als z. B. ein vorwitziger Limousiner fragte: »In welcher Mundart haben denn eure himmlischen Stimmen gesprochen?«, wurde ihm geantwortet: »In einer besseren, wie ihr da gebraucht!« Meister Wilhelm Aimery, der äußerte, Gott bedürfe für die Befreiung seines Volkes keiner Kriegsknechte, empfing den kurzen und genügenden Bescheid: »Nun, die Kriegsknechte werden streiten und Gott wird den Sieg verleihen!«*

Endlich beim König und dessen Räten nach zweimonatigem Schwanken als Sendbote einer höheren Macht beglaubigt und in allen, auch ihren Lebenswandel betreffenden Prüfungen siegreich, wurde Johanna mit beträchtlichem Gefolge nach Blois geschickt, um hier die für den Entsatz der bedrängten Stadt Orléans notwendigen Anstalten zu treffen. Diese aber trachteten vor allem nach der Festigung des öffentlichen Vertrauens durch Gebet, feierliche Umzüge und Aufnahme bedeutsamer, auf die Einbildungskraft einwirkender Sinnbilder. Dazu gehörten die weiße, mit Lilien geschmückte Fahne, die Gott den Vater in den Wolken und zwei knieende Engel zeigte, und ein geweihtes, in der Katharinenkirche zu Fier-Bois unter verrosteten Waffen gefundenes Schwert.

---

* Siehe den Prozeß der Jungfrau von Orléans in der Notice du procès criminel de Jeanne d'Arc, tirée des Manuscrits de la bibliothèque du Roy par M. de l'Averdy, in Notices et Extraits, Band III, S. 309, nach den Aussagen der Zeugen.

So gleichsam vom Himmel ausgerüstet und fähig, den Glauben an ihr Schicksal noch vor der Tat 7000 Rittern und Fußknechten einzuflößen, trat die Jungfrau an die Spitze des Zuges, fiel auf den sorglosen Feind und erreichte glücklich nach einem heftigen Kampf unter dem Jubel des Volkes Orléans (29. April), dessen naher Fall schon durch die eingebrachten Vorräte, noch mehr aber den plötzlichen Aufschwung der Verteidiger verhindert wurde. Bevor jedoch die entscheidenden Angriffe begannen, überbrachten zwei Herolde den englischen Befehlshabern einen Fehdebrief, der im wesentlichen lautete: »König von England, ihr, Herzog von Bedford, Regent Frankreichs genannt, ihr, Wilhelm de la Pole, den man Graf von Suffolk nennt, ihr, Johann, Herr von Talbot, und ihr, Thomas, Herr von Escales (Scales), die man Hauptleute des Herzogs von Bedford nennt, gehorcht dem König des Himmels und gebt der von Gott gesandten Jungfrau alles Eigentum der von euch eroberten und mißhandelten Städte zurück! Ritter, Bogenschützen und Kriegsknechte, die ihr vor Orléans lagert, zieht mit Gott in eure Heimat! Wenn nicht, wird die Jungfrau kommen und euch schlagen mit der Schärfe des Schwertes und euch vertreiben aus Frankreich, dessen echter Erbe, König Karl, herrschen und in Paris einziehen soll. Mißtraut ihr aber den Worten der Jungfrau, so wird sie euch größeren Jammer bereiten, als seit 1000 Jahren in Frankreich gesehen wurde. Antwortet, ob ihr Frieden wollt und gutwillig räumen, was euch nicht gehört! Euren Trotz wird das Unglück strafen!«*

Als die Engländer mit Hohn antworteten, gebot Johanna, welcher der Graf Dunois, Bastard von Orléans, frische Scharen zugeführt hatte, am 4. Mai die Erstürmung der Hauptschanze St. Loup und ruhte, mit der Fahne voran, nicht eher, als bis das Bollwerk nach vierstündigem Treffen eingenommen und die Mannschaft getötet, zersprengt oder gefangen war. Denselben Ausgang hatten in den nächsten Tagen die Angriffe auf drei andere Schanzen, deren Fall solche Mutlosigkeit erzeugte, daß die Feldherren allen Früchten einer siebenmonatigen Arbeit entsagen und am 8. Mai mit dem ganzen Lager aufbrechen mußten.

Fortan folgte den englischen Waffen ein Mißgeschick nach dem anderen. Befehlshaber und Gemeine, von einem wunderbaren Schrecken über die Erscheinung des Heldenmädchens von Orléans

* Procès, S. 85.

befallen, vergaßen die Gesetze der kriegerischen Pflicht und Ehre, während der unkluge Plan, den Gewalthaufen durch die Verteidigung der kleineren Loireplätze zu zersplittern, dem schnell an Zahl und schwärmerischer Kampflust wachsenden Feind neue Blößen öffnete. Der König nämlich gehorchte den Mahnungen der Jungfrau, die ihn bald nach der Rettung von Orléans im Schloß Loches besuchte, und gebot, mit der äußersten Kraft für den Angriffskrieg zu rüsten.

So eilten 1200 geharnischte Ritter, unter ihnen der Herzog von Alençon, Dunois, Florent, d'Illiers, Daulon und beträchtliche Scharen an Fußvolk zu der Fahne Johannas. Sie erstürmten Gergeau, Baugency, Mehun und gewannen bei Patai in der Landschaft Beausse einen so vollständigen Sieg (18. Juni), daß die Blüte des englischen Heeres erschlagen, gefangen oder zersprengt wurde. Selbst der gefürchtete Talbot mußte dem Mißgeschick weichen und mit den Waffengefährten Rampton und Scales durch Übergabe des Schwertes dem sonst unabwendbaren Verderben entrinnen, während der Herzog von Bedford, unfähig, das offene Feld zu halten, hinter den Mauern der gleichfalls gärenden Hauptstadt Paris Schutz suchte.

Diesen günstigen Augenblick nutzte die Jungfrau, deren Banner und Ruf* den Fremden mit lähmendem Schrecken, den Heimischen mit kühner Begeisterung erfüllt hatten, um den zweiten Auftrag des Himmels, die Krönung des Dauphins in Reims, zu vollziehen. Umsonst erinnerten Hauptleute und Räte an die Länge und Gefährlichkeit des Weges, den meist feindlich gesinnte Städte und Schlösser versperrten. Alle Bedenken mußten dem hinreißenden Eindruck der Seherin weichen, die auf den Befehl Gottes hinwies und sich für den glücklichen Ausgang des Unternehmens verbürgte.

In der Tat gelang alles: Auxerre, Troyes, Chalons huldigten. Reims, von der burgundischen Besatzung ohne Widerstand geräumt, öffnete die Tore und empfing unter dem Geläute der Glokken und dem Jubel des Volkes den König Karl, der zwei Tage später, am 17. Juli, im Münster durch den Erzbischof der Stadt gekrönt und gesalbt wurde. 6000 Krieger sowie eine unübersehbare

* *»Et tousjours Jeanne la Pucelle au front devant à tout son estandart, et lors par toutes les marches de là environ n'estoit plus grand bruit ne renommée comme il estoit d'elle et de nul autre homme de guerre.«* Monstrelet, II, 44.

Menge von Bürgern und Landleuten, viele angesehene und mächtige Herren, unter ihnen der Herzog von Alençon, der Graf von Clermont, die Freiherren de la Tretmoille, Beaumanoir und Mailly und die waffenberühmten Ritter la Hire, Saintrailles und Dunois wohnten der feierlichen Handlung bei. Aber die Blicke von Tausenden hefteten sich vor allem auf Johanna, die, geharnischt und die Fahne in der Hand, während der Feierlichkeit den Hochaltar hütete und nach vollendeter Krönung weinend vor dem König niederkniete: »Der Wille Gottes«, sprach sie, »ist erfüllt. Ihr habt in Reims die verdiente Weihe empfangen, damit die Welt sehe, daß ihr des Reiches echter Erbe seid. Mein Auftrag aber ist beendet. Möge ich heimkehren zu den Meinigen!«

Dieser Wunsch, um so natürlicher, je stärker sich beim Anblick der in Reims anwesenden Eltern und Brüder die Sehnsucht nach dem häuslichen Glück regen mußte, scheiterte an den beharrlichen Bitten Karls und der Großen. Sie bedurften für den Abschluß des begonnenen Werkes der klugen und tatkräftigen Hilfe eines heldenmütigen Mädchens, die wie auf dem Schlachtfeld, so im Bereich der Religion und der Menschlichkeit ein leuchtendes Vorbild gegeben hatte. Denn züchtig und ehrbar, milde und bescheiden, gottesfürchtig und barmherzig, wie sie war, duldete Johanna in ihrer Nähe keine Liederlichkeit und Spielsucht, keine Plünderung und Mordgier, die an Besiegten und Wehrlosen geübt wurde, kein Lästern und Fluchen. Manchen verwundeten und kranken Feind hat sie gerettet, manchen Hungrigen erquickt, viele Arme, Witwen und Waisen durch eifrige Fürsorge getröstet. Das Verdienst der entscheidenden Siege hat sie nicht sich, sondern Gott und dem Schwert der Gläubigen so aufrichtig zugeschrieben, daß sie unwillkürlich errötete, wenn Leute des Volkes, von Ehrfurcht bezwungen, ihr Hände und Füße küßten.*

Der sittliche Eindruck auf Freunde und Feinde hatte daher trotz der verschiedenartigen Ansichten die gleiche Stärke. Jene erblickten einen wahren, von menschlichen Gebrechen fast befreiten Boten Gottes, diese eine mit allen Teufelskünsten ausgerüstete Alraune und Zauberin, die Sinne und Gedanken der Sterblichen betöre und verstricke. Beide Urteile der kämpfenden Parteien hatte

* Siehe besonders die Zeugenverhöre bei L'Averdy, 332–337. Merkwürdig in psychologisch-physiologischer Einsicht bleibt besonders die Aussage vieler Zeugen, *»qu'elle n'était pas sujette à l'infirmité sexuelle«*, S. 334.

aber die Krönung zu Reims so vollständig ausgebildet, daß die Burgundisch-Englischen den Höhepunkt des lähmenden Schreckens erreichten, während den Anhängern der französischen Volkstümlichkeit die gänzliche Vertreibung der Fremden als unabweisbare Aufgabe des Himmels erschien und in jedem, oft unblutigen Sieg neue Bürgschaften gewann.

Denn ohne Widerstand öffneten Laon, Soissons, Beauvais, Compiegne, Crespy, Corbeil, Château-Thierry, Lagny und Provins dem von der Jungfrau begleiteten König die Tore. Selbst Paris, wo der Herzog von Bedford seine Streitkräfte versammelt hatte, wurde nach dem Fall des Vorwerks St. Denis unruhig, schlug jedoch den am 8. September versuchten Sturm glücklich ab. Es wurde vor allem dadurch gerettet, daß Johanna beim Beginn des Kampfes eine leichte Verwundung am Schenkel empfangen hatte. Dieses Mißgeschick und der Mangel an Lebensmitteln zwangen das Belagerungsheer, von weiteren Angriffen einstweilen abzulassen und jenseits der Loire in Bourges zu überwintern.

Kaum brach der Frühling an (1430), als die Feindseligkeiten auf beiden Seiten mit verdoppeltem Eifer erneuert wurden. Denn der englische Reichsverweser hatte teils aus der Heimat beträchtliche Hilfsscharen an sich gezogen, teils die Zerwürfnisse mit dem Herzog Philipp von Burgund in Güte beigelegt. Karl von Valois aber hatte die kurze Waffenruhe genutzt, um nicht nur frische Kriegsvölker zu versammeln, sondern auch durch eine sinnbildliche Handlung das bisher gleichsam geweihte Heldenmädchen von Orléans dem Kreis der Ritterschaft enger anzuschließen. Am 29. Dezember nämlich wurde Johanna d'Arc, aus dem fortan abgabenfreien Domrémy gebürtig, in Rücksicht auf die geleisteten Dienste mit den Eltern und Brüdern für weibliche und männliche Nachkommenschaft geadelt und dem fortan ebenbürtigen Geschlecht der du Lys als Wappen ein erhobenes, mit der Krone geschmücktes Schwert im himmelblauen, von zwei goldenen Lilien geschmückten Schild verliehen.*

Doch diese weltliche Ehre, die wahrscheinlich den bedrohlichen Heiligenschein mindern und die französischen Lehnsgroßen zu Treue und Mannhaftigkeit anspornen sollte, bezeichnete, ohne daß man es ahnte, für die aus Eitelkeit folgsame Jungfrau das Ende der bisher glorreichen Laufbahn und den Anfang jammervoller

* Siehe Procès, S. 340, und Calmet, Histoire de Lorraine, III, 564.

Mißgeschicke. Als nämlich ein starkes Heer von Burgundern und Engländern unter dem Oberbefehl Herzog Philipps die Stadt Compiègne an der Aisne schwer bedrängte, eilte Johanna auf die erste Kunde zur Hilfe herbei. Des Morgens am 25. Mai (1430) kaum angelangt, sammelte sie sogleich einen Haufen von 500–600 Kriegern, unter denen sich Pothon und andere kühne Hauptleute befanden und stürzte nachmittags plötzlich auf das Quartier am Brückentor gegen Montdidier zu.

Etliche Stunden bot sie den von allen Seiten herbeieilenden Feinden im schwankenden Handgemenge die Spitze und deckte, von einer kleinen Schar begleitet, den durch die Überzahl endlich herbeigeführten Rückzug. Als die in der Verwirrung mittlerweile gesperrten Tore und aufgezogenen Fallgatter eine Flucht unmöglich machten, kämpfte sie anfangs zu Roß, dann, von diesem herabgerissen, zu Fuß so lange unerschrocken gegen andrängende Reiter und Bogenschützen, bis sie übermannt wurde. Sie mußte dem Bastard von Vendôme das Schwert einhändigen und ihm als Kriegsgefangene folgen.* Jubelgeschrei und neugieriges Gedränge bezeichneten im englisch-burgundischen Lager das allerdings wichtige Ereignis, während die französische Nationalpartei, für den Augenblick ihres sittlich-religiösen Hebels beraubt, ihren dumpfen Schmerz in lauten Klagen offenbarte und selbst den tapferen Befehlshaber von Compiègne, Wilhelm de Flavy, des Verrats beschuldigte.

Inzwischen wurde Johanna dem burgundischen Feldherrn Johann von Luxemburg, den man später Graf von Ligny hieß, verkauft und auf dessen Befehl nach der pikardischen Burg Beaurevoir abgeführt. Nach langen Unterhandlungen wurde sie für 10 000 Franken den rachgierigen Engländern überliefert. Diese trachteten sofort, die unglückliche Gefangene, die im Vorgefühl des drohenden Schicksals einen gefahrvollen Sprung von der Höhe des Kerkerturms in Beaurevoir gewagt hatte, um jeden Preis zu ver-

* »*Elle se rendit et donna sa foy.*« Monstrelet, II, 58. Johanna hatte also vollkommen die Rechte des Kriegsgefangenen. Monstrelet, Zeitgenosse und Augenzeuge, wahrt übrigens geflissentlich Stillschweigen und sucht nach Kräften den Gedanken an Johanna d'Arc gleichsam abzuwehren. So meldet er über den Besuch, den der Herzog von Burgund sogleich der Gefangenen abgestattet hatte, einsilbig: »*Laquelle le Duc alla veoir au logis où elle estoit et parla à elle aucunes paroles, dont je ne suis mie bien recors, inçoit-ce que je y estoye present.*«

derben. So mußte sie, kaum von den Wunden des letzten Sturzes geheilt, in der engen Haft auf dem Schloß zu Rouen monatelang bei Wasser und Brot den Hohn roher Wächter dulden und anschließend den spitzfindigen, ränkevollen Fragen der auf Gotteslästerung und Zauberei klagenden Glaubensrichter Rede und Antwort stehen.

Jene, geleitet durch Peter Cauchon, Bischof von Beauvais, einen abgefeimten, gegen sein französisches Vaterland rastlos tätigen Priester, unterließen nichts, um die Unschuld in Widersprüche und scheinbare Geständnisse zu verstricken, fanden aber dennoch zuletzt kein anderes Mittel als den Schrecken des Augenblicks. Die seit Monaten an Händen und Füßen gefesselte Jungfrau nämlich, die durch die Furcht vor dem Scheiterhaufen und die dauernde, qualvolle Haft in einem engen, eisernen Käfig augenblicklich entkräftet war, billigte auf dem Kirchhof Saint Ouen vor den Richtern, Engländern und zahlreichen Volkshaufen die laut abgelesene, übrigens zweideutige und kaum verstandene Abschwörungsformel. Sie gelobte Treue gegen die Lehren, Bräuche und Befehle der heiligen römischen Kirche und versprach, weil man darauf besonderes Gewicht legte, keine Männerkleider mehr zu tragen (24. Mai 1431).

Doch bald wurde die Unglückliche, der das Glaubensgericht als einer reumütigen Sünderin lebenslängliche Klosterhaft bei Wasser und Brot aus Gnaden zuerkannt hatte, bitter enttäuscht. Zurückgeführt in den alten Kerker und ausgesetzt den Hohnreden und Mißhandlungen englischer Schergen, legte sie, weil sie die Folgen der boshaften Ränke nicht erkannte, ihr kriegerisches Gewand wieder an, sei es aus eingewurzelter Vorliebe oder um sich gegen die freche Zudringlichkeit der Wächter zu schützen. Dadurch gab sie den lauernden Feinden eine rasch genutzte Blöße zur Erneuerung der peinlichen Anklage. Denn sogleich urteilten der Bischof von Beauvais und die Beiräte, daß Johanna, mit dem Beinamen die Jungfrau *(Jeanne la Pucelle)*, als rückfällige Ketzerin, die Gott und die Kirche gelästert, Zauberei und Teufelswerk getrieben und entgegen den Vorschriften einen Harnisch getragen habe, unverzüglich dem weltlichen Arm ausgeliefert und öffentlich verbrannt werden solle.

Das unerwartete Todesurteil überraschte anfangs die Gefangene. »Wehe«, rief sie jammernd und die Haare raufend aus, »daß mein reiner, unverdorbener Leib in Asche umgewandelt werden soll! Siebenmal lieber hätte ich das Haupt dem Schwert des Henkers dargeboten. Gott, der große Richter, möge entscheiden über die schmachvolle Grausamkeit, die an mir verübt wird!«* Als bald darauf der Bischof von Beauvais in den Kerker eintrat und etliche geheuchelte Worte des Trostes sprach, entgegnete die Betrogene, die sich inzwischen wieder gefaßt hatte, mit Würde und Milde dem falschen Priester: »Hättet ihr mich der geistlichen Haft und, wie es Pflicht und Schicklichkeit forderte, kirchlichen Wächtern übergeben, so wäre das Geschehene nicht eingetreten. Darum lade ich euch vor den Richterstuhl Gottes.«

Diese Stimmung eines unbedingten Vertrauens auf den Allmächtigen und echt christlicher Demut wich fortan nicht mehr von der Verurteilten. Sie betete so feurig zu Gott, der Jungfrau und den Heiligen, daß die Umstehenden in Tränen zerflossen und ein Priester, Loyseleur, der früher als blindes Werkzeug des Glaubensgerichtes gedient hatte, von bitterer Reue erfaßt wurde, laut seine Schuld bekannte und um Verzeihung bat. So vorbereitet für den Tod, der ihr jetzt als Weg ins Paradies erschien,** bestieg Johanna am 30. Mai in Frauenkleidung, auf dem Haupt die papierene Spitzmütze der rückfälligen Ketzerin und von zwei Beichtvätern begleitet, den Karren des Henkers. Als sie unter starkem Gefolge von Bewaffneten an der Richtstätte, dem alten Markt, angelangt war, rief sie wehmütig aus: »Rouen! Rouen! Hier muß ich sterben!«

Auf einem gesonderten Gerüst hörte sie die lange Bußpredigt des Priesters Midy und das durch den Bischof von Beauvais laut verlesene Endurteil mit unwandelbarer Gemütsruhe an. Kniend empfahl sie sich Gott und den Heiligen in einem so rührenden Gebet, daß selbst der Kardinal von Winchester und mehrere andere Engländer mit dem ganzen zahlreich versammelten Volk weinten und etliche Ritter zerknirscht den Platz verließen. Sie beteuerte noch einmal ihre Unschuld und die Wahrhaftigkeit aller von Gott und dem Heiland an sie ergangenen Offenbarungen, Gesichte und Stimmen.*** Mit herzlichen Worten bat sie ihre Feinde um Vergessenheit aller etwaigen Beleidigungen.

---

* Procès, S. 453, nach den Aussagen der Zeugen.

** Als Meister Peter Maurice, der oft Wohlwollen gezeigt hatte, kam, um Abschied zu nehmen, fragte ihn die Gefangene: »Meister, wo werde ich diesen Abend seyn?« – Habt ihr, entgegnete jener, gute Hoffnung auf den Heiland? »Ja!« antwortete sie, »und mit der Gnade Gottes werde ich diesen Abend im Paradies sein.« Procès, S. 454.

*** Dies ist der entscheidende Punkt; er beweist, daß Johanna niemals widerrief oder an der Sendung ihres Lebens irre wurde. Procès, S. 489. *»Dicit etiam et deponit*

Danach schritt sie, das erhobene Kreuz voran, festen Trittes auf die Bühne zu, die über dem Holzstoß errichtet war, um die Qualen der Sterbenden zu steigern. Auf der Todesstätte legte sie noch einmal das Bekenntnis ihres guten Gewissens ab, mahnte den frommen Beichtvater Martin l'Adenu, der mit ihr das Gerüst bestiegen hatte, beim ersten Blick auf den schon angezündeten Scheiterhaufen zur unverweilten, rettenden Flucht und hauchte, vom langsam aufwirbelnden Feuer umgeben, ihre heldenmütige Seele mit dem oft wiederholten Wort »Jesus!« aus.*

Asche und Gebein wurden noch am selben Tag auf Befehl des englischen Kardinals sorgfältig durch den Henker gesammelt und in die Seine geworfen, auf daß kein Stäubchen übrigbliebe von dem gefürchteten Heldenmädchen. Wenige hohnlachende Kriegsknechte ausgenommen, fühlten jedoch Fremde wie Eingeborene die Größe des unter dem Deckmantel der Religion begangenen Verbrechens. Johann Trassart, königlicher Geheimschreiber, vergoß, vom Richtplatz heimgekehrt, helle Tränen und rief voll trauriger Ahnung aus: »Wir alle sind verloren. Denn man hat eine Heilige verbrannt, deren Seele bei Gott wohnt.« Ein Engländer, der seinem Schwur gemäß etliche Reisigbündel zum Scheiterhaufen tragen wollte, wurde plötzlich von solcher Gewissensangst befallen, daß er beim Aufgehen der Flamme besinnungslos niederstürzte und später hoch beteuerte, vor seinen Augen habe sich eine weiße Taube aus dem Feuer himmelwärts emporgeschwungen. Die Richter und Beiräte, unter ihnen viele berühmte Rechts- und Gottesgelehrte der Pariser Hochschule, waren zeitlebens im öffentlichen Urteil gebrandmarkt. Das Volk bezeichnete und verabscheute sie als pestartige Auswürflinge.**

Alle heuchlerische Kunstfertigkeit der englisch-französischen Regierungs- und Priesterpartei, die über das Verhör und das Ende der gotteslästerlichen, ketzerischen Zauberjungfrau die einseitig-

---

*super hoc interrogatus, quod semper et usque ad finem vitae suae manutenuit et asseruit, quod voces quas habuerat, erant a Deo, et quod quidque fecerat, ex praecepto Dei fecerat, nec credebat per easdem voces fuisse deceptam, et quod revelationes quas habuerat, ex Deo erant«*, d. h. »er (der Zeuge) berichtet, sie (Johanna) habe bis zum Tode behauptet, die Stimmen seien von Gott gekommen und die Offenbarungen gleichfalls von Gott« usw.

* Nach den Zeugenaussagen im Procès, S. 455–458.

** Procès, S. 491. *»Populares ostendebant illos, quid interfuerant, et abhorrebant.«*

sten, lügenhaftesten Berichte verbreitete,* mußte an dem unbestechlichen Zeugnis der Wahrheit scheitern und bald im Gang der Begebenheiten die schwere Hand der vergeltenden Gerechtigkeit erkennen. Denn während die Hauptwerkzeuge des Mordes schnell endeten – den Bischof von Beauvais und dessen Vertrauten, Johann d'Estivet, traf der Schlagfluß, den Verfasser der zwölf falschen, gegen Johanna erhobenen Anklageartikel, Nikolaus Midy, raffte der Aussatz hinweg, und Johann Lemaitre, Predigermönch und Stellvertreter des Großinquisitors, verschwand plötzlich –, folgte den englischen Waffen, als ob auf ihnen der Fluch des Himmels ruhte, ununterbrochenes Mißgeschick. Denn obschon der lähmende Glaube an die übernatürlichen Kräfte des Mädchens von Orléans bei den Engländern und ihren Bundesgenossen verschwand, griff in der französischen Nationalpartei die von Johanna entzündete Flamme heldenmütiger Vaterlandsliebe

* So entblödete sich z. B. der amtliche Brief des englischen Königs Heinrich VI. an den Herzog Philipp von Burgund nicht, folgende, allen Zeugenaussagen widerstrebende Unwahrheit zu verkündigen: »*Et voyant* (die rückfällige Sünderin) *son finement approcher, elle cogneut plainement et confessa que les esprits qu'elle disoit estre apparus à elle, souventes fois estoient mauvais et mensongiers, et que les promesses qu'iceux esprits luy avoient plusieures fois faictes de la delivrer estoient faulces, et ainsi se confessa par les dits esprits avoir esté deceue et demoquée.*« Monstrelet, II, 71. – Es wäre übrigens vermessen, bei dem nur höchst unvollkommen überlieferten Tatbestand der Zeitgeschichte psychologisch-politisch die vielfach rätselhafte Erscheinung der Jungfrau erklären zu wollen. Manches wunderbare Prophetenwort bekommt allerdings in zufällig aufbewahrten Berichten der Zeitgenossen seinen Schlüssel. Wenn z. B. Johanna auf dem Zug nach Reims den kleinmütigen Waffengefährten vorhersagt, binnen drei Tagen werde das bisher umsonst bestürmte Troyes huldigen, so gibt darüber der Chronikenschreiber Amelgard, der die Weissagung verschweigt (Notices et Extraits des Manuscripts de la Biliothèque du Roy, I, 417), folgende, ziemlich genügende Auskunft: »*Rex aggressus*«, lautet sie, »*itaque Treccas* (Troyes) *Campaniae urbem, concilio atque opera probatissimi atque sapientissimi viri, nogistri Johannis Acuti, qui illius urbis episcopolem cathedram tenebat, in ea urbe cum pace et laetitia receptus est.*« Dagegen bleibt die innere Welt des Mädchens von Orléans selbst bei etwaiger Annahme des Somnambulismus so dunkel, daß man mit Amelgard, einem Zeitgenossen, urteilen muß: »Dies sind die Taten Johannas. Hinsichtlich der von ihr behaupteten Gesichte und Offenbarungen wollen wir jedermann die Freiheit gönnen, nach seinem Gutdünken und Vermögen zu entscheiden.« Immerhin dürfte aber jene von Gott erweckte Lothringerin nicht nur als Blutzeuge der reinsten Freiheitsliebe erscheinen, sondern auch als ahnende Verteidigerin der in Konstanz durch den Scheiterhaufen bestraften Grundsätze Bedeutsamkeit haben (»*Ne recognoissoit ne vouloit recognoistre en terre forts; Dieu seullement et les saincts de Paradis, en refusant et debouttant le jugement de nostre sainct Pere le Pape, du concile general et universelle Eglise militante.*« Brief Heinrichs VI. bei Monstrelet, II, 71).

unaufhaltsam weiter um sich und durchbrach die Dämme, die hier etwa die Zwietracht der Großen, dort die Schlaffheit des Hofes errichtet hatten.

Daneben wirkten den Fremden die wachsenden Zerwürfnisse mit Burgund entgegen. Herzog Philipp nämlich fand sich besonders dadurch gekränkt, daß Jacqueline, die abenteuerliche Erbgräfin von Hennegau, Holland, Seeland und Friesland, ihres zweiten Gemahls, des kinderlosen Herzogs Johann von Brabant, überdrüssig wurde und heimlich nach England entwich, wo sie den Herzog Humphrey von Gloucester heiratete – eine Begebenheit, die dem Burgunder die Aussicht auf den gewünschten Heimfall der erwähnten Länder trübte und gerechtes Mißtrauen in die Uneigennützigkeit seines britischen Bundesgenossen weckte (1423). Diese Stimmung blieb, obschon Humphrey von Gloucester die launenhafte Frau verstoßen und der reichen Erbschaft entsagt hatte, die Philipp nach dem Tod seiner Vettern, der Herzöge Johann (gest. 1427) und Philipp von Brabant-Limburg (gest. 1430), einziehen und mit Bewilligung der leichtfertigen Jacqueline mit dem burgundischen Zwischenstaat verbinden durfte (1433).

Während also bei steigendem Selbstgefühl der Eifer für die gefährliche Freundschaft Englands erkaltete, wurden auf Betreiben des Papstes und der Baseler Kirchenversammlung Bevollmächtigte der kämpfenden Parteien nach Arras (August 1435) geladen, um über einen allgemeinen Frieden zu verhandeln. Als aber auch hier die Fremden, denen die Abtretung Guiennes und der Normandie nicht genügte, hartnäckig blieben, trug Philipp keine Bedenken mehr, den langjährigen Leiden und Wirren des Krieges durch einen besonderen Versöhnungsvertrag mit Frankreich zu begegnen. So wurde jener unter Vermittlung der Kardinallegaten von St. Croix und Zypern sowie anderer Prälaten in Arras dahingehend abgeschlossen, daß König Karl VII. dem Herzog von Burgund seine volle und innige Reue über den an seinem Vater, Johann, zu Montereau begangenen Meuchelmord ausdrückte und die Bestrafung der etwa noch lebenden Täter, Seelenmessen, Weihekapellen und ähnliche Bußmittel versprach. Die Grafschaften Macon, Ponthieu, Boulogne und Auxerre nebst der Herrschaft St. Jengon, der Kastellanei Bar an der Seine, den Sommestädten St. Quentin, Corbie, Abbéville, Peronne, Montdidier und Roye trat er ab und entband den Herzog für die Dauer seines Lebens von allen Lehnspflichten. Außerdem verzichtete er auf alle einseitigen Unterhandlungen mit England und sagte, wenn dieses Burgund befehden sollte, die kräftigste Hilfe zu.

Der Friede, am 21. September unterzeichnet und bald darauf von beiden Parteien feierlich beschworen, wurde in Burgund und Nationalfrankreich mit außerordentlichem Jubel, in England jedoch mit so allgemeiner und tiefer Entrüstung aufgenommen, daß der König Heinrich die burgundische Botschaft ohne Antwort entließ und in London jedes ehrliche Bürgerkind die Rache des Himmels über den treuebrüchigen Bundesgenossen herabrief.* Denn schon betrachtete man Frankreich trotz der veränderten Verhältnisse als Eigentum und sah in den wachsenden Mißgeschicken nicht die Folgen eigener Fehlgriffe und Schandtaten, sondern das Werk feigen, undankbaren Verrats.

Die Lage der fremden Eroberer wurde aber bald um so gefährlicher, je rascher bei dem steigenden Übergewicht der französischen Nationalpartei Zucht und Ordnung infolge des mangelnden Oberbefehls entwichen. Den tapferen und klugen Herzog von Bedford nämlich, der etliche Tage vor dem Friedensschluß zu Arras in Rouen starb (14. September), konnten als Nachfolger an der Reichsverweserschaft die Herzöge von York und Somerset nicht ersetzen. Ihnen fehlten die im Vorgänger verbundenen Tugenden des Feldherrn und des Staatsmannes, während Hochmut, Raubgier und Zügellosigkeit der Hauptleute und Gemeinen selbst die treuesten Anhänger allmählich in gleichgültige Zuschauer oder erbitterte Feinde verwandelten. Jedermann mochte am Tod der Königin Isabella, die arm und verachtet zu Paris ihre stürmische Laufbahn beendete (30. September), ein warnendes Beispiel des göttlichen Strafgerichts wie auch der englischen Undankbarkeit erkennen und eilen, durch Aussöhnung mit dem Vaterland die Reste seines Glükkes dem drohenden Schiffbruch trotziger und selbstsüchtiger Fremder zu entziehen.

Andererseits benutzte Karl keineswegs die Gunst des Augenblicks, um mittels eines kräftigen Angriffs den Sieg zu vollenden und persönlich den Aufschwung der Nation zu unterstützen. Von Natur aus friedfertig und gemächlich, sank der König seit der Versöhnung mit Burgund in so unwürdige Schlaffheit, daß er, als ob alles schon gewonnen wäre, die meiste Zeit den Frauen und Vergnügungen zuwandte, die öffentlichen Angelegenheiten aber als Nebensache behandelte und dem Gang des Zufalls überließ.**

---

* Monstrelet, II, 118. *»Si n'estoit fils de bonne mere, qui ne disoit de grans maulx et villanies d'iceluy Duc et de ses pays.«*

** *»Luxa atque inerti otio torpens.«* Amelgard, in den Notices et Extraits, S. 419.

Vergeblich boten daher die biederen Landleute der Normandie, ungeduldig des englischen Drucks, ihre Dienste an und forderten die Beihilfe etlicher Scharen, um sich massiv gegen den Feind zu erheben. Der sonst gutherzige, verständige und gerechte Fürst bedurfte zur Überwindung seiner eingewurzelten Behaglichkeit eines Sporns, der am stärksten wirkte, wenn er von zarter Frauenhand ausging. Was früher die hinreißende Gemütskraft der Johanna d'Arc gleichsam im Sturmlauf dem langsamen Wesen Karls abgetrotzt hatte, das gewann später von ihm durch den Zauber der Anmut eine lange unbemerkte Kammerzofe der Königin Maria: die bald zu Ehren, Reichtum und Macht erhobene Agnes Sorel. Überaus schön, beredt, mildtätig gegen Arme und Unglückliche, dabei empfänglich für die Ehre und Freiheit ihres Vaterlands, hat sie sechs Jahre lang* den trägen, bedingungslos folgsamen Freund und Gönner immer weiter vorwärtsgetrieben, ihm männliche Tatkraft, soweit es seine angeborene Sinnesart duldete, eingeflößt und ihm getreue, kluge und streitbare Edelleute zugeführt, überhaupt für die gänzliche Vertreibung des Feindes einen bedeutenden Beitrag geleistet.

Unter solchen Verhältnissen konnte der für Frankreich glückliche Ausgang des Krieges nicht mehr verhindert, wohl aber aufgehalten werden. Denn obschon infolge der kräftigen Beihilfe Burgunds – das der wiederholten Beleidigungen müde war und seinem ehemaligen Bundesgenossen den Fehdebrief sandte – die Engländer Paris räumten (13. April 1436) und dem Herzog Karl von Orléans nach fünfundzwanzigjähriger Haft gegen ein bedeutendes Lösegeld die Freiheit schenkten (1440), zwangen dennoch verhee-

* Wahrscheinlich von 1444–1450. Denn bei Monstrelet (III, 25), der den Tod der Agnes Sorel in das Jahr 1449 (1450) auf den 9. Februar (S. III, 25) setzt, heißt es: *»Et pourceque la dicte (belle) Agnes avoit esté au service de la Royne par l'espace de cinq ans ou environ.«* Daß der König im innigsten Verhältnis zu dem lebhaften, schönen und geistvollen Mädchen stand, gesteht Olivier de la Marche, ein Zeitgenosse, geradezu ein. Memoires, à Gand, 1566. *»Et à la verité«*, heißt es auf S. 238, *»aparence de raison avait eu leurs* (der Königin und Herzogin vo Burgund) *soupsons. Car le Roy avoit nouvellement élevé une pauvre Damoiselle, Gentifemme nommée Agnes du Soret, et mis en tel triumphe et tel pouvoir, que son estat estoit à comparer aux grandes Princesses du Royaume, et certes c'estoit une des plus belles femmes que je vey oncques; et fit en sa qualité beaucoup de biens au Royaume de France. Elle avançoit devers le Roy jeunes gensd'armes et gentilz compaignons, et dont le Roy fut depuis bien servy.«* Alles, was häufig über die Verdienste der Agnes Sorel um die Rettung Orléans' gemeldet wird, ist also reine Fabel.

rende Krankheiten, Geldmangel und drohende Hungersnot beide Parteien zum Abschluß einer zweijährigen, mehrmals verlängerten Waffenruhe (Mai 1444 bis April 1449).

Als aber diese, unterbrochen durch den Einfall der französischen Soldknechte in die Schweiz (1444),* mit dem Angriff der Engländer auf die Bretagne endete, eröffneten vier französische Heere nicht ohne sichere Siegeshoffnungen den Feldzug. Teils nämlich hatte der Haß gegen die Fremden auch bei sonst friedfertigen oder ihnen wohlgesinnten Völkerschaften wegen des steigenden Hohnes und Elends tiefe Wurzeln geschlagen, teils die Lager- und Schlachtordnung bedeutende Fortschritte gemacht. Dafür wirkte aber besonders die Feinden und Freunden gleich furchtbare Zuchtlosigkeit der bisherigen Söldnerbanden. Gewöhnlich nicht auf regelmäßige Löhnung, sondern auf zufällige Beute angewiesen, standen diese bei der steigenden Sittenverwilderung meistens unter ebenso gearteten Hauptleuten und waren ohne Gefühl für Ehre und Vaterland. Während den Bürger Wälle und Mauern schützten, wurden sie bald der Schrecken und die Plage des Landmanns, den diese Schinder *(écorcheurs)* straflos plündern und mißhandeln durften. Dasselbe galt in den von den Fremden besetzten Gebieten. Binnen Jahresfrist mußten z. B. in der Normandie 10 000 eingefangene Räuber unter dem Beil oder Strick des Henkers sterben, ohne daß die blutige Strenge der Obrigkeit den wuchernden Frevel erstickt hätte.**

Nur eine durchgreifende Umgestaltung des Heerwesens konnte hier helfen, zumal die trotzige Widersetzlichkeit des Lehnsadels auch den redlichsten Willen der Krone lähmte und eine volle Ent-

---

* Siehe S. 334 in diesem Band.

** Amelgard, S. 417. Er beruft sich, um das fast Unglaubliche zu beweisen, auf die Protokolle der Gerichtshöfe. Die verzweiflungsvolle Lage des von allen Ständen und Berufsarten unterdrückten Landvolks schildert mit lebendigen Farben das von Monstrelet, I, 318, aufbewahrte Klagelied (Complaincte du poure commun et des poures laboureurs de France). Papst, König, Minister, hoher und niederer Adel, Bürger (Kaufleute wie Handwerker) und Advokaten werden als die verschworenen Peiniger der Bauern dargestellt. Von den Advokaten (hört!) heißt es z. B.:

*»Helas advocats emparlés*
*Maintefois vous avés brouillés*
*Et maintenus en plaidoyer. –*
*Mais ce n'estoit que voz envies*
*Tant qu'eussiés les bources garnies*

wicklung der Nationalkräfte für entscheidende Kämpfe beinahe unmöglich machte. Städte und Landschaften zeigten ihrerseits, weil sie lediglich auf das gegenwärtig Übel blickten und die Folgen nicht bedachten, alle Bereitwilligkeit, dem an sich schon mächtigen Königtum neue Opfer darzubringen, damit Sicherheit und Ordnung hergestellt und die auswärtigen wie inneren Feinde gedemütigt würden.

So verabschiedete Karl nach langer Beratung mit den Prinzen von Geblüt, den oberen Lehnsträgern und den angesehensten Hauptleuten die Gewalthaufen der zügellosen Soldknechte und errichtete teils aus dem geläuterten Kern derselben, teils aus erprobten Neulingen 15 bleibende Musterscharen (Ordonnanzkompanien, *compagnies d'ordonnances*), jede zu 100 Lanzen und unter einem besonderen Hauptmann. Jede Lanze aber enthielt sechs berittene Leute: den vollständig geharnischten Ritter *(l'homme d'armes)*, den leicht gerüsteten Knappen *(page)*, drei Bogenschützen *(arches)* und einen Dolch- oder Messerträger *(coustiller, coutelier)*. Das ergab insgesamt 9000 Krieger. Der Scharführer, der auf ein bestimmtes Quartier (Garnison) verwiesen wurde und für die Lanze den regelmäßig ausgezahlten Monatssold von 30 Livres empfing, sollte streng über Zucht und Ordnung wachen und Trunken- und Raufbolde, Gotteslästerer und Flucher fortschicken. Er sollte im Felde kein unnützes Gepäck, keine Frauen, Hunde und Vögel dulden, den Heerrichter *(prevôt)* tätig unterstützen und im Standlager grobe Verbrecher den bürgerlichen Obrigkeiten überliefern.

Städte, Flecken und Dorfgemeinden waren froh über die endlich versprochene Sicherheit des Lebens und Eigentums und nah-

---

*De nous mettre à nul accord*
*Aincois par voyes substives*
*Par voz arts et par voz praticques*
*Nous faisiés du droit le tort:*
*Bien estes causes les plusieurs*
*De partie de noz douleurs.«*

Die Klagen der Bedrängten blieben aber fruchtlos. Das zuchtlose und habgierige Kriegsvolk verübte, besonders in den Grenzländern, solchen Frevel, daß der Parteiname Armagnac in den der Schinder übergehen und jede wilde Raublust bezeichnen konnte. Monstrelet, II, 147. »*Et la cause, pourquoy ils avoient ce nom (escorcheurs) si estoit pourtant que toutes gens qui estoient rencontrez d'eux tant de leur party comme d'autre, estoient devestuz de leurs habillements tout au net jusqu'à la chemise.«*

men das in Chalons verkündete Heer- und Lagergesetz (Sommer 1444) mit lautem Jubel auf.* Sie entrichteten willig die außerordentlichen, für den Unterhalt der ersten, stehenden Miliz notwendigen Steuern *(taille),* ohne den Gewinn zu ahnen, den daraus die Souveränität der Krone ziehen mußte. Als Grundlage eines stets schlagfertigen Fußvolks dienten die etliche Jahre später (1448) eingeführten Freischützen *(franc-archers),* die, mit Ausnahme der Salzsteuer, zu keinen Abgaben verpflichtet waren und einen Monatssold von vier Livres empfingen, Schutz- und Trutzwaffen aber in eigenen oder der Gemeinde Kosten anschaffen mußten. Jedes Dorf von 15 Feuerstellen stellte einen Mann und leistete Bürgschaft für dessen Gehorsam. Als Rückhalt endlich konnte im Notfall das ganze Lehnsaufgebot benutzt und den regelmäßigen Scharen zu Roß wie zu Fuß angeschlossen werden.

Diese zweckmäßigen Änderungen des bisher mehr durch die Menge denn die Tüchtigkeit der Mannschaft bezeichneten Heerwesens führten ein schnelles und glückliches Endergebnis herbei, zumal der Feind, abgesehen von inneren Unruhen, in den alten, herkömmlichen Gebrechen verharrte und keine Anstalten traf, ihnen nach dem Bedürfnis der Zeit zu begegnen. Daher wurde mit Beihilfe der unterdrückten Eingeborenen binnen Jahresfrist die gesamte Normandie erobert (1450), deren stärkster Hafen- und Waffenplatz Cherbourg nach kurzer Belagerung fiel (11. August). Darauf wurde Guienne, das Erbland der Plantagenets, teils durch Waffen, teils durch Unterhandlungen mit den Bewohnern, denen ihre Rechte und Freiheiten bleiben sollten, gewonnen und unter die Obhut französischer Reichsbeamten gestellt (1451).

Die Fremden aber behaupteten nichts als im Norden Calais und die kleine Grafschaft Guisnes, während der Versuch, die bald unzufriedenen und gegen die neue Ordnung bewaffneten Südländer zwischen der Garonne und dem Pyrenäengebirge zu unterstützen, gänzlich scheiterte und den letzten Feldherrn des altenglischen Kriegsruhmes, Talbot, mit seinen Kampfgenossen in den Tod

* Oliver de la Marche, S. 231. »*Et faisoit on de grande cheres et festes de toutes parts et sur ceste saincte et bienheurée saison de paix et d'union je feray fin à ceste partie de mon premier livre.*« Anders urteilt Amelgard, S. 425, im Hinblick auf die Mißbräuche und Folgen. Vgl. Barante, VII, 221; Hallam, Mittelalter, II, 96. Übrigens nannte man als eigentlichen Schöpfer der Ordonnanzkompanien den Messire Jehan de Brezé, Seigneur de la Varenne. Oliver de la Marche, S. 241.

brachte. Die Gascogner nämlich, vor allem reiche Städte wie Bordeaux, hatten seit drei Jahrhunderten unter britischer Oberhoheit ein fast unabhängiges, von Steuern, Einquartierungen und anderen Lehnsdiensten befreites Gemeinwesen gebildet, dessen Eigentümlichkeit auch in Sitte und Sprache scharf genug hervortrat, um den jeweiligen Fürsten an das geschichtliche Recht Aquitaniens zu erinnern. Als aber die französische Regierung, uneingedenk ihres feierlichen Versprechens, unter dem Schein noch drohender Gefahren beträchtliche Heerhaufen sandte und für deren Bezahlung vielfache Steuern auferlegte, ging eine Botschaft von Bordeaux und anderen Gemeinden nach Bourges und schilderte dem König Karl freimütig die wachsenden Beschwerden. »Man bedürfe«, sagten sie, »gegen einen schon gedemütigten Feind keiner kostspieligen Besatzung und habe nötigenfalls genug der Kräfte, um einen Angriff abzutreiben. Die Krone möge Brief und Siegel halten, wie die Untertanen ihrerseits vertragsmäßige Pflichten treulich erfüllen werden.« Die abschlägige, stolze Antwort des Hofes steigerte den Unfrieden bis zur offenen Widersetzlichkeit. Jetzt sei es deutlich, klagten Bürger und Edelleute, daß die Regierung auch Guienne verknechten wolle gleich dem übrigen Frankreich, wo die Blutegel des Staates frech den Glaubenssatz verkündigten: »Der König hat die rechtliche Befugnis, alle seine Untertanen, wie und wann es ihm gefällt, zu tellen und zu beschatzen.« Diese Ansicht aber hebe allen Begriff des Eigentums auf und gebe der Krone Macht, nach Belieben zu nehmen – ein Merkmal des eigentlichen Sklaven, der Gut und Leib nicht für sich, sondern für seinen Herrn besitze.*

Solchem Urteil entsprach bald die Tat. Geheime Boten eilten nach England, schilderten des Landes Mißvergnügen und forderten Hilfe. Diese ließ nicht lange auf sich warten. Der achtzigjährige, noch lebenskräftige Held Talbot, Graf von Shrewsbury, erschien plötzlich mit 4000–5000 Reitern und Fußknechten an der Küste Aquitaniens. Ohne Schwertstreich nahm er die Insel Médoc und bald darauf (23. Oktober 1452) durch Einverständnis die Hauptstadt Bordeaux, deren überraschte Besatzung größtenteils gefangen wurde. Fronsac, Castillon und andere Plätze Guiennes hatten dasselbe Schicksal. Nur der Winter setzte den Fortschritten des englischen, bis auf 8000 Mann verstärkten Heeres ein Ende.**

* Amelgard, S. 434.
** Monstrelet, III, 42. Ders. über die Schlacht bei Castillon, III, 57.

Andererseits säumten aber auch die Franzosen nicht, dem Gefahr drohenden Umschwung des Glückes zeitig zu begegnen. Denn während im Frühling (1453) der Gewalthaufen unter unmittelbarem Befehl des Königs Karl bei Tours sein Standlager aufschlug und von hier langsam nach Lusignan zog, erstürmte die 10 000 Reiter und Bogenschützen zählende Vorhut nach hartnäkkiger Gegenwehr Chalais und bedrängte Castillon, das in Périgord an der Dordogne lag. Erdwälle, Gräben und Palisaden schützten feldeinwärts Heer und Geschütz gegen etwaige Angriffe, die der Feind für die Befreiung der Stadt unternehmen mochte. Das Ganze leiteten Johann von Chabannes, königlicher Haushofmeister, und der Graf von Ponthièvre. Das Geschütz- und Schanzenwesen stand unter den Brüdern Johann und Kaspar Bureau.

Kaum vernahm Talbot die Not Castillons, als er mit 1000 Reitern und 4000 Fußknechten von Bordeaux aufbrach. Am 17. Juli in der Frühe des Morgens begann er den Sturm gegen das befestigte Lager. Als er nach einstündigem Kampf zugleich mit den Flüchtigen hineindrang, wurde er aber im Rücken durch eine Abteilung Bretonen bedroht und mußte nach der Ebene entweichen und hier dem zwiefachen Feind eine neue Schlacht liefern. Der Tod des greisen Führers, der unter dem schwerverwundeten Roß von französischen Bogenschützen mitsamt seinem treuen Sohn niedergeschlagen wurde, entschied die Schlacht. Das englische Heer floh; der Kern, 2000 Mann stark, deckte das Schlachtfeld.

Sofort huldigten Castillon, Fronsac und Libourne. Bordeaux öffnete nach kurzer Einschließung die Tore (17. Oktober) und schwor aufs neue dem Valois, König Karl VII., Treue, während die fremde Besatzung dem Vertrag gemäß nach der Heimat hinüberschiffte. Nichts blieb den Plantagenets auf dem französischen Festland als Stadt und Gebiet Calais nebst den normannischen Küsteninseln Jersey, Guernsey, Alderney und Sark. Ja, die Verhältnisse hatten sich so geändert, daß ein Freibeutergeschwader unter Peter Brezé die Küstenstadt Sandwich in der Landschaft Kent überrumpeln und plündern und anschließend straflos mit reicher Beute nach Honfleur in der Normandie zurückkehren durfte (August 1457).*

In dieser letzten Waffentat, die mehr für die Ehre denn für einen dauernden Nutzen unternommen worden war, hauchte gleichsam die hundertzwanzigjährige Nationalfehde (1337–1457)

* Monstrelet, III, 71.

ohne Friedensschluß – den Papst Pius II. umsonst einzuleiten versuchte (1460) – ihren stürmischen, von zehrender Abspannung bezwungenen Geist aus. Aber die Folgen empfanden beide Parteien im wesentlich veränderten Kreis der staatsbürgerlichen Gesellschaft und volkstümlichen Gesittung: Denn Altfrankreich und Altengland streiften nicht weniger als die junge Zwischenmacht Burgund die bisher vorherrschenden Merkmale des Mittelalters ab und näherten sich dem Übergang zu einer neuen, freilich oft trüben Entwicklung.

Diese bietet für Frankreich als eigentlichen Wendepunkt die auf Kosten der ständischen Rechte gefestigte und fortan bis zur Unumschränktheit wachsende Kronmacht dar. Allerdings bedurfte das unglückliche, Menschenalter lang von inneren und äußeren Feinden verheerte Land eines kräftigen, für die Heilung der tief verwurzelten Gebrechen eines ausreichend starken Regiments. Zwar hatte die kühne, zu allen Opfern bereite Vaterlandsliebe seit dem Anstoß, den ihr Johanna d'Arc gebracht hatte, die Herrschaft des Fremden abgeschüttelt und den heimischen Boden befreit, aber andererseits wirkten bei Edelleuten, Geistlichen, Bürgern und Bauern so schrankenlose Sittenverwilderung und Parteileidenschaft, daß Empfänglichkeit für die Rechte und Freiheiten des allgemeinen Wesens vom Gefühl des leiblichen Elends erstickt und selbstsüchtigen Zwecken untergeordnet werden mußte.

Denn nur zu viele Zeugnisse und Denkmäler des zügellosesten und furchtbarsten Frevels waren vorhanden. Beispiele von Verrat, Meineid, Mord, der Blutschande, ehebrecherischen und unnatürlichen Wollust, des Unglaubens und der abgefeimtesten Ruchlosigkeit fanden von den Palästen des Hofes auch den Weg zu den Prunkhäusern der Großen und wirkten durch die nackte Enthüllung des Lasters zerstörend auf die Sitten des unterdrückten Bürgers und Landmannes zurück. So durfte der Graf Johann V. von Armagnac seine eigene Schwester Isabella heiraten und in der Bretagne Herr von Raix, Frankreichs Marschall, für die Befriedigung abergläubischer Zaubergelüste im geheimen 28 unmündige Kinder und schwangere Frauen töten und mit deren Blut jahrelang teuflische Bannsprüche schreiben, bis ihn endlich das rächende Schwert der Gesetze traf![*] Das bisherige Kriegs- und Völkerrecht galt bei

[*] Monstrelet, zum Jahr 1460, Band II, 171 a. In solchen Zügen treten viehische Wollust und der finsterste Aberglaube vereinigt hervor.

Engländern und Franzosen als ein verschollenes Ammenmärchen der Unschuldszeit. Man mißhandelte wetteifernd Herolde und Abgeordnete, deutete Verträge nach dem wandelbaren Nutzen, ermordete Gefangene nach den Launen des Augenblicks und tilgte in der Schlacht jede Spur großmütiger Menschlichkeit. Wenn Talbot z. B. einen wehrlosen Schildknappen mit eigener Faust niederschlug, so fand bei der Einnahme Pontoises ein englischer Flüchtling selbst unter dem Bauch des Rosses, das den König Karl trug, keine schützende Stätte.*

Bei so tief eingewurzelter, über alle Stände verbreiteter Sittenverderbnis erstarkte leicht und schnell die bisher noch vielfach gebundene Kronmacht. Sie erschien dem vergifteten Leib als wohltätiges Gegengift, den bedrängten, auf die Rettung der Ehre und Unabhängigkeit gerichteten Völkerschaften als gemeinsames Banner, dessen fast wunderbar der Schande und dem Untergang entrissener Träger, der König, überdies durch seine persönlichen Eigenschaften den Fall der öffentlichen Freiheiten weniger fühlbar machte. Denn einzelne Flecken des häuslichen Lebens abgerechnet,** regierte Karl, in der Schule des Unglücks gestählt, seit dem Wiedergewinn des Reiches im ganzen mit Klugheit und Kraft. Er beugte den Trotz der parteisüchtigen, zu einer förmlichen Aufruhrsrotte *(braguerie, briguerie)* verbündeten Lehnsgroßen durch Milde und Strenge (1439, 1442). Für die Handhabung regelmäßiger Rechtspflege ließ er den schleppenden Prozeßgang abkürzen, die Ortsgewohnheiten sammeln und den über Gebühr weiten Spielraum der Richter und Anwälte beschränken. Er brachte Ordnung und Aufsicht in den bisher verworrenen, allen Unterschlagungen und Betrügereien preisgegebenen Haushalt und befreite durch Annahme der Baseler Beschlüsse (Pragmatische Sanktion von Bourges, 1438) die französische Nationalkirche wenigstens einstweilen von den herrschaftlichen Ansprüchen des Papsttums.*** Er weihte durch Denkmäler und Festlichkeiten das Gedächtnis der heldenmütigen Jungfrau von Orléans, deren Anklage und Verurteilung ein dafür

---

* Amelgard, S. 421 der Notices et Extraits.

** Monstrelet, III, 88. *»Il enlaidit sa vie de tenir femmes mal famées en son hostel et de laisser la compagnie de sa bonne et lealle femme.«* (Maria, Tochter Ludwigs II., Königs von Neapel)

*** Vgl. S. 236 in diesem Band. Die Urkunde der pragmatischen Sanktion, unterzeichnet am 5. Juli 1438, findet sich in der Recueil des traités de paix etc., Band I, Nr. 625.

bestimmter Ausschuß als falsch und ungerecht niederschlug (1456). Durch die Sicherheit der Straßen wie des Eigentums belebte er den zerstörten Ackerbau, den Handel und das Gewerbe.

Auf diese Weise konnten trotz der bedeutenden Abgaben die Wunden des langen Krieges langsam vernarben, Bürger und Bauern, von den Gewalttätigkeiten zügelloser Soldknechte und fehdelustiger Großer befreit, ihres Lebens froh werden und die inzwischen bewerkstelligte Minderung der Nationalrechte leicht vergessen. Die bisherigen Schranken der Kronmacht nämlich, die drei Stände, waren meistens geräuschlos als Opfer der geschichtlichen Notwendigkeit gefallen. Der Adel, durch Liederlichkeit, Zwietracht und Armut geschwächt, zahlte ruhig seine Beiträge zu den laufenden Salz-, Trank-, Hilfs- und Vermögenssteuern und buhlte um die Gunst des Ämter und Ehren verleihenden Hofes. Die Geistlichkeit, seit der pragmatischen Sanktion abhängiger vom weltlichen denn vom kirchlichen Oberhaupt, entrichtete gleichfalls ohne Murren die für den Staatsdienst geforderten Abgaben und hoffte dabei auf baldige Rückkehr besserer Zeiten. Die Städte oder Gemeinden schließlich, angelockt durch die Gleichheit des neuen Steuerwesens und das Wachstum der materiellen Erwerbsquellen, fühlten entweder die Abnahme der ständischen Freiheiten nicht oder begnügten sich mit leeren Verwahrungen.

Daher konnte die Krone, überdies gestützt auf bleibende, durch Eid und regelmäßige Löhnung gebundene Heereshaufen, teils dem Pariser Obergericht (Parlament), das die königlichen Befehle aufzeichnete (einregistrierte), eine Art körperschaftlich-ständischer Stellvertretung übertragen, teils die Befugnis, Abgaben auch ohne den Willen des selten versammelten Reichstags zu erheben, durch den Grundsatz der möglichsten Sparsamkeit scheinbar rechtfertigen.* Als daraufhin kein Widerspruch eingelegt wurde, konnte er daran als durch Erfahrung geheiligten Brauch festhalten und ihn weiter ausbilden.

---

* Karl antwortete bereits 1441 den vom hohen Adel unter Leitung der Herzöge von Orléans und Bourbon vorgelegten Beschwerden hinsichtlich des Steuerwesens folgendermaßen: »*Et n'est ja nul besoing d'assembler les trois estats pour mettre sus les dictes tailles, car ce n'est que charge et despence au pauvre peuple, qui a à payer les fraits de ceux qui y viennent: et ont requis plusieurs notables seigneurs du dit pays, qu'on cessast de telle convocation faire.*« Monstrelet, II, 190 b. Dieses Wort könnten auch heute manche konstitutionelle Kammern beherzigen, die sich das kostbare Wortgepränge vom »pauvre peuple« teuer genug bezahlen lassen.

Was der wohlwollende und besonnene Vater, Karl VII., begonnen hatte, nämlich den Aufbau einer starken, sämtliche Länder und Körperschaften Frankreichs umfassenden Monarchie, das vollendete mit rücksichtsloser Strenge und Arglist der Sohn, König Ludwig XI., der sich seit dem Tod des von häuslichem Kummer erdrückten Vorgängers (22. Juli 1461) nur einem Plan hingab: der Gründung des bedingungslosen Willkürregiments (1461–1483), das eben deshalb nicht mehr der Geschichte des Mittelalters angehört, sondern den Übergang in eine neue Zeit bezeichnet.

Nicht weniger als Frankreich fühlte Neuburgund, obschon auf andere Weise, die erschütternden Folgen des englisch-fränzösischen Krieges. Während nämlich jener mächtige, durch den Gewinn des Herzogtums Luxemburg (1443) einstweilen abgeschlossene Zwischenstaat auch den äußeren Lehnsverband mit dem Nachbarn abstreifte und bedeutende Sorgfalt auf die Entwicklung des stets schlagfertigen Heerwesens wandte, gediehen unter dem Banner bürgerlich-landschaftlicher Freiheit ohne Beeinträchtigung fürstlicher Rechte Ackerbau und Gewerbe, Künste und Wissenschaften, Handel und Verkehr zu einer damals beispiellosen Blüte.

Überall, besonders in den nördlichen Städten und Gebieten, herrschte lebensfrohe Regsamkeit, durch keine übertriebenen Zölle, Steuern und polizeilichen Plackereien aufgehalten. Denn die Abgaben, die beinahe nirgends erhoben wurden ohne verfassungsmäßige Hinzuziehung der von Bürgerlichen, Edelleuten und Geistlichkeit gebildeten Stände, waren nicht drückend,* die Einkünfte und Abgaben der Krone trotz des bedeutenden Aufwands wohl geordnet, die Beamten und zahlreichen Söldnerscharen einer strengen Rechenschaft und Zucht unterworfen. Zwar klagten hin und wieder in den Grenzländern, z. B. in Artois und der Pikardie, Bürger und Bauern über Gewalttätigkeiten der Lehnsgroßen und mangelhafte Rechtspflege, zwar griffen bisweilen trotzige Republikaner wie die Genter für den Schutz herkömmlicher Freiheiten zu den Waffen, aber im ganzen behielten in den weitläufigen Gebieten Burgunds Gesetz und Recht die Obhand.

Denn Herzog Philipp der Gute, der beim Anblick des siegreich behaupteten Schlachtfelds von Gaure Tränen der Rührung vergoß und den überwundenen Gentern für die Ehre Gottes angemesse-

* *»Le prince peu tailloit ses subjets.«* Comines, Mémoires. Rouen 1634, I, 13.

nen, blutlosen Frieden gewährte (1453),* konnte keine Zwingherrschaft lieben, sondern höchstens augenblicklichen Leidenschaften gehorchen. Selbst der tief verwurzelte Hang zur christ-katholischen Gläubigkeit, von abgefeimten Priestern für die Verfolgung angeblicher Waldenser und ähnlicher Ketzer zu Arras und im Artois benutzt (1458), wurde nach kurzem Straucheln von der natürlichen Herzensgüte und Umsicht des Fürsten bezwungen, wenn auch nicht getilgt.**

Tadeln möchte man auch die oft übertriebene Pracht, mit der Turniere, Hochzeiten und andere Festlichkeiten bei Hofe begangen wurden. Aber davon abgesehen, daß die Kosten dafür aus dem Säckel des Herzogs und des hohen Adels flossen und außerdem Künste, Handel und Werkstätten dadurch vielfachen Absatz fanden, hatten diese heiteren Spiele und Ergötzlichkeiten auch ihre ernsthafte Seite. Sie sollten nämlich die Roheit der durch lange Fehden verwilderten Sitten mildern und den Geist der Ehre, Großmut, Zucht und Frömmigkeit wecken und pflegen, kurz, eine Schule echter, dem Zeitalter immer mehr entfremdeter Ritterschaft werden, wie sie etwa der von Philipp für den Schutz des Glaubens zur Ehre Gottes und des heiligen Andreas gestiftete, anfangs nur auf 24 tadellose Mitglieder berechnete Orden vom Goldenen Vlies (10. Januar 1430) praktisch zeigte.***

Zwar gelangen diese Versuche, einer schon seelenlosen Körperschaft auf künstliche Weise die Lebensfrische früherer Jahrhunderte wiederzugeben, nicht, aber sie schützten doch teilweise den Herrenstand gegen niedere Sinnlichkeit und unterhielten während eines langen Friedens Waffenlust und Waffenfertigkeit. Der Herzog, tief bekümmert über den Fall Konstantinopels, konnte sogar ein glänzendes, an Prunk, Umzügen und bildlichen (allegorischen) Darstellungen reiches Ordensfest in Lille für das freiwillige Ge-

* »*Si veux*«, sprach er, »*que lettres soyent faictes, adreceantes, à la vile de Gand, contenans que, sens avoir regard à l'avantage que j'ay par la victoire, mais pour l'honneur de Dieu seulement, tout tel et semblable traitté, que je leur ay accordé à l'Isle et ailleurs en leur plus grande prosperité, je le veux tenir et accomplir.*« Olivier de la Marche, Mémoires, I, 404. Vgl. Monstrelet, III, 54.

** Vgl. über die sogenannte Vaudoise (Waldensertum), die habgierigen Menschen als Mittel diente, um durch Inquisitionsprozesse das Geld reicher Ketzer zu gewinnen, Monstrelet, III, 84.

*** Siehe über den Orden, dessen Zeichen an Jason und den Drachenkopf erinnerten, Monstrelet, II, 55.

lübde einer Heidenfahrt benutzen und solchen Eifer entzünden, daß alle anwesenden Gäste dem Banner des Kreuzes zu folgen schworen (1453).*

Obschon die Vollziehung durch heimische Wirren, Zwietracht der Christenheit und andere unübersteigliche Hindernisse aufgehalten wurde, suchte Philipp dennoch der bedrängten Glaubenssache nach Kräften zu helfen. Er sandte ein beträchtliches Geschwader unter seinem natürlichen Sohn Anton nach Italien ab, wo Papst Pius II. umsonst für den Türkenkrieg arbeitete (1464). Den Johanniterrittern gab er eine Beisteuer von 10 000 Talern für die Befestigung der Stadt und Insel Rhodos und schenkte dieselbe Summe auch dem christlichen Fürsten von Albanien. Er unterstützte den flüchtigen König Ludwig von Zypern und ließ mehrere Male auf seine Kosten die Kirche und Kapelle Jerusalems wiederherstellen.**

Überhaupt fand nirgends der Unglückliche, wenn er ein Ehrenmann war, eine freundlichere Aufnahme als am Hofe Burgunds. Selbst der feindselige, undankbare Dauphin Ludwig von Frankreich konnte hier fünf volle Jahre im Überfluß zubringen und ruhig den Tod des grollenden Vaters abwarten. Auch die Künste und Wissenschaften erfreuten sich der freigebigsten Pflege. Man betrachtete sie als notwendige Zierde eines mächtigen und reichen Hauses, das ähnlich den Medicäern die an sich toten Schätze des Goldes und des Silbers für geistiges Leben zu verwenden wußte. Zwar fehlte der schwärmerische und fruchtbare Eifer für das rö-

---

* Vgl. die weitläufige Schilderung des Festes bei Olivier de la Marche, I, Kap. 29. Unter den vielen sinnbildlichen Gruppen, die an Mannigfaltigkeit und Pracht alles bisher Gesehene verdunkelten, betrachtete man mit besonderer Aufmerksamkeit die trauernde, von einem heidnischen Riesen eingeführte Kirche, die Gnade Gottes *(Grace de Dieu, la divine aumonière)* und die zwölf christlichen Tugenden *(Foy, Charité, Justice, Raison, Prudence, Verité, temperance, Force, Largesse, Diligence, Espérance, Vaillance)*, von denen jede die Gesellschaft mit einem angemessenen Spruch begrüßte. Nachdem danach die Gnade Gottes abgetreten war, führten die Tugenden und zwölf Ritter einen Tanz auf (*»commencèrent à danser en guise de mommerie et à faire bonne chere.«* De la Marche, S. 437). Wie in neueren Zeiten politische Parteien häufig ihren Eifer in feurigen Trinksprüchen und Reden entladen, so versuchte man damals die schwache Tatkraft gegen die Türken durch Mittel, die hauptsächlich auf Ohr, Auge und Phantasie wirkten, auf künstliche Weise zu erhöhen. Aber in den Massen hatten die Kreuzzugsideen die Lebenswurzel verloren. Konstantinopels Fall traf Klagen und Verwünschungen, das christliche Heer jedoch fehlte.

** De la Marche, 494. Vgl. Barante, VIII, 375 ff.

misch-griechische Altertum, aber dagegen lieferte Burgund mannhafte Ritter, treffliche, in der Art einzige Tonkünstler und vollendete Meister in der Fertigkeit, ganze geschichtliche Reihen in vielfarbigen Teppichen darzustellen. Den Wissenschaften diente besonders die reiche und ausgesuchte Büchersammlung, deren Gebrauch jedem Kundigen offenstand.

Von den welschen wie deutschen Völkern Burgunds als Vater geliebt und von den Fremden, selbst den Muselmännern, geachtet oder gefürchtet, starb Philipp der Gute zu Brügge hochbetagt nach achtundvierzigjähriger Regierung (15. Juni 1467). Als nun abends den 31. Juni der Körper im Chor der von unzähligen Fackeln und Kerzen erleuchteten, mit schwarzem Tuch ausgeschlagenen Donatuskirche versenkt wurde und die Wappenherolde ihre weißen Stäbe der Tradition gemäß ins Grab warfen, entlud die bisher schweigende Menge den tiefen Schmerz in hellen Tränen, lautem Schluchzen und Jammern.*

Es war, als ob jedermann ahnte, daß mit diesem Tag Burgunds Herrlichkeit großen Wechseln und Mißgeschicken entgegengehe. Denn der ungestüme, rastlos ehrgeizige Sohn und Nachfolger Philipps, Karl der Kühne, verbürgte keine heitere Zukunft. Im Besitz eines für jene Zeit bedeutenden Schatzes, der 400 000 Taler geprägten Goldes, 72 000 Mark in Silber an Tischgeschirr und fast zwei Millionen Goldgulden an Juwelen, Perlen, goldene Becher und andere Kleinodien miteingerechnet, betrug,** war der gesetzliche Fürst wohlgesinnter und zu allen angemessenen Opfern bereiter Städte und Länder wegen seiner entzündlichen Einbildungskraft schon als Jüngling durch die Geschichten des Ritter- und Römertums zum kriegerischen und erobernden Abenteurer entflammt. In allen Turn- und Waffenkünsten war er ebenso ausgebildet wie in der Musik, die von ihm neue Weisen (Melodien) empfing.*** Auf dem Schlachtfeld war er tapfer bis zur Verwegenheit und im Rat oft ohne Vorbedacht. Daher mußte Karl nach seiner Persönlichkeit unaufhörlich vorwärtsdrängen und die bisherige Stellung Burgunds als einer Deutschland und Frankreich beschränkenden Zwischen-

---

* Monstrelet, III, 132. *»Quand vint au mettre le corps en terre, n'est homme qui sceust dire la pitié que ce fut d'ouir les pleurs et les plains des officiers et des autres presens illec.«*

** De la Marche, 494.

*** De la Marche, 408. *»Il aprit l'art de Musique si parfaitement qu'il mestoit ses chansons et motetz.«*

macht gegen den Plan des erobernden Staates eintauschen. Aber gerade dieses Streben, das durchweg neue Verhältnisse herbeiführt, bezeichnet für Burgund den Ausgang des Mittelalters und den Anfang einer abweichenden Entwicklung, die innerhalb von zehn Jahren nichts als – Trümmer zeigt.

Auch für England setzte der große französische Nationalkrieg hauptsächlich dadurch den Markstein zweier Zeitenwenden, daß sich die erobernde Heerfahrt langsam in einen fünfunddreißigjährigen Bürgerkrieg zwischen den Lancasters und den Yorks, der roten und der weißen Rose (1450–1485), wandelte. Sie tötete über 80 Mitglieder des königlichen Hauses* und die Hälfte des hohen Adels durch Schlacht und Henkersbeil und sandte andere, wie den Herzog von Exeter, der Lancasterschen Geblüts war, mit dem Bettlerstab in die Fremde.** Ganze Städte und Bezirke legte er in Öde, Ehr- und Vaterlandsliebe gestaltete er zu wildem Parteienhaß um und zerriß die Bande der Eltern- und Geschwisterliebe, der Treue und der gesetzlichen Ordnung. Er verhinderte den parlamentarischen Fortschritt und untergrub nach dem Verlust der Besitzungen auf dem Festland alle öffentlichen wie häuslichen Sitten. Kurz, er öffnete den weiten Schauplatz zerstörender Kräfte und Gärungsstoffe, deren Übergang zu einem neuen, naturgemäßen Leben kaum erkennbare Umrisse darbot.

Dieses Endergebnis langer Wirren nahm etwa folgende Bahn. Nach den Beschlüssen des hier fast souverän handelnden Parlaments hatte der Herzog Johann von Bedford für seinen minderjährigen Neffen, König Heinrich VI., die Regentschaft und die Leitung der französischen Fehde, der jüngere Bruder, Herzog Humphrey von Gloucester, unter dem Namen eines Protektors und Verteidigers die Verweserschaft Englands bekommen, während Heinrich Beaufort, Kardinal und Bischof von Winchester, als Großoheim*** die Erziehung des Thronerben besorgen sollte. Ein

---

* Comines, I. 7, S. 53.

** Comines, III. 4, S. 200. »*Car j'ay veu un Duc de Cestre estre allé à pied, sans chausses, aprês le train du dit Duc* (Karls des Kühnen von Burgund), *pourchassant sa vie de maison en maison, sans se nommer. C'estoit le plus prochain de la lignée de Lancastre et avoit espousé la sœur du Roy Edouard. Apres fut cognu et eut une petite pension pour s'entretenir.*«

*** Er und sein Bruder Johann, später Herzog von Somerset, waren Söhne Johanns von Gent, des ersten Herzogs von Lancaster, und der Katharina Swinefort, eines adligen Fräuleins.

Regierungsrat, der aus fünf Prälaten, sechs Mitgliedern des oberen und sechs des niederen Adels gebildet wurde, sollte dem Protektor zügelnd zur Seite stehen.

Aber bald entbrannte zwischen dem Herzog von Gloucester, der Großmut, Tapferkeit, Nationalhaß gegen Frankreich und Liebe zu den Wissenschaften besaß, und dem stolzen, ehr- und geldgeizigen, daher Frankreich befreundeten Kardinalbischof tödliche Eifersucht, die dem Herzog um so gefährlicher werden mußte, je größere Macht der Nebenbuhler über den schwachsinnigen, absichtlich vernachlässigten König gewann und je mehr dabei der unglückliche Gang des Festlandskrieges scheinbar für die Notwendigkeit eines friedlichen Ausgleichs zeugte. Man gewährte daher nicht nur dem Herzog von Orléans die Freiheit (1440), sondern suchte auch durch Blutsbande allmählich die französischen Anjous und englischen Plantagenets dem langjährigen Groll zu entfremden und für dauernde Versöhnung vorzubereiten. Daher wurde nach erfolglosem Gegenstreben Gloucesters die anmutige, kluge, aber auch zu allen Verbrechen zügelloser Rach- und Ehrgier befähigte Margaretha, Tochter des sizilianischen Namenkönigs René von Anjou, mit dem unmännlichen, zaghaften Heinrich VI. vermählt (Mai 1445) und dem armen Schwiegervater Maine und Anjou, das letzte Vorwerk der bedrohten Normandie, gleichsam als Heiratsgut und Lohn für die gnädigst bewilligte Verwandtschaft abgetreten.

Dieser offenbare Verrat am britischen Gemeinwesen genügte der Herrsch- und Rachsucht des geistlichen Reichsrates noch nicht. Unterstützt von seinem treuen und verschmitzten Bundesgenossen, dem Emporkömmling Wilhelm de la Pole, Graf von Suffolk, griff man zur gefährlichsten Waffe, dem Aberglauben, und ruhte nicht eher, als bis bezahlte Anhänger gegen die Gattin des Herzogs von Gloucester, Elinor Cobham, eine Anklage auf Zauberei vorbrachten. Sie habe, hieß es, mit Beihilfe mehrerer Schwarzkünstler, vor allem des Priesters Bolingbroke, ein Wachsbild des Königs verfertigt und lasse es unter allerlei Beschwörungen tropfenweise schmelzen, um auf diese Weise dem Fürsten einen langsamen Tod zu bereiten. Umsonst beteuerte die Herzogin ihre Unschuld. Man verurteilte sie zur öffentlichen Kirchenbuße und lebenslänglichen Haft, die angeblichen Mithelfer aber zum Scheiterhaufen.

Fortan regierten der Kardinalbischof, der Graf von Suffolk und die Königin Margaretha so schrankenlos, daß der vom Volk immer noch geliebte Herzog Humphrey von Gloucester als schuldig des Hochverrats verhaftet und im Kerker hingerichtet werden konnte (Februar 1447). Jedoch die Strafe folgte den feigen Mördern unverweilt nach. Denn der Bischof von Winchester starb jählings etliche Monate später. Gegen sein gefügiges Werkzeug aber, den Grafen von Suffolk, erhob sich der Stammhalter des Hauses Plantagenet-York, Richard, Herzog von York, um die jetzt ihrer Häupter beraubte Partei Lancaster-Plantagenet zu stürzen. Als Sohn des gleichnamigen Vaters und Grafen von Cambridge auf der einen und Anna Mortimers auf der anderen Seite* hatte er als Urenkel Eduards III. unleugbare Thronansprüche geerbt und durch die Vermählung mit Cäcilia Neville, der Tochter des Grafen von Westmoreland und Urenkelin Eduards III. verstärkt. Daneben hatte er im irischen Krieg unlängst feldherrlichen Ruf errungen und den mächtigen, gleichfalls königlichem Geblüt entsprossenen Grafen Richard von Warwick in ein unauflösbares Freundschaftsbündnis gezogen.

Der Lancastersche Hof dagegen ließ, um den aufsteigenden Sturm des Yorkschen Nebenbuhlers und des seit Gloucesters Hinrichtung wachsenden Volkszornes zu beschwichtigen, den bisher gewaltigen Grafen von Suffolk als hochverräterischer Pläne schuldig für fünf Jahre des Landes verweisen, aber auf der Überfahrt nach Frankreich plötzlich einholen und im Angesicht seiner Dienerschaft enthaupten (2. Mai 1450). Dieser neue Frevel hemmte den Ausbruch des schleichenden Unfriedens nicht, zumal der Nachfolger Suffolks, Edmund Beaufort, Herzog von Somerset und als Enkel Johanns von Gent zur Stellvertretung der Lancasters berufen, durch Strenge und Heftigkeit den Ausbruch des Bürgerkriegs beschleunigte.

Denn kaum war ein Bauernaufruhr, den Johann Cade unter dem falschen Namen Johann Mortimer leitete, mit Mühe unterdrückt, als der Herzog Richard von York dem Gebot, nicht nach England zu kommen, sondern in seiner irischen Statthalterschaft zu bleiben, offen trotzte, mit zahlreicher Dienerschaft erschien und dadurch das Zeichen zu einem heillosen Kampf zwischen den beiden Zweigen der Plantagenets gab. Fortan folgten die Anhänger Lancasters, meistens Adlige und Bewohner Nordenglands, dem Wappenschild der roten Rose, die Verteidiger Yorks, größtenteils in London und den umliegenden Grafschaften seßhaft, dem Banner der weißen Rose. Mit wachsender Wut führten sie einen Kampf, dessen Kraft sich sowohl um abweichende Grundsätze als

* Siehe die Tabelle S. 410 in diesem Band.

auch um erblich gewordene Blutrache und persönliche Leidenschaften der Häuptlinge bewegte und diesen wie dem hohen Adel ein weites Grab bereitete.*

Die Rechte des Parlaments aber erstarkten mitten unter den Stürmen und Wechseln ehr- und selbstsüchtiger Parteien, während die großen Lehnsgüter, durch den Fall ihrer Inhaber erledigt, einem gleichmäßigen Grundbesitz Raum machten und die Befreiung der leibeigenen oder hörigen Leute erleichterten. Daher blieb das Endergebnis nicht wie in Frankreich nach dem Untergang des Herrenstandes ausschließlich der Kronmacht günstig, sondern festigte daneben auch die gesetzliche Macht der auf den Resten des Adels fortwachsenden Gemeinden. Für die Notwendigkeit dieser Entwicklung zeugt am klarsten die äußere Geschichte des Bürgerkriegs selber, der die Scheidelinie zweier Zeitenwenden bezeichnet und hier nur in schwachen Umrissen dargestellt werden soll.

Die späte und unerwartete Geburt des Kronprinzen Eduard (13. Dezember 1453), dessen Mutter Margaretha bei der Ungebundenheit ihres Wandels nicht unbegründeten Argwohn wecken konnte, brachte dem bisher zaudernden Herzog Richard von York Gelegenheit, als Protektor und Verteidiger des Reiches die Entscheidung seiner Thronansprüche unbedingt dem Gottesurteil der Schlacht zu übergeben. Sie entschied bei St. Albans (22. Mai 1455) vollständig gegen die Lancasterschen, deren Hauptführer, der Herzog von Somerset, mit anderen Getreuen getötet wurde, während der an Körper und Geist schwache König Heinrich in Gefangenschaft fiel. Der Sieger aber, der Macht, nicht leere Ehren erstrebte, gönnte dem Schattenfürsten alle Abzeichen der Hoheit und begnügte sich mit der vom Parlament bestätigten Würde des Protektors. Sie sollte enden, wenn der Prinz von Wales volljährig oder der Vater gesund geworden wäre.

Drei Jahre lang rasteten fortan die Parteien, blieben aber wachsam und wappneten sich für einen neuen Kampf, der dann auf Betreiben der stolzen und tatkräftigen Margaretha mit verdoppelter Wut ausbrach und nach manchem Wechsel durch das Treffen bei Wakefield (21. Dezember 1460) einstweilen für die Lancasterschen entschied. Denn der Herzog von York fiel mit seinem jüngsten, zwölfjährigen Sohn, den ein feindlicher Hauptmann, Clifford, verhärtet gegen die Bitten des um Gnade flehenden Knaben, nieder-

* »*Tous s'entretuerent.*« Comines, III, 4, S. 201.

stieß. Der Graf von Salisbury und zwölf andere Führer starben entgegen dem bisherigen Kriegsbrauch unter dem Beil des Henkers.

Eduard, Graf von March, jetzt Erbe der väterlichen Ansprüche und Rechte, zog, während sich Margaretha mit dem wieder befreiten Gemahl nach Norden wandte, nach London. Dort empfing er unter lautem Jubel der Menge vom dienstwilligen Parlament den Namen des Königs (4. März 1461). Auf schnelle Entscheidung gerichtet, rückte er ohne Säumnis ins Feld und siegte etliche Meilen von York in der dreitägigen, mit beispiellosem Grimm bestrittenen Schlacht bei Towton (29. März), in der auf beiden Seiten 37 000 Krieger fielen. Er zwang die Königin, anfangs bei den Schotten, danach den Franzosen Hilfe zu suchen, und verhängte, in London als König Eduard IV. feierlich gekrönt, durch Parlamentsbeschluß Acht und Bann über die Lancasterschen.

Diese, zum Äußersten getrieben und von dem rastlosen, heimgekehrten Mannweib ermutigt, wagten und verloren das mörderische Treffen bei Herham in Northumberland (17. Mai 1464). Wer nicht fiel, starb wie der Herzog von Somerset mit 25 edlen Gefährten auf dem Blutgerüst. Die Königin flüchtete das zweitemal, von ihrem unmündigen Sohn begleitet, über Schottland und die Niederlande nach Frankreich, der schwachsinnige Gemahl aber mußte unter bitterem Hohn als Gefangener den Tower beziehen.

Schon hatten rücksichtslose Strenge und danach kluge Großmut die letzten Regungen der besiegten Partei erstickt, als ein häuslicher Vorfall den glimmenden Brandstoff wiederum entzündete. Eduard nämlich beleidigte durch seine geheime Vermählung mit der anmutigen und geistvollen Witwe Elisabeth Grey so schwer den Stolz des mächtigen und getreuen Grafen von Warwick, der bereits für seinen königlichen Herrn am französischen Hof geworben hatte, daß bald der Spannung offene, unausrottbare Feindschaft folgte.

Denn während der König glücklich die künstlich erregten Bauernunruhen in Yorkshire stillte und sich danach im Vertrauen auf seine oft erprobte Tapferkeit der größten Sorglosigkeit überließ, legte Warwick, vom Volk »der Königmacher« *(king making)* genannt, unumwunden alle Zweideutigkeit ab. Zu einem Kampf auf Tod und Leben entschlossen, eilte er nach Frankreich und schwor hier unter Ludwigs XI. schlauer Vermittlung allem Erbgroll gegen Margaretha und die Lancasterschen ab. Er verlobte, um das Ungleichartigste zu binden, eine seiner Töchter dem Yorkschen Parteigenossen und Fluchtgefährten Georg, Herzog von Clarence, dem jüngeren Bruder König Eduards, die andere dem Lancasterschen Kronprinzen Eduard, Sohn Margarethas und Heinrichs VI.

Darauf landete er plötzlich mit französischen und englischen Scharen an der nördlichen Küste und eroberte binnen elf Tagen ohne Schwertstreich das gesamte Reich für den Stammhalter des roten Wappenschildes, den alten, aus dem Tower befreiten Heinrich (September 1470).*

Willig bestätigte das Parlament, folgsam den Launen des Krieges, die neue Ordnung. Aber diese dauerte nicht lange. Denn schon im nächsten Jahr kehrte der Yorksche Häuptling, König Eduard, der sich an den Hof seines Schwagers, Karls des Kühnen von Burgund, geflüchtet hatte,** mit holländischen und flämischen Soldknechten zurück. Durch geheime Beihilfe vornehmer Frauen und geldgieriger Bürger gewann er London und siegte, mit seinem Bruder Clarence bereits im geheimen versöhnt und durch beträchtliche Haufen des weißen Wappenschildes verstärkt, zuerst in der Schlacht bei Barnet (14. April 1471) über den Grafen von Warwick, der mit seinem Bruder Montague und dem Kern der Getreuen fiel, darauf in dem entscheidenden Feldstreit bei Tewksbury in der Grafschaft Gloucester (14. Mai) über die kühne und rastlose Königin Margaretha.

Durch schonungslose Grausamkeit vollendete er den Untergang der Lancasterschen. Sie wurden, wie auf dem Schlachtfeld, so in der Gefangenschaft mit kaltem Blut ermordet. Jenes Los hatten neben anderen der Graf von Devonshire und Sir Edmund Hampden,

---

* Comines, III, 4, S. 216. »*Le comte de Warwich alla en la Tour et en tira le Roy Henry, qu'autresfois avoit mis luy-mesme là dedans, crians devant luy qu'il estoit traistre et crimineux de leze Majesté, et à cette heure l'appelloit le Roy et le mena en son palais à Westmoustier et le mit en son estat royal.*« Warwick hatte eine besondere Liebhaberei an dem Geschäft, Könige ab- und einzusetzen. Das geschah mehr aus Eitelkeit denn aus Ehrgeiz.

** Der Herzog, obschon mit einer Schwester Eduards verheiratet, blieb dennoch seiner Gesinnung nach ein aufrichtiger Freund der Lancasterschen. Comines, III, 6, S. 217. »*Il aymoit mieux cette lignée de Lancastre que celle d'Yorth.*« Karl handelte in dieser diplomatischen Verlegenheit wie ein echter Bürgerkönig des 19. Jahrhunderts. Öffentlich verbot er, seinem Schwager Hilfe zu leisten, aber im geheimen *(sous main)* ließ er ihm 50 000 Goldgulden reichen und 17 wohlbemannte Schiffe ausrüsten. Comines, II, 6, S. 223. Siegten nun die Lancasterschen, konnte der Burgunder auf alte Freundschaft und öffentlich verkündete Parteilosigkeit verweisen, unterlagen sie, so forderten die den Yorkschen unter der Hand geleisteten Dienste auch ihren Lohn. Man denke an Neufrankreich gegenüber den spanischen Karlisten und Christinos, an Neuengland gegenüber den spanisch-portugiesischen Wirren, an Preußen im letzten Polenkrieg!

dieses der Herzog von Somerset und der Großprior des Johanniterordens. Der junge, hoffnungsvolle Eduard verblutete infolge eines Wortwechsels unter den Schwertstreichen der Herzöge von Gloucester und Clarence, des Grafen von Dorset und des Lord Hastings. Seine Mutter Margaretha gewann erst nach Jahren gegen ein schweres Lösegeld die Freiheit wieder, und sein unglücklicher, halb wahnsinniger Vater, König Heinrich VI., starb bald nach der Schlacht bei Tewksbury im Tower, wahrscheinlich durch die Hand des Herzogs von Gloucester (21. Mai).

Etliche Mitglieder der jetzt erblaßten roten Rose flüchteten nach Burgund, andere, wie Heinrich Tudor, Graf von Richmond, Sohn Edmund Tudors und der einzigen Lancasterschen Erbtochter Margaretha Beaufort, nach der Bretagne, wo Herzog Franz II. notdürftigen Schutz gewährte. Noch andere Edle fanden, wie der als Schäfer verkleidete und erzogene letzte Sprößling des Cliffordschen Hauses, Schutz in einsamen Gebirgen und Forsten. Was aber sonst die Rachgier der Yorkschen erreichen konnte, mußte ohne Erbarmen zugrunde gehen. Selbst der gemeine Mann, den früher die Sieger aus Klugheit geschont hatten, traf auf keine Gnade mehr. Der Schrecken sollte lähmen und versteinern.*

Jedoch noch nicht gesättigt, wandte sich der Frevelmut König Eduards, wenn er ausruhte von Bürgerfehden, Jagden und Frauenfreuden, gegen die eigene Verwandtschaft. Sein zweitältester, unsteter Bruder Clarence, von dem jüngsten, ränkevollsten Gloucester umgarnt und von der Königin Elisabeth gehaßt, mußte als schuldig des Hochverrats auf Parlamentsbeschluß in einem mit Malvasier gefüllten Faß – eine bittere Laune gebot solche Todesart – sterben (1478).** Seine Gattin, Warwicks Tochter, endete kurz vorher durch Gift. Diese Saat von Verbrechen wucherte fort, als der von Wollüsten erschöpfte Fürst im 42. Lebensjahr abtrat und die Nachfolge am zerrütteten Reich einem dreizehnjährigen Knaben, Eduard V., hinterließ (9. April 1483).

Zwar waren die Kriege zwischen dem roten und dem weißen Wappenschild beigelegt, aber statt ihrer tauchten neue Parteien auf. Denn während hier die ehrgeizige Königin, die von ihrem Bruder, Graf Rivers, und den Söhnen aus erster Ehe, Marquis von Dor-

* Comines, III. 7, S. 228. »*Edouard fit mourir beaucop de peuple en plusieurs lieux. – De tous les peuples du monde celuy d'Anleterre est le plus enclin en ses batailles* (blutgierig).«
** Comines, I, 7, S. 53. »*En une pippe de malvoisie.*«

set und Lord Richard Grey, unterstützt wurde, als Mittelpunkt erschien, arbeiteten dort die Altadligen, wie Lord Hastings, den Emporkömmlingen des Geschlechts Woodville nach Kräften entgegen und beschleunigten dadurch, ohne es zu ahnen, das eigene Verderben. Denn der schlaue und grausame Ehrgeiz des Herzogs von Gloucester trat überwältigend dazwischen und nutzte den Hader der Großen für den Aufbau einer in England bisher beispiellosen Zwingherrschaft.

Richard besaß einen häßlichen und unansehnlichen Leib, dessen eine Schulter die andere überragte, und finstere, jedoch geistvolle Gesichtszüge. Gang und Blick waren unstet. In der Leidenschaft biß er oft die Unterlippe zusammen oder hielt die Faust am Griff des halb gezückten Schwertes. Von Verstand hoch scharfsinnig, war er fähig, sich zu stellen wie zu verstellen. Als Krieger war er tapfer bis zur Tollkühnheit, als Staatsmann listig und gleichgültig gegen die Gebote der Treue und Redlichkeit, der Bluts- und Freundschaftsbande.

Seit dem Tod seines Bruders Eduard hatte Richard nur ein Ziel vor Augen: den Gewinn und die Sicherung der Krone. Daher wurde die Königin Elisabeth durch einen heuchlerischen Brief, der Schutz und Anhänglichkeit zusagte, getäuscht und dazu bewogen, die schnell versammelten Kriegsvölker zu entlassen. Anschließend wurde ihr Bruder, der Graf von Rivers, auf ähnliche Weise angelockt, zu Northampton verhaftet und mit mehreren Unglücksgefährten als Gefangener im Schloß Pomfret sorgfältig bewacht. Infolge des Schreckens, den diese Vorfälle bei den Gegnern verbreiteten, wurde London ohne Widerstand besetzt und der König Eduard (V.) von seinem Oheim und Protektor des Reiches im Tower untergebracht (4. Mai). Die nach der Freistätte von Westminster geflüchtete Königinmutter wurde schließlich durch Drohungen, Ränke und Schmeicheleien gezwungen, auch den zweiten Sohn, Richard, Herzog von York, als Unterpfand auszuliefern.

Jetzt gleichsam im Rücken gesichert, betrat der Protektor ohne Scheu die geöffnete Bahn der Ruchlosigkeit, in der einen Hand das Schwert, in der anderen die Maske der Heuchelei. So mußten hier die gefangenen Verwandten der Königin, dort die Wortführer der alten Adelspartei, wie Lord Hastings, als Hochverräter sterben (13. Juni), gleichzeitig, um das Gedächtnis seines hingeschiedenen Bruders zu beschimpfen, dienstbare Geistliche über eine ehemalige Geliebte desselben, Jane Shore, öffentliche Kirchenbuße verhängen. Zuletzt ließ er nicht nur die Ehe Eduards IV. mit Elisabeth Woodville für ungültig erklären, sondern auch die eigene Mutter des Protektors, Cäcilia Neville, der Untreue bezichtigen und sämtliche Kinder, den Herzog Richard von Gloucester ausgenommen, als Bastarde ächten. Ein berühmter Prediger, Meister Shaw, entblödete sich nicht, diese schamlosen Befehle eines Fürsten, der Vater, Mutter, Brüder und Neffen der bürgerlichen Ehrlosigkeit überliefern wollte, in der Paulskirche anpreisend zu verkünden und in solcher Niedertracht mit dem Bischof von Bath, Stillington, zu wetteifern.* Darauf folgte der Protektor dem Wunsch des teils bestochenen, teils eingeschüchterten Parlaments und nahm als ebenbürtiger Sohn Richards von York mit dem üblichen Prunk die von den Ständen dargebotene Krone an (25. Juni), die sofort dadurch eingeweiht wurde, daß beide Neffen, der junge König Eduard und Richard, Herzog von York, im Tower unter den Mordstreichen Jakob Tyrrels und seiner Gesellen endeten.

Doch lange genoß der gekrönte Henker die Früchte so schwerer Verbrechen nicht. Denn beleidigt durch die Vorenthaltung der Erbschaft Hereford, beschloß der stolze und ehrsüchtige Herzog von Buckingham, Sprößling Eduards III. und bisher ein für alle Schandtaten treuer Bundesgenosse, den Sturz seines undankbaren Herrn und Freundes. An dessen Stelle sollte Heinrich Tudor, Graf von Richmond, treten und durch die Vermählung mit Elisabeth, der ältesten Tochter Eduards IV., beide Rosen vereinigen und zwischen York und Lancaster endliche Versöhnung schließen. Schon waren für die Ausführung des Plans, den die Gräfin von Richmond für sich und ihren Sohn, die verwitwete Königin Elisabeth für sich und ihre Tochter gebilligt hatten, alle Vormaßnahmen getroffen, als die argwöhnische Wachsamkeit Richards das ganze Unternehmen vereitelte. Buckingham wurde gefangen und starb auf dem Blutgerüst. Wer von den Parteigenossen nicht nach der Bretagne und der Normandie flüchten konnte, hatte dasselbe Schicksal (Oktober 1483).

Tod, Kerker, Bann und Gütereinziehung dienten als Mittel, um die neue Ordnung zu festigen, die überdies ein förmlicher Parlamentsbeschluß für die allein rechtmäßige und gesetzliche erklärte (Januar 1484). Richard jedoch ging noch weiter. Um die Pläne und Verbindungen der Gegner zu zerstören, wurde, heißt es, die junge

* Er behauptete frech, den König Eduard IV. vor seiner zweiten Heirat mit einem adligen Fräulein im geheimen getraut zu haben.

Gemahlin, Anna Neville, durch Gift beseitigt* und danach die Nichte Elisabeth, die dem Grafen Heinrich von Richmond bestimmte Braut, zur Heirat eingeladen. Eitel und überdrüssig des langen Aufenthalts in der Freistätte von Westminster, gab die Mutter nach und willigte ein,** aber keine Drohungen, Ränke und Schmeicheleien konnten die Tochter bewegen, dem Mörder ihrer Brüder die Hand zu reichen, so daß der unnatürliche Plan endlich von seinem Urheber aufgegeben werden mußte.

Mittlerweile wuchsen Unfrieden und Sehnsucht nach einer baldigen Änderung. Scharenweise eilten die Unzufriedenen nach Frankreich, wo damals König Karl VIII., der Sohn Ludwigs XI., Schutz und notdürftige Hilfe gewährte. Sofort säumte auch Heinrich Tudor nicht länger, den schon einmal gescheiterten Plan wieder aufzunehmen. Mit etlichen Schiffen und geringer Mannschaft landete er zu Milford in Wales, dem Hauptsitz der befreundeten Partei (6. August 1485), und wandte sich, bald bedeutend verstärkt, von hier auf Shrewsbury. Ihm entgegen zog König Richard, der, da er hinsichtlich der feindlichen Absichten ungewiß war, London verlassen und die Richtung nach dem Binnenland genommen hatte. Am 22. August stießen beide Heere unweit von Bosworth in der Grafschaft Lancaster aufeinander und stritten mit gleicher Wut so lange unentschieden, bis der Abfall des Lord Stanleys zugunsten seines Stiefsohns Heinrich Tudor den Ausschlag gab. Richard kämpfte und fiel wie ein Held. Seine unter der Beute gefundene Krone setzte Lord Stanley dem Grafen von Richmond auf das Haupt und sprach: »Lange lebe König Heinrich!«

Auf diese Weise endeten die Plantagenets, nicht verfault wie die meisten erblichen Fürstengeschlechter, sondern aufgelöst und zerfetzt durch langjährige Parteiwirren und Freveltaten. England aber behauptete mitten unter den Drangsalen seiner auswärtigen und heimischen Kriege, mitten unter den Wechseln großartiger Tugenden und schaudervoller Verbrechen die oft erschütterte Grundlage seiner parlamentarischen Rechte und volkstümlichen Freiheiten. Jedoch waren die Ein- und Ausgänge derselben bisweilen so verschüttet, daß nur die lindernde Zeit einer friedlichen, mit dem Tudor Heinrich VII. beginnenden Regierung den stockenden Kreis-

---

* *»Aucuns disent, qu'il la fit mourir.«* Comines, V, c. 18, S. 475.

** Polytorus Vergilius, Historiae Anglicanae, S. 577. *»Sic enim illius sexus animal mutabile est.«* Vgl. Mackintosh, II, 84; Rapin, III, 593 ff.

lauf der gesunden Lebenskräfte verjüngen und dem ursprünglichen Ziel entgegenführen konnte.

Diese Aufgabe, erleichtert durch den Fall der meisten hochadligen Häuser, mußte triebartig um so eher festgehalten werden, je allgemeiner und tiefer der Haß gegen unumschränktes Herrschertum gewurzelt hatte. Denn beim Volk, dessen Eigentum überdies unter den greuelhaften Parteifehden nach Verhältnis stets geschont wurde,* galt bereits der staatsbürgerliche Glaubenssatz als unbestrittene Wahrheit: »Ein König ist bestellt und berufen, um Leben, Gut und Gesetze seiner Unteranen zu schützen. Dafür empfängt er vom Volk die Macht und besitzt keinen rechtmäßigen Anspruch auf irgendeine andere Machtbefugnis. Steuern und Gerichte bleiben deshalb unabhängig von der Krone, die ebensowenig alte Gesetze abschaffen wie neue einführen kann. Denn das alles fordert die Zustimmung des im Parlament versammelten Reiches.«**

Auch das äußere Leben kündigte den Besitz wirklicher Nationalrechte an. Mitten unter den Verheerungen des wildesten Parteikrieges, der die Kraft des Königtums und des hohen Adels brach, wuchs der Wohlstand des Freisassen zu Stadt und Land. Gold, Silber und andere Bedürfnisse waren hinlänglich vorhanden. Man kleidete sich in bald gröberes, bald feineres Wolltuch, besaß ausreichendes Haus- und Feldgerät, konnte Fleisch und Fisch essen, Bier und Wein trinken, kurz, auch leiblich die Segnungen der Freiheit genießen. Wenn in Frankreich das ärmlich gekleidete und schwer mit Abgaben belegte Volk, das kaum an Sonntagen Speck und Eier als Leckerbissen genießen durfte, für die Allgewalt des Hofes zeugt,*** so kündigt sich in England der Wendepunkt des Mittelalters hauptsächlich dadurch an, daß die bisher noch starken Lebensadern der großen Lehnsträger verbluten und ihre Erbschaft sowohl der Krone als auch dem Freisassentum überlassen.

---

* »Nirgends in der Welt, soweit ich sie kenne, wird das gemeine Wesen besser verwaltet, das Volk weniger mißhandelt, Haus und Gebäude im Krieg weniger beschädigt oder zerstört als in England. Lasten und Übel fallen auf diejenigen, die den Krieg führen *(font la guerre).«* Comines, V, 19, S. 458.

** Fortescue, De laudibus legum Angeliae (Londini 1672), Kap. 13, S. 32.

*** Fortescue, Kap. 35. Dieser ehemalige Kanzler König Heinrichs VI. hatte als Lancasterscher Flüchtling Gelegenheit genug, die Gesetze, Sitten und Bestrebungen des französischen Volkes zu beobachten und selbst im persönlichen Mißgeschick die gesellschaftliche Überlegenheit seines von Parteien zerrissenen Vaterlands würdigen zu lernen. Er klagt besonders über die Zügellosigkeit der

In Schottland konnten nach dem Absterben des Hauses Bruce (1371) die meist unbedeutenden Könige aus dem Geschlecht der Stuarts (Stewards, Reichshofmeister) ebensowenig den inneren Fehden ein Ende setzen, wie sie trotz der frühzeitigen Verbindung mit den Franzosen das Übergewicht der verhaßten Engländer abwehren konnten. Während im gälischen Hochgebirge die uralten Waffen- und Stammesbruderschaften patriarchalischer Häuptlinge unangetastet blieben* und ein stetes Freibeuterleben, besonders an den Grenzen, unterhielten, erschwerten im germanischen Flachland der Mangel an städtischen Gemeinwesen und die Macht des grundeingesessenen Adels den Fortschritt der bürgerlichen Gesellschaft. Denn obschon in den Parlamenten Abgeordnete der Geistlichkeit, unteren Ritterschaft und seit dem 14. Jahrhundert auch der Städte saßen, hatten dennoch die großen Lehnsträger eine entschiedene Überlegenheit, zumal sie durch einen vorberatenden Ausschuß *(the lords of the articles)* den Geschäftsgang bestimmen und leiten durften. Die Beweglichkeit des englischen Freisassentums, das sich durch Verschmelzung mit der niederen Ritterschaft allmählich zum festen Haus der Gemeinden ausgebildet hatte, fehlte gänzlich. Die bürgerliche Stellvertretung war schwach wie die von den Baronen abhängige und überall gehemmte Kronmacht. Solange diese nicht erstarken und durch eine im hochadligen Bollwerk geöffnete Bresche die Lebenskräfte vielseitiger verteilen konnte, blieb auch Schottland eine mittelalterliche, scheinbar vom Namenskönig, in der Tat aber vom Herrenstand geleitete Lehnsrepublik, deren Verfall und Auflösung späteren Zeiten angehört.

In Irland, das der Plantagenet Heinrich II. allmählich unterjocht hatte (seit 1171), behauptete sich neben den englischen, im östlichen Drittel der Insel (*the Pale*, Markung) seßhaften Eroberern unvermischt der alte, in sich wiederum vielfach zersplitterte Gälenstamm. Roh, unwissend und zwieträchtig, konnte er bei allem

französischen Soldateska *(men at armes)*, die ihren Wirten kaum die Notdurft des Lebens gönnten. Werde ein Bauer oder Kleinbürger dennoch einmal reich, so verschlinge ihn alsbald durch schnell anwachsende Steuern der königliche Fiskus. »*The people*«, heißt es unter anderem, »*being with these and divers other calamities, do live in grent misery, drinking water dally; neither men nor women eat any flesh there, but only lard of bacon, with a small quantity whereof they fatten their pottage and broths.*« Das Wassertrinken und magere Suppenwesen war dem Engländer besonders zuwider.

* Vgl. S. 362 in diesem Band.

Groll gegen die eingedrungenen Fremdlinge ebensowenig das auferlegte Joch ruhig tragen wie abschütteln. Daher gab es unaufhörliche, meist erfolglose Fehden, unter denen bei steigendem Elend die Sitten der Eingeborenen mehr und mehr verwilderten und die Sieger dem unbedingten Waffenrecht als oberstem Grundsatz gehorchten. Denn beute- und herrschgierige Abenteurer, denen die englische Krone, in Unkenntnis der Auswirkungen, das gewonnene Land zu Lehen übergab, versuchten, bald in große, unabhängige Grundbesitzer umgewandelt, aus Eigennutz jeden Fortschritt aufzuhalten, indem sie über Leiber und Güter der Unterjochten willkürlich herrschten. Es galt z. B. vor dem Richter nicht als ein Verbrechen, einen Irländer zu töten, weil dieser unfreien Geblüts sei und als Sklave der Ansprüche auf Leben und Eigentum entbehre.

Während auf diese Weise die Eingeborenen entweder in Dienstbarkeit der schnödesten Art verfielen oder in veränderten Bezirken unter der scheinbaren Hoheit des britischen Königtums die Reste ihrer volkstümlichen Mundart, Sitte und Gewohnheit behaupteten, bildete sich, vor allem auf der Ostseite, ein englischer Lehnsstaat aus, der die Sprache, Bräuche und Gesetze der Heimat auf das neue Vaterland übertrug, jedoch manche wesentliche Änderung erlitt. Die Verfassung des englisch-irischen Parlaments nämlich empfand nicht den zurückwirkenden Aufschwung der bürgerlichen Kraft. Sie blieb streng adlig und hielt das Haus der Gemeinden in steter Abhängigkeit von den Lords oder den großen Grundbesitzern, von denen viele sogar die Befugnis zur Privatfehde, eigene Gerichtsbarkeit und willkürliches Beschatzungsrecht der Gutsangehörigen und königlichen Untertanen besaßen. Dafür wirkten ebensosehr die geringe Zahl der Städte wie der von den Baronen aus Klugheit beachtete Brauch, durch Eintritt in die Bürgerschaft von Dublin, Waterford und anderen Plätzen die Entwicklung der gemeinheitlichen Kraft in ihrer Geburt zu ersticken.

Auf diese Weise führten die wachsenden Leiden der unterdrückten, von ihren Sängern (Barden) immer wieder aufgewiegelten Gälen und die fast souveräne Stellung der englischen Großen gegenüber der Krone eine Spannung herbei, deren unabweisbarer Durchbruch auch für Irland den Ablauf des Mittelalters ankündigt.*

* Vgl. Hagewisch, Übersicht der irländischen Geschichte (nach Leland und MacGheog), S. 39 ff.

## Vierter Abschnitt

*Spanien, Portugal und das fürstliche (monarchische) Italien*

Nach den schon früher sichtbaren, abgeschlossenen Gebieten Aragonien, Kastilien und Portugal setzten die christlich-germanischen Völker der Iberischen Halbinsel hier den Kampf mit dem Islam, dort um ständisch-parlamentarische Gliederung so weit fort, daß in beiden Hinsichten die Mitte des 15. Jahrhunderts als Wende- und Übergangspunkt zur neuen Gestaltung betrachtet werden darf. Denn wie einerseits die islamische Macht auf die engen Grenzen Granadas beschränkt wird, so weicht andererseits das bisherige Streben der spanischen Völkerschaften nach einem lockeren, die möglichste Sonderfreiheit erlaubenden Staatenverband dem stärker gefühlten Bedürfnis größerer Waffensammlung und gönnt dafür selbst der bisher schwachen Krongewalt, bisweilen nicht ohne blutige Waffenentscheidung, weiteren Spielraum.

Diesen Gang nahm im Nordosten zuerst Aragonien, das verbunden mit Katalonien und Valencia unter Jakob I. (gest. 1276)[*] ein unabhängiges Reich darstellte, während das andere jenseits des Pyrenäen-Gebirges, das die Grafschaften Roussillon, Cerdagne und Montpellier umfaßte und nach der balearischen Hauptinsel Mallorca benannt war, 68 Jahre lang in getrennter Stellung blieb und anschließend unter König Peter IV. für immer dem aragonischen Feindgebiet einverleibt wurde (1344). Dieses, bereits früher (1319) auf dem allgemeinen Ständetag zu Tarragona durch die ewige Union mit Katalonien und Valencia unter Vorbehalt der besonderen Rechte und Gesetze gegen Zerstückelung gesichert und von ebenso streitbaren wie freisinnigen Reichssassen bewohnt,[**] konnte fortan erobernd die heimischen Grenzgebiete überschreiten und unterstützt von den Unzufriedenen Sizilien den Anjous von Neapel entreißen (1282) und behaupten.[***]

Korsika und Sardinien konnte es teils durch Waffengewalt, teils durch Vertrag mit Papst Bonifazius VIII. als angeblichem Lehns-

[*] Siehe Band I, S. 551.
[**] Siehe über den parlamentarischen Kampf Aragoniens S. 31 ff. in diesem Band.
[***] Siehe Band I, S. 528 ff.

herrn (1297) den Genuesen und Pisanern abgewinnen (1326) und mit der aragonischen Krone verknüpfen, ein Los, das unter dem letzten König des gräflich-barcelonischen Mannesstammes, Martin dem Älteren, auch das bisher getrennte, von einer Seitenlinie verwaltete Sizilien erfahren mußte (1409).

In dieser Lage, als Waffen, Bildung, Gewerbe, Handel und Freiheitsliebe Aragonien trotz der vielfältigen Glieder des Reiches zur ersten See- und Landmacht im romanischen Süden erhoben hatten, brachte der Tod Martins (31. Mai 1410) große Gefahren und Wechsel. Denn da mit ihm das alte Königshaus, das 273 Jahre lang (1137–1410) regiert hatte, in den männlichen Erben erlosch, brachen in allen bisher nur lose verbundenen Landschaften Unruhen aus und traten nicht weniger als fünf an Gütern und Leuten mächtige Thronbewerber auf. In solcher Not versammelten sich gesondert die Stände Aragoniens, Kataloniens und Valencias und erkoren Ausschüsse zu einem allgemeinen, nach Alcanniz berufenen Kongreß, damit dieser für die Entscheidung der Streitfrage nun gelehrte, rechtschaffene und leidenschaftslose Schiedsrichter ernennen und was diese geurteilt hätten, vollziehen möchte.

Jene nahmen sofort ihren Sitz in der den Johannitern gehörenden Stadt Caspe, prüften sorgfältig die Ansprüche der Bewerber und erklärten endlich durch Stimmenmehrheit, sechs gegen drei, daß Ferdinand, Infant von Kastilien und Schwestersohn des letzten Königs Martin, nach Geburt und Tugend der würdigste sei für die Nachfolge am Reich Aragonien (24. Juni 1412). Überall mit Jubel empfangen, entsprach Ferdinand (I.) den Hoffnungen der Völker, die ihn aus der Fremde berufen hatten. Er achtete gewissenhaft die vor der Krönung beschworenen Rechte und Freiheiten der Städte und Landschaften und ehrte die Religion und die Kirche ohne Aberglauben und Schwäche, wie denn auf sein Betreiben Spanien den Verbesserungsplänen in Konstanz sich teilweise anschloß. Die Rechtspflege handhabte er streng und unparteiisch und glänzte im Krieg durch ritterlichen Mut und feldherrenmäßige Umsicht, so daß während seiner zweijährigen Regierung auf dem Festland wie auf den Inseln Mallorca, Sardinien und Sizilien Friede und gesetzliche Ordnung Wurzeln schlagen konnten.

Aber dieser allmähliche Fortschritt des aus den verschiedenartigen Stoffen der Heimat und der Fremde gebildeten Reiches genügte seinem ungestümen, eroberungssüchtigen Sohn und Nachfolger, Alfons V. (1416–1458), nicht. Meistens beschäftigt mit dem Gewinn Neapels, dessen ränkevolle und ruchlose Königin Johanna den Aragon-Kastilianer an Kindesstatt angenommen hatte (1420), überließ er die Regentschaft des Heimatlands seiner Gemahlin Maria, die bald in Zwist mit den Ständen verwickelt wurde und die Unabhängigkeit des oberrichterlichen Justicia dadurch sichern mußte, daß ihn fortan nicht die Krone, sondern Ausschüsse der Cortes als Inquisitoren prüfen und nötigenfalls absetzen sollten (Reichsgrundgesetze vom Jahr 1428, 1441).*

Gemäß dem Letzten Willen des Königs, der in alle Händel Italiens verwickelt zu Neapel starb (27. Juni 1458), bekam hier die Nachfolge der natürliche Sohn, Ferdinand I., Herzog von Kalabrien, während Aragonien, Valencia, Katalonien, Mallorca, Menorca, Sizilien und Sardinien Alfons' jüngerem Bruder und bisherigem König von Navarra, Johann II. (1458–1479), anheimfielen und unter langen, vor allem über den Besitz Navarras entstandenen Unruhen dem schlauen, ehrgeizigen und tatkräftigen Thronerben Ferdinand, später der Katholische genannt, die Vereinigung mit dem zweiten Hauptreich Spaniens, dem nordwestlichen oder binnenländischen Kastilien, erleichterten.

Dieses, durch ritterliche Mannhaftigkeit über den größten Teil der Estremadura, Murcia, Jaen, Cordoba, Sevilla und Cadiz auf Kosten des in Granada zusammengedrängten Islams ausgedehnt und durch Alfons den Welfen an die Hochschätzung der Wissenschaften und Künste gewöhnt,** sank nach dem Tod des trefflichen, aber für die kriegerische Rauheit der Zeit zu weichherzigen Fürsten (1284) in langjährige Wirren. Thronzwiste, Fehden und Anmaßungen der Lehnsgroßen, Parteikämpfe mächtiger Adelshäuser, wie der Haros und Laras, oft glückliche Raubangriffe der wieder erstarkenden Moslemin, Aufruhr der unterdrückten Bürger und Landleute, zügellose Ungebundenheit und schnöde, nur dem Gewaltrecht gehorchende Verachtung der Gesetze, pestartige Krankheiten, Teuerung und Hungersnot, kurz, alle Plagen menschlicher Schuld und feindseligen Geschicks brachten Kastilien der völligen Auflösung nahe.

Da rettete durch Kraft und Umsicht, jedoch nicht ohne einzelne Fehlgriffe, König Alfons XI. (1324–1350) das Land. Denn trotzige Lehnsgroße wurden gedemütigt und die muselmanischen Häuptlinge von Granada und Marokko in mehreren Feldschlachten besiegt, jener zur Zinspflicht, diese zum Frieden gezwungen.

---

* Vgl. S. 32 in diesem Band.

** Siehe Band I, S. 551.

Die Mauern und Bollwerke der alsbald in eine christliche Stadt umgewandelten Feste Algeciras wurden nach langer, hartnäckiger Verteidigung eingenommen (1344). Die von Alfons dem Weisen gesammelten Reichssatzungen wurden erneuert und sämtlichen Gerichtshöfen als bindende Vorschrift empfohlen, die Stände in ihren herkömmlichen Befugnissen und Freiheiten anerkannt. Üppigkeit, Kleiderprunk, Selbsthilfe und andere laufende Gebrechen wurden durch wohltätige Verordnungen beschränkt, aber bei dem allem auch Keime neuer Mißbräuche, teils aus Irrtum, teils aus übertriebenem Eifer für das Wachstum der Kronmacht, gelegt.

Um nämlich die anschwellenden Ausgaben, denen Anleihen und Geschenke nicht genügen konnten, zu decken, forderte und erreichte der König anfangs auf dem Reichstag zu Burgos (1342), danach auf dem zu Alcala de Henares (1349) die Einführung der Alcavalasteuer, die auf den Kauf und Verkauf aller beweglichen wie unbeweglichen Güter entrichtet werden sollte. Einer an den Lebenskräften eines Baumes zehrenden Flechte gleich, mußte diese mit der Zeit allgemeine, auf 20 Prozent festgesetzte Abgabe den Handel, das Gewerbe und den Ackerbau lähmen, das Eigentum in seinen Grundlagen erschüttern, die freiere Entwicklung des Bürgerstandes hemmen, noch vor der Aufnahme bleibender Soldknechte dem antiparlamentarischen Königtum eine feste Stütze bereiten und daneben die großen Gutsbesitzer, Prälaten wie Laien, auf Kosten des allgemeinen Wesens bereichern. Zu solchem Gärungsstoff traten bürgerliche Unruhen, die in Ermangelung eines ausreichend starken Mittelstandes bald aus den Kämpfen der Könige und übermütigen Adelsgeschlechter, bald aus den Fehden der Parteihäuptlinge und Thronbewerber entsprossen. Sie zerrütteten Kastilien 124 Jahre lang (1350–1474) und endeten nicht eher, als bis die Erbin des Reiches, Isabella, und ihr Gemahl, Ferdinand der Katholische von Aragonien, den schwankenden Verhältnissen eine durchgreifende und dauerhafte Umgestaltung gaben.

Schon Alfons' ältester Sohn und Nachfolger, Peter der Grausame (1350–1369), stellte in häuslichen und öffentlichen Angelegenheiten das Abbild eines vollendeten Gewaltherrn dar. Denn während er die Geliebte des Vaters, Eleonora de Guzman, auf Anstiften seiner ränkevollen Mutter Maria dem Schwert des Henkers überließ (1351) und – selbst von wilder Leidenschaft an die Gelüste einer Kebsfrau, Maria de Padilla, gefesselt – seine tugendhafte Gemahlin, Blanche von Bourbon, und mehrere Blutsverwandte auf dieselbe Weise entfernte (1361), wurde die leiseste Widersetzlichkeit der von Steuern und Machtgeboten niedergebeugten Stände durch Kerker, Bann, Güterentziehung und Todesurteil gestraft. Dabei wurden alle christliche Zucht und Sitte geschändet, offener Unglaube begünstigt und der nach fruchtlosen Warnungen geschleuderte Kirchenfluch mit Hohngelächter empfangen. Zwar stürzte und erschlug endlich Heinrich von Trastamara, um seine Mutter Eleonore de Guzman und eigene Unbilden zu rächen, den unnatürlichen Halbbruder,* aber die Nachwehen des blutigen Regiments, Parteisucht, Zügellosigkeit und Trotz auf Selbsthilfe, blieben.

Sie wurzelten um so tiefer, je häufiger minderjährige Nachkömmlinge Heinrichs (II.) von Trastamara (1368–1379) den Ränken der Großen Nahrung gaben, und gewannen ihren Höhepunkt, als unter dem schwachen Urenkel König Johann II. (1406–1454) nach der Entfernung seines trefflichen, auf den Thron Aragoniens berufenen Oheims Ferdinand (1412) der Günstling Alvaro de Luna 35 Jahre lang fast unumschränkt regierte. Obschon Aragonier von Geburt, gewann er dennoch trotz der hemmenden Umtriebe des kastilischen Adels durch entschiedene Geisteskraft, glänzende Tapferkeit und aufrichtigen Eifer für die Rechte der bisher ohnmächtigen und von Parteien umlagerten Krone eine so zauberähnliche Macht über den König, daß der Wink des zum Konnetable und Großmeister von St. Jago erhobenen Fremdlings Haß und Liebe des willenlosen Fürsten bestimmte, der, wie von innerer Wahlverwandtschaft gedrängt, den bisweilen aus Nachgiebigkeit gegen die Großen entlassenen Freund wieder aufsuchen und mit neuen Ehren belohnen mußte.

Ein geschworener Feind des adligen Übermuts, ein unermüdlicher Beschützer des oft von jenem gestörten Landfriedens, Herr von mehr als 20 000 Vasallen und im Besitz ungeheurer Einkünfte, die jährlich bei 100 000 Doblas (150 000 Reichstaler) abwarfen, fiel Alvaro de Luna, weil er im Glück nicht Mäßigung zeigen konnte, als Opfer des rastlosen Neides und gekränkten Stolzes solcher Menschen, denen es unmöglich war, Gesetz und Ordnung, vor allem aber die überragende Persönlichkeit eines Aragoniers zu dulden. Der Konnetable empfing, obgleich rechtliche Beweise fehlten,

---

* Siehe über das alles S. 399 ff. in diesem Band.

zu Valladolid auf dem Blutgerüst die Strafe des Hochverräters (5. Juli 1453).*

Mit ihm fiel die letzte Stütze des schwankenden Thrones, denn dem schwachen Vater, der den Tod des undankbar verlassenen Günstlings nur ein Jahr lang überlebte, folgte der dem Geist und Körper nach abgemergelte Sohn, Heinrich IV. (1454–1474), auf den Thron. Von den aufrührerischen Großen bedrängt und dem falschen Liebling Pacheco, Marquis von Villena, verlassen, mußte er, obschon er Sieger über Gibraltar (1463) war, einen bisher in Kastilien beispiellosen Hohn dulden und ohne Schamröte, deren seine stumpfe Seele unfähig war, gleichsam dem sinnbildlichen Begräbnis des Königtums aus der Ferne müßig zuschauen.

Der verbündete Adel nämlich – mit dem Erzbischof von Toledo, Primas der spanischen Kirche, an der Spitze – errichtete auf der Ebene vor den Toren der Stadt Avila ein hohes weitläufiges Gerüst, in dessen Mitte der Prunksessel und das königlich ausgeschmückte Standbild aufgestellt wurden. Sobald danach der Schreiber den über Heinrich IV. gefällten Urteilsspruch laut vor allem Volk vorgelesen hatte, erschienen Bevollmächtigte der Großen. Sie nahmen Krone, Szepter, Degen und Purpurmantel hinweg, stießen den dergestalt entkleideten Gliedermantel herab und riefen unter Trompetenhall: »Es lebe der Infant Don Alfons, König von Kastilien und Leon (5. Juni 1465)!«** Heinrich, erst etliche Jahre später von dem Bruder und Nebenbuhler, der an Gift starb, befreit, sank in so tiefe Verachtung und Ohnmacht, daß er dem Begehren der Feinde gemäß unbedingte Vergessenheit des Geschehenen geloben und seine schöne, kluge und kräftige Schwester, Isabella, als Erbin anerkennen mußte (1468).

Diese, bald darauf mit dem künftigen König Aragoniens, Ferdinand dem Katholischen, vermählt (1469), gab nach dem Tod des unglücklichen Bruders (12. Dezember 1474) dem tiefgesunkenen und zerrütteten Reich durch Mut und Umsicht eine neue, auf Zucht, Ordnung, Gerechtigkeit und Stärke der bisher ohnmächtigen Krone ruhende Umgestaltung. Denn die frevelhaften Eingriffe der lehnsherrlichen Freibeuter in Leben und Eigentum des Schwä-

* Siehe über Alvaro de Luna den Aufsatz Lindaus in seinen Darstellungen aus der Geschichte von Spanien, Teil I, S. 165 ff.

** Ferreras, Histoire d'Espagne, VII, 151. Vgl. Sempere, Betrachtung über die Ursachen der Größe und des Verfalls der spanischen Monarchie, übersetzt von Schäfer, Band I, S. 63.

cheren, die von oben nach unten gehende Verwilderung und Gleichgültigkeit gegen Gesetz und Sitte, solche und ähnliche Zeichen herrenlosen Wesens forderten ein ätzendes Heilmittel: durchgreifende, obgleich nur schrittweise ausgebildete Fürstengewalt. Nur sie konnte den gärenden Stoffen einer alten und neueren Zeit Ziel und Richtung geben: die Wegelagerer bändigen, den Schuldner, der sich frech von allen Verbindlichkeiten gegen seinen Gläubiger lossagte, an seine Pflichten mahnen, den verhöhnten Obrigkeiten Achtung verschaffen und die vorherrschende Lebensansicht, daß, wer keine Missetaten begehe, ein Tor sein müsse, siegreich bekämpfen – kurz, die entartete Baronenherrschaft des Mittelalters beenden und zugleich die zersplitterten Kräfte vielfacher Landschaften, Stände und körperschaftlicher Vereinigungen, dort Kastiliens, hier Aragoniens, freilich oft auf Kosten des Freisassentums, in einer spanischen Monarchie zusammenfassen. Zwar gehört diese dem Übergang in eine neue Zeit an, aber dennoch mag es angebracht sein, den Weg ihrer Entwicklung anzudeuten.

Ein geordneter Staatshaushalt, der die anfangs dürftigen Jahreseinkünfte von 30 000 Dukaten allmählich um das Dreifache zu vermehren wußte, und strenge, unparteiische Rechtspflege dienten den katholischen Königen, Isabella und Ferdinand, als erstes Mittel für die Gründung einer starken, möglichst unabhängigen Kronmacht. Mancher Große büßte dabei den Trotz seiner Widerspenstigkeit durch Tod, Kerker und Acht. Ein reicher Edelmann Galiciens, Alvaro Yannez, der aus Habsucht zum Mörder eines trügerischen Schreibers (Notars) wurde, mußte sterben, obschon er, um sein Leben zu retten, 40 000 Goldgulden für den Maurenkrieg anbot.*

Damit aber der Landfrieden überall befestigt und eine stehende Miliz vorbereitet würde, stifteten auf Betreiben der Könige anfangs die kastilischen (1476), danach die aragonischen Städte (1488) ihre bewaffnete Bruderschaft *(Santa Hermandad),* die regelmäßig besoldet wurde und alsbald die Straßen von Frevlern säuberte, viele Burgen des Adels brach sowie Gesetz, Leben und Eigentum schützte. Das dritte, schlagende Werkzeug der steigenden Kronmacht gewährte die Inquisition. Unabhängig vom Papst, als königlicher Gerichtshof hinsichtlich der Beamten und Vorschriften nur ans Oberhaupt des Reiches gebunden, sollte sie öffentliche und geheime

* Ferras, VII, 551.

Juden sowie Moslemin unterdrücken, durch Einziehung der Güter den Staatsschatz füllen und über Laien und Priester, Frauen und Männer, Adlige und Bürger in letzter Spruchfällung entscheiden. Dem Vorgeladenen wurden Kläger und Zeugen nicht genannt, Söhne und Enkel der zum Scheiterhaufen Verurteilten wurden von allen Staats-, Kirchen- und Ehrenämtern ausgeschlossen. Mit einem Wort, die neue Behörde sollte nicht nur Feinde des christkatholischen Glaubens, sondern auch der neuen, monarchischen Ordnung als höchste Polizeistelle bewachen und vernichten. Waren gleich die beiden ersten Großinquisitoren, Thomas de Toraquemada und Diego Deza, Bischof von Jaen, Dominikaner, so hatte dennoch dieses weltlich-religiöse Femegericht, das 1480 seine vollständige Gliederung empfing, kein bleibendes Verhältnis zu dem genannten Mönchsorden.*

Endlich legte die stufenweise Übernahme der Großmeistertümer von St. Jago, Calatrava und Alcantara den Schlußstein zu der fast unabhängigen Kronmacht, die dabei klug die Formen der alten Cortes schonte und dem noch kühnen Abenteurerleben teils im zehnjährigen, glücklichen Krieg mit den Moslemin von Granada (1482–1492), teils in der neuen, durch Columbus entdeckten Welt (1492) einen weiten Schauplatz für Großtaten und Verbrechen eröffnete.

Während auf diese Weise aus der Verbindung Aragoniens und Kastiliens die spanische Monarchie als siegreicher Niederschlag des feindseligen Adel- und Bürgertums hervorging, fiel der kleine Grenzstaat Navarra, bisher durch Lage, Mannhaftigkeit und Eifersucht der mächtigen Nachbarn geschützt, nach dem Tod König Johanns II. von Aragonien (1479) an die Erbtochter Eleonora, Gemahlin des französischen Grafen Gaston von Foix – fortan eine sichere Beute hier Frankreichs, dort Spaniens. Dagegen erstarkte nicht nur die dritte, südwestliche Bevölkerung der Iberischen Halbinsel, Portugal, zur nationalen Unabhängigkeit, sondern bezeich-

---

* Siehe über die Grundgesetze des Instituts Vorschriften für das heilige Inquisitionsgericht, aus dem Spanischen von Dr. S…, Stuttgart 1830, und Sempere, I, 73 ff. Die Vorurteile gegen neubekehrte Juden hörten dennoch nicht auf. Der Glaube, daß die Juden am Rückgrat einen Schwanz haben, lebt noch unter dem gemeinen Mann in Spanien. Wie konnte das auch anders kommen, da den Hebräern im spanischen Mittelalter häufig der gesetzliche Zins von – 100 Prozent erlaubt war und dem nimmersatten Hausdrachen selbst dieses Profitchen nicht genügte?

nete auch durch den kriegerisch-geistigen Aufschwung veredelten Freibeuterwesens die nahe Markscheide seines Mittelalters.

Nachdem nämlich unter den Königen des herzoglich-burgundischen Mannesstammes (1095–1383) die Siege bei Ourique (1139) und Faro (1249) die Grenzen des Reiches bis weit über den Tejo ausgedehnt, die Algarve gewonnen und endlich bei Tarifa oder am Fluß Salado (1340) den Islam für immer auf Granada und Afrika zurückgedrängt hatten, begann mit König Johann I. (1385–1433), dem Stifter des unechten neuburgundischen Hauses (1385–1580) die ausgebildete Nationalkraft in kühnen Land- und Seefahrten angemessenen Spielraum zu suchen. Denn weder die ständischen Verhältnisse, die bereits der von Adligen, Prälaten und Abgeordneten der Städte besuchte Reichstag von Lamego (1181) notdürftig durch das Grundgesetz der männlichen Erbfolge geordnet hatte,* noch die für erobernden Angriff zu mächtigen Nebenbuhler in Kastilien zeigten ein dem Tatendrang der Portugiesen entsprechendes Ziel. Sie mußten sich daher, da die engen Grenzen der Heimat dem vorwärtsstrebenden Geist der tapferen, abenteuerlichen Ritterschaft und des gewerblichen Bürgertums nicht genügten, auf die entlegene Fremde richten, dafür aber gleichzeitig die Künste des Krieges und des Friedens, Waffen und Handel, gebrauchen.

---

* Die darauf bezügliche Stelle lautet: »Es hat der Herr König die Bischöfe, edlen Herren und Prokuratoren (städtische Abgeordnete) berufen, und diese sprachen zueinander: ›Lasset uns zuerst Gesetze machen über die Erbfolge des Reiches‹ und darauf haben sie die folgenden gemacht: ›Es lebe unser Herr, der König Alfons, und besitze das Reich! Sollte er Kinder haben männlichen Geschlechts, sollen auch diese leben und das Reich haben, so daß nicht vonnöten ist, sie von neuem zu Königen zu machen. Sie werden aber einander auf die Weise folgen. So der Vater das Reich gehabt, als er gestorben, soll es der Sohn haben, hernach der Enkel, hernach des Enkels Sohn und hernach aller Söhne Söhne auf ewige Zeiten für immer.‹ – ›Fehlen Söhne, so folgt der Bruder des Königs; es bedarf für die Nachfolge seiner Söhne der ständischen Bestätigung. Hinterläßt der König nicht einen Sohn, wohl aber eine Tochter, so soll diese keinen Mann nehmen als einen edlen Portugiesen, und derselbe soll nicht König heißen, bis er von der Königin einen Sohn hat; und wenn der Königin Mann in der Versammlung erscheint, soll er ihr zur linken Hand gehen, auch die Krone des Reiches nicht auf sein Haupt setzen. Das soll ein ewiges Gesetz sein, daß die erste Tochter des Königs einen Mann aus Portugal nehme, damit das Reich nicht an Fremde komme, und so sie sich sollte einen ausländischen Mann wählen, soll sie nicht Königin sein, denn wir wollen, daß unser Reich niemals aus der Hand der Portugiesen komme, die uns durch ihre Tapferkeit zu Königen gemacht haben ohne auswärtige Hilfe, allein durch Mannheit und mit ihrem Blute.‹« Siehe die Urkunde bei Gebauer, Geschichte Portugals, S. 64.

Daher versammelte König Johann, begleitet von seinen drei tapferen Söhnen Eduard, Peter und Heinrich sowie dem Konnetable Pereira, eine zahlreiche, wohlbemannte Flotte. Ohne Hindernis setzte er von der Algarve nach Afrika über, erstürmte dieselbe Feste, die einst den Moslemin als Brücke nach Spanien gedient hatte, Ceuta (22. August 1415), und kehrte sieggekrönt nach seiner neuen Hofstatt Lissabon zurück, wo ihn im Greisenalter die Pest hinwegraffte. Die Portugiesen aber folgten, vom Kampf- und Glaubenseifer getrieben, der Richtung auf Afrika. Sie eroberten, durch das Bollwerk Ceuta gesichert, an der Marokko dienstbaren Küste die Hafenplätze Alcazar (1458), Anafe (1468) Arzilla und Tanger (1470), denen später Agadir, Azamor und Magazan angeschlossen wurden.

Noch glänzender entwickelten sich die mit Kühnheit und Einsicht unternommenen Seefahrten, deren starke Hebel nicht nur in ritterlicher Abenteurerei und ehrgeiziger Eroberungslust, sondern auch in geläuterter Wißbegier und geordnetem Erwerb hervortreten. Den Hauptanstoß dazu gab Johanns Sohn Heinrich, Herzog von Viseo und Großmeister des Christusordens (gest. 1460), den eigenes Nachdenken und der Umgang mit gelehrten, der Schiffahrt kundigen Männern für den großartigen Lebensplan begeistert hatten, möglichst das Atlantische Meer und die afrikanischen Küsten auszukundschaften. So verließ er den königlichen Hof, baute unweit des Kaps St. Vincent an der Algarve die feste Stadt Tarza Nabal und leitete von hier aus mit rastloser Tätigkeit und beträchtlichem Aufwand die von kühnen Seeleuten unternommenen Entdeckungsreisen, die rasch den Gesichtskreis der Erd- und Völkerkunde erweiterten.

Denn während die bisher unzugänglichen Kaps Non und Bojador umschifft wurden (1434), traten neben der schon früher von französischen Abenteurern wieder aufgefundenen Kanarischen Inselgruppe (1326–1334) Porto Santo und Madeira, die bald mit Zukkerrohr und Weinreben bepflanzt wurden, aus dem bisherigen Dunkel hervor (1419). Weiter westwärts folgten die Azoren (1432). Nunno Tristan umsegelte das weiße Kap (1440), das durch den ersten Gold- und Sklavenhandel gemeinere Leidenschaften weckte. Johann Fernandez entdeckte den Senegal und das grüne Kap (1444), Anton Nolli die nach jenem benannten Inseln (1449) und Peter del Cintra Sierra Leone und die Küste Guineas (1460?), dessen Goldstaub und Einwohnerschaft die Begierde unaufhaltsam südwärts drängten. Unter solchen Bestrebungen, Frucht edler ebenso wie selbstsüchtiger Kräfte, beschloß Portugal sein Mittelalter. Die Südspitze Afrikas, vom Entdecker, Bartholomäus Diaz, das Kap der Stürme genannt (1482), deren Umschiffung und der Weg nach dem Wunderland Indien winkten gleichsam aus der Ferne als reizende Traumgestalten eines angespannten mühevollen Lebens.*

Im dritten und letzten Bereich des romanischen Völkerstamms, Italien, wuchsen dagegen bei der schon früher weitläufig beschriebenen Abnahme der republikanischen Grundkraft** auch auf dem fürstlichen Gebiet Zerrissenheit, Schwäche und grundsatzlose, von keinem Nationalgefühl berührte Selbstsucht – Gebrechen, die über kurz oder lang den Fremden die Pforten der Alpenpässe öffnen und im staatsbürgerlichen Kreis die drohende Einbuße der äußeren Unabhängigkeit als Hauptmerkmal des scheidenden Mittelalters bezeichnen mußten. Davon gab das erste Zeugnis der unter den Hohenstaufen für die Entfaltung reicher Lebensstoffe geeignete, aber bereits durch Konradins Blutrache oder die Sizilianische Vesper*** getrennte und in zwei meist feindselige Bahnen geworfene Süden. Die Sizilianer nämlich, bei denen das Andenken an Friedrich und Manfried auf volkstümlichem Boden ruhte, verschmähten so entschieden die Rückkehr des Regiments der Anjous, daß sie sich nicht scheuten, selbst gegen den Sohn und Nachfolger des befreundeten Königs Peter II. von Aragonien, Jakob II., die Waffen zu erheben.

Denn dieser, angelockt durch den versprochenen Gewinn Sardiniens und Korsikas, hatte nicht nur unter Vermittlung des Papstes Bonifazius VIII. im Frieden zu Anagni allen Ansprüchen zu-

* Übrigens unterstützte die Kirche, freilich auf eine ziemlich wohlfeile Weise, die Unternehmungen der Portugiesen. Die Päpste nämlich, zuerst Martin V., schenkten Heinrich dem Seefahrer und der Krone alle Reiche, Herzogtümer, Fürstentümer und Herrschaften südlich der Kaps Non und Bojador bis Guinea (Ghinea) und verboten bei Strafe des Bannes allen Fremden, ohne Erlaubnis der portugiesischen Könige jene Gewässer und Länder zu besuchen, erlaubten auch die Gründung von Kirchen und Klöstern wie den Aufenthalt freiwilliger Bettelmönche. Wer den eingeborenen Heiden Waffen, Taue, Eisen, Holz oder gar Schiffe zuführte, sollte als Ketzer sterben. Siehe die päpstliche Schenkungsurkunde vom Jahr 1454 bei Dumont, Recueil des traités, I, Nr. 628.

** Vgl. S. 340 in diesem Band.

*** Vgl. Band I, S. 528–535.

gunsten der Kirche und ihres Lehnsträgers, Karls II. von Anjou, entsagt (1295), sondern auch die Sizilianer dringend ermahnt, ihrem alten Oberherrn zu huldigen. Umsonst baten jene durch eine feierliche Botschaft, man möge die nach so schweren und blutigen Opfern befreite Insel dem Hause der aragonischen Fürsten erhalten und nicht unter das Joch der verhaßten Franzosen zurückfallen lassen. Aber Jakob berief sich auf die Pflichten gegen den von ihm beschworenen Frieden und mahnte noch einmal zu Unterwürfigkeit.

Da traten, zum Äußersten entschlossen, die Abgeordneten des Adels und der Städte in Catania zusammen und wählten den jüngeren Bruder des Aragoniers, Friedrich (III.), einen ebenso tapferen wie klugen Herrn, zum König (1206). Bald folgte in Palermo die übliche Krönung. Fruchtlos legte der Papst Verwahrung ein. Im Namen des Parlaments antwortete Peter von Ansalva, das gezückte Schwert in der Faust, den kirchlichen Gesandten: »Das Volk der Sizilianer wird sich Frieden verschaffen nicht durch Pergament und Unterhandlungen, sondern durch das Eisen! Euch aber gebiete ich bei Todesstrafe, sogleich von dannen zu ziehen.«*

Fortan entbrannte eine heftige Fehde, in der die Sizilianer den vereinigen Kräften des Heiligen Stuhls, Neapels und Aragoniens so lange heldenmütig widerstanden, bis der Friede von Castro novo (1302) dem wiedergeborenen Eiland Trinacria** einstweilige Unabhängigkeit gewährleistete und die Muße brachte, um durch weise Gesetze die noch schwankenden Innenverhältnisse zu festigen. So wurden die von dem Anjou Karl aufgelösten Parlamente wiederhergestellt und bevollmächtigt, jährlich einmal die gesamte Reichswaltung zu prüfen und etwaige Mißbräuche augenblicklich zu unterdrücken. Rechtspflege und öffentliche Sicherheit bekamen in strenger Unparteilichkeit und Beamtenaufsicht hinlängliche Bürgschaften. Handel und Gewerbe, letzteres besonders durch die Verarbeitung der wollenen Stoffe, Ackerbau, Künste und Wissenschaften empfingen tatkräftige Hilfe, während die ungewissen und daher

* Zurita, Annales de la Corona de Aragon, Band I, S. 306.
** Man frischte diesen altertümlichen Namen auf, um der Kirche und Neapel diplomatisch die offenbare Demütigung zu erleichtern.

gefährlichen Dienste der Lehnsträger genau bestimmt und manche Lehen durch die Erlaubnis, sie zu verkaufen oder zu zerstückeln, fast in Freigüter umgewandelt wurden.

Doch rastlose Anstrengungen der Päpste, die ihre Ohnmacht hinter geheimen Umtrieben versteckten, sowie die ungebührliche Macht der allmählich mit dem Blutbann über die Untertanen ausgerüsteten Reichsbarone, der Abgang des bisher 127 Jahre lang unabhängigen Mannesstammes von Aragon (1410) und die bleibende Vereinigung mit der aragonesischen Krone – diese Umstände hemmten den lebenskräftigen Entwicklungsgang Siziliens und führten eine Spannung der unsteten Verhältnisse herbei, die hier wie für das stammverwandte Neapel den Wendepunkt des Mittelalters bezeichnet.

Jene größere Hälfte nämlich des einst blühenden Hohenstaufenreichs ging unter dem eigenmächtigen, dabei aber von der oberlehnsherrlichen Kirche vielfach abhängigen Anjou im gesonderten Kreis schnellem Verfall entgegen und gewährte nicht weniger dem Ehrgeiz heimischer Großer als den Gelüsten fremder, verwegener Abenteurer einen weiten Spielraum. Denn nachdem unter den Königen Karl I. (gest. 1285), Karl II. (gest. 1309) und Robert (gest. 1343), einem durch Klugheit und Bildung ausgezeichneten Fürsten, unglückliche Kriege mit Sizilien und den Ghibellinen Oberitaliens die Kraft des Reiches gebrochen hatten, vollendeten lasterhaftes Hofleben, Ränke und bürgerliche Wirren das von den drei ersten Anjous schon begonnene Werk der Auflösung.

Dazu gab Roberts Enkelin, Johanna (I.), den Anstoß. Vom Großvater, der keine Söhne besaß, zur Nachfolge berufen und von den Ständen ohne Schwierigkeiten anerkannt, stellte die sechzehnjährige Königin Leichtsinn, zügellose Genußgier und Herrschsucht an die Spitze der leitenden Regierungsgrundsätze, die um so tiefer wurzeln konnten, je verdorbener bereits die Sitten der Großen waren und je mehr der angeborene Widerwille gegen den schwachen, eitlen und rohen Gemahl, den Prinzen Andreas von Ungarn, wuchs. Bald zerfielen Hof und Adel in zwei Parteien; etliche begünstigten den Fremden, die meisten aber sahen in ihm und seinen Begleitern eingedrungene Barbaren, deren man sich um jeden Preis und durch jegliches Mittel entledigen müsse. Als daher Andreas von seinem Oberlehnsherrn, dem Papst Klemens VI., in Avignon Krönung und Teilnahme an der Reichswaltung forderte, überrumpelten die Verschworenen in der Nacht des 18. September (1345) den sorglosen Fürsten zu Aversa, erdrosselten ihn und warfen den

Leichnam aus dem Fenster des Schlosses, als ob Selbstmord oder Zufall gewirkt hätten.*

Doch trotz dieser einfältigen List breitete sich die Kunde des Verbrechens in Neapel, Italien und Europa mit Blitzesschnelle aus. Man beschuldigte öffentlich und nicht ohne Grund die Königin als Wissende, den Herzog Karl von Durazzo, Gemahl ihrer Schwester Maria, und andere Prinzen von Geblüt als Urheber und Vollstrecker des frevelhaften Planes. Umsonst suchte Johanna in der Verheiratung mit dem Vetter Ludwig von Tarent ein schützendes Bollwerk gegen innere und äußere Gefahren. Denn kaum erschien König Ludwig von Ungarn, um den Bruder zu rächen, an den Grenzen, als die Treulosigkeit der meisten Großen und der Wankelmut des neuerungslustigen Volkes sie zur eilfertigen Flucht nach der Provence, dem freilich geminderten Erbgut der Anjous, zwangen (1347). Dagegen büßten Herzog Karl von Durazzo, der in stolzer Sicherheit blieb, und mehrere Mitglieder des hohen Adels den Mord durch ihren Tod, die meisten Verwandten des verbrecherischen Hauses durch Abführung nach Ungarn, während Ludwig, der vom Papst nicht als König Neapels bestätigt wurde, nach einmonatigem Aufenthalt bei einbrechender Pestkrankheit heimkehrte und einem Stellvertreter, Konrad Lupo, die Benutzung und Regentschaft des mit einem Schlage gewonnenen Reiches übergab (1348).

Sofort rüstete Johanna, die für die Bestreitung der Kosten dem Papst Avignon verkauft hatte, zehn genuesische Galeeren aus. Damit landete sie bei Neapel, dessen Bewohner freudig huldigten (August 1448), und zwang die von der ungarischen Partei besetzten Schlösser binnen etlicher Wochen zur Übergabe. Den verheerenden, meistens von Soldknechten geführten Krieg mit König Ludwig, der das zweitemal persönlich erschien und im ganzen siegreich kämpfte, beendete nach manchem Wechsel unter Vermittlung der

* Vgl. Muratori, Annali d'Italia, XII, 93. Gravinua, ein Zeitgenosse (Muratori, Script. rerum ital., Band XII, S. 560), meldet so umständlich den ganzen Vorfall, daß kaum an der Schuld Johannas zu zweifeln ist. Sie blieb ruhig im Bett, als der durch List in den Vorsaal gelockte Gatte um Hilfe schrie und bald darauf unter den Fäusten der Mörder verblutete. Nur die ungarische Amme des Königs, Ysolde genannt, machte Lärm und weckte das Gesinde, aber es kam nach der Tat. Übrigens warf man dem unglücklichen Jüngling einen Strick um den Hals, weil er wegen eines von der Mutter erhaltenen Ringes für hieb- und stichfest gehalten wurde.

Kirche ein bleibender Friedensvertrag (1351). Ihm gemäß bezahlte Johanna, die vom Papst für unschuldig am Mord ihres ersten Gemahls erklärt wurde, dem Nebenbuhler 300 000 Goldgulden und behauptete dafür die mit ihrem zweiten Gemahl, Ludwig I., geteilte Krone. Nach dessen Tod (1362) fiel die Wahl der launenhaften Königin, die nicht lange als Witwe verharren konnte, auf einen Spanier, den Infanten Jakob von Aragonien, und da auch dieser bald der stolzen, herrschsüchtigen Frau überdrüssig war, heimkehrte und starb, auf einen Deutschen, den tapferen, duldsamen und mit der Rolle eines gehorsamen Dieners zufriedenen Otto von Braunschweig (1376).

Inzwischen brachte die kirchliche Spaltung neue und entscheidende Gefahren. Johanna nämlich, schwer beleidigt durch Urban VI., den ehemaligen Erzbischof von Bari – der leichtfertig gedroht hatte, die Beherrscherin Neapels in ein Kloster der heiligen Klara als Spinnerin zu schicken –, nahm mit Nachdruck Partei für den von Frankreich begünstigten Gegenpapst, Klemens VII., und bereitete ihm in der Hauptstadt einen glänzenden, jedoch vergänglichen Empfang. Denn Urban schleuderte nicht nur gegen die Königin, als schuldig der Ketzerei und des Hochverrats, den Bann, sondern übertrug auch dessen Vollziehung dem letzten männlichen Abkömmling des Hauses Anjou-Neapel, Karl von Durazzo, Sohn Ludwigs von Durazzo und Neffe des gleichnamigen, von den Ungarn einst ermordeten Oheims. Ihn, dem vertrauensvoll Johanna die Schwestertochter Margaretha vermählt und die Thronfolge bestimmt hatte, machten Ehrgeiz und Eitelkeit so undankbar, daß er sich nicht schämte, als blindes Werkzeug des Heiligen Stuhls zu handeln und den auf dem Schlachtfeld gewonnenen Sieg durch die feige Hinrichtung einer unbeugsamen Gefangenen zu beflecken.

Nachdem nämlich Urban Rechte, Güter und Einkünfte der Kirche, selbst Kelche, Kreuze und Heiligenbilder, verkauft hatte, um die Kosten für die Heerfahrt zu bestreiten, brach Karl, in Rom feierlich mit dem Reich belehnt, an der Spitze beträchtlicher Soldscharen auf und besetzte nach unbedeutenden Gefechten infolge geheimen Einverständnisses Neapel (16. Juli 1381). Er besiegte den Herzog Otto, der gefangen wurde, und zwang durch Hunger Castel nuovo, Zufluchtsstätte der flüchtigen Königin, zum Gehorsam. Da jene auch im Mißgeschick trotzig blieb und weder durch Schmeicheleien noch durch Drohungen zu bewegen war und standhaft den Herzog Ludwig von Anjou, Oheim des französischen Königs Karl VI., für ihren Pflegesohn und Erben erklärte, beschloß Karl das Äußerste. Am 22. Mai 1382 wurde Johanna im Kerker erdrosselt und der Körper dem schaulustigen und wankelmütigen Volk als Unterpfand der jetzt, wie man wähnte, gefestigten Ruhe gezeigt.

Aber diese kehrte einstweilen, da lediglich Furcht und Erschlaffung wirkten, nur scheinbar zurück, während die Herrenlosigkeit für den günstigen Augenblick gleichsam neue Stoffe im geheimen sammelte. Kaum hatte daher Karl III. sein Streben, Ungarn und Neapel zu verbinden, durch gewalttätigen Tod gebüßt (24. Februar 1386), als in beiden Ländern die blutigsten Wirren ausbrachen und besonders Neapel erschütterten. Denn während hier die Königinmutter, Margarete, für den unmündigen Sohn Ladislaus die Regentschaft übernahm und in dem tapferen, bescheidenen Otto von Braunschweig die kriegerische Stütze der durazzisch-ungarischen Anjoupartei fand, erklärten sich die mächtigen Grafen von Sanseverino, Caserta und Ariane sowie andere Adelshäuser für König Ludwig II., den Stellvertreter der französischen Anjous.

Zwar behauptete endlich Ladislaus, der von Papst Bonifazius IX. gekrönt wurde (1390), durch persönliche Tüchtigkeit die Oberhand (1400), vertrieb den schwachen Gegner und unterdrückte die hoffärtige und herrschsüchtige Adelsschaft, aber er besaß wegen des schrankenlosen Ehrgeizes, der ganz Italien umspannte, nicht die Fähigkeit, dem mühsam errungenen Besitz des Südens durch gründliche Besserung der tief eingewurzelten Gebrechen Dauer und Stetigkeit zu geben. Daher trat nach dem Tod des kraftvollen, jedoch ungestümen Königs (1414) der alte Krebsschaden, die Parteibildung, nicht des kraftlosen Volkes, sondern der ehrgeizigen und sittenlosen Großen bei unverändertem Wesen in einer neuen Gestalt hervor.

Aragonier und französische Anjous erschienen auf dem Schauplatz. Als endlich Herzog Ludwig III. von Anjou, eingeladen durch den Rottenführer *(condottiere)* Attendolo Sforza, rüstete, um den nie vergessenen, obschon meist unglücklichen Ansprüchen seines Hauses Nachdruck zu geben, erklärte die Schwester und Erbin des Ladislaus, Königin Johanna II. (1414–1435), eine ebenso feige wie liederliche Frau, in der augenblicklichen Bedrängnis den König Alfons V. von Aragonien und Sizilien für ihren Pflegesohn und Thronnachfolger (1421). Erschreckt durch den sittlichen Ernst des edlen, an einer Wiedergeburt des zerrütteten Reiches arbeitenden Spaniers, nahm sie die Verfügung jedoch zurück und erhob den leichtsinnigen, gegen das lasterhafte Leben der Pflegemutter ziemlich gleichgültigen Franzosen (1423).

Als nun dieser in der ruhmlosen Abgeschiedenheit zu Cosenza starb (1434) und seinen Bruder René (Renauts), Herzog von Anjou, Bar und Lothringen, zum Erben einsetzte, dessen Wahl auch Johanna vor ihrem Tod (1435) bestätigte, verlieh der bisher untätige Aragonier, Alfons V., seinen älteren Rechten durch die Waffen Nachdruck. Nach einem mehrjährigen Krieg vertrieb er den Nebenbuhler und behauptete seit der Aussöhnung mit Papst Eugen IV. durch ritterliche Kraft, staatsmännische Klugheit und uneigennützige Pflege der Wissenschaften und Künste die vereinigten Kronen beider Sizilien (1435–1458). Die noch nicht befestigte Nachfolge der Aragonier, die im leidenschaftlichen und gewalttätigen Sohn des Stifters, König Ferdinand I. (1458–1494), keinen würdigen Stellvertreter fand, die wachsende Gärung der stolzen, um ihre Vorrechte bekümmerten Barone, die dumpfe Gleichgültigkeit des beweglichen, schwer besteuerten Volkes,* in der Fremde hier Türkennot, dort französischer, von den Anjous überlieferter Ehrgeiz, der nur den günstigen Augenblick einer bewaffneten Dazwischenkunft erwartete, endlich die unstete Haltung des kirchlichen Oberlehnsherrn – diese Verhältnisse bilden für Neapel den Markstein des Mittelalters und einer neuen, keine glückliche Zukunft verkündenden Zeit.**

* *»Les Napolitains ne veulent que mutation.«* Comines.

** Zur Übersicht der neapolitanischen Wirren vgl. folgende Ahnentafel:

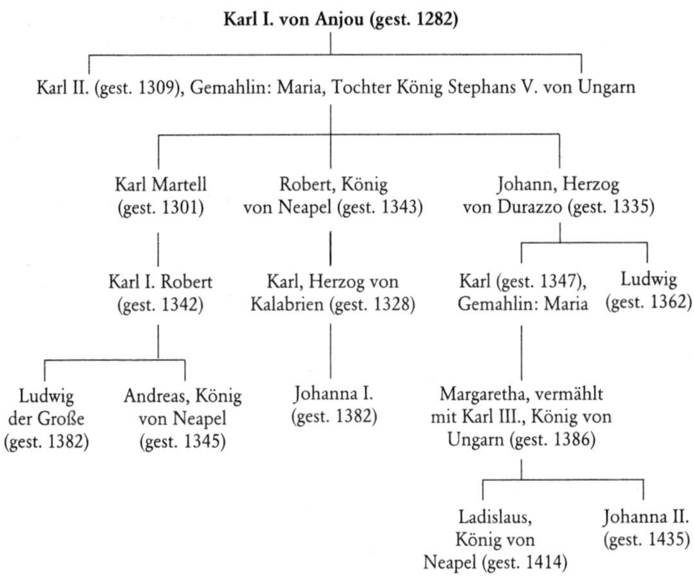

Wenn die fürstliche (monarchische) Grundkraft, die durch keine freistädtische gezügelt wird, im Süden Italiens bedeutende Massen einigt und abrundet, so tritt sie im mittleren und nördlichen Gebiet der Halbinsel beim Sinken des Republikanismus* vereinzelnd und zersplittert auf. Dafür wirkten teils die Eifersucht und Macht der Venetianer und Florentiner, die überdies dem neuen, politischen Umschwung am hartnäckigsten und längsten widerstrebten, teils die Banden- *(condottierei)* und Volksführer (Demagogen), deren Selbst- und Ehrsucht sich beim Untergang der freien Gemeinwesen mit kleinen Herrschaften begnügte. So bekam die monarchische Umgestaltung dieselbe Mannigfaltigkeit, die früher das republikanische Leben gezeigt hatte, bahnte aber bei wachsender Abnahme des Nationalsinns den Fremden um so bereitwilliger die Heerstraße der Eroberung, je rücksichtsloser die gekrönten Häuptlinge Neuitaliens jedes Mittel, selbst Treuebruch und Verrat an der allgemeinen Unabhängigkeit, für den Vollzug ihrer kleinlichen Leidenschaften und Zwecke benutzten.

Unter den Fürstenstaaten, die dieser heillosen Richtung folgten, nahm das Herzogtum Mailand hinsichtlich des Umfangs und der Macht so entschieden den ersten Platz ein, daß es – nicht ungleich den Bestrebungen in der letzten Hälfte des 12. Jahrhunderts – bisweilen versuchen durfte, dem gesamten Lombardien nach den Grundsätzen der Monarchie eine Art diktatorischer Vorsteherschaft aufzuzwingen. Denn nachdem der Tod des Stifters,** Johann Galeazzo (1402), eine unbeschränkte, unteilbare Erbmacht zwei unbedeutenden Söhnen überliefert hatte, von denen der jüngste, Herzog Philipp Maria (1412–1447), den Viscontischen Mannesstamm unter wachsenden Wirren beschloß, gab die Nachfolge der Sforza (1450) den Grund sowohl zum kriegerisch-staatsbürgerlichen Wachstum Mailands als auch zur teilweisen Umgestaltung aller italienischen Verhältnisse.

Die Anfänge des waffenberühmten und mächtigen Geschlechts der Sforza sind so dürftig und unbedeutend gewesen, daß vom Auftritt des ersten, durch Verdienst und Glück gehobenen Bandenführers keine Spur guter oder böser Handlungen erscheint. Aber zwei ungewöhnliche Männer, Vater und Sohn, wandelten die Bauernhütte in den Palast, die Pflugschar und die Hacke in das Schwert

---

* Vgl. S. 109–192 in diesem Band.
** Siehe S. 125 in diesem Band.

und die Lanze um und fanden, nicht unähnlich dem römischen Marius, adlige Ahnen und Wappenbriefe auf dem siegreich behaupteten Schlachtfeld.

Sforza Attendolo nämlich, in Cotignola, einem Dorf in der Romagna, geboren (10. Juni 1369), hatte jahrelang mühsam und in Dürftigkeit das Feld bestellt, als in ihm die Lust erwachte, im kriegerischen Abenteuer einen weniger beschwerlichen, wenn auch gefahrvollen Beruf zu suchen. Da er an Vorzeichen glaubte, warf der künftige Stifter eines fürstlichen Geschlechts – so wird berichtet – die Hacke in das Geäst eines Eichenbaums. Blieb sie hängen, sollte der Soldatenrock angezogen werden; fiel sie nieder, sollte die Bauernarbeit ihren neidlosen Platz behaupten. Das auf die Probe besetzte Schicksal entschied dagegen, und Attendolo folgte der Fahne.

Bald wurde er durch Mut, Einsicht und niederschmetternde Kraft so über die Menge emporgetragen, daß sie ihn Sforza (Stärke) nannte. Diesem erblichen Beinamen brachten allmählich glänzende Waffentaten im Dienst der Florentiner, Ferraras, Neapels, Schätze und Güter, besonders im von Parteien zerrissenen Königreich Süditaliens, Bedeutung. Schlau und trotzig, sparsam und freigebig, je nach den Umständen beugsam und eigenwillig, konnte der Bauer von Cotignola, Neapels Großkonnetable und reicher Lehnsmann, bei seinem Tod (Januar 1424) seinem Sohn Franz kriegerischen Ruf, weitläufige Verbindungen, Gold und Silber, vor allem aber die bewährten Lehren eines aufstrebenden und dabei besonnenen Ehrgeizes hinterlassen.*

Denn der Erbe und Nachfolger des Vaters heftete unter den mannigfaltigsten Abenteuern, welche die Kämpfe für Neapel, Florenz, die Kirche und eigene Streitigkeiten brachten, bald unverrückt das Auge auf ein Ziel: die Erringung Mailands. Unabhängiger Besitzer der vom Papst Eugen IV. als Lehen empfangenen Markgrafschaft Ancona und Gebieter über tapfere, sieggewohnte Soldscharen, ruhte Franz nicht eher, als bis ihm, dem Gemahl Blancas, einer natürlichen Tochter des letzten Visconti, die Mailänder jubelnd die Tore öffneten und als Herzog huldigten (22. März 1450).

Alsbald sandten die Fürsten und Gemeinden Italiens, am spätesten Venedig und König Alphons von Neapel, beglückwünschende Boten, denen sich ohne Zaudern die bewundernde Fremde an-

* Vgl. Muratori, Annali XII, 409; XIII, 81.

schloß. Fortan regierte Franz Sforza, durch List und Gewalt Herr Genuas (1464) und der ligurischen Seeküste, 16 Jahre lang in der Lombardei mit unbestreitbarem Übergewicht. Er hemmte, mit den Florentinern befreundet, hier Venedig, dort Neapel und suchte, als ob er die Zukunft vorausahnte, im französischen Bündnis einen Ableiter neuer Eroberungsfahrten. Sorgsam und von Cosimo Medici unterstützt bedachte er den selten gestörten Frieden der italienischen Völkerschaften,* die von den langen Wirren ermattet freier aufatmen durften. Er förderte nach Kräften gesetzliche Ordnung, Ackerbau, Handel und Gewerbe, Künste und Wissenschaften und blieb in der Fülle fürstlichen Glanzes und kriegerischen Ruhms einfach und gemäßigt, so daß ihn keine Ladung des Ehrgeizes blenden und über die abgesteckten Grenzen eines schützenden Friedens- und Mittlerstaats hinausreißen konnte.

Der Tod dieses außerordentlichen Mannes (1464), der Heldenstärke und Klugheit auf seltene Weise vereinigte und die Früchte von 21 glücklichen Feldschlachten durch Zügelung der Begierden zu ernten wußte, bezeichnete für Mailand, das Sforzasche Haus und ganz Italien um so mehr einen gefährlichen Wendepunkt, je weniger die üppige gewalttätige Lebensweise seines Sohnes und Nachfolgers, Galeazzo Maria, den Forderungen der schwierigen Verhältnisse entsprechen konnte. Daher wuchs die Gefahr für Italiens äußere Unabhängigkeit in dem Maße, in dem die mailändische Oberleitung abnahm sowie die Eifersucht Venedigs und der Florentiner trotz des Medicäers Lorenzo Spielraum fand.

Alle kleineren Höfe nämlich arbeiteten gleichsam wetteifernd an der Aufgabe, durch selbstsüchtige Eitelkeit und Zersplitterung den letzten Keim des Gemeinsamen zu ersticken und dem lauernden Fremden die unbewachten Alpenpässe zu öffnen. Denn weder die Markgrafen von Este, die Kaiser Friedrich III. zu Herzögen von Modena und Reggio gemacht hatte (1452), noch die Gonzaga, Häuptlinge Mantuas, weder die diesseits und jenseits des Gebirges seßhaften, durch den geldbedürftigen Luxemburger Sigmund mit dem Herzoghut geschmückten (1416) Grafen von Savoyen-Piemont noch die sinkenden Markgrafen von Montferrat oder die im öffentlichen Urteil schwankenden Erben des heiligen Peter besaßen den Willen und die Fähigkeit, auf den Resten der gesunkenen

* *»Pacis conservator, acerrimus defensor ac propugnator.«* Simonetta, Vita Francisci Sfortiae, bei Muratori, Band XXI, S. 677.

oder tief erschütterten Republiken einen schützenden Zentralstaat zu erbauen und zu entwickeln. Nur ein Mann des Schwertes und gebietenden Feldlagers konnte hier retten; der aber fehlte mit Franz Sforza. Die Abnahme der freien Gemeinden und die Ohnmacht ebenso wie Liederlichkeit ihrer fürstlichen Erben bilden demnach für Italien in staatsbürgerlicher Hinsicht das wesentliche Merkmal des endenden Mittelalters.

## Fünfter Abschnitt

*Slawen, Ungarn, Byzantiner, Osmanen und Mongolen; der Fall Konstantinopels*

Während in den slawischen Gebieten die Böhmen, die trotz der kirchlich-staatsbürgerlichen Wirren durch den Hussitenkrieg gestählt und in ihrem Streben nach volkstümlicher Abschließung gefestigt wurden, den klugen und tapferen Reichsverweser, Georg Podiebrad, zum unabhängigen Nationalkönig wählten (1458) und gegen die Ansprüche Habsburgs und anderer Nebenbuhler behaupteten, sank Polen nach einem kurzen Aufschwung in lähmende Zerrüttung zurück.

Kasimir der Große (I.) (1333–1370), der letzte des piastischen Mannesstammes, hatte für die Abtretung der Landschaften Kulm, Michaelow und Pommern an den deutschen Orden (Kalischer Friede, 1343) im Gewinn Rotrußlands (Galizien, Lodomirien) und Masoviens hinlänglichen Ersatz gefunden. Durch die erste Sammlung schriftlicher Gesetze hatte er der bisherigen Willkür entgegengesteuert, den Bauern Sicherheit des Leibes und Eigentums gegen hartherzige Gutsherren, den Bürgern die Anfänge gemeinheitlicher Freiheit und Gesittung gebracht. Auch den Wissenschaften in der später von Kasimir nach Krakau verlegten Hochschule hatte er eine fruchtbare Schutzstätte eröffnet (1364).

Doch unter seinem Nachfolger und Schwestersohn, König Ludwig von Ungarn (1370–1382), wurden die ausgestreuten Keime naturgemäßer Entwicklung schnell zertreten. Denn Adel und Geistlichkeit errangen die fortan mit unbeugsamem Starrsinn festgehaltene Freiheit von allen Abgaben und Leistungen, während Steuern, jüdischer Wucher, Frondienste und blinder Gehorsam den Städter und den Landmann zugunsten der bevorrechteten Kasten, die darin die Nationalfreiheit suchten, herabdrückten. Dafür brachte die Vereinigung mit Litauen, dessen bisheriger Großherzog, Ladislaus-Jagello, den polnischen Thron bestieg,* keinen Ersatz. Denn obschon unter dem ersten Stammhalter der Jagellonen, die 186 Jahre lang (1386–1572) die Nachfolge am Reich besaßen, der Sieg bei Tannenberg (1400)** den deutschen Orden in seinen

* Siehe S. 348 in diesem Band.
** Siehe S. 348 in diesem Band.

bedrohlichen Fortschritten aufhielt und die weitläufigen Gebiete zwischen der Ostsee und dem Schwarzen Meer verknüpfte, konnte dennoch bei der Übermacht des Adels und den häufigen, an die Wahlkrone geknüpften Unruhen kein lebenskräftiges Volk entstehen.

Denn Ehren und gemeinheitliche Rechte gehörten allein den weltlichen und geistlichen Herren. Nur sie entschieden auf den durch Kasimir IV. (1444–1492) bestimmter ausgebildeten Reichstagen über Gesetze, Steuern, Krieg, Frieden, Bündnisse und Verträge. Nur ihnen öffneten sich die Ämter der Kirche und des Staates, während Bauern und Bürger so vernachlässigt und hilflos blieben, daß der Edelmann einen absichtlichen Todschlag durch geringe Geldbuße sühnen durfte. Dieser rasch gewonnene Höhepunkt einer die Massen zermalmenden Geschlechterherrschaft, die den jeweiligen Wahlkönig als gefügiges Werkzeug gebraucht und im alleinigen Nutzen der Großen den Begriff der Nation sucht, möchte für Polen das Hauptkennzeichen des scheidenden Mittelalters bilden.

In Rußland hielt dagegen ein äußerer Feind, die mongolische, an das zwischen dem Jaik und der Wolga gelegene Khanat von Kaptschak geknüpfte Oberherrschaft,* während des ganzen Zeitraums den nationalen Entwicklungsgang auf. Zwar wurden die bisher getrennten Großfürstentümer Wladimir-Novgorod und Moskau vereinigt (1318), aber nirgends Kräfte gewonnen, um hier den Süden und den Südosten, wo selbst Kiew fiel (1320), gegen die erobernden Fahrten der Litauer und Polen zu schützen, dort das an Moskau als Sitz des Großfürsten und Metropoliten gebundene Binnenland vom drückenden Joch der Nachkömmlinge Dschingis-Khans zu befreien. Jedoch stählten Hinrichtungen, mongolische Späher und Steuereinnehmer, die Zahlungsunfähige zur Knechtschaft verurteilten und jeden Frevel für erlaubt hielten, den nur eines klugen und tapferen Führers bedürftigen Volkszorn. Jener erschien endlich in Iwan Wasiljewitsch dem Großen (1462–1505), der die schmählichen Fesseln zerbrechen, den Trotz heimischer Häuptlinge beugen, die republikanische Widersetzlichkeit der Stadtgemeinden Moskau, Pleskow und Novgorod dämmen und durch das alles den Grundstein eines souveränen, russischen Erbreichs legen sollte, dessen Anfänge für jene zweite slawische Hauptmasse den Ausgang des Mittelalters beurkunden.

---

*Siehe Band I, S. 552 und 556.

In Ungarn, das beinahe 50 Jahre lang an den Folgen der mongolischen Verheerungen leiden mußte,* gab nach kaum gefestigter Sicherheit das Ende der mit Andreas III. (1290–1301) erlöschenden Arpaden das Zeichen zu zerrüttenden Thronfehden und bürgerlichen Streitigkeiten. Denn während etliche Große den gleichnamigen Sohn des Böhmenkönigs Wenzel leichtsinnig wählten und verließen, berief die stärkere, päpstlich-neapolitanische Partei den Anjou Karl Robert** und brachte ihm Mittel, sich gegen innere und äußere Feinde so zu behaupten, daß dort entgegen den bisherigen Vorrechten Adel und Geistlichkeit mit Abgaben belegt, hier Bosnier, Kroaten, Walachen, tartarische Komanen, Russen und andere Grenzvölkerschaften gedemütigt werden konnten (1308–1342).

Des Vaters Werk setzte der Sohn, Ludwig I., fort. Italienische Feinheit mit der Naturkraft der Magyaren verbindend, hat er 40 Jahre lang (1342–1382) in den Künsten des Krieges und des Friedens ein Vorbild fürstlicher Tätigkeit aufgestellt und Dalmatien, Serbien, Bosnien, die Walachei, Moldau und Bulgarien der ungarischen Hoheit unterworfen. Seit dem Gewinn der polnischen Krone (1370) leitete er alle Länder von der Mündung des Weichselstroms und den Küsten des Schwarzen Meeres bis zum Adriatischen Meer trotz ihres vielartigen Wesens meist mit Weisheit und Nachdruck. Den Kreis des Adels erweiterte er durch Aufnahme bürgerlicher Gutsbesitzer, die Bauern und Leibeigenen schützte er gegen herrschaftliche Willkür. Aus der verbesserten Rechtspflege entfernte er die Gottesurteile mit Vorbehalt des Zweikampfs. Er förderte Handel, Gewerbe und Ackerbau, letzteren besonders durch die Anlage der Tokaier Rebberge, und widmete den Wissenschaften die später nach Ofen verlegte Hochschule Fünfkirchen (1382). Die dem Kronschatz nützlichen, aber dem allgemeinen Wesen wegen ihres Wuchers verderblichen Juden wurden aus dem Land gejagt. Er war stets wachsam und eingreifend, und oft beobachtete er als Bauer oder Bürger verkleidet das öffentliche Urteil und entlehnte von ihm Lehren für die künftige Reichsverwaltung.*** Überhaupt führte er als ein zweiter Alfred oder Karl, wenn auch ihm an schöpferi-

* Siehe Band I, S. 552.
** Vgl. die Stammtafel S. 493.
*** Bonfinius, Rerum Hungaricarum decades quatuor, Francofurti 1581, X. Buch, S. 350.

scher Geisteskraft nachstehend, die Diktatur der slawisch-magyarischen Gebiete mit Einsicht und Willensstärke.

Der Tod dieses außerordentlichen Fürsten, dessen Gleichgültigkeit gegen die Fortschritte der Türken für die Abnahme der christlichen Glaubensbegriffe zeugen konnte, beschleunigte den Durchbruch der nur aufgehaltenen Parteiwirren. Denn während etliche Große und Bezirke der ältesten, mit dem Luxemburger Sigmund vermählten Tochter Maria als Königin folgten und der Mutter, Elisabeth von Bosnien, die Regentschaft übertrugen (September 1382), lockten andere den anfangs widerstrebenden Anjou, Karl den Kleinen, aus Neapel nach Ungarn und ruhten nicht eher, als bis er nach dem Austritt der Nebenbuhlerin trotz des murrenden Volkes in Stuhlweißenburg die feierliche Weihe und Krönung empfing (5. Dezember 1385).

Solchen Schimpf ertrug das stolze Gemüt der Königinmutter, Elisabeth, nicht. Sie vertraute sich dem gleichgearteten Palatinus an, Nikolaus von Gara, der schnelle Rache versprach und vollzog. Denn nach etlichen Wochen fiel der arglose, durch Eitelkeit geblendete Fremdling, Karl von Anjou, unter den Streichen des Oberschenken Blasius Forgacz (16. Januar 1386). Der rasende Pöbel stürzte sich auf die italienischen und heimischen Anhänger, erschlug, plünderte und mißhandelte Männer und Frauen, Kinder und Greise. Aber nicht lange schlummerte die blutige Wiedervergeltung. Denn als beide Königinnen, im Glauben, alle Gefahren seien beseitigt, ohne bewaffnetes Gefolge Nieder-Ungarn durchzogen, wurden sie plötzlich unweit von Sirmium von dem Verweser (Ban) Kroatiens, Johann Horvath, einem getreuen Anhänger Karls, überfallen. Die sie begleitenden Hofleute, unter ihnen der Palatino Gara, wurden teils getötet, teils gefangen. Umsonst flehte Elisabeth für ihr Leben. Sie mußte im Kerker sterben, die Tochter Maria aber auf dem Schloß Novigrad so lange zwischen Furcht und Hoffnung schweben, bis die Ankunft Sigmunds sie rettete (Juni 1387).

Jener, fortan als König anerkannt, verlor mit dem Tod seiner herrschsüchtigen Gemahlin (1392) die Hauptstütze des bald wiederum von äußeren und inneren Feinden erschütterten Throns. Denn während die Türken bei Nikopolis an der Douau siegten (1396) und des Reiches Ostgrenzen bedrohten, wurde die Krone von den einander durchkreuzenden Adelsparteien auf schamlose Weise feilgeboten. Doch es zeigten weder Albrecht von Österreich noch Ladislaus von Neapel-Anjou, Sohn Karls des Kleinen, Neigung, Leben, Ehre und Sicherheit den Gelüsten der um keine

Treue und Zucht bekümmerten Großen preiszugeben. Daher konnte der Luxemburger trotz seiner sinnlichen Natur und vielfältigen, auf Böhmen und Deutschland gerichteten Wirksamkeit unter mannigfaltigen Abenteuern, Wirren und Demütigungen die ungarische Reichsvorsteherschaft behaupten, die mit seinem Schwiegersohn, Herzog Albrecht (I.), auf den habsburgischen Fürstenstamm überging (1437).

Dieses Ereignis, das durch den frühzeitigen Tod Albrechts (1439) ebenso wie die Unmündigkeit des nachgeborenen Erbsohnes Ladislaus in seinen Rückwirkungen zunächst aufgehalten wurde, und die wachsende Türkenmacht bilden für Ungarn, das überdies in den staatsbürgerlichen Verhältnissen manchen Wechsel erleiden mußte, die Markscheide des Mittelalters. Denn während früher nur hoher Adel und hohe Geistlichkeit als eigentliche Magnaten den Landtag besuchten, hatten seit dem Anfang des 15. Jahrhunderts (1405) auch Abgeordnete der Städte und niederen Ritterschaft die Teilnahme an der ständischen Stellvertretung gewonnen – eine Befugnis, die trotz des schwerfälligen Ganges der vier beratschlagenden Parteien dem bisher gültigen Übergewicht der Großen Schranken setzte und in die gesamte Nationalmasse aufregende Kräfte des Ehrgeizes und Wetteifers brachte.

Die östliche Grenzwache Europas und des Christentums, Byzanz, näherte sich dagegen raschen Schrittes dem Verfall und dem Untergang, nachdem alle Bemühungen einzelner Kaiser, Hof und Volk zu bessern und die griechisch-lateinische Kirchenzwietracht auszugleichen, am tief verwurzelten Gebrechen des staatsbürgerlichen, häuslichen und religiösen Lebens gescheitert waren. Aber diesen langsamen, den gesunden Stoff schrittweise aufzehrenden Todeskampf des byzantinischen Zwitterwesens, das Morgen- und Abendland, antike und mittelalterliche Welt verknüpft, erhellen bisweilen Gegenwirkungen des günstigen, gleichsam warnenden Schicksals wie Blitze. Denn schon erwartet um den Anfang des 15. Jahrhunderts Konstantinopel hilflos, auf der See- und der Landseite eingeschlossen, den letzten Streich des erhobenen Osmanenschwerts, als der Sultan Bajazet plötzlich durch den Ruf des Mongolen Timur aufgehalten und in Asien zum unglücklichen Kampf um die Herrschaft gezwungen wird. Doch nutzlos verstreicht den griechischen und lateinischen Christen unter kleinfügigen Glaubensstreitigkeiten die kostbare Gnadenfrist. Das Bollwerk am Bosporus fällt, und der Osmane gewinnt europäisches Bürgerrecht, während der spanische Westen den Islam auf Granada beschränkt und Kräfte sammelt, um bald auch diese äußere Schanze niederzureißen. Folgendes bezeichnet den Gang der verhängnisvollen Ereignisse des Ostens.

Michael (VIII.) Paläologus (1261–1282) fand, als er am 15. August (1261) unter Vortragung eines heiligen, angeblich vom Apostel Lukas gefertigten Marienbildes* prunkvoll in Konstantinopel Einzug hielt, das den Lateinern durch Überfall entrissen worden war,** eine verödete, in manchen Vierteln zerstörte Hauptstadt vor, deren Bewohner meistens in Armut schmachteten. Dazu kamen leere Staatskassen, stolze, unduldsame Priester, habgierige und trügerische Beamte, mit Ausnahme Nicäas und Thrakiens (Romaniens) unabhängige, einzelnen Häuptlingen griechisch-lateinischer Abkunft dienende Landschaften, die wie Trapezus am Schwarzen Meer, Epirus, Thessalien, der Peloponnes und die Inseln des Archipels jede Unterordnung verschmähten und das neue Gesamtreich der Paläologen fast in ein Schattenbild ehemaliger Größe verwandelten.

Der Kaiser war klug und tatkräftig und begann ohne Zaudern diese und ähnliche Hindernisse zu entfernen, obschon ihn häufig der Eifer für den Wiederaufbau der byzantinischen Herrschaft in eine zu vielfältige und deshalb erfolglose Wirksamkeit stürzte. So wurden, weil man über kurz oder lang einen Angriff der unter dem Banner Karls von Anjou rüstenden Abendländer erwartete, die Mauern und Schanzen Konstantinopels, besonders an der Seeseite, teils ausgebessert, teils vervollständigt. Für den Dienst in der Flotte wurden die Söhne lateinischer Väter und griechischer Mütter, Mischlinge oder Gasmulen genannt, angeworben.*** In dem bedeutend verstärkten Landheer wurden Zucht, Ordnung und Waffenfertigkeit sowohl durch Furcht als auch durch Ehrgefühl und Aussicht auf reichlichen Lohn wiederhergestellt. Viele heimgekehrte Bürger, die ihre Häuser und Güter zurückerhielten, wurden neben den begünstigten Genuesen angesiedelt, die allmählich den ganzen Handel am Schwarzen Meer kontrollierten,**** Venezianer und Pisaner dagegen in der Vorstadt Pera untergebracht. Die höheren und niederen Beamten wurden streng bewacht und bei etwaiger Pflichtvergessenheit unnachsichtig gestraft. Die in Asien gesam-

* Pachymeres, Ed. Niebuhr, Band I, 160.
** Siehe Band I, S. 554.
*** Pachymeres, I, 306.
**** Vgl. S. 167 in diesem Band.

melten Schätze wurden ohne neuen Steuerdruck für den allgemeinen Nutzen freigebig verwendet, und überhaupt wurden alle Mittel und Kräfte aufgeboten, um durch Güte und Gewalt den erstarrten Reichskörper zu beleben und die zerstückelten Glieder möglichst zu vereinigen.

Aber oft blieben solche Bestrebungen erfolglos. Denn während die Inseln Rhodos, Lemnos, Kos und Chios huldigten, trotzten die meisten Täler von Epirus unter dem Häuptling Michael allen Angriffen und konnten in Vorderasien die Türken von Paphlagonien her bis an die Küsten Lykiens und Kariens vordringen.* Daneben beunruhigten Bulgaren und mongolische Horden die Nordgrenze, die bald durch Waffen, bald durch friedliche Übereinkunft geschützt werden mußte, während der furchtbarste Feind, Karl von Anjou, nur auf eine günstige Gelegenheit lauerte, um die Ansprüche seines Schützlings und Verwandten, des flüchtigen Kaisers Balduin, mit Hilfe abendländischer Fürsten zu verwirklichen, und wie ein düsteres Gewölke über Konstantinopel schwebte.

Jenes wollte Michael um jeden Preis zerteilen, damit nicht die schon angehäuften inneren Gärungsstoffe einen äußeren Anhaltspunkt bekämen. Der Paläologe nämlich hatte, von Herrschsucht verführt, eine schwere Freveltat vollzogen. In den Tagen, die das Christentum der Geburt des Weltheilands weiht, hatte er die Blendung seines Mündels, Johann Laskaris, angeordnet und danach den rechtmäßigen Erben des Reiches in das Dunkel eines entlegenen Schlosses verstoßen (1261). Diese Grausamkeit erbitterte den sittenstrengen Patriarchen Arsenius so heftig, daß er den kaiserlichen Herrn mit dem Kirchenbann belegte und einen Zwiespalt hervorrief, den weder die weltliche Machtfülle noch der Gehorsam des auf den Patriarchenstuhl erhobenen Mönches Joseph und seiner vom Hof abhängigen Priesterschaft aufheben konnte.

In solcher Bedrängnis arbeitete Michael eifrig an einer endgültigen Aussöhnung der morgen- und abendländischen Christenheit, die seit Jahrhunderten zwei feindselige Parteien darstellte und den auf verschiedenartiger Volkstümlichkeit beruhenden Gegensatz nicht selten durch spitzfindigen Glaubenszwist zu kitten versuchte. Denn obschon der Lateiner den Ausgang des Heiligen Geistes vom Sohn und der Grieche durch den Sohn** lehrte, verbarg sich den-

---

* Georgii Phranzae Chronicon, im lateinischen Auszug des Pontanus, I. Buch, c. 6, S. 47.

** Pachymeres, Band I, S. 383.

noch hinter diesem schalen Wortgezänke nur der im Laufe der Kreuzzüge vollkommen ausgebildete Nationalhaß des Griechen- und des Frankentums. Jenes pochte auf Wissenschaft und Verfeinerung, dieses auf Kraft und Mannhaftigkeit. Dort wirkte eitler Ahnenstolz, hier sprödes Selbstgefühl. Nichtsdestoweniger wurde das beinahe Unmögliche versucht: die Wiedervereinigung beider Bekenntnisse.

Willig nahm Papst Gregor X. Vorschläge an, die, wie auch die letzte Wendung sich gestalten mochte, dem Nachfolger des heiligen Peter Ehre und Nutzen brachten. Denn gewährt wurde, daß der Papst in den kirchlichen Gebeten und Gesängen als Haupt der vier Patriarchen genannt und in solcher Eigenschaft überall anerkannt wurde, auch sollte die Berufung (Appellation) nach Rom als dem höchsten Gerichtshof in geistlichen Sachen für gültig erklärt werden.* Sobald diese Übereinkunft nach langer Verhandlung den bisherigen Zwiespalt, wie es schien, aufgehoben hatte, begab sich die griechische Botschaft, den kaiserlichen Oberschatzmeister Georg Acropolita an der Spitze, nach Lyon und schwor hier feierlich vor dem Papst und der allgemeinen Kirchenversammlung die langjährige Spaltung (Schisma) ab (Juni 1274), während nicht lange danach auch in Konstantinopel die glücklich bewerkstelligte Einigung ausgerufen und Gregor X. als Erzpriester der apostolischen Kirche und ökumenischer (allgemeiner) Papst der Christgläubigen dem staunenden Volk angekündigt wurde.**

Bald brach der dumpfe Unmut, von schwärmerischen Priestern und Mönchen genährt, im offenen Aufruhr aus, den der Kaiser, längst gleichgültig gegen die Wahl der Mittel, durch schonungslose Strenge und Grausamkeit zu beschwichtigen versuchte. So mußten Kerker, Bann, Verstümmelung und Tod Gehorsam erzwingen und den angeblich von der Staatsklugheit geforderten Kirchenfrieden, den der gegenseitige Nationalhaß des Morgen- und des Abendlands grauenhafte Ketzerei nannte, festigen. Dabei schützte keine Blutsverwandtschaft. Vier Paläologen schmachteten jahrelang in einem engen, viereckigen Gefängnis und schüttelten, als päpstliche

---

* Phranzae, Chronicon, I. Buch, c. 6, S. 46. »*Primum fuit, ut in sacris hymnodiis Papa cum quatuor Patriarchis nominaretur. Alterum, ut integrum esset, Romam, tanquam majus tribunal appellare. Postremum, ut Papae in omnibus concederetur Principatus.*«

** Pachymeres, Band I, S. 399. »*Summus pontifex Apostolicae ecclesiae ac oecumenicus papa proclamatus.*«

Gesandte eintraten, um sich von der Aufrichtigkeit Michaels zu überzeugen, halb wahnsinnig ihre schweren Ketten.*

Aber auch diese Bürgschaft genügte dem römischen Hof nicht. Denn angetrieben durch die Kriegslust König Karls von Anjou, schleuderte Papst Martin V. gegen das von allen Seiten her bedrängte Oberhaupt des griechischen Reiches als nachlässigen Vollstrecker der gelobten Kircheneinigung den Bann und lud die rechtgläubigen Christen zur Kreuzfahrt gegen Treuebruch und Meineid ein (1281). Doch der Überfall bei Belgrad, wo etliche Frankenscharen von den Griechen getötet oder gefangen wurden, und das Einschreiten Johanns von Procida** retteten Konstantinopel, während der Kaiser, wegen des Mißlingens aller wohlgemeinten Pläne mit der schnödesten Menschenverachtung erfüllt, die zügelloseste Zwingherrschaft entfaltete. Denn wer z. B. eine heimlich verbreite Schmähschrift, die letzte Waffe der Unterdrückten, nicht sogleich verbrannte, sondern etwa las oder einem anderen zeigte, sollte ohne Säumnis als Hochverräter sterben – ein Preßgebot, das beispiellos in der Geschichte*** ist und auf die wachsende Verzweiflung des unglücklichen Füsten hindeutet.

Unter dem schwachen, frömmelnden, aber dabei gefühllosen und grausamen Sohn, Andronikus dem Älteren (1282–1328), nahmen die Gebrechen, Bedrängnisse und Wirren auf fast unheilbare Weise zu und zeigten, wohin man auch blicken mochte, Selbstsucht, Feigheit und heuchlerische Niedertracht. Denn ein Kaiser, der aus blindem Eifer für die Rechtgläubigkeit dem Vater ein christliches Begräbnis verweigern, die Mutter zur schriftlichen Abschwörung des Ketzertums zwingen und solche Unnatur öffentlich vor den nach Konstantinopel berufenen Priestern als Beweis echter Frömmigkeit preisen konnte,**** war keiner edlen Gesinnung oder mannhaften Tat fähig. So trafen, nachdem ein förmliches Urteil der Glaubensväter die Einigung mit der lateinischen Kirche aufgehoben hatte (1285), jeden Abtrünnigen und Zweifler am Ausgang des Heiligen Geistes durch den Sohn Geldbußen, Haft, Ehrlosigkeit, Verstümmelung und selbst der Tod, während den wachsenden Fortschritten der Türken in Kleinasien anfangs alanische (1301), später abendländische Söldnerrotten entgegengesetzt wurden.

---

* Pachymeres, Band I, S. 459.
** Siehe Band I, S. 529.
*** Pachymeres, Band I, S. 591.
**** Pachymeres, Band II, S. 467.

Diese, wegen der überwiegenden Mehrzahl an Kataloniern und auch wegen der Beimischung spanischer Araber Almogaraven (Almogavaren, d. h. Leute des Abends) genannt,* waren ein waffenkühnes, Feinden und Freunden gleich gefährliches Abenteurergeschlecht. Jahrelang hatten sie dem Aragonier Friedrich gegen den Anjou Karl von Neapel gedient und nach Abschluß des Versöhnungsvertrags in der Notlage des griechischen Reiches einen neuen Schauplatz für Helden- und Freveltaten gefunden. Als erster Hauptmann gebot den tapferen, zuchtlosen Banden Roger de Flor, der sich durch Stärke und Schönheit des Leibes, unbändigen Mut, vollendete Kenntnis der Waffenkunst und spröden, aus dem Bewußtsein der Überlegenheit hervorgegangenen Stolz gegen Höhere auszeichnete. Anfangs Tempelherr, danach unabhängiger Seefreibeuter und zuletzt treuer Bundesgenosse der aragonisch-sizilianischen Nationalpartei gegen die Päpste und die Anjous, sah Roger bei dem einstweiligen Frieden sich und die Seinigen ohne Aufgabe, als Kaiser Andronikus glänzende Anträge machte. Er sagte ihm die Würde des Feldobristen *(magnus dux),* reichen Sold und die Vermählung mit der eigenen Nichte Maria, der Tochter Asans, zu. Freudig gehorchte der Eingeladene, borgte sich von den genuesischen Kaufherren 20 000 Goldstücke als Beitrag zu den Reisekosten und erschien, von 8000 Kampfgenossen begleitet, an der Spitze eines beträchtlichen Geschwaders im Hafen von Kostantinopel (September 1303), das jubelnd die Fremdlinge als seine von Gott gesandten Retter begrüßte. Mit ungewöhnlichem Pomp wurde die Vermählung Roger de Flors und der kaiserlichen Nichte Maria begangen. Tagelang dauerten Hoffeste, Ritterspiele und Volkslustbarkeiten, bis ein blutiger Streit zwischen den eifersüchtigen, geldstolzen Genuesen und den waffentrotzigen Kataloniern die allgemeine Freude störte.

Um ähnlichen Ausbrüchen glimmenden Hasses gegenzusteuern, setzte Roger auf den Wunsch des byzantinischen Reichsoberhaupts mit etlichen griechischen und alanischen Hilfsscharen unverweilt nach Asien über und landete ohne Hindernis unweit von Cycicus am Vorgebirge Artace. Er schlug und versprengte das erste große Türkenheer in einer mörderischen Feldschlacht und gewann nach langer, bisweilen zügelloser Rast unter den Mauern der

* Vgl. über die Ableitung des Wortes Petri Poissini Observationes ad Pachymerem, Band II, S. 659 (Ed. Niebuhr).

schwer bedrängten Stadt Philadelphia den zweiten entscheidenden Sieg (1306). Anschließend folgte er dem fliehenden Feind bis zu den Pässen des Taurus, wo dieser das drittemal abendländischer Ordnung und Tapferkeit weichen mußte, und kehrte als wirklicher Befreier Vorderasiens vom Joch der Ungläubigen nach Philadelphia zurück.

Aber dieselbe Spannung, die einst die Kreuzfahrten zwischen Griechen und Franken zeigten, trat auch jetzt hemmend und in unedlerer Gestalt hervor. Denn nicht der Glaube an die Weihe des Heiligen Grabes, von Sehnsucht nach kriegerischem Abenteuer begleitet, leitete den Oberfeldherrn und dessen Gefährten. Als kühne Heimatlose, die im Vertrauen auf die Spitze des Schwertes und die Lanze Gefahren, Sold und Beute suchten, aber dabei von einem hohen, bisweilen vaterländischen Selbstbewußtsein belebt waren, hatten die katalonischen Rotten kein Gefühl für die Pflichten einer bewaffneten Pilgerschaft. In ihren Fahnen sah man nicht den Heiland und die Heilige Jungfrau, sondern das Wappenschild Aragoniens und Roger de Flors. Sie wollten sterben für den Ruf der Unüberwindlichkeit und die Ehre der Genossenschaft, jedoch vor dem Tod die Sinnenlust des unsicheren Lebens in vollen Zügen genießen.

Einen solchen Geist der inneren Widersprüche konnte kein Machtgebot des Befehlshabers bannen, selbst wenn er wie der hochstrebende Roger oder der menschenfreundliche Berengar von Entenza Lagerzucht handhaben wollte. Denn meistens hing ihr Glück vom Vertrauen der Kampfgesellen ab, die außerhalb des feindlichen Gesichtskreises und des Schlachtfelds den Führer nur als frei erwählten Ältesten, als Ersten der Gleichen betrachteten und ehrten. Dazu kam auf der anderen Seite die oft schneidende Eitelkeit der Griechen, denen die verwegenen Krieger des Westens als hungrige Ketzer und Halbheiden erschienen. Daß diese, die von Sprache, Glauben und Sitten Barbaren waren, Kost und spärlich entrichtete Löhnung mit ihrem Blut bezahlen, im übrigen aber ähnlich den Alanen, getauften Türken (Turkopulen) und anderen Soldknechten unbedingten Gehorsam leisten sollten, war eine nur zu natürliche, jedoch kaum ausführbare Schlußfolgerung, zumal den Dünkel des Brotherrn gewöhnlich Geiz und kleinliche Knickerei begleiteten. Schließlich mußte das keineswegs erloschene, aber durch elende Regierung unterdrückte Nationalgefühl vor Scham erröten, wenn etliche Banner unbekannter Abenteurer den überschwellenden Strom der türkischen Horden eindämmten und binnen kurzer Zeitfrist die meisten Landschaften Vorderasiens dem schwachen Reichsverband zurückgaben.

Da erwachte – wie stets der Schwäche auch Mißtrauen beiwohnt – in Konstantinopel die Besorgnis, jene Fremdlinge, vor deren Waffenglanz, Ungestüm und Kampffertigkeit der Feind geflohen war, möchten eine unabhängige Herrschaft aufrichten und die Früchte des Sieges dem Kaiser entziehen. Daher wurde, was schon früher oft begegnete, der ausbedungene Sold zurückbehalten und Heimkehr nach Europa geboten.* In solcher Lage löste sich bei den trotzigen Rotten, die umsonst die von abtrünnigen Griechen hartnäckig verteidigte Stadt Magnesia bestürmt hatten, alle Zucht und Ordnung auf. Mord, Raub, Brand, Mißhandlung von Frauen und Jungfrauen kennzeichneten den Weg nach der Küste des Hellespont und endeten nicht eher, als bis die Ankunft in Gallipoli auf der gleichnamigen Halbinsel einstweilige Standquartiere gebracht und den Sturm entfesselter Leidenschaften beschwichtigt hatte. Mit Fug und Recht konnten jetzt die ausgeplünderten und zertretenen Bewohner Kleinasiens urteilen: »Wir sind aus dem Rauch (der Türken) ins Feuer (der Katalonier) geraten«,** während ihrerseits die Krieger des Westens nicht grundlos über Trug, Arglist und Geiz der Schützlinge klagen durften.

Doch bald sollte das Übel noch größer werden. Andronikus nämlich, aufgewiegelt durch den heimtückischen, fremder Feldherrngröße neidischen Sohn und Thronerben, Michael VIII., beschloß den Tod Roger de Flors. Umsonst warnte diesen, den unlängst kaiserliche Huld und Falschheit mit den Ehren und Abzeichen des Cäsar oder dritten Reichsgroßen geschmückt hatte, seine liebende, in die Ränke des Hofes eingeweihte Gemahlin, umsonst mahnten besorgte Freunde und Hauptleute zur Vorsicht. Für Furcht und Heuchelei unzugänglich, nahm Roger, von seiner Frau und 1300 Gefährten begleitet, die Einladung Michaels an und erschien am 22. April (1307) in Adrianopel, wo unter dem Vorwand, über den nächsten Feldzug gemeinschaftlich zu beratschlagen, der kaiserliche Verwandte ein großes Heer von Griechen, Alanen und Turkopulen versammelt hatte. Der freundliche Empfang und die glänzende Gastlichkeit wirkten bald so stark auf die rauhen, offenherzigen Fremdlinge, daß sie allen Argwohn ablegten und sich,

* Vgl. Nicephorus Gregoras, VII. 3, S. 222, Ed. Niebuhr. »Viele urteilten, hätte der Kaiser nicht aus Furcht weiteren Fortschritt untersagt, alle römischen Städte und Lande wären binnen kurzem von Feinden gesäubert worden.«
** Pachymeres, Band II, S. 436.

ohne Böses zu ahnen, in der Stadt und ihrer Umgegend zerstreuten. Aber plötzlich brach um die Mittagszeit in den Palast eine bewaffnete Rotte Alanen ein, erschlug meuchlings den überraschten Cäsar Roger an der Seite Michaels und seiner treuen Gattin, zerstückelte den Leichnam und gab dadurch das Zeichen zu einem allgemeinen Blutbad. Von sämtlichen Kataloniern, die ihr Leben jedoch teuer verkauften, entkamen nur drei Ritter, um die Trauerbotschaft nach Gallipoli zu bringen.*

Hier loderte die furchtbarste Blutrache auf. Alle Einwohner, ohne Unterschied des Geschlechts und des Alters, wurden erschlagen, danach beide Ufer des Hellespont mit Raub, Brand und Mord erfüllt. Selbst 500 Türken wurden in die Waffenverbrüderung unter dem Banner Arabiens aufgenommen. Der Kaiser, statt den feierlich angekündigten Zweikampf von je zehn oder 100 Kriegern zu genehmigen, sandte für die Bezwingung von Gallipoli ein Heer von wenigstens 20 000 Fußknechten und 8000 Reitern, denen der Feind kaum 3000 entgegenstellen konnte. Dennoch wurden die Griechen, Alanen und Turkopulen in der Ebene zwischen Kypsella und Apros so vollständig geschlagen, daß der Kronprinz Michael Städte wie Landschaften preisgeben und hinter den Mauern Adrianopels Schutz suchen mußte.

Die Sieger aber durchstreiften fortan ohne Hindernis die ganze thrakische Halbinsel und breiteten den Schrecken ihres Namens bis zu den Toren Konstantinopels aus, dessen nächste Flecken und Dörfer straflos geplündert und verbrannt wurden. Umsonst versuchten 9000 tapfere Alanen den Sturm zu beschwichtigen. Sie fielen, 300 Flüchtige abgerechnet, am Abhang des Hämusgebirges unter den Schwertstreichen und Lanzenstößen der Katalonier. Umsonst griffen, um Ehre und Eigentum besorgt, die Genuesen Gallipoli an – ihr Kern blieb mit dem Heerführer Anton Spinola auf dem Schlachtfeld. Mangel und Zwietracht brachen endlich den alles überwältigenden Strom, dessen letzte Woge nach Griechenland hinüberschlug. Dorthin nämlich wandten sich die Reste der großen Gesellschaft, die im Bürgerkrieg ihre besten Haupt-

* Vgl. Gregoras, VII, 4, S. 226, der das Verbrechen den Griechen offen zuschreibt, mit Pachymeres, Band II, S. 535, wo alle Schuld auf die Alanen geschoben wird, und Moncada, Expédition des Catalans, Band II, Kap. 9, der nach dem Augenzeugen und Geschichtsschreiber der Heerfahrer, Muntaner, den Kaiser und den Kronprinzen als Urheber des Mordes bezeichnet.

leute, Berengar von Entenza und Rocafort, verloren hatte, um im Dienst des Herzogs von Athen neue Wohnsitze und Abenteuer zu suchen.

Als aber jener lateinische Fürst, Walther von Brienne, trotz der geleisteten Hilfe die ausbedungene Soldzahlung aus Undank und Geiz verweigerte, mußte wiederum das Gottesgericht der Schlacht entscheiden. Sie geschah in Böotien am Ufer des Flusses Cephissus und endete nicht eher, als bis der Herzog mit dem Kern seiner Ritter und Fußknechte erschlagen war (März 1312). Die siegreichen Abenteurer aber, bald Herren Thebens und Athens, gründeten, mit den Frauen und Töchtern der am Cephissus gefallenen Griechen und Franken vermählt, einen Kriegerstaat, der unter aragonischer Oberhoheit und frei gewählten Häuptlingen 150 Jahre lang blühte, aber weder die Aufgabe noch die Gelegenheit hatte, die wachsenden Gefahren und Bedrängnisse des entarteten Griechenreichs abzuhalten.

Während nämlich der Sohn Michaels, Andronikus der Jüngere (III.), den durch keine Warnung des Schicksals gebesserten Großvater Andronikus den Älteren entthronte und in ein Kloster sandte (1328), aber selbst anschließend – als ob Pupur dazu verpflichtete – seinen früher erprobten Mut in gemeine Sinnenlust umwandelte, überschwemmten die Osmanen von neuem Vorderasien. Sie nahmen Nicäa, Nikomedien und die gesamte Mittelmeerküste von der Propontis *(mare di Marmora)* bis zum Mäander, setzten mit kleinen Geschwadern nach Europa über und erschienen plündernd in den Vorstädten Konstantinopels (1337). Sie zwangen den hilflosen Hof, durch Zins und Geschenke einen fortan nur von der Laune des Stärkeren abhängigen Frieden zu suchen. Schon verzweifelte das Volk an der Rettung, beugte sich aber dennoch vor einem Kaiser, der 1400 Hunde, 1000 Falken und fast ebenso viele Wärter halten und seinen kriegerischen Ungestüm in kostspieligen Jagden entladen durfte.*

Unter seinem Sohn und Nachfolger, Johann V. Paläologus (1341–1391), beschleunigten ununterbrochene Wirren und Thronzwiste die Abnahme des Reiches und gaben den Osmanen Anlaß, durch Einmischung in die Parteikämpfe auch in Europa festen Boden zu gewinnen. Andronikus nämlich hatte auf dem Sterbebett seinem langjährigen Günstling, Rat und Freund, Johann Kantaku-

---

* Phranzae Chronicon, I. Buch, Kap. 12.

zenus, die Regentschaft für den unmündigen Johann übertragen, während die verwitwete Kaiserin, Anna von Savoyen, mehr auf die Seite des herrschsüchtigen und ränkevollen Oberkämmerers, Apokaukus, neigte. Kantakuzenus war von altem Adel und bedeutendem Erbgut. Er besaß ungewöhnliche Klugheit und Kraft, dabei war er ehrgeizig und gleichgültig gegen die Wahl der Mittel. Als er sich daher überall durch die Umtriebe der mächtigen Feinde aufgehalten sah, setzte er, um nicht als Hochverräter Ehre, Eigentum und Leben zu verlieren, in Demotika dem Haupt die Krone auf (8. Oktober 1341) und begann an der Spitze eines beträchtlichen Heeres eine offene Fehde. Jedoch entsprach der Ausgang nicht seinen Hoffnungen. Durch die Tätigkeit des neuen Reichsverwesers Apokaukus und den Abfall vieler Großer gezwungen, Diadem und Heimat zu verlassen, mußte der Schattenkaiser anfangs beim Kral (König) von Serbien, dann beim Sultan der Osmanen, Orchan, Schutz suchen und letzterem die eigene Tochter als Gemahlin und Unterpfand treuer Bundesgenossenschaft zuschicken (1346).

Dieser schamlose Vertrag, der Glauben und Vaterland der gemeinsten Eitelkeit aufopferte, und die Ermordung des Nebenbuhlers Apokaukus stellten einstweilen das Gleichgewicht der Streitkraft wieder her. Mit gefühlloser Grausamkeit nämlich hatte der eben erwähnte Regent alle Anhänger des Kantakuzenus verfolgt und oft auf leeren Argwohn hin durch Bann, Haft, Blendung und Henkersbeil gestraft. Schließlich hatte er in Konstantinopel einen hohen, geräumigen Turm erbaut, in dessen engen und türlosen Zellen die zahlreichen Staatsgefangenen wie lebendig begraben bei spärlicher Nahrung ihr Leben in wahrhafter Höllenpein hinschleppen und ausjammern sollten. Einmal schaute der Zwingherr, zufällig ohne Wächter, das schon vollendete Werk seiner teuflischen Erfindsamkeit mit innerem Wohlbehagen an, als zwei Paläologen in verzweifelter Wut ihre Ketten zerrissen, Knittel ergriffen und den neuen Phalaris erschlugen. So hochherzige Tat mißfiel aber dem knechtischen Volk der Hauptstadt. Von der Witwe des Reichsverwesers aufgewiegelt, erstürmte es eine benachbarte Kirche, die letzte Zuflucht der Unglücklichen, und rächte die Befreiung von dem blutgierigen Apokaukus durch den Tod – aller Gefangenen.*

* Siehe Cantacuzeni historiae, Ed. Niebur-Schopen, Band II, S. 543, Nicephorus Gregoras, Band II, 732. Mit Recht macht Gibbon, Geschichte der Abnahme und des Falls des Römischen Reiches, Band 13, Kap. 63, auf diese Tragödie als charakteristisch für das griechische Volk aufmerksam. Überall abgefeimte, ungroßmütige Feigheit, nirgends Kraft und selbständiges Wesen.

Unterstützt durch so günstige Zwischenereignisse, bemächtigte sich Kantakuzenus ohne Blutvergießen der Hauptstadt (Januar 1347) und erlaubte seinem Mündel und neuen Schwiegersohn, Johann Paläologus, den Namen und die Ehre des Mitkaisers, während alle wirkliche Macht zehn Jahre lang bei dem Schwiegervater bleiben sollte. Anschließend fehdete er unter dem Geleit pestartiger Krankheiten (des Schwarzen Todes) bald mit Bulgaren und Serbiern, bald Genuesen und unruhigen Großen, wobei meistens türkische Hilfsscharen den Ausschlag gaben und daneben als unabhängige Freibeuter herrschten. Durch einen Aufstand Konstantinopels und der Anhänger des dauernd bevormundeten Paläologen gezwungen, legte er endlich die Krone nieder (Januar 1355), um in der klösterlichen Einsamkeit des Berges Athos als Mönch und Geschichtsschreiber sein wechselvolles, durch keinen Adel der Gesinnung und Tat ausgezeichnetes Leben zu beschließen.*

Unter dem wollüstigen, feigen und gegen alles Ehrgefühl abgehärteten Paläologen Johann V. (1355–1391) überschwemmten die jetzt nirgends mehr aufgehaltenen Türken ganz Thrakien. Sie besetzten Gallipoli, den Schlüssel des Hellespont und Stapelplatz des Weißen und Schwarzen Meeres (1357),** Adrianopel, das bald Hoflager des Sultans Murad wurde (1361), und andere Städte und zwangen den ohnmächtigen Kaiser, der umsonst abendländische Hilfe angerufen und in Rom dem griechischen Glauben abgeschworen hatte, zur schimpflichsten Zinspflicht. In der Schlacht bei Kossova (1389) vernichteten sie nach heldenmütiger Gegen-

---

* Kantakuzenus schildert in seinen Denkwürdigkeiten oft unwillkürlich das Hauptgebrechen seines unglücklichen Volkes, die frivole Überverfeinerung, die in den Ratschlüssen und Zuchtruten Gottes einen Trostgrund für die eigene Sündhaftigkeit sucht und mit kombinierender Spitzfindigkeit eine förmliche Wissenschaftslehre des Lasters aufbaut. Während z. B. der künftige Schwiegervater eines Türken und Christen, eben Kantakuzenus, aus eitlem Ehrgeiz den Bürgerkrieg veranlaßt und führt, wird mit philosophischer Ruhe dessen Begriff folgendermaßen dargestellt: »Der bürgerliche Krieg gleicht der Fieberhitze, die auswärtige Fehde der Sommerwärme und winterlichen Kälte. Letztere kann man, weil sie von außen her kommt, durch Kleider und Feuer abhalten; auch gegen Sommerglut schützen Gewänder und kühlende Lüfte. Die Fieber aber, als ein innerliches, aus den Eingeweiden gleichsam geborenes Übel, sind schwer zu bekämpfen und zu bändigen.« Gregoras, Band II, S. 622. Auch auf diese Stelle hat der scharf blickende Gibbon bereits im Auszug hingewiesen.

** Von Hammer, Geschichte des osmanischen Reiches, 2. Aufl., I, 134.

wehr die Blüte des serbischen Volkes und waren fortan die unbestreitbaren Herren Thrakiens, Bulgariens und Serbiens.

Die Gefahren Konstantinopels und der gesamten Christenheit wuchsen daher, als Murads kluger, waffenkundiger Sohn, Bajazet Ilderim, d. h. der Blitzstrahl, durch die Ermordung des älteren Bruders den Weg zum Sultanat fand. Um den bei Kossova gefallenen Vater zu rächen, vollendete er die Unterjochung Serbiens, Bulgariens, der Moldau, der Walachei, Bosniens und Albaniens. Er sandte verheerende Streifscharen nach Makedonien, Thessalien und dem Peloponnes und gebot dem griechischen Kaiser Johann, augenblicklich die begonnenen Festungswerke am goldenen Tor der Hauptstadt zu zerstören oder zu gewärtigen, daß man ihm den im türkischen Heer dienenden Sohn mit ausgestochenen Augen zurücksende. Zitternd gehorchte der von Alter, Völlerei und Wollust niedergebeugte Vater, den bald danach Schrecken und Gram töteten (1391).

Auf solche Kunde entfloh der Thronerbe, Manuel (1391–1425), von Brusa in Bithynien nach Konstantinopel, wo etliche Wochen später der Befehl Bajazets eintraf, ohne Säumnis einen türkischen Kadi (Richter) aufzunehmen. Denn es gezieme sich nicht, daß muselmanische Kaufleute oder andere Gläubige ihre etwaigen Streitigkeiten vor den Stuhl der Giauren (Kavuriden, Heiden) brächten. Der Muselman müsse vom Muselman gerichtet werden. Wenn nicht, so solle sofort eine enge Sperre den Ungehorsam strafen.

Der Drohung folgte die Tat. Zahlreiche Haufen setzten von Bithynien nach Thrakien über, erfüllten alle Flecken und Dörfer von Panidos bis an die Mauern Konstantinopels mit Raub, Brand und Mord und schleppten Tausende der Einwohner in die Knechtschaft.* Da wandte sich der bedrängte Kaiser an die Fürsten und Völker des Abendlands und berichtete, daß, wenn nicht schleunige Hilfe erscheine, die von Hunger und Krankheit gepeinigte Hauptstadt dem Erzfeind der Christenheit huldigen müsse. Denn erschöpft seien die Mittel des Widerstands und gelähmt die Kräfte der Verteidiger.

Solche Mahnung beherzigte vor allem König Sigmund von Ungarn. Aber der Forderung einer feierlichen Botschaft, Bulgarien als Schutzland des magyarischen Reiches zu räumen, antwortete Baja-

---

* Ducas, Ed. Niebuhr-Bekker, Kap. 13, S. 49.

zet dadurch, daß er den Gesandten Bogen und Pfeile zeigte, die an den Wänden des mit bulgarischer Siegesbeute ausgeschmückten Saales hingen, und unumwunden den Rechtstitel der Stärke verkündeten. Fortan wappnete der Luxemburger mit Umsicht und Nachdruck, zog einzelne Häuptlinge der Bulgaren und Walachen an sich und forderte hier die Deutschen, dort die Franzosen und Burgunder zur Heidenfahrt auf.

Zwar wirkten in den Massen nicht mehr die einst gewaltigen Spannfedern des Glaubenseifers und des kriegerischen Abenteuers, aber in der Ritterschaft flammte dennoch bisweilen das Gefühl für die Ehre des christlichen Namens auf. Denn kaum hatten Sigmunds Briefe an König Karl VI. von Frankreich neben anderem von Bajazets übermütiger Drohung »Auf dem Altar des heiligen Peter in Rom soll mein Streitroß Hafer fressen« berichtet,[*] als die edlen Herren trotz der bürgerlichen Parteibildungen und ausländischen Fehden in Zorn aufglühten und beschlossen, den Schimpf ohne Zaudern zu rächen. So traten, weil überdies der englische Krieg rastete, im Frühling des Jahres 1396 1000 französisch-burgundische Ritter und ebenso viele Knappen unter dem Banner der Heiligen Jungfrau die Türkenreise an – ein kleiner, jedoch ausgewählter Heerhaufen. In ihm erschienen neben dem jugendlich feurigen Oberbefehlshaber Johann, Graf von Nevers und Sohn Herzog Philipps von Burgund, die Grafen von Eu, Konnetable des Reiches, de la Marche, Heinrich und Philipp von Bar, die Herren von Coucy, Latremouille, Johann von Vienne, Admiral, Boucicault, Marschall, Roye, St. Pol, Montorel, Sainct-Py und andere durch Mut und Waffenkenntnis ausgezeichnete Zierden des Adels, die nur den Fehler begingen, daß sie im hohen Selbstvertrauen den Feind zu niedrig einschätzten.

Diesen welschen Scharen, die über Lothringen, Burgund, Elsaß, Schwaben, Bayern und Österreich unter freundlichem Empfang nach Ofen zogen, schlossen sich auch manche deutsche Herren und Gemeinfreie an, besonders aus der Pfalz, Mümpelgard, Bayern, Steiermark, während in Rhodos die Johanniter, in Deutschland und Preußen die deutschen Herren ihres Gelübdes gedachten und nach Ungarn eilten.[**]

---

[*] Froissart, IV, Kap. 67, S. 217.
[**] Von Hammer, I, 197.

Da auch etliche Fähnlein Engländer und Italiener sich ebendahin richteten,[*] fand man Stellvertreter aller Hauptvölker deutschwelschen Stammes für den Heidenkrieg gerüstet – gleichsam das Kleingemälde und die Nachgeburt der großen, in den Kreuzfahrten abgelaufenen Bewegung, für die jetzt nicht mehr die Gesamtheit, sondern nur noch die Spitze der staatsbürgerlichen Gesellschaft einiges Gefühl besaß, während nicht freier Trieb, sondern die Not Magyaren, Walachen, Bulgaren und Serbier bewaffnete. Diese vielfältigen, 60 000 Reiter und Fußknechte zählenden Scharen brachen am Johannisfest von Ofen, ihrem Sammelplatz, in verschiedenen Abteilungen nach Bulgarien auf. Unterwegs eroberten sie Widdin, Orsova und andere von den Türken besetzte Städte und vereinigten sich unter den Mauern der Feste Nikopolis am rechten Donauufer, entschlossen, nicht eher zu weichen, als bis das starke Bollwerk gehuldigt hätte. Denn nichts, meinte man, könnte dem gewaltigen Heerzug widerstehen. »Ja, stürzte der Himmel ein«, äußerte ruhmredig Sigmund und wiederholten es die Ritter, »wir würden ihn mit unseren Speeren aufhalten.«[**]

Aber die Moslems verteidigten sich mutvoll gegen die Christen, die müde der erfolglosen, von der Wasser- und der Landseite her unternommenen Angriffe langsam im Eifer erkalteten und sich der größten Fahrlässigkeit hingaben. Frauenlust und Völlerei rissen ein, niemand dachte an den Sultan. Alle träumten von bequemen Winterquartieren, mächtigen Rüstungen für den Einfall in Asien und dem Wiedergewinn Palästinas und Jerusalems.[***]

Plötzlich nahte über Philippopel und die Sümpfe bei Sophia mit dem 200 000 Krieger starken Aufgebot seiner streitbaren Völker diesseits und jenseits der Meerenge Bajazet und erschien um die Mittagsstunde des 25. September im Angesicht des christlichen Lagers, um Nikopolis zu befreien. Voran zogen 8000 Leichtbewaffnete. Ihnen folgte der Gewalthaufen, der in zwei Flügel und den mittleren Kern aufgeteilt war, auf den jene, wenn man an anderer Stelle unbedacht vorbräche, keilförmig zurückweichen und den eingeklemmten Feind zermalmen sollten.[****]

---

[*] Ducas, S. 51.

[**] Bonfinius, Decadis III, II. Buch, S. 377. Herr von Hammer, vielleicht aus Schonung der Majestät, leiht irrigerweise das Wort den Rittern.

[***] Froissart, IV, 19, S. 250.

[****] Froissart, a. a. O.

Sofort begehrten ungestüm die Franzosen-Burgunder den Vorstreit und die augenblickliche Eröffnung der Schacht. Umsonst warnte Sigmund, der die türkische Kampfart kannte, vor alles überstürzender Eilfertigkeit. Der Rat, mit den ungarischen, deutschen und anderen Waffengefährten vereinigt zu kämpfen, wurde abgelehnt und der Angriff ohne Säumnis begonnen. Schon wichen die türkische Vorhut und ein Teil des Mitteltreffens dem ungefügen Anprall der geharnischten Reiterei, als unbedachtsam die Flamen, statt zu kämpfen, plündernd ins Lager der Feinde einfielen und die siegreichen Franzosen, taub gegen alle Warnungen Coucys, bis zu der vom Sultan für den entscheidenden Streich bestimmten Anhöhe vorstürmten. Dort angelangt, erblickten die ermatteten, keinen Widerstand mehr erwartenden Ritter einen lebendigen Wald von mehr als 10 000 Speeren,* welche die Blüte des Fußvolks, »Pforte des Palastes« genannt, den staunenen Franken entgegenstreckte.

Sofort kam über diese lähmender Schrecken. Alles floh rückwärts, auf den Fersen von der türkischen Reiterei der Spahis verfolgt, während die Ungarn, Deutschen, Walachen und übrigen Lagergenossen größtenteils dem Beispiel folgten. Jedoch geschah noch manches treffliche Waffenwerk. Der Ritter Montcaurel starb aus Zärtlichkeit, um seinen jungen Sohn zu retten, zwei Latremouille, Vater und Sohn, blieben bis zum Tod nebeneinander. Johann von Vienne hielt noch sterbend die Fahne der Heiligen Jungfrau in der Faust, und die beiden Burgunder, Wilhelm von Eu und le Borgne de Montquel, verschmähten die Flucht, obschon sie ihnen nach zweimal durchbrochener Schlachtordnung des Feindes freistand. Neben den Franzosen kämpften am tapfersten die Deutschen, von denen viele erschlagen oder in die Donau gesprengt und nur wenige gefangen wurden. Mit knapper Not entkam auf einem Nachen König Sigmund, nachdem er erfolglos durch Wort und Tat die schimpfliche Flucht der Ungarn aufzuhalten versucht hatte.

Zelte, Kleinodien, beträchtliche Vorräte an Kriegszeug, Speise und Getränke kamen in die Gewalt des Siegers. Unter den 10 000 Gefangenen sah man die Grafen von Nevers, Eu, de la Marche, den Marschall Boucicault, die Herren von Coucy und Bar, Guy de la Tremouille und andere durch Geburt, Reichtum und

* Ducas, S. 52. Von Hammer, I, 198, macht daraus irrigerweise 40 000 Lanzen.

Waffenruf ausgezeichnete Ritter welschen und deutschen Namens. Von seinen Feldherren und ersten Kronbeamten umgeben, besuchte Bajazet das kostbare Zelt Sigmunds und verkündete in einer kurzen, stolzen Rede seinen Entschluß, nach dem Vorbild Alexanders die Welt zu erobern. Er gebot, daß jeder Muselman binnen zwei Tagen die jeweiligen Gefangenen ausliefern sollte, und durchritt endlich das von Toten und Verwundeten bedeckte Schlachtfeld. Als nun der Sultan fast 60 000 Moslems, je 30 auf einen Christen, erschlagen oder verstümmelt sah und hörte, es hätten vor dem Beginn des Kampfes die Franzosen türkische Gefangene niedergemacht, beschloß er, die grausamste Wiedervergeltung zu üben. So wurden in Gegenwart des Grafen Johann von Nevers, den man mit 24 Unglücksgefährten der hohen Geburt und des reichen Lösegelds wegen verschonte, die ihrer Kleider beraubten Christen einer nach dem anderen vorgeführt und enthauptet. Das Morden dauerte so lange, bis die zuschauenden Reichsgroßen vor dem blutgierigen Herrn niederknieten und um Begnadigung baten. Viele der Unglücklichen blieben in lebenslänglicher Knechtschaft, andere bekamen für die in Ungarn, Deutschland, Frankreich, Burgund und Italien gesammelten Lösegelder meistens im folgenden Jahr ihre Freiheit zurück.

Bevor aber Bajazet den Grafen Johann von Nevers und die angesehensten Ritter aus ihrer Haft in Brusa für 20 000 Dukaten entließ, wollte er ein offenes Zeugnis seiner Unerschrockenheit und Zuversicht geben. Daher wurden die Gefangenen, die seit etlichen Monaten mit Milde und Großmut behandelt worden waren, unter blendendem Gepränge an den Hof des Sultans geführt, der dem Sohn des Herzogs Philipp von Burgund durch einen Dolmetsch folgenden Beschluß verkünden ließ: »Johann, Graf von Nevers, ich könnte nach den Kriegsrechten von dir und den Deinigen das eidliche Versprechen fordern, nie wieder gegen mich die Waffen zu ergreifen. Aber solcher Gedanke sei mir ferne! Ich wünschte vielmehr, du möchtest nach deiner Heimkehr deine und der Christenheit Streitkräfte aufbieten und die Niederlage bei Nikopolis rächen. Mich wirst du dann gerüstet und schlagfertig finden. Sage das alles nach Lust und Belieben! Denn ich bin immer bereit, neuen Waffenruhm zu gewinnen.«*

* Froissart, IV, 48, S. 283.

Im Selbstgefühl so höhnender Überlegenheit, die das fernere Stillsitzen der abendländischen und die Unterwürfigkeit der griechischen Christen bestätigte, dehnte Bajazet in Asien sein Reich bis an den Euphrat aus und durchzog in Europa ohne Widerstand Thrakien, Makedonien, Thessalien, Phokis und Böotien. Er empfing die Huldigung der von den Kataloniern fruchtlos geschützten Athener (1397) und der meisten Völkerschaften des Peloponnes (Moreas) und quälte endlich Konstantinopel durch List und offene Gewalt so lange, bis der gebeugte Kaiser Manuel dem türkisch gesinnten Neffen, Johann, als Mitkaiser die Regentschaft übergab und wie ein unsteter Bettler in Italien, Frankreich und Deutschland um Hilfe gegen den gemeinsamen Feind flehte (1400–1402).

Mittlerweile hatte dieser für die muselmanische Einwohnerschaft in Konstantinopel neben erhöhtem Jahreszins den Besitz einer eigenen Moschee und Gerichtsbarkeit erworben und in seiner Hofstadt Brusa alle Gattungen üppiger Despotenwollust, wie Gold, Silber, Juwelen, schöne Tiere, Knaben und Jungfrauen aus Serbien und Walachien, Albanien und Ungarn, Bulgarien, Griechenland und dem Frankenland versammelt,* als der wachsende Kriegsruhm des Mongolen Timur den osmanischen Eroberer aus dem Schlummer der Weichlichkeit weckte und auf neuer Laufbahn dem lauernden Verhängnis entgegentrieb.

An diesem Scheideweg, der für die Griechen gleichsam die äußerste Gnadenfrist bezeichnet, ist es angebracht, auf die Anfänge und das Wachstum der Osmanen wie ihrer mongolischen Nebenbuhler einen kurzen, vom Gang der bisherigen Ereignisse nicht ermöglichten Rückblick zu werfen und letzteren durch etliche allgemeine Bemerkungen einzuleiten.

Kein asiatisches Reich hat sich länger behauptet als das osmanische. Während die Eroberungen der Hunnen, Seldschuken, Mongolen, selbst der Araber fast spurlos zerrannen, dauert die Herrschaft der Osmanen bis in die gegenwärtige Zeit. Dafür wirkten aber mehrere Verhältnisse und Ursachen, die in ihren Hauptgattungen meistens dem Mittelalter angehören und dessen befruchtende, vorwärtstreibende Kräfte später bis zum Höhepunkt über-

* Nach Ducas, Kap. 15, S. 57.

wiegender Macht in Osteuropa entwickelten und ausbildeten. Die Osmanen erstarkten nämlich besonders dadurch, daß sie erstens ohne Kenntnis des germanischen Vorbilds ein diesem ähnliches Lehnswesen frühzeitig aufnahmen und in einseitiger Richtung ohne die rückwirkende Gegenkraft des Bürgertums bis zum abgeschlossenen, despotischen Kriegerstaat verfolgten. Zweitens wußten sie die Fortschritte des Heerwesens begünstigend mit einer morgenländischen Stämmen fast unbekannten Feinheit für den Krieg und die Waffenkunst von den Fremden zu lernen, und drittens trafen sie bei ihrem Übergang nach Europa die Hauptvölker romanisch-germanischer Abkunft im gärenden Zwischenzustand (Krisis) alter und neuer Bildungsstoffe an.

Denn die zwei stärksten Kräfte der mittelalterlichen Vereinigung hatten bereits ihre Wirksamkeit größtenteils verloren. Die römisch-katholische Kirche als religiöse, die Bewegungen der Christen nach innen und außen hin leitende Zentralgewalt war unterhöhlt und drohte einzustürzen. Die zweite Triebfeder aber, sittlich-staatsbürgerlicher Art, die Gefolgschafts- oder Lehnstreue, hatte wie eine vom Regen durchnäßte Bogensehne alle Spannkraft verloren. Andererseits hatte die jugendliche, aus den Kämpfen des unterdrückten Freisassentums geborene Begeisterung entweder schon ihre Blüte überlebt oder den gesamten Gehalt der aufragenden Stoffe auf ein so enges Gebiet von Völkern und Genossenschaften beschränkt, daß allgemein-christliche Pläne und Heerfahrten keinen Anklang mehr fanden. Denn nur das Nächste und Sichere gefällt Republiken und republikanischen Vereinigungen, praktische, d. h. in die Wirklichkeit gesetzte Urbilder eines kriegerisch-abenteuerlichen Glaubens, wie er etwa in den Kreuzzügen erscheint, bleiben freien Gemeinden und Bünden fremd.

Endlich trat viertens für die Osmanen der günstige Umstand ein, daß ihre ersten, persönlich ausgezeichneten Sultane nicht nur durch das Eisen und den Anprall der Waffen eroberten, sondern auch einem schlau berechneten, kaltblütig ausgeführten Unterjochungsplan folgten, der in mancher Hinsicht an Rom erinnert. Man bot nämlich dem Feind, der fallen sollte, Bundesgenossenschaft an, zeigte ihm mit der einen Hand das Schwert und den Frieden, mit der anderen auch das Schwert und den Tod oder erlaubte die Wahl zwischen einer gutwilligen Abkunft und einem Kampf der Verzweiflung. Da gefiel denn in der Regel die bequemere, obschon ehrlosere Straße. War auf diese Weise das Volk eingeschläfert, so erschien die Forderung der Zinspflichtigkeit, die wiederum hier Annahme, dort Streit auf Tod und Leben in die bald sinkende

Waagschale der Selbständigkeit legte. So entwickelte sich die dritte Abstufung: Man forderte Teilnahme an den Heerfahrten und Übertritt zum Islam – Bedingungen, die entweder gesondert oder vereinigt kamen. Gewöhnlich war der längst Bedrohte schon so umgarnt, daß er gehorchte und seine Knechtschaft unterschrieb. Diese Grundsätze, überdies gefördert durch die kriegerische, gehorsame und beharrliche Natur des sinnlich kräftigen Volkes, führten allmählich auf Kosten des zwieträchtigen, in Üppigkeit gesunkenen Gegners zu einer Weltherrschaft, die in Asien, Afrika und Europa trotz mangelhafter Staatsordnungen jahrhundertelang dauern konnte.

Verwandt mit dem weitverbreiteten Geschlecht tartarischer Hirten- und Jägervölker, haben die Turkomanen in dem fruchtbaren Steppenland Turkestan, das östlich von Chatat (Nordchina), westlich von Chowaresmien und dem Aralsee, nach Norden von Sibirien und nach Süden von Tibet und dem Flußgebiet des Oxus begrenzt wird, jahrhundertelang ein namenloses Leben geführt und danach, durch Jagd, Raubzüge und begeisterte Annahme des Islams hinlänglich vorbereitet, als erobernde Seldschuken Binnen- und Vorderasien, Syrien und Palästina unsicher gemacht. Nachdem sie schließlich vom Siegessturm der Mongolen unter Dschingis-Khan niedergeschmettert worden waren,* sammelten sie als Osmanen die zersplitterten Kräfte von neuem und vereinigten sie allmählich zum abgeschlossenen Volkstum. Nachdem nämlich turkomanische Söldnerscharen anfangs im Dienst des chowaresmischen Helden Dschelaleddin (gest. 1231), dann des seldschukischen Sultans von Cogni (Ikonium, Rum), Alaeddin, mit dem Mut unsteter Abenteurer den alles niederwerfenden Strom der Mongolen aufzuhalten versucht hatten, gewannen sie unter ihrem Häuptling Erthogrul, dem Sohn Suleimans, zwischen den Gebieten des griechischen und des ikonischen Reiches im Gebiet Altphrygiens eine neue Heimat, Sultan öni (des Sultans Vorderseite) genannt, die Wiege der künftigen Herrschaft und Stärke (1236?). Von diesem kleinen Gau aus, dessen Mittelpunkt die verfallene Stadt Eskischehr (Doryläum) bildete, griffen die rauhen und tapferen

* Siehe Band I, S. 274 ff. und 556. Übrigens verweisen wir hinsichtlich des Ursprungs und Fortschritts der Osmanen auf von Hammer, der mit ausdauernder Pietät die Geschichte der Fürsten erforscht und geschrieben hat.

Grenzwächter, anfangs nur 400 Zelte (Familien) stark,* schrittweise weiter um sich. Sie entrissen unter dem zweiten Emir, Erthogruls klugem und streitbarem Sohn Osman (1288–1326), den Griechen eine Burg nach der anderen, nahmen den Paß von Ermani, der das Temnosgebirge vom Olympos trennt, und brachen, seit der Auflösung des Reiches Cogni frei von seldschukischer Oberlehnsherrlichkeit und durch Reste des blutsverwandten Volkes bedeutend verstärkt, durch die unbewachten Engen des Olympos in Bithynien. Dort eroberten sie ohne Schwertstreich Brusa (1326), das bald Hofstadt (Pforte) Osmans wurde, dessen Ehrenname auf Waffengefährten und Volk so entschieden überging, daß in dem Wort Türk (Räuber, Bauer) eine schimpfliche Mahnung an die frühere Lebensart ärmlicher Hirten und Freibeuter erblich wurde.

Was der Vater begonnen hatte, vollendete der durch Umsicht und Waffenkunst gleich ausgezeichnete Sohn, Orchan, der erste Sultan und Padischa (1326–1359), der nach innen und außen hin die Herrschaft der Osmanen festigte. Denn es fielen, während weise Gesetze die Ruhe und Ordnung des Reiches sicherten, nach dem kurzen Widerstand der katalonischen Rotten, Nicäa und Nikodemien, die letzten Bollwerke des fruchtbaren Bithynien (1330, 1333), Smyrna, Ephesus, alle Städte der Griechen in Kleinasien. Manche Christengemeinde, die des kaiserlichen Drucks und der wachsenden Hilflosigkeit müde war, huldigte sogar freiwillig dem zwar rohen, aber gerechteren Sieger, der, um ein offenes Zeugnis seiner Denkart zu geben, die erbeuteten Heiligenbilder und Handschriften Nicäas in Konstantinopel versteigern ließ.**

Nachdem auch die kleineren, aus der Auflösung des großen Seldschukenstaats von Cogni hervorgegangenen Emire dem Padischa Treue gelobt hatten, genügte bald auch Asien nicht. Der ersten, von Umurbeg, einem muselmanischen Fürsten in Altionien, glücklich vollzogenen Überfahrt des Hellespont (1341) folgte die Wegnahme des Schlosses Tzyume (Sestos, 1355) und der Stadt

---

* Annales Sultanorum Othmanidarum, Ed. Leunclavius. Francofurti 1588, S. 2.

** Gregoras, IX. 13, S. 458, Ed. Niebuhr-Schopen. Es ist schade, daß unsere Theologen und Philologen bei dieser öffentlichen Versteigerung des byzantinischen Christen- und Altertums nicht zugegen waren! – Was innerlich tot ist, muß auch äußerlich sterben. Beklage man also nicht den Untergang veralteter Formen, die inmitten der Fragen über das physische Dasein pro und contra den Ausgang des Heiligen Geistes behandeln konnten.

Gallipoli (1357), von wo aus die wilden Raubscharen Thrakien und Griechenland überschwemmten. Erdbeben, Pest, Wirren und Bürgerkriege der Griechen begünstigten dabei einen Feind, der verräterische List mit trotziger Waffengewalt zu einigen und selbst durch Blutsbande den ebenso schwachen wie ehrgeizigen Kaiser Kantakuzenus zu fesseln wußte.

Wenn auf diese Weise Orchan diesseits und jenseits der Meerenge als Eroberer den Grundstein zur osmanischen Herrschaft legte, brachte er ihr gleichzeitig als Gesetzgeber für die Geschäfte des Friedens und des Krieges zweckmäßige Zucht und Gliederung, wobei der Sultan meistens die Pläne seines weisen, durch Nachdenken und Leben gebildeten Bruders, Alaedin, vollzog. So wurden, wie denn der Orient den scharfen Ausdruck fürstlicher Hoheit besonders liebt, die Münzen auf den Namen des jetzt unabhängigen Oberhaupts der Gläubigen geprägt, die osmanischen Krieger und Hofdiener durch weiße Filzmützen mit einem wulstförmigen, weißen Dünntuch (Turban) von den übrigen, auf roten Kopfschmuck angewiesenen Moslemin gesondert* und die Abstufungen der höheren Beamten, an deren Spitze der Wesir stand, schärfer bezeichnet, vor allem aber die bisher schwankenden oder unvollkommenen Verhältnisse des Heerwesens nach einem tief durchdachten, auf genauer Sach- und Menschenkenntnis beruhenden Plan umgewandelt und bleibend festgelegt. Bisher nämlich hatten teils turkomanische Reiter (Akindschi, d. h. Streifer), die nach dem Befehl ihrer Herren ins Feld zogen, teils besoldete, gewöhnlich für ein Jahr verpflichtete Fußknechte,** Jaja, d. h. Fußgänger, genannt, die Heeresstärke der Osmanen gebildet. Aber weder hinsichtlich der Zucht noch der Waffenfertigkeit hatten sie den gesteigerten Ansprüchen eines erobernden, vielfältig zusammengesetzten Volkes genügt. Für beide Waffengattungen war daher ein Kern nötig, der von Jugend an den Krieg als Lebensaufgabe betrachten und wie in der Kunst, so in ausdauernder Kühnheit dem übrigen, nicht stehenden Haufen ein Vorbild des Nacheifers geben sollte.

Auf den Rat des Heerrichters (Kadiasker) Chalil Dschendereli wählte sofort Orchan aus den gefangenen, in Islam und Waffen-

* Von Hammer, I, S. 94. Vgl. Annales Sultanorum Othmanidarum, S. 6.
** Dies melden ausdrücklich die Annales Sultanorum, S. 7.

dienst unterwiesenen Christenkindern die künftige Musterschar des Fußvolks, Jenitscheri, Janitscharen, d. h. neue Krieger, genannt. Dem Vaterland, Glauben und elterlichen Haus entrissen und durch weiße Filzmützen mit gleichfarbigem Turban und rückwärts herabhängendem Zipfel sowie glänzende, bisweilen kostbare Waffen als Leibwache des Sultans und Blüte der begehrten Muselmänner ausgezeichnet, wurden sie reichlich besoldet und verpflegt, wie sie denn beim Feldkessel als Sinnbild der Brüderlichkeit schwören und vorne an der Mütze statt eines Büschels den hölzernen Löffel aufstecken sollten. Sie lebten fern den bürgerlichen Hantierungen in fast klösterlicher Strenge und Einsamkeit für die neue Religion, wobei Diensttreue und Waffenpflicht mit möglichster Sorgfalt durch Lehr- und Zuchtmeister eingeübt und etwaige Lücken stets durch frischen Nachwuchs schnell ergänzt wurden. So wurden diese weltbürgerlichen Soldaten des Islams bald der Schrecken ihrer alten Glaubensgenossen, zumal das anfangs nur 1000 Mann zählende, in Rotten (Ortas) aufgeteilte Regiment zu 12 000, 20 000 und zuletzt 40 000 Kriegern anwuchs.

Neben den Janitscharen bildeten das Fußvolk teils die Angehörigen der alten Jaja, die statt des Soldes Grundstücke in Lehen bekamen, teils die Freiwilligen (Asab, d. h. Ledige). Sie dienten auf eigene Kosten und zogen gewöhnlich als Streifscharen voran oder auf den Seiten des Gewalthaufens. Die regelmäßige, jedoch nicht besoldete Reiterei bestand aus den Inhabern (Spahis) der kleinen und großen Lehen (Timar und Siamet), die aber niemals wie bei den Germanen Erblichkeit gewannen und ebensowenig einen daran geknüpften, bevorrechteten Waffenadel erzeugten. Andere Reitergeschwader erschienen als Streifer (Akindschi) ohne Sold und Lehen. Nur auf Beute angewiesen, mußten sie Lagerzucht verschmähen und in wilden, oft kühnen Raubfahrten Entschädigung für Kosten und Mühe suchen. Streithändel schlichtete und entschied der Heerrichter (Kadiasker) der daher dem Feldlager stets folgen mußte.

Für Sturmzeug, Brücken- und Straßenbau, Verpflegung und Flotte wurde gleichfalls mit Beihilfe der Fremden, vor allem griechischer Abkunft, so trefflich gesorgt, daß fortan ohne Vermessenheit umfassende Eroberungen beschlossen und ausgeführt werden konnten. Auch gegen die Wissenschaften blieb Orchan nicht gleichgültig. Er stiftete in Brusa und anderen Städten Schulen, die den freilich dürftigen Stoff osmanischer Gelehrsamkeit ihren Zöglingen unentgeltlich überlieferten, während Armenhäuser nach den

Vorschriften des Korans Bedrängte, Pilger und Reisende unterstützen sollten.*

Auf einen solchen Vorgänger gestützt, konnte Murad I., der durch den Tod des Vaters, Orchan, und des älteren Bruders, Suleiman, zur Nachfolge am Sultanat berufen (1359–1389) wurde, in fast ununterbrochenen Heerfahrten der von Asien und Europa geöffneten Siegeslaufbahn folgen. Mittels eines klugen Heiratsvertrags (1386) gewann er Kutahija (Cotyäum), das fortan die Hauptstadt Anatoliens und der Sitz des ersten Beglerbeg (Oberstatthalters) wurde, und zwang den bisher unabhängigen, mächtigen Fürsten Alaeddin von Caramanien seit der Niederlage bei Cogni zur Anerkennung der osmanischen Lehnshoheit (1387). In Europa, den Rükken im Osten gesichert, konnte er bei wachsenden Wirren des griechischen Reiches von der neuen Hofstadt Adrianopel (1361) aus die Unterwerfung aller Länder zwischen dem Hellespont und dem Hämusgebirge bis zum Weichbild Konstantinopels vollenden, Bulgarien demütigen und Makedonien, Bosnien, Serbien und Albanien durch Streifzüge heimsuchen. Doch die rauhe Freiheitsliebe dieser slawischen Gebirgsvölker wich nicht ohne einen letzten, blutigen Feldstreit dem alles überwältigenden Strom der Muselmanen und beschämte die abendländische Christenheit, die den um Hilfe flehenden Kaiser Johann Paläologus entweder mit schönen Worten auf die Zukunft vertröstete oder höchstens bedauerte, wenn die geldgierigen Venezianer den Zahlungsunfähigen einkerkerten und so lange im Schuldturm gefangen hielten, bis der kindlich fromme Sohn Manuel durch Verkauf seiner gesamten Habe die hartherzigen Gläubiger befriedigt hatte (1369).

Anders dachten und handelten die christlich-slawischen Stämme der Ungarn, Italien und Deutschland wie ein Grenzbollwerk deckendes Gebirge. Denn kaum hatte der tapfere und kluge Kral (König) Serbiens, Lazarus Brankovitsch, die Fahne des Kreuzes aufgesteckt, als die Berge und Täler Serbiens, Bosniens, Albaniens und der Herzegowina zahlreiche Scharen zu Roß und zu Fuß sandten, die, mit etlichen Bannern der Ungarn, Bulgaren und Polen vereinigt, auf der Ebene von Kossova (Amselfeld) an den Gebieten Bosniens und Serbiens den Feind erwarteten.

Dieser, die Blüte der osmanischen Krieger und zinspflichtigen Völker, zog langsam aus den Pässen des Hämus, den Städten

* Annales Sultanorum, S. 7.

Nissa und Sofia rechts über Karatova und die Morava der von den kühnen Slawen gebotenen Schlacht entgegen und ordnete sich am Abhang der Höhen, die die 5000 Schritte breite und 20 000 Schritte lange Ebene einschließen. Murad, mit dem Beinamen der Sieger (Gazi), führte den Oberbefehl, unter ihm dienten der Großwesir, Ali Pascha, die Söhne Bajazet und Jakub, die christlichen Fürsten von Serradsch und Güstandil, Ewrenosbeg, der greise Waffengefährte Orchans, und andere berühmte Helden des Islam.*

Die Zierde des christlichen Heerlagers war dagegen der serbische Ritter Milosch Kobilovitsch, ein Mann von so hohem Mut und Tatenadel, daß ihn der Sultan seit Jahren als den gefährlichsten Feind fürchtete und durch glänzende Anträge, wenn auch umsonst, zu gewinnen suchte. Dennoch nährte König Lazarus, dem Milosch die geheimen Künste der Osmanen offenherzig erklärt hatte, Argwohn. Er beschloß die Treue seines Dieners zu prüfen. Als daher am Vorabend des Kampfes die Hauptleute der Serbier und ihrer Bundesgenossen nach Landessitte den Abschiedsschmaus feierten, erhob sich plötzlich der Kral, füllte einen goldenen Becher, Straviza genannt, mit dem köstlichsten Wein und sprach, als er ihn Milosch überreichte: »Nimm diese Straviza und leere sie aus auf meine Gesundheit. Man sagt, du habest Verrat an deinem Herrn ersonnen. Solches Gerücht betrübt mich.« – Heiteren Angesichts und voll Ehrerbietung antwortete Milosch: »Ich danke euch für den Trunk und den goldenen Becher. Der morgige Tag wird zeigen, ob ich treu bin oder ein Aufrührer.«

Als nun beide Parteien streitfertig einander gegenüberstanden und ihren Ungestüm schon in hitzigen Vorgefechten entluden, bestieg Milosch das mächtige Schlachtroß und sprengte mit erhobener Lanze über den Bach Schitnizza, der die Ebene durchschneidet, nach dem türkischen Gewalthaufen vor. Dort kündigte er durch Wort und Gebärde seinen freiwilligen Übertritt an und forderte, ohne Zaudern dem Sultan wichtige Geheimnisse entdekken zu dürfen. Er wurde sogleich in das Zelt geführt und freundlich empfangen. Zum üblichen Fußkuß gebeugt, stieß der Serbier dem Beherrscher der Gläubigen jedoch mit solcher Kraft den Dolch in die Brust, daß jener tödlich getroffen niederstürzte. Anschließend durchbrach er die Reihen der Leibwächter und entkam

* Siehe von Hammer, I, 174.

dreimal durch Kraft und Gewandtheit den Rotten der Verfolger, um endlich, schon im Steigbügel des Streitrosses, nach dem heldenmütigsten Kampfe der Übermacht nachdringender Janitscharen zu erliegen.

Inzwischen verheimlichten die Reichsgroßen Murads tödliche Wunde dem rechten und linken Flügel des jetzt überall zum Kampf anrückenden Heeres. Nur das Mitteltreffen vernahm, was geschehen war, und fiel, wütenden Hunden gleich,* auf den Feind. Dieser widerstand hartnäckig im ersten Treffen, das aus 20 000 Bosniern gebildet war und so lange unter Wladko Bukovitsch tapfer kämpfte, bis das falsche Gerücht, Tragos Prowisch, Feldherr der Serbier, sei treulos und meineidig geworden, anfangs Unordnung, darauf wilde Flucht brachte. Lazarus, der zusammen mit vielen Edlen gefangen und ins Zelt des sterbenden Sultans geführt wurde, rief auf die hier erst vernommene Tat des Ritters Milosch Kobilovitsch aus: »Allmächtiger Gott, Schöpfer Himmels und der Erde! ohne deinen Willen bewegt sich kein Blatt auf dem Baum. Nimm meine Seele zu dir! Gerne gebe ich sie hin, weil ich vor meinem Ende den Tod des Feindes sehe, bereitet durch die Faust meines getreuen Dieners!« Danach wurde der König mit allen gefangenen Edlen enthauptet.

Solchem Bluturteil folgte auf den Fersen eine häusliche Freveltat. Bajazet nämlich, mit dem Beinamen Ilderim, ließ nach dem Rat des Wesirs und anderer Großer seinen älteren, harmlosen Bruder Jakub im Zelt des eben hingeschiedenen Vaters als gefährlichen Nebenbuhler fassen und hinrichten, anschließend sich selber unter lautem Jubel als gesetzlichem Nachfolger am Sultanat huldigen (1389). Sofort mußte Stephan, des serbischen Krals Lazarus Sohn, bleibende Lehnspflicht und Bundesgenossenschaft geloben, seine Schwester Maria, eine durch Schönheit ausgezeichnete Jungfrau, dem Harem des Oberherrn abtreten und von den reichen Silberbergwerken des Heimatlands jährlichen Zins versprechen.**

Seit dieser Übereinkunft, die die tapferen Serbier unter das Joch der Fremdlinge beugte, hemmte jahrelang nichts mehr in Osteuropa und Vorderasien den osmanischen Siegeslauf. Zwar sanken Bajazet, Hof- und Reichsgroße in Völlerei und unnatürliche Wol-

---

* Ducas, Ed. Niebuhr-Bekker, S. 354 der alten italienischen Übersetzung.
** Ducas, S. 17.

lust, aber die Mannes- und Lagerzucht blieb so stark wie der unbedingte, passive Gehorsam gegen den Schatten Gottes auf Erden, den Beherrscher der Rechtgläubigen, der, ein Gemisch roher Naturkraft und verfeinerter Sinnlichkeit, bald in Adrianopel, bald in Brusa die knechtischen Begrüßungen unterjochter Völker und Fürsten empfing und eben im Begriff stand, das Todesurteil über Konstantinopel zu fällen, als ein welterobernder Nebenbuhler, der Mongole Timur, dazwischentrat.

Von den Khanaten, in die Dschingis-Khans Reich zersplittert wurde, umfaßte Dschagatei die weitläufigen Gebiete von Gihon (Oxus) bis an den Irtisch – ein Schauplatz Viehzucht, Jagd und Raub treibender Horden mongolisch-tartarischer Abkunft, deren losem Verein Nachkömmlinge des großen Dschingis-Khan als beschränkte Häuptlinge vorstanden. Geboren zu Sebz, einem Flecke des fruchtbaren Landes Kesch jenseits des Gihon (7. Mai 1336), und Sohn des kleinen Emirs Teragai, leuchtete Timur (d. h. Eisen) schon als Knabe und Jüngling durch Ernst, Hochsinn, Mut, Urteil und aufstrebenden Ehrgeiz den Spiel- und Kampfgenossen vor. Als er 34 Jahre alt war, zertrümmerte er die Macht Hoseins, des Herrn von Chorasan, der mit Feuer und Schwert alle Gaue jenseits des Gihon (Transoxana) durchzog, befreite die Heimat von wilden Parteifehden und empfing auf einer großen Landesgemeinde (Kuraltai) mit dem Beinamen Herr des glücklichen Gestirns (Sahebkeran) und den Abzeichen königlicher Hoheit, Fahne und Trommel, die freiwillige Huldigung der Mongolen (1370).*

Während die bedeutungslose Ehre des Oberkhans den unmittelbaren Nachkömmlingen des ersten Stifters mongolischer Herrschaft blieb, hat Timur, wegen eines späteren Gebrechens auch der Lahme (*lenk,* Timurlenk, Tamerlan) genannt, 36 Jahre lang bedingungslos über Krieg und Frieden entschieden. In selten unterbrochenen Siegesfahrten erschütterte er von der neuen Hofstadt Samarkand aus den Erdkreis und vereinigte die Kronen von 27 Reichen und neun königlich-fürstlichen Geschlechtern auf seinem Haupte.** Im Heerlager und auf dem Schlachtfeld zeigte er

* Vgl. darüber nicht sowohl von Hammer, der hier sehr dürftig ist, als Langlès, Institutions politiques et militaires de Tamerlan, Paris 1787.

** Von Hammer, I, 314. Den hier angestellten Vergleich zwischen Timur und Alexander dem Großen – wobei der Mongole im Vorteil bleibt – lassen wir um so eher auf sich beruhen, je entschiedener, leider! unsere Unfähigkeit ist, den morgenländischen Despotismus der Mongolen und Türken auf Kosten der antiken Welt und des germanisch-christlichen Bildungsstoffes zu verklären.

die unstillbare Mordgier des Tigers im Frieden und untertänigen Völkern gegenüber die Milde des Lammes. Ganze Stämme tilgte er aus oder verpflanzte sie. Von den Ufern des Ganges bis an den Dnepr, vom Irtisch bis zum Persischen Meerbusen und den Gärten von Damaskus zog er den Blutreif des Würgeengels, hinter dessen eisernem Fußtritt das Leben erstarrt und nur selten ein Keim der Gesittung Raum findet.

Welche Grundsätze dabei befolgt wurden, erhellt am deutlichsten aus den für die Söhne und Erben der Weltherrschaft bestimmten Lehren und Ratschlägen. »Ich dachte«, sagt Timur unter anderem, »an die Ausbreitung des Glaubens an Gott und den Propheten. Immer und überall bekam der Islam kräftige Hilfe. Ich teilte die Menschen, die mir anhänglich waren, in zwölf Reihen. Die einen unterstützten mich mit ihren Armen, die anderen mit ihren Einsichten und Kenntnissen. Alle arbeiteten am Bau meines Glückes und bildeten die Zierde meines Hofes. Sorgfalt für den Rat der Weisen, Fleiß und Wachsamkeit führten zum Sieg über den Feind und zur Unterjochung der Länder. Im Regiment war ich milde, menschenfreundlich und geduldig, leitete scheinbar müßig, alles. Ordnung und Gehorsam gegen die Befehle, vom Wesir an bis zum gemeinen Soldaten und Bauern, gaben die Grundfeste meines Thrones. Jeder blieb an seinem Platz, niemand strebte höher. Um Hauptleute und Soldaten anzufeuern, sparte ich weder Gold noch Edelgestein. Ich zog sie an meinen Tisch, und sie belohnten mich dafür mit ihrem Leben in den Heldenschlachten. Ich teilte alle Drangsale und Gefahren des Krieges, denn seit dem zwölften Lebensjahr verzichte ich auf die Ruhe des Polsterkissens.

Unparteiisch und streng war meine Rechtspflege.* Soldaten und Untertanen mußten zwischen Furcht und Hoffnung leben. Ich behandelte mit Auszeichnungen die Abkömmlinge des Propheten, die Gelehrten, Gesetzkundigen, Weltweisen und Geschichtsschreiber. Ich schützte die Derwische und Fakire und erlaubte Verleumdern keinen Zutritt. In den Unternehmungen waltete Stetigkeit. Der einmal entworfene Plan fesselte meine ganze Aufmerksamkeit und Tatkraft, und ich gönnte mir nicht eher Rast, als bis das Ziel gewonnen war. Ich befragte die Gelehrten über die Satzungen der

* »Rechtlichkeit Rettung«, lautete der Wahlspruch im Siegel Timurs. Von Hammer, I, 214.

alten Könige, von Adam an bis zum Siegel der Propheten, Mohammed, und von diesem bis auf unsere Zeit. Ihre Tugenden waren mir Vorbild, ihre Fehler Warnung.

Ich erforschte die Lage des Volkes, betrachtete die Großen als meine Brüder, die Kleinen als meine Kinder. Ich wußte mich zu fügen in die Sitten und Gewohnheiten jeglicher Landschaft und Stadt und gab meinen neuen Untertanen bei ihnen beliebte, von ihnen gekannte Obrigkeiten und Statthalter. Ich unterrichtete mich sorgfältig über den Stand des einzelnen Gebiets und hielt in jedem Hauptbezirk meines Reiches einen redlichen und klugen Mann, um mir vom Betragen der Völker und Soldaten genaue Kundschaft zu geben. Die geringste Falschheit im Bericht wurde streng bestraft, die kleinste Gewalttat, von den Statthaltern, Soldaten und Völkern begangen, unnachsichtig an dem Schuldigen geahndet.

Tausend leichte Dromedar- und Roßreiter und ebenso viele ausgesuchte, flinke Fußgänger standen immer an den Grenzen bereit, um die Briefe der öffentlichen und geheimen Kundschafter mit möglichster Schnelligkeit und Ordnung zu überbringen. Wer mir Freundschaft und Dienste leistete, konnte auf Dank und Großmut, ein reuiger Feind auf Gnade und Wohlwollen zählen. Gegen die Menschen überhaupt betrug ich mich nach den Begriffen, die die Erforschung ihres Charakters gebracht hatte. Mannigfaltige Glückswechsel haben mich die Kunst gelehrt, mit Freunden und Feinden umzugehen. Wahrhafte Krieger, sie mochten für oder gegen mich streiten, genossen stets meine Achtung. Der Feind, der seinem Herrn treu diente und vor der Gefahr übertrat, fand Wohlwollen und gebührlichen Lohn. Wer aber im Augenblick des Kampfes die Fahne verließ, den betrachtete ich als den Abschaum der Menschheit.

Überzeugt, daß ein Reich ohne Religion und Gesetze kraftlos und hinfällig ist, gründete ich meine Herrschaft auf den Islam und breitete ihn aus im Land der Heiden und Ungläubigen. Ich stiftete Moscheen und Klöster, Schulen, Kranken- und Armenhäuser und baute Karawansereien und Brücken. In jedem Bezirk setzte ich einen geistlichen Rat (Sedre) und Pfleger des Kirchenguts ein, daneben für die Schlichtung der weltlichen Händel einen Richter (Kadi) für das Volk und die Soldaten. Auch fromme und kundige Lehrer setzte ich ein, um die Moslemin im Koran zu unterweisen und ihnen die Hauptstücke des Glaubens nach den Büchern der Meister und den heiligen Überlieferungen zu erklären.*

---

* Nach den Instituts de Tamerlan, S. 50 ff. und S. 125. Wir teilen übrigens nicht den unbedingten Zweifel an der Echtheit dieser Institutionen.

Weil die Dürftigkeit des Volkes den Staatsschatz mindert, leere Kassen aber die Auflösung der Soldaten und mit ihnen auch den Fall des Fürsten herbeiführen, so sollen im Steuerwesen Maß und Zucht walten. Die Abgaben sollen nur den Grund und Boden, sei es an Erzeugnissen oder barem Geld, betreffen, die Einnehmer Unterschlagungen und Gewalttätigkeiten bei schwerer Strafe meiden. Diejenigen, die wüstes Land bebauen, sollen von allen Auflagen frei bleiben, und die großen Landbesitzer sollen mit ihrem gesamten Gut haften, wenn sie den Armen plagen und unterdrücken.«

Auf diese Weise unterstützt vom Glaubenseifer und Gehorsam streitbarer Hirten- und Jägervölker, die allmählich in regelmäßig besoldete, durch Beute und Ehrgier vorwärtsgetriebene Heere umgewandelt wurden, begann Timur schrittweise die Eroberung des zwieträchtigen oder verweichlichten Morgenlands. Zuerst demütigte er in fünf Feldzügen Chowaresmien (1371–1379), dessen Scheiks, Gelehrte, Künstler und Handwerker nach der Vaterstadt Kesch abgeführt wurden.* Anschließend unterjochte er Chorasan, das östliche Bollwerk Persiens (1382), dessen Binnengebiete, Fars im Norden und Irak im Süden, sofort bis zu den Grenzen Armeniens dem Feuer- und Racheschwert der Mongolen offenstanden, wie auch die Hauptstadt Isphahan mit Ausnahme der Gelehrten und Gesetzkundigen alle Einwohner fallen sah (1386).** Nach der Unterjochung Persiens und Georgiens wandte er sich mit verdoppelter Kraft nordostwärts nach Kaschgar und Turkestan (große Tartarei), setzte über den Sihon und drang verheerend bis an den Irtisch in Sibirien vor (1389). Danach zertrümmerte er, nordwestwärts gekehrt, die Macht Tocatmitschs, des tartarischen Oberkhans von Kaptschak, zwischen dem Jaik und der Wolga (1390). In einem neuen Feldzug überschritt er die Wolga, den Don und den Dnepr und wütete mit Feuer und Schwert in Südrußland, dessen Hauptstadt Moskau zitternd die Ankunft der wilden Raubscharen erwartete (1395).

---

* Von Hammer, I, 216

** Von Hammer, I, 220. »Mitten im Taumel der Blutrache legte Timur nicht weniger Achtung für die Wissenschaft und ihre Lehrer an den Tag als Alexander einst bei Thebens Eroberung für Pindars Haus.« *Macte virtute tua!* könnte man bei dieser Parallele ausrufen. Alexander verpflichtete übrigens die Makedonier nicht zur Ablieferung einer bestimmten Anzahl abgeschnittener Köpfe und ließ ebensowenig aus den Schädeln der Erschlagenen Türme aufbauen.

Nach Samarkand heimgekehrt und durch keinen Feind im Rükken mehr beunruhigt, rüstete er als unbestrittenes Oberhaupt sämtlicher Mongolen- und Tartarenstämme, denen Persien und Medien, Armenien und Georgien Zins zahlten, gegen das fernste Ziel bisheriger Welteroberer: Indien. Auch die kühnsten und getreuesten Emire erschraken anfangs. Sie dachten an die Ströme, Gebirge, Wüsten, geharnischten Krieger und Elefanten, die die Menschen zertreten.* Als jedoch Timur, scheinbar unschlüssig, den Koran aufschlug und die Glück verkündende Stelle fand: »O Prophet, bekämpfe die Ungläubigen und Gottlosen!«, da entwich entweder jede Bedenklichkeit beim höheren Willen oder verhüllte sich in schweigendem Gehorsam.

Langsam zog das ungeheure Heer, das allein 92 000 Reiter zählte, über Gebirge und Steppen, Flüsse und Waldungen an den westlichen Grenzstrom der großen, reichen, aber zwieträchtigen und oft in Üppigkeit versunkenen Halbinsel und überschritt bei Attok den Indus (25. September 1398), danach dessen fünf Nebenflüsse oder den Punjab. Nicht zufrieden mit Alexander des Großen äußerstem Markstein, dem Hyphalis, drang es weiter ostwärts vor und hieb 100 000 Gefangene, meistens Gebern (Feueranbeter), der Sicherheit wegen erbarmungslos nieder. Nach gewonnener Feldschlacht übergab es Delhi, die reiche Hauptstadt des muselmanischen Sultans Mahmud, der Plünderung und den Flammen und dessen Einwohner ohne Rücksicht auf Alter und Geschlecht dem Tod oder der Knechtschaft (17. Januar 1399). Es folgte den flüchtigen Hindus unter Raub, Mord und Brand bis zu den Ufern des heiligen Ganges und kehrte beladen mit den Schätzen des indischen Wunderlands – in dem ganze Völkerschaften vertilgt, andere, wie die geheimnisvollen Zigeuner,** aufgescheucht und in die Fremde getrieben worden waren – längs dem Abhang der nördlichen Gebirge, das romantisch schöne Tal von Kaschmir streifend, nach Samarkand zurück (Mai 1399).

Aber kaum hatten hier etliche Monate Ruhe für neue Heerfahrten gestärkt, als der nimmersatte, dreiundsechzigjährige Eroberer unter dem Deckmantel des Glaubenskrieges die Tal- und Fels-

---

* Instituts de Timur, S. 247.

** 1422 zuerst mit päpstlichen und kaiserlichen Pässen bei Basel und im Badischen. Wurstisen, Basler Chronik, S. 240.

gründe Georgiens trotz der heldenmütigsten Gegenwehr brennend und mordend heimsuchte (1400), um danach die siegreichen Waffen gegen den einzigen Nebenbuhler am Ruhm, den Sultan Bajazet, zu kehren. Gebietsstreitigkeiten, Hilfe, die der Kissar (Cäsar) von Rum* flüchtigen Feinden geleistet hatte, und die Inbesitznahme der Grenzfeste Siwas (Sebastia) gaben dem mongolischen Oberkhan Anlaß, seinen verhaltenen Grimm in stolzen und beleidigenden Briefen zu entladen. »Begnüge dich«, fügten die Boten hinzu, »mit dem, was du unter dem Schutz Gottes den Ungläubigen entrissen hast. Aber die Länder, die du einem Räuber gleich an dich brachtest, stelle entweder dem rechtmäßigen Herrn augenblicklich zurück oder gewärtige unsere Rache!« Sofort entbrannte der Osmane in maßlosem Zorn. »Meldet«, sprach er zu den Gesandten, denen die Bärte abgeschnitten wurden, »euerm Khan, daß ich auf seine Ankunft warte. Bleibt sie aus, so möge er seine Eheweiber von sich stoßen und nicht wieder annehmen, bis sie dreimal geschändet worden sind.«**

Um diesen Schimpf zu ahnden, brach Timur sofort mit einem Heer, das über eine halbe Million Streiter zählte, von Armenien in Anatolien (Rum) ein. Er erstürmte zuerst Arsynga, darauf Siwas, dessen tapferste Bürger, 4000 armenische Christen, Kopf und Hände zwischen die Füße eingeklemmt, lebendig begraben wurden.*** Danach lenkte er plötzlich, um Ägypten und Syrien zu züchtigen, südwärts ein, eroberte Aleppo (30. Oktober 1400), Hems und Baalbek und überlieferte Damaskus der Plünderung, dem Mord und so vollständigem Brand, daß nur ein Minarett der großen Moschee die ungeheuren Trümmer überragte (März 1401). Auf der Heimkehr baute er zu Bagdad (Juli 1401) aus 90 000 Ketzerschädeln ein turmähnliches Siegesdenkmal und bezog dann am Arares in der Ebene von Karabagh die Winterquartiere.

Der Frühling des nächsten Jahres (1402) gab endlich das Zeichen zum entscheidenden Kampf der mongolischen und osmani-

* Diesen Titel bekommt Bajazet in den Briefen Timurs. Siehe Instituts, S. 258.

** Der ärgste Fluch bei den eifersüchtigen Muselmanen. Siehe Ducas, S. 58 und die Ausleger.

*** Ducas, S. 60, und von Hammer, I, S. 236, der hier aufhört, die Parallele mit Alexander fortzusetzen.

schen Heeresmacht. Denn während Timur mit 800 000 Reitern und Fußknechten über Armenien in Galatien vordrang und die feste Hauptstadt der Landschaft, Ancyra (Angora) ringsum einschloß, eilte Bajazet, obschon nur 200 000 Mann stark, im blinden Selbstvertrauen zur Befreiung herbei. Als der Feind sofort die Belagerung aufhob, nahm er den in der Ebene nordöstlich von Ancyra angebotenen Feldstreit ohne Säumnis an (16. Juni).* Nach einem furchtbaren Kampf, in dem besonders die geharnischten Reiter Serbiens unter dem Kral Stephan und 10 000 Janitscharen durch Heldenmut hervorleuchteten, siegte der Mongole mittels der Übermacht und des geschickten Gebrauchs der Nachhut. Am Abend des Schlachttages stand Bajazet als Gefangener vor Timur, der am Schachbrett sitzend den Überwundenen freundlich bewillkommnete und in einem kostbaren Nebenzelt beherbergen ließ.**

Jedoch gerade diese unerwartete Großmut mochte den stolzen, durch das Glück verwöhnten Herrn der Osmanen am tiefsten schmerzen. Er starb neun Monate nach dem Mißgeschick bei Ancyra zu Akschehr im alten Pisidien, wie es heißt, von einem Schlaganfall getroffen (8. März 1403). Timur aber, unfähig, den durch Griechen und Türken geschützten Hellespont zu überschreiten, kehrte beladen mit den Schätzen und Flüchen Kleinasiens nach siebenjähriger Abwesenheit nach Samarkand zurück. Hier empfing er unter freiem Himmel die beglückwünschenden Boten Ägyptens, Arabiens, Rußlands und Kastiliens, dessen furchtsamer König Heinrich III. die Freundschaft der Mongolen suchte. Mit beispiellosem Prunk feierte er die Vermählung von sechs Enkeln (Januar 1405) und bewegte sich darauf, trotz der davon abratenden Sterndeuter, ostwärts gegen China. Da traf zu Otrar, nahe der feindlichen Grenze, den siebzigjährigen Welteroberer der Tod. »Es gibt keinen Gott als Gott, und Mohammed ist

---

* Nach anderen Berichten 28. Juli. Siehe Instituts, S. 88, wo S. 264 die Zahl der osmanischen Krieger auf 400 000 Mann gesetzt wird, während Phranza, S. 81, nur 155 000 rechnet. Auch die Mongolen hatten schwerlich die von Timur angegebene Stärke.

** Ducas, S. 60. Anders Phranza, S. 81, der meldet, Bajazet sei mit goldenen Ketten gefesselt und in einen eisernen Käfig eingesperrt worden. Das sind eher Fabeln, durch die spätere Strenge gegen die auf Flucht sinnenden Gefangenen veranlaßt und zum türkischen Parteihaß weiter fortgepflanzt. Siehe Gibbon und von Hammer, der alles über Gebühr umständlich untersucht und widerlegt.

der Prophet Gottes!« lallte den umstehenden Meistern und Gesetzkundigen (Imams) sterbend der Mann nach, der im Leben die Geißel seiner Feinde, der Abgott seines Heeres und der Vater seiner Völker gewesen war.*

Das große, nur durch Eisen gewonnene Weltreich aber löste sich unter den zwieträchtigen 36 Söhnen und Enkeln des Stifters ebenso schnell auf, wie es einst entstanden war. Denn überall nährt rohe Gewalt, wenn auch übertüncht von einem Anflug geistiger Kraft, im eigenen Schoß die Keime des Verderbens. Wenn jedoch die Wechsel und Erschütterungen, die Innerasien unter den Timuriden trafen, für den Entwicklungsgang des Menschengeschlechts kein wesentliches Endergebnis hervorbringen, so haben sie auf Europa dadurch entscheidend zurückgewirkt, daß die zersplitterte Osmanenmacht sich von neuem sammeln und, von keinem Nebenbuhler mehr gezügelt, den letzten Eckpfeiler des griechischen Kaisertums, Konstantinopel, umstürzen durfte.

Zehn Jahre lang kämpften Bajazets Söhne mit wetteifernder Wut um die Thronnachfolge, bis Mohammed I., der den älteren Brüdern Suleiman und Musa an Kopf und Herz bei weitem überlegen war, die Alleinherrschaft gewann (1413–1421). Er unterwarf größtenteils die türkischen Emire Kleinasiens und zwang in Europa, wo Adrianopel statt Brusa bleibender Sitz der Hohen Pforte wurde, die Walachei wiederum zur Zinspflicht. Dem Kaiser Manuel dagegen gab er aus Dankbarkeit wegen geleisteter Hilfe nicht nur alle Plätze am Schwarzen Meer, der Propontis und in Thessalien zurück, sondern bewahrte ihm auch die im Schutz- und Trutzbündnis angelobte Freundschaft gewissenhaft. »Meldet meinem Vater und eurem Herrn«, sprach z. B. der Sultan zu den griechischen Boten, »daß ich nächst Gott durch seinen Beistand mein väterliches Erbe wiedergewonnen habe und deshalb bereit bin, ihm in Zukunft mit der schuldigen Ehrerbietung des Sohnes zu dienen.«**

Genauso wie Mohammed, abweichend von den Grundsätzen seiner Vorgänger, aus Milde und Staatsklugheit Frieden mit den Christen suchte, trat selbst in dem starren und verschlossenen

* Der Geschichtsschreiber Cherefeddin bei Langlès zu den Instituts de Timur, S. 115.

** Ducas, S. 97.

Glaubensbegriff des Islams ein bisher beispielloses Streben nach Annäherung der feindseligen Bekenntnisse des Morgen- und des Abendlands hervor. Denn die Bruderschaft des gelehrten Heeresrichters Bedreddin verkündete, um Islam, Juden- und Christentum zu versöhnen, freiwillige Armut und Gütergemeinschaft und predigte Liebe gegen die Christen als gottgesandte Engel. Von wandernden Derwischen unter gleichgesinnten, griechischen Geistlichen der Insel Chios mit Glück verbreitet, gewann sie einen so zahlreichen Anhang muselmanischen Landvolks, daß Tausende fallen mußten, bis die vereinigte Heeresmacht der Osmanen den Berg Stylarios, gegenüber Chios, erstürmen und die Reste der für Duldung, Freiheit und Gleichheit kämpfenden islamischen Ketzer dem qualvollsten Tod überliefern konnten. Gleichgültig empfingen ihn die Gläubigen der neuen Lehre. Im Angesicht ihres gefangenen, auf die Folter gespannten Meisters stürzten sie sich mit dem Ausruf: »Vater Julian, komme bald!« in die emporgerichteten Schwerter und Speere der Soldaten.*

Um ähnlichen Ausbrüchen zersetzender, die notwendige und kaum befestigte Reichseinheit bedrohender Kräfte vorzubeugen, richtete Mohammeds Sohn und Nachfolger, Murad II. (1421–1451), ein ebenso menschenfreundlicher wie streitbarer Fürst, die Waffen gegen das Ausland. Er schloß Konstantinopel, dessen Kaiser für Mustafa, den angeblichen Oheim des Osmanen, Partei genommen hatte, zwei Monate lang ein (Sommer 1422). Durch Unruhen in Kleinasien abgerufen, eroberte er bei seiner Heimkehr nach Europa alle griechischen Küstenorte des Schwarzen Meeres, Thrakiens und Thessaliens und entriß den Venezianern Thessaloniki (1430). Er zwang Manuels Sohn, Johann VII. Paläologus (1425–1448), durch schwere Jahreszinse den Schatten griechischer Unabhängigkeit zu retten und seine letzten Hoffnungen im Mitgefühl der abendländischen Christenheit zu suchen.

---

* Ducas, S. 114. Dieser Zug ist historisch merkwürdig. Er beweist eine wirkliche, jedoch blutig erstickte politisch-religiöse Reaktion gegen den unbedingten Gehorsam des kirchlichen und staatsbürgerlichen Kreises, wie ihn bisher der osmanische Islam festgehalten hatte. Er ist gleichsam ein revolutionärer Toleranzversuch und in dieser Art unter den islamischen Völkern des Mittelalters beispiellos. Vgl. von Hammer, I, 293 ff.

Diese war jedoch, abgesehen von dem großen englisch-französischen Nationalkrieg, selbst zwieträchtig und trotz des Reformeifers der Baseler Kirchenversammlung in schroffe Parteien zerrissen.*

Man forderte wiederum als unabweisbare Bedingung bewaffneten Aufbruchs die Vereinigung des griechischen und des lateinischen Glaubens. Der Kaiser, der anfangs ungewiß war, ob Basel oder Ferrara, der Sitz des päpstlichen Anhangs, gewählt werden sollte, entschied sich deshalb für die Hofstadt Eugens IV., weil sie die Vergütung der Reisekosten und tatkräftige Mahnung zu einer allgemeinen Kreuzfahrt gegen die Türken anbot – Aussichten, die die sprödere und kargere Natur der Baseler Väter nicht eröffnen konnte. Also schifften sich der Kaiser und die hohe Geistlichkeit auf venezianischen, von Eugen IV. gemieteten Galeeren in Konstantinopel ein (24. Dezember 1437). Mit ehrerbietiger Achtung empfangen (9. Februar 1438),** verweilten sie mehrere Wochen in der Lagunenstadt und unterzeichneten endlich nach vielen, mühsamen Unterhandlungen und spitzfindigen Wortgefechten in Florenz, wohin der Papst sein Konzil von Ferrara verlegt hatte, das zweitemal die Versöhnungsurkunde der morgenländischen und der abendländischen Kirche (5. Juli 1439). Sie erkannte unumwunden die Vorsteherschaft (den Primat) des Römisch-Apostolischen Stuhls für die gesamte Christenheit an, das Fegefeuer, den Gebrauch des ungesäuerten Brotes beim Abendmahl und – den Ausgang des Heiligen Geistes vom Vater und Sohn als denselben Grundstoffen. Schließlich weihte sie jeden Abtrünnigen der Bannstrafe des Ketzers.*** Dafür versprach Papst Eugen – den vor kurzem die Baseler Väter, als schuldig des Meineids, der Simonie und der Irrlehre, abgesetzt hatten – dem bedrängten Oberhaupt Kon-

---

* Siehe S. 231 und 237 in diesem Band.

** Phranza, Chronicon, II, Kap. 14, S. 134, beschreibt weitläufig den prunkvollen Einzug. Doge und Abgeordnete des Senats kamen auf dem mit goldenen Löwen, Adlern, Engeln und anderen Sinnbildern reich geschmückten Staatsschiff (Buzentauro) dem Kaiser entgegen und führten ihn unter Trompetenschall und dem Jubel des Volkes in den Palast des Markgrafen von Ferrara. Der Grieche kann nicht genug Worte finden, um die Pracht und Herrlichkeit Venedigs, der von Gott gegründeten Seestadt (Psalm 23), die Bildung und Weisheit der Bürger und Bürgerinnen zu preisen. Ein ähnlicher Empfang wurde dem Kaiser in Ferrara bereitet. Kap. 16.

*** Ducas, Kap. 31.

stantinopels durch Wort und Tat gegen die Ungläubigen zu helfen und nicht eher zu rasten, als bis Fürsten und Völker eine allgemeine, entscheidende Kreuzfahrt gelobt und ausgeführt hatten.

Aber das Trugbild der falschen, in Florenz beschworenen Freundschaft zerrann bald in Dunst und Nebel. Denn kaum hatten der Kaiser Johann und dessen Begleiter auf venezianischen Schiffen nach fast zweijähriger Abwesenheit heimischen Boden betreten (Februar 1440), als stärker denn je Glaubens- und Nationalhaß gegen die Franken hervorbrachen. Das Volk, von schwärmerischen Priestern und Mönchen aufgewiegelt, überhäufte seine jetzt wiederum reuigen Erzbischöfe, Bischöfe und Äbte, ohne den Kaiser zu schonen, mit den bittersten Vorwürfen. Man schalt sie Überläufer, Verräter, Ketzer und Meineidige, die aus Menschenfurcht und Bestechlichkeit Glauben, Ehre und Freiheit an ruch- und gottlose Fremdlinge verkauft hätten. Weinend gestanden die meisten Prälaten ihre Schwäche ein. »Wir haben«, riefen sie in Zerknirschung aus, »unsere heilige Religion vermäkelt, Frömmigkeit gegen Frevel eingetauscht und das reine Opfer in ungesäuertes Brot umgewandelt. Man haue die Hand ab, die die Vereinigungsurkunde unterschrieb, man reiße die Zunge aus, die das lateinische Glaubensbekenntnis über die Lippen brachte!«

Bald breitete sich, da der Hof wenigstens äußerlich dem Vertrag treu blieb, die Zweiteilung der ketzerischen Einheitler (Henotiker) und rechtgläubigen Sonderer (Schismatiker) von Konstantinopel über die Landschaften aus. Alle Kanzeln und Beichtstühle erschollen von gegenseitigen Anklagen und Flüchen. Selbst der Tod tilgte den Glaubenshaß nicht: Die Leiche eines abtrünnigen Einheitlers erhielt selten ein christliches Begräbnis. Liebe, Freundschaft und Blutsbande verloren ihre Kraft, wenn irgendwo der leiseste Argwohn einer Annäherung an die lateinische Irrlehre wurzeln konnte. Auf diese Weise hielten Priester und Laien, Vornehme und Geringe, Kaiser und Bettler mit zäher Hartnäckigkeit die Schale gehaltloser Formen fest, während der Kern, die christliche Gemeinschaft, zertreten und zum Kehricht geworfen wurde.*

Mittlerweile hatte Papst Eugen, seinem Versprechen treu, an die Fürsten und Völker des Abendlands Briefe und Boten gesandt, um eine schnelle und kräftige Heerfahrt gegen die Fortschritte der Türken zu bewerkstelligen. Aber Ablaß und andere Gnadenspen-

---

* Vgl. Ducas, Kap. 31, S. 216; Kap. 37, S. 259.

den des Heiligen Vaters fanden, weil Begriff und Wesen eines bewaffneten, gegen den Islam durch Rat und Tat kämpfenden Christentums nirgends in den Massen wurzelten, nur schwachen Anklang. Alles geschah matt und vereinzelt, denn der frische Lebensquell, aus dem einst die Kreuzzüge als nachhaltige Wirkungen eines allgemein christlichen Abenteuers hervorgegangen waren, hatte längst seine sprudelnde Stärke verloren: Schärfere Abgrenzung der Nationen, die häufig, wie Engländer und Franzosen, Deutsche und Italiener, durch innere und äußere Kriege das Streben nach einem neuen Schwerpunkt offenbarten, eine kältere, vom zersetzenden und prüfenden Urteil geregelte Menschen- und Weltsicht, eine auf klarem Selbstbewußtsein und Gefühl des Rechts beruhende Bewegung gegen das römisch-katholische Priesterkönigtum – diese und ähnliche Ursachen lähmten überall bei Deutschen und Welschen den religiös-kriegerischen Aufschwung des früheren, längst abgelaufenen Zeitalters bewaffneter Pilgerfahrten. Für sie blieben nicht mehr Völkermassen, sondern höchstens einzelne Brechungen des gleichfalls scheidenden Rittertums neben den freiwilligen Scharen der Armut und des leiblichen Elends empfänglich, während die slawisch-magyarischen Donau- und Weichselbewohner nicht nur aus Begeisterung für den Glauben, sondern auch der Not wegen zu den Waffen griffen und dem ihren Grenzen nahenden Osmanentum kühn, obgleich ohne Einheit und nachhaltige Kraft, die Stirn boten.

Jedoch brachten die Tugend, Umsicht und heldenmütige Ausdauer eines Mannes Seele und Beweglichkeit in die rohen, ungleichartigen Stoffe und deckten, wenn auch unfähig zur Rettung Konstantinopels, jahrelang wie ein eiserner Wall das durch Ungarn und Polen dargestellte östliche Bollwerk der abendländischen Christenheit. Sohn eines mäßig begüterten Edelmanns aus dem walachischen Dorf Hollos (Rabenort, *vicus corvinus*) und einer vornehmen, kaiserliche Ahnen zählenden Griechin, hatte Johann Corvinus – auch unter dem Beinamen Hunyad bekannt, nach seinem siebenbürgischen Bergschloß – in Ungarn und Italien unter den Fahnen des Bischofs Demetrius von Zagreb, des Herzog Philipp von Mailand und Kaiser Sigmunds frühzeitig solche Auszeichnung gewonnen, daß der Ruf des weißen Ritters aus Walachien diesseits und jenseits der Alpen gefeiert wurde.* Furchtlos und mit-

* Philippe de Comines, IV, 13, S. 567. »*Le chevallier blanc de la Vallaquie.*« – Vgl. Monstrelet, Band III, S. 63 zum Jahr 1453. »*Memoire qu'un nommé le chevalier Blanc*

ten im Schlachtgewühl besonnen, setzte er hier seine Persönlichkeit nicht wie ein verzweifelnder Spieler auf den letzten Wurf. Bei aller Meisterschaft in den Waffenkünsten war er für feine Sitten und wissenschaftliche Bildung empfänglich. In der Ausführung einmal gefaßter Pläne blieb er beharrlich und war durch keine Zwischenfälle zu beugen. Bei einer männlich schönen Gestalt und Haltung war er freundlich und beredt. Er hegte den hochstrebenden Ehrgeiz, unter Verschmähung der äußeren Abzeichen als König zu ordnen und zu gebieten. Er war fromm und arbeitete eifrig für das Christentum, ohne daß Aberglauben und Heuchelei Macht bekamen. Freigebig mit dem eigenen, sparsam mit dem fremden Gut, war er gerecht und wurde selten durch aufbrausende Leidenschaft über die Schranken des Gesetzes hinausgerissen. So überflügelte Johann Hunyad in Kriegs- wie in Friedensgeschäften weniger begabte Nebenbuhler und leitete, seit Ladislaus III., König von Polen, hauptsächlich auf seine Empfehlung auch die ungarische Krone gewonnen hatte (1440), mit unbestrittenem Übergewicht als Feldhauptmann und Woiwode Siebenbürgens das von inneren und äußeren Feinden schwer bedrohte Reich.

Denn während dort die habsburgische Partei unter dem Schutz Friedrichs III. für den unmündigen Sohn König Albrechts arbeitete,* überschwemmten hier die Osmanen das Grenzland Serbien, belagerten Belgrad und zwangen den Fürsten (Despoten) Georg Brankovitsch zur Flucht. Da brachte Johann Hunyad Rettung. In einem Jahr (1442) blieb er zweimal Sieger über den dreifach stärkeren Feind, der seine Hauptanstrengungen gegen das halb deutsche, halb slawische Siebenbürgen richtete, und gewann dadurch solchen Ruf, daß Polen, Ungarn, Serbier, Walachen, Deutsche

---

*Mareschal de Hongrie, le quel n'estoit pas noble* (d. h. nicht von hohem Adel).« Neid und Feindschaft machten später den edlen Johann von Hunyad zu einem natürlichen Sohn Sigmunds und eines ungarischen Fräuleins. Auf der anderen Seite führten Schmeichelei und Eitelkeit den Stammbaum des Helden bis in die Urzeit des altrömischen Patriziats zurück. Denn Corvinus und Valerius Corvus mußten so gut blutsverwandt sein wie Walachen und römische Pflanzer *(coloni)*. Siehe Bonfinius, Decad. 3, 4. Buch, S. 423. »*E romanis superfuisse colonis creduntur, veluti linguae similitudo testatur.*« – Bei den Griechen und Türken heißt übrigens Hunyab gewöhnlich Janko, verkürzt aus Johannes. Vgl. z. B. Ducas, Kap. 32, S. 217, und Annales Sultanorum Othmanidarum, S. 39. »*Rex cum Janco expeditioni semet accinxit.*«

* Siehe S. 502 in diesem Band.

und Franzosen scharenweise nach Osten eilten, um unter dem Banner des christlichen Helden eine entscheidende Kreuzfahrt gegen die Ungläubigen zu versuchen. Selbst der Kardinallegat Julian Cäsarino, nicht abgeschreckt durch die Lehren des Hussitenkrieges,* erschien, um die Beschwerden und Gefahren des Feldlagers zu teilen.

Die Verbündeten, die nach reiflicher Beratung nicht für Abwehr, sondern für einen Angriff gerüstet waren, brachen – Johann Hunyad und König Ladislaus an der Spitze – gegen Ende Juli 1443 von ihrem Sammelplatz auf, überschritten bei Semendria die Donau und schlugen unweit von Nissa an der Morava in heißer Seeschlacht den Feind (3. Dezember). Unter unsäglichen Drangsalen und bei schneidender Kälte erstürmten sie einen Teil der bulgarischen Hämus- (Balkan-)Pässe, die nach einem nahen Ort und Flüßchen Isladi oder Slatiza genannt werden (24. Dezember). Durch Frost, Hunger und hartnäckigen Widerstand genötigt, mußten sie jedoch von dem Ziel der Bewegung, Philippopel, ablassen und mit reicher Beute wie angesehenen Gefangenen beladen unter häufigen, meistens glücklichen Gefechten die Rückkehr nach Ungarns Hauptstadt antreten.

Da bot, erschreckt durch die ungünstige Wendung des Krieges und einen kaum unterdrückten Aufruhr der kleinasiatischen Landschaft Karamanien, Sultan Murad die Hand zum Frieden. Er wurde, obschon der Kardinallegat im Namen der übrigens zaudernden Christenheit dagegen sprach, zu Szegedin auf zehn Jahre dahingehend abgeschlossen, daß Serbien seinem heimischen Fürsten Georg Brankovitsch behalten und die Walachei unter ungarischer Hoheit bleiben sollte. Schließlich gelobten König Ladislaus auf das Evangelium und Padischah Murad auf den Koran, das besiegelte Abkommen getreulich zu vollziehen und zu beachten (Juli 1444).**

Froh über die sehnlich erwünschte Waffenruhe und niedergebeugt durch den Tod seines geliebten, hoffnungsvollen Sohnes

* Vgl. S. 229 und 230. Wir haben keinen Grund, die Personalidentität dieses eifrigen Dieners der rechtgläubigen Kirche zu bezweifeln. Franzosen und Deutsche nennt Bonfinius, S. 447, ausdrücklich als Teilnehmer an der Kreuzfahrt.

** Bonfinius, Dec. 3, 6. Buch, S. 457. Ducas, Kap. 32, S. 219. Letzterer meldet (unwahrscheinlich), Hunyad habe den Friedensschwur mit den Worten »Ich bin nicht König, sondern Untertan« abgelehnt.

Alaeddin, legte der vierzigjährige Sultan, der von Natur aus milde und tugendhaft war,* die Reichswaltung zugunsten des zweiten Thronerben Mohammed freiwillig nieder und eilte nach Magnesia am Mäander, um mit etlichen Vertrauten ein abgeschiedenes, zwischen Sinnengenuß und Beschaulichkeit geteiltes Leben zu führen.

Diesen scheinbar günstigen Augenblick nutzte die entartete Staatsklugheit der Christen. Karamanien, meldete ein Schreiben des florentinischen Kardinaladmirals Francesco Condolmieri, der im Hellespont das aus venezianischen, genuesischen, päpstlichen und burgundischen Schiffen gebildete Geschwader befehligte, stehe in voller Empörung und binde die ganze Aufmerksamkeit des omanischen, einem unerfahrenen Jüngling übergebenen Reiches. Auch der Kaiser von Konstantinopel verspreche Hilfe, und viele unzufriedene Statthalter warteten nur auf eine Gelegenheit, um das drückende Joch abzuschütteln. Durch die verbündete Flotte von Asien abgeschnitten, müßten die Ungläubigen in Europa ohne Zweifel einem kräftigen Angriff erliegen und den gebührlichen Lohn ihrer Freveltaten ernten. Der Kardinallegat Cäsarino unterstützte sofort durch feurige Beredsamkeit die Mahnungen seines Amtsgenossen und erklärte die mit Heiden und Ketzern getroffene Übereinkunft trotz des Eides für nicht verbindlich.

Diese heillose Ansicht gewann nach schwachem Widerspruch Hunyads, den die Aussicht auf Bulgariens Krone beschwichtigte, den Sieg. Man beschloß, obwohl der Feind gewissenhaft alle Bedingungen des Vertrags erfüllt hatte, den Krieg und verließ in stürmischer Hast Szegedin (21. September). Unweit von Orsowa überschritt man die Donau, zog, in Nikopolis durch etliche Scharen walachischer Reiter und Fußknechte bis zu 20 000 Kampffähigen verstärkt, mit zahlreichem Gepäck und Troß längs dem Hämusgebirge ostwärts und lagerte, von den Bulgaren meistens freundlich empfangen, hart am Schwarzen Meer bei Barna, in der Absicht, sich von da aus langsam nach Adrianopel zu bewegen und mit einem Schlag die türkische Herrschaft zu zertrümmern.

Inzwischen hatte Sultan Murad nach inständigem Bitten der Großen wiederum die Zügel der Regierung ergriffen und den Kern der anatolischen Krieger auf genuesischen, gut bezahlten Fahrzeugen über den schlecht bewachten Bosporus nach Adrianopel und

* Ducas, Kap. 29, S. 203.

von hier mit dem Aufgebot Rumelis (des Abendlands) rasch nach Varna geführt. Die Christen, gegenüber einem Feind, der 60 000 Streiter zählte, nahmen besonders auf Betreiben des jungen König Ladislaus die gebotene Feldschlacht an und eröffneten sie mit solchem Ungestüm, daß beide muselmanischen Flügel unter den Beglerbegs (Herren der Herren) von Rumeli und Anatolien zu weichen begannen und selbst der Sultan im ungebeugten, von den Janitscharen gebildeten Mitteltreffen am Glück des Tages verzweifelte.

In diesem entscheidenden Augenblick stürmte der ungarische König, taub gegen die Warnungen Hunyads, an der Spitze eines kleinen Haufens heran, um die eiserne Mauer des feindlichen Fußvolks zu durchbrechen. Da strauchelte im Kampfgewühl das Streitroß und schleuderte, an der Ferse schmerzhaft verwundet, sich hoch aufbäumend den kühnen Reiter mitten in die Reihen der Janitscharen. Bald steckte der abgeschnittene Kopf des Königs an einer Lanze, um neben der ähnlich aufgestellten Urkunde des gebrochenen Friedens beiden Herren die vollzogene Strafe des Meineids anzudeuten. Sofort fiel lähmender Schrecken auf die Christen. Ungarn, Polen, Walachen, Böhmen und Deutsche dachten beim Untergang der Sonne – so lange hatte die Schlacht gedauert – an Flucht, wurden aber meistens eingeholt, getötet, verwundet oder gefangen. Nur etliche Reste unter Hunyad entkamen – ein Los, das den Haupturheber der Treulosigkeit nicht traf. Kardinallegat Julian Cäsarino nämlich fand, nach einigen auf der Flucht, nach anderen im erstürmten Lager, das ihm gebührende Ende.

Murad aber hatte nach seiner Rückkehr nach Magnesia kaum die Anmut eines abgeschiedenen Lebens gekostet, als ihn die Bitten der Großen und die Zügellosigkeit der Janitscharen, die in Adrianopel durch Brand, Raub und Mord eine Erhöhung des Soldes ertrotzten, zwangen, das zweitemal die Herrschaft zu ergreifen und bis an seinen Tod mit seltener Klugheit, Kraft und Mäßigung festzuhalten (1445). Denn während dem auf Konstantinopel und etliche Seeplätze beschränkten Kaiser Johann trotz seines Wankelmuts der Frieden gegönnt und Konstantin Paläologus, der Fürst (Despot) von Morea, Attika und Böotien, nach dem Verlust der am Isthmos aufgeworfenen Schanzen und Korinths zur Zinspflicht gezwungen wurde (1446), mußten auf der Ebene von Kossova die von Hunyad, dem derzeitigen Reichsverweser Ungarns, befehligten Ungarn, Polen, Walachen und Deutschen noch einmal der osmanischen Übermacht weichen (18. Oktober 1448) und die Blüte des Heeres auf dem Schlachtfeld zurücklassen.

Jedoch brachte auch dieser Sieg keine Entscheidung, weil teils Hunyad, der sich nach vielfachen Abenteuern und Gefahren retten konnte, den slawisch-magyarischen Völkerbund an der Donau zusammenhielt, teils in Nord- und Südalbanien (Epirus), von den östlichen Gebirgen bis an die Adriatische Mittelmeerküste, ein neuer Kampfheld auftrat und den zersplitterten Kräften der streitbaren Bewohner altillyrischer Abkunft Einheit und Zucht brachte, Georg Kastriota, mit dem Beinamen Iskanderbeg (Fürst Alexander). Als jüngster Sohn Johann Kastriotas,des Erbherrn der Landschaft Armathia in Nordalbanien, mußte Georg als neunjähriger Knabe mit drei älteren Brüdern dem Hoflager Murads folgen, um die Treue des unter osmanische Zinspflicht gebeugten Vaters zu verbürgen (1423) und bald darauf dem Christentum entsagen. Wegen seiner leiblichen wie geistigen Tätigkeit durch den bedeutungsvollen Namen Iskanderbeg ausgezeichnet, suchte er in der zweiten, muselmanischen Heimat Glück und Ehre. Er war überaus stark und gelenkig, gleich kühn und verschlagen. In Zweikämpfen und geordneten Schlachten war er allen Waffengenossen ein Vorbild an Mut und Einsicht. Gegen Höhere bescheiden, gegen Untergebene dienstbeflissen und freigebig, gewann der fremde Liebling des Sultans in seinem 19. Lebensjahr ein Sandschak oder Bannerherrenamt und damit den Eintritt in die fortan ununterbrochene, von glänzenden Waffentaten begleitete Laufbahn des Kriegers.

Sei es nun aus Rachegefühl wegen häuslicher Unbilden, weil seine drei Brüder auf unheimliche Weise verschwanden und sein Vater Johannes keinen Nachfolger am Fürstentum bekam, oder sei es die untilgbare Gewalt angestammter Volkstümlichkeit und Sitte, die der Firnis eines neuen Vaterlands und Glaubens bei abgeschlossener, hochstrebender Natur nur lähmen, aber nicht zerstören kann – Georg Kastriota beschloß jedenfalls, die Feinde seiner ursprünglichen Heimat und Religion ohne Rücksicht auf die Mittel schonungslos zu bekämpfen. So wurde dem christlichen Kreuzfahrerheer unter Hunyad durch geheime Übereinkunft der Sieg bei Nissa am Morawafluß erleichtert (3. Dezember 1443). Danach verließ er das türkische Heerlager und zwang den im Fluchtgetümmel gefangenen Staatsschreiber durch Androhung des Todes, einen Befehl für die Übergabe der albanesischen (epirotischen) Festung Croja (Akhissar) aufzustellen. Nichtsdestoweniger stieß er ihn danach aber trotzdem nieder.

Sofort versammelte er in der oberen Dibra, dem nordöstlichen Grenzgebirge, eine erlesene Schar von 600 Getreuen und überlieferte die Besatzung von Croja, deren Hauptmann beim Anblick der großherrlichen Urkunde arglos gehorchte, nach dem Öffnen der Tore der Mordgier des entfesselten Glaubens- und Volkshasses.* Dadurch gab er das Zeichen zur Erhebung aller Christen in Nord- und Südalbanien. Noch vor dem Ausgang des Jahres sah sich das gesamte Land mit Ausnahme der Grenzfestung Sfetigrad von den Feinden gereinigt.

Da erschienen zu Lesch (Lyssus) zwischen Croja und Seutart die Stammesältesten aller Gaue vom Montenegro im Norden bis zum Ambrakischen Meerbusen im Süden, übertrugen einhellig dem Befreier, Georg Kastriota, die Oberfeldherrschaft und gelobten, ihn durch jährliche Beiträge an Geld und Mannschaft nach Kräften zu unterstützen. Jener, dem jetzt neben dem beträchtlichen Gewinn aus den Salzwerken von Campupescupi oberhalb von Durazzo regelmäßige Einkünfte von 200 000 Dukaten, 8000 erprobte Reiter und 7000 Fußknechte zu Gebote standen,** entsprach vollkommen dem öffentlichen Vertrauen. Er tötete, fing und zersprengte 40 000 Türken, die unter Ali Pascha heranzogen, und brach zweimal (1449, 1450), bald durch Überfall, bald durch offenes Gefecht, die Heeresmacht Murads, dessen persönliche Anwesenheit erfolglos blieb. Auf der anderen Seite züchtigte er den Stolz Venedigs und verwirklichte auf diese Weise das bedeutsame Traumgesicht seiner Mutter Woisava. Diese nämlich, meldet die Volkssage, glaubte, eine ungeheure Schlange geboren zu haben, die ganz Epirus bedeckte, mit dem Kopf die Türken verschlänge und den Schweif bis zum Adriatischen Meer und dem Gebiet Venedigs ausstrecke.***

---

* Die meisten Muselmanen zogen den Tod der geforderten Abschwörung des Islams vor. Kastriota, obschon beim ersten Auftritt in Croja von den türkischen Glaubensgenossen mit Freude und Ehrerbietung empfangen, tat im Grunde nichts, um dem frevelhaften Morden ein Ende zu setzen. Siehe Marini Barletti, Vita Castrioti, S. 18. »Die Türken, heißt es hier, liebten das freundliche Wesen *(populare ingenium)* des Mannes und vernahmen daher gerne seine Ernennung.« – Desto roher erscheint die Grausamkeit, mit der jeder Moslem, sobald er nicht abschwörte, getötet wurde. Kastriotas Glaubenseifer war dabei übrigens wohl mehr politischer denn religiöser Art; er wollte dadurch die christliche Bevölkerung gewinnen und halten.

** Barletius, S. 44. *»Fama divulgatum est, Scanderbegi proventes in Epiro ducenta aanua aureorum millia excessisse.«*

*** Barletius, S. 5. Man fand auch auf dem rechten Arm des Knaben ein deutlich abgebildetes Schwert, berichtet derselbe Sammler.

Während also Hunyad gleichsam den linken, Kastriota-Skanderbeg den rechten Flügel der Christen sieghaft schützten, eilte die Mitte, Konstantinopel, getrennt und verlassen dem seit langer Zeit drohenden Verhängnis entgegen. Dafür wirkte zum Teil der doppelte Thronwechsel, der hier ein sinkendes, dort ein aufsteigendes Reich in einem geringen Zwischenraum von Jahren traf. Denn kaum hatte beim Tod Johanns VII. (31. Oktober 1448) dessen mannhafter Bruder, Konstantin IX. Paläologus, bisher Fürst von Morea, mit Bewilligung Murads die Nachfolge bekommen und durch ein neues Friedensabkommen gesichert, als der osmanische Schutzherr in Adrianopel starb (2. Februar 1451) und einem einundzwanzigjährigen, vielfach anders gearteten Sohn Platz machte.

Wenn nämlich den Vater neben bewährter Kriegstüchtigkeit Milde gegen Arme und Notleidende, religiöse Duldsamkeit, die oft durch wahrhafte Selbstüberwindung dem islamischen Glaubenseifer abgetrotzt wurde, Treue gegen Verträge und Liebe zu den Wissenschaften, Künsten und Annehmlichkeiten eines friedlich abgeschiedenen Lebens auszeichneten,* bildeten rastlose Herrsch- und Eroberungsgier, kaltblütige Grausamkeit und ungebeugte, von wortbrüchiger Schlauheit begleitete Willenskraft neben tierischer Wollust und einem offenen Sinn für bleibende Denkmäler des wissenschaftlich-künstlerischen Geistes die Grundzüge Mohammeds II. (1451–1481). Er war ein Freund und Pfleger der Gelehrten, von denen Sterndeuter durch Aberglauben und Geschichtskundige durch gefällige Vergleiche mit Alexander, Cäsar und Konstantin oder den Helden des Islams die nacheifernde, meistens falsche Ruhmsucht wenn nicht wecken, so doch verstärken konnten.

Der junge Sultan, Sohn einer Sklavin, eröffnete seinen Regierungsantritt durch Bruder- und Verwandtenmord und empfing darauf die beglückwünschenden Boten der lehnspflichtigen Völker und Fürsten mit Freundlichkeit. Er gewährte dem Reichsverweser von Ungarn, Johann Hunyad, einen dreijährigen Waffenstillstand, dem griechischen Kaiser unbestimmten Frieden. Durch persönliche Anwesenheit in Kleinasien dämpfte er die Empörung Karamaniens und wandte, auf diese Weise Rücken und Seiten gesichert,

---

* S. Ducas, Kap. 33, S. 228. Der Himmel, meint Ducas, habe den Sultan wegen seiner Tugenden durch einen schnellen, schmerzlosen Tod belohnt, eine antike Ansicht, die von Herodot (I, 31) auf die Byzantiner überging.

alle Kräfte gegen Konstantinopel. Den Vorwand gewährte ihm die unbedachtsame Drohung des byzantinischen Hofes, einen seit Jahren in der Hauptstadt als Geisel aufbewahrten Verwandten, Orchan, freizulassen, falls nicht der Sultan die für seinen Großneffen ausbedungenen Unterhaltsgelder augenblicklich erhöhen und bezahlen wolle.

Da sprach der friedliebende und den Griechen wohlgesinnte Wesir Halil entrüstet zu den Abgeordneten des Kaisers: »Schon lange, ihr törichten und gedankenlosen Romäer! erkenne ich eure trügerischen Listen und Umtriebe. Gebt sie auf! Der verstorbene Herr war redlich und milde, aber Mohammed, der jetzt regiert, ist anders geartet. Verblendete! ihr kommt nach Anatolien, um uns, als ob wir Knaben wären, durch leere Schreckbilder einzuschüchtern. Wohlan, handelt, wenn ihr handeln könnt! Ruft den Orchan zum Herrn von Thrakien (Rumeli) aus, lockt die Ungarn über den Donaustrom, nehmt wieder mit den Waffen, was wir euch abgewonnen haben! Aber nichts wird euch gelingen, vielmehr wird, was ihr noch zu besitzen glaubt, auf uns übergehen.«

Mohammed, von solchen Plänen der Griechen in Kenntnis gesetzt, legte sofort die Zerwürfnisse mit Karamanien auf dem Weg der Güte bei und gab den Abgeordneten des Kaisers eine scheinbar freundliche Antwort, die zu Adrianopel Vervollständigung finden werde. Er beschloß aber von Stund an den Untergang eines Feindes, der stets zwischen Krieg und Frieden zu schwanken pflegte und weder für jenen die Kraft noch für diesen ausreichende Aufrichtigkeit besaß.*

Daher wurde, um die Verbindung mit dem Schwarzen Meer zu sperren, im Frühling des Jahres 1452 auf der europäischen Seite des hier nur 725 Schritte breiten und stark brandenden Bosporus** binnen drei Monaten ein überaus festes Schloß erbaut und mit Mannschaft und schwerem Geschütz versehen. Jedes ein- und

* Vgl. Ducas, Kap. 34, S. 235.

** Man nannte die Stelle deshalb im Griechischen Rhoodes, d. h. Flutenwirbel. Siehe von Hammer, I, 386, und Gyllius, De Bosporo, S. 120. Das neue Schloß hieß bei den Türken teils wegen seiner Lage am engsten Sund (Schlund) Boghaskesan, d. h. Schlundabschneider, teils Rumili Hisari (europäisches Schloß), im Gegensatz zu der älteren asiatischen Festung (Anatol Hisari). Siehe Cantemir, Geschichte des osmanischen Reiches, deutsche Übertragung, S. 141, und von Hammer, I, 388.

auslaufende Schiff wurde zur Entrichtung des nach Belieben erhöhten oder herabgesetzten Zolls angehalten, die Gesandtschaft der Griechen aber, die demütig vorsprach und selbst Jahreszins versprach, mit Hohn entlassen. »Eure Stadt«, antwortete der Sultan, »besitzt außerhalb ihrer Ringmauern nichts und darf daher auch keinen Einspruch erheben, wenn ich auf meinem Grund und Boden baue. Meldet eurem Kaiser, der gegenwärtige Sultan sei mit den Vorgängern nicht zu vergleichen. Er vollziehe leicht, was diese nicht auszuführen vermochten, er wolle stark, was diese nicht gewollt hätten. Wer noch einmal in einer abgemachten Sache als Bote kommt, dem wird man das Fell über die Ohren ziehen.«*

Als etliche Monate später bei wachsender Spannung türkische Reiter mit der Ernte beschäftigtes Landvolk überfielen und niederhieben, ließ Konstantin, am Frieden verzweifelnd, die Tore der Hauptstadt sperren und alle anwesenden Moslems einkerkern. Nach dreitägiger Haft jedoch ließ er sie ungekränkt abziehen und dem unversöhnlichen Feind durch eine Botschaft Folgendes melden: »Weil du lieber Krieg denn Frieden willst, keinen Eid und keinen Weg der Ausgleichung achtest, so folge deinem Gelüst! Ich aber füge mich in den Willen Gottes. Hat er den Fall der Stadt beschlossen, wer kann widerstreben? Will er dein Gemüt zum Frieden lenken, wir gehorchen freudig. Inzwischen sende ich die Freundschaftsurkunde zurück und befreie dich von den Verbindlichkeiten des geschlossenen Friedens. Die Tore der Stadt werde ich sofort sperren, die Bewohner nach Kräften schützen. Du, der Stärkere, schalte in deiner Machtfülle, bis der gerechte Richter über uns beide den Spruch fällt!«**

Darauf erklärte Mohammed ohne weiteres den Krieg. Er sandte beträchtliche Scharen nach dem Peloponnes, um die dortigen Fürsten, Brüder des Kaisers, vollends zu unterwerfen, und traf, während jene Streifzüge am Mut der Christen scheiterten, in Adrianopel alle Anstalten, die Hauptstadt von der Land- und der Seeseite her einzuschließen. Dabei leistete besonders ein ungarischer Werkmeister, Orban, den die Griechen aus unzeitiger Sparsamkeit fortgeschickt hatten, wesentliche und folgenreiche Dienste. Denn er verfertigte unter anderen Geschützen eine so riesenhafte eiserne

---

* Ducas, Kap. 34, S. 240.
** Ducas, Kap. 34, S. 245.

Kanone,* daß die steinernen Kugeln angeblich zwölf Spannen vier Zoll im Umfang und ein Gewicht von 1200 Pfund hatten, für die Fortschaffung aber 60 Paar Ochsen, an 30 Karren gespannt, und 400, beiden Seiten der unbeholfenen Maschine zugeteilte Männer gefordert wurden.** Nach langen, umfassenden Rüstungen, die neben einem ungeheuren Kraftaufwand seltene Einsicht zeigten, erschien Mohammed, von 258 000 Reitern, Fußknechten Feuerwerkern und Schanzgräbern begleitet, am 6. April des Jahres 1453 vor Konstantinopel, dessen Lage und Abwehrmittel eine kurze Beschreibung fordern.

In einer fruchtbaren, von sieben Hügeln durchschnittenen Ebene unter mildem Himmel erbaut, bot die Hauptstadt des Byzantinischen Reiches die Gestalt eines großen Dreiecks dar, dessen erste Seite der tief einschneidende Hafen bildete, der auch das »Goldene Horn« genannt wurde, während die beiden anderen Schenkel dort im schwach eingehegten Ufer der Propontis, hier landeinwärts in zwei hohen, mit Türmen und Gräben versehenen Mauerreihen hervortraten. Jeden Winkel des Dreiecks schützte überdies ein wohlbefestigtes Schloß: an der südöstlichen Hafenseite die Burg (Akropolis) des heiligen Demetrius, die unweit dem heutigen Serai an der zweifach vom Meer umspülten Spitze aufstieg, am nordwestlichen Ende der Bucht das zu Tierkämpfen bestimmte Amphitheater (Kynegion, derzeit Haiwanserai), das nahe dem Hauptpalast Blacharnä erbaut war, und schließlich an der südwestlichen Landseite die Fünfburg (Pentapyrgion), die später unter dem Namen der sieben Türme als Staatsgefängnis berühmt wurde. Von den Toren, die teils als Verbindungslinien mit dem Flachland, teils als Bollwerke dienten, haben für die Belagerungsgeschichte auf der Landseite Wichtigkeit gewonnen das charische oder bulgarische Tor (heute Egri Kapu), dem südwärts das der 1000 Männer (Polyandri, heute Edrene Kapussi, d. h. Tor von Adrianopel) folgte, die von zwei Türmen verteidigte Pforte des heiligen Romanus (derzeit Top Kapussi oder Kanonentor) und das goldene, einst den Triumphzügen gewidmete Tor am äußersten Südende, das jetzt ver-

* Das Wort gebraucht Ducas, S. 248.

** Vgl. Ducas, S. 258; Phranza, S. 166, und Monstrelet, Band 3, S. 60, der den Kugeln sogar ein Gewicht von 1800 Pfund gibt. Daß in allen diesen Berichten einige Überteibung stattfindet, ist von selbst klar.

mauert und vom Wall der sieben Türme eingeschlossen ist. Längs dem Hafen öffneten sich fünf Tore, von denen die unterirdische Holz- und Zirkuspforte (Xyloporta, Kerkoporta) nahe dem Palast Blacharnä dadurch eine verhängnisvolle Bedeutung erhielt, daß Isaak Komnenus sie aus abergläubischer Furcht vor Kaiser Friedrich dem Rotbart vermauern, der letzte Paläologe sie aber öffnen ließ, damit entgegen aller Berechnung hier zuerst die bisher erfolglos anstürmenden Feinde durchbrechen sollten. Der ganze Umkreis Konstantinopels, die nordöstliche, vom Hafen getrennte Vorstadt Pera (Galata) nicht eingerechnet, betrug etwa dreizehn römische oder zweieinviertel deutsche Meilen.* Die Hauptstraße, die von Osten nach Westen die Mitte der Stadt durchschnitt, führte aus dem goldenen Tor nach dem eisernen des großen, in der heutigen Spitze des Serai gelegenen Palastes.

Die Abwehrmittel waren weder dem Höhepunkt der Gefahr noch dem bedenkenden Umfang des bedrohten Raumes angemessen. Denn mochte auch immerhin die Bevölkerung über 100 000 Menschen zählen, so hatten Üppigkeit und der Brauch, meistens Soldknechten die Fehden des Reiches zu überlassen, den kriegerischen Sinn der Griechen so geschwächt, daß nur 4970 bewaffnete Bürger gefunden wurden,** zu denen noch 2000 Fremde stießen. Unter diesen zeichneten sich der edle, von tapferen Landsleuten begleitete Genuese Johann Longo aus dem Geschlecht der Giustiniani und der Deutsche Johann Grant aus. Jenen ernannte der Kaiser Konstantin wegen bewährter Kriegskenntnis zum Hauptmann einer 600 Mann starken, meist von Genuesen gebilde-

* Siehe Gyllius, De topographia Constantinopoleos, S. 23. *»Ambitus urbis non attingit tredecim miliaria.«* Phranza, III. 8, S. 167, gibt übertreibend 18 römische Meilen an. Von Hammer, Geschichte der Osmanen, I, 392, setzt wohl zu unbestimmt den Umfang des Dreiecks auf drei Stunden für den Fußgänger. Über die Lage und die Örtlichkeit vgl. Gyllius und von Hammers Konstantinopolis und der Bosporus. Leider! ist in diesem lehrreichen, jedoch wenig anschaulichen Buch die Parallele Alt- und Neukonstantinopels nicht ausreichend festgehalten worden. Warum durchwandern unsere Philologen und Altertumsforscher nicht Konstantinopel, wie bisher oft über Gebühr Rom? Die Türken und Russen hätten sicherlich nichts dagegen einzuwenden.

** Siehe Phranza, III. 8, S. 168, dessen Zeugnis schon deshalb Glauben verdient, weil der Geschichtsschreiber der unglücklichen Vaterstadt auf Befehl des Kaisers die Musterrollen führte. Monstrelet, III, 60 rechnet auf 30 000 (?) Einwohner 6000 Bewaffnete.

ten Kernschar und zweiten Oberbefehlshaber, diesen zum Aufseher des Minen- und Geschützwesens. Die christliche, hinter ausgespannten Ketten liegende Flotte zählte neben einem spanischen Fahrzeug drei genuesische, drei kretische, drei venezianische und drei griechische Schiffe, im ganzen 13 Segel.* Ihnen standen 320 feindliche Schiffe** unter der Leitung des ungarischen Renegaten Baltaogli entgegen.

Wenn so die Streitkräfte der Belagerten, die übrigens mit Lebensbedarf ausreichend versehen waren, wenigstens um das Zwanzigfache hinter denen der Belagerer zurückblieben,*** so ging ein noch schrofferes Mißverhältnis aus den heillosen Glaubenszwisten hervor. Kaum hatten nämlich der Kaiser, mehrere Hofgeistliche und angesehene Laien die mit Papst Nikolaus V. unter Vorbehalt kräftiger Hilfe abgeschlossene Kirchenvereinigung im Münster der heiligen Sophia aufs neue beschworen (12. Dezember 1452), als Schwärme von Mönchen, Nonnen und Priestern den anfänglich duldsamen Pöbel aufwiegelten. In Klöstern und Schenken verfluchten sie feierlich die Anhänger des abendländischen Ketzertums (Henotiker) und entluden den verhaltenen Grimm in bitteren Hohnreden, wobei sie zu Ehren des wundertätigen Marienbildes die Becher leerten. »Wir brauchen«, lautete das Geschrei, »die lateinische Hilfe nicht. Fern bleibe uns die Religion der Ungesäuerten! Lieber wollen wir in dieser Stadt den türkischen Turban als den fränkischen Hut erblicken.«

Umsonst arbeiteten die Besonnenen am Friedenswerk. Nach kurzer, scheinbarer Ruhe brach der Glaubenshaß nur desto heftiger hervor. Selbst das Osterfest und die Ankunft der Türken blieben fruchtlos. Beichtstühle und Kanzeln ertönten von neuen Verwünschungen. Es galt für ruchlos, von einem Priester, der die Vereinigung unterzeichnet hatte, das Abendmahl zu empfangen oder die durch lateinischen Gottesdienst in Synagoge und Götzenhaus umgewandelte Sophienkirche zu besuchen. Angesehene und sonst ver-

---

* Phranza, III. 8, S. 167. Von Hammer, I, 402, gibt 14 an, von denen vier aus Kandia (Kreta) und zwei aus Kydonia gekommen wären. Phranza, auch hier die Quelle des gelehrten Osmanenhistorikers, sagt dagegen: *»Ex Creta tres, ex urbe scilicet, cui nomen Chandazemia una, e Cydonia duae.«*
** Phranza, S. 167; bei von Hammer, I, 401, zu 420 Schiffen gesteigert.
*** Ducas, S. 266.

ständige Männer wie der Großadmiral Lukas Noraras wurden, sobald sie sich der wunden Stelle näherten, von pestartigem Schwindel ergriffen und gleichsam für kräftige Abwehr gelähmt.*

Diesem heillosen Glaubenseifer gesellte sich schließlich, um das Übel vollständig zu machen, ein schwächender und verwirrender Aberglaube bei. Zeichen und Weissagungen mußten den Untergang Konstantinopels melden. Hier hieß es, ein Bogenschützenvolk werde den Hafen erobern und die Griechen austilgen. Dort raunte einer dem anderen zu, bis an die Säule des großen Konstantin werde der Heide vordringen, dann aber ein Engel vom Himmel herabsteigen und die Stadt retten.** Sogar die seit der Niederlage bei Kossova in Ungarn verbreitete Prophezeiung, Konstantinopels Fall bahne der Christenheit den Weg des Sieges, fand auch am Bosporus blinde Verehrer.*** So von inneren und äußeren Feinden bedrängt, überließ sich die Menge einer dumpfen, tatenlosen Hingebung (Resignation), während die kleine, mannhafte Schar der fremden und Einheimischen durch klugen, heldenmütigen Widerstand das unabweisbare Verhängnis aufzuhalten und im letzten Todeskampf nicht nur die Ehre des Christentums, sondern auch den Ruf glorreicher Altvorderen würdig zu verteten suchte.

Am Freitag nach Ostern nämlich, dem 6. April, hatte Mohammed die Belagerungsmaßnahmen vollendet und in einem weiten Ring seine Heereshaufen der Stadt angenähert. Denn während der Sultan umgeben von den Janitscharen und Reichsgroßen hinter einem durch Wall und Spitzpfähle gedeckten Graben die Mitte der Schlachtordnung bildete, dehnte sich der linke Flügel bis an das Holztor und den Palast von Blacharnä am nordwestlichen Ende der Hafenbucht, der rechte bis zum goldenen Tor und Seeufer aus.

---

* Vgl. über den Glaubenszwiespalt Ducas, Kap. 36, S. 259 und 257, wo der Geschichtsschreiber im edlen Unwillen die künftige Knechtschaft als notwendige Folge der Entartung bezeichnet. »Ich sah«, bemerkt er, »später eine gelehrte (einst unduldsame) Nonne Fleisch essen, Heidenkleidung tragen und dem falschen Propheten opfern.« – In Wahrheit konnte das bittere Wortspiel, in dem Ducas, Kap. 22, S. 123, einen verräterischen Priester Korax nicht Gottesgelehrten, sondern Schmutzgelehrten nennt, auch von vielen anderen Gelehrten des Evangeliums gelten.

** Leonardus Chiensis (Augenzeuge), S. 317 bei Lonicer, Chronicon turcicum, und Ducas, S. 290.

*** Ducas, Kap. 38, S. 275.

Eine Nebenabteilung besetzte die Höhen hinter Pera (Galata) und die Flotte ankerte am Bosporus zwischen der sogenannten Doppelsäule (Diplokionion, jetzt Beschiktasch) und der Kirche des heiligen Konstantin.*

Doch trotz der ungeheuren Überzahl und stellenweisen Dienstleistung, die griechische, fränkische und deutsche Abtrünnige erbrachten,** machten die Belagerer in den ersten Tagen keine oder nur geringe Fortschritte. Die vor dem charsischen Tor aufgepflanzte Riesenkanone platzte nach mehreren wirkungslosen Schüssen und erschlug den Werkmeister, wurde jedoch bald auf Befehl des Sultans durch ein noch größeres, vor dem Romanustor aufgerichtetes Geschütz ersetzt. Öffnete sich irgendwo die eine oder andere Mauerlücke, so füllte man sie rasch durch Reisigbündel, Erde, Balken und leere Fässer aus, während die Minengänge der serbischen Bergleute aus Novoberdo von den Griechen unter der Leitung des Deutschen Grant*** durch Gegenminen aufgehalten und teils verschüttet, teils in Gräber ihrer von Rauch und Flammen erstickten Urheber umgewandelt wurden.

Der Erfolg steigerte den Mut der anfangs eingeschüchterten Besatzung. Unfähig, durch ihr schweres Geschütz, das, wenn es losbrannte, den morschen Mauern Gefahr brachte, die Feinde zu schädigen, unterhielt sie aus kleinen Feldstücken ein wirksames Feuer, machte bisweilen glückliche Ausfälle und schlug, bei Tag und Nacht wachsam, die Anstürmenden mit empfindlicher Einbuße zurück. Als jene beim dritten Hahnenschrei wiederum vorbrachen, verbrannte sie einen Teil des hohen, auf Rädern ruhenden Wendelturms, kurz, sie entwickelte solche Tatkraft, daß der Sultan, von Zorn und Scham bewegt, ausrief: »Hätten mir 37 000 Propheten den Heldenmut der Gauers vorhergesagt, ich hätte es nicht geglaubt.«****

Während so die Belagerten unter der Leitung des Kaisers Konstantin und des Genuesen Giustiniani, der fest blieb wie Eisen,*****

* Phranza, S. 167.

** Leonardus Chiensis, S. 318.

*** Ders., S. 319. *»Joannes Grande Alemanus, ingeniosus miles, rerum bellicarum doctissimus.«* Die serbischen Bergleute heißen *fossores ex novo brolo.*

**** Phranza, III. Buch, Kap. 9, S. 174.

***** Ders., S. 171: *»velut adamas.«*

erfolgreich auf der Landseite kämpften, gewannen fünf christliche, in Chios ausgerüstete Schiffe – vier genuesische und ein griechisches – den vollständigen Sieg über ein türkisches Geschwader von 200 Segeln und bahnten sich glücklich den Weg zum Hafen, dessen ausgespannte Ketten sofort fielen und den kühnen, mit Lebensbedarf und Waffen nahenden Bundesgenossen der bedrängten Hauptstadt Eintritt gewährten. Knirschend vor Wut, trieb Mohammed, der mit dem Landheer Zeuge der Niederlage wurde, mehrmals sein Roß in die See, um den feigen, unbeholfenen Bootsknechten Mut einzuflößen. Nach beendeter Schlacht ließ er den Admiral Baltaogli auf die Erde werfen und versetzte dem angeblichen Urheber des Mißgeschicks eigenhändig mit seiner goldenen, fünf Pfund schweren Geißel 100 Streiche, während ein Janitschar mit dem Herrn wetteiferte und dem unglücklichen Bulgaren ein Auge ausschlug.*

Niedergebeugt durch die wiederholten Unglücksfälle und bedeutenden Verluste, stimmten etliche Mitglieder des versammelten Kriegsrates, der schon früher friedlich gesinnte Halil-Pascha an der Spitze, für Aufhebung der Belagerung, andere, unter ihnen der zweite Wesir, Saganos-Pascha, für Ausdauer.**

Diese Meinung behielt bei der zähen und trotzigen Natur des Sultans die Oberhand. Ein kühnes und entscheidendes Unternehmen bezeichnete auf seiten der Muselmanen nach kurzer Waffenruhe den Wiederbeginn der Feindseligkeiten. Um nämlich durch Beherrschung des Hafens den Wirkungskreis der Belagerten möglichst einzuengen, wurde oberhalb von Pera der zwei Stunden lange, oft von Gebüschen und Hügeln unterbrochene Raum zwischen der Doppelsäule am Bosporus und dem Goldenen Horn im geheimen befahrbar gemacht. Er wurde mit Dielen belegt, auf denen zur Nachtzeit ein Geschwader von 80 Schiffen langsam vorwärtsgeschoben und bei Anbruch des Morgens unter Trommelschlag und Trompetenschall in den oberen Hafen gebracht wurde, während fast gleichzeitig eine aus Fässern und Balken erbaute,

---

* Ducas, Kap. 38, S. 270; Phranza, S. 173; Leonardus Chiensis, S. 222. Die Mittelzahl der türkischen Schiffe ist 200.

** Von Hammer, I, 404, nach morgenländischen Berichten, die übrigens auch Monstrelet, III, 60, bestätigt. »*Sangombassa estoit de opinion contraire et disoit en Turc: Tu as fait le plus fort. Tu as rué jus une grande partie des murs. Nous en ruerons encores de l'autre etc.*« Halil-Pascha heißt bei Monstrelet der Colombassa. Ebenso Leonardus Chiensis, S. 329.

100 Ellen lange und fünf Ellen breite Brücke beide Ufer der Bucht zwischen Pera und Konstantinopel verband.*

Die Belagerten erkannten vollkommen die Größe der Gefahr und versuchten ihr durch rasche Tat zu begegnen. Brander sollten Flotte und Brücke zerstören, aber die Verräterei der Genuesen in Pera, die aus Eigennutz bald auf griechischer, bald auf türkischer Seite standen, verhinderte die Ausführung des von Giustiniani empfohlenen und eingeleiteten Planes. Die kühnen Jünglinge endeten teils in den Wellen, teils als Gefangene unter dem Schwert des Henkers. Sofort wurden 260 Türken aus den Kerkern gerissen und im Angesicht ihrer Glaubensgenossen gehenkt.**

Inzwischen hatte Mohammed, durch neue Scharen verstärkt, die Anstalten zu einem allgemeinen Sturm vollendet. Auf der Hafenseite hatte er die von den Geschützbetten (Batterien) Peras geschützte Flotte hart den niedrigen Strandmauern angenähert, auf der Landseite vier Türme gebrochen und unweit dem Romanustor nach langem und blutigem Kampf mittels der zwölfhundertpfündigen Kanone eine weite Bresche geöffnet, die die überdies zwieträchtigen Belagerten umsonst aufzufüllen versuchten. Daher sandte der Sultan den letzten Herold, seinen Schwager Isfendiarogli,*** in die Stadt, damit er dem Kaiser folgende Schlußerklärung überbrachte: »Wisse, daß die Zeit naht, unsere Kriegspläne auszuführen! Gott richte über das Ende! Melde jetzt, ob du unserem Antrag gemäß mit deinen Schätzen und Großen, wohin es dir beliebt, abziehen willst, oder ob du widerstehen, Leib und Gut verlieren, dein Volk aber in Knechtschaft bringen willst!« – Darauf antwortete Konstantin vor dem gesamten Rat: »Hättest du nach dem Beispiel deiner Vorfahren, die oft in diesen Mauern Schutz fanden, den Frieden gewählt, wir würden Gott danken. Fordere Jahreszins, so hoch du willst, und lebe im Frieden! Die Stadt kann weder ich noch ein anderer dir übergeben. Wir alle sind bereit, eher zu sterben, als solche Schmach zu dulden.«****

---

* Phranza, S. 173. Leonardus Chiensis, S. 322. Ducas, S. 271. Man denkt hier unwillkürlich an die Belagerung Antwerpens im 16. Jahrhundert. Aber welche Änderung der Verhältnisse!

** Phranza, S. 176.

*** Bullialdus ad Ducam, S. 618, und von Hammer, I, 408.

**** Ducas, Kap. 39, S. 280.

Sofort bestimmte der Sultan am 24. Mai den 29. Tag desselben Monats für den entscheidenden Angriff. Er versprach, nur mit den Türmen, Mauern und Gebäuden zufrieden, die Güter und Leiber der Gauers den Soldaten als rechtmäßige Beute. Schließlich gebot er Fasten, Waschungen, Gebete, Freudenfeuer und andere für solche Fälle gültige Bräuche. Ein tausendfältiges Jubelgeschrei verkündete die Kampflust des Heeres. »Es gibt keinen Gott als Gott, und Gott ist mächtig *(La ilah illallah, Allah akbar)*!«, erscholl es beim Anbruch der Nacht in den Zelten, auf dem Meer und am Ufer. Konstantinopel und Galata, Flotte und Lager, die Küsten des Bosporus bis nach Skutari erglänzten im Widerschein zahlloser Wacht- und Freudenfeuer, um die sich nicht selten wie gepeitschte Kreisel fanatische Derwische drehten.

Jedoch verbreitete am Morgen plötzlich die falsche Kunde von der Annäherung einer italienisch-christlichen Flotte und des ungarischen, von Hunyad geführten Heeres solchen Schrecken, daß die Friedenspartei unter dem Großwesir Halil-Pascha am 27. im schnell versammelten Kriegsrat einen neuen Versuch machen konnte. Doch der feurige Streif eines Nordlichts, das über der Hauptstadt am bewölkten Himmel aufzuckte, und die mehr und mehr sichtbar werdende Grundlosigkeit des von Furcht und Hoffnung erzeugten Gerüchts, endlich auch der kräftige Zuspruch des Saganos-Paschas entschieden wiederum für den Sturm. »Was können doch«, äußerte jener unter anderem, »die zwieträchtigen, aufeinander eifersüchtigen Fürsten und Völker des Abendlands gegen uns unternehmen? Sie verordnen und reden gar vieles, um nichts oder Geringes zu leisten; was sie am Abend wollen, mißfällt ihnen des Morgens.«*

Halil-Pascha aber fühlte sich durch den Beschluß der Kriegsrates so gekränkt, daß er die Griechen heimlich in Kenntnis der drohenden Gefahr setzte und aufforderte, sich tapfer zu verteidigen, weil des Kampfes Los ungewiß sei.**

Inzwischen hatte der Kaiser Konstantin mit dem besonnenen Mut eines Mannes, der das Äußerste erwartet, alle Maßnahmen zur Abwehr getroffen: die Posten an den Toren und auf den Mauern umsichtig unter seine Getreuen verteilt, einzelne Zwistigkeiten

* Phranza, III, Kap. 13, S. 181.
** Ders., Kap. 14, und Leonardus Chiensis, S. 329.

der Hauptleute, z. B. des Admirals Lukas Notaras und Giustinianis, auf dem Weg der Güte ausgeglichen und bei dem zähen Geiz der Reichen manches goldene und silberne Kirchengefäß für die Bestreitung der laufenden Bedürfnisse in die Münze geschickt. Durch feierliche Umzüge, vor allem zu Ehren der wundertätigen Jungfrau, Gebete und Reden hatte er die niedergeschlagene Menge aufgerichtet, mit den Großen der Hofes und Heeres im Dom der heiligen Sophia das Abendmahl genommen und bei allen Waffengenossen edleren Gemüts solche Kampfeslust und religiöse Hingebung erzeugt, daß die einen hier für den Sieg, die anderen dort für den Tod unter Tränen und Umarmungen von den Ihrigen schieden, um in der Nacht des 28. Mai die ihnen angewiesenen Stellen zu besetzen.

Im Mittelpunkt der Schlachtordnung am Romanustor, wo das feindliche Geschütz schon eine bedeutende Sturmlücke geöffnet hatte, standen der Kaiser, Giustiniani und Francesco von Toledo, ein spanischer Ritter, umgeben von 3000 Griechen und Lateinern.[*]

Das nördlich zunächst gelegene Tor der 1000 Männer schützten die Brüder Paul und Troilo Bochiardi. Die Pforte von Charsia oder Kaligaria war dem Schatzmeister Johann Grant, dem bogenkundigen Jugendgreis Theodor aus Karistos und dem gelehrten Theophilus Paläologus anvertraut.[**] An der Hafenseite befehligten im Viertel vom Tor des Kynegion bis zur Demetriuskirche der russische Kardinalmetropolit Isidorus, im Palast von Blacharnä der venezianische Richter *(bailo)* Hieronymus Minotto, weiter unten am Holz- oder Zirkustor (Xyloporta, Kerkoporta)[***] die Genuesen Hieronymus und Leonardo de Langasco und in der ganzen südlichen Strecke des Hafens der Admiral Lukas Notaras. Den Eingang der Bucht bewachte Andreas Dinio, der an die Spitze der großen Galeeren gestellt war. Den Raum zwischen der Akropolis (Spitze des Serai) und dem Leuchtturm verteidigte mit 400 Landsleuten und einem kleinen Geschwader der venezianische Edle Gabriel Trevisano. Die südliche Seeküste endlich schützten der katalonische Richter *(bailo)* Pero Giuliani und der Venezianer Contareno bis zum Goldenen Tor (Sieben Türme) hin, zwischen denen und der Pforte des heiligen Romanus der Genuese Moritz Kataneo den

[*] Ducas, Kap. 39, S. 283. Leonardus Chiensis, S. 325.
[**] Phranza, S. 175.
[***] Über die Identität beider Tore siehe Bullialdus zum Ducas, S. 162.

Oberbefehl führte. Die Anzahl der Bewaffneten, unter denen sich Stellvertreter beinahe aller romanisch-germanischen Hauptvölker befanden, überstieg nicht 9000. Ihre Lage war rettungslos, wenn es dem Feind gelang, von der Hafen- und Landseite her gleichzeitig vorzudringen, indem dort nur ein niedriges Bollwerk schützte, hier die zweite Reihe der höheren Ringmauern schon deshalb keinen Schutz gewähren konnte, weil man für die hartnäckige Verteidigung der äußeren Schanzen, Türme und Mauern noch vor dem Beginn des Kampfes die Pforten der zweiten Linie gesperrt[*] und sich dadurch im Fall eines Mißgeschicks den Rückzug außerordentlich erschwert hatte.

Frühmorgens am 29. Mai beim zweiten Hahnenschrei, als noch Dämmerung Stadt und Land verhüllte, begann der Feind auf allen Seiten den Sturm, voran die Neulinge und Ausgedienten, damit später die Kernmannschaft den Ausschlag geben möchte. Die Griechen aber, beim Aufgang der Sonne wie von einem langen Strick umflochten,[**] leisteten die tapferste Gegenwehr. Sie töteten und verwundeten durch herabgeschleuderte Balken, Steine und Geschosse, eroberten Leitern und zerstörten mittels des unlöschbaren (griechischen) Feuers einen Teil des Belagerungszeuges. In Unordnung wichen nach zweistündigem Kampf die von frischen Scharen der Nachhut verstärkten Moslemin zurück. Da trieben Tschausche, mit eisernen Ruten und Ochsenziemern bewaffnet, die Fliehenden wieder vorwärts. Selbst der Sultan gebrauchte, wenn Bitten und Drohungen erfolglos blieben, seine goldene Knute.[***]

Unermeßliches, vielfältiges Getöse erscholl vom Hafen bis zum Goldenen Tor. Trommeln, Pauken, Hörner, Kanonendonner, Geklirr der Schwerter, wilder Schlachtruf, Stöhnen der Sterbenden und Verwundeten trafen das Ohr, während Staub, Pulverdampf, Kugeln und Geschosse bisweilen dem Auge Land und Meer in Ne-

---

[*] Leonardus Chiensis, S. 331: »*infra vallum, valvis urbis, ne quisquam retrocederet, clausis pernoctarunt.*«

[**] Phranza, III 13, S. 188: »*Totae copiae (Turcorum) perinde ut funis ab una parte ad alteram ductus urbi incubuerunt.*«

[***] Ducas, Kap. 39, S. 284. Phranza, S. 289. »*Tzauchides virgis ferreis et scuticis eos urgebant.*« Die morgenländische Barbarei großer Despotien blieb sich von jeher in solchen Zwangsmitteln gleich. Herodot, VII, 122, von den Persern: »Dahinten standen die Führer und peitschten jedermann vorwärts.« Dergleichen Hebel konnte glücklicherweise selbst das sterbende Byzanz entbehren.

belgestalt zeigten und stellenweise die Helle des Tages trübten. Besonders heftig entbrannte die Schlacht am Romanustor, wo wetteifernd die Blüte der beiderseitigen Mannschaft stritt. Obwohl das türkische Geschütz eine Bresche von 200 Klaftern geöffnet hatte und die kühnsten Janitscharen über den Schutt vorzudringen suchten, widerstanden die Belagerten so heldenmütig, daß Theophilus Paläologus und Demetrius Kantakuzenus den zurückgetriebenen Feind eine Strecke lang mit dem Schwert in der Faust verfolgen konnten.

In diesem entscheidenden Augenblick räumte Giustiniani, um seine schmerzliche Schenkelwunde in Galata verbinden zu lassen, trotz der kaiserlichen Ermahnung aus unmännlicher Schwäche den bisher ehrenhaft behaupteten Kampfplatz. Der Flüchtige bestellte sogar nicht einmal einen Nachfolger am Oberbefehl, ein Umstand, der bald Furcht und Verwirrung erzeugte. Kaum bemerkte aber Saganos-Pascha das Geschehene, als er mit den Janitscharen von neuem heranstürmte, den Schutt überstieg, Leitern anlegte und die Mauern zu erklimmen versuchte. Die Christen aber rafften, durch Konstantin, Theophilus Paläologus, Francesco von Toledo und Johannes aus Dalmatien angefeuert, ihre letzten Kräfte zusammen und warfen noch einmal die Banner des Islams zurück.

Mittlerweile hatten um die dritte Morgenstunde an der Hafenseite 50 Türken durch das unlängst geöffnete und nicht besetzte Zirkus- oder Holztor den Eingang in die Stadt gefunden. Als sie darauf die Verteidiger der nächsten Bollwerke im Rücken angriffen, verbreiteten sie solchen Schrecken, daß auch die bisher ungebeugten Scharen an der Romanuspforte dem verstärkten Anprall des Feindes wichen und in wilder Flucht durch die geöffneten Tore der inneren Mauern Rettung suchten. Rasch folgten die jetzt gleichsam entfesselten Moslemin und stießen in der ersten Hast nieder, was ihnen begegnete – fast 2000 Männer, Greise, Frauen und Kinder. Mitten im Kampfgewühl und nicht ungerecht fielen der Kaiser Konstantin,* Theophilus Paläologus, Johannes aus Dalmatien und

* Sein letztes Wort war: »Ist denn kein Christ da, der mir den Tod geben will?« Da stürzten die Türken auf den Verlassenen zu, der rücklings getroffen niedersank. Ducas, Kap. 39, S. 287. Nach des Leonardus Chiensis unwahrscheinlichem Bericht (S. 333) erstickte der letzte Erbe des Römerflämmchens (τοῦ τῶν ξωμαίων μικξοῦ τπινϑῆξος κληξονόμος, Phranza, III, Kap. 7) im Fluchtgedränge.

Francesco von Toledo. Andere Hauptleute, unter ihnen die Brüder Paul und Troilo Bochiardi, entkamen nach Galata, dessen Bürger die Schlüssel der Übergabe gesandt und einstweilen Sicherheit des Lebens und Eigentums gewonnen hatten.

In Konstantinopel aber herrschten stundenlang Raub, Mord und Brand. Umsonst suchten Haufen von Flüchtlingen Schutz in der Sophienkirche – die verriegelten Pforten wurden bald aufgesprengt, Frauen und Jungfrauen hier geschändet, dort bei den Haaren oder an Stricken und Gürteln in die Knechtschaft geschleppt, Greise und Jünglinge, Mönche und Nonnen, Reiche und Bettler zu demselben Lose der Dienstbarkeit verurteilt. Die Bildnisse des Erlösers und der Heiligen wurden besudelt und zerschlagen, Teppiche, Kelche und andere Weihgeschirre geraubt, Kreuze und ähnliche Abzeichen der Christgläubigen heruntergerissen und mit Füßen getreten, Altäre in Krippen und Stätten viehischer Lüste umgewandelt.*

Nachdem die zügellosen Banden dergestalt vorgearbeitet hatten, hielt Sultan Mohammed, umringt von den Reichsgroßen und Janitscharen, um die Mittagsstunde seinen feierlichen Einzug. Im verwüsteten Sophienmünster als der künftigen Hauptmoschee Istanbuls ließ er den Lobgesang des Essan oder islamitischen Glaubensbekenntnisses anstimmen und das übliche Nemeß (Gebet) verrichten.** Danach ließ er den Kopf des letzten griechischen Kaisers auf der Siegessäule Justitians auf dem Platz Augustäum ausstellen und später zur Schau in die Städte Anatoliens senden. Er übergab die edelsten, wenn auch nicht ganz schuldfreien Gefangenen, unter ihnen der Admiral Notaras mit zwei Söhnen, dem Schwert des Henkers, das schon vorher den friedfertigen Großwesir Halil-Pascha getroffen hatte. Ungerührt duldete er die dreitägigen Frevel jeder Art und sandte erst dann die Flotte mit ihrer reichen Beute zurück, als 60 000 Christen in Sklaverei*** und die meisten Paläste und Häuser in Schutt und Asche lagen.

Nie sah man ein bunteres und ernsteres Bild menschlicher Hinfälligkeit als auf den Schiffen und im Lager der von roher Naturkraft strotzenden Türken, nie einen herberen Gegensatz von Barba-

---

* Ducas, Kap. 39, S. 291. Leonardus Chiensis, S. 334. Phranza, III. 17, S. 193.
** Ducas, S. 298. Cantemir, S. 148.
*** Leonardus Chiensis, S. 334: »*Sexaginta millia Christiani funibus vincti captivantur.*«

rei und Überverfeinerung. »Die Fahrzeuge«, bemerkt der Augenzeuge Ducas, »waren bis zum Sinken beladen. Und worin bestand die Fracht? In kostbaren Gewändern, silbernen, goldenen, eisernen und zinnernen Geschirren, unzähligen Büchern, Gefangenen, Priestern wie Laien, Nonnen wie Mönchen. Alles war vollgepackt, auch die Zelte enthielten in Fülle Gefangene und mannigfaltiges Gerät. Dort erblickte man im Heidenlager den einen im erzpriesterlichen Gewand, den anderen im Patriarchenkleid, sah, wie der dritte goldbestickte Gürtel in Hundekoppeln oder Pferdedecken verwandelte. Noch andere, zu Gelagen versammelt, nahmen aus den heiligen Gefäßen vielfache Früchte und tranken aus den heiligen Kelchen ungemischten Wein. Unzählige Bücher wurden auf Karren geladen und überall im Osten und Westen zerstreut. Für ein Geldstück konnte man zehn Schriften kaufen, den Aristoteles, Platon, die Gottesgelehrtheit und andere Wissenschaften. Von den prachtvollen Evangelienbüchern wurde das Gold und Silber abgerissen, das übrige verkauft oder weggeworfen. Die Bilder aber verbrannten sie sämtlich und kochten sich an dem Feuer ihr Fleisch.«*

Auf diese Weise verschwand das christliche, Altertum und Mittelalter eigentümlich verbindende Konstantinopel. Selbst Sultan Mohammed wurde beim Besuch des menschenleeren und halb zerstörten Palastes Blacharnä vom Schauer der Vergänglichkeit so getroffen, daß er mit dem persischen Dichter ausrief: »Die Spinne spinnt ihr Gewebe im kaiserlichen Palast und die Eule singt ihren Wächtergesang auf den Türmen von Efrassijab.«**

Die Kunde des entscheidenden Ereignisses verbreitete unter den Christen der Nähe und Ferne Schrecken und mitleidige Teilnahme, aber nirgends zeigte sich aus den schon bemerkten Ursachen tatkräftiger Ernst – wiederum ein Beweis für die allmählich vollendete Umgestaltung der äußeren und inneren Verhältnisse, die wie im besonderen Nationalgebiet, so auch im Gepräge der Gesamtheit den Wendepunkt einer neuen Zeit andeuten. Diese tritt nämlich gerade darin hervor, daß die früher beobachteten Grund-

* Ducas, Kap. 42, S. 312.

** Siehe Cantemir, Geschichte des osmanischen Reiches, S. 148. Obschon Herr von Hammer den Fall Konstantinopels weitläufig und treu erzählt hat, hielt der Verfasser dieser Geschichte eine ziemlich ausführliche, den abendländischen Quellen folgende Darstellung nicht für überflüssig.

merkmale* langsam verschwinden und bei der beginnenden, noch keineswegs vollendeten Wirksamkeit frischer Lebenszüge einen unsicheren, gleichsam rückwärts und vorwärts blickenden Zwischenzustand des Übergangs bilden, der erst nach einem vollen Jahrhundert (1555, Augsburger Religionsfriede) größtenteils aufhört, um Staat, Kirche, Wissenschaft und Gesittung vom tausendjährigen Reich des Mittelalters wenigstens stellenweise abzulösen. Jenes zeigt nun am Schluß des sechsten Zeitraums unverkennbare Spuren der Abnahme und des Verfalls. Obschon bereits in den Tatsachen der einzelnen Abschnitte möglichst hervorgehoben, fordern sie hier dennoch zur kurzen, übersichtlichen Rechenschaft auf, wie sie der Wanderer, am Ziel einer weiten, abenteuerlichen Fahrt angelangt, mit Bescheidenheit und Ernst zu geben pflegt.

Auf den Raum der Erdoberfläche gerichtet, trifft das Auge nicht mehr die seit dem Einbruch der Mongolen und Hunnen unter den verschiedenen Gestalten sichtbare, fast polarische Gegenwirkung des Morgen- und des Abendlands, des Islams und des Christentums. Diese, aus der Vorherrschaft des Gemüts und anschaulicher Naturkräftigkeit entsprossene Ader völkerschaftlicher Bewegungen hat ihre letzten, matten Pulsschläge in den Todeskämpfen Konstantinopels gefühlt. Seit dem Gewinn des europäischen Bürgerrechts sind die Moslemin Christen, die Verteidiger des Kreuzes Bundesgenossen des Halbmonds geworden.** Um letzterem die Hörner zu brechen, erschollen in der Folge oft Kanzeln und Beichtstühle von Flüchen gegen die Ungläubigen und geistlichen Segenspenden für die Gläubigen, hallten Fürstentage und Ratsstuben vom Feldgeschrei gegen den Türken und Antichrist wider. Aber das alles floß nicht mehr aus dem lebensfrischen Born religiös-sittlich gegliederter Sonder-(Individual-)Massen. Körperliche Furcht zerrte an der zerborstenen Sturmglocke des verwitterten Sarazenenkrieges. Das gesteigerte Selbstbewußtsein berechnender Verstandeskraft hatte, ohne es eben auszusprechen, den feindlichen Gegensatz der Bekenntnisse teils aufgehoben, teils nach dem engeren Gebiet der christlichen Völker verlegt. Denn diese selber

---

* Siehe Band I, S. 11–15.

** Schon Leonardus Chiensis klagt bitter über die Hilfe, die Christen dem Sultan Mohammed gewährten, und über den Jubel kaufmännischer Seelen, vor allem Italiens, als Konstantinopel fiel.

empfanden die Vorwehen einer vielfach neuen und Verjüngung suchenden Zeit.

Während nämlich der Riesenbau des weltbeherrschenden Priesterkönigtums in seinen Grundfesten untergraben und erschüttert und das Band christkatholischer Gemeinschaft trotz der Aschaffenburger und anderer Abkommen zwar nicht abgestreift, aber unwiderruflich gelockert wurde, hatten im Staat, in der Sitte und in der Bildung die deutschen und welschen Stämme das sonst mehr oder weniger gleichartige, bei allen Gegensätzen und Brechungen des Germanismus und Romanismus gleichsam verwandtschaftliche Gepräge meist verwischt und in eine starre, nationale Abgeschlossenheit umgewandelt, aus der später durch volle Entwicklung der materiell-geistigen Kräfte das künstlich abgemessene, ein- und rückwirkende Staatensystem Neueuropas hervorgehen sollte. Wenn die Hauptvölker räumlich im ganzen bleibende Grenzen empfingen – die für Deutsche und Franzosen das burgundische Zwischenreich einstweilen noch verzögerte –, so hatte nicht weniger nach langen Kämpfen und Wirren die innere Ordnung feste Gestalt gewonnen. Aus dem zersetzenden Prozeß des Ritter- und Bürgertums war beinahe überall durch Niederschlagung eine starke Erbmonarchie hervorgetrieben worden. Früher im Grunde nirgends bei Germanen und Romanen üblich, folgte sie als geschichtliche Notwendigkeit dem bisher vorherrschenden Sonder- (Individual-) und Korporationsstaat und verschlang, während Lehnsmacht und Republik nach dem Ablauf des ihnen bestimmten Kreises fielen, die Reste beider Gegensätze: die ständischen Abgeordneten des Adels, der Geistlichkeit und der Bürgerschaft.*

* Daher macht auch auf beobachtende Zeitgenossen, die von dem neuen, staatsbürgerlichen Standpunkt ausgingen, gerade der Sturz des griechischen, souveränen Erbkaisertums tiefen Eindruck. So bemerkt Olivier de la Marche in seinen Mémoires, S. 410: »*L'Empereur d'Allemagne n'est Empereur si non que par élection et cestluy de Constantinoble estoit Empereur de ligne en ligne et de pere à fils, de plus de cinq cens ans de regne.*« Deshalb, meint nun Olivier de la Marche, sei der griechische Erbkaiser auch ehrwürdiger als der deutsche Wahlkaiser. Ein für das Staatsrecht des 15. Jahrhunderts merkwürdiges, antizipierendes Urteil, mit dem Hegel im 19. Jahrhundert vollkommen übereinstimmt. Siehe Philosophie des Rechts, § 286, wo es durchaus historisch richtig heißt: »Die erbliche Monarchie ist eines der späteren (d. h. nach-mittelalterlichen) Resultate der Geschichte.«

Nur das deutsche Reich gegenüber dem Kaiser, der trotz des Wachstums der fürstlichen Landeshoheit schwach und beschränkt blieb, England mit seinen festen, auf Durchdringung der drei Körperschaften beruhenden Parlamentsrechten, Neuburgund, die Schweiz und etliche Gemeinwesen Italiens entgingen dem Umschwung der schrittweise erstarkenden Erbmonarchie. Gestützt auf beträchtliche Krongüter und den freien Gebrauch der Abgaben, vor allem aber regelmäßige Söldnerhaufen und eine durch das Feuergewehr* wesentlich veränderte Kriegskunst, unterdrückte sie die Selbsthilfe des Fehderechts sowie landschaftliche und staatliche Vereinigungen und wandte die aus der Zersetzung des vielfältigen, bisher mehr oder weniger unabhängigen Korporationsstaates gewonnene Zentralkraft erobernd nach außen.

Die mit dem Prunk und dem Geldwert steigende Bestechlichkeit sowie der in den adligen und selbst bürgerlichen Häusern nicht hinsichtlich der Körperschaft, sondern der Person wirksame und häufig erbliche Parteihaß, darüber hinaus die unbändige, heimatlose Gemütsart der Sold- oder Landsknechte eröffneten dabei dem klugen und kühnen Ehrgeiz der neuen, meist unumschränkten Erbkrone weiten Spielraum und reiche Quellen dienstbarer Kräfte. Mit dem Verfall des Adels und der Waffenentwöhnung des über Gebühr friedlichem Erwerb nachgehenden Städtewesens lieferten vor allem in Spanien wie in Frankreich, Deutschland und Italien die immer schlagfertigen, dem freigebigsten Brotherrn folgsamen Söldnerrotten neben den bleibenden und regelmäßig bezahlten Heerhaufen einen fruchtbaren Stoff entarteter Abenteurerei und verhärteter Eroberungsgier. »Die Landsknechte«, urteilte treffend Sebastian Franke, »sind ein leichtfertig Volk, dem wol mit anderer Leute Unglück ist, das Unglück sucht und ungenöt alle Lande durchstreicht, Krieg sucht und um ein heillos Geld Frau, Kind, sein Vaterland, Vater und Mutter verläßt und ja Leib,

* Natürlich hat das um 1354 zuerst auf Feuergewehre angewandte, gewöhnlich einem mythischen Erfinder, dem deutschen Franziskanermönch, Berthold Schwarz aus Freiburg im Breisgau, zugeschriebene Schießpulver nur als Werkzeug gedient, dessen sich die gesteigerte Gärung der Reflexion bemächtigte, um auch im kriegswissenschaftlichen Kreis die Zeit allmählich vom Mittelalter abzulösen. Wenn übrigens die Anwendung des Geschützes vor Algeciras (1342) und in der Schlacht bei Crécy (1346) noch zweifelhaft bleibt, so ist der Gebrauch von Bombarden (Donnerbüchsen) bei den Nürnbergern (1356), den Löwenern im Treffen bei Sandvliet und den Hansestädten (1363) unbedenklich sicher.

Ehr, Gut und Seele waget und dem Teufel opfert. Denn es zeucht ohne Genöt (Not) aus keinem Gehorsam, sondern aus lauter Frevel, Blutdurst und Mutwillen, ein Volk, das unangesehen eynich Gerechtigkeit, zuzeucht, raubt, brennt, mordet; wo Geld stehet und wer Geld hat und gibt, der ist ihnen ein guter Herr, wenn es der Teufel (wie sie sprechen) selbst wäre. Diß Volk stiftet und macht auch alle Kriege im Lande; dann wären sie nit, so blib mancher Fürst ohne Krieg.«*

Wenn auf diese Weise im kirchlichen und weltlichen Kreis die alten Ordnungen sanken oder umzustürzen drohten – in dem einen die piesterkönigliche Machtfülle der gemeinheitlichen Grundkraft (dem republikanischen Prinzip) wich, im anderen die Erbmonarchie Parlamente und Reichstage, Generalstaaten und Cortes teils verschlang, teils in leere Schattengebilde verwandelte –,** so streiften dagegen Künste und Wissenschaften den körperschaftlichen Lehnsverband mehr und mehr ab, um als Gesamtgut stärker denn je auf die bisher ziemlich gleichgültigen Massen einzuwirken. Die Muttersprache der romanischen und der germanischen Völker hatte fast überall so an Gelenkigkeit und Kraft gewonnen, daß sie in Gesetzgebung, Prosa und Poesie ihre meist schon früher errungene Souveränität behaupten und den lateinischen Ausdruck, der noch immer Besitztum der höheren Schulen und kirchlichen Verhandlungen blieb, überflügeln konnte, denn in jedem Zweig hat sie durch Gehalt und Form ausgezeichnete Denkmäler hinterlassen. Zwar verstummten in Deutschland unter den Wirren und Parteikämpfen des zum klaren Bewußtsein aufstrebenden Zeitalters ritterschaftliche Epik und edlerer Minnesang. Zwar nahm das seit dem Anfang des 14. Jahrhunderts in den städtischen Meisterschulen zunftmäßig überlieferte Volkslied trotz eines Frauenlob (gest. 1317) und Regenbogen gewöhnlich die Richtung zum nüchternen Sitten- und Lehrton. Zwar verfiel und endete in Südfrankreich die fröhliche Kunst der Troubadoure mit den Schrecknissen und Scheiterhaufen des Albigenserkrieges und wichen in

---

* Chronica des gantzen Deutschenlandes, durch Sebastian Franken, S. 260.

** Mackintosh, Englische Geschichte, I, 252, urteilt etwas zu schneidend: »Europa schien nahe daran zu sein, nur das widerliche, zurückstoßende Schauspiel der kalten Einförmigkeit eines schwachsinnigen Despotismus, ausschweifender Höfe und grausam unterdrückter Völker zu gewähren.«

England die wandernden Balladensänger (Minstrels) dem eindringlichen Ernst eines Sprache und Sitte meisternden Chaucer (gest. 1400). Aber dafür rückte die Poesie gleichsam dem wirklichen Leben näher und erleichterte dem wachsenden Urteilsvermögen das natürliche Bestreben, die breitere Bahn der ungebundenen Rede für die Darstellung des an Begriffen und Beobachtungen vermehrten schriftstellerischen Stoffes zu wählen.

Dieses im Kulturgang des 14. und 15. Jahrhunderts sichtbare Übergewicht auflösend prüfender Verstandeskraft (Reflexion), die, wie die weitläufig erzähletn Zerwürfnisse gezeigt haben, den doppelten, vielfach abgestuften Bau des priesterschaftlich-weltlichen Lehnsstaates untergrub, beurkunden auch die raschen Fortschritte der in Prosa abgefaßten Nationalliteratur. Denn während bei den Italienern das dem klassischen Altertum befreundete Dichterpaar, Franz Petrarca (gest. 1374) und Johann Boccaccio (gest. 1375), in gebundener und freier Rede die von Dante geöffnete Bahn weiter verfolgten und die Florentiner Joh. Villani (gest. 1348) und Dino Compagni (gest. 1323) neben anderen als Geschichtsschreiber glänzten, wetteiferten fortan mit ihnen um denselben Ehrenpreis bei den Franzosen Johann Froissart (gest. 1401), Enguerrand de Monstrelet (gest. 1453) und Philipp de Commines (gest. 1509), der sich durch tiefe Kenntnis der Menschen und Staaten auszeichnete. Bei den Deutschen ragten Ottokar von Horneck, der Verfasser einer ebenso gründlichen wie anschaulichen Reimchronik (gest. um 1318?), und Jakob von Königshofen heraus, dessen klassisches, um 1386 geschriebenes Zeitbuch eine ungewöhnliche Reinheit und Kraft des Ausdrucks besitzt, bei den Spaniern Ramon Muntaner (gest. um 1330), der treue Gefährte und Darsteller des katalonisch-morgenländischen Abenteuers.

Im Laufe des 14. Jahrhunderts nahm gleichzeitig die philosophisch-kritische Richtung, die von dem vielseitigen, englischen Naturkenner Roger Bacon (gest. 1294) bedeutend gefördert wurde, an Umfang und Tiefe zu. Sie durchbrach stellenweise die abgegriffenen Formen der in sich verödeten Scholastik und zeigte, als Kriege, Handel sowie Entdeckungsfahrten zu Wasser und Land den Gesichtskreis der Menschen- und Völkerkunde erweitert hatten, einen auf jedem Feld der Wissenschaft eindringenden Forschertrieb und eine durch oft mißlungene Versuche neue, gesteigerte Sehnsucht nach dem Wahren und Bleibenden, dem weder die halb zertrümmerte Gegenwart noch die dunkle Zukunft genügen mochten.

In solcher Gärung erschien das beflügelte Wort, die Buchdrukkerkunst, um als geistiges Schießpulver die aufzuckenden Blitze des neuen, zersetzenden Grundzugs nach den fernsten Gebieten der europäischen Völkergeschlechter zu senden. Denn indem Johann Gutenberg (geb. 1397, gest. 1468?) und Johann Fust (Faust, (gest. 1466) aus Mainz sowie Peter Schöffer aus Germersheim (gest. 1500) nach langem, fruchtlosem Bemühen die Buchdruckerkunst erfanden und, ohne die Folgen zu ahnen, – auch nicht frei von kleinlichem Eigennutz – durch die erste Herausgabe des Psalters (1457) gleichsam als Stifter einer allgemeinen, literarischen Eidgenossenschaft auftraten, bemächtigte sich sofort die am Webstuhl der Zeit schaffende Kraft des zwar unscheinbaren, aber gewaltigen Hebels, um, unterstützt von der bald bewerkstelligten Wiedergeburt des römisch-griechischen Altertums, auch in der Wissenschaft die Zersetzung des Mittelalters zu vollenden.

»Ja, nun in der Tat, nicht ferner im Wort,
Auf schwankte sein Grund!«*

* Aeschylos, Prometheus, V. 1085. Übrigens lag es nicht im Plan dieses Werkes, den Kulturgang des letzten Zeitraums in einer vollständigen Übersicht, wie etwa Band I, Seite 569 usw. versucht wurde, darzustellen. Solches verhinderten teils die vorgesteckten Grenzen, teils die in einzelne Abschnitte bereits verflochtenen Schilderungen. Wachler, Pölitz, Bouterweck, Gervinus, F. C. Schlosser und andere Literarhistoriker können überdies hier leicht ergänzen.

# Schlusswort an die künftigen Leser und Kunstrichter

Am Ziel seines Unternehmens angelangt, glaubt der Verfasser des vorliegenden Werkes noch etliche Worte des Abschieds nicht über den Gegenstand, sondern über den Zweck und die Ausführung einer ebenso schwierigen wie in vielerlei Hinsicht mit Freudigkeit fortgesetzten Arbeit sprechen zu müssen. Denn obschon die Aufgabe im Vorwort hinlänglich bezeichnet und die Lösung gewissenhaft versucht wurde, muß dennoch ein Historiker, der bisher in Würdigung seiner Anlagen, Neigungen und Studien nur das bescheidene Gebiet der Monographie wählte, allerdings eine gewisse Rechenschaft ablegen über die plötzliche Auffassung eines universalhistorischen Themas. Denn weder die Jugendstudien über Kaiser Friedrich I. und die in reiferen Jahren der Entwicklung des freistädtischen Bundeswesens gewidmeten Bemühungen noch die Beiträge zur hellenischen Staatenkunde schienen den Anspruch auf Wahlverwandtschaft mit einem universalhistorischen Gegenstand, wie ihn hier das Mittelalter darstellt, sattsam gerechtfertigt zu haben. Denn, könnte man sagen, das Auge, für beschränkte und zusammengedrängte Objekte scharf, verschwimmt ohne ein naturrechtlich-philosophisches Sehrohr nur zu leicht im Anblick einer weitschichtigen, universalen Masse. Auch kann ein Ohr, das nur auf einzelne Tonwerkzeuge und Weisen eingestimmt ist, kaum die volle Harmonie der Gesamtakkorde des Menschengeschlechts vernehmen, viel weniger noch den Eindruck im ungetrübten Spiegel ruhiger Erzählung wiedergeben.

All diese und ähnliche Betrachtungen machte der Verfasser, als er für das gegenwärtige Werk um Ostern 1829 in Basel die Feder ergriff, die erst nach Ostern 1836 in Bern niedergelegt wurde. Jedoch ermunterte auf der anderen Seite auch wiederum manches. Teils nämlich hatten mehrfache, ziemlich ausführliche Vorträge zur übersichtlichen Gliederung der Haupt- und Nebenstoffe genötigt, teils seit vielen Jahren fortgesetzte und nie ganz unterbrochene Forschungen einzelne Abschnitte im besonderen umfaßt, endlich freie, nur von der Neigung abhängige Wahl, Rücksicht auf Maß und Eigentümlichkeit der Kräfte, selbst auf das Bedürfnis der Zeit und der Lesewelt den Entschluß erzeugt und gefestigt, eine Geschichte des Mittelalters zu schreiben, die in möglichst einfacher, gedrängter Sprache die entscheidenden Begebenheiten vom 4. Jahrhundert an bis zum Fall Konstantinopels darstellt. Ohne häufige Betrachtungen und Urteile sollte sie den inneren Zusammenhang der Ereignisse hauptsächlich durch die Art und Weise der Aufeinanderfolge und Gliederung hervorheben, das religiöse, politische und wissenschaftliche Leben der Völker in seinen gegenseitigen Beziehungen schildern und die oft verwischten, aber dennoch kenntlichen Übergänge und Wahlverwandtschaften der Jahrhunderte aufzeigen – kurz, sie sollte Geburt, Wachstum, Blüte, Abnahme und Verfall des mal bedingungslos erhobenen, mal herabgewürdigten Mittelalters – in flüchtigen Umrissen für Nebensachen, in breiter Erzählung für schlagende und entscheidende Ereignisse – schildern.

Dabei dachte sich der Verfasser als künftige Leser nicht nur eigentliche Fachgelehrte, für die jedoch immerhin etliche auf Handschriften und seltenen Quellen beruhende Abschnitte betrachtenswert bleiben werden, sondern auch Studierende, Lehrer und schon vorbereitete, denkende Liebhaber der Geschichte. Zeugnisse und Belege wurden deshalb teils nur an schwierigen oder abweichend aufgefaßten Stellen gegeben, teils wörtlich oder summarisch übersetzt, damit auch dem der fremden Sprache Unkundigen die jeweilige Färbung des beigefügten, lateinischen Originals veranschaulicht würde. In dem Maße, in dem der Stoff einerseits wuchs und andererseits weniger verarbeitet erschien, fanden auch die literarischen Nachweise häufiger statt, wie z. B. für die Geschichte der Hohenstaufen, vor allem Kaiser Friedrich II., im ersten Band verhältnismäßig viele handschriftliche Angaben beigebracht und für den ganzen zweiten Band fast ununterbrochene Reihen von gedruckten, bisweilen auch handschriftlichen Quellen, oft in kurzen Auszügen, mitgeteilt wurden. Man strebte jedoch auch hierin nach Sparsamkeit und mied jeden unnützen Prunk, so daß, den Zweck des Werkes vor Augen, hinsichtlich der Belege weder über Mangel noch über Üppigkeit geklagt werden dürfte.*

* Ein übrigens wohlwollender Referent im Repertorium für Literatur (1836, Heft 3) bemerkt dagegen, nur äußerst selten habe der Verfasser die Quellen bezeichnet. Dieses Urteil wird, denkt man, durch das Werk selber berichtigt, soweit letzteres überhaupt aus den ursprünglichen Dokumenten schöpfte. Denn bei Abschnitten, die entweder auf keiner unmittelbaren Autopsie beruhen (ein Fall, der bei dem unermeßlichen Umfang des Stoffes allerdings eintreten mußte) oder nichts als bekannte Tatsachen wiedergeben, wurden naturgemäß auch keine Nachweise mitgeteilt.

Wenn aber der letzte Zeitraum nach der Gesamtanlage des Buches am weitläufigsten behandelt und dem gesamten zweiten Band zugewiesen wurde, so liegt der Grund, wie jeder Kenner einräumen wird, sowohl in der Wichtigkeit des Gegenstandes als auch in der bisher dürftig gebliebenen Darstellungsweise. Schon der Versuch, die Geschichte des sechsten Zeitraums in einem allgemeinen und besonderen Kreis mittels gegenseitiger Ergänzung zu behandeln, deutet auf die Schwierigkeiten hin, die das innere Getriebe jenes oft an hervorstechenden Tatsachen armen, an inneren Lebenskräften aber reichen Abschnitts für die Gesamtauffassung bot. Man würde sich freuen, wenn dieser, dem abnehmenden und in sich zerfallenden Mittelalter gewidmete Teil hin und wieder dunkle Seiten erhellt, abgerissene Ereignisse nach ihrem ursächlichen Zusammenhang, wenn auch bisweilen nur ahnend, dargestellt und die häufig spröden Stoffe dem Selbstbewußtsein des Lesers näher gebracht hätte.

Letzterer möchte, wird gehofft, keine Beschwerde erheben über die verhältnismäßig gedehnte Schilderung Ludwigs des Bayern, jenes charakteristischen, die Zeit des Verfalls und Aufbaus widerspiegelnden Doppelgesichts, über die ausführliche Beschreibung der englisch-französischen Nationalkriege nach dokumentierten Berichten oder in der allgemeinen Abteilung über die weit ausgesponnene Auf- und Abnahme des Republikanismus in Deutschland, der Schweiz und Italien. Denn von solchen und ähnlichen Wendepunkten, auch wenn sie hin und wieder eintönig erscheinen, hing, wie die Geschichte zeigt, wesentlich das Schicksal der Folgezeit ab.

Ob nun für die Lösung der vorgesteckten Aufgabe Haupt- und Nebenstoffe richtig ausgewählt, gut geprüft, gegliedert und anschaulich dargestellt wurden? Darüber mögen Urteilsfähige entscheiden! Dem Verfasser bleibt jedenfalls die Überzeugung, daß er während einer siebenjährigen Frist den größten Teil seiner Mußestunden diesem universalhistorischen Versuch zuwandte und unter mannigfaltigen Wechseln der Zeit- und Personalverhältnisse so lange Treue bewahrte, bis das ferne Ziel erreicht war. Fortan wird er sich auf die engeren Schranken seiner früheren literarischen Arbeiten zurückziehen und Weltgeschichte denen überlassen, die mit einem kühneren Adlerflug und starkem Selbstgefühl ausgerüstet sind.

Politische Parteivorurteile erwartet übrigens dieses Werk nicht. Denn sein Urheber – obschon er laut dem Vorwort zur »Entstehungsgeschichte der freistädtischen Bünde«* beim etwaigen Hin-

* Jahr 1829, Band III, Seite 11.

deuten auf Republikanismus nicht errötet – hat daneben durch Studium und Erfahrung eine so unabhängige, reflektierende Stellung zur tragisch-komischen Gegenwart gewonnen, daß er am 8. August 1830 in Basel einem voll Begeisterung für die Julirevolution nach Paris eilenden Freund kaltblütig bemerken durfte: »Mein Freund, du wirst keine Revolution, sondern nur eine Dynastieänderung sehen.« Solchem Urteil gemäß, blieb er ein möglichst sorgfältiger Beobachter der Zeit und Diener gegen seine nächsten Pflichten. Auch der Vorwurf religiösen Leichtsinns oder kirchlicher Unduldsamkeit wird nicht gefürchtet; gegen das erste schützt der islamische Spruch: »Wir sind Gottes und kehren zurück zu Gott«,* gegen das zweite das evangelische Gebot: »Seid vollkommen, wie euer Vater im Himmel vollkommen ist!«

Mit dem Wunsch, daß diese beiden Grundwahrheiten auch in dem historischen Werk nicht vermißt werden möchten, und mit dankbarer Anerkennung seiner der Universalhistorie des Mittelalters zugewandten Vorgänger – von denen vor allem Friedr. Christ. Schlosser, Rehm, Rühs, D. Beck, Hallam, durch stellenweisen Augenschein, Luden, Leo, U. Tillier, durch vermittelnden Ruf bekannt geworden sind –, scheidet der Verfasser von seinen künftigen Lesern und Kunstrichtern.

Bern, den 25. April 1836

Dr. Fr. Kortüm
aus dem Großherzogtum Mecklenburg-Strelitz

---

* Siehe Band I, S. 129.